エスエス 2025 vol.83 （アンケートのためのリスト番号）

編集後記
the editor's notes SS

今号の表紙のゑいたさんが、インタビューでSNSの話をしているのが印象的でした。Xで「いいね」をもらう数が増えると、それに囚われてしまうというお話。反応がない辛さとは別で、大きな反響を得たけれど、それを気にしてしまって、また「いいね」を増やすには同じような絵を描かなきゃいけないかな…と考えたり、振り回されてしまうと話されていました。それで疲れたとき、一度デジタル機器をさわるのを止めて、紙にアナログで描く作業を続けたら、「自分は絵を描くのが嫌なわけではなくて、SNSが嫌だったんだな…」と気付いたということでした。紙に描くアナログ作画でリフレッシュできたというのが興味深い話でした。確かに、これをたとえば、学校の勉強の話で置き換えると、日本の戦国時代などの歴史が好きだから、その文献を探したり、夢中になって読んで知識が身についた人と、受験勉強の対策で試験に出そうな日本史を暗記した人では、まったく違いますよね。好きなものに没頭して身に付くことと、順位づけの世界で点数を稼ぐこととは違う。人が実際に何かを成し遂げるときは、興味を持って没頭するものだと思います。受験勉強では点数稼ぎをしていても、いざ研究職に就いたら、そこで専門的に没頭する、あるいは街づくりのプランを練って、商業施設の建設を頑張る。機械的にこなすだけではなく、自分の思いや考えを出す時がどこかで来るでしょう。もちろん仕事も出世を目指して打算的にする人もいるから、どこまでも競争に勝つことが喜びの人生もあると考えたら、大事なのは楽しさですよね。もともと競争が好きでないなら、周りが気にならないような、絵を描くことに没頭できる時間を「アナログ制作」「ノートにらくがき」などで作っておき、定期的にそこで気分転換するのも良いですよね。楽しかったお絵描きの時間を覚えておいて、そこにかえるようにする。何のためでもなく、描くことそのものを感じられたら、それはきっと楽しいはずですから（ノ）

「SS」と「季刊エス」定期購読のおしらせ

月額払い　お届けした分だけ後払い！　いつでも解約可能！

SSを定期購読すると、SSのデジタル版バックナンバーが読み放題！

SS72号〜最新号も随時追加されていきます！　送料無料！　「SS 定期購読」で検索！

■SSスモールエス定期購読（送料無料）
QRコード→ 

■季刊エス定期購読（送料無料）
QRコード→ 

※年間購読の申し込みはFujisan.co.jpになります。　お申し込みはFujisan.co.jp記載の利用規約に準じます。
★Fujisan.co.jpでは季刊エスとスモールエスのバックナンバーを購入することもできます！

■販売中のスモールエス　※電子書籍も発売中

72号（表紙：キナコ）
73号（表紙：寺田てら）
74号（表紙：WOOMA）
75号（表紙：上倉エク）
76号（表紙：南野葵）
77号（表紙：村カルキ）
78号（表紙：優子鈴（ゆこりん））
79号（表紙：七神マナ）
80号（表紙：ヤマコ HoneyWorks）
81号（表紙：ワダアルコ）
82号（表紙：香琳）

スモールエス バックナンバー

■販売中の季刊エス

83号（表紙：米山舞）
84号（表紙：rurudo）
85号（表紙：なもり）
86号（表紙：山口つばさ）
87号（表紙：あらゐけいいち）
88号（表紙：加藤和恵）
89号（表紙：mignon）
90号（表紙：森倉円）
91号（表紙：小畑健）

季刊エス バックナンバー

SS 2025vol.83

★SSのXや記事の中では、通常ペンネームで感想を掲載させて頂きます。コメントの掲載がNG、またはペンネーム不可で匿名希望の場合は□にチェック！

□匿名希望　□掲載NG

■投稿ページ「Sky S」「Sea S」のイラストで気に入った絵を作家名で教えてください（それぞれ3人まで）

Sky S（　　　　　　　　　　　　　　　　）

Sea S（　　　　　　　　　　　　　　　　）

■今号の登場作家、投稿作品への感想をお書き下さい。

■絵の描き方や好きなものを聞いて、新コーナーで紹介したいので、以下にお答えください。
使ったことのある画材やソフト（　　　　　　　　）
今後使ってみたい画材やソフト（　　　　　　　　）
使用画材へのコメント（　　　　　　　　）
好きなアニメ、漫画（　　　　　　　　）
好きな絵描きさん（　　　　　　　　）
好きなボカロPや歌い手（　　　　　　　　）
好きなVTuber、YouTuber（　　　　　　　　）
好きな芸人さん（　　　　　　　　）
ジャンル問わず好きなもの（　　　　　　　　）
好きなものへのコメント（　　　　　　　　）

■「SS」の表紙を描いて欲しい作家は？（イラストレーター、ネットやボカロ系絵師などで）

■SS（スモールエス）の表紙には、どういう人に登場して欲しいですか？（2つまで）
□人気イラストレーター　□アニメやゲームのキャラ　□人気漫画家　□コンテストをしてその優勝者
□VTuber　□今後ブレイクしそうな作家　□SSの熱心な投稿者さん　□メイキングを見たい作家

■原画やグッズが欲しい作家は？　グッズは種類も教えてください（例：アクスタ、複製原画、シール）
（原画が欲しい作家名：　　　　　　　　　　　　　）
（グッズが欲しい作家名：　　　　　　　グッズ名：　　　　　）

フリースペース（絵や文章など、Sea S投稿用にもどうぞ！）
投稿コーナー名　　　　　ペンネーム

イラスト投稿ガイド

184ページとあわせてよく読んでね!

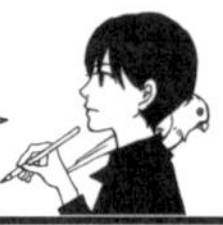

投稿イラストを郵送する前に必ずチェックしてくださいね!

● イラスト送付先住所(渋谷です!)

〒150-0041 東京都渋谷区神南1丁目13-3　アーク神南ビル2F
スモールエス編集部「(応募コーナー名を書いてください)」

投稿イラストの裏面に必要事項を記入する

※読み間違いを防ぐために、丁寧に書いて下さい!

★住所、氏名などの必要事項は、必ず全てのイラストの裏に記入して下さい。封筒や別紙に記入するのは不可です!

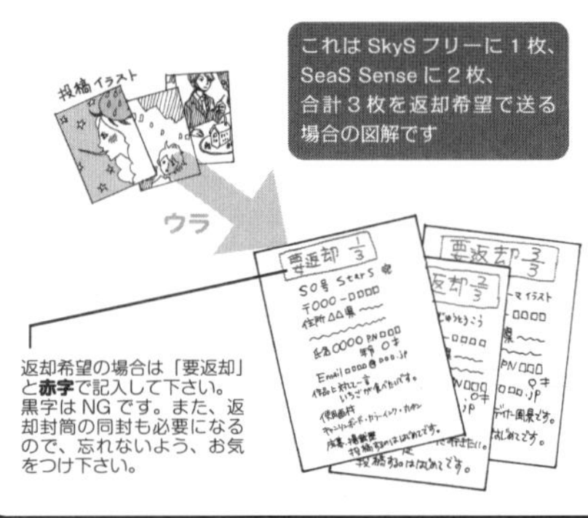

これは SkyS フリーに1枚、SeaS Sense に2枚、合計3枚を返却希望で送る場合の図解です

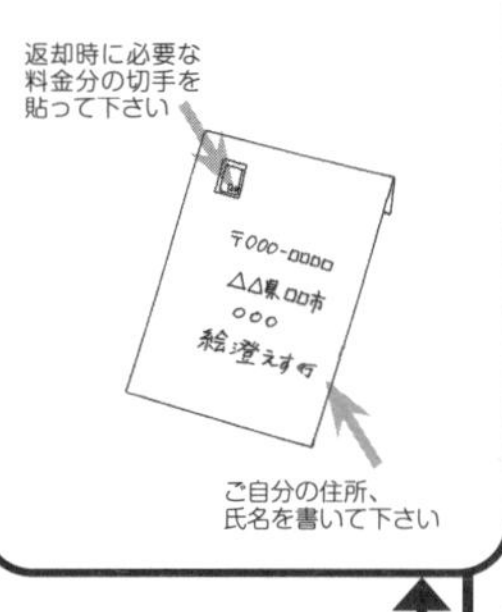

返却希望の場合は「要返却」と赤字で記入して下さい。黒字はNGです。また、返却封筒の同封も必要になるので、忘れないよう、お気をつけ下さい。

返却用封筒の用意

イラストを返却する時に、これに入れてお返ししますので、返却を希望する場合に必ず必要となります。返却用封筒が無いとイラストの返却が出来ませんので注意して下さい!

返却時に必要な料金分の切手を貼って下さい

ご自分の住所、氏名を書いて下さい

宛名(編集部の住所・コーナー名)、差出人を書いた封筒に入れ、切手を貼る

リターンアドレスが書かれているか、切手の料金が足りているか確認!郵便料金は下の料金表を参考にして下さい。

★重さは自宅のキッチンスケールで量れます。はかりが無い場合など、必要な料金が分からない時は郵便局の窓口で出しましょう。

23.5cm×12cm よりも大きなもの、または厚みが 1cm よりもあるものは定形外郵便の料金となるので要注意!!

郵便料金表

	定型内	定形外	角形2号厚み3cm以上の定形外
25gまで	110円	140円	260円
50gまで	110円		
100gまで		180円	290円
150gまで		270円	390円
250gまで		320円	450円

※A4、B5、A5サイズ等は定形外郵便となるため郵送には最低140円かかります。

イラストの返却を希望する場合

イラストの返却が不要の場合

投稿やハガキに記載された情報は、投稿作掲載、原稿依頼、プレゼント発送という誌面での企画にしか使用いたしません。

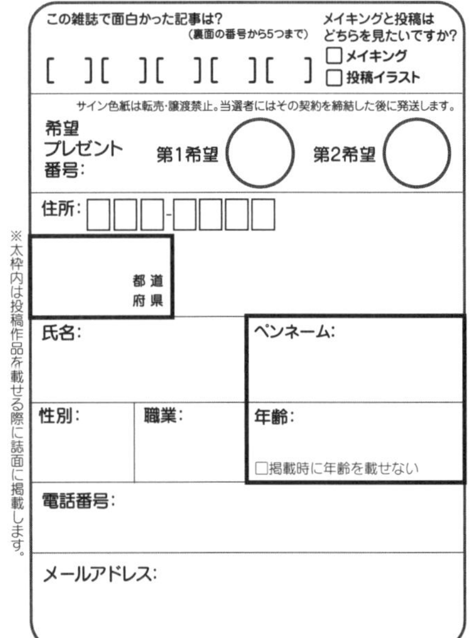

この雑誌で面白かった記事は?（裏面の番号から5つまで）

[ ][ ][ ][ ][ ]

メイキングと投稿はどちらを見たいですか?
□メイキング
□投稿イラスト

サイン色紙は転売・譲渡禁止。当選者にはその契約を締結した後に発送します。

希望プレゼント番号:　第1希望（ ）　第2希望（ ）

住所:□□□-□□□□

都道府県

※太枠内は投稿作品を誌面に掲載せる際に誌面に掲載します。

氏名:　　ペンネーム:

性別:　職業:　年齢:
□掲載時に年齢を載せない

電話番号:

メールアドレス:

プレゼントの応募締切りは2025年11月20日(木)消印有効です

料金受取人払郵便

渋谷局承認

9391

差出有効期限
令和9年3月14日まで

切手は不要なので送ってね!

東京都渋谷区神南1-13-3
アーク神南ビル2F
株式会社パイ インターナショナル
「SS スモールエス」編集部
vol.83
アンケート 係

POST CARD

150-8790

202

SS第83号 プレゼントコーナー!

SS第83号 プレゼントコーナー!

プレゼントの応募締めきりは2025年11月20日(木)当日消印有効です

❶

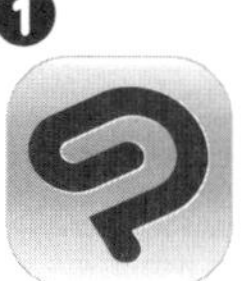

CLIP STUDIO PAINT PRO
1デバイス2年版アクティベーションコード
1名様
提供:株式会社セルシス
(Win/mac/iPad/iPhone/Android/Chromebook のいずれか1台で利用可能)

❷

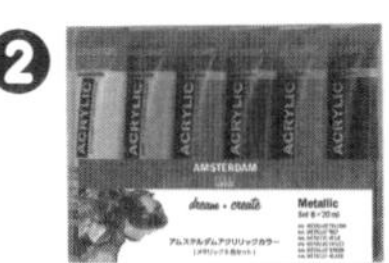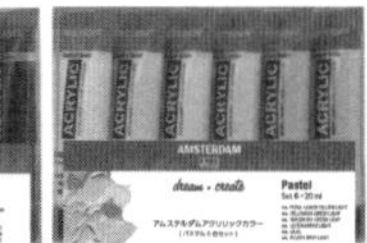

アムステルダムアクリリックカラー 20ml
メタリック6色セット ＋
アムステルダムアクリリックカラー 20ml
パステル6色セット
（合計12色セット）
3名様
提供:株式会社ターレンスジャパン

❸

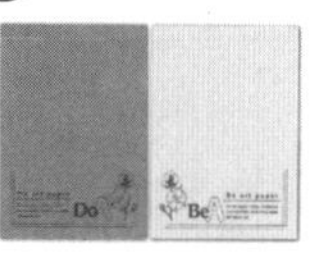

ドゥーアートペーパー
ビィーアートペーパー
パッド2冊セット
5名様
提供:株式会社ミューズ

❹

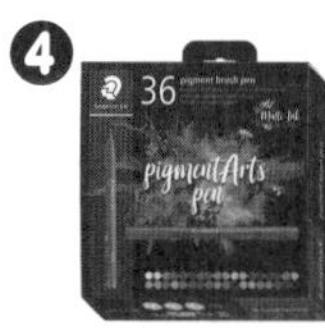

ステッドラー
ピグメント ブラッシュペン
36色セット
1名様
提供:ステッドラー日本株式会社

❺

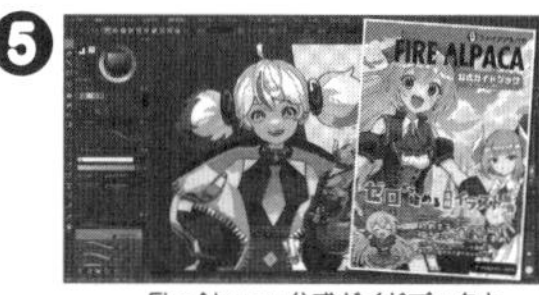

FireAlpaca 公式ガイドブックと
FireAlpaca SE 製品キーのセット
数量:10名様
提供:株式会社ビージーエヌ

メイキング登場作家 プレゼント

希望される方は具体的に⑥-●とAからはじまるアルファベットも一緒にご記入ください。

⑥-A:ゑいたサイン色紙　1名様
⑥-B:じみにしじみサイン色紙　1名様
⑥-C:りーりんサイン色紙　1名様
⑥-D:夏目レモンサイン色紙　1名様
⑥-E:壱太助丸サイン色紙　1名様
⑥-F:芦屋マキサイン色紙　1名様
⑥-G:めーたんサイン色紙　1名様
⑥-H:葉月透サイン色紙　1名様

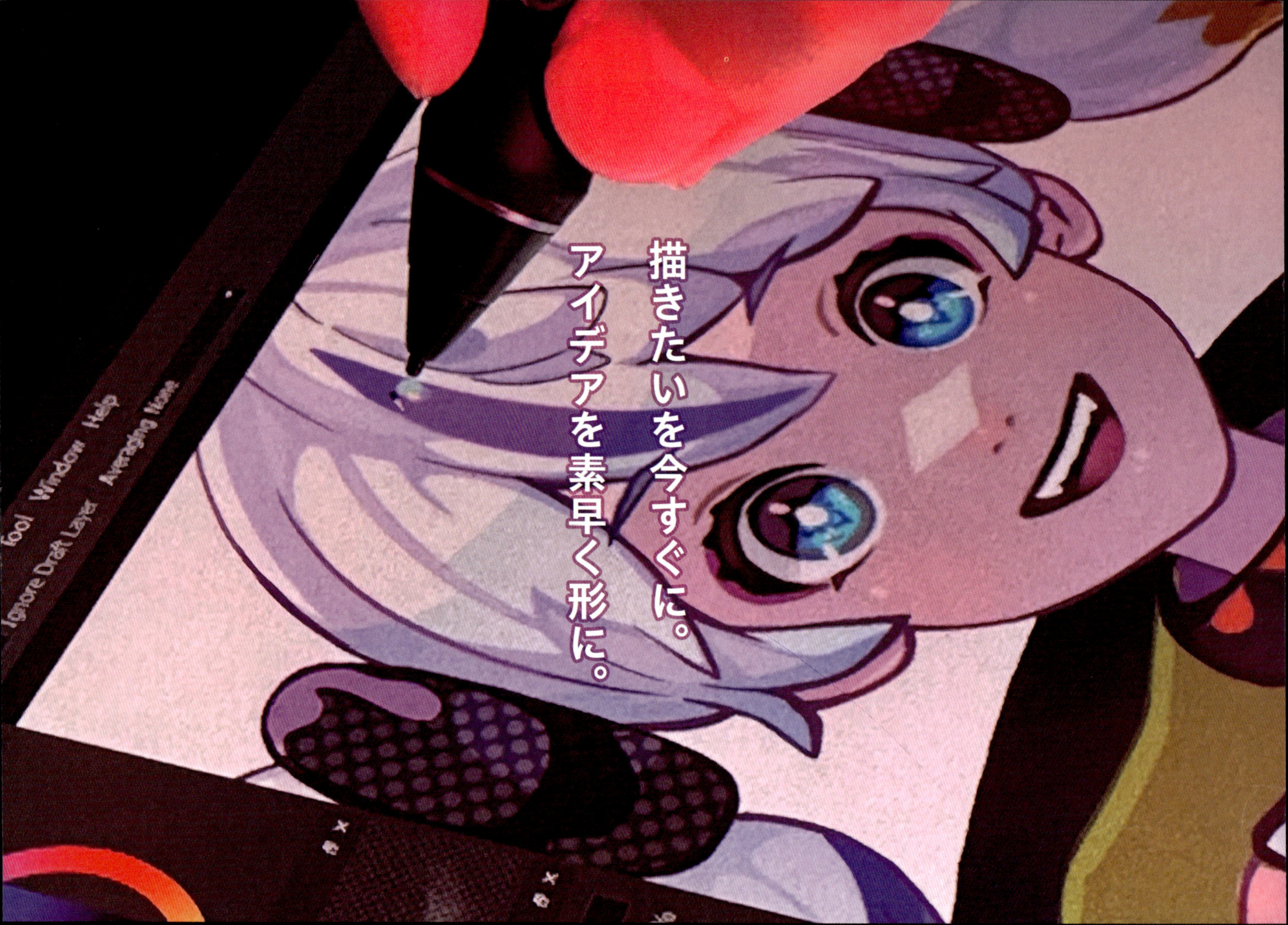

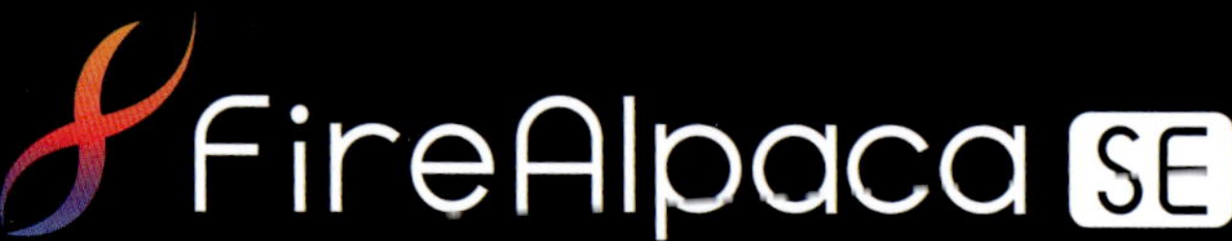

FireAlpaca(通常版)はリリースから14年。
212の地域と国の数百万人のユーザーに愛用されてきました。
FireAlpaca SEは上位ブランドとして進化します。

製品サイトはこちら

スチームにて配信中

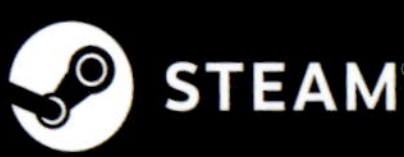

FireAlpaca SE（ファイアアルパカ エスイー）
Windows10 以降 / macOS X 10.7 以降

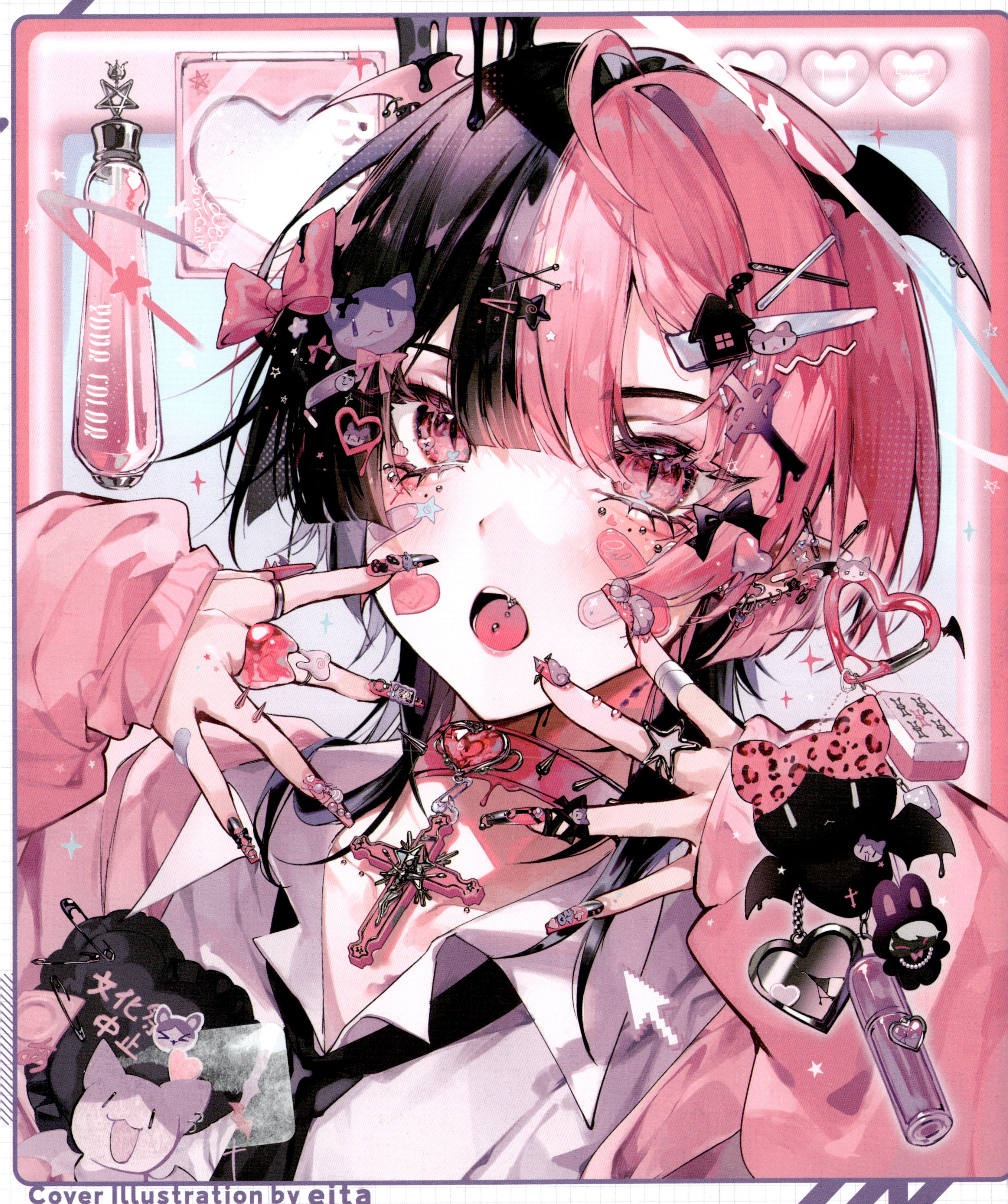
Cover Illustration by eita

COPIC

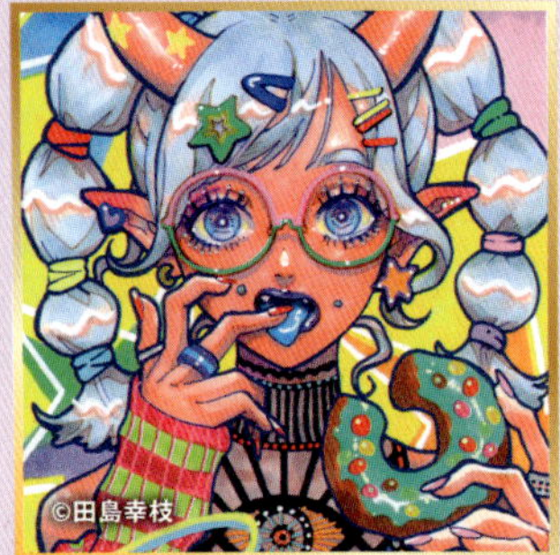

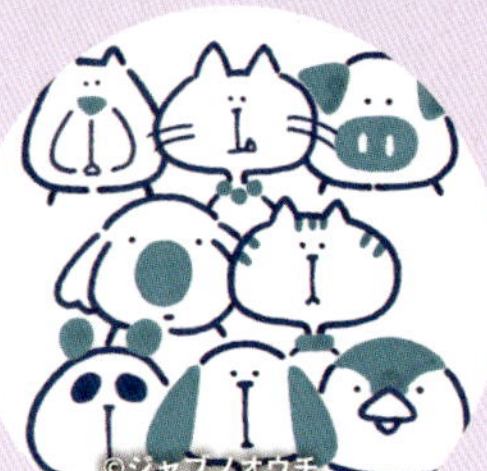

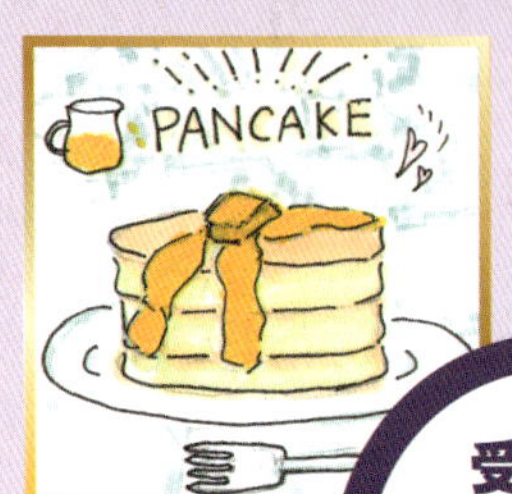

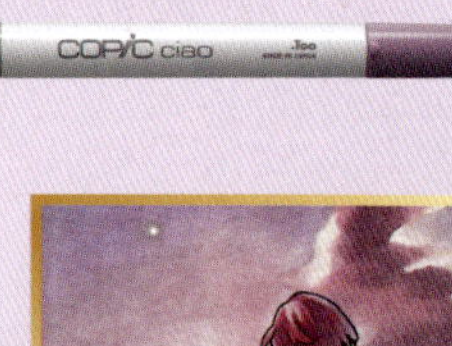

#ちっちゃい コピック コンテスト

対象製品を選んで作品を描こう！

作品募集期間

9/10（水）- 11/30（日）

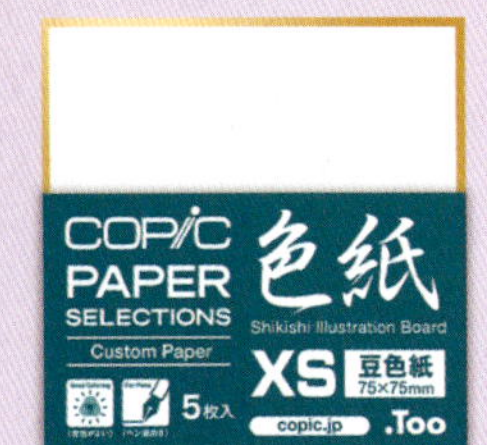

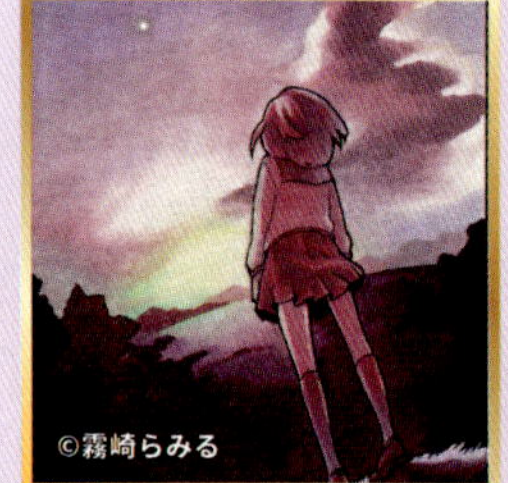

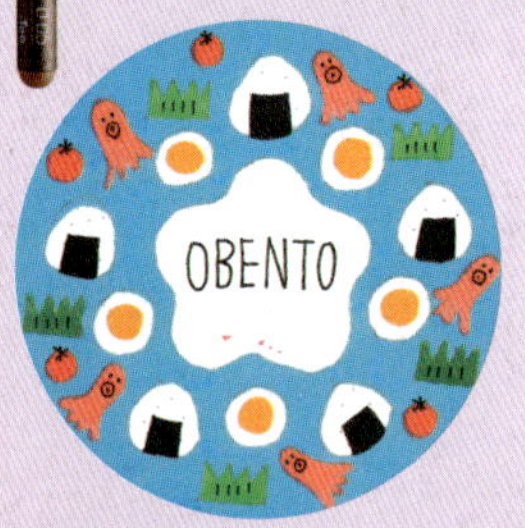

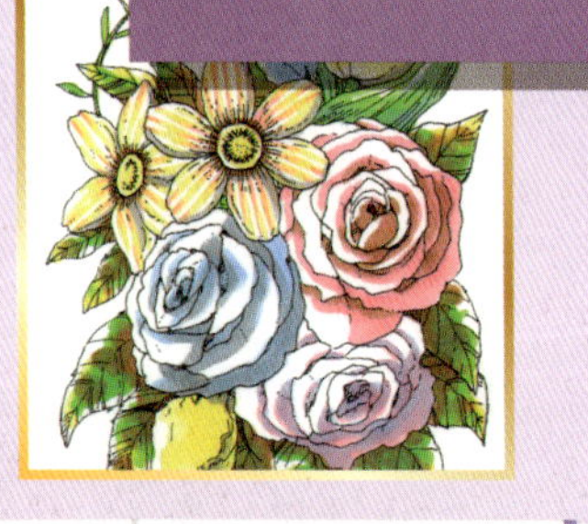

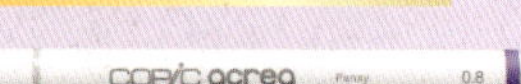

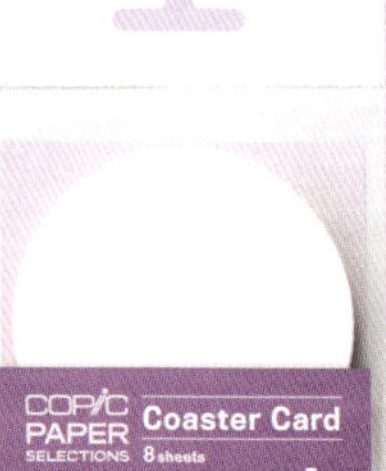

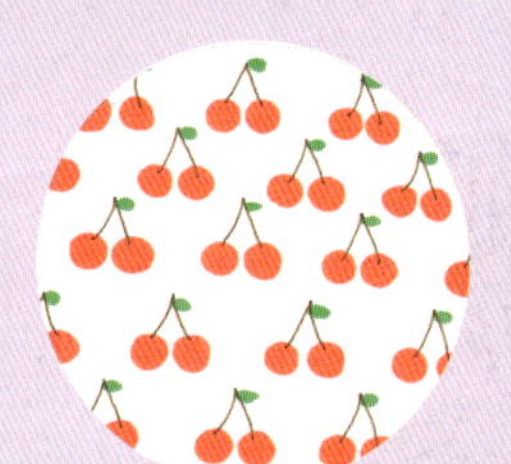

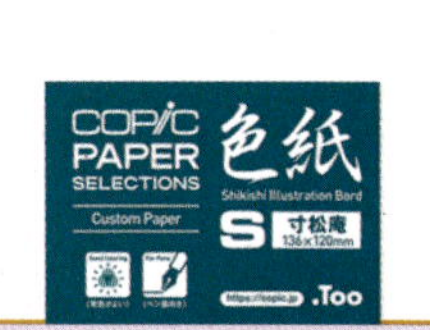

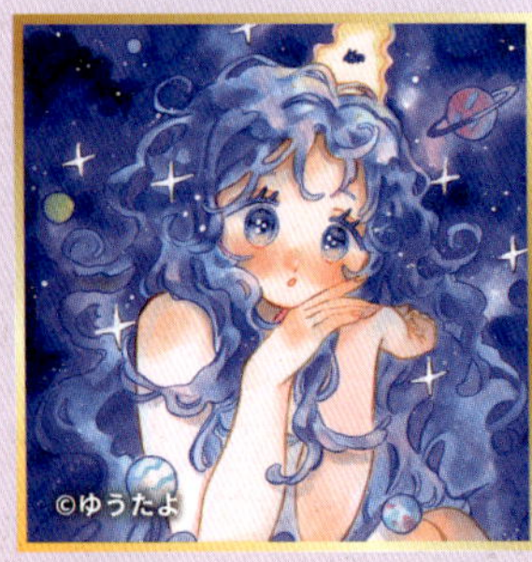

.Too

キャンペーン対象商品

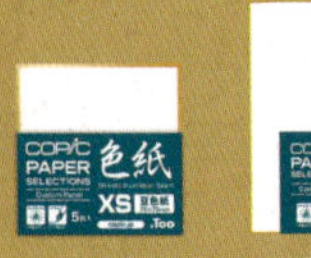

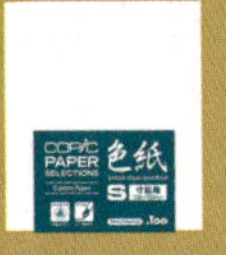

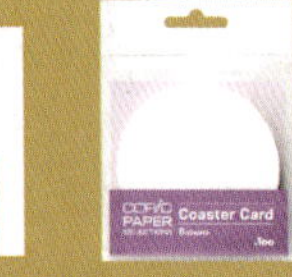

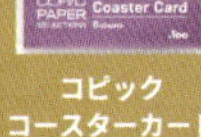

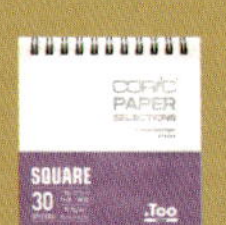

コピック色紙（XSサイズ、Sサイズ）　コピック コースターカード　コピック スケッチブック スクエアサイズ

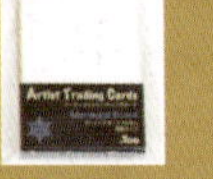

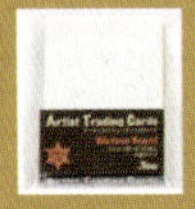

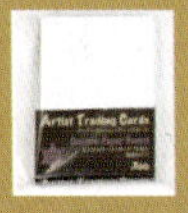

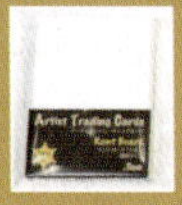

アーティストトレーディングカード（ATC）（ケントボード、ワトソンボード、マーメイドボード、カスタムペーパーボード）

イラストコンテスト参加方法

作品テーマ 「秋」

募集期間：2025年9月10日（水）－11月30日（日）

※二次創作作品や公序良俗に反する作品は受け付けられません。

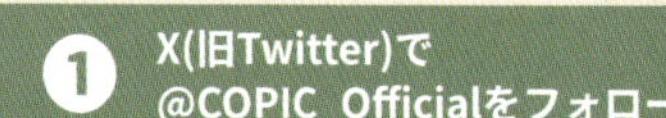
① X(旧Twitter)で @COPIC_Officialをフォロー

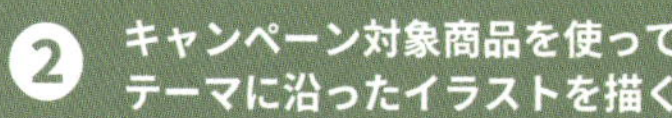
② キャンペーン対象商品を使って テーマに沿ったイラストを描く

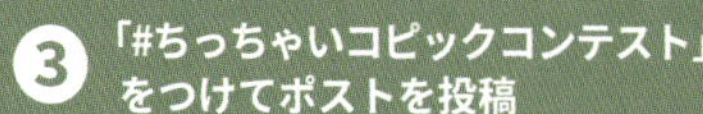
③ 「#ちっちゃいコピックコンテスト」 をつけてポストを投稿

20名に豪華賞品プレゼント！

コピック アクレアがもらえる

\店舗連動企画も！/

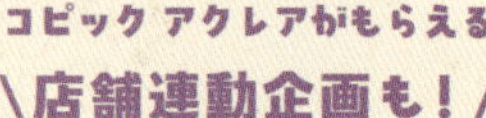

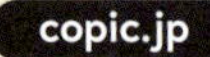

お店でゲット！

キャンペーン詳細はこちら

copic.jp

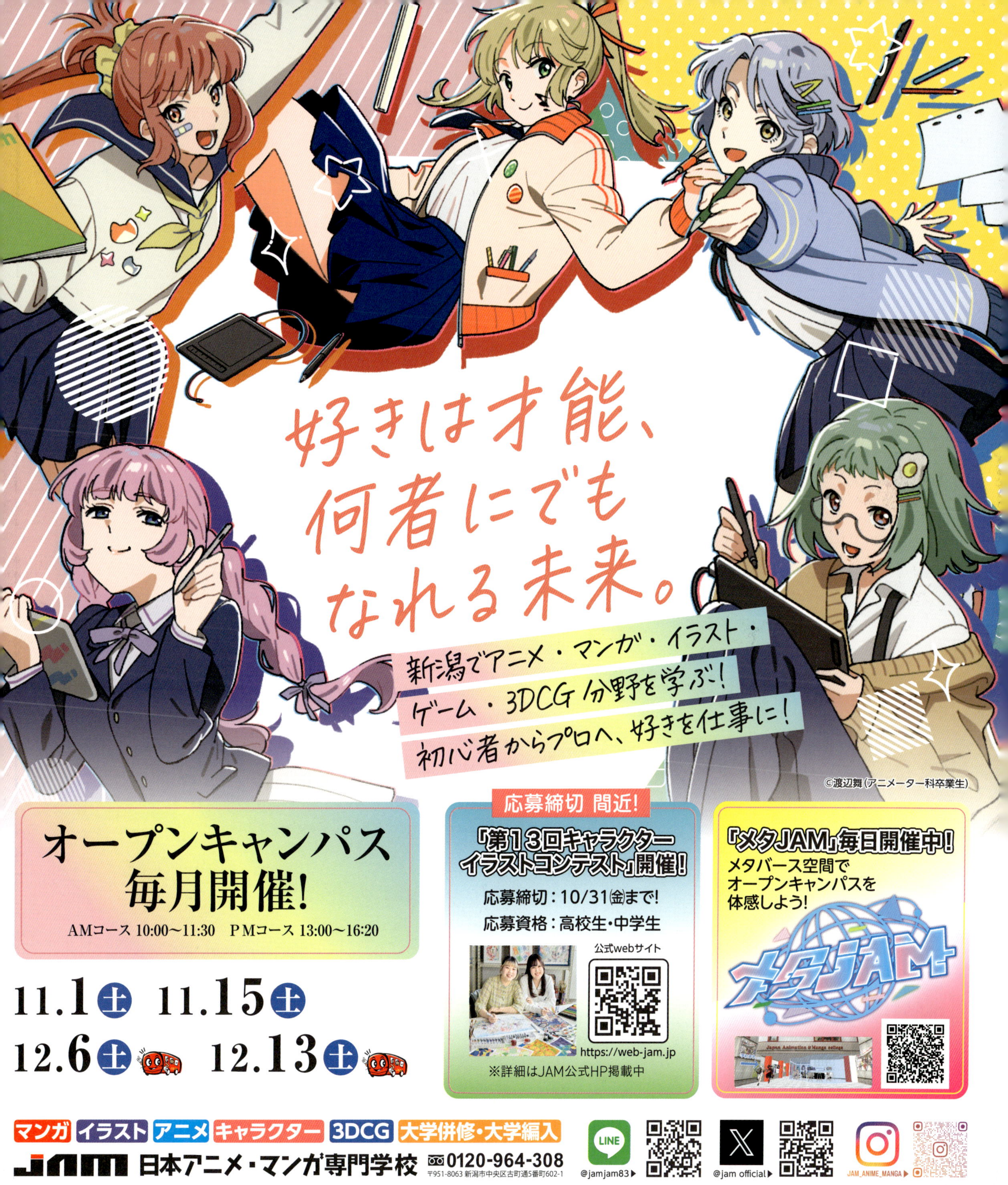

好きは才能、何者にでもなれる未来。

新潟でアニメ・マンガ・イラスト・ゲーム・3DCG 分野を学ぶ！
初心者からプロへ、好きを仕事に！

©渡辺舞（アニメーター科卒業生）

オープンキャンパス 毎月開催！

AMコース 10:00～11:30　PMコース 13:00～16:20

11.1（土）　11.15（土）
12.6（土）　12.13（土）

応募締切 間近！

「第13回キャラクターイラストコンテスト」開催！

応募締切：10/31（金）まで！
応募資格：高校生・中学生

公式webサイト
https://web-jam.jp

※詳細はJAM公式HP掲載中

「メタJAM」毎日開催中！

メタバース空間でオープンキャンパスを体感しよう！

マンガ　イラスト　アニメ　キャラクター　3DCG　大学併修・大学編入

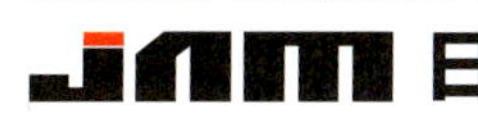

JAM 日本アニメ・マンガ専門学校　☎0120-964-308
〒951-8063 新潟市中央区古町通5番町602-1

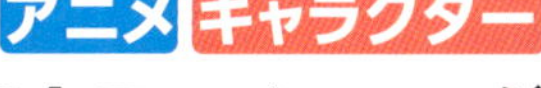 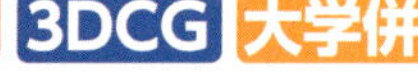  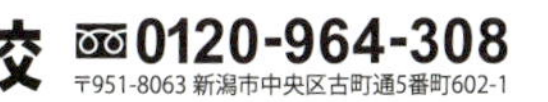   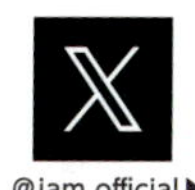  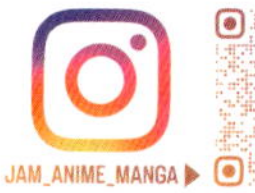 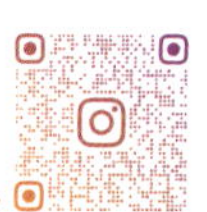

LINE @jamjam83　X @jam official　Instagram JAM_ANIME_MANGA

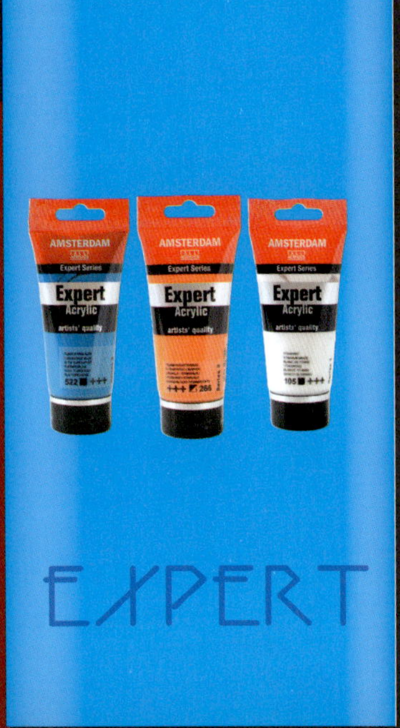

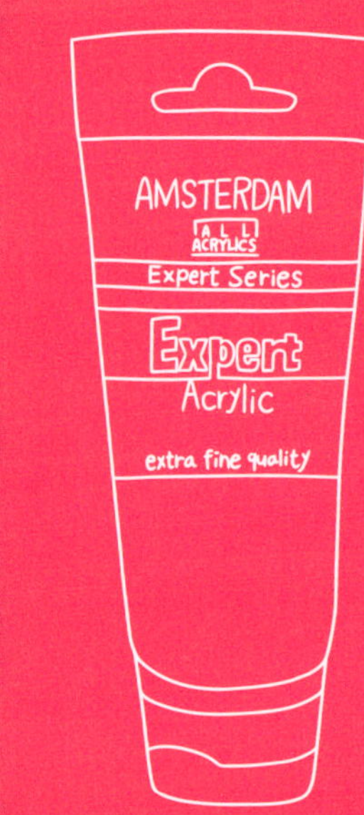

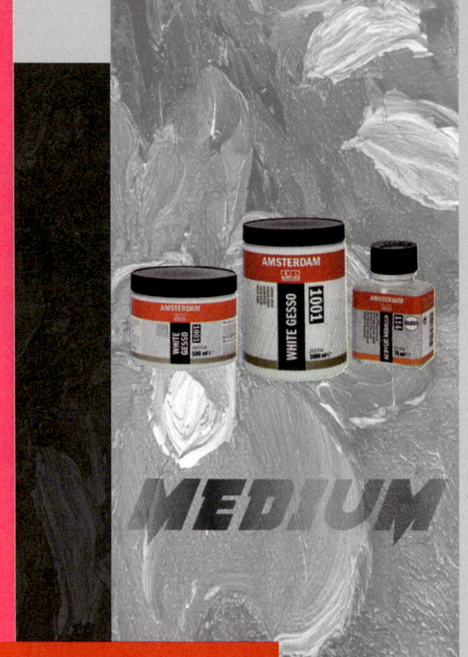

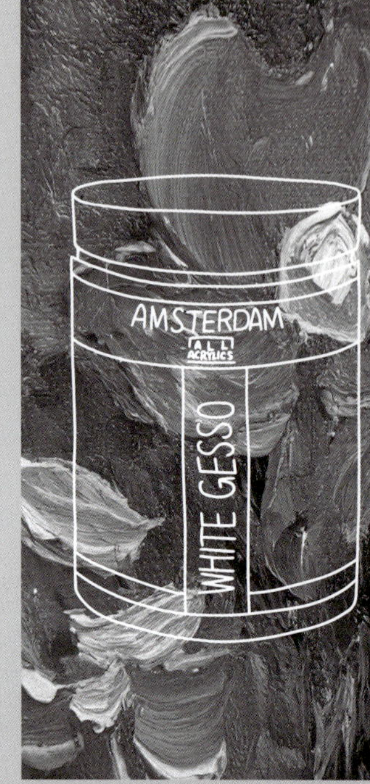

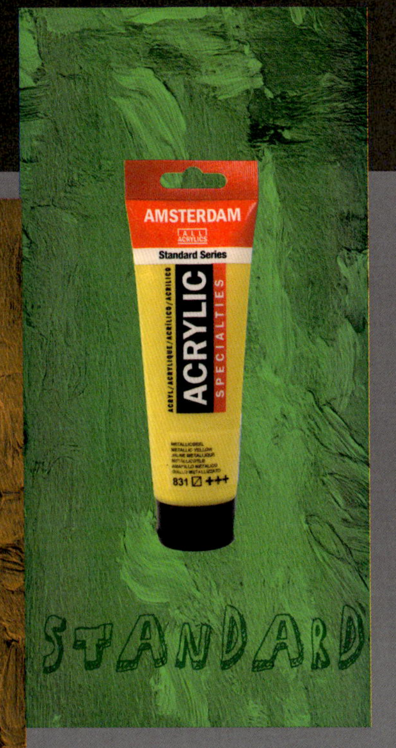

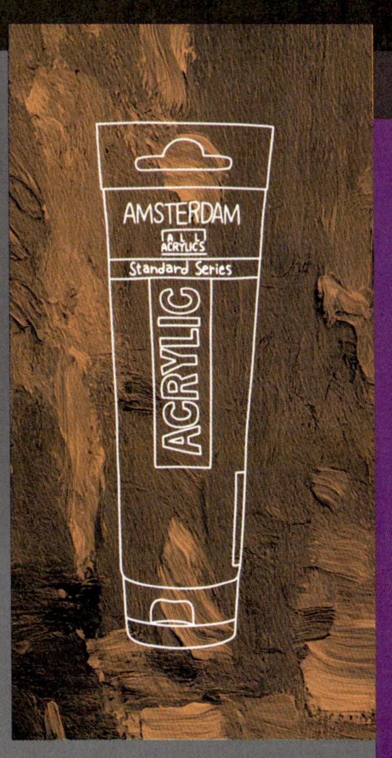

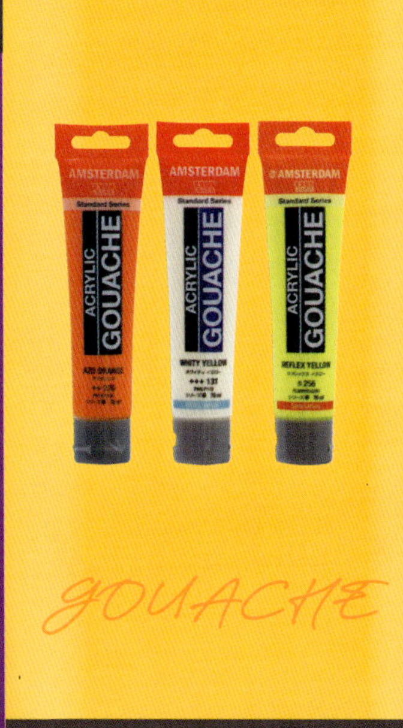

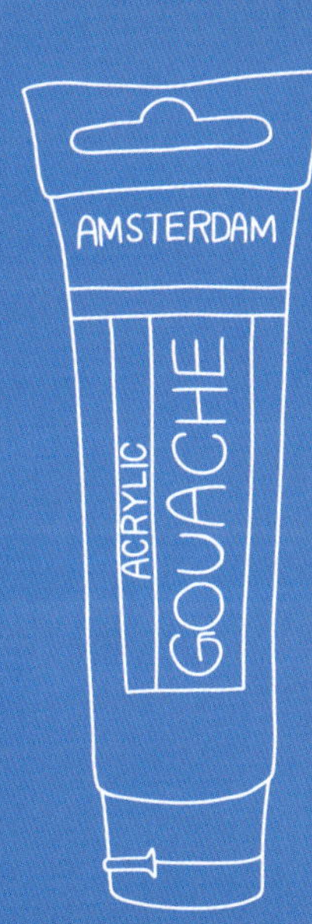

AMSTERDAM

ALL ACRYLICS

クリエイト
想像を「創造」する

株式会社 ターレンス ジャパン　www.talens.co.jp　 @talens_japan @talensjapan

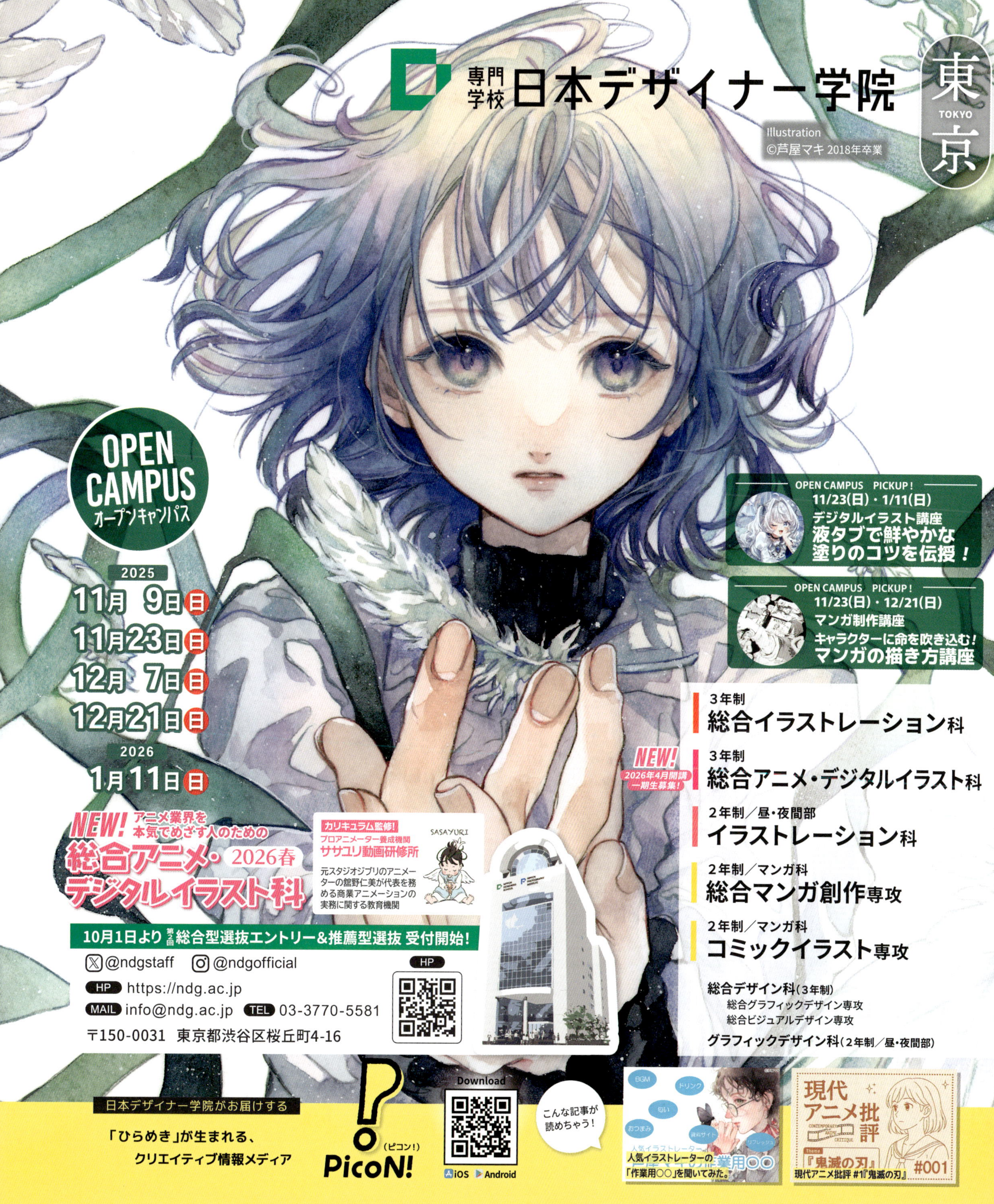
専門学校 日本デザイナー学院 東京 TOKYO

Illustration
©芦屋マキ 2018年卒業

OPEN CAMPUS
オープンキャンパス

2025
11月 9日（日）
11月23日（日）
12月 7日（日）
12月21日（日）
2026
1月11日（日）

OPEN CAMPUS PICKUP!
11/23(日)・1/11(日)
デジタルイラスト講座
液タブで鮮やかな
塗りのコツを伝授！

OPEN CAMPUS PICKUP!
11/23(日)・12/21(日)
マンガ制作講座
キャラクターに命を吹き込む！
マンガの描き方講座

NEW! アニメ業界を本気でめざす人のための
総合アニメ・デジタルイラスト科 2026春

3年制
総合イラストレーション科

NEW!
2026年4月開講
一期生募集！
3年制
総合アニメ・デジタルイラスト科

2年制／昼・夜間部
イラストレーション科

2年制／マンガ科
総合マンガ創作専攻

2年制／マンガ科
コミックイラスト専攻

総合デザイン科(3年制)
総合グラフィックデザイン専攻
総合ビジュアルデザイン専攻

グラフィックデザイン科(2年制／昼・夜間部)

カリキュラム監修！
プロアニメーター養成機関
ササユリ動画研修所
SASAYURI
元スタジオジブリのアニメーターの館野仁美が代表を務める商業アニメーションの実務に関する教育機関

10月1日より 第2回 総合型選抜エントリー＆推薦型選抜 受付開始！

X @ndgstaff
@ndgofficial

HP https://ndg.ac.jp
MAIL info@ndg.ac.jp
TEL 03-3770-5581

〒150-0031 東京都渋谷区桜丘町4-16

HP

日本デザイナー学院がお届けする
「ひらめき」が生まれる、
クリエイティブ情報メディア

PiCoN!（ピコン！）

Download
iOS Android

こんな記事が読めちゃう！

BGM ドリンク 匂い おつまみ 資格ゲイト リフレッシュ
人気イラストレーターの作業用○○
「作業用○○」を聞いてみた。

現代アニメ批評
CONTEMPORARY ANIME CRITIQUE
Theme
『鬼滅の刃』
現代アニメ批評 #1『鬼滅の刃』 #001

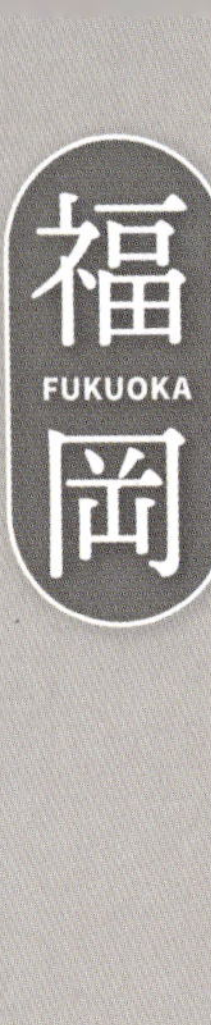

専門学校 日本デザイナー学院九州校

Illustration ©るん太 2012年卒業

豊かな表現力を武器に 自分だけの世界を描く

OPEN CAMPUS
オープンキャンパス

2025
10月26日（日）
11月16日（日）
12月14日（日）

3年制
イラストレーション科

2年制
コミックイラスト科

2年制
マンガ科

グラフィックデザイン科（3年制）
くらしデザイン科（3年制）
ゲームクリエイター科（3年制）
映像・写真科（2年制）
雑貨＆アクセサリーデザイン科（2年制）

2025年10月1日（水）より入学願書受付開始

X @NDG_kyushu　 @ndg_kyushu

HP https://www.ndg-nbs.ac.jp

MAIL info@ndg-nbs.ac.jp　TEL 092-411-6420

HP

〒812-0011 福岡県福岡市博多区博多駅前4-18-6

日本デザイナー学院がお届けする

「ひらめき」が生まれる、クリエイティブ情報メディア

PicoN!（ピコン！）

Download
iOS　Android

こんな記事が読めちゃう！

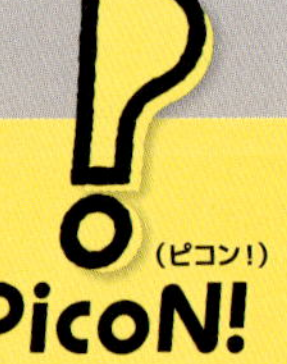

恋×タイポグラフィ 若きデザイナー達が作り上げた
空間体験型イベント「恋するタイポ展」
池袋PARCOにて9/23まで開催！内覧会レポート

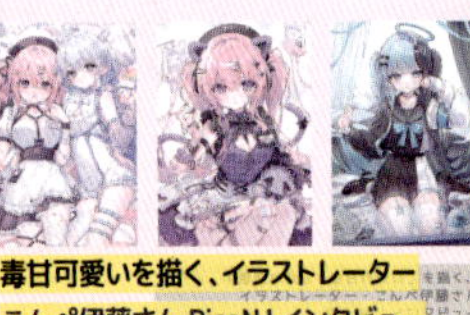

毒甘可愛いを描く、イラストレーター
こんぺ伊藤さん PicoN！インタビュー

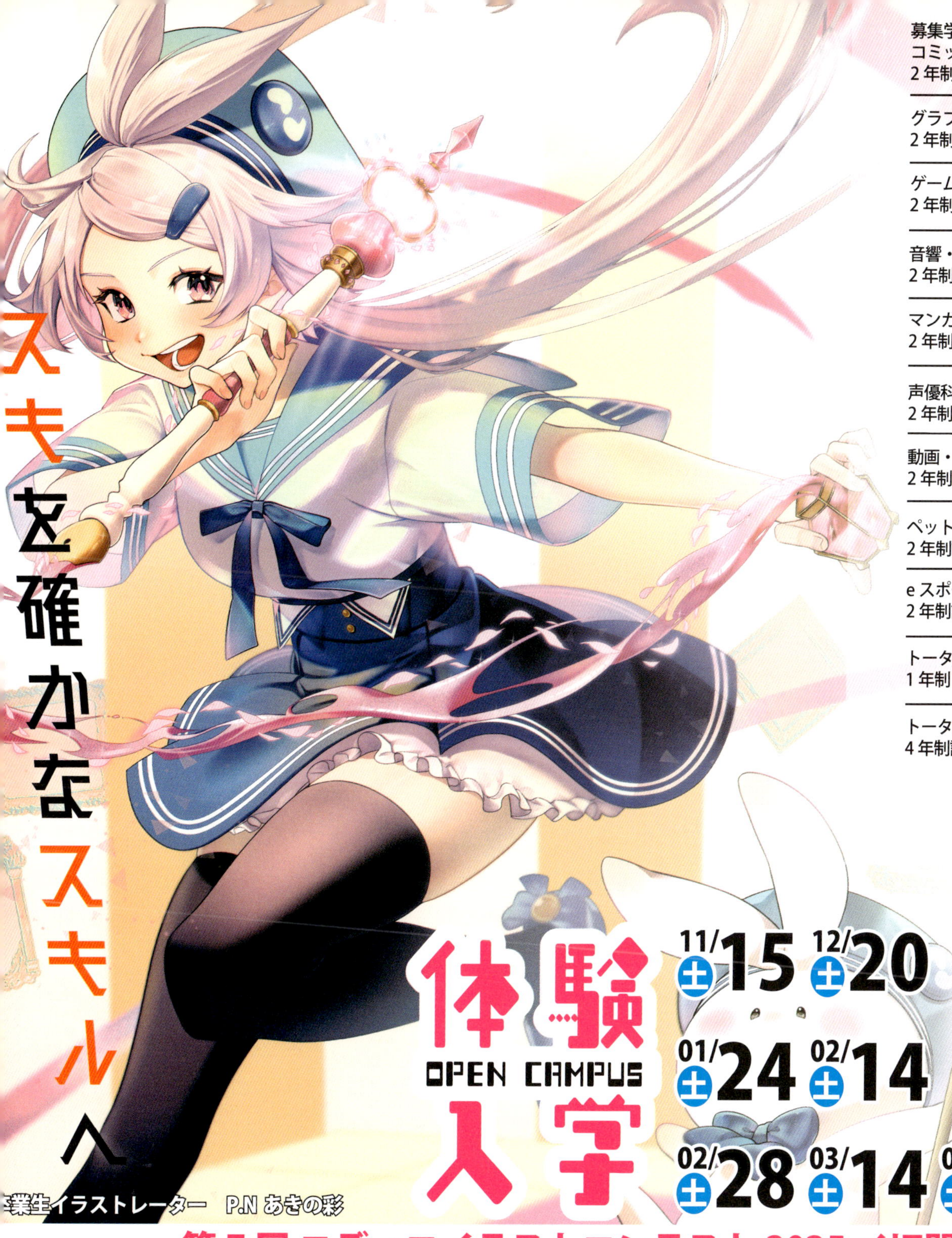

創刊20周年特大号！

イラストが大好き！描いてみたい！という人たちに送る　メイキング＆投稿マガジン

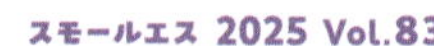

スモールエス 2025 Vol.83

SS第83号／2025年12月1日発行 年4回発行(1,4,7,10月発売)

SSは季刊エスの「妹」雑誌です。小さなSでスモールエス。1号目はSS（エスエス）と表記してましたが、正式名はスモールエス。通称はこれまで通りSS（エスエス）です。よろしくお願いします〜。

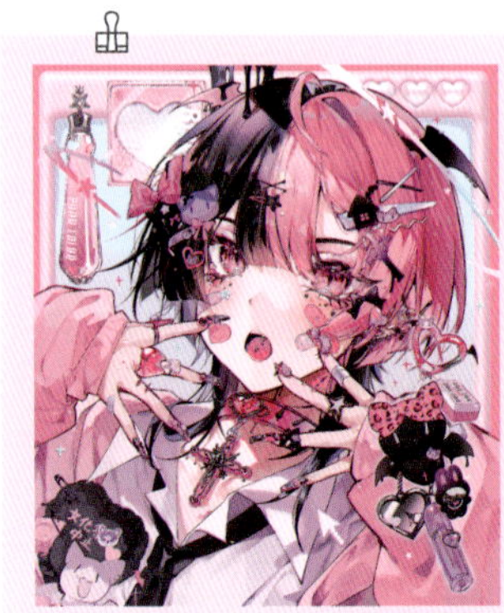

表紙イラスト

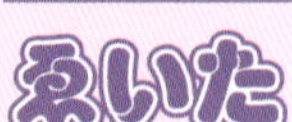
ゑいた

髪の毛や指にたくさんの装飾がついた悪魔の男の子描き下ろし。ゑいたさんのオリジナルキャラクターのEylaです。可愛くてダークな魅力がキラキラとあふれています。

SSの背表紙に掲載されるえす丸は投稿イラストのなかから採用しています！

今号は【神奈川県・ナオスケ】さんが描いてくださった、20年周年をお祝いするケーキの力作イラストを描いているえす丸です。芸術の秋にピッタリのベレー帽姿もキュートです★ 引き続き20周年のお祝い背表紙もまってます！

今号のえす丸背景表紙

《 STAFF 》

Editor-in-Chief
天野昌直

Editor
髙橋祐美
水谷文香
草野友美加
中村穂乃香

Design
佐々木弥生

Support Staff
斉藤真子　　紺野恵未
今井野乃歌　大城麻優見
新井日和　　斎藤真帆
石黒陽南　　吹野文要
夢島好美　　大倉唯

Public Relations
杉本歩美

Publisher
三芳寛要

Printing Director
加藤弘貴（広済堂ネクスト）

●発売＝株式会社 パイ インターナショナル
〒170-0005
東京都豊島区南大塚2-32-4
TEL:03-3944-3981（代表）

●制作＝株式会社 パイ インターナショナル　エス編集部
〒150-0041
東京都渋谷区神南1-13-3アーク神南ビル2F
TEL:03-6455-0223（編集部直通電話）

●印刷＝株式会社広済堂ネクスト

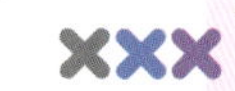

SSナビゲーター

キャラクターデザイン：水谷ゆたか

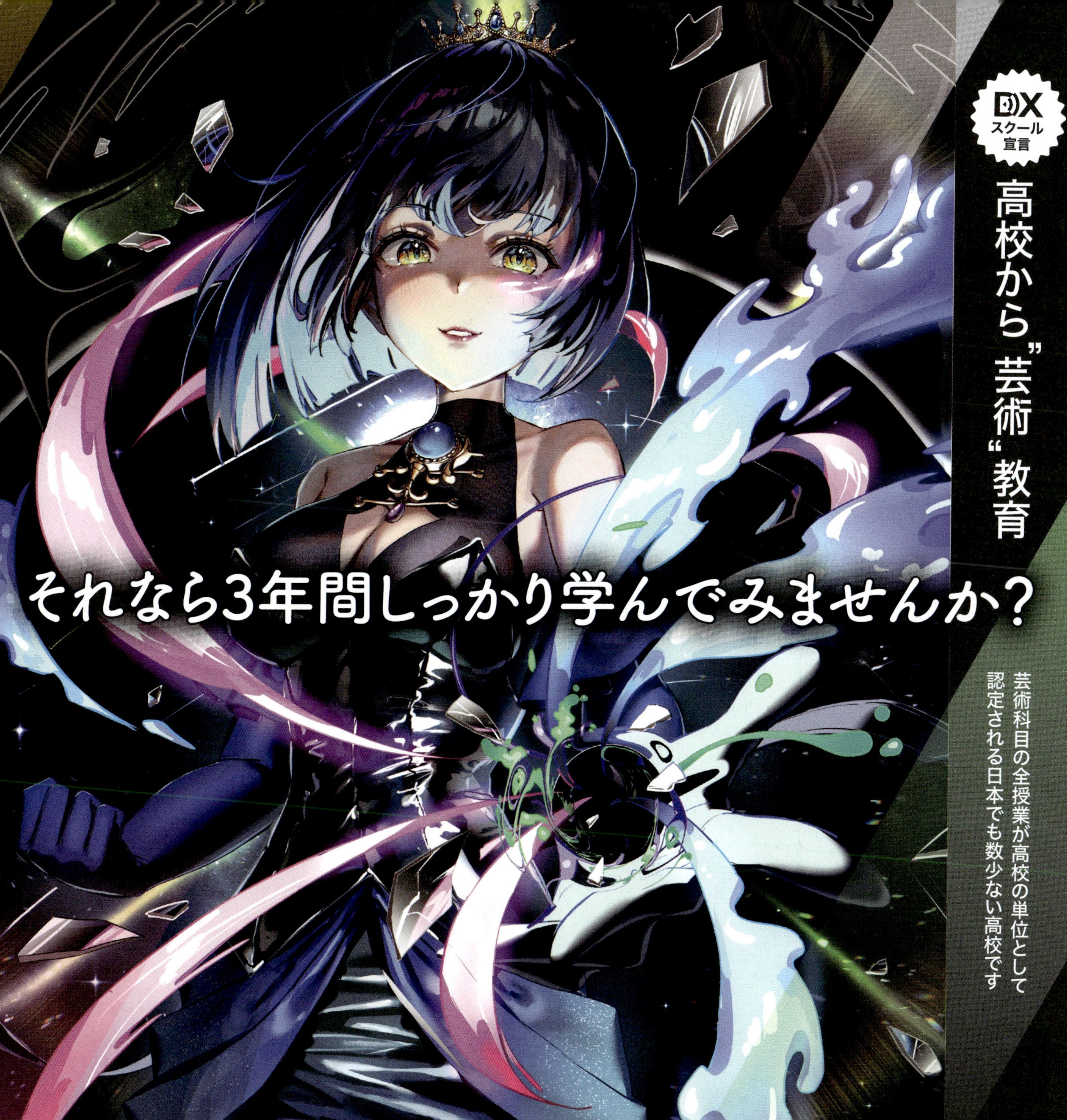
DX
スクール宣言
高校から"芸術"教育
それなら3年間しっかり学んでみませんか？
芸術科目の全授業が高校の単位として認定される日本でも数少ない高校です
Illustration
東北芸術高等専修学校
マンガ・イラストコース S.Tさん

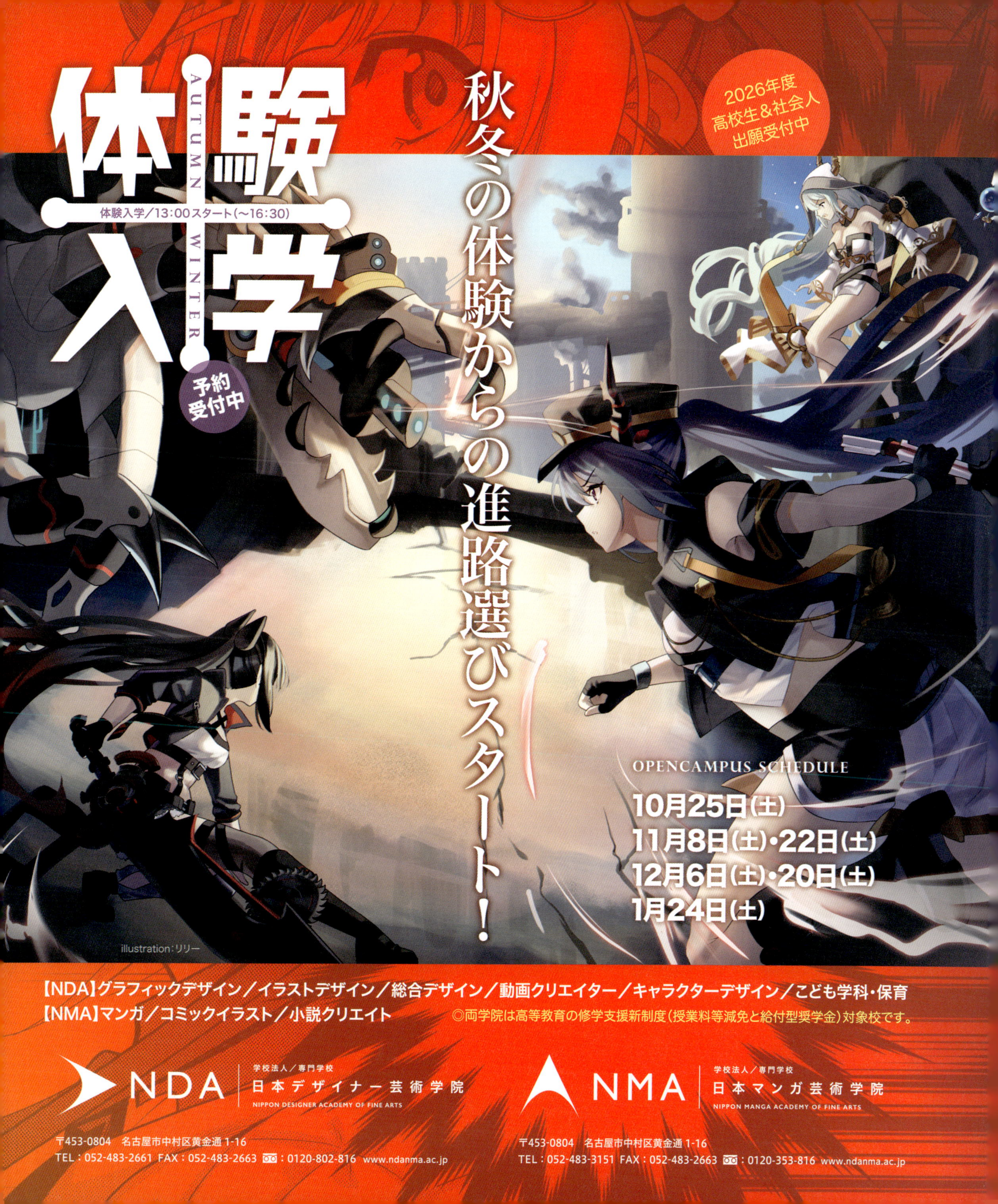

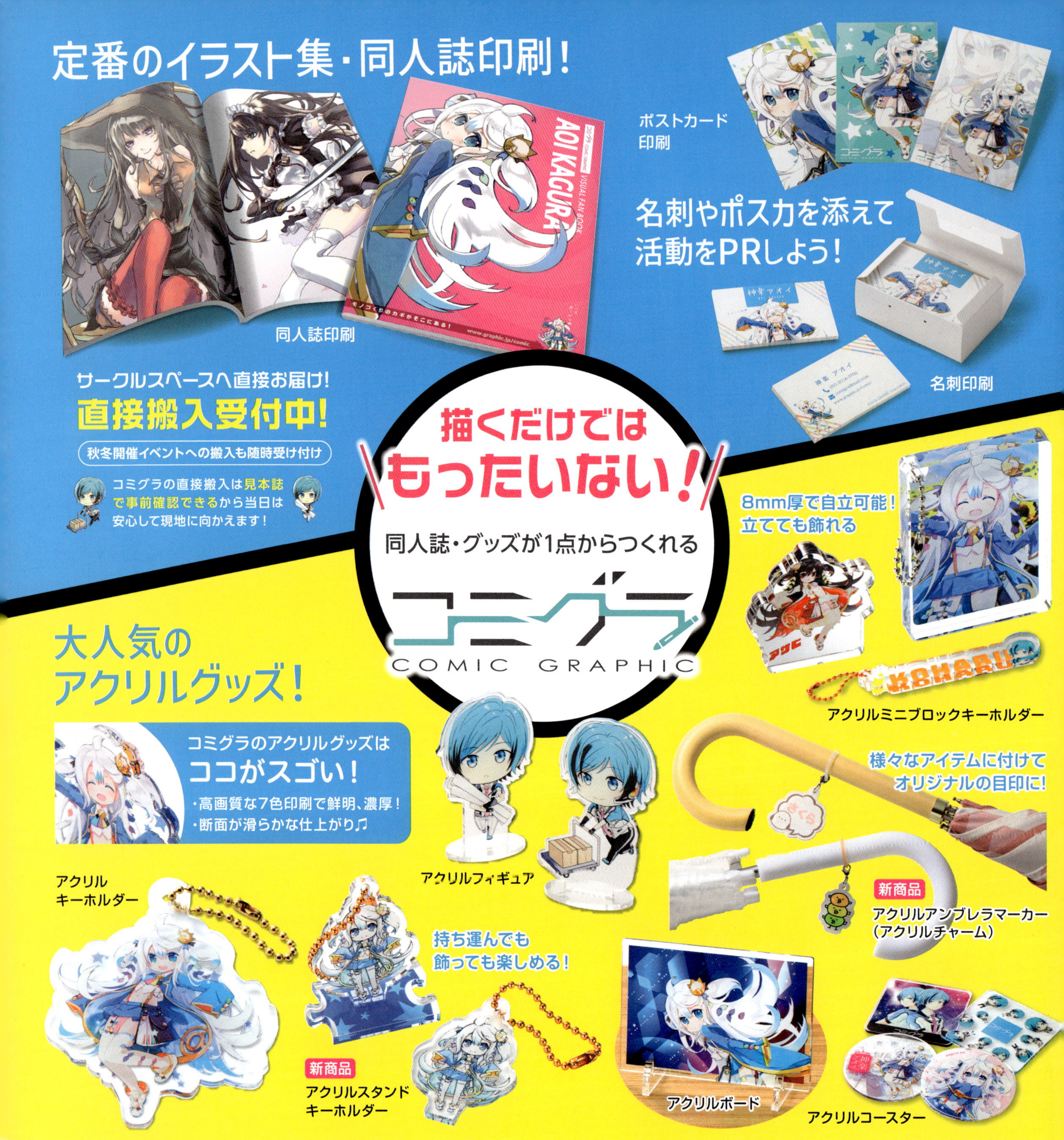

定番のイラスト集・同人誌印刷！

同人誌印刷

ポストカード印刷

名刺やポスカを添えて活動をPRしよう！

名刺印刷

サークルスペースへ直接お届け！
直接搬入受付中！

秋冬開催イベントへの搬入も随時受け付け

コミグラの直接搬入は見本誌で事前確認できるから当日は安心して現地に向かえます！

描くだけでは もったいない！

同人誌・グッズが1点からつくれる

コミグラ
COMIC GRAPHIC

大人気のアクリルグッズ！

コミグラのアクリルグッズは
ココがスゴい！
・高画質な7色印刷で鮮明、濃厚！
・断面が滑らかな仕上がり♬

8mm厚で自立可能！立てても飾れる

アクリルミニブロックキーホルダー

様々なアイテムに付けてオリジナルの目印に！

新商品
アクリルアンブレラマーカー（アクリルチャーム）

アクリルキーホルダー

アクリルフィギュア

持ち運んでも飾っても楽しめる！

新商品
アクリルスタンドキーホルダー

アクリルボード

アクリルコースター

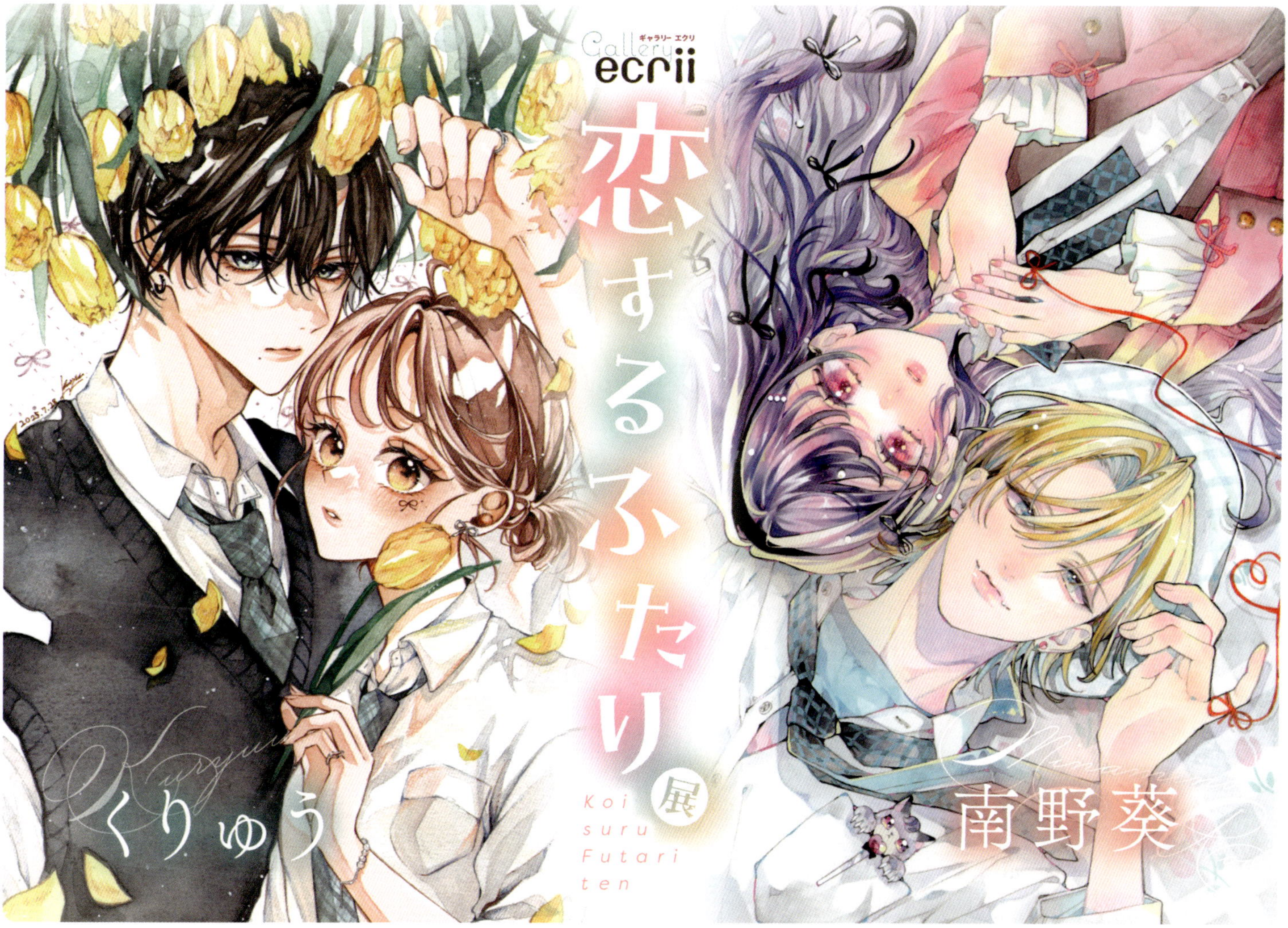

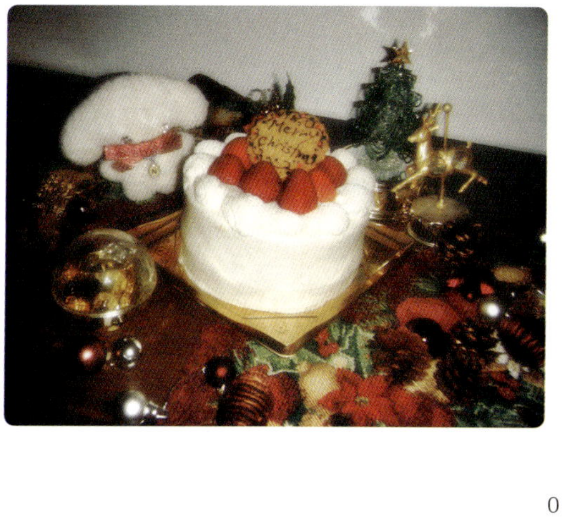

SS -mono　Software　Hardware　Materials etc

水彩画や色鉛筆などにオススメの コットン100%国産水彩紙!!
Doアートペーパー/Beアートペーパー

コットン100%ペーパー209g/㎡・中性紙 ナチュラルホワイト色

(各紙共通)
パッド：
サイズ、価格、天糊・15枚入り
A3規格：2,970円（税込）
A4規格：1,650円（税込）
B5規格：1,100円（税込）
シート：サイズ、価格
4/6判(1,091mm×788mm)
Y目 726円（税込）

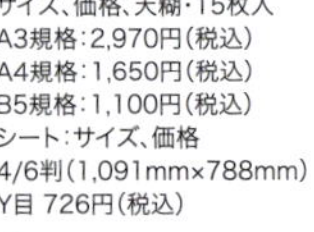
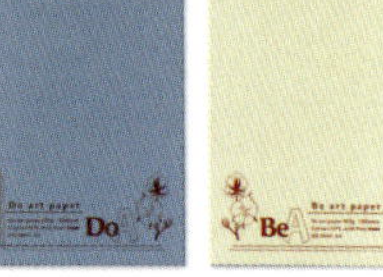

Do art paper [ドゥーアートペーパー]（左）
適度なザラつきのある紙肌と
柔軟性を持った風合いある表面が特徴で、
自然な水彩表現が可能です。

Be art paper [ビィーアートペーパー]（右）
滑らかな紙肌（細目）と柔軟性を持った
表面が特徴で、絵具も適度に吸い込み、
発色に優れます。

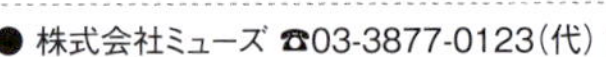

ミューズ
オンラインショップ

● 株式会社ミューズ ☎03-3877-0123(代)　**muse** DRAW ON OUR EXPERIENCE
● www.muse-paper.co.jp

必要なのは、描きたい気持ちだけ。
「Wacom MovinkPad 11」新発売！

描きたいと思ったその瞬間にすぐに描き始められるポータブルクリエイティブパッド「Wacom MovinkPad 11」は、
ペンを手に取った瞬間にすぐ描き出せる手軽さと、場所を選ばず自由に使える軽快さが特長です。

製品情報
・製品名：Wacom MovinkPad 11
・型番：DTHA116CL0Z
・ディスプレイ表示サイズ：11.45型
・筆圧レベル：8192レベル
・マルチタッチ：対応（10点）
・価格：オープン価格

対応システム
・OS：Android™ 14
・プロセッサー：MediaTek Helio G99
・メモリ／ストレージ：8GB／128GB

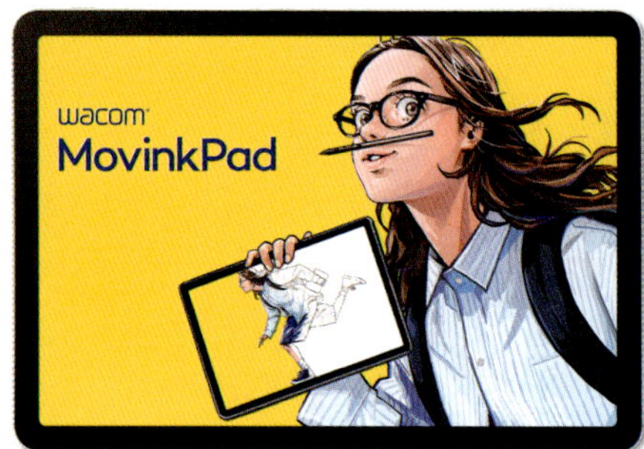

● 株式会社ワコム ☎0120-056-814(平日9:00〜20:00／土曜日10:00〜18:00※日祝を除く)　● www.wacom.com

---

特殊水性顔料「マルチインク」採用 大切な作品、もう色褪せない、ブラッシュペン
ステッドラー ピグメント ブラッシュペン

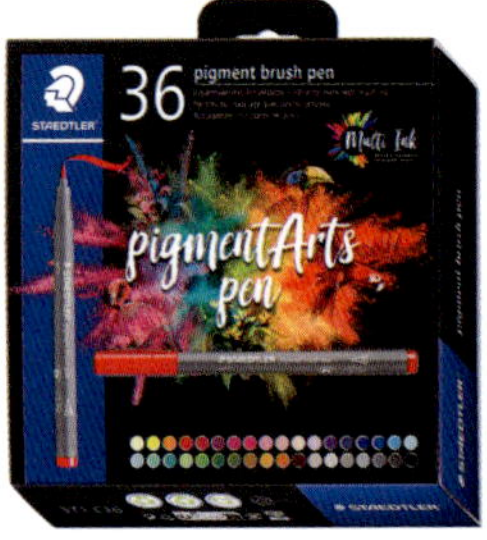

卓越した耐光性、
速乾性、耐水性を
兼ね備え、描いた
作品も永くお楽し
みいただける「マル
チインク」は、AP
マークに準拠し、身
体にも安全な無臭
で長時間でも安心
して描いていただ
ける「特殊水性顔
料インク」です。

色数・単色全36色　　1本 価格：330円（税込）／12色セット 価格：3,960円（税込）
24色セット 価格：7,920円（税込）／36色セット 価格：11,880円（税込）＊ドイツ製

● ステッドラー日本株式会社
● https://www.staedtler.jp

本格イラスト制作のためのガイドブックと FireAlpaca SEの豪華セット
ペイントソフトFireAlpaca公式ガイドブック

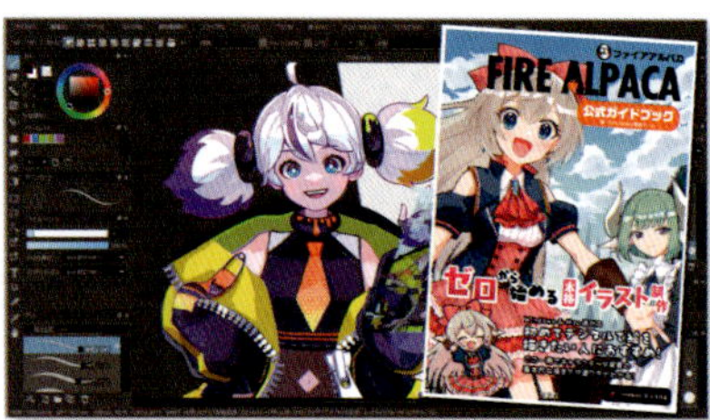

FireAlpaca制作チームが解説するデジタルイラス
ト入門書に、「FireAlpaca」の上位版ペイントソフト
「FireAlpaca SE」（Windows/Mac 対応）をセットに
しました。ただいまBOOTHにて好評販売売中！

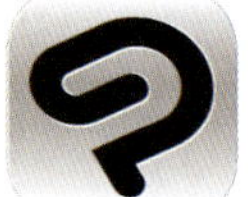

FireAlpaca
公式 BOOTH

セット価格：4,950円（消費税込）+ 送料

● お問合せ先：株式会社ビージーエヌ

スマホ・タブレット パソコンで描ける
CLIP STUDIO PAINT PRO
クリップスタジオペイント プロ

Ver.4

デジタルでお絵描きするなら みんなが使っている安心定番のペイントアプリ！

[iPad / Android / Windows / macOS / iPhone / Android Phone]

CLIP STUDIO PAINT PRO
［一括払い］Windows / macOS
6,400円（税込）

［月額利用プラン］iPad / Android /
Windows / macOS / iPhone / Android Phone
初回申込み時最大3ヶ月無料
年間契約で最大7ヶ月分お得
100円／月（税込）〜

| リアルで自然、思い通りの描き味
| ペンも UI も自由自在にカスタマイズ
| 無限に追加される数万点のブラシ・素材
| スマホなら毎月30時間まで無料体験！

[CLIP STUDIO PAINT 公式サイト] www.clipstudio.net/

● 株式会社セルシス　● www.celsys.com/

夢をかなえる色
アムステルダムアクリリックカラー

優れた品質とリーズナブルな価格により、プロからアマチュア
まで多くのアクリル絵具ユーザーにご愛用頂いている「アムス
テルダムアクリリックカラー」に12色の新色が加わりました。

メタリック
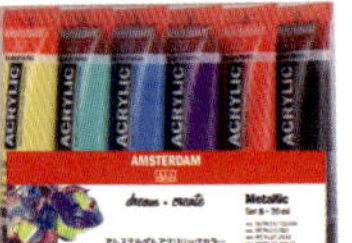
6色セット
20ml チューブ
価格：2,200円（税込）

パステル
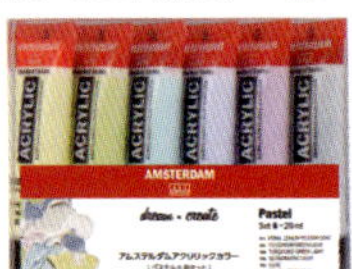
6色セット
20ml チューブ
価格：1,800円（税込）

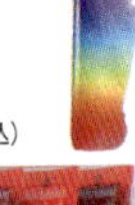

金属のような光沢感のメタリック色、優しく可愛らしいパステル色と、
どの色も個性にあふれ、作品の魅力をより一層高めてくれるライン
ナップです。

● 株式会社ターレンスジャパン　● www.talens.co.jp/
● @talensjapan　● @talens_japan

同人誌からオリジナルグッズまで 高品質・格安印刷でお届けします！
同人誌印刷・同人グッズ制作ならコミグラ

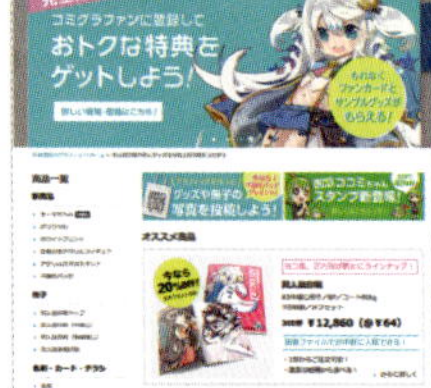

同人誌やイラスト集はもち
ろん、高画質で滑らかな仕
上がりが特徴の各種アク
リルグッズや、定番のシー
ル・ステッカーなど、様々な
グッズが作れます。イベント
でも数多くのクリエイター
様にご支持いただいてお
ります当社自慢のフルカ
ラー印刷で、あなたの創作
活動を応援します！

**24時間いつでも
注文・入稿受付 OK**

[コミグラ] **www.graphic.jp/comic/**

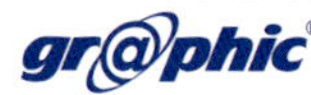

今ならポイント倍増キャンペーン中！
新規会員登録ですぐに使える1000円分のポイントをプレゼント！
さらに初回ご注文納品時のアンケートに回答して1000ポイント！

● 株式会社グラフィック　**gr@phic**
● www.graphic.jp/

小部屋を取って、組みかえて、 カスタマイズできる水彩パレット
ホルベイン 小部屋が取り外せる水彩パレット

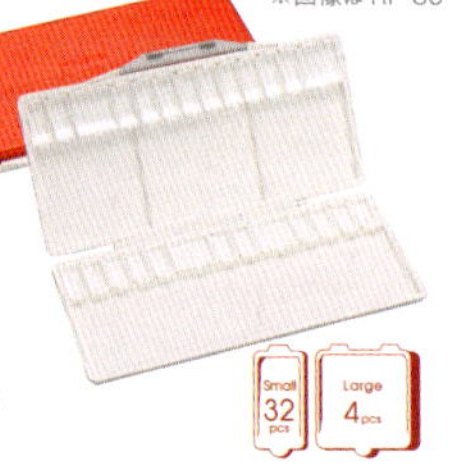

小部屋（シャー
レ）が取り外せ
るので色を並べ
かえることができ
る、まったく新しい
水彩パレットが登
場！　たとえば同系色でま
とめてみたり、制作内容に
よって色の並び順を変えて
みたり…制作が捗ります！
シャーレをすべて外して洗え
るのでお手入れもカンタン！

サイズは2種類、シャーレも大・小の2種類をご用意
RP-24 24仕切（シャーレ 小：26ヶ、大：4ヶ）　3,080円（税込）
RP-30 30仕切（シャーレ 小：32ヶ、大：4ヶ）　3,630円（税込）

● ホルベイン カスタマーセンター　0120-941-423
● 受付時間：平日 10:00〜16:00（土日祝日・お盆・年末年始を除く）
● https://www.holbein.co.jp/

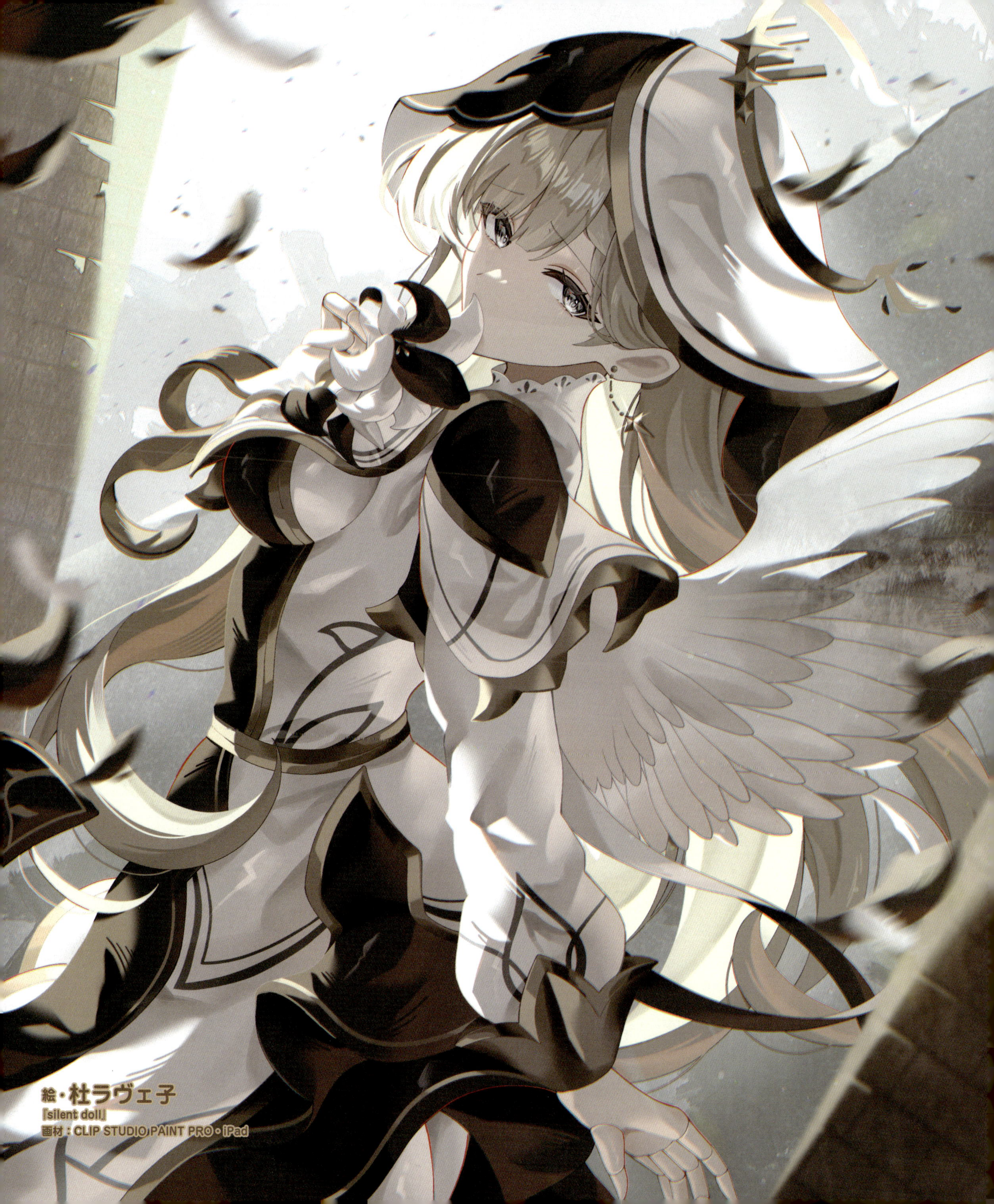

絵・杜ラヴェ子
「silent doll」
画材：CLIP STUDIO PAINT PRO・iPad

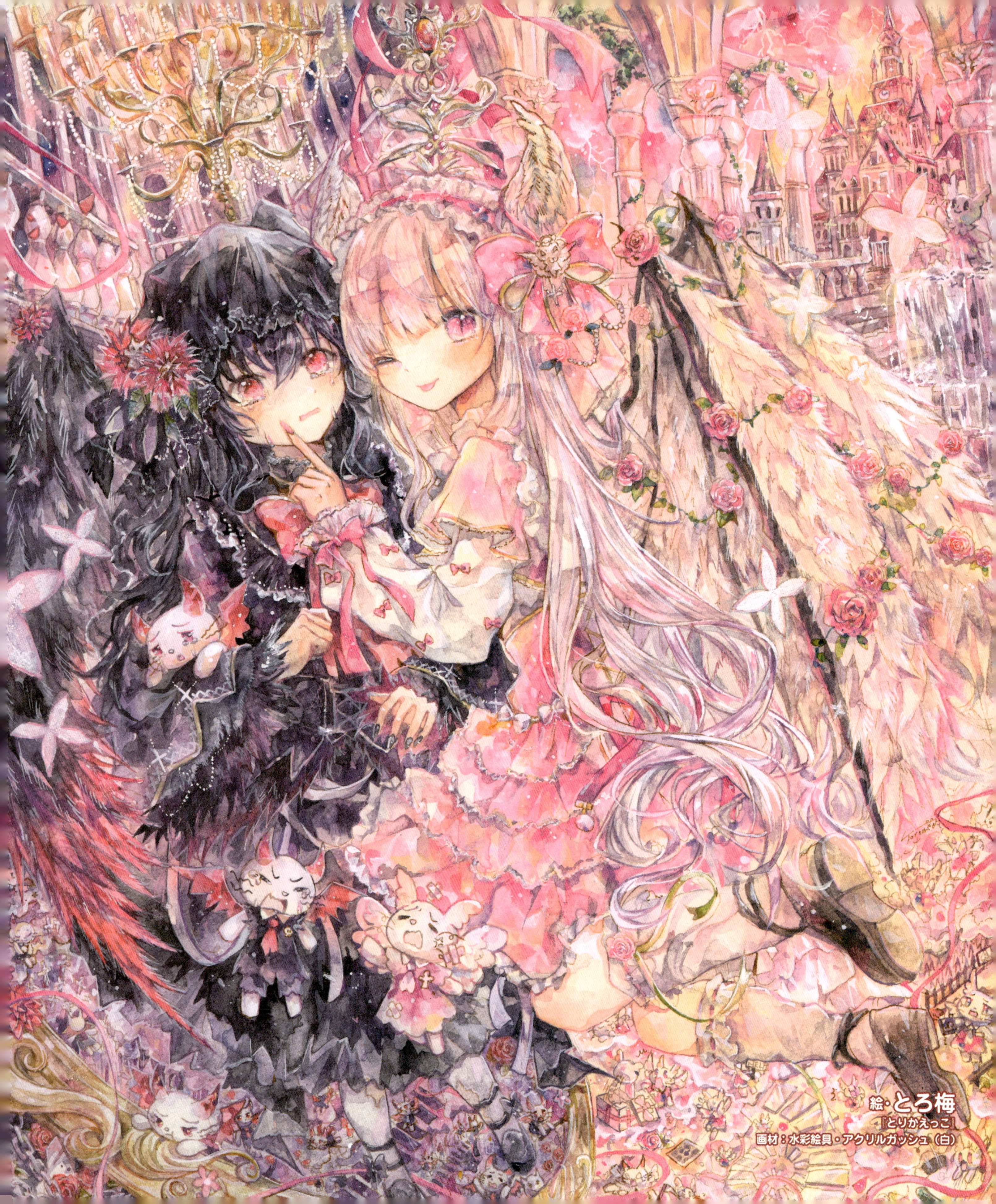
絵・とろ梅
『とりかえっこ』
画材：水彩絵具・アクリルガッシュ（白）

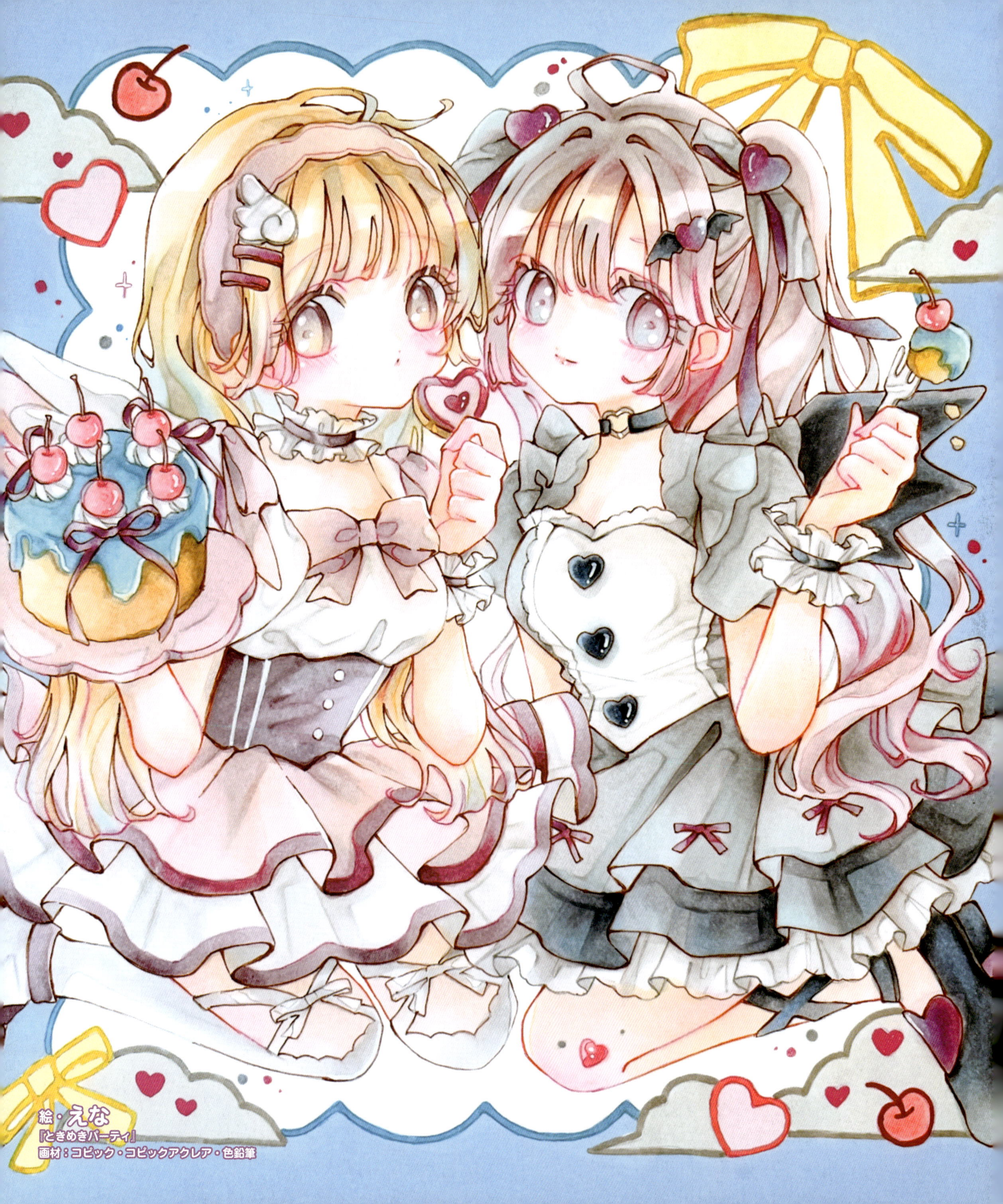

絵・えな
『ときめきパーティ』
画材：コピック・コピックアクレア・色鉛筆

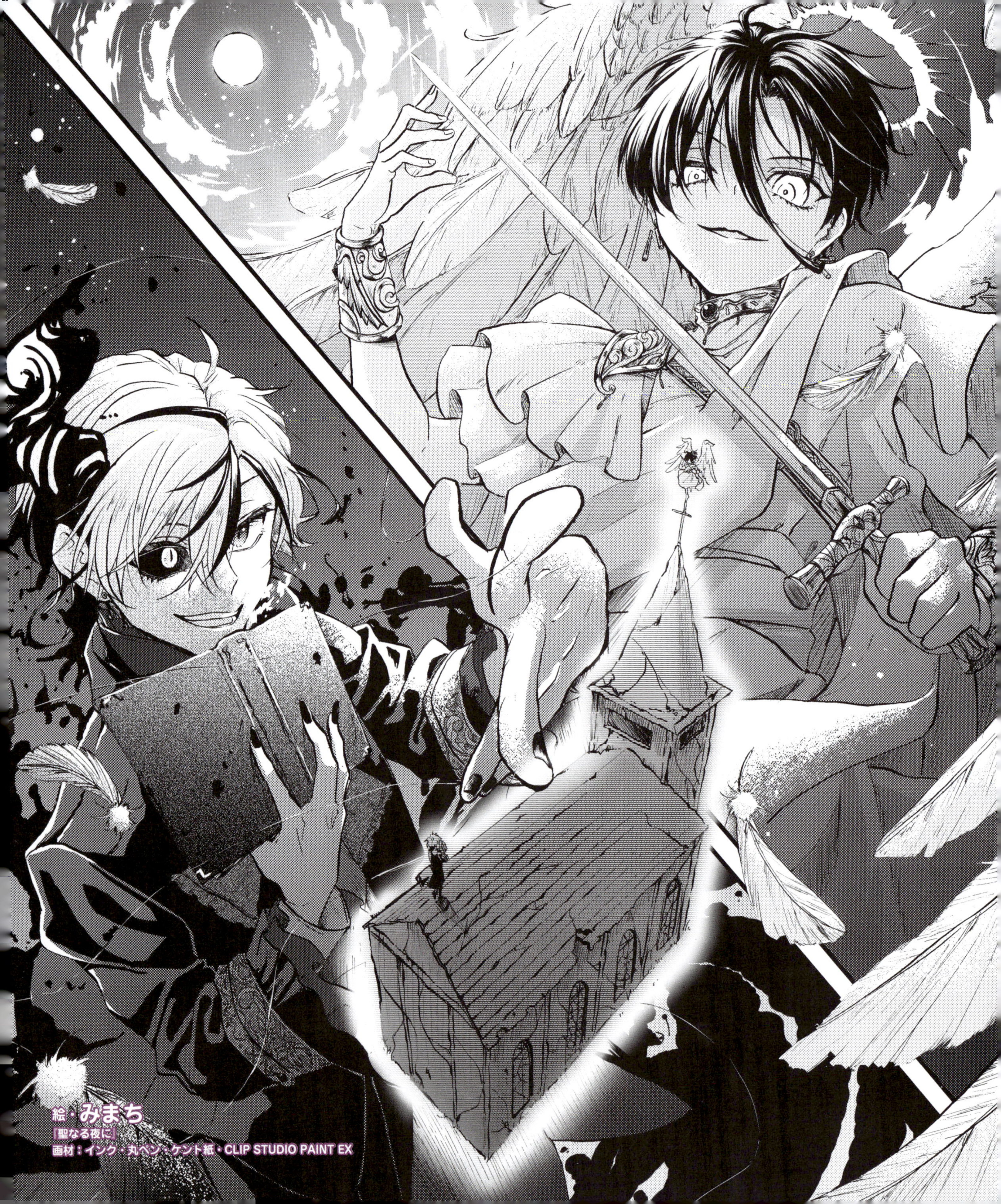

絵・みまち
『聖なる夜に』
画材：インク・丸ペン・ケント紙・CLIP STUDIO PAINT EX

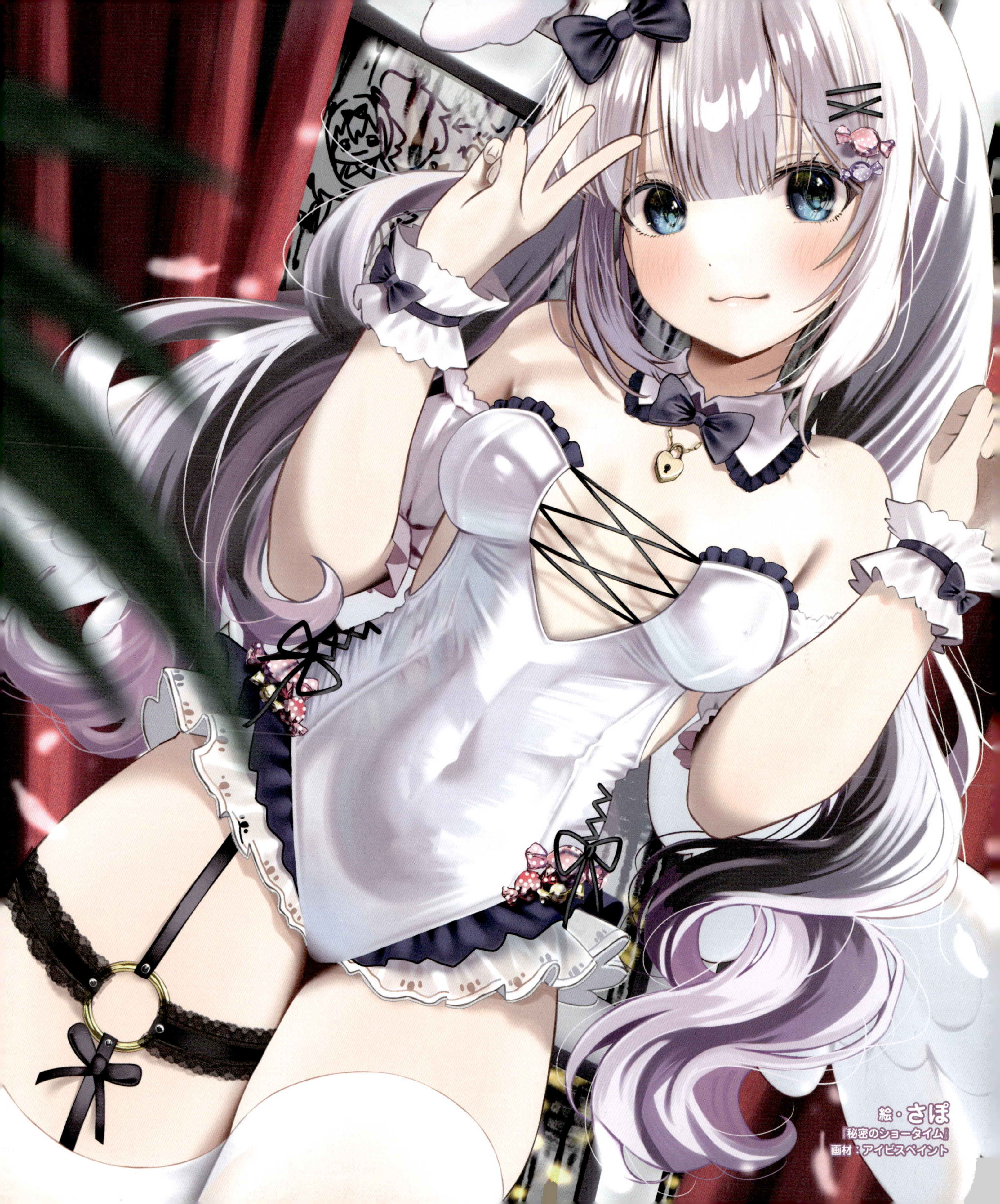

絵・さぽ
『秘密のショータイム』
画材：アイビスペイント

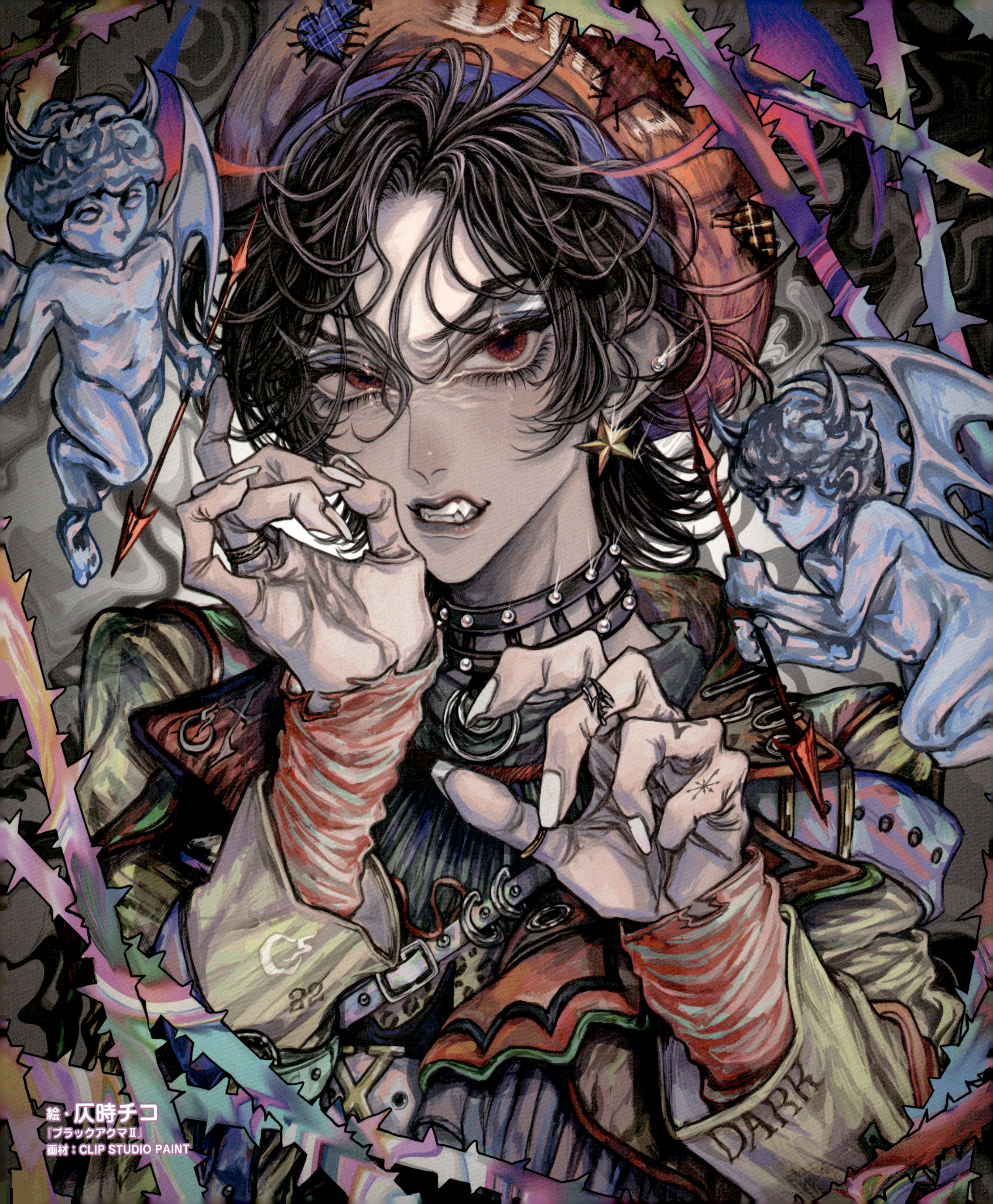

絵・仄時チコ
「ブラックアクマⅡ」
画材：CLIP STUDIO PAINT

ゑいた インタビュー

堕天使や悪魔をモチーフとしたオリジナルキャラクターを描いているゑいた。ハートや星形、×印の髪飾りや、フリルやリボンのついた衣装に、たくさんのピアス、チョーカー、スタッズ、そしてドラッグや絆創膏に傷など、可愛さとパンクとダークさを入れ混ぜたスタイルが特徴だ。デコラティブなファッションで男の子たちをキュートに見せながらも、病みを感じるムードで危険な香りも漂わせる。今回はそんな刺激的な作風を持つゑいたにインタビューして、これまでの軌跡と作品世界に迫る。

ゑいた
堕天使や悪魔などのオリジナルのキャラクターをキュートに描き、可愛くて不穏な世界をつくるイラストレーター。サンキューマートやアパレルブランドともコラボをおこない、アニメーション『Dream Photobooth』ではコンセプトアート・キャラクター原案を担当している。
X【@eita_789】
Instagram【eita_789】

サイン色紙プレゼント

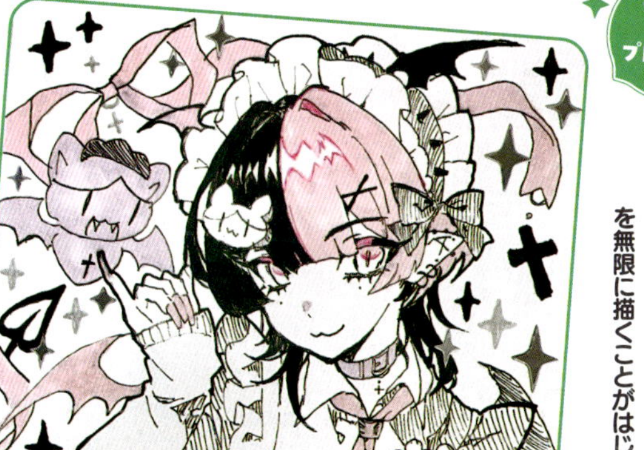

©ゑいた

──本日はゑいたさんのイラスト活動について、子供の頃から現在に至るまでをお聞きしたいと思います。幼少期のゑいたさんは、どんな風に絵を描いていましたか。

ゑいた 物心ついた頃には描いていた気がします。買ってもらったノートに、女の子の棒人間をいっぱい描いていました。幼稚園でも、みんながひらがなの練習をしている時に、私は絵を描いていて、周りの子たちから「ラクガキをしちゃダメだよ」と言われていました。

先生がノートに丸をつけるために回ってくるのですが、私の描いたアンパンマンのようなキャラクターを見て、「何これ、可愛い！」と、花丸をつけてくれたんです。不思議な感じがしました。よく描いていたのは「雨の中で傘を持っている女の子の棒人間」です。なぜ傘と雨にこだわっていたのか分からない…。身体が四角で、その下に楕円のスカート、そこから棒の足が出ていて、顔はまん丸で、点の目に、まつ毛は長く、髪はツインテールというデザインでした。

──女の子を描いていたんですね。アニメなどを見ていましたか？

ゑいた アニメの『ジュエルペット』のぬりえを持っていて、色を塗らずに線画を真似して描いていました。小学校に入ると、『妖怪ウォッチ』のブームが来て、百鬼姫やふぶき姫を好きになり、女の子を無限に描くことがはじまりました。YouTubeで百鬼姫やふぶき姫を「イラスト少女漫画風に描いてみた」という動画を見て、真似して描くようになりました。その動画でコピックの存在も知ったんです。親にコピックをねだったのですが、持ってきてくれたコピックは濁った緑など渋いカラーで、私が描きたいキャラクターに使える色ではなかったんです。「ぜんぜん可愛くない…」と思って。使える色だけを取って、あとは色鉛筆で塗っていました。オリジナルの女の子を描き始めたのもその頃です。おそらく百鬼姫に影響された狐の耳の女の子とか。小三くらいの時だったと思います。ロボットの女の子や、自堕落な感じのピンク色の女の子を自分なりに考えて描いていました。小五の時に、スマートフォンを持っていた友だちがアイビスペイント（以下、アイビスと略記）を触らせてくれて、はじめて描いたときは「なんじゃこりゃあ！」と思いましたね。で、ちょうどその頃、私が自由帳に無限に絵を描いていたのを知った叔父が、「これで描け」と、iPadを買ってくれたんです。叔父はCGディレクターなどをやっている人で、絵を教えてもらうことはなかったのですが、iPadをプレゼントしてくれました。YouTubeでアイビスの描き方を見て、はじめてオリジナルキャラクターを描きました。その頃はゲーム『UNDERTALE』にドハマリしていたから、そのキャラクターも描いていましたね。アイビスで素材を使えることに感動して、線の色を変えたり、YouTubeでやっていた「スクラッチ風の絵を描いてみよう」というのを試してみたり。でも、「デジタルで絵を描くのは難しいから、友だちとは、iPadを遊びに使うようになって、友だちとTikTokを撮りはじめたんです。友だちとはダンスを踊ったりしていて、イラストも上げはじめました。親からはTikTokに投稿してはいけないと言われていたので、めっちゃ秘密裏に…。紙に描いた『UNDERTALE』のキャラクターをカメラで撮って、TikTokに毎日投稿していました。iPadは一日一時間しか使わせてもらえなかったので、朝の五時に起きて撮影をして、その後は『ポケコロ』というゲームをしていました。

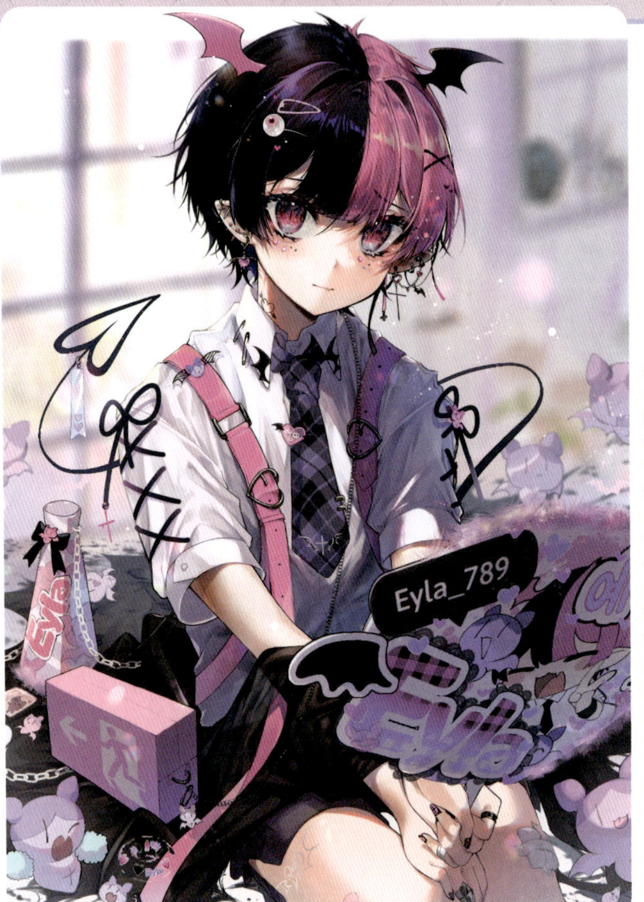

右図の黒とピンクのツインカラーの髪型をした子は、悪魔のEyla。この作品は「スモールエス」のお姉さん雑誌「季刊エス」に、ゑいたさんが15歳で初投稿してくれたもの。体育祭で流行りのモチーフを地雷系の子と組み合わせてみたくて描いた絵で、うちわやメガホン、ハチワレのコウモリもポンポンを手にしている。左の絵は、ゑいたさんが活動初期から描いているBくんで、普段はピンク髪だが、このイラストは黒髪バージョン。ツノがあり、片方が折れているのが特徴。なまめかしいボディラインに、ガーターやリボン留めのパンツがあわさり、色気を感じるイラスト。白とピンクでまとめたカラーリングがスイートで可愛らしい。首元にはリボンやクロスに加えて、ピンクの安全ピンや薬瓶も描かれており、細やかなアイテムづかいが秀逸。

—TikTokはその時点で三〇〇〇人もフォロワーがいたんですよね。

ゑいた けっこう見てもらえていたんですけど、TikTokに動画を上げるのが学校で問題になったんです。iPadが使えなくなると困るので、そこからあまり載せなくなりました。その後、『イナズマイレブン』がはじまったので、『イナズマイレブン』好きとつながりたくて、十二歳の時にX（当時はTwitter）をはじめました。でも、年齢をしっかり入れていたのでアカウントにロックがかかってしまって、復活できなくなり、また空白期間が…。代わりにSimejiというアプリに『鬼滅の刃』の絵を投稿しはじめました。Simejiは当時のTwitterができない子たちが集まるところなので、低年齢の人が多く、小学生に大人気でした。そこで、はむねずこ先生の絵を見て、「こんな可愛い顔があるんだ!?」と思ったりしていました。また、『スプラトゥーン』で男の子を描くようになって、この頃からだんだん男の子の絵が多くなります。子供の頃は男子を描くのが苦手だったのですが、「まつ毛を描くとカッコ良くなる!」ということに気づいて、描くようになりました。

—現在につながる男の子たちを描くようになったのですね。

ゑいた 二次創作が多かったですが、「Bくん」というオリジナルキャラクターも描き始めました。今も描いているキャラクターたちの土台が出来た時期です。同時進行でBLも知ることになって、それはネットで「おそ松さん」の絵を見ていた時、なぜか兄弟同士でチューしているイラストが出てきたんです。「これは何だろう…?」と。「そういう世界線なのかな…」と、拒否反応はなくて、見たりしていました。それで自分のキャラクターでは、中二くらいにBくんとその彼氏を描きました。ずっと名前がなくて「幻獣くん」と呼んでいたのですが、最近、「プリンちゃん」という名前がつきました。

—ゑいたさんのキャラクターは初期からピアスをつけたりしていますけど、いつくらいから男の子にアクセサリーをつけはじめたんですか?

ゑいた 中二くらいですかね。たぶん、かねこ鮭先生の影響があると思います。YouTubeでSnail's Houseさんの曲をめっちゃ聴いていたんですが、Snail's House先生（かねこ鮭先生）に絵を依頼していたんです。サムネで絵を見て、「この絵柄はもしかして…?」と思いました。可愛い女の子なのかな、と思ったら男の子で、そういう性癖みたいな部分は影響を受けていると思います。その頃に自分でも恋人同士のキャラクターを作りはじめました。それは紙で描いていたのでクリアファイルにまとめているのですが、センター分けに長い横毛と、ジト目が特徴のフミくんと、黒髪のハクくんを描きました。

—そうしているうちに、Xの活動も再開したのですよね。

ゑいた はっきり覚えているのですが、二〇二二年七月二八日にX（当時はTwitter）を再開したんです。なぜはじめたかと言うと、Twitterじゃない?なんて、調子に乗って載せたのに、見事に「ゼロいいね」!中学の時は美術部の部長をしていて、学校での印象は「人間の中で、絵が上手い人」だったんです。だから、「私は人間の中で、絵が上手い方なんだ」と思い込んでいました。「学校で一番上手い子」から、「底辺絵師」に成り下がったわけです。

—そのときはオリジナルがメインだったんですか?

ゑいた はい、「オリジナルで行こう!」と思っていました。めげずに描いて上げていると、「三〇いいね」とか…。初期に一番「いいね」がついたのはロボットの子の絵でした。いいねがついたのですが、特に時間をかけたわけでもなかったので、「なんでこの絵が?」と感じました。「めっちゃ上手く描けた!」と思って、ワクワクして上げたのが「五〇いいね」くらいで爆沈したりして、何が受

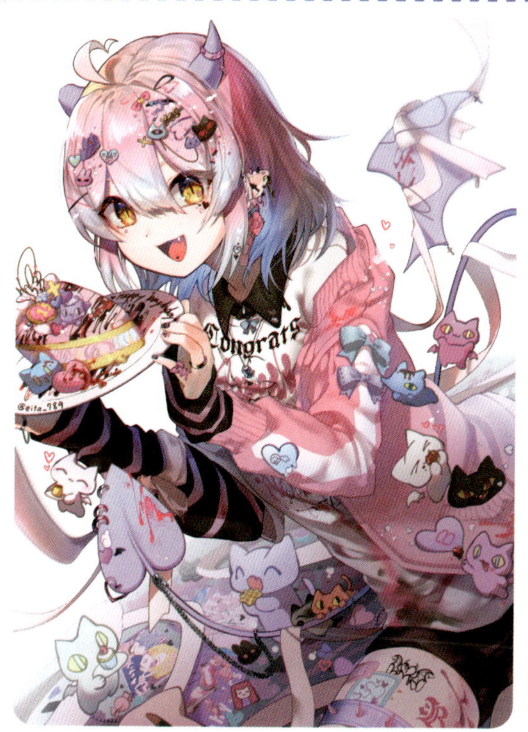

自身の15歳の誕生日に際して描いた作品で、Bくんがケーキを持っている。Xではじめてバズったイラストで、たくさんの装飾アイテムにピンクを基調としたカラーリングが光る。見ていて快感を覚えるきらびやかさが鮮烈だ。

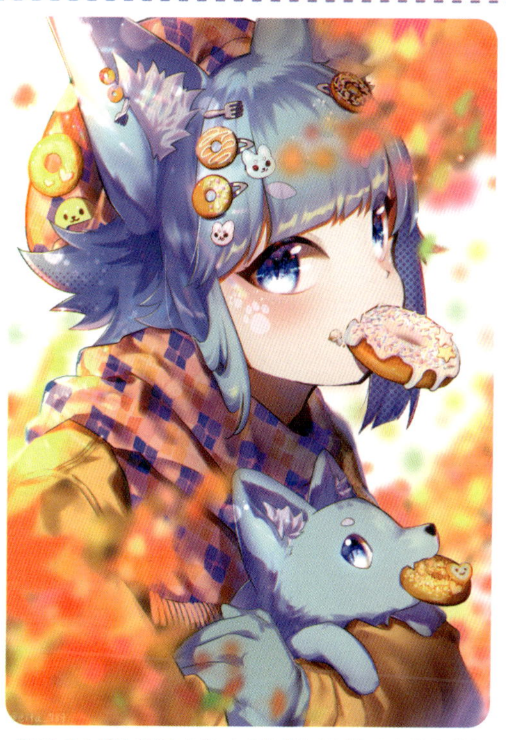

ゑいたさんがアイビスペイントの公式サイトランキングで1位を獲った作品。ドーナツの髪飾りが可愛い。秋を感じさせる茶系のカラーリングに水色を合わせてインパクトを出しており、絞った色数が生きている。

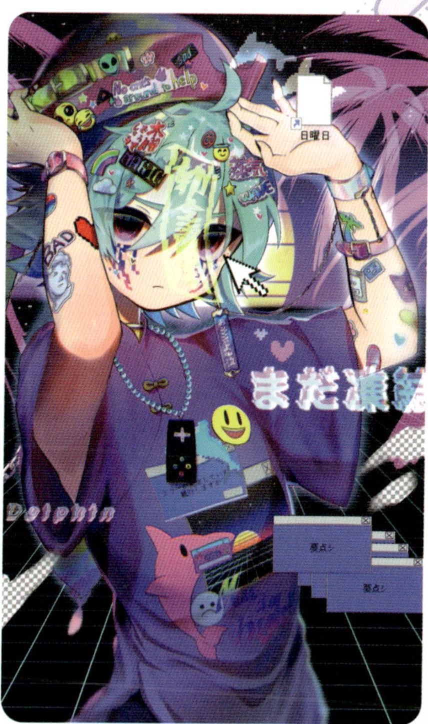

ヴェイパーウェイブに夢中だった中学生のときの作品。かつてのPCのグラフィックを直接イラストに入れることで、現実とバーチャルが重なったような浮遊感のある奇妙さが表現されている。ファッションアイテムへの落とし込みも興味深い。

ゑいた 　……けるのか分からなくて……。でも、がんばって描いていました。

—— だんだん描き方が変わっていきますね。

ゑいた 　この頃、MAZAさんやunxxiさんを見はじめました。自分の絵がはじめてアイビスのランキングに載ったのもこの時期です。それまでも出してはいたんですが、ランキングに載るなんて、夢のまた夢だと思っていたから。

—— アイビスの公式サイトでランキングに入るようになると、見た人が、「あ、ゑいたさんだ！」と分かるようになりますよね。描く題材も今の雰囲気に近づいてきますね。

ゑいた 　かなり昔、子供の頃からヴェイパーウェイヴ（Vaporwave）が好きだったから、絶対絵にしたいと思っていて。中三の頃にそういう絵を描きました。

—— というと、小学生の頃から、ヴェイパーウェイヴが好きだったんですか？

ゑいた 　めっちゃ好きでした。当時はヴェイパーウェイヴ一択でした。ピンタレストをきっかけに知ったんです。ヤシの木やイルカが出てきて、「何だこれは？」と思っていたら、ヴェイパーウェイヴというジャンルだと知って。TikTokでも、そういうカオスな動画が流行っていて、コメントに「ヴェイパーウェイヴで調べてみてください」と書いてあったので、興味を持つようになったんです。

—— どういうところが響いたんですか？

ゑいた 　ちょっと奇妙な世界じゃないですか。変わっているものにひかれる時期だったんだと思います。

—— 絵の活動にSNSが大きな影響を及ぼす時代だったと思うのですが、反響を得てどんな心境だったのか聞かせていただけますか？

ゑいた 　自分の十五歳の誕生日に向けた絵が、一万ちかく、九〇〇〇いいねもらえたということがありました。MAZAさんからも「いいね」をもらえて嬉しかったです。そのあたりから、バズるようになるんですが、「なんで？」と思う絵もあるんですよね。これが実は悪夢のはじまりで…。「バズり」を経験すると、それ以上の「いいね」を求めるようになってしまうんです。だんだん「バズった絵のように描かないとバズらないんじゃないか」と思ってしまって、画風が似てくるんですよ。「あれがバズったから、あの時の画風に戻そう」とか。六〇〇〇いいねとかだと普通になってしまって。その後に二万いいねをもらった絵があって、そこから仕事絵の依頼が来ました。高一になったから、「お金を稼いでも良いんじゃないか？」と思って、はじめてイラストの仕事をしました。当時は、他のイラストでも「六万いいね」がついてしまったものもありました。フォロワーがどんどん増えていくんです。その作品で六〇〇〇人くらい増えたと思います。憧れのMAZAさんからも依頼が来て「MAZAさんのキャラクターを描けたのも嬉しかった。そのあたりがXをやっていて一番反響があったときだと思います。

—— 今はSNSでの反響に悩む人も多いですが、ゑいたさんはどう対応していますか？

ゑいた 　インプレッションが伸びなくて悩んでいる人はいらっしゃいますよね。そういうとき、「Xの仕様が変わったからインプレッションが伸びないのではなくて、私の絵が悪いからだ」と思ってしまう。やっぱり自分の実力を否定される気持ちになりますよね。それは私も感じていて、「もう、SNSをやめよう！」と思ったこともあります。iPadを実家に置いて、おばあちゃんの家に泊まりに行きました。おばあちゃんの家で、紙に絵を描きまくったんです。そうすると、「絵が嫌いなのではなくて、SNSに困らされていたんだな…」ということに気づきました。そういう生活を挟むことで、自分と絵の関係を上手く保っていけることもあるかもしれません。

—— 確かにベテランの漫画家さんも、「定期的に紙に描くと、精神衛生として良い」と言っていました。SNSから切り離されて、絵を描くことだけに集中出来るという。そういえば、ゑいたさんが初めて雑誌に投稿してくれたのは、十五歳のときに「季刊エス」でしたが、フォロワーもすでに二万人くらいいましたね。

ゑいた 　高一の時は、友だちが出来なくて病んでいた時期もあったり、学校に行かなくなっても、「絵があるから！」と思えていたから、何とかやれていました。なんだかんだ言って、絵の反響があることは自分にとって大きかったですね。

—— オリジナルキャラクターも旺盛に発表して、

ゑいたさんが描く堕天使＆悪魔＆天使

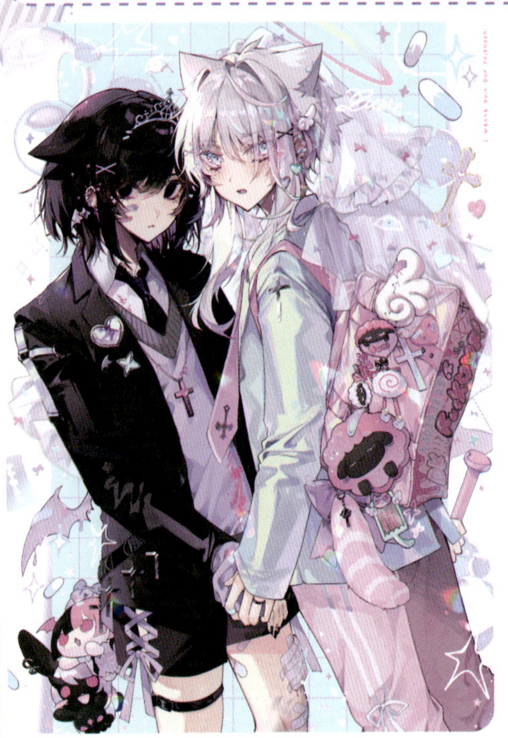

悪魔のハクと堕天使のフミを描いた作品。ハクはバク、フミはヒツジという動物モチーフがある。二人は一緒に描かれることが多い。フミが背負うラクガキだらけのスクールバッグはゑいたさんらしい飾りで仕上げられている。

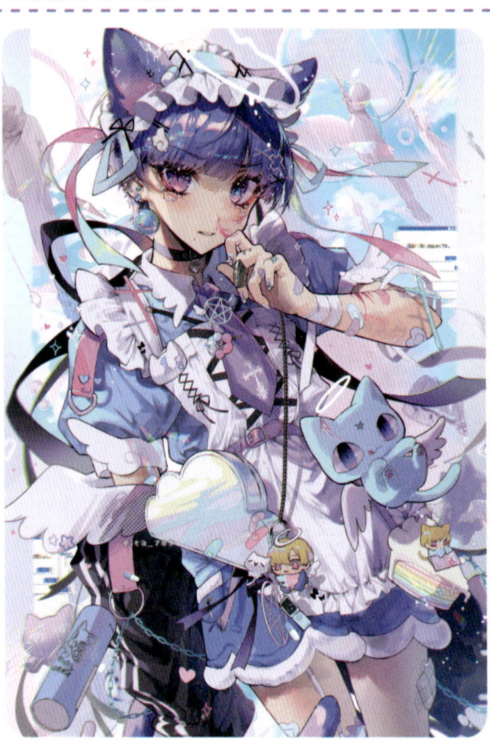

ゑいたさんのキャラクターは悪魔や堕天使が多いが、この男の子は天使で、いち君（数字の1）。水色髪と口元のほくろが特徴。いち君と笑迫は一緒に描かれることがあり、この絵でもミニキャラの笑迫がマスコットのように描かれている。

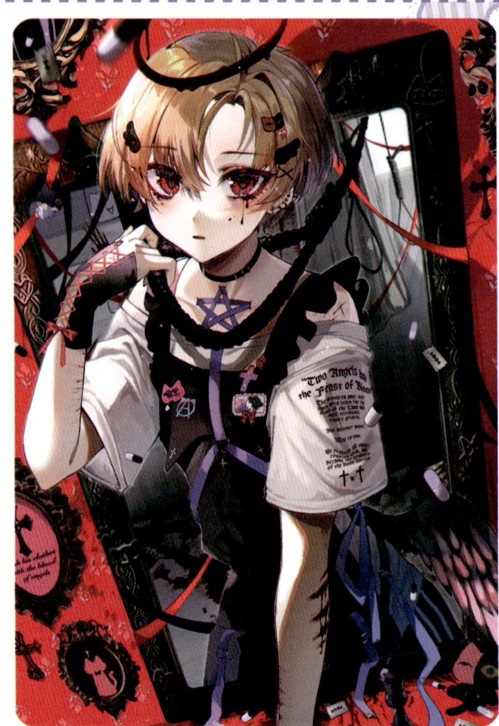

堕天使の笑迫。彼は傷から血が流れていたり、ダーク寄りに描かれることが多い。この絵では、壁の赤色が画面に力を持たせていて、絞首のなわやカミソリ、ドラッグとあわさり、鮮烈で刺激的な世界を見せている。

—自分の世界を広げていっていますね。

ゑいた Eyla、フミくん、笑迫、いち君、Bくんをはじめ、大勢の子がいます。自分でも気に入っています。

—ゑいたさんは、イラストの依頼は受けているんですか？

ゑいた これまではあまり受けていませんでした。オリジナルが描きたくて、その制作に集中するために断っていたんです。でも好きなゲームの絵は描かせていただいていました。以前に『NEEDY GIRL OVERDOSE』がはじまって、シナリオのにゃるらさんが好きだったから、こちらからアタックしてありがたく仕事をいただきました。un××iさんもカウントダウンイラストを描いていました。自分のオリジナル作品は、ネットプリントにするこ とが多いのですが、フォロワーさんは中高生の方が多いから、安く買える商品は評判が良いんです。

—なるほど。ゑいたさんは自分の絵のポイントはどういうところにあると思いますか？ デザインやアイテム、顔の描き方などに特徴がありますね。

ゑいた 今でも定まっていないんですが、描き込みは増やしたいと思っています。un××iさんの影響もあると思うのですが、小さいアイテムをいっぱい描くことは大事にしています。また、キャラクターのモチーフには動物がいます。笑迫は赤い猫がモチーフで、ハクはバクがモチーフになっています。プミちゃんと言うんですが、ハクの親戚で可愛いバクです。フミはヒツジです。クレーンゲームで獲れたぬいぐるみで、フミが寝ている時に出てくる悪夢の素という設定です。Eylaはコウモリですが、彼は小さい頃にコウモリを食べていたんです。それぞれ細かい設定を作っています。

—悪魔や天使といった設定もありますよね。キャラクターについてもう少し教えてください。

ゑいた アメリカのミュージシャンのメラニー・マルティネスのMVや、『ハズビン・ホテル』という海外アニメを見ていると、バックグラウンドを作りたくなって、キャラクターみんなが悪魔や天使だった りする世界を想像しました。いち君は天使、笑迫とフミは堕天使、Eylaは悪魔です。堕天使と悪魔は別のものだけれど、「天国から堕ちているから、地獄に住んでいるよね」ということで、堕天使と悪魔はよく一緒にいます。最初から悪魔なのはEylaとエイトです。その二人はマブダチ。カップリングではなくて友達です。Bくんはセフレとしてプリンちゃんがいて、「彼氏」とか言っているわりにはそういう関係で、お気に入りなのはエイト。エイトは「Bくんのことを女の子として好きだった」という過去があって、「やっと良い感じになれた…と思ったら男だった…え？」と思っているのですが、そんなエイトをBくんは可愛いと思っています。Bくんは普段喋らなくて、Siriみたいに電子の世界で女性の声で喋ったりするから男性なのか分からない。実際に喋ったら男性なんですけど、なかなか声は聞けないんです。今回「スモールエス」の表紙になったのはEylaで、悪魔やコウモリなど、いろいろな血が混ざっています。施設で暮らしている兵役用の子という設定です。天国と地獄で戦争があるから、戦うために育てられた子。天国から堕ちてきた堕天使を処分するという役目があって、いずれはそういった兵役につかなければいかないから、今は学生生活をエンジョイしています。SNSで人気のインフルエンサーみたいな子です。のびのびとしていて元気です。

—物語性があるのですね。キャラクターにはどういう格好をさせるのが好きですか？

ゑいた この感情がせめぎ合っています。「彼ら自身が好きな、男性的な服を着てもらいたい」というのと、「可愛い衣装を着てもらいたい。足を出して欲しい」という思いがバトルしていて、そこが悩みです。本人たちは自分の意思ではこういう服を着ないと思うんです。だから可愛い衣装を描くことによって、「本人たちがこういう趣味なのかな？」と思われると違うので、ラクガキで「男性的な服を着ているよ」という場面もアピールしています。全体的な衣装デザインの方向性としては、パンクでゴシックなものでしょうか。チェーンやデスロゴもそうですね。un××iさんの影響もあると思います。海外で言う「emoboy（エモボーイ）」みたいなのが好きですね。

—un××iさんやMAZAさんは、顔の描き方などは特に90年代レトロのニュアンスもありますから、そこはゑいたさんとは違いますね。ファッションについては、ゑいたさん自身がゴシックパンクや

サブカル、地雷な格好をしていますね。絵の世界とあまりにマッチしているので、今回はポートレイトを撮らせていただきました。

ゑいた　自分のファッションも絵に寄せたくなってしまいますね。垢抜けていなかった時からそういう服装をしていたので、思い返すと恥ずかしいですね。ただ、ある時期からそういう女の子たちの「大垢抜け時代」が来たと感じています。急に美のハードルが爆上がりした。カラコンは必須！　みたいな。確かに、私もカラコンをしないとメイクをしていない気になるくらい染まっているけど、普通に考えたら、そういう基準や整形が当たり前なのも不思議ですよね。普通の女の子が「整形したい」と言う時代になってきて、「ちょっとハードル高くない？」と感じています。今は小学生もメイクしていますから、時代は変わってきましたよね。

――確かにそうですね。キャラクターの顔を描く時も、メイク的に気をつけることがありそうですね。

ゑいた　確かに現実のメイクの影響もあります。例えば、涙袋もメイク感覚になって大きく描いてしまうことがあります。実際の目の下に沿わずに丸っこく描いたり。でも絵的にはバランスが悪くなることもあるので、さりげないサイズに変えたりして調整しています。キャラクターはメイクをしなくても可愛いから、あまり整形メイクみたいにはしなくても良いと思うんですよね。それよりも色を鮮やかに見せたりしています。黄色のカットクリースを入れた絵があります。目頭を白くして、目尻に向けてシェーディングしていくことによって、立体的に見えるメイクの手法で、絵にも取り入れることがあります。あとは目の周りをラメのようにキラキラさせていますね。

――目の中の描き方で気をつけていることはありますか？

ゑいた　目の中のデザインは、はっきりとは決めていなくて、とにかく描き込んでいます。ベタ塗りの方が良かったたな、と思うこともあるから、目が真っ黒なハクは描きやすいですね。全体的には猫目の瞳孔で描いていて、シュッと筋の入った猫瞳孔は可愛くて好きです。あと、ハイライトを強く入れると女の子っぽくなるので加減しています。眉毛で男性感を出せるので、そこは気をつけていますね。昔は眉毛をサッと描いて、目と眉毛の距離は離れていたのですが、男性キャラは目と眉毛の距離を近づけて描くと凛々しくなると感じて、意識するようになりました。

――なるほど。ゑいたさんのキャラクターはファッションやメイクに興味がある人たちも好きになると思います。そういえば、以前に「スモールエス」で紹介したアニメーション『Dream Photobooth』はどうですか？

ゑいた　マーチとヨンジンが発表されました。新しいところでは、モブキャラのデザインを提出しました。私が「モブキャラを作りたい」と言って、四人くらい描いたんです。どんな風に登場するかはまだ決まっていませんけれど、楽しみにしています。アニメはもっと皆さんに見ていただきたいですね。

――今、四話まで発表されて、メインキャラクターの四人を見ることができましたね。ゑいたさんのキャラクターが動いて喋る姿はときめきますね。これからも楽しみです。今後のゑいたさんの活動も期待しています！　本日はありがとうございました。

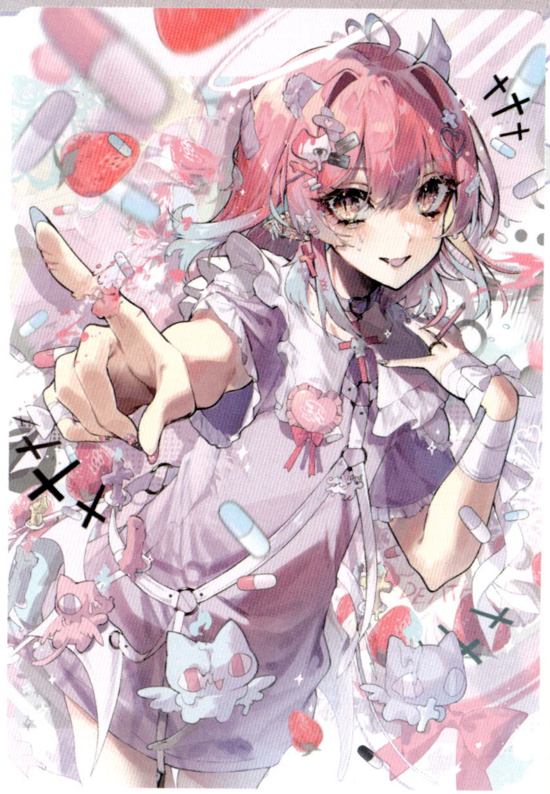

ピンクの髪色で描かれたBくん。Bくんはインキュバスでもあり、比較的、自分で可愛い格好を選んで着るキャラクターとのこと。フリフリが可愛い。この絵ではよく見ると各所が溶けていて、不穏なムードが漂うのもポイント。

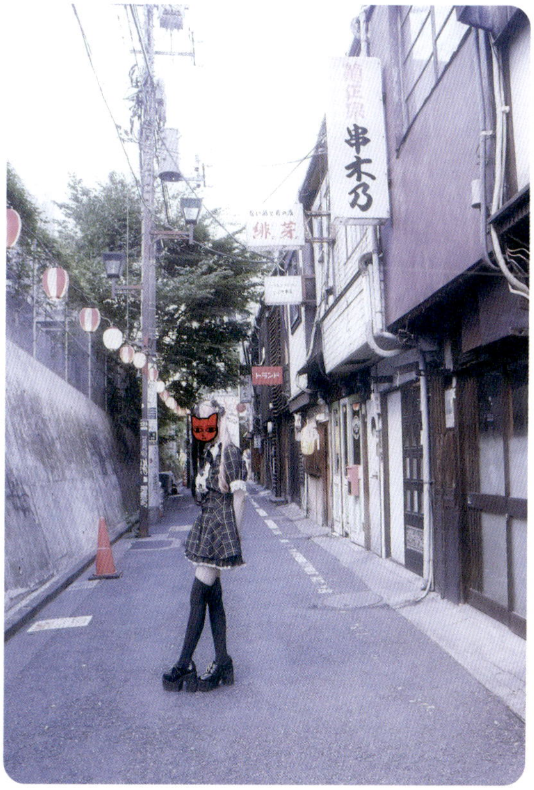

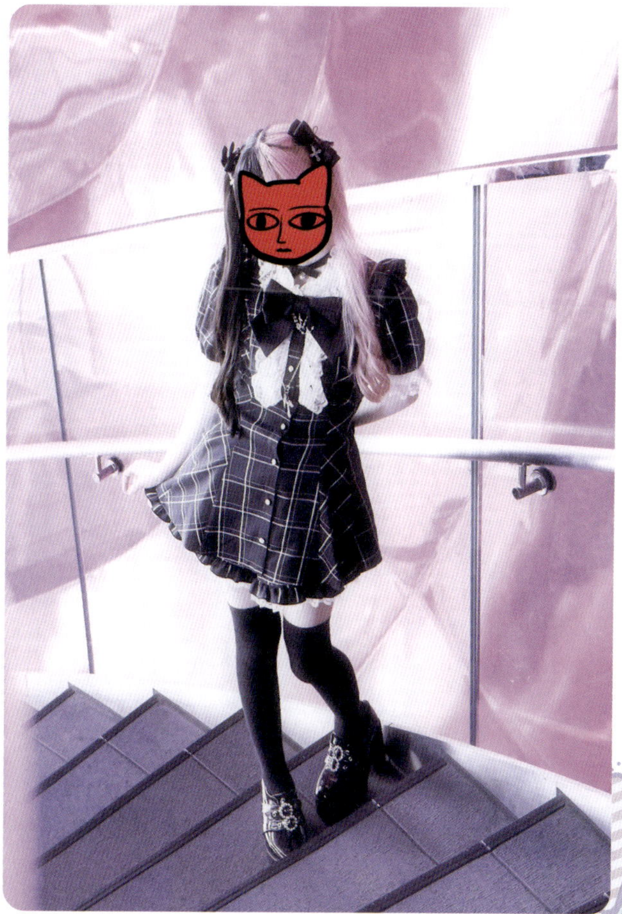

ゑいたさんのポートレイト。ピンクと黒のツインカラーのヘアスタイルは、ゑいたさんが描くEylaと同じ配色。リボンにフリルの地雷系から、ゴシックパンク、オーバーサイズのトレーナーにデスロゴのサブカルファッションなど、自身が描く絵の世界を彷彿とさせる洋服をよく着ている。イラストのイメージ通りで、ダークな可愛さが光る。

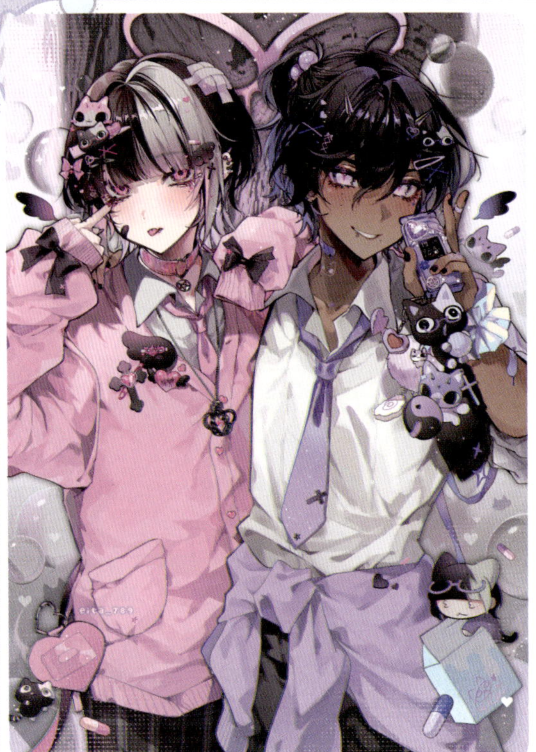

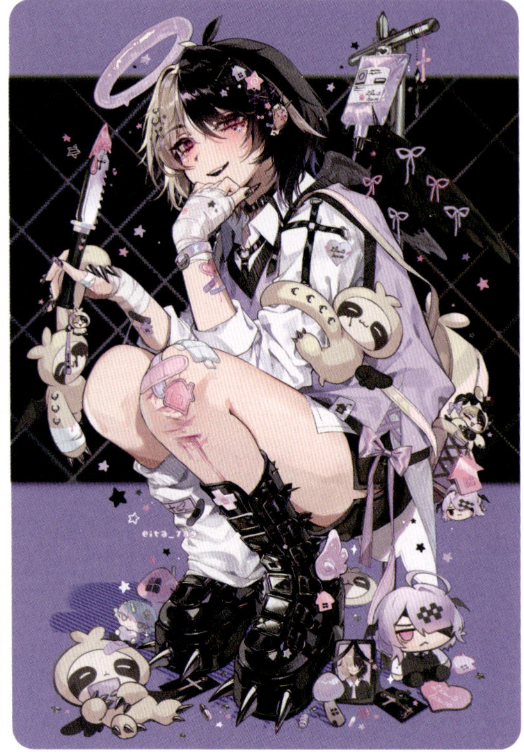

右側の作品に描かれたNoah（ノア）はナマケモノがモチーフの子。幻獣くんと呼ばれていたユニコーンのプリンと、悪魔のヘジンとの3人で、「ミッドナイト・セレモニー」というアイドルユニットを組んでいる。ほかの2人は床の方にミニキャラで描かれている。ナイフ型のペンライトを持っているが、どんなステージを見せるのか気になるユニットだ。
左側の絵は、地雷系の隣（tonari）くんと、褐色肌のハチ君を描いた作品。これまでも少し登場していたが、今年の春に本格的にオリジナルキャラクターとして発表された。ハチ君のりんごヘアが可愛い。これからの活躍が楽しみだ。

詳細はサイトをチェック
Instagram
YouTubeなど
SNSでショートアニメ
シリーズとして随時配信予定

dreamphotobooth.anime
http://project-ains.jp

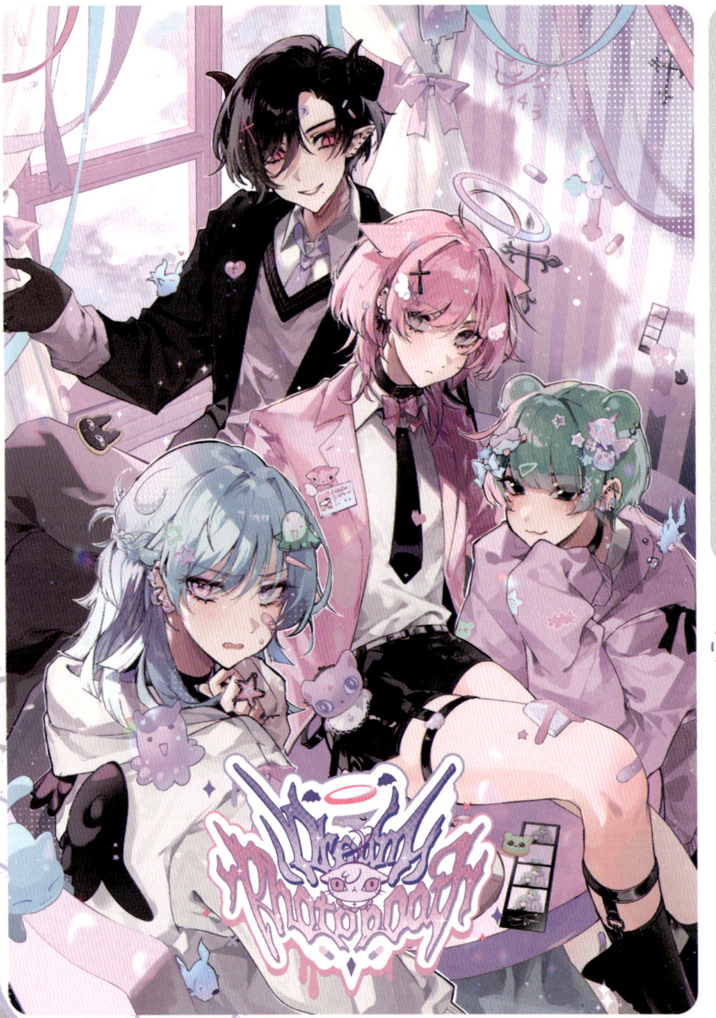

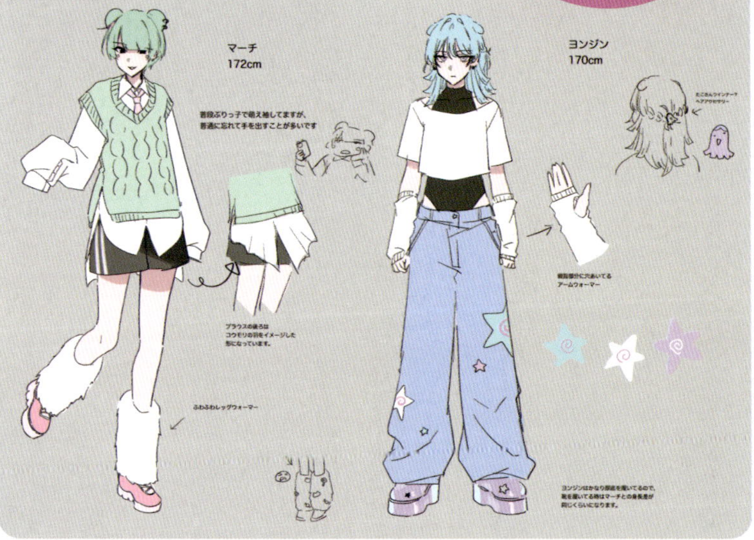

最近公開された、マーチとヨンジンの設定画

『Dream Photobooth』

ゐいたさんのイラスト世界を映像化するというコンセプトで作られたアニメーション。全寮制の名門校　Pheles学園を舞台にしている。天国から転校してきた堕天使のウノ、猫と悪魔のハーフであるクリス、青リンゴ味のグミでできたマーチ、タコの触手を持つ内気なヨンジンの4人がメインキャラクター。彼らは学園で青春を謳歌しながらも、現実とも夢ともつかない、異空間での奇妙な出来事に遭遇する。徐々に歪む世界で繰り広げられる不穏な学園生活を、鮮烈な映像で描く意欲作。

CAST

ウノ　　大桃陽介
クリス　堀江瞬
マーチ　榊原優希
ヨンジン　坂泰斗

STAFF

コンセプトアート・キャラクター原案：ゐいた
監督：清水理央
企画協力：季刊エス・スモールエス

キャラクターデザイン：
鈴木紗英子(VIGORE Group / Studio Charis)
美術監督：鷹野香織
音楽：石崎弘典、清水理央　音響監督：川越崇弘
サウンドエンジニア：三橋里美
プロデューサー：塚原怜　制作：ノーヴォ

今号の「スモールエス SS」の表紙では、ゑいたさんのオリジナルキャラクターである「Eyla」を描いていただきました！　悪魔なツバサ触覚に派手ピンク×黒色ツートンヘアーがとっても可愛いです。また、アンチアイブロウやセンタータンなどのボディピアス、歯のアクセサリーグリルズ、スカルプチュアなデコネイル、十字架チョーカーやヘアピンなど、細かなファッションのあしらいにときめきます♡　メイキングでは、ラフからペン入れ、着彩、仕上げまで、全工程をたっぷりとお届けします！

coverillustration making

スモールエス vol.83 表紙イラスト メイキング

ゑいた

作業環境　アイビスペイント

X @eita_789

Instagram eita_789

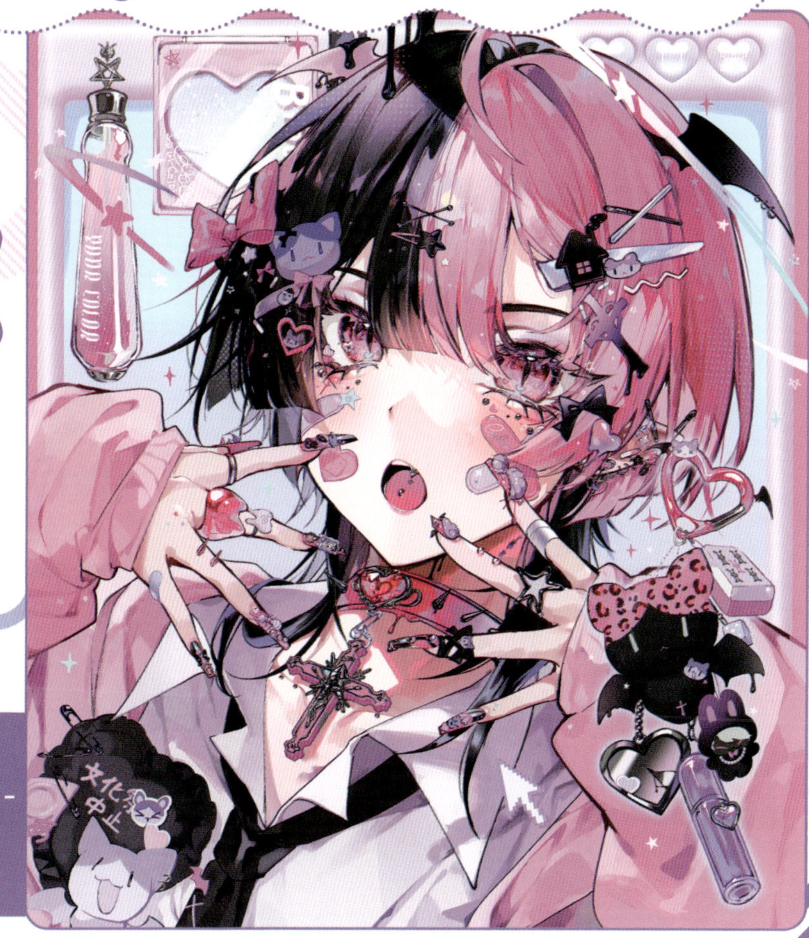

ラフ完成

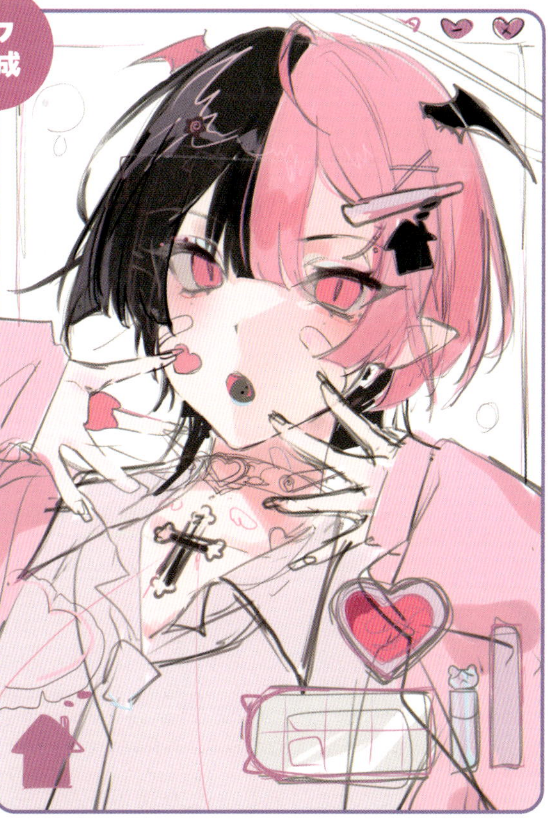

最終的にネイルが映えるポーズを特徴としたアップ顔のラフに決定。背景にはレトロなWebデザイン「ヴェイパーウェイブ」をイメージしたハートボタン付きのフレームを配置。さらにアイシャドウやリップなどのコスメを加え、ファッション雑誌のような華やかなイメージにまとめられている。

ラフを描く

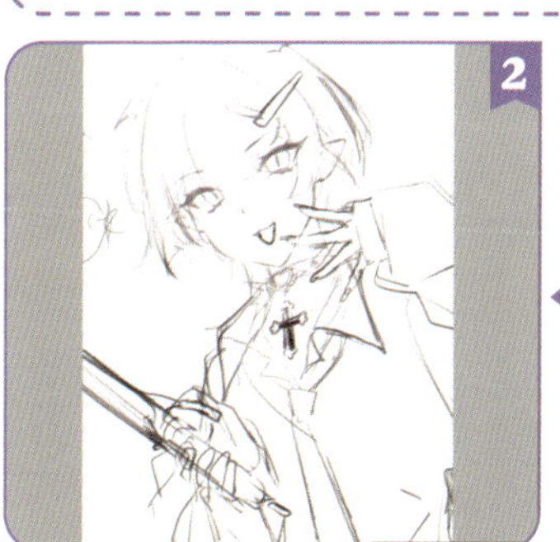

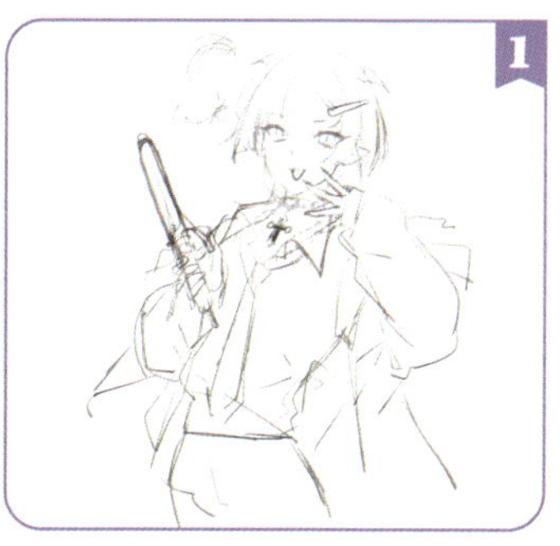

「移動変形ツール」の［移動拡大縮小］を使い、ラフを大きくしたり斜めにしたりと感覚的に動かしながら構図を検討する。

Eylaをメインに、表紙のイメージをざっくり描き起こす。オーバージャケットを羽織り、ペンライトを手にした立ち姿が描かれている。

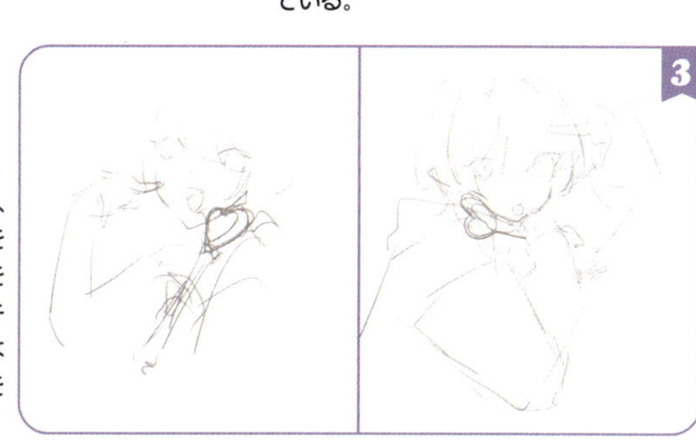

①のラフ以外にも、ハートのステッキを持ったバージョンを制作。頬にステッキを寄せたポーズは可愛らしい雰囲気を演出している。

ペン入れをする

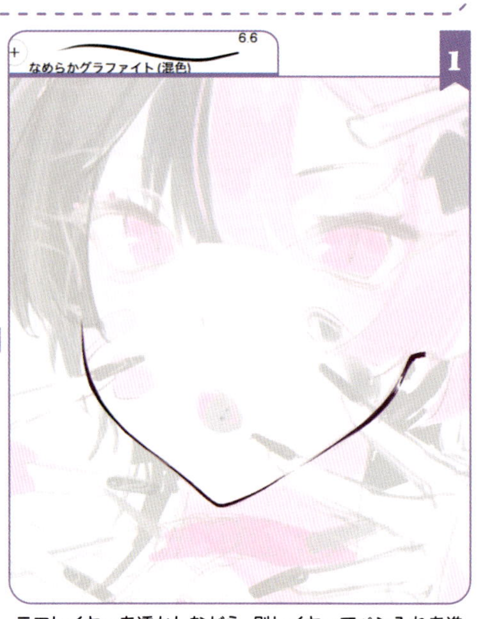

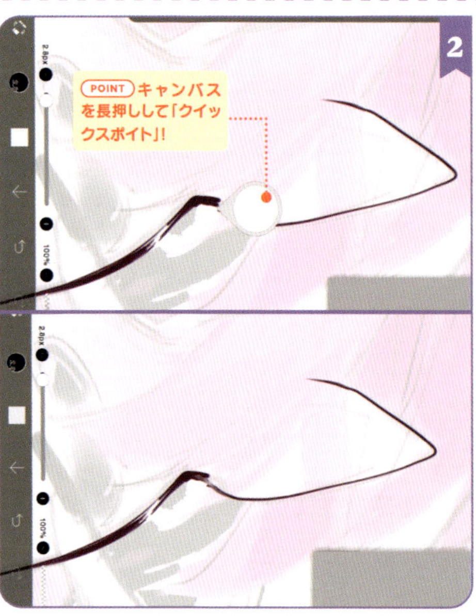

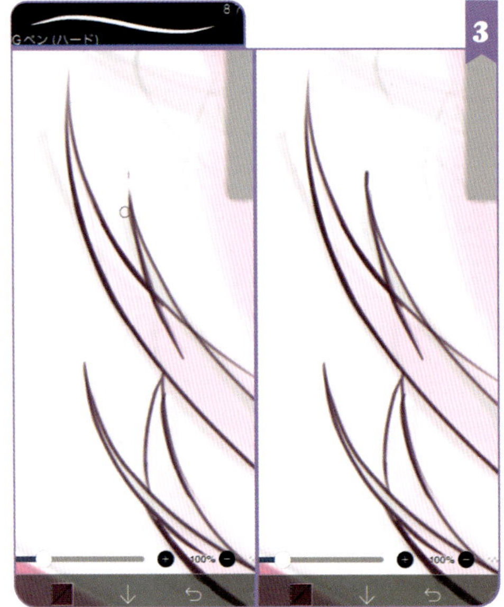

キャンバスを描きやすい方向に回転させながら、ストロークを活かして髪の流れを描く。毛先にできたインク溜まりは「消しゴム」の「Gペン（ハード）」で削り整え、鋭いラインに仕上げている。

なめらかで柔らかい印象にしたい部分は、「クイックスポイト（キャンバスを長押し）」で白色を取り、線をぼかしながら描き進めている。

ラフレイヤーを透かしながら、別レイヤーでペン入れを進める。「なめらかグラファイト（混色）」ブラシを使い、濃い紫色でりんかく線を描写。エラやアゴ先は何度か線を重ねて、強弱をつけている。

線画完成

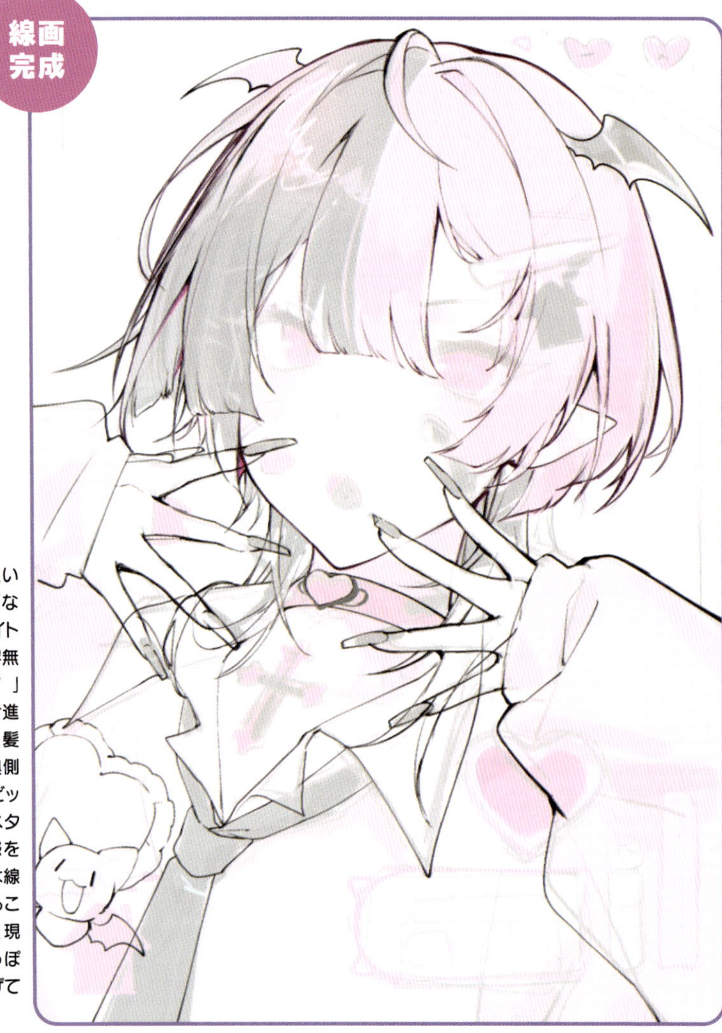

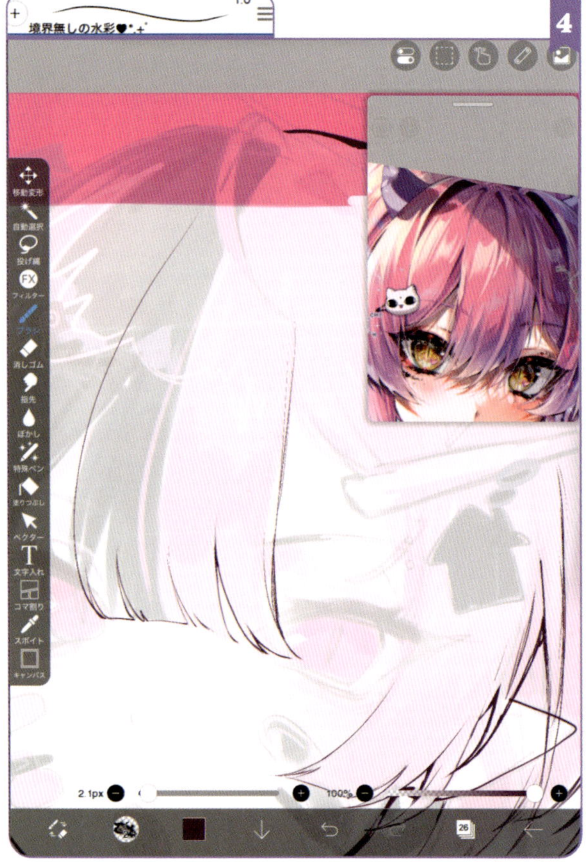

線画が完成。ゑいたさんは主に「なめらかグラファイト（混色）」と「境界無しの水彩♥*.+゜」のブラシで描き進めていた。また、髪が重なり合う奥側のカーブはビビッドなピンクでベタ塗りし、立体感を表現。また、指は線に強弱をつけることで関節を表現し、華奢で骨っぽい印象に仕上げている。

ゑいたさんがカスタムしているブラシ「境界無しの水彩♥*.+゜」を使い、髪の線画を描く。エッジの効いた細い線が引けるので、サラサラとした毛流れになっている。また、線が気に入らないときは「取り消し（2本指でタップ）」してから引き直している。ほかにも、「参照ウィンドウ」のキャンバスモードで以前描いた自分の作品を表示しながら、髪の流れを描く際の参考にしている。

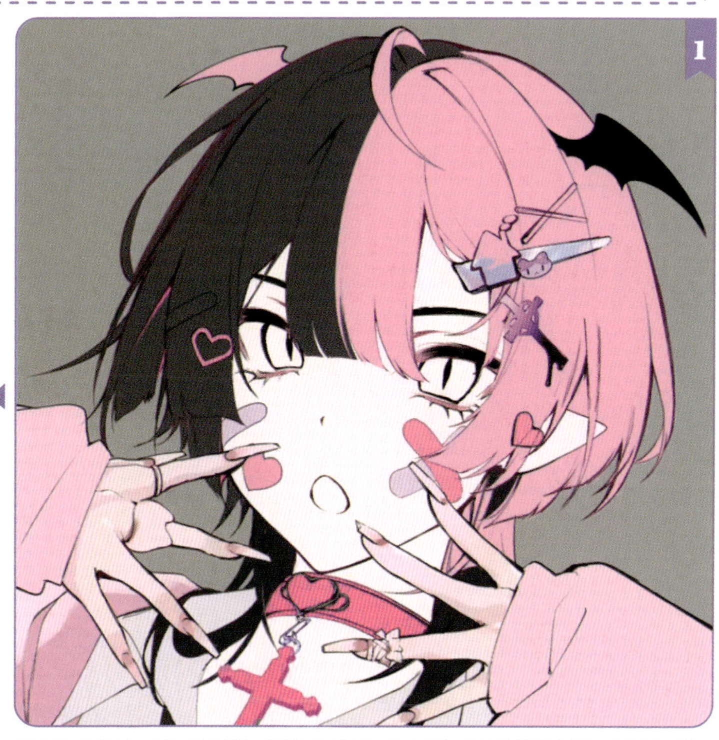

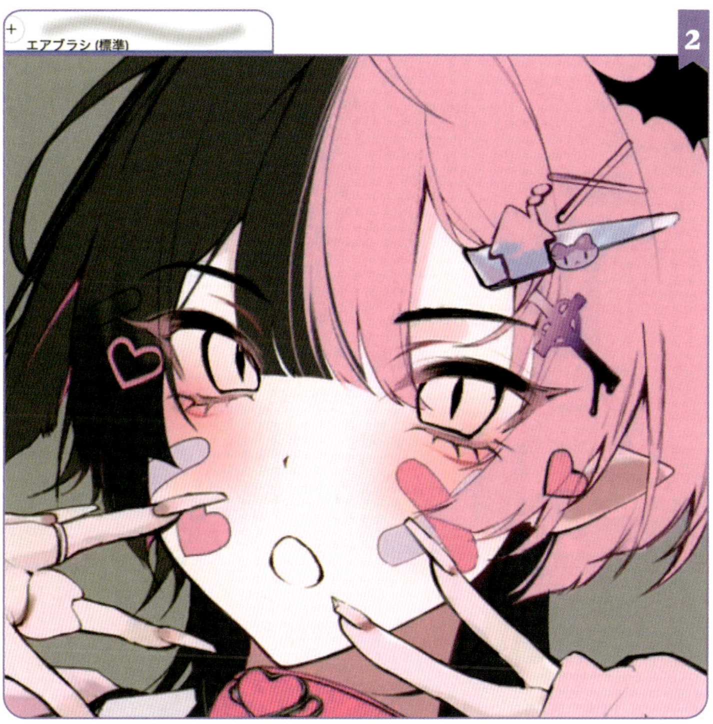

「エアブラシ（標準）」で頬にほんのり赤みを加え、涙袋のラインをピンク色で描いてぷっくり感を表現。また、ツートンカラーの境目の前髪に細かな毛流れを加筆してなじませている。ほかにも、ゑいたさんは描き進めながら、眉毛やまつ毛のレイヤーの表示位置を上下に移動して、髪に隠れるか見えるかによって顔の印象を検討している。

線画とは別のレイヤーを作成し、「塗りつぶしツール」でパーツごとに固有色をベタ塗りする。さらに瞳の線画をピンク色で加筆し、ねんまくやまぶたに血色感を加えた。また、下まつ毛は切れ長に描いて地雷系のメイクに仕上げている。指先は爪の付け根に濃いベージュを置き、立体感を意識している。

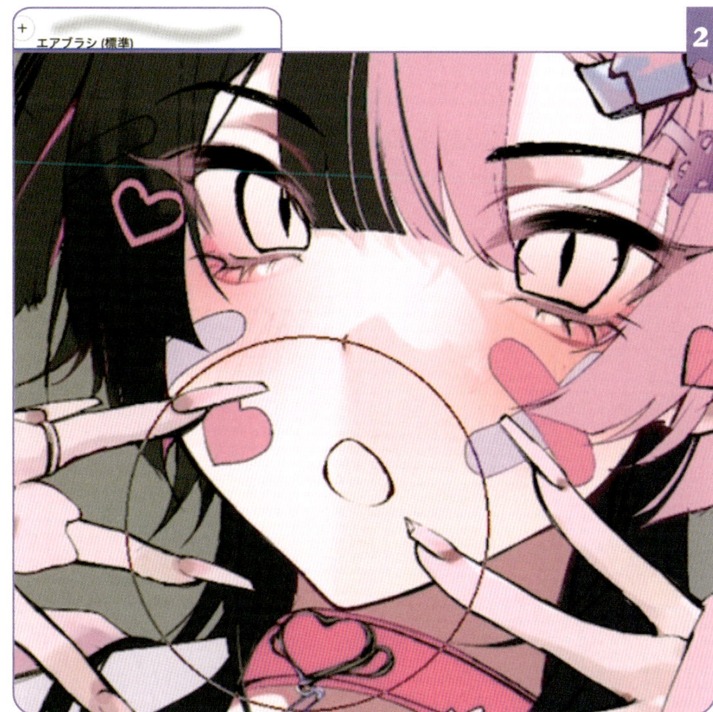

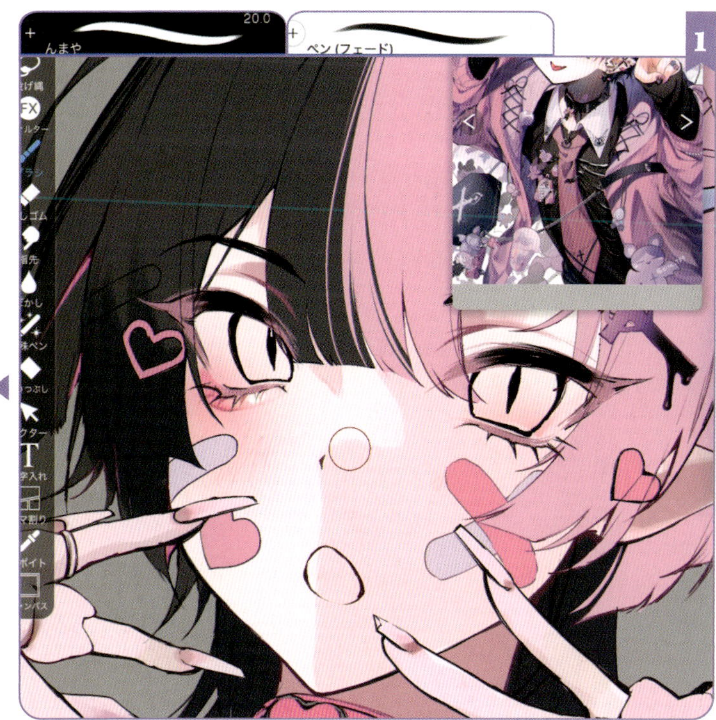

①で描いたカゲをなじませる。カゲを描いたレイヤーのモードを「乗算（100%）」に設定し、「不透明度ロック」を有効にする。「エアブラシ（標準）」を大きめのサイズにして、カゲの上側にピンク色を、アゴ側には淡いくすんだベージュを重ねる。カゲに色を加えることで、自然な立体感と血色感を表現する。

下塗りレイヤーの上に新規レイヤーを作成。肌の立体感に合わせてカゲを入れる。「ペン（フェード）」を使い、向かって右側をベタ塗りする。また、下塗りとカゲの境目は、「消しゴムツール」の「んまや」ブラシや、「ぼかしツール」でなじませる部分もある。

瞳を塗る

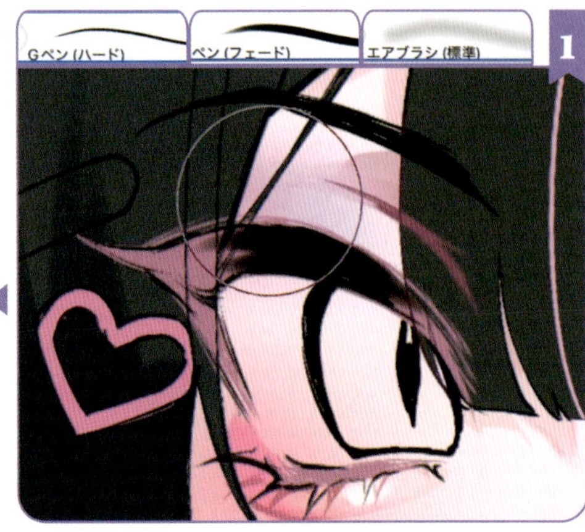 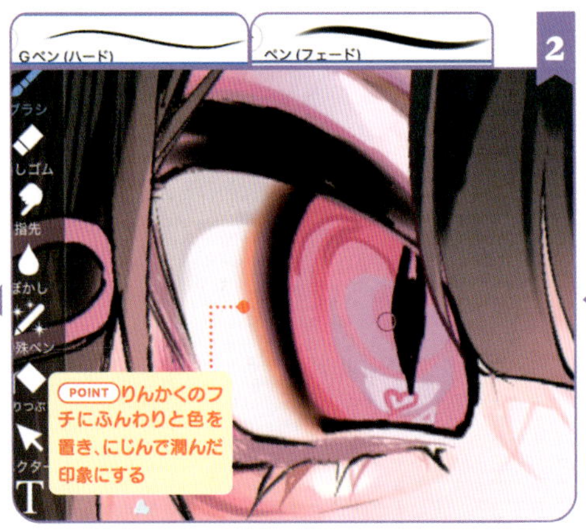 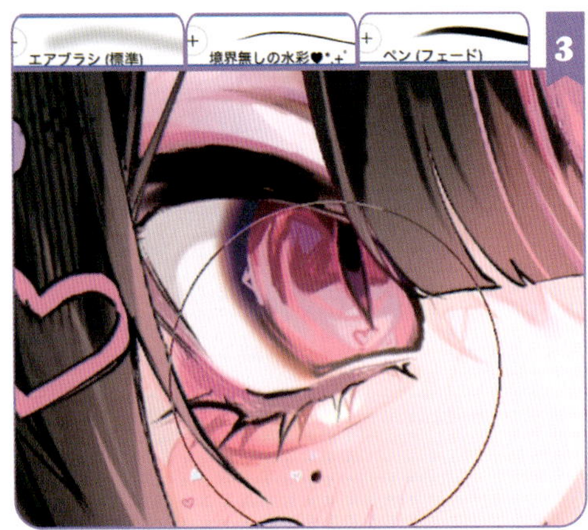

3 瞳の上部にくすんだピンクをベタ塗りし、瞳の球体感を描く。また、瞳孔には線画を活かしつつ紫色やピンク色を置く。さらに「境界無しの水彩♥*.+°」で細かなタッチを入れ、「エアブラシ（標準）」で瞳下部にベージュを重ねることで、柔らかい奥行きを与えている。

2 瞳の模様を描く。「ペン（フェード）」ブラシと「Gペン（ハード）」ブラシを使って、瞳孔を中心にハート模様が広がるイメージで塗り込む。また、瞳下部にハート模様を描き込んでいる。緻密なグラデーションを取り入れることで、印象的な瞳に仕上げる。

1 瞳を描く。まず、「エアブラシ（標準）」ブラシを使い、紫がかったピンク系のアイシャドウをイメージしてまぶたにふんわりと色を置く。また、「ペン（フェード）」ブラシと「Gペン（ハード）」ブラシで涙袋のツヤを描いた。

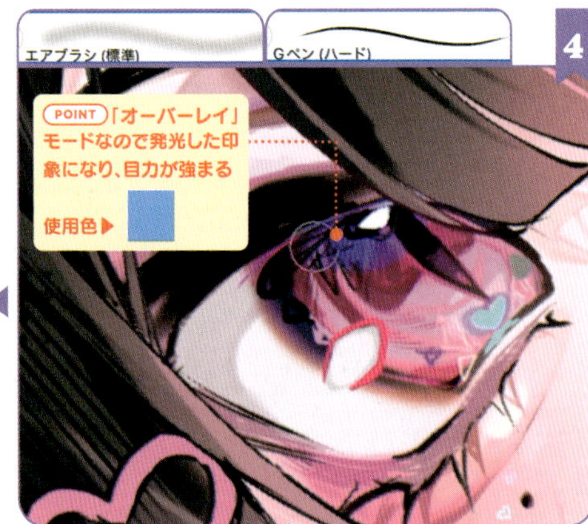 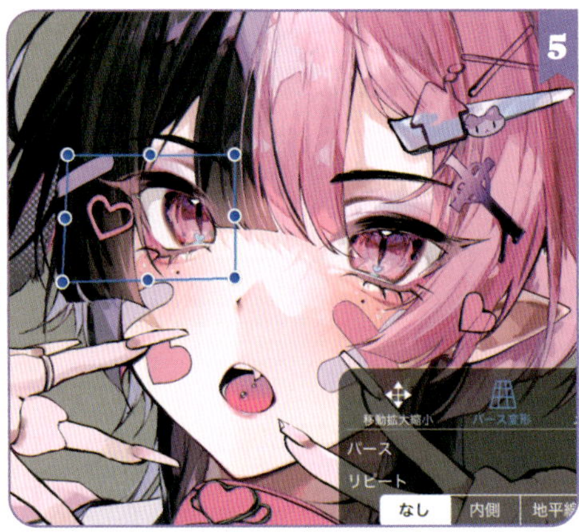 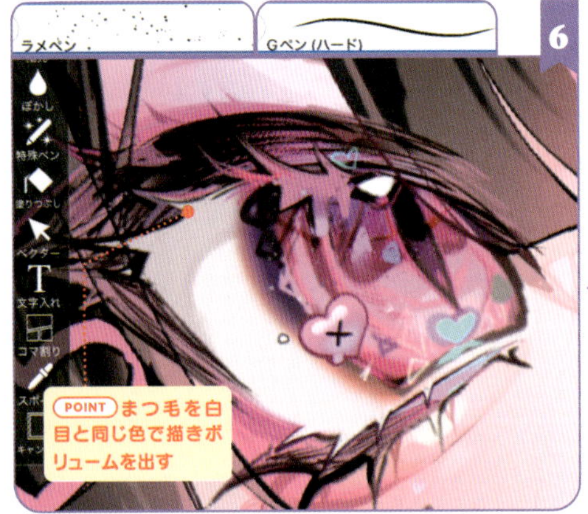

6 瞳を仕上げる。「Gペン（ハード）」ブラシでまつ毛の流れや束を加筆する。また、瞳のりんかくのフチにぷっくりとしたハート素材を配置して、可愛いハイライトにする。さらに「ラメペン」ブラシできらめきの粒を散らした。

5 瞳の大きさを調整する。右目を描いたレイヤーを選択し、「移動変形ツール」の［パース変形］で形を修正。目尻を上げ、奥行きを鋭利にすることで猫目のようなシャープさを強調。ゑいたさんは時折、「移動変形ツール」で形を整えている。

4 さらに瞳の模様を描き込む。斜線や三角の模様を描き込んで瞳の情報量を増やしていく。また、「オーバーレイ（100％）」モードのレイヤーを作成し、瞳上部に「エアブラシ（標準）」ブラシで水色を置く。

髪を塗る

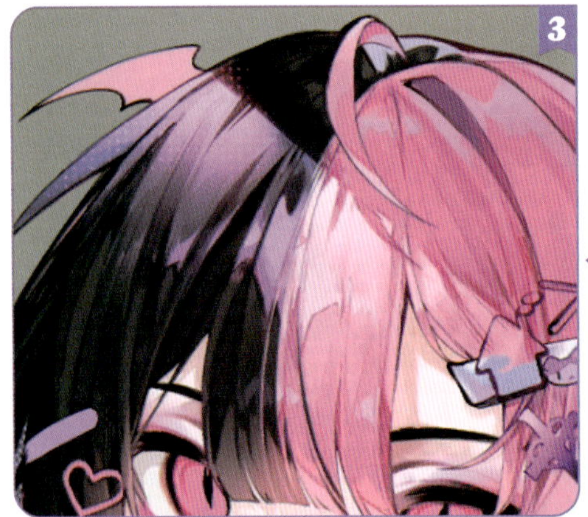 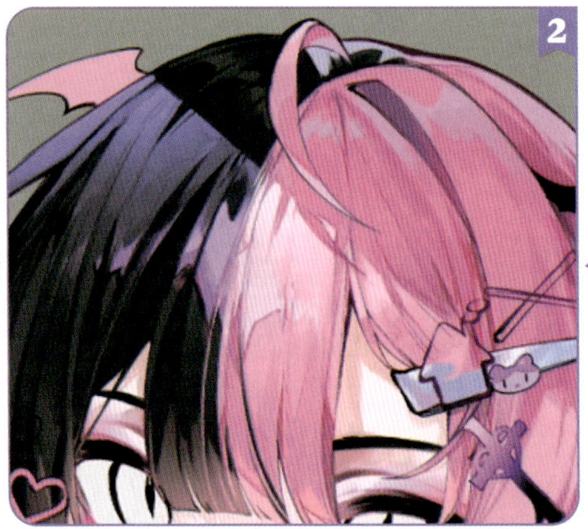 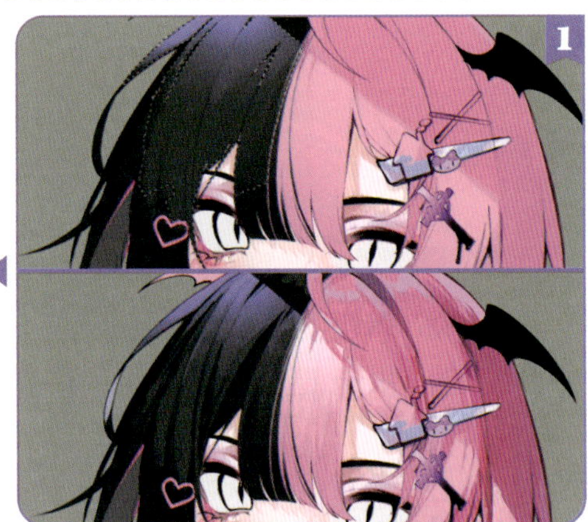

3 髪を仕上げる。側面や奥側にトーン風のドット模様を重ね、画面の密度を高めている。ドットにはなじみの良い色を選び、全体になじませた。また前髪の毛先には肌と同じ色を乗せ、透け感を演出している。

2 さらに髪を描き込む。天使の輪の部分に、毛束の溝を意識して不規則なハイライトを入れる。ハイライトはなじみやすい色でフチ取り、水彩の境界のような柔らかなニュアンスを加えている。

1 髪を塗る。まず髪全体にざっくりとベタ塗りでカゲを置き、光が強く当たる黒髪部分だけを選択して明るい紫を重ねる。さらに艶やかな毛流れを描き込み、立体感と輝きを表現する。

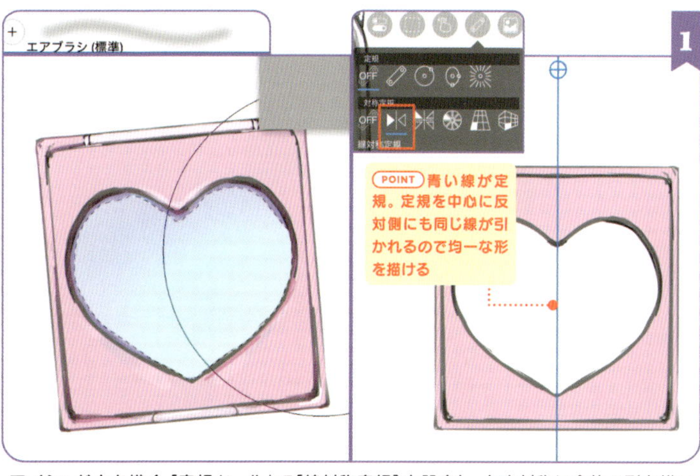

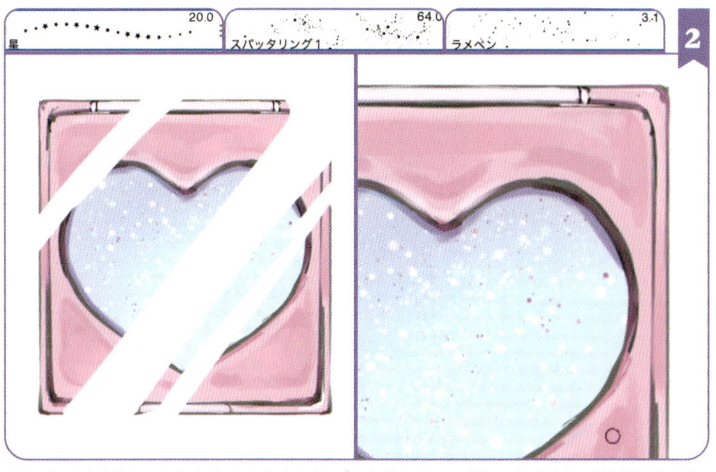

ゑいたさんが粒の大きさをカスタムしたブラシ「ラメペン」「スパッタリング1」「星」を使い、パウダー部分にきらめくラメを重ねる。輝く質感が加わり、コスメのツヤ感がいっそう引き立っている。また、新規レイヤーに白色でフタの光沢を描く。

アイシャドウを描く。「定規ツール」で［線対称定規］を設定し、左右対称に全体の形を描いて固有色でベタ塗りする。ハートの部分だけを自動選択し、「エアブラシ（標準）」で上部分にふんわりとグラデーションを重ね、パウダーのようなやわらかな質感を表現している。

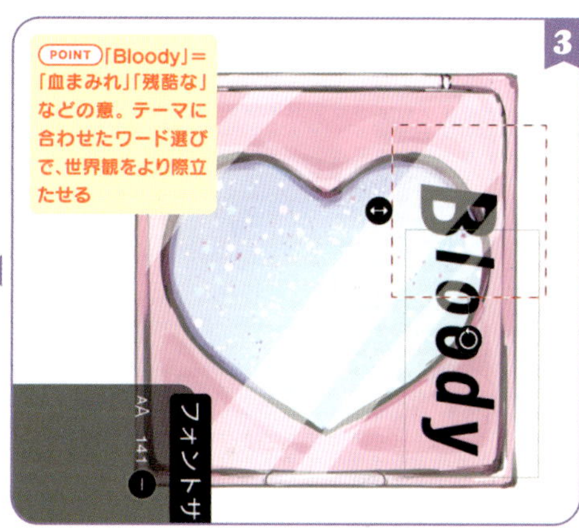

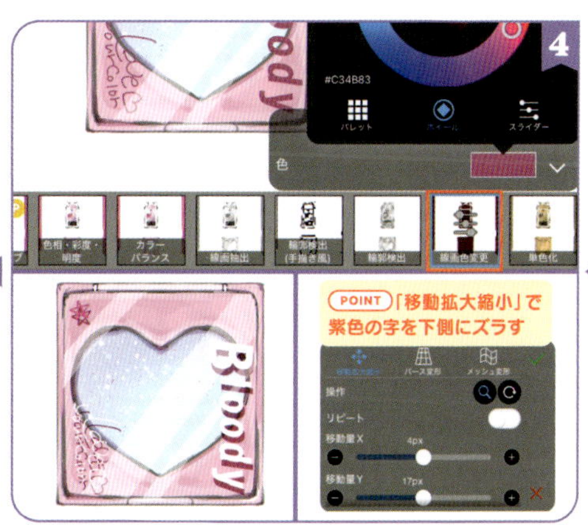

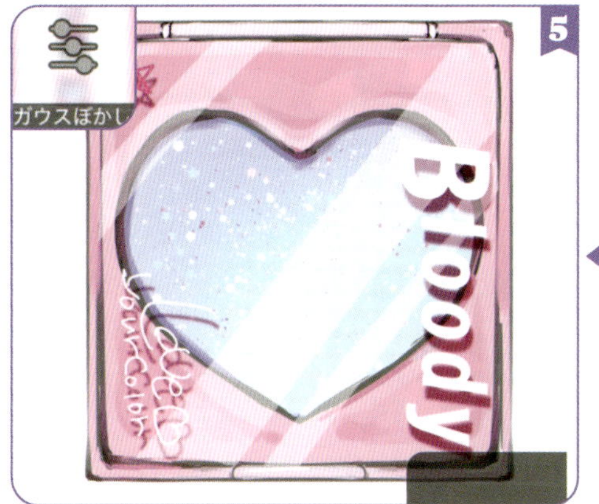

④で作成した紫の文字レイヤーを選択し、「フィルターツール」の［ガウスぼかし］でカゲ文字をふんわりとぼかす。さらにレイヤーモードを「乗算」、不透明度を42％に設定してなじませている。

さらに手描きの文字やマークを加える。また、文字を入れたレイヤーを複製し、「フィルターツール」の［線画色変更］で色を変えカゲにする（このときレイヤーをラスタライズする）。白字から紫の字をずらし重ねることで、立体感のあるデザインに。

②で描いたフタの光沢レイヤーの不透明度を54％に下げ、自然になじむよう調整。また、「文字入れツール」を使い、パッケージに「Bloody」とデザインを加える。「B」の大文字だけ、サイズを大きく配置してバランスをまとめる。

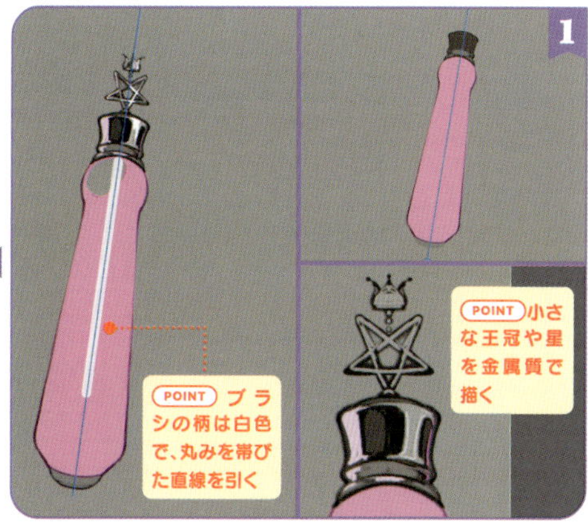

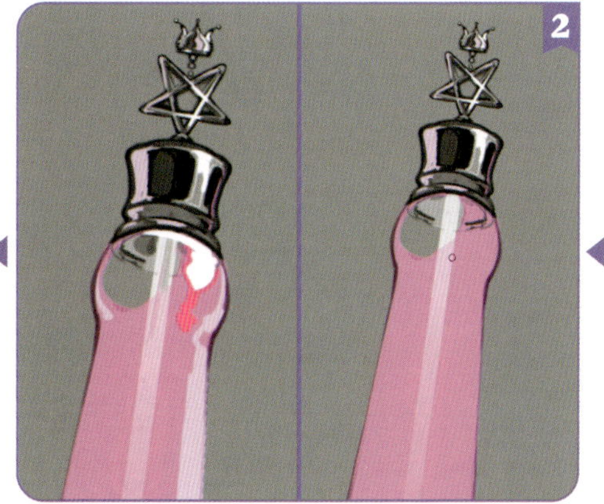

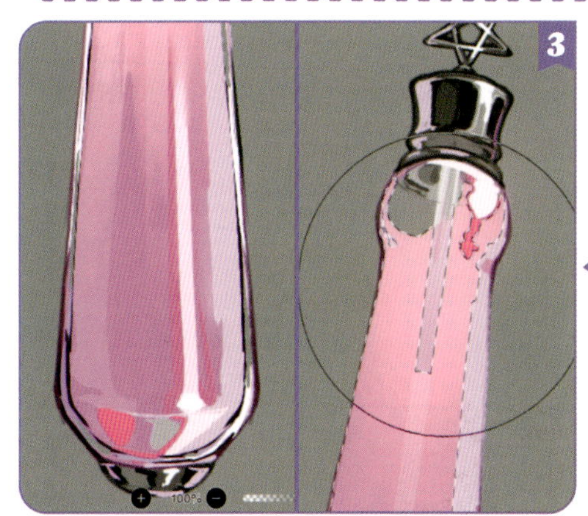

液体部分のみを選択し、「エアブラシ（標準）」でボトル上部にパステルピンクを重ねる。さらにグロスのとろっとした液体感を描き込み、透明感を演出。ボトルの厚みのフチも描いた。完成イラストでは、アイシャドウと同様にボトル本体に文字がデザインされている。

キャップの裏側を描き、液体の傾きやボトルの透明感を表現する。さらに筒のカーブに沿って強い光沢を描き入れ、立体感をプラス。ブラシの柄は「エアブラシ（標準）」で下に向かって淡くなるようグラデーションを重ね、液体となじませている。

リップグロスを描く。「定規ツール」で［線対称定規］を設定し、筒状になるよう全体の形を描く。キャップ部分には金属質のツヤを描きつつ、魔法ステッキのようなデザインに仕上げている。

コウモリのキーホルダーを描く

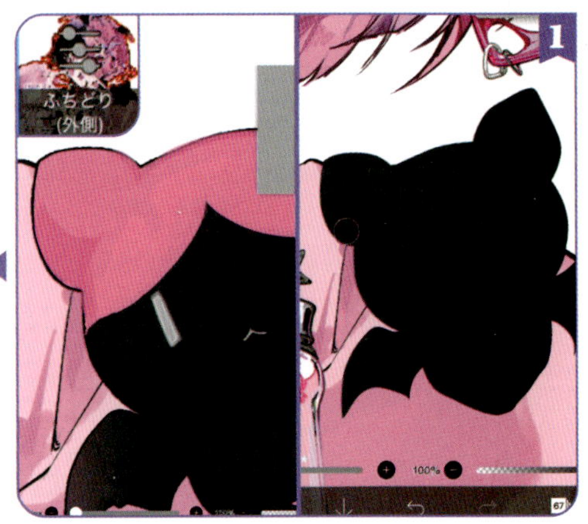 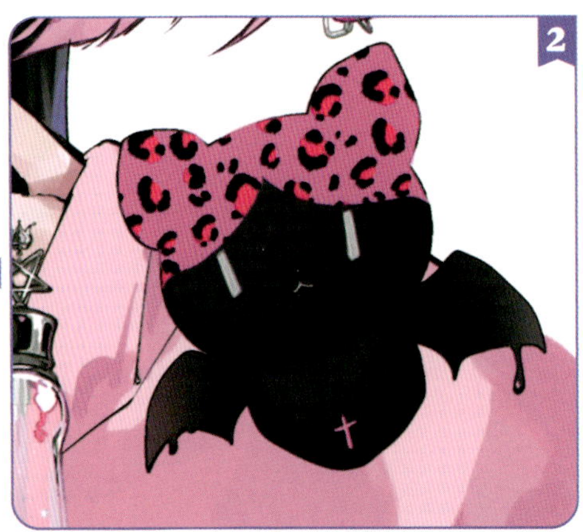 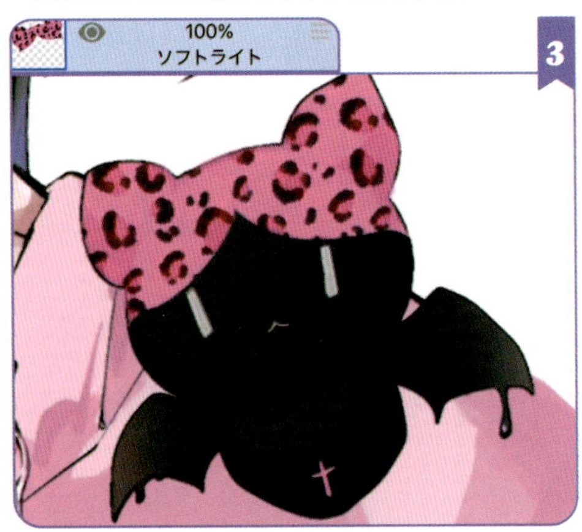

②で貼り付けた素材をなじませる。レイヤーモードを「ソフトライト（100%）」に変更する。また、「フィルターツール」の「色相・彩度・明度」で微調整する。

耳の部分にピンクの豹柄のテクスチャを貼る。「素材ツール」から『豹柄01a（@Somaya Sameh）』を読み込み、好きな形に切り取って貼り付ける。

コウモリのキーホルダーを描く。全体のシルエットを描き、ぬいぐるみの柔らかさを意識した丸みのあるカゲを入れる。ボディの線画は「フィルターツール」の［ふちどり（外側）］を選択して、幅を少し太くすることで、コロンとした印象にする。

ワッペンを描く

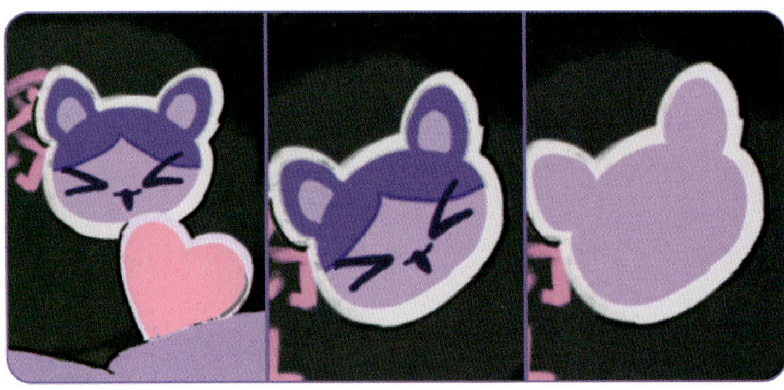

胸元の「文化祭中止」のバッジについたワッペンを描く。ワッペンには白いフチをつけ、さらに落ちカゲを意識したフチを加えることで、立体感が出る。また、ワッペン同士を重ねることでリアリティも増す。細部までディテールをこだわり、作品の見応えを高めていく。

作品の仕上げ

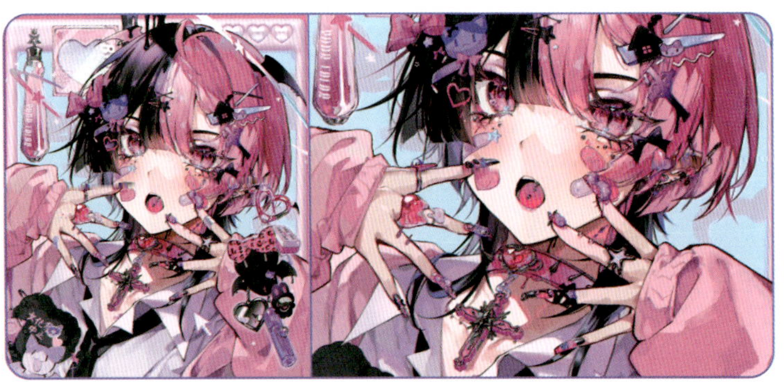

作品全体の仕上げ。ネイルには緻密なデコレーションを描き込み、金属にはツヤのある質感を加筆。さらに安全ピンのピアスや極小の星粒などのモチーフを加えて画面の密度を高めていく。これまで描いたコスメやキーホルダーもバランスよく配置し、背景に淡い水色を敷くことで、全体をドリーミーな印象にまとめている。

完成！

きらめくピンクとブラックのツートンヘアに、小悪魔な表情が可愛らしい「Eyla」が描かれた表紙イラストが完成！　コスメやアクセサリーまで緻密に描き込まれ、麻雀牌やひょうきんなナス、「文化祭中止」といった遊び心あふれるモチーフやワードも散りばめられており、じっくり眺める楽しさが詰まっている。ゑいたさんは色の重なりや質感の違いを丁寧に描き分けながら、可愛さの中に少しダークでミステリアスな雰囲気を添えることで、キャラクターの魅力と世界観をより際立たせている。アイテムの配置によって、ファッション誌やWebデザインを思わせるポップでドリーミーな一枚に仕上がった。

ゑいたさんに聞く

「デジタルで描くこと」

Q&A

お気に入りのお絵かきソフト・アプリを教えてください。作画でのおすすめのポイントや使い心地もお聞きしたいです！

ゑいた　ソフトは「ibisPaint X」で、iPadAirの第5世代を使っています。何よりもiPadで、ペンも指も使える点です。私はPCがまだ苦手なので、アプリで完結させられるところが助かっています（いつか勉強しないとだめ！）。外出先でも、ベッドで寝転がっても絵が描けるのが良いですね！

デジタルの作画や表現の楽しさ、魅力について教えてください。

ゑいた　とにかくピンクが大好きなので、青みのあるピンクをおもいっきり表現出来るところが好きです。あと、何度も修正する癖があるので、そこは助かっています。

デジタルの作品づくりを快適にするための、おすすめのグッズがあれば教えてください。

ゑいた　AirPods MAXです。音質も良くて、何よりノイズキャンセリングが素晴らしい点です。絵は時間がかかるので、今までの無線イヤホンではすぐバッテリーが無くなるのですがAirPodsMAXなら何時間も持つのでそこも助かっています。何より、見た目が可愛い！　リボンやカバーを付けて自分なりにデコレーションしています。

デジタルイラストを始めよう ～ハード編～

手軽に修正できたり、塗りつぶしや色調補正などの便利なツールがあったり、マーカー、水彩、油彩といった多彩なブラシが自由に選べるなど、効率的に表現の幅を広げられるのがデジタルツールの魅力です。けれど、いろんなお絵かきソフトがありすぎて、どれが自分に合っているのかよくわからない！　という人も多いのではないでしょうか。そこで、ここではメジャーな6種類のお絵かきソフトをハードの違いとともに比較・紹介していきます！　ぜひこの記事を参考にして、デジタルイラストを始めてみてね♪

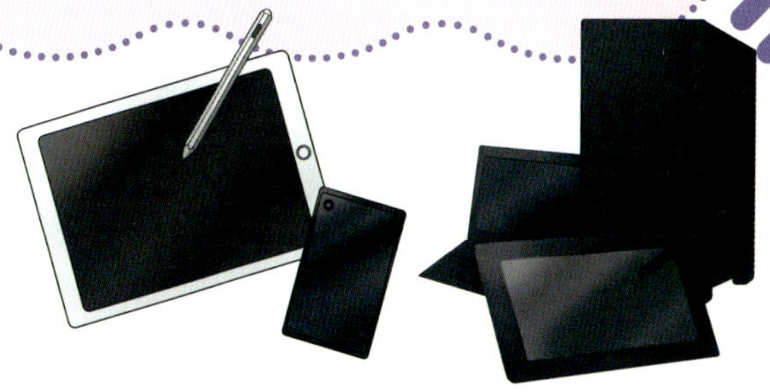

iPad／iPad PRO

良いところ

●価格的にパソコンよりは購入ハードルが低く、スマホよりは画面が大きいため絵が描きやすい。

●移動中やお出かけ先など、手軽にどこでも絵が描ける。

●スマホに近い感覚で、直感的な操作がしやすい。

気になるところ

●手持ちだと、重さで首や肩に負担がかかる。

●新学期前などの購入時期に在庫が足らず、欲しいスペックが手に入らないことがある。

●iPad版CLIP STUDIO PAINTは買い切りがなく、年額・月額プランのみ。

使用できるアプリ プロクリエイト、アイビスペイント、MediBang Paint.CLIP STUDIO PAINT PRO/EX…など

スマートフォン（iOS、Android）

良いところ

●新しくハードを準備しなくても、普段使っているスマホがあれば、デジタルイラストを始められる。

●移動中やお出かけ先など、手軽にどこでも絵が描ける。

●無料ソフトの選択肢が多い。

気になるところ

●画面が小さいので指だと描きにくい。

●重いデータの扱いや、集団、細かい作業に向かないので、プロを目指すなら他のハードにもふれたほうがよい。

使用できるアプリ アイビスペイント、MediBang Paint、CLIP STUDIO PAINT PRO/EX…など

板タブレット＋ノートPC（Windows、macOS）

良いところ

●自分の手で画面が隠れないため、全体を見ながら作業ができる。

●iPadよりも板タブレットのほうが安価。

●液晶タブレットに比べると、首や肩への負担が少ない。

●ノートパソコンと合わせて使う場合、持ち運ぶことも可能。

気になるところ

●画面を見ながら手元を動かす動作に慣れるまで、扱いが難しい。

液晶タブレット＋デスクトップ（Windows、macOS）

良いところ

●大きな画面で、紙に描くのと同じような感覚で描ける。

●デスクトップパソコンは基本的に大容量・高スペックなので、レイヤー数の多い重いデータを扱ったり、動画作業もしやすい。

→そのため本格的に絵を描きたい人や、プロを目指す人向き。

気になるところ

●周辺機材を揃えようとするとかなり高額になる。

●首や肩に負担がかかる。

使用できるソフト アイビスペイント、MediBang Paint、CLIP STUDIO PAINT PRO/EX、SAI2、FireAlpaca…など

本格的に作品を描きたい！	スピード重視で描きたい！	無料版で試してみたい！
CLIP STUDIO PAINT PRO/EX **プロクリエイト（Procreate）**	**SAI2** **FireAlpaca**	**アイビスペイント** **MediBang Paint**
もともと絵を描いている人、プロを目指している人にオススメしたいのがこちらです。特に漫画を描く人と機能性・効率性を重視する人は「CLIP STUDIO PAINT EX」一択と言ってもいいでしょう。また、アナログイラストの質感をデジタルでも再現したい、ブラシの性能を重視する、という人は海外のイラストレーターにも人気のプロクリエイトがオススメです。	とにかく「動作が重いソフトはイヤ！」という人はこちらのソフトがオススメ。特に線の描き味を重視する人は、プロのイラストレーターにも愛用者の多いSAI2がピッタリです。軽さ＆総合的なバランスを求めるなら、基本無料でデジタルソフトに必要な機能が揃うFireAlpacaも使いやすいです。	スマホで無料で始められて、初心者にもやさしい手軽なお絵かきソフトを探しているという人には、こちらがオススメ。初心者向けとは言っても、機能的にはじゅうぶん高性能なので、お仕事で使っている作家さんもいますし、使い方次第で表現の幅は広がります。

デジタルイラストを始めよう ～ お絵かきソフト編～

アイビスペイント

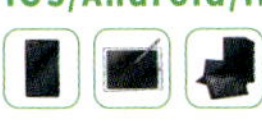

| HP | 対応ハード
iOS/Android/iPad/Windows/Mac | 料金
基本無料
※スマートフォン
タブレット版のみ | 作品制作に
使っている作家さん
ゑいたさん
はむねずこさんetc. | making
28ページ～
アイビスペイントを使った
ゑいたさんのメイキングを掲載! |

どんな特長があるの?

● 無料・高性能・シンプルな操作のため、初心者や学生も使いやすい。

● 専用SNSでお絵かき交流や、投稿されたメイキング動画が楽しめる。

● 47,000種類以上の豊富なブラシと80種類以上の豊富なフィルター。

● 漫画制作もできる。

> **注意点** ゲーム会社など、企業への就職を考えるなら他のソフトも少しずつ学ぶとよい。作家活動には問題なし。

ワークスペースの見た目はこんな感じ!

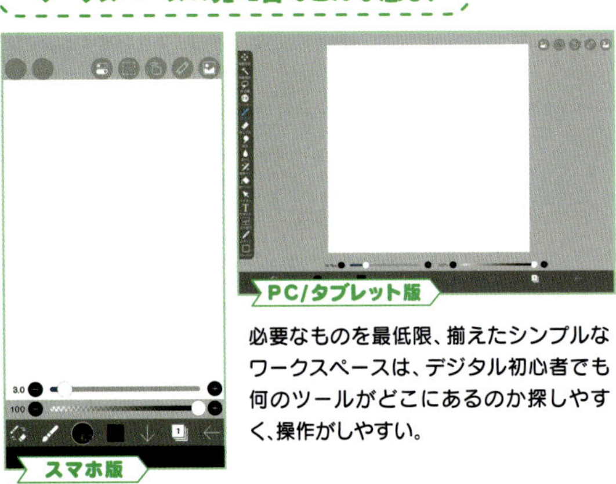

PC/タブレット版

スマホ版

必要なものを最低限、揃えたシンプルなワークスペースは、デジタル初心者でも何のツールがどこにあるのか探しやすく、操作がしやすい。

● 無料版:ibisPaint X
※iPhone/iPad/Android専用

● 有料版:ibisPaint
◎iPhone/iPad/Android
買い切り:1,500-1,600円
◎Windows/Mac
買い切り:4,800-5,000円

● プレミアム会員
月額:300-500円　年額:2,950-3,000円

★プレミアム機能…広告非表示、追加ツール使い放題、ウォーターマークやAI学習妨害など

どんなブラシがあるの?

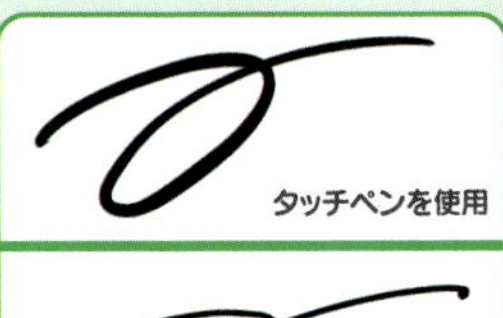

基本 Gペン(ハード)

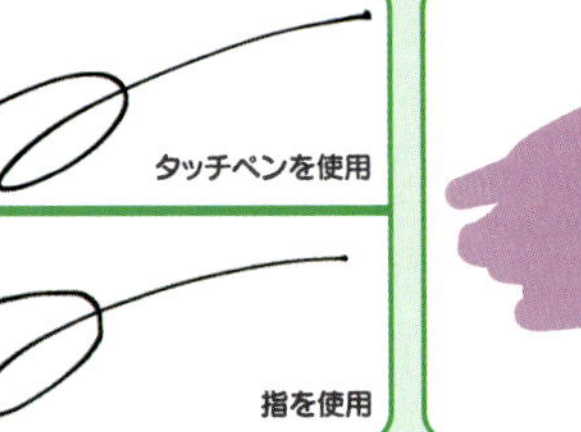

変わりダネ オシャレペン

厚塗り なめらかグラファイト(混色)

● 途中で途切れることなく、なめらかな線を引けるので、線画などに向くスタンダードなブラシ。

● タッチペンで描くと、筆圧が感知され、線に強弱をつけやすい。

● 指で描くとインク溜まりができる。

● 拡大しながら描くと、線を引き続けやすい。

● カリグラフィのようなペンタッチで、雰囲気のある描き文字などに向く。

● 無料で使えるブラシとしては珍しい、アクセント強めのブラシ。

● 入り抜きでインク溜まりの量が変わる。

● 指で描いても雰囲気が出せる。

● 公式から配布されている人気のブラシ。

● きれいな混色、グラデーションに向いたブラシで、テクニックいらずで厚塗りができる。

● 表紙のゑいたさんも愛用。

MediBang Paint

| HP | 対応ハード
iOS/Android/iPad/Windows/Mac | 料金
基本無料
※スマートフォン
タブレット版のみ | 作品制作に
使っている作家さん
うごんばさん、東村アキコさん、雲栞/Mokaさん etc. |

どんな特長があるの?

● 無料で、あらゆるハードに対応している。

● 有償のフォントである「フォントワークス」を無料で使用できるため、簡単なマンガ制作・同人誌づくりなども可能。

● ユーザー間でチーム制作ができる。

● 好きなだけデバイスを追加でき、外出中にスマホで描いたイラストを自宅PCで開くことも簡単。

> **注意点** ゲーム会社など、企業への就職を考えるなら他のソフトも少しずつ学ぶとよい。作家活動には問題なし。

ワークスペースの見た目はこんな感じ!

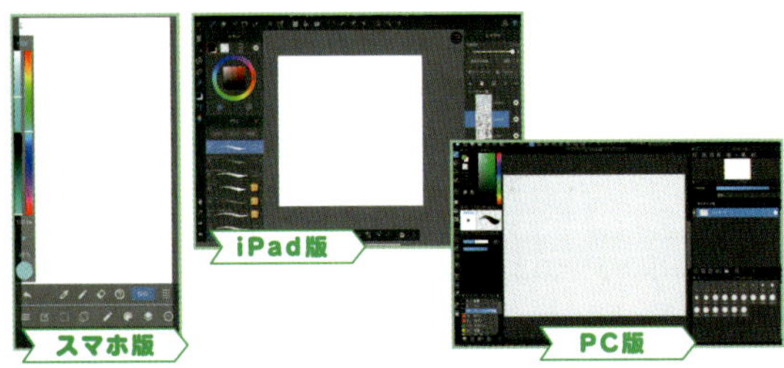

iPad版

スマホ版

PC版

スマホ版のワークスペースは、直感的な操作がしやすく、気軽にお絵かきしたい人にも向いている。しっかり本格的に描きたい人はそれ以外のデバイスがオススメ。

● 有料版:MediBang Premium
◎20GB
月額:300-350円／年額:2,480円
◎100GB
月額:500-550円／年額:3,980円
◎300GB
月額:1,000-1,080円
年額:7,980円(※web版のみ)

※料金は利用端末によって変わります。

★プレミアム機能…全機能解放、ブラシ素材600種類以上使い放題、バージョン管理が無制限など

どんなブラシがあるの?

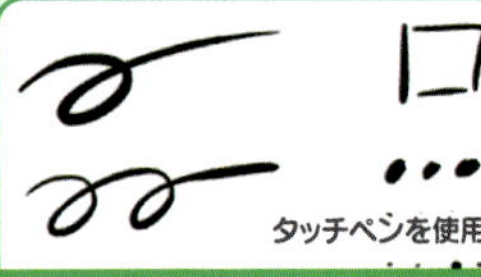
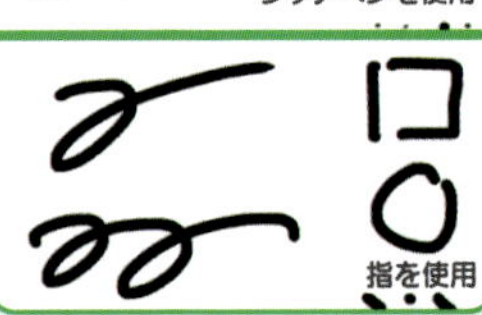

基本 Gペン(なめらか)

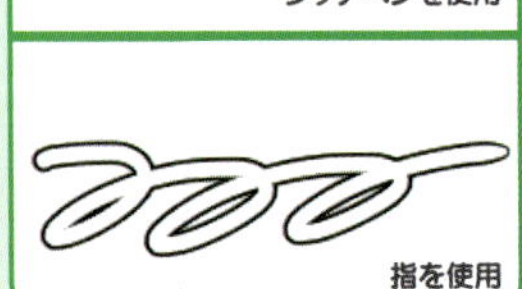

変わりダネ ふちペン

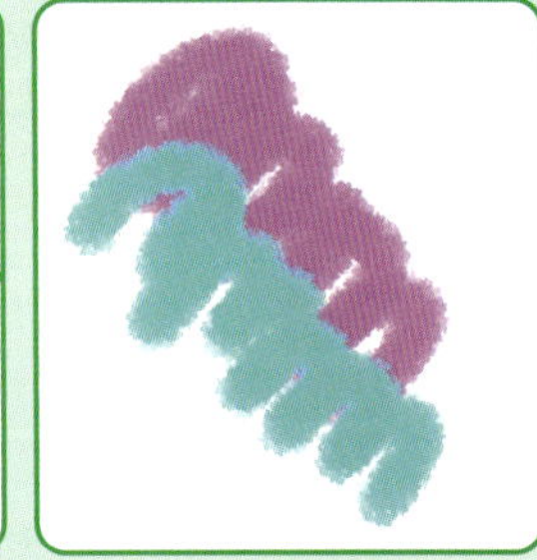

水彩 もこもこ水彩

● タッチペンで線を描く場合は、筆圧コントロール次第で、「入り」と「抜き」が丸くも、シャープにもできる。

● 指で描く場合は「筆圧感知」を切らないと描けない。

● 1色目に選んだ色がフチに、2色目に選んだ色がベースになる。図の場合は1色目が黒色。

● ペン先(指先)を離すとフチは閉じられる。

● 目のハイライトに使うなど、工夫次第で色々活用できそう。

● 絵具が広がったようなもこもこ、じゅわじゅわとした質感が特長のブラシ。

● 手軽に水彩風の塗りができ、ぬいぐるみや泡など、ふわふわ、もこもこした質感を表現するのにもピッタリ。

デジタルイラストを始めよう

とにかく軽い！ ストレスのない動作を求める人へ
SAI2

| HP | 対応ハード Windows | 料金 買い切り 5,500円 | 作品制作に使っている作家さん ワダアルコさん、上倉エクさん、アルセチカさん、ホノジロトヲジさん、黒星紅白さん etc. |

どんな特長があるの？

●独特のなめらかな描き心地と立ち上がりの早さ、動作の軽さは唯一無二で、長年愛用し続けるプロも多い。

●タイムラグなく線画を描ける。

●ゲーム会社などでも使われている。

●自由度の高い水彩境界機能が便利。

注意点 タイムラプス機能がない。Windowsにしか対応していない。

ワークスペースの見た目はこんな感じ！

シンプルでありつつも、最低限必要なツールが画面上に並び、バランスよく作業しやすいワークスペース。

どんなブラシがあるの？

クレヨン クレヨンブラシ

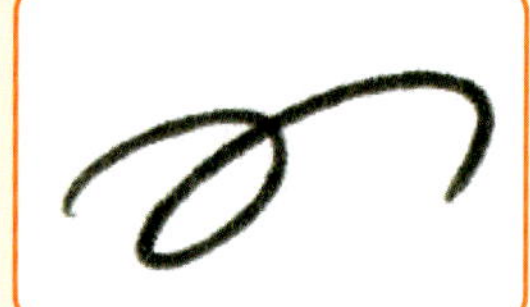

●りーりんさんが、普段から線画を描くのに使っているブラシ。

●テクスチャがつくのでアナログっぽい質感が出せる。

●描いた線画は、アナログの着彩にも自然となじむ。

人気！ マーカー

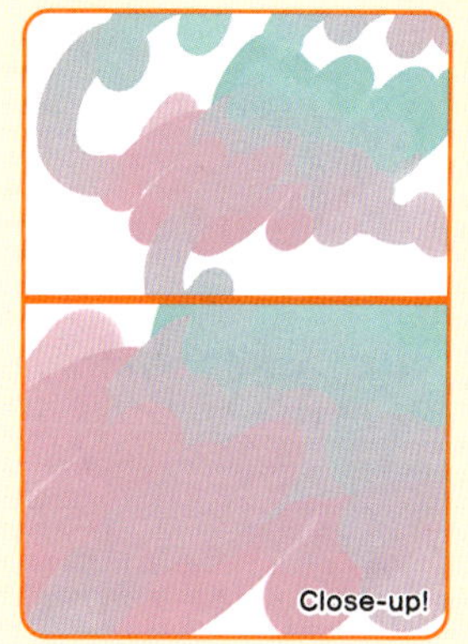
Close-up!

●気持ち良い描き味と、絶妙な色の混ざり具合から、SAIのなかでも特に人気があるブラシ。

●ワダアルコさんも塗りのメインに使用。

●マーカーのようでも絵具のようでもある。

●あまりの人気にほかのソフトでも類似ブラシが出るほど。

画材効果 水彩境界

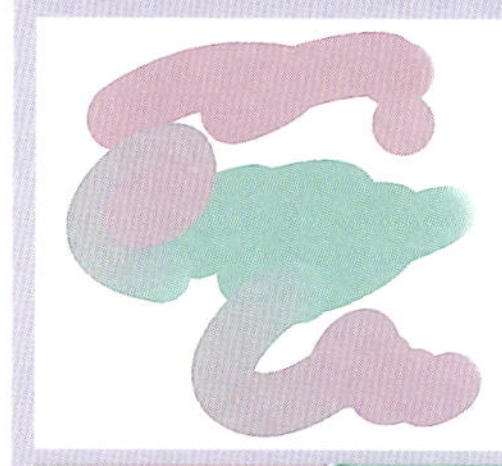
Close-up!

レイヤーパレットの「画材効果」から「水彩境界」を選択すると、「幅」と「強さ」を細かく選べ、フチの太さや濃さを自在に変えられる。そのためイメージに合わせて、細部まで調整が可能。

とにかく軽い！ ストレスのない動作を求める人へ
FireAlpaca

| HP | 対応ハード Windows/Mac | 料金 基本無料 | 作品制作に使っている作家さん 加藤オズワルドさん、葉山えいしさん、りーりんさんetc. | making 48ページ〜 FireAlpacaを使ったりーりんさんのメイキングを掲載！ |

どんな特長があるの？

●無料で一通りの機能が揃っているので、これからパソコンでのお絵かきを始めたい人にオススメ。

●パースやテンプレート機能など、漫画制作に便利なツールも搭載され、動画作成も可能。

●多機能でありながらシンプルなUI、軽い動作で使いやすい。

●より使いやすく、より機能が充実した有料版「FireAlpaca SE」は安価な買い切り。

注意点 スマホやタブレットには対応していない。

ワークスペースの見た目はこんな感じ！

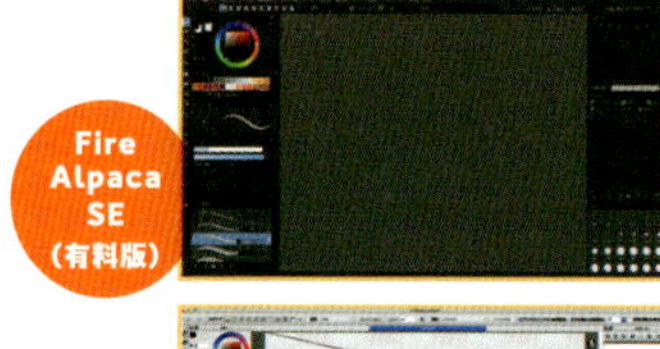
Fire Alpaca SE（有料版）
Fire Alpaca（無料版）

無料版、有料版ともに広々としたキャンバスとコンパクトにまとまったツール配置は共通しているが、有料版は、ブラシの形状が一目で分かるブラシリストと、気分で2種類に切り替えられるカラーがポイント。

●無料版：FireAlpaca　●有料版：FireAlpaca SE 買い切り：3,980円　★FireAlpaca SE機能…広告除去、限定ブラシ など

どんなブラシがあるの？

ペン Gペン　**水彩** ほわほわ水彩　**効果** きらきら3

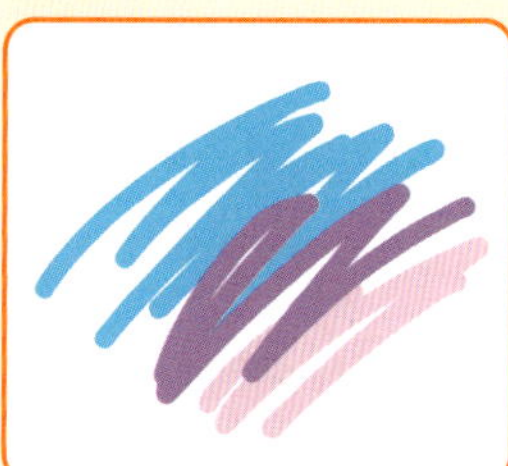

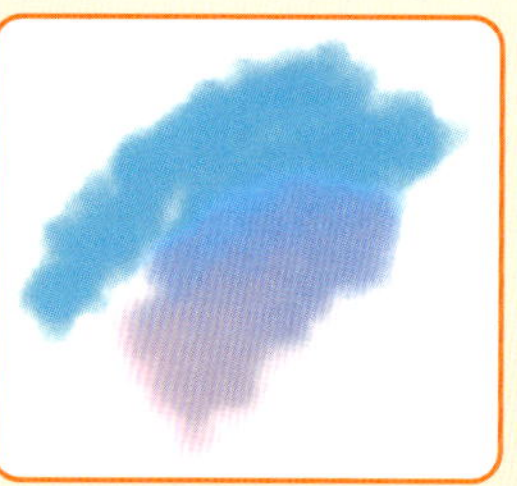

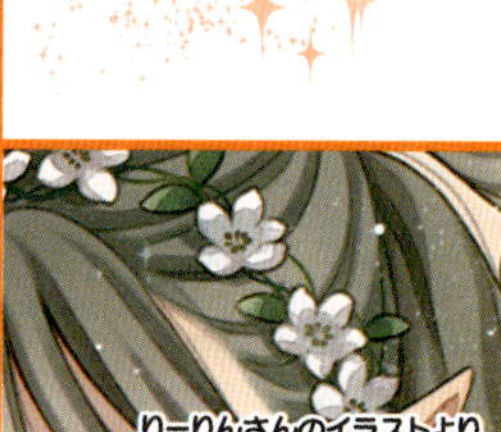
りーりんさんのイラストより

●線画などに使いやすいスタンダードなGペンのブラシ。

●ふんわりしたテイストの水彩ブラシ。

●Gペンと同じ色合わせで使用した状態。

●重ねるとにじんだように色が混ざり、アナログ感の強い表現ができる。

●キラキラを手軽に表現できる散布ブラシ。

●ブラシサイズや色を変えることで、星形のハイライトや、まるでスパッタリングしたホワイトのような見せ方ができる。

●りーりんさんのお気に入り。

POINT 51ページでは、りーりんさんがFireAlpacaのメイキングイラストに使ったブラシについての感想とカスタムポイントを話しているので、あわせてチェックしてみてね♪

描きなれた人、プロを目指す人に向けた本格派
CLIP STUDIO PAINT PRO/EX

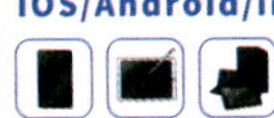

HP

対応ハード
iOS/Android/iPad/Windows/Mac

料金
買い切り
6,400円ほか

作品制作に使っている作家さん
米山舞さん、望月けいさん、しぐれういさん、LAMさん、さくしゃ2さん、こもりひっきさん、香琳さんetc.

どんな特長があるの？

- 漫画・アニメ・イラスト業界、著名な作家も含めて、とにかく愛用者が多く、解説動画や技法書も豊富。
- 全世界のユーザーが作った10万点以上の素材が無料ですぐに使える。
- パース機能や3Dモデルなど、便利なツールが満載。
- プロ志向、特に漫画・アニメ制作をする人は【CLIP STUDIO PAINT EX】一択。ただし高価。

POINT 初心者はシンプルに使えるCLIP STUDIO PAINT PROの【シンプルモード】(スマホ版／iPad版)や【CLIP STUDIO PAINT DEBUT】(PC版)がオススメ。

注意点 高機能ゆえ、ハードのスペックが低いと動作が重くなる。

● ダウンロード版買い切り ◎Windows/macOS／PRO:6,400円　EX:26,900円
● サブスク※料金は利用端末の台数によって変わる
◎iPad/Android/Windows/macOS/iPhone
PRO:月額:480円-980円　年額:3,000円-6,000円
EX:月額:980円-1600円　年額:8,300円-13,000円
◎iPhone/Androidのいずれか1台
PRO:月額:100円　年額:700円
EX:月額:300円　年額:2,000円

ワークスペースの見た目はこんな感じ！

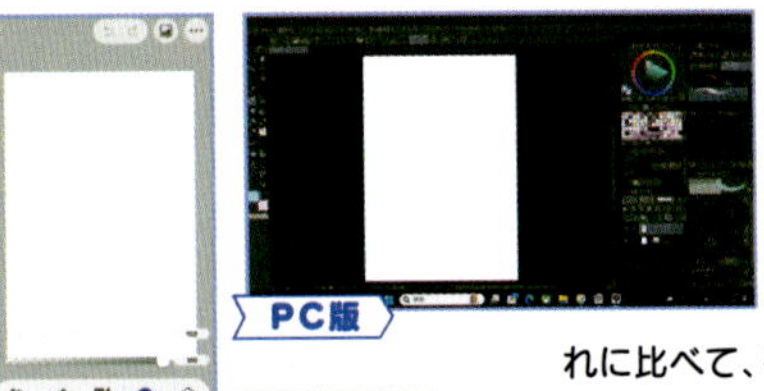

▷ **PC版**
▷ **スマホ版(シンプルモード)**

PC版をはじめ、基本のワークスペースは機能性とカスタマイズ性の高い上級者向けの仕様。それに比べて、初心者向けのシンプルモードはだいぶスッキリ。

どんなブラシがあるの？

基本　**シャーペン**

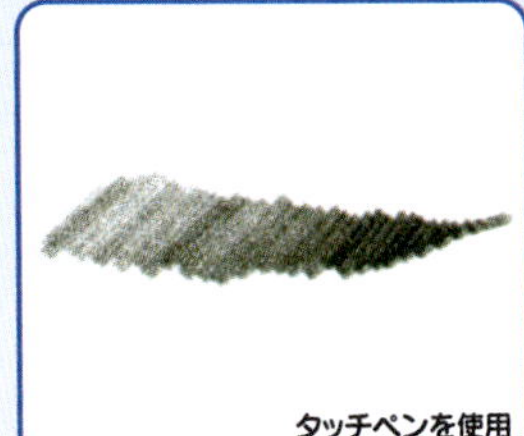

タッチペンを使用

- シャーペンのような質感のブラシで、アナログっぽいタッチがリアルに表現できる。
- 筆圧で濃淡がつけられる。

POINT 44ページで夏目レモンさんの使用ブラシも紹介しているのでぜひ見てください♪

万能　**怠けものブラシ**

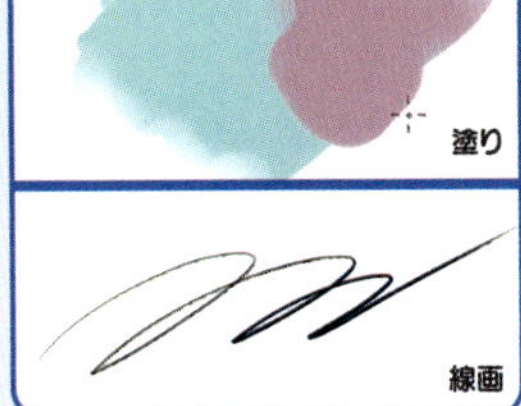

塗り
線画

- 主線も水彩も厚塗りも、これ1本でできる万能ブラシ。
- 筆圧次第で混色を調節できるので、弱く塗れば水彩風、強く塗れば厚塗り風に。
- ユーザーの配布ブラシのなかでダウンロード数No.1。

コンテンツID:1708873
製作者:白(遺伝子組み換えでない)

便利ツール
写真からマンガ背景を作成

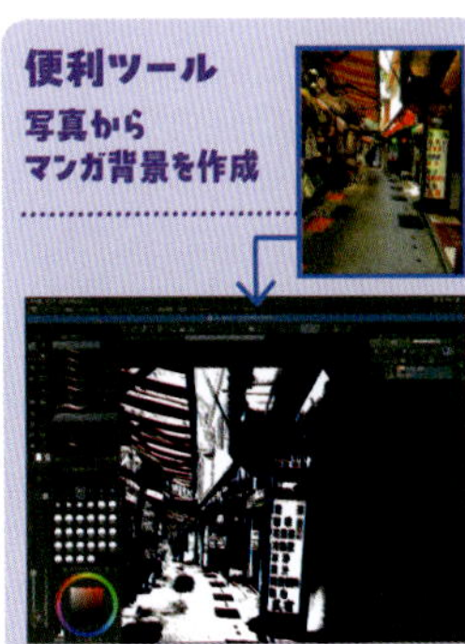

CLIP STUDIO PAINTには、作業を効率化する便利なツールが多数搭載されている。例えばカラー写真をモノクロに変換して漫画の背景に使う、というのもメジャーな方法。CLIP STUDIO PAINT EXだと、写真から自動的に線画を抽出してトーンを作成することも可能。

絵を描ける人、プロを目指す人に向けた本格派
プロクリエイト

HP

対応ハード
iPad

料金
買い切り
1,800円ほか

作品制作に使っている作家さん
多田由美さん、寺田克也さん、笹蒲ぼこさん、紅梅アヤさんetc.

making
52ページ〜
プロクリエイトを使ったじみにしじみさんのメイキングを掲載！

どんな特長があるの？

- iPad専用で安価に使えるお絵かきソフト。
- 高性能なアナログタッチのブラシが豊富。
- シンプルなワークスペースで直感的に操作でき、アナログになれた人でも使いやすい。

注意点 細かくレイヤーを分けながら描きたい人や、仕事の納品方法にパーツ分けなどが必要な場合はオススメできない。

注意点 解像度や使用しているハードのスペックによって、レイヤー枚数に制限がある。

ワークスペースの見た目はこんな感じ！

とにかく直感的に「描く」「塗る」ことに特化し、極限まで削ぎ落とされた白く広々としたワークスペース。描くことに集中できる。

どんなブラシがあるの？

スケッチブラシ
鉛筆 Procreateペンシル

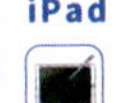

- 少々硬めの鉛筆っぽさを感じさせるブラシ。
- 粉飛び感が非常にリアル。

鉛筆 6B鉛筆

青系で試し描きした状態

- はっきりと濃く、柔らかい質感の鉛筆ブラシ。
- 多田由美さんはこのブラシをベースにカスタムして多用。

インキングブラシ
ペン 製図ペン

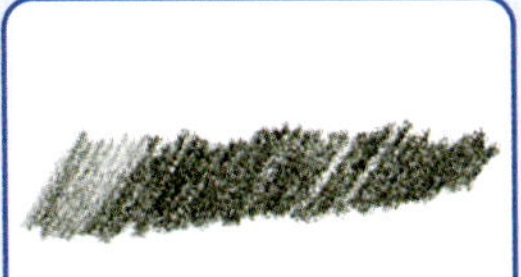

- 自然と強弱がつくので、ペン入れにも適している。
- 山の部分にインクが溜まる。

ペン ゲルペン

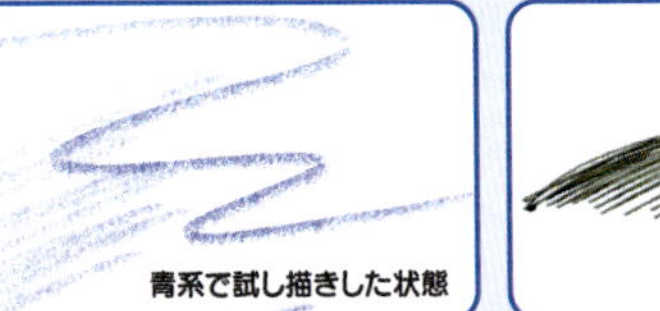

- 極細のゲルインクボールペンで線を引いたようなリアルな質感。
- 入りと抜きにインクが溜まる。
- 軽く力を入れるだけで、太い線も引ける。

アーティスティックブラシ
水彩 オールドビーチ

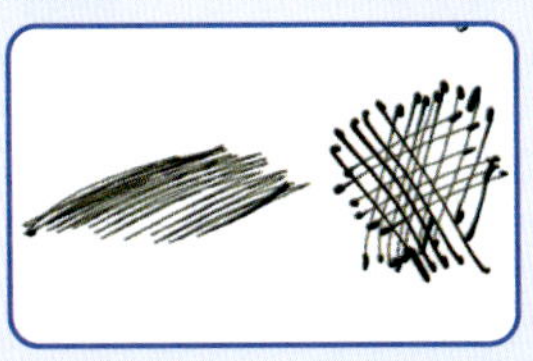

- 水彩っぽい独特のタッチがつくブラシ。
- 重ねていくと中心が透けたような微妙な色相の変化をする。
- デフォルトのブラシで水彩境界に近い表現をしたい時にもオススメ。

POINT 52ページには、じみにしじみさんの使用ブラシも紹介しています♪

アナログイラストをスキャンしてデータ化できれば、イラスト集やオリジナルグッズを制作することができます。スキャンしたそのままのデータでももちろん良いのですが、「色味やタッチなど、原画とは少し印象が違って見える」という経験がある方も多いのではないでしょうか。「もう少し原画の雰囲気に近づけたい！」「きれいにデータ化したい！」──そんなお悩みを、原画やグッズ販売を精力的におこなっているpotatoさんにお聞きしました！　ここでは、potatoさんが普段おこなっているスキャンや加工の方法を紹介します。細やかな調整によって、データの印象がどのように変わるのか、ぜひ見比べてみてください。

potato

X @popopopopo623

pixiv id=28672019

作業環境　CLIP STUDIO PAINT
スキャナー（[メーカー]EPSON、[型番]GT-X830)、ラミネートフィルム（MonotaRO 38278055）

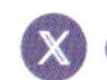

イラスト集やグッズをつくるときは、印刷の仕上がりに合わせて色を調整していますが、ここでは、私が普段おこなっている「原画の雰囲気に近づけるためのデータづくり」の方法をご紹介します！

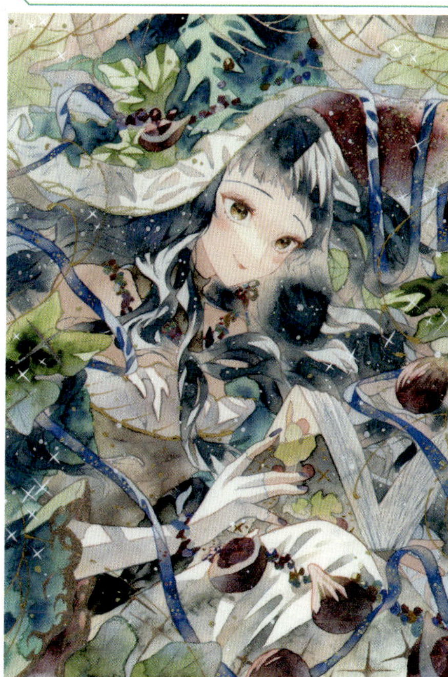

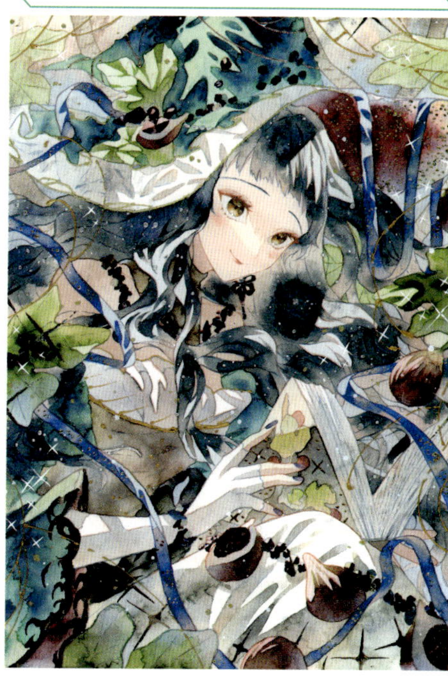

アナログ×デジタル活用術

原画をスキャンして近い印象にデータ化する方法

potatoさんが普段使っているスキャナー

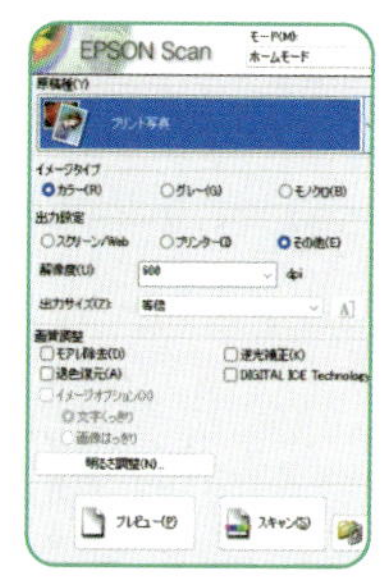

ラミネートフィルムを挟んでスキャンする

potatoさんはスキャナーと原画のあいだにラミネートフィルムを挟んでスキャンをおこなっている。フィルムを挟んでスキャンをおこなうことで、機械の光の強さをコントロールしている。

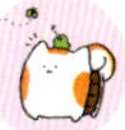

ラミネートフィルムを挟むと、原画に貼った箔押し（ウチハクを使用）もきれいにデータ化することができます！　スキャナーからの光がやわらぐのか、透明水彩のにじみやタッチもなめらかにスキャンされている気がします。特に淡い色が柔らかい印象のまま拾われるので、パステル系を使われる方にもぜひおすすめしたいです！　フィルムは何度か使っているとゴミや細かいキズがついてデータに映ってしまうため、お金はかかるのですが私はある程度使ったら新しいものに交換しています。また、クリアファイルでも代用できますが、厚みがある分、光を通しにくいのかイラストが少しぼやけた印象になってしまう気がしていて、ラミネートフィルムがおすすめです…！　100円ショップでも手に入りますが、商品によっては裏表があり、スキャン時の印象が変わることもあるので注意してくださいね。

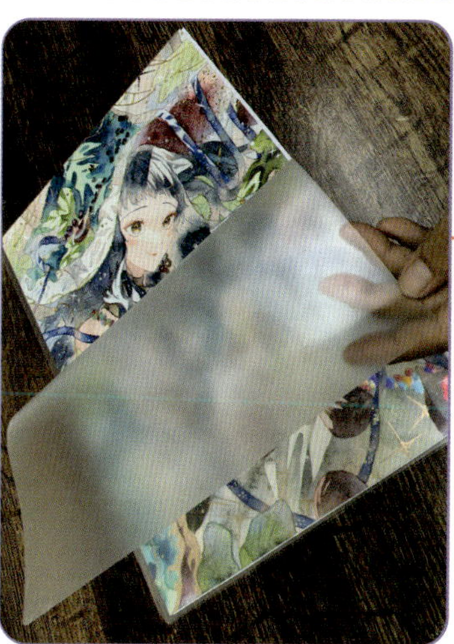

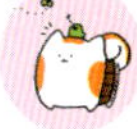

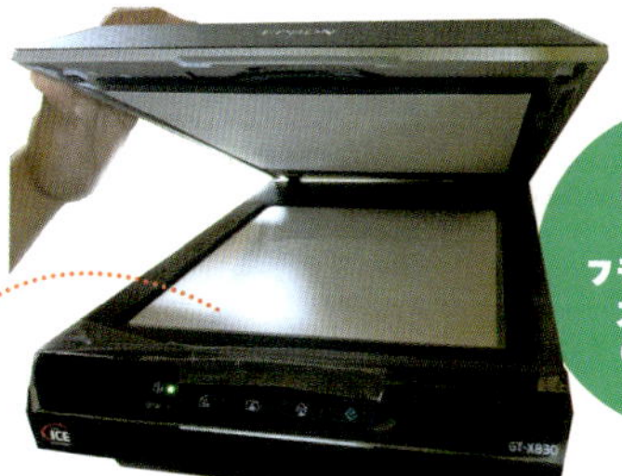

A4サイズの原稿まで、高解像度でスキャンできます！　以前はプリンターとスキャナーが一体になっているタイプを使っていたのですが、カバーが軽く、上から手で押さえないと紙のしなりによるカゲを拾ってしまうことがありました。いま使っているスキャナーはカバーに少し重みがあるので、原稿をしっかりのばしてきれいにスキャンできます。最近は水張りをしたり、絵の上にコピー用紙を敷いてから重たい本を置いてプレスし、紙を平らにする工夫もしています。

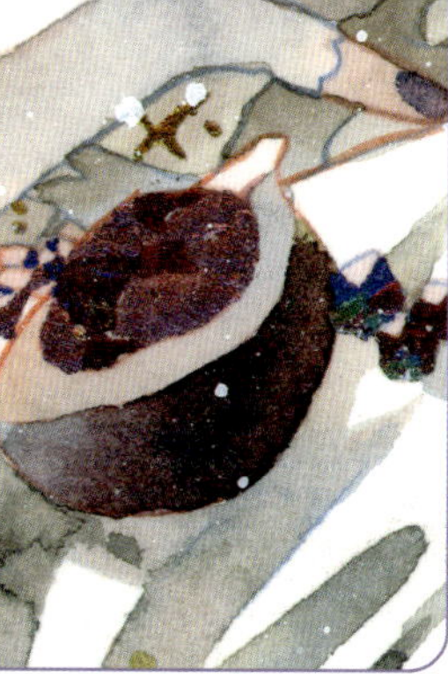

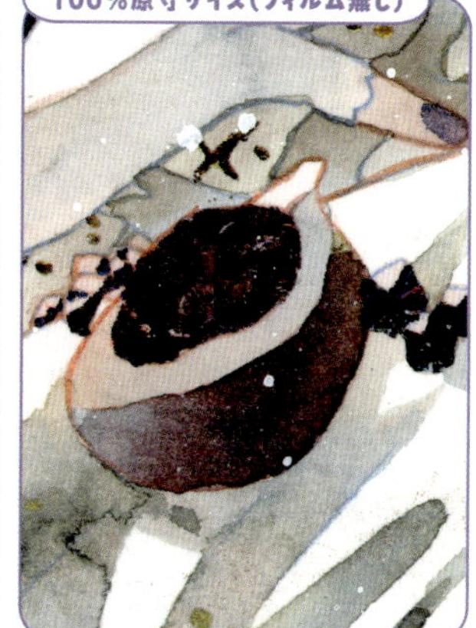

スキャン（ラミネートフィルム有り）

フィルムを挟んだことで光の反射が抑えられたのか、カラフルな箔押しの色合いやきらめきが拾われている。また、にじみのタッチや線画のエッジが柔らかな印象にまとまっている。

スキャン（ラミネートフィルム無し）

フィルムを挟まずそのままスキャンすると、箔押し部分が光を強く反射しているのか、黒く潰れたようなデータになってしまう。また、フィルムを挟んだものと比べると、透明水彩の色やにじみのタッチ、ホワイトの粒がハッキリと拾われている。

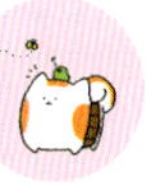

スキャナーの読み取り設定

いろいろ試した中で、原稿種を『プリント写真』、モードを『ホームモード』に設定すると、私の作品は一番きれいにスキャンできました！　dpi（解像度）を1200にするとデータが重くなり、紙目や細かなチリまで拾ってしまって仕上げの手間が増えるため、いまは600dpiでスキャンしています。

スキャンしたデータの色調整をする

ラミネートフィルムを挟んでスキャンしたデータを「CLIP STUDIO PAINT」で読み込む。サイズや解像度はスキャンしたそのまま、「編集」メニューから「色調補正」→「明るさ・コントラスト」で色味を調整する。potatoさんは明るさを「＋4」、コントラスト「＋9」して、ややパキッとした印象にまとめた。

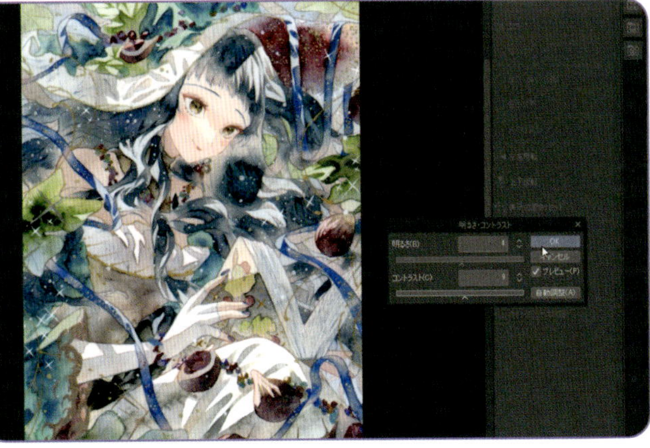

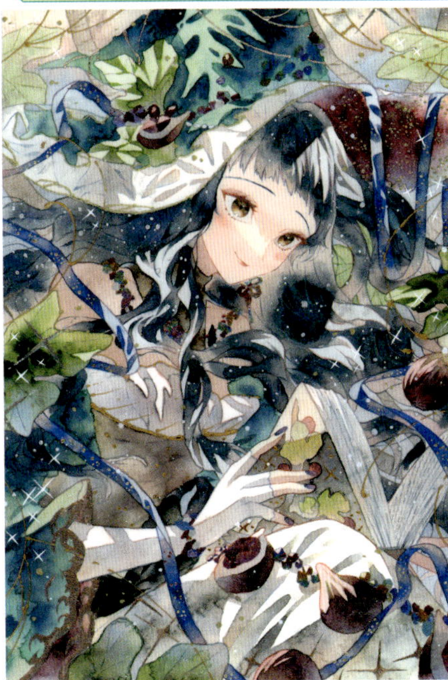

色味調整とゴミ取りをおこなったデータ（スキャン（ラミネートフィルム有り））

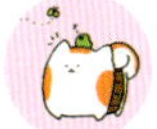
原画は色やタッチがもう少しパキッとしているので、ほんのりくすみがかっているのを少し明るくしつつ彩度を上げました！　私はネットで原画を販売することも多いので、見本になるデータと原画で印象が変わらないように気をつけています。

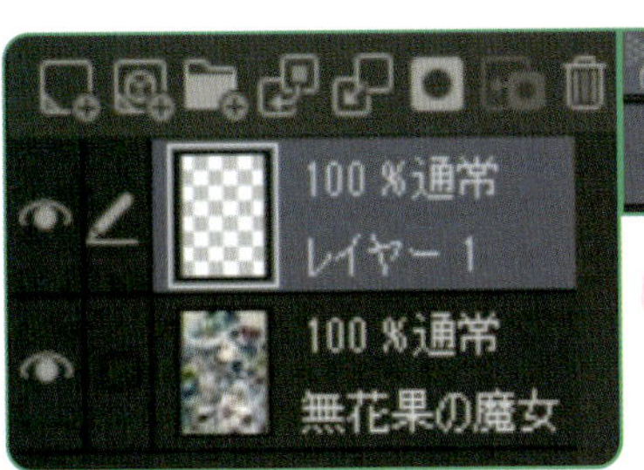

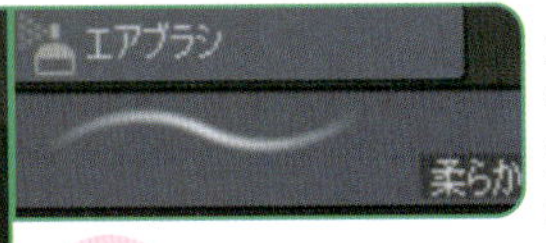

スキャン時に入り込んでしまった細かなゴミやキズを修正する。新規レイヤーを作成し、エアブラシの「柔らか」を使って塗りつぶしながら、丁寧にレタッチ作業をおこなう。

作品を拡大しながら、レタッチが必要な部分を地道に探していきます。SNSに投稿するサイズであれば気にならないのですが、グッズなど印刷用の原寸サイズだと目立ってしまうので、しっかりと取り除きます。ゴミが残っていると、本来見てほしい部分から視線がそれてしまうので、とても大事な工程です！

スキャンしたデータのゴミ取りをする

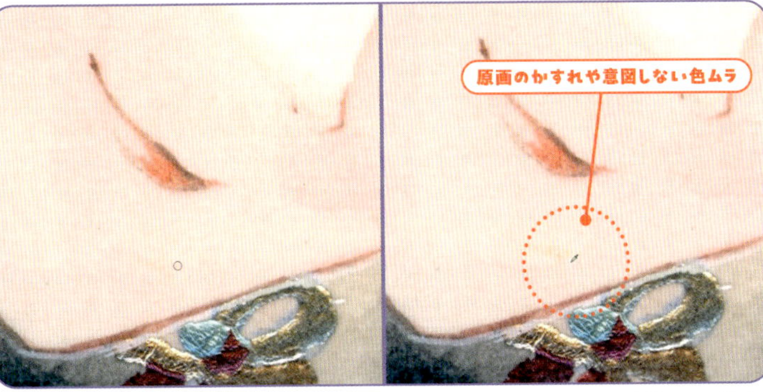

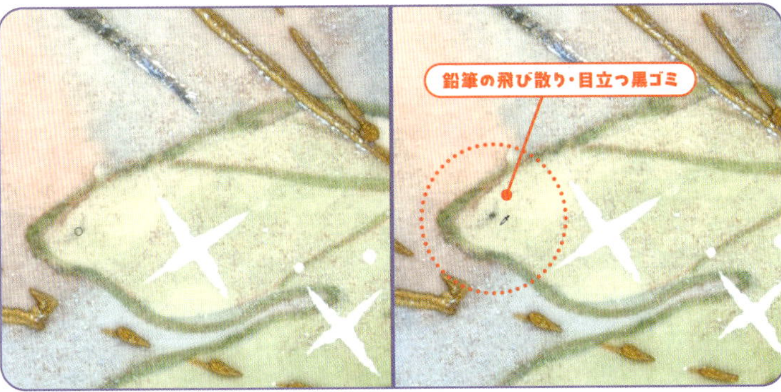

人物の口元にある、色ムラを整える。「スポイト」ツールで近くの肌の色を吸い取り、エアブラシ「柔らか」で塗りつぶす。丁寧なレタッチをおこなうことで、滑らかな肌に仕上がる。

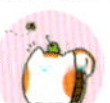
顔周りはゴミが目立ちやすいので、丁寧にレタッチします！

葉先に付いている黒い点のゴミを取り除く。「スポイト」ツールで葉と同じ色を吸い取り、エアブラシ「柔らか」で塗りつぶす。

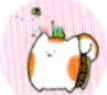
エアブラシはふんわりとした塗りができるのでレタッチしてもなじみが良いです！

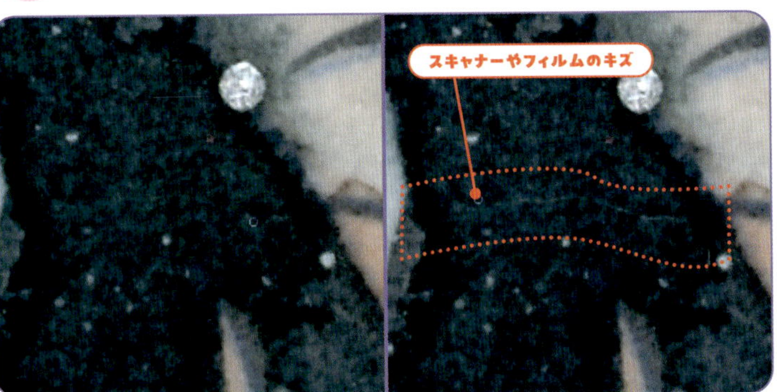

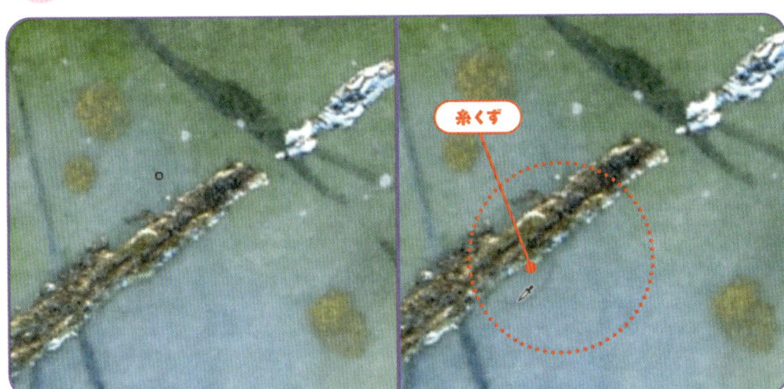

フィルムやスキャナーに付いていたキズをスキャンしてしまったため、レタッチする。「スポイト」ツールで周囲の色を吸い取り、エアブラシ「柔らか」で線を途切れさせるようになじませて修正する。このように、potatoさんは丁寧なレタッチを繰り返すことで、原画の質感や色味に近いスキャンデータに仕上げている。

箔押しを定着させる糊にくっついてしまった糸くずをレタッチする。「スポイト」ツールで周囲の色を吸い取り、エアブラシ「柔らか」で点を打つように少しずつなじませて修正する。

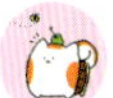
ウチハクは糊を使って貼り付けます。その糊部分にどうしても糸くずがくっついてしまうので取り除きます！

コピックや透明水彩など、着彩にはアナログ画材を使う絵描きでも、ラフや線画の工程まではデジタルツールを活用する人が増えています。今号の「FireAlpaca SE最新版3.0」のメイキングに登場し、主にコピックを用いて魅力的な女の子たちを描くりーりんさんも、そんな絵描きのひとりです。

デジタルの強みは、とにかくその作業効率の良さと修正のしやすさにあると言えます。拡大縮小、複製、回転、反転、色変え、塗りつぶし……など、アナログだと大変な作業がデジタルだと手軽にできます。

デジタルのお絵かきソフトにも様々なものがありますが、ここでは、りーりんさんが普段使っているSAIとFireAlpacaを取り上げ、デジタルで線画を描きたい人がぶつかる悩みや疑問に、りーりんさんが答えてくれました！ 線画をデジタルで描いてみたい人、うまく描けずに困っている人など、ぜひ参考にしてみてくださいね！

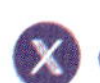 @ichidanmepile 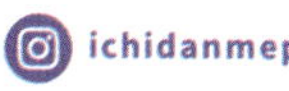 ichidanmepile

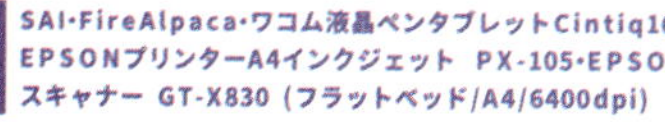

作業環境 SAI・FireAlpaca・ワコム液晶ペンタブレットCintiq16・EPSONプリンターA4インクジェット PX-105・EPSONスキャナー GT-X830 (フラットベッド/A4/6400dpi)

アナログ×デジタル活用術

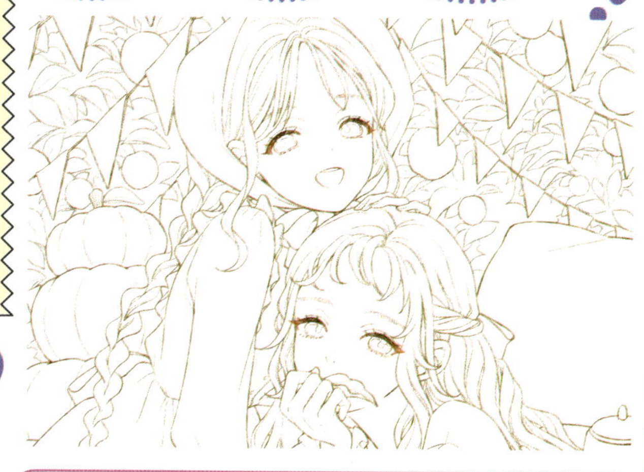

初めてのデジタルここがムズカシイ！

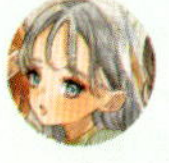 一番はブラシの設定です。やっぱり描き始めの頃は、思ったような線にならなかったり、描き終わった線を印刷したときにイメージと違ったりしました。例えば、もっと掠れた感じの線にしたいのに、思ったより密度のある線だった、とか……。あとはプリンターによって印刷した線が水やマーカーのインクで溶けてしまったり、思った色みに印刷されなかったり、といったこともありました。最終的に紙に線を印刷してアナログ画材で塗ることを想定しているので、画面で見たときと印刷したときのギャップを埋めるのが難しいなと感じます。これは回数を重ねて、イメージに寄せていくしかないと思います。

デジタルの線画作成ここがイイ！

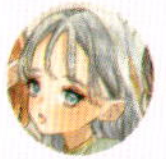 細かい線が描けるところ、線の色が変えられるところです。アナログだとどうしても線の細さや色に限界があるので、絵の雰囲気に合わせて調整できるのがデジタルの良いところだと思います。あとはやっぱりやり直しがきくところ。たとえば、キャラクターと背景が重なっているところで、まちがって背景の線を手前に描いてしまった…！ みたいなときに、デジタルならすぐに修正ができるので、間違いの多い私には向いていると思います。

SAIで線画を描く

彩色した完成イラスト

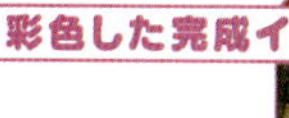

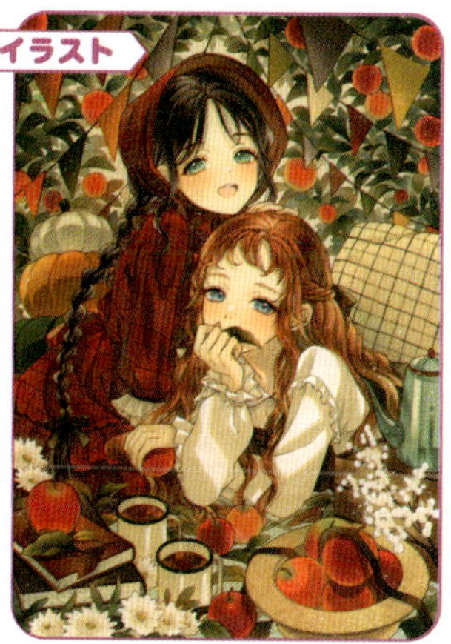
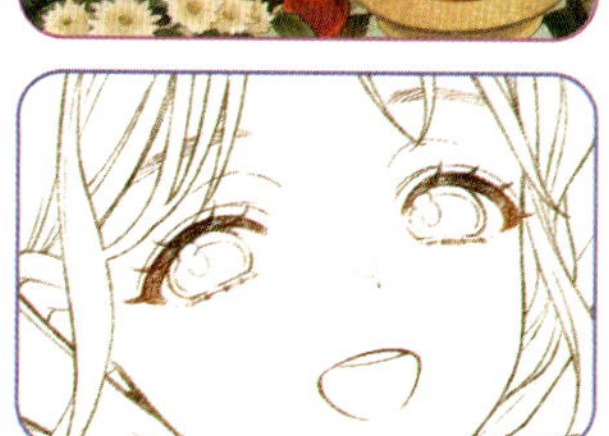

「Autumn party」と題されたオリジナルイラスト。アナログの塗りとなじむよう、線画は質感が強めについたブラシで描かれている。一見アナログのようにも見えるナチュラルなテイストに。基本的には茶色で描かれているが、目尻など、部分的に少し赤色を使うことで、透明感が生まれる。

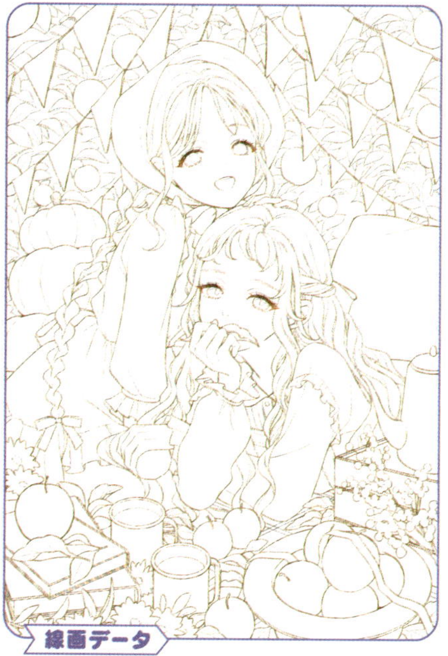

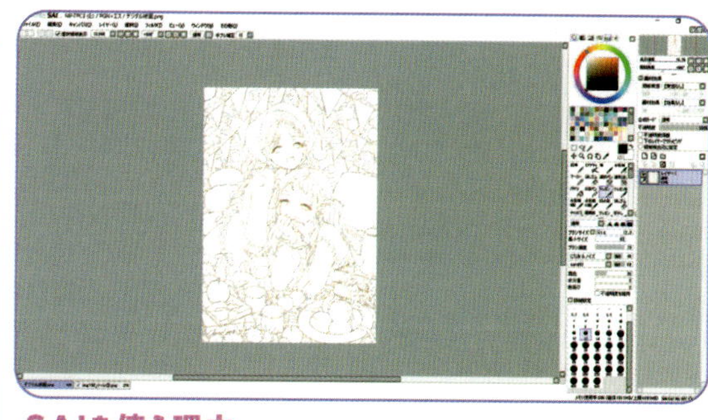

SAIを使う理由

 動作が軽いことと、機能が良い意味で多すぎないことがSAIを使っている理由です。私の場合は、デジタルソフトの細かい機能まで使いこなせないことも多いので、少し制限されているほうが何を調整すればいいのかや、どの機能を使えばやりたい表現ができるのか、などを把握しやすいんです。あとは昔から使ってきて使い慣れているというところあります。SAIを使い始める前は、Pixiaという無料ソフトを使っていました。

> **POINT** 初めてデジタルソフトに触れるなら、シンプルで動作が軽いものを選ぶといいでしょう。そういったソフトは無料で使えたり安価なものも多いです。どんなソフトがあるのかはP34～「デジタルイラストを始めよう」のページを見てみてね。

筆圧はどう調整するの？

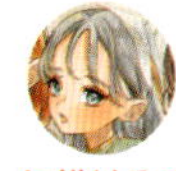 私自身は、そこまで厳密に気にしているわけではないのですが、線の入りと抜きが自然に描けるくらいの強さに調整しています。

筆圧感知ってなに？

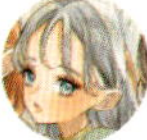 筆圧の力加減を反映してくれる機能のことです。感度が高いほど筆圧の強弱が線の濃さなどにも影響されます。筆圧感知がまったくないと、どの強さの筆圧で描いてもまったく同じ線の濃さや太さになります。

SAIのブラシ設定「クレヨンブラシ」をカスタム

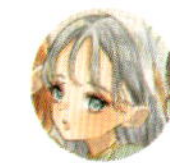 基本的にはアナログで塗ることを想定しているので、アナログの塗りとなじむような質感が強めについたブラシで描画しています。具体的には、SAIのデフォルトブラシのクレヨンブラシを、より自分が描きやすい設定に調整して使っています。

詳細設定	
描画品質	3
輪郭の硬さ	0
最小濃度	0
最大濃度筆圧	50%
筆圧 硬⇔軟	100
筆圧: ☑濃度 ☑サイズ ☐混色	

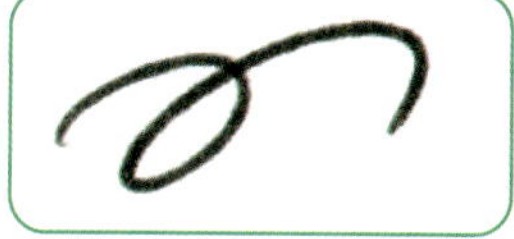
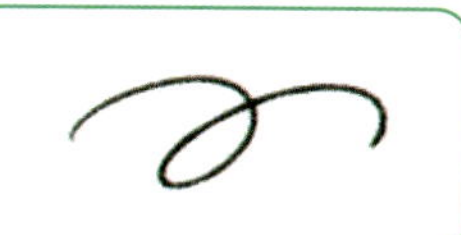

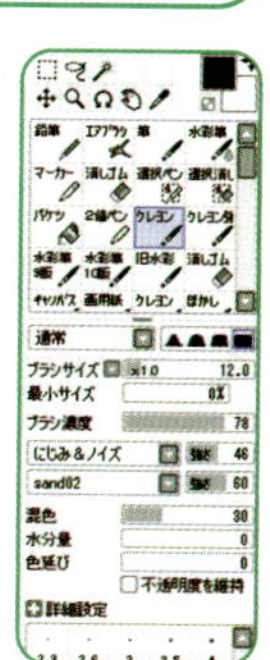

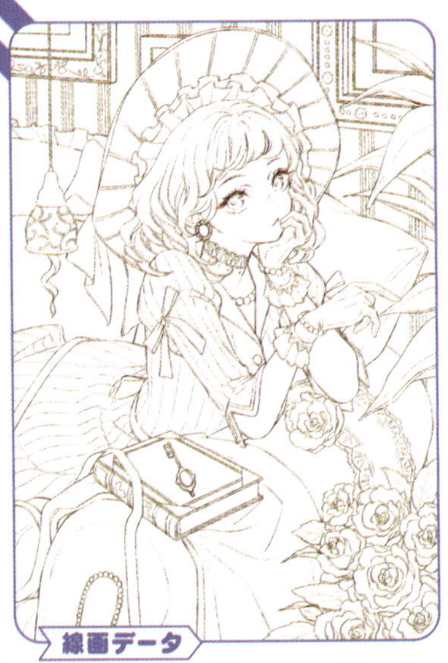

▶ 線画データ

画面と紙のギャップ！
イメージ通りにプリントするには？

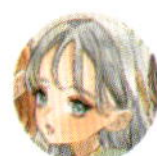
使っているプリンターの特性や癖を知ることです。うちのプリンターの場合、画面で見ているときの色みより、印刷されたときの色みのほうが赤が強く、色は暗めに出ます。ですから、データの時点で、少し黄みを強めに、彩度を高くするように調整しています。

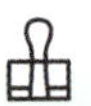 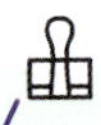

りーりんさんに聞く
「デジタルで描くこと」

Q&A
デジタルの作品づくりを快適にするための、おすすめのグッズがあれば教えてください。

りーりん　利き手のグローブです。手が画面に直についてしまうと、特に夏場は暑くて汗でペタペタするのでグローブがあると便利です。

色を塗っても
線が溶けないプリンターは？

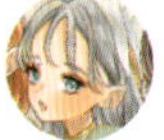
プリンターは、EPSONのPX-105という型を使っています。今売られているたいていのプリンターは染料インクのものだと思うのですが、このプリンターはインク4色とも顔料インクです。以前使っていた染料インクタイプのプリンターだと、コピックで塗ったときに印刷した線が溶け出してしまい、アナログの塗りには向いていませんでした。そこで耐水でアルコールインクにも溶けない顔料インクのプリンタを探して購入しました。ただ顔料インクは文書向きで、染料のほうが印刷品質は良いので、線画の印刷以外にはあまり向いていないかもしれません。

POINT　コンビニのプリンターはインクジェットでなくレーザーなので、家庭用に比べるとインクは滲みにくいです。

FireAlpacaで線画を描く

FireAlpacaのブラシ「もったり色鉛筆」をカスタム

デフォルトのもったり色鉛筆は高発色な油性色鉛筆をイメージしたブラシ。

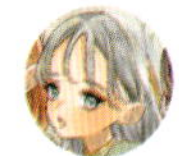
シャープペンで描いたような線をイメージしてカスタムしました。

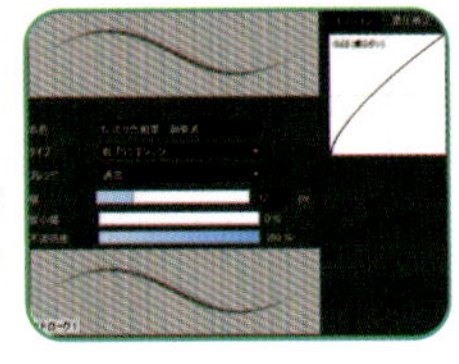

この線画の完成イラストと、完成までのメイキングはP48〜へ。

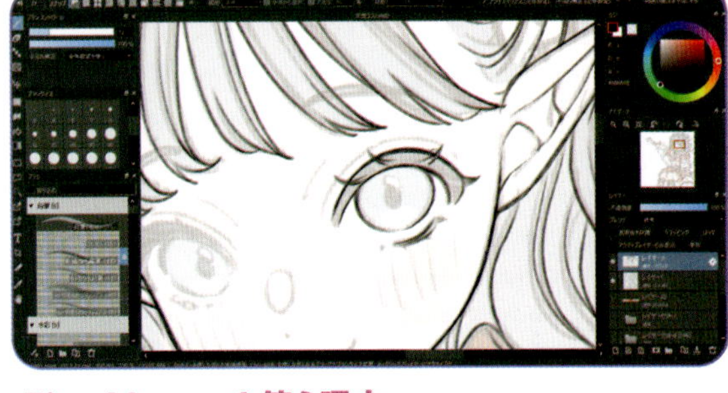

FireAlpacaを使う理由

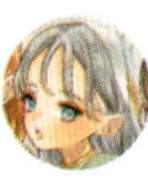
仕上げまでデジタル作画をするときはFireAlpacaも使います。最後の加工をするのにキラキラのペンを使ったり、仕上げの色味の調整がSAIよりしやすいです。

線とブラシについて知りたい！

使いやすいブラシの見つけ方を教えて！

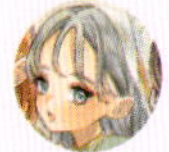
とりあえずいったん全部試し描きしてみる＋どういう線を描きたいかイメージして、それに近いペンを選ぶ。私の場合は1ストロークで描くよりも、紙にシャープペンで描くときのように、線を細かく引いてつなげていくように、デジタルでも線画を描いているので、ペンの入りと抜きが重なっても違和感のなさそうなペンを選んでいます。SAIの場合は、デフォルトの「鉛筆」ブラシのような密度が濃いめのブラシは避けています。

POINT　まずはデフォルトのブラシをたくさん試して、アナログで引く線の描き方を再現しやすそうなブラシを探してみよう！

線は何色で描くといいの？

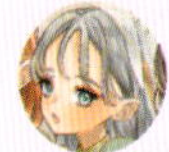
一通り黒で描いてから、最後にクリッピング機能で好みの色みに変更しています。大体、赤みのあるこげ茶色にしていますね。目頭・目尻あたりだけは赤みを強くすることが多いです。以前は最初から茶色で描いていたのですが、途中から再開するときなど、どの茶色を使っていたかわからなくなってしまい、線の濃度や色が変わってしまったりして…絶対に色の違いが出ない黒で描くようになりました。

勝手に線に
補正がかけられちゃう！

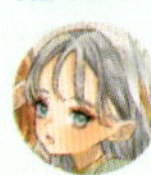
これは使うペイントソフトの設定にもよると思います。SAIの場合だと、通常レイヤーでの描画は補正がかからず、ペン入れレイヤーのほうは特にペンの入り抜きで補正がかかります。通常レイヤーのほうが質感の調整など幅がきくので、私はそちらを使っています。

アナログに比べて
線が硬い！ どうしたらいいの？

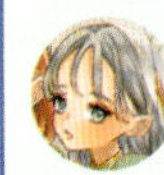
正直私はそこまで線の硬さを感じたことがなく…どのペイントソフトでも筆圧の硬い／軟らかいが選べると思うので、そこを軟らかめにするのがいいんじゃないかと思います。SAIでは中間くらいにしていますが、FireAlpacaでは自分で調整したペンは筆圧軟らかめにしています。それから、私は手ぶれ補正を高めに設定して、きれいな線が引けるようにしていますが、きれいすぎない手描き感がほしいときは手ぶれ補正を5以下など下げるようにしています。

作業環境

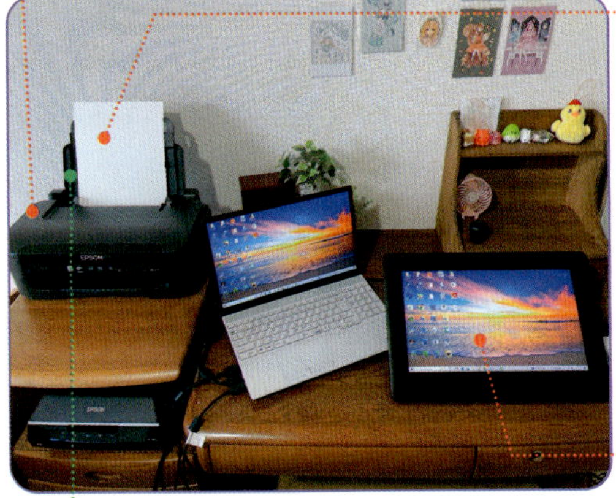

POINT　紙は着彩で使う画材に合わせて、普段通りに選ぼう。

紙はどうやって選ぶの？

今はだいたい以下の2種類の紙を使っています。
- コピックのみで塗るとき：画学紙(Too)
- 水彩など水を多く使う画材を使うとき（コピックで塗る前の下地に使うなど）：主にヴィフアール水彩紙の中目

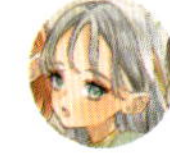
用紙は、線画を印刷するかしないかに関係なく、使う画材の特性に合わせて変えています。画学紙は水には向いていないので、コピックだけで塗るときに使っています。

タブレットにシートは貼っている？

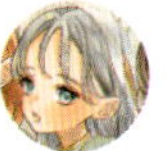
シートは貼らずに直接画面に描いています。だいぶ前のタイプのワコムのCintiq16の液タブを使っていますが、そこまで液晶の擦れは気になりません。

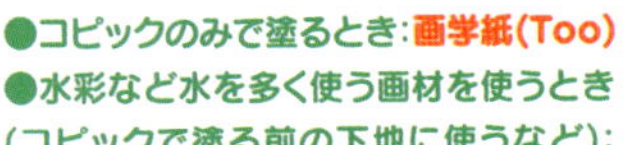
プリントした線画に着彩

SS79号「ピグメントブラッシュペン」のメイキング風景。用紙はヴィフアール水彩紙の中目を使用。

自宅にスキャナーやパソコンがなくても、簡単にアナログ作品を自分のスマートフォンで撮影をして保存することができます。例えば、コンビニのプリンターでは思うように色が再現できなかったり、そもそもスキャンをしてしまうと鮮やかな色味はくすんでしまったり…。SNSに綺麗な色味で作品を投稿することが難しいと感じた経験がみなさんには、あるのではないでしょうか？　このページでは原画を綺麗に写真撮影＆加工するテクニックをそちらさんと共に紹介します。また、SNSに投稿するテクニックから、撮影後のレタッチ方法にも注目です。

そちら

Ⓧ @sochioo　画材 スマートフォン、アイビスペイント

SNSに絵をアップするときには、「①絵を綺麗に撮影する」とき、「②画材を映り込ませて撮影する」ときの2種類の撮影方法があります。①の綺麗に絵を撮影するときは、絵だけを見て欲しい場合の撮影方法です。②のシャープペンシル、筆、パレットなどの画材をいれて撮影をする方法は、見る人に親しみや共感を与えることができます。

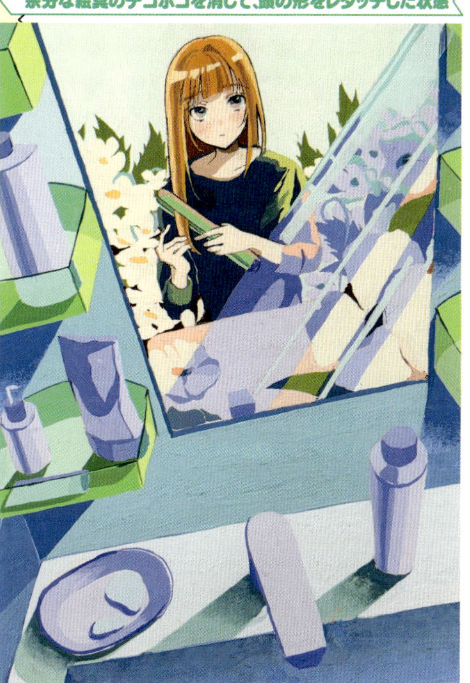

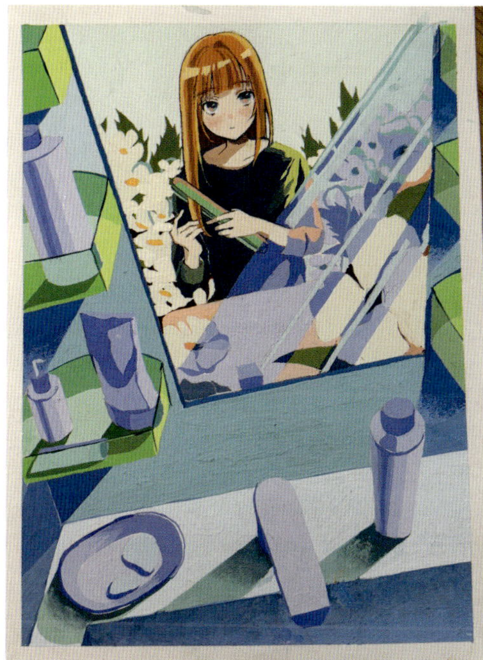

絵を綺麗に撮影してレタッチをする vol.01

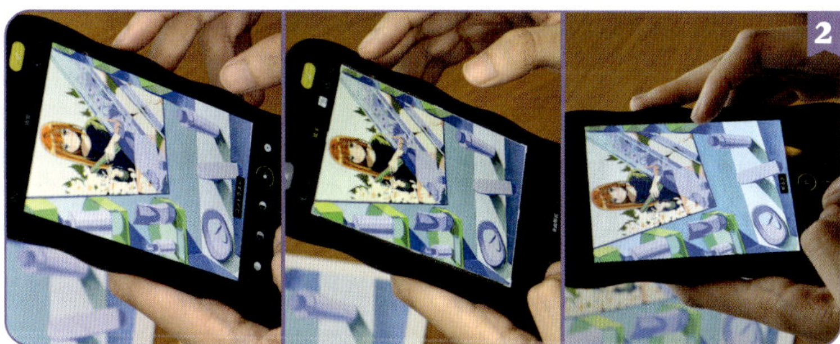

iPhoneの写真編集機能をつかって色調整をする。「明るさ」で画像を明るくし、画像の余白部分をトリミングする。続いて、コントラスをわずかに強くした。そちらさんは原画の色を見つつ色調整していた。一度画像を保存して無料お絵描きソフト「アイビスペイント」で画像を開き直す。

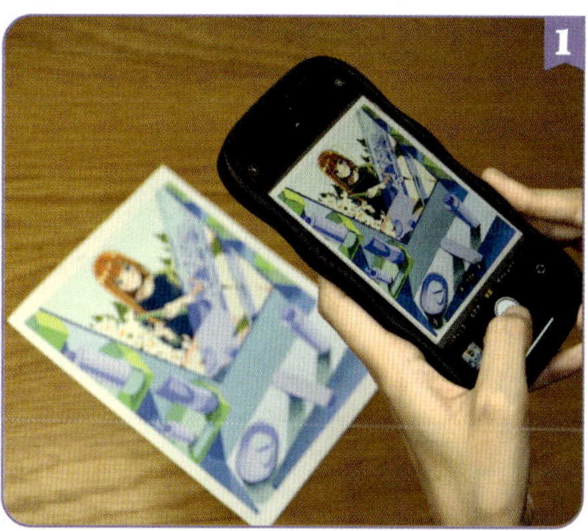

iPhoneのカメラ機能をつかって、原画をなるべく正面から撮る。絵全体が映るようにするのがコツ。iPhoneはコントラストが強くなる傾向があるそうで、Androidのほうがマイルドなカラーに撮影できるそう。また、なるべくこの段階で色味などが綺麗に映るように、自宅にあるスタンドライトの光を当てて撮影をする。

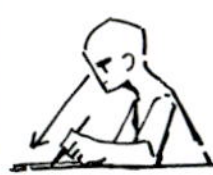
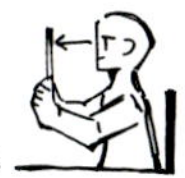

描いている最中の目線の角度と、実際に正面から写真撮影したときの角度では、絵の見え方や印象が変化することが多い。またスマホのレンズで撮影をすると思わぬ歪みで絵の雰囲気が想像と違ったと思う方もいるのではないでしょうか。そうしたときには、「ゆがみペン」をつかうと便利だそう。

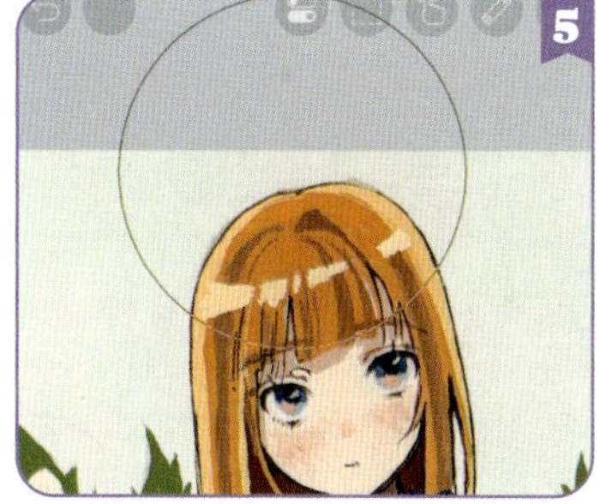

肉眼で見ながら描いたものを正面から撮影した際に、見え方が思っていたのと違うなと感じるときは「特殊ペン」→「ゆがみペン」を選んで変形させます。今回は頭の形が長く見えたので、「ゆがみペン」で短くしました。ですがやりすぎは注意！　あくまでも自然に、絵としての見やすさを大切にしています。

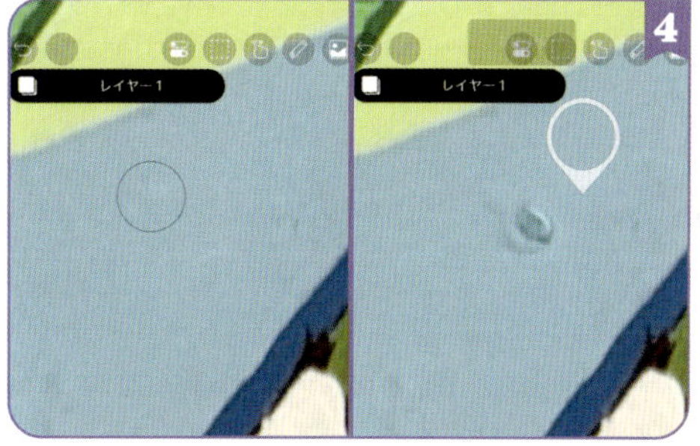

原画を撮影したときに写った汚れや絵具のいらないデコボコを消す。まず消したい汚れの近くの絵具の色を「スポイト」で取る。続いて、「ペン（ハード）」で塗りつぶす。これを繰り返し、レタッチしていく。そちらさんは1つのレイヤーで加工をしていた。

大きすぎる絵具の凹凸や意図せずに映り込んでしまった汚れなどは、スポイトで近くの色を吸って、ブラシで消していきます。ですが、絵具の塗っている感じを残すことも大切です。描いた形跡を消しすぎないように注意しています。

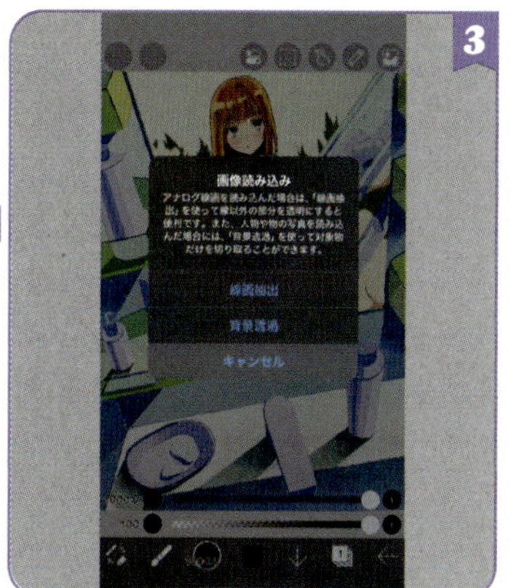

加工した画像を「アイビスペイント」で開いて絵のレタッチをする。上図はアイビスペイントに画像を表示した状態。モノクロイラストの場合は線画抽出を選択することもあるそう。

アナログ×デジタル活用術

iPhoneの写真編集機能をつかって机が映り込んでいた場所をカットしたら色調整をする。「明るさ」で写真を明るくし、「自然な彩度」で色味が明るくなりすぎたところの彩度を落ち着かせた。

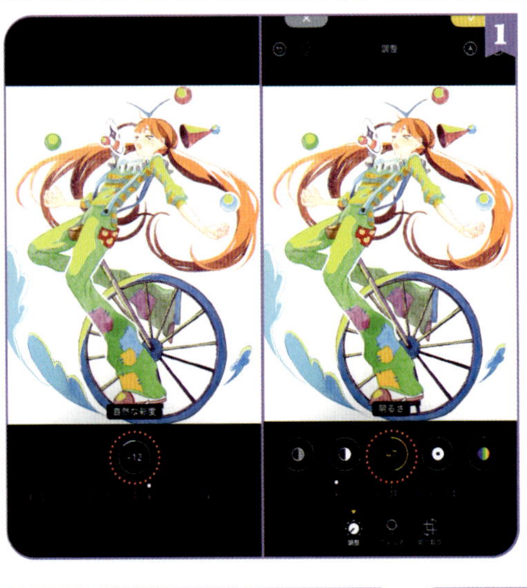

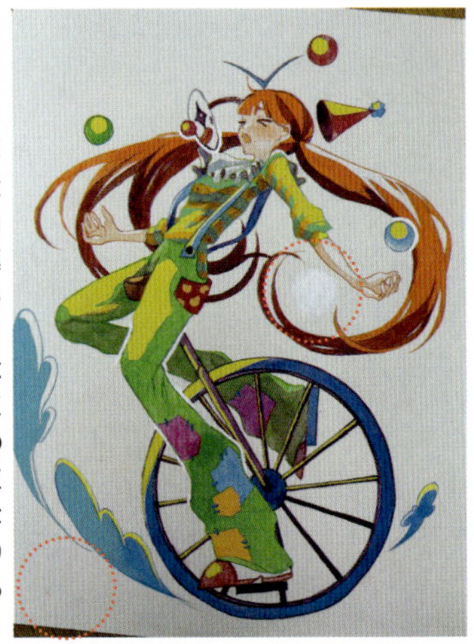

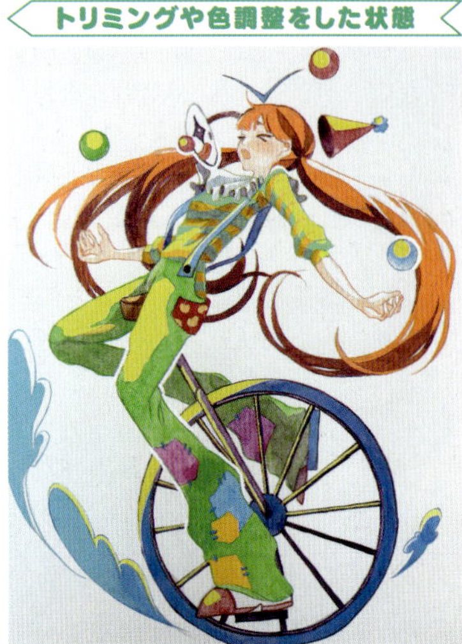

左の写真は加工前の状態。背景が白い絵は写真撮影をする段階で、トリミングを意識する。加工前は絵具の汚れや修正跡だけでなく机も映り込んでいるのがわかる。

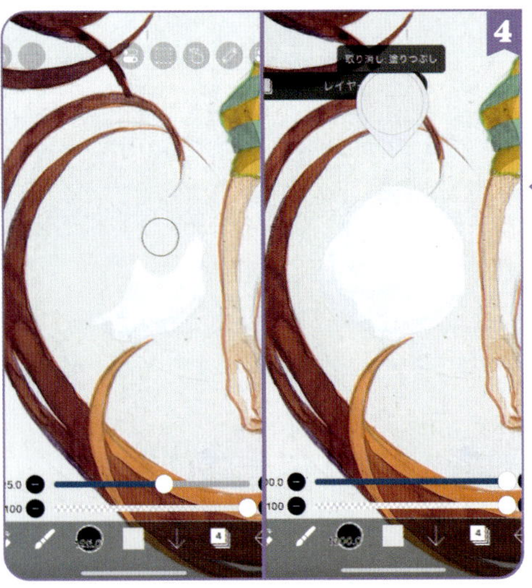

白い修正跡は、レタッチで消す。近くの色をスポイトで吸って「ペン（ハード）」でホワイトが乗った場所を塗りつぶす。ほかの場所も同様にレタッチを繰り返せば完成。

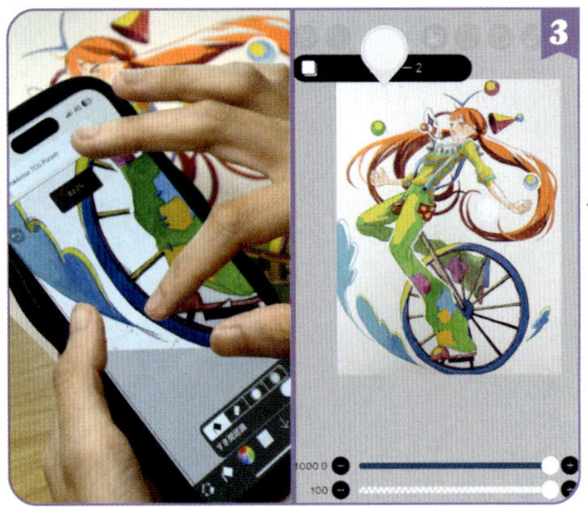

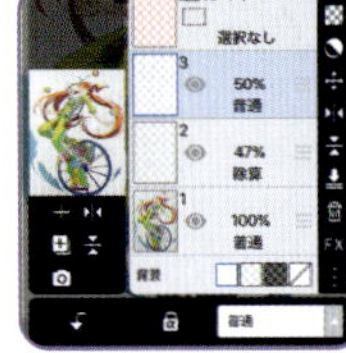

背景の紙の色をさらに整える。再び明るい場所の色をスポイトで吸う。新規レイヤー（普通）で、「塗りつぶし（すき間認識）」をつかい、背景に色を乗せる。レイヤーの透明度は50%まで下げた。

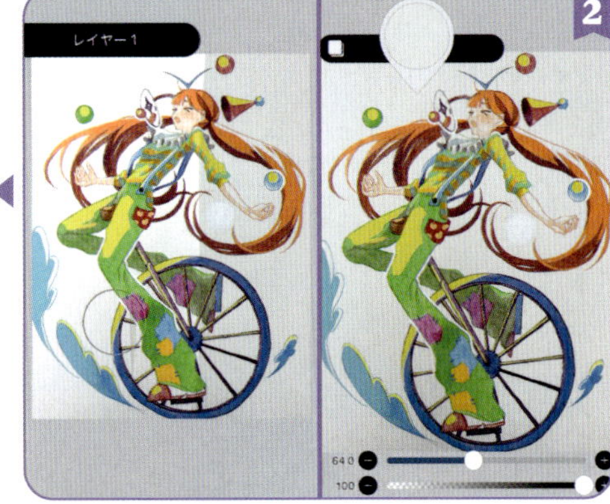

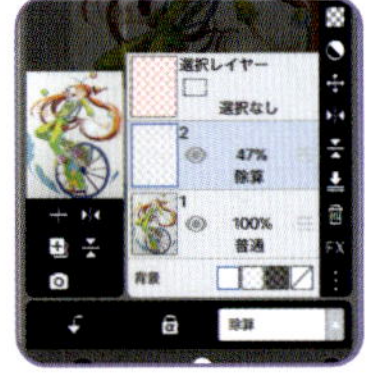

「アイビスペイント」で画像を開いて、「徐算」レイヤーでカゲを飛ばしていく。明るいところの色をスポイトで吸って、新規レイヤー（徐算）で全体に色を重ねるとカゲをナチュラルに飛ばすことができる。その後、レイヤーの透明度を47%まで下げた。

X への投稿方法について

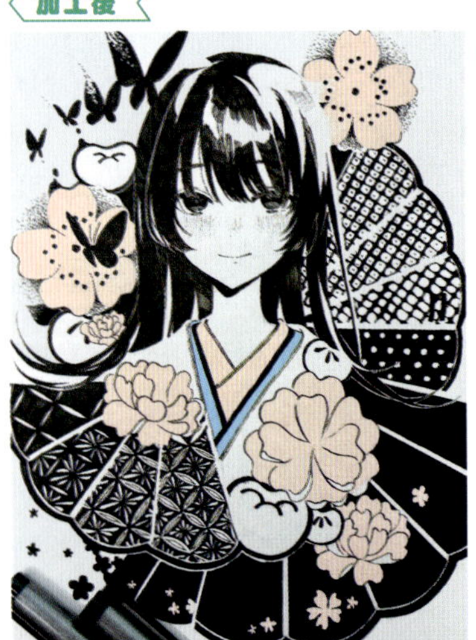

SNSにアップする写真は画材を一緒に映すことで、アナログ画材で描いているんだ！　という驚きを与えることができます。そうしたギャップがあるとSNS上では人の目に留まりやすい印象です。私は絵を描く際に、どういった投稿方法にするかは事前に想定しています。ですが最近は、アナログやデジタルに関係なく、作品そのものを見てもらえるように、角度を付けたりカゲを入れたりせずに撮影をし、投稿することが増えました。絵を依頼される方のなかには、写り込んでいる画材やモチーフが少しノイズと感じられる場合もあるかもしれませんので。

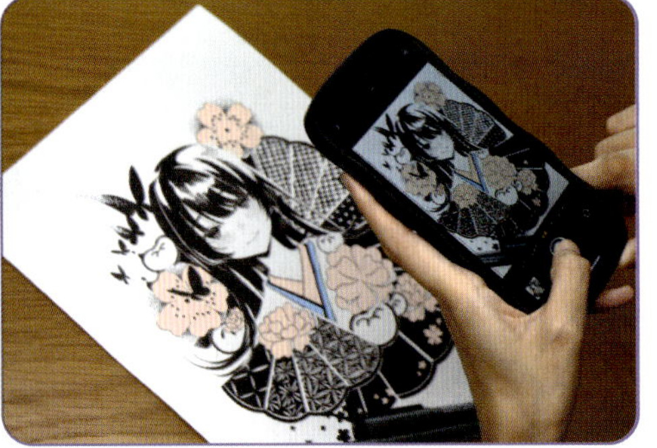

画材を映り込ませる場合は、写真を撮影する段階で絵のトリミングを意識する。そのため、加工段階でトリミングはほとんどしない。

画材を入れて写真を撮影する際には、あえてペンやモチーフのカゲを写すことで、平面なイラストに物質感を与えることができます。そうすることでアナログで描いていることを見る人に伝えることができるように感じます。

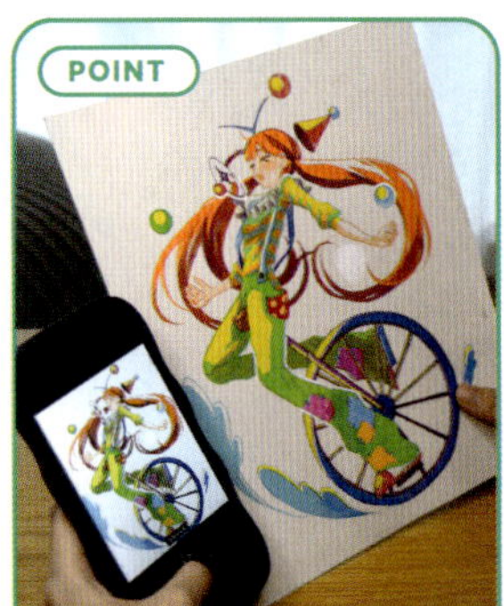

私はスマホで色調整をするとしても、それはアナログ原画に近づけるための加工です。そのため、原画の紙の白さに合わせることを大切にしています。この絵の場合は背景の割合も多いので特に意識しています。

イラストメイキング

夏目レモンさんに色々な画材でイラストを描いてもらう画材試し連載・第33回! 今回はCLIP STUDIO PAINTを使って、正反対な雰囲気が印象的な、キュートでゴージャスでスタイリッシュな天使と悪魔の女の子の二人組をメイキング! さまざまなブラシの活用法やデジタルならではのツールの使い方に、キラキラなシルバージュエリーの描写まで、たっぷりと紹介します!

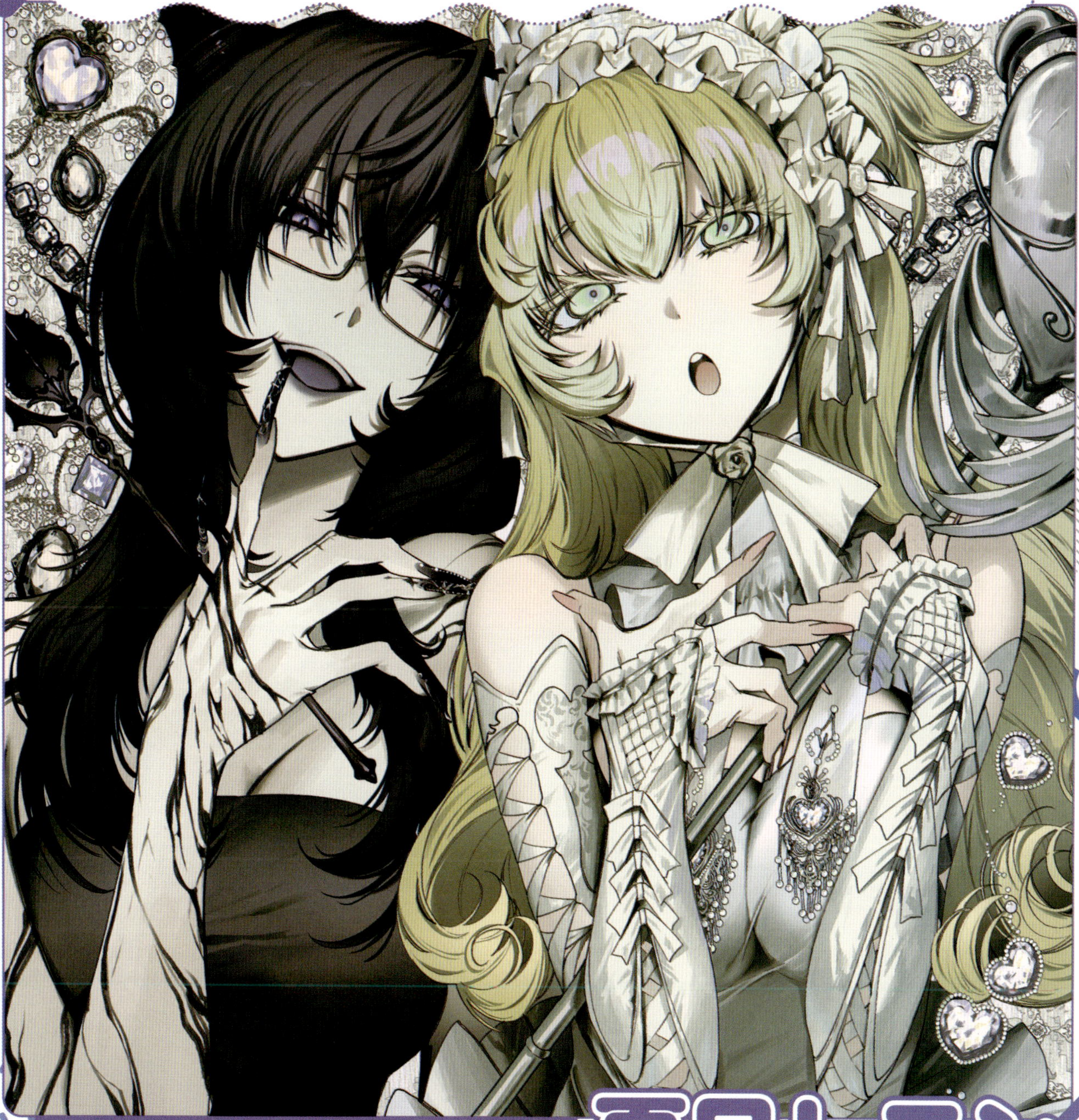

作業環境　CLIP STUDIO PAINT EX

X @Natsume_Lemon0
夏目レモン
natsume_lemon0

夏目レモン（なつめ）

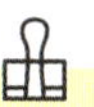

《 information 》

発売元
株式会社セルシス
https://www.celsys.com

今回のメイキングで夏目レモンさんが使用しているブラシを紹介!

ネイチャーペン
漫画の背景のためにつくられたペン。カゲや霧、水面などの描写用。
コンテンツID:1371964
制作者:サリエ

魔壊影ブラシ smooth
水彩マーカーのタッチで壊れた建築物のようなシルエットが出るブラシ。
コンテンツID:1688213
制作者:diceproj

手描き白丸
手描きっぽいゆるい白丸の連なりが描けるブラシ。
コンテンツID:2027694
制作者:歙kuwa

さらペン
さらさらの一定の線が引きやすいペン。グッと押せば太い線も引ける。
コンテンツID:1711220
制作者:ゆまいさん

柔らか3
初期設定のエアブラシ（柔らか）。ふわっと色をのせたい時などに使用。

四角水彩
紙に塗ったようなムラのある質感で、重ねるとやや混色される水彩風ブラシ。
コンテンツID:1832062
制作者:のきした

線画強弱鉛筆
しっかり黒が出つつ鉛筆のようなテクスチャも感じられる鉛筆風ブラシ。
コンテンツID:2133099
制作者:つあ

完成線画

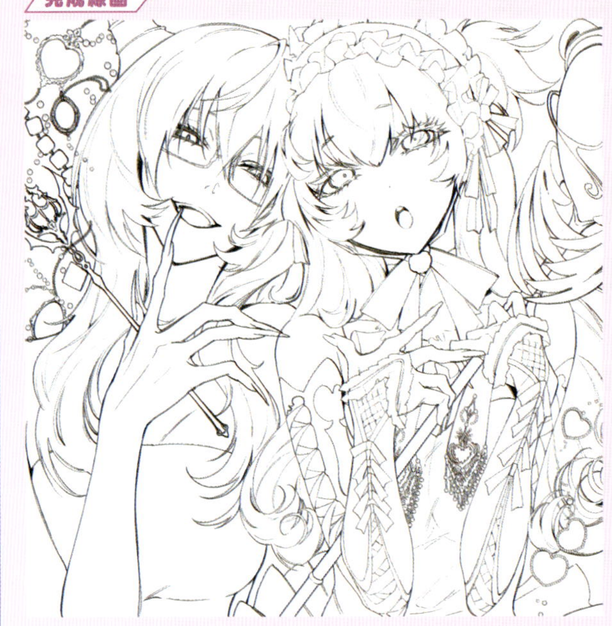

ラフをアタリにして描かれた線画。ブラシは主に「線画強弱鉛筆」を使用。アウトラインは太めに描き、塗りだけで表現したいところは線を描かない。詳しい作業工程に関しては「線画を描く」を見てね！

ラフ～線画

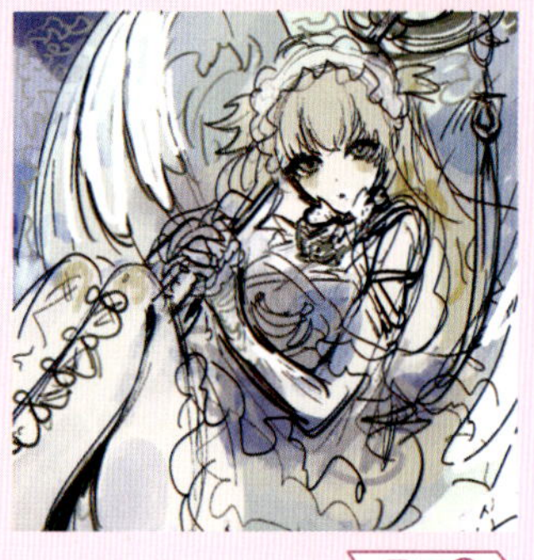

ラフ①

ラフ②

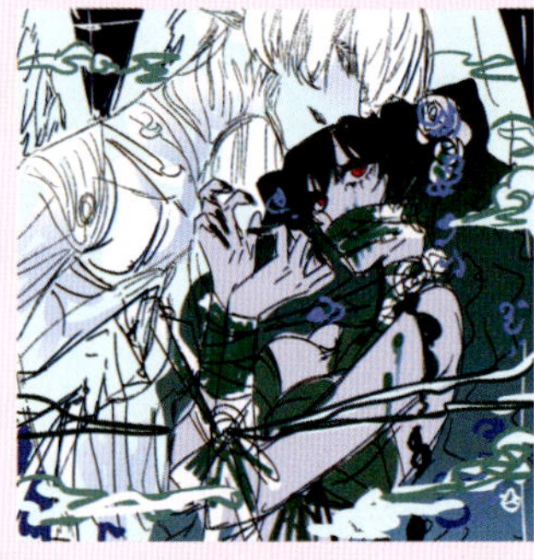

ラフ③

投稿テーマの「天使・悪魔」に寄せて3種類のラフを描いてくれたレモンさん。ラフ①はおしゃれを楽しむ天使と悪魔の女の子たちで、彩度を抑えた色みとシルバージュエリーがポイント。ラフ②はスイート＆ドリーミーな天使の女の子。そしてラフ③は悪魔に恋をした束縛強めな天使。このなかから質感表現も楽しめそうなラフ①が決定稿に。

線画を描く

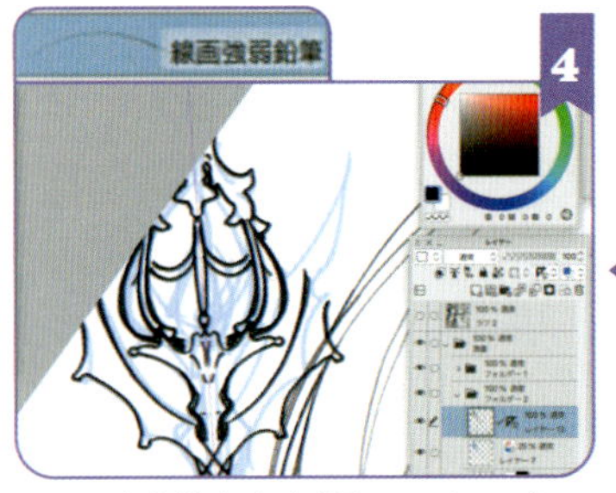

4 線画強弱鉛筆

ステッキを描く。左右対称のモチーフなので「対称定規」を使う。設定した線の片側に描画すると、もう片側にも反転された線画が描かれる。背景のハートのジュエリーも同様の描き方で進める。

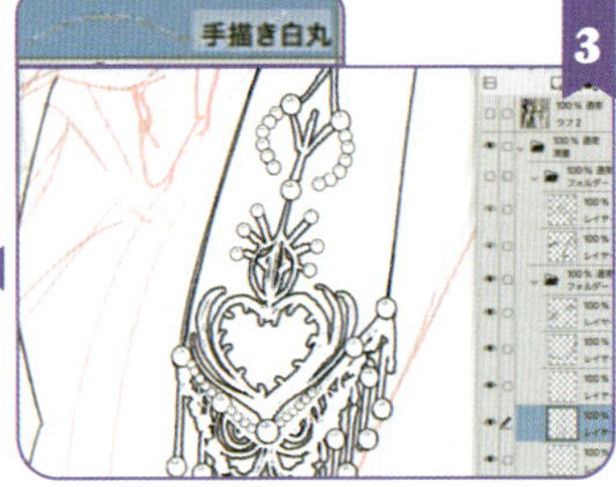

3 手描き白丸

パールを付ける。デコレーションの「手描き白丸」で、サイズを変えた白丸の素材を配置。パールはすべてこの描き方で進める。シルバージュエリーが完成したら複製してもう片方のリボンの先端にものせる。

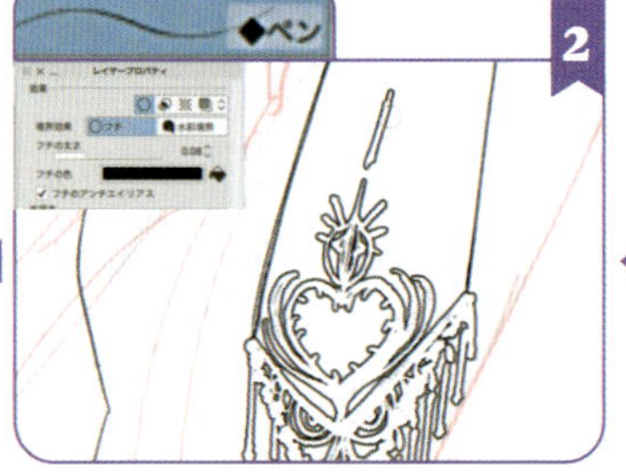

2 ◆ペン

ヘッドドレスのリボンの先端に付いたシルバージュエリーを描く。レイヤーに「境界効果」をつけて、ブラシの「ペン」の白色でアウトラインを取る。人工的な質感にならないよう、メガネも同様の描き方をする。

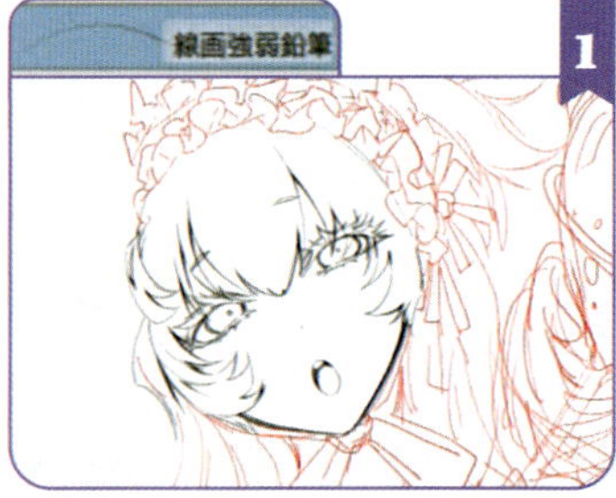

1 線画強弱鉛筆

ラフをうすく表示して「線画強弱鉛筆」で線画を描く。パーツごとにレイヤーは分け、キャンバスはストロークしやすい方向に随時回転。細かい部分は赤字で細かく下描きして、アタリにする。

肌を塗る

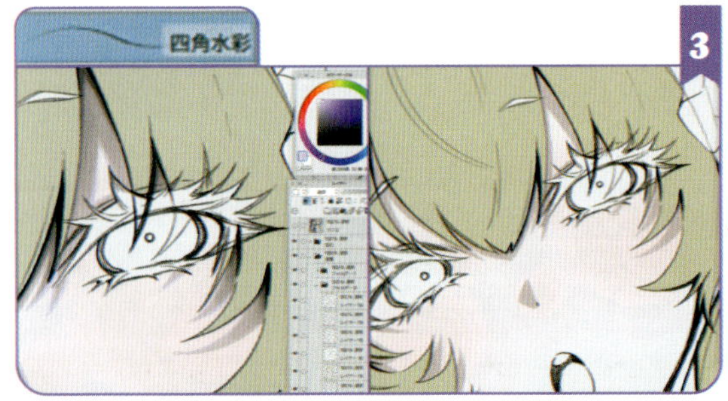

3 四角水彩

新規通常レイヤーでカゲを入れる。まずは髪の下をふちどるように、うすい赤茶色を「四角水彩」で塗り、カゲの形を取る。そこから少しずつ色みを暗くして重ね塗り。何度か重ねることで、ほどよく混色されてグラデーションになる。さらに前髪の分け目のすぐ下、一番暗いカゲにはほぼ黒色、カゲのフチには部分的に淡い紫色をのせた。

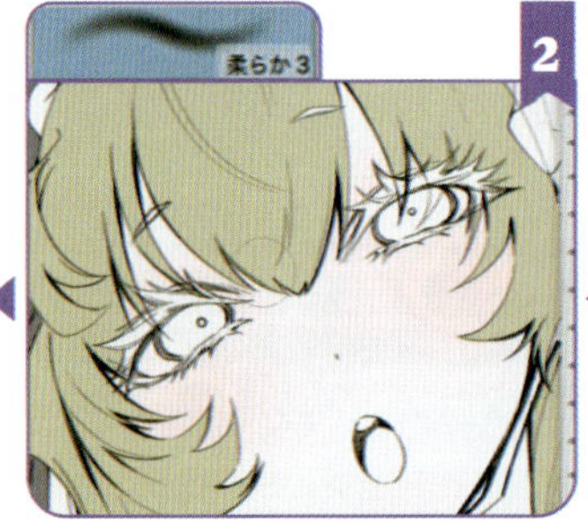

2 柔らか3

新規通常レイヤーで、まずは肌に赤みを入れる。エアブラシの「柔らか3」で頬や目元、指先などを塗る。レイヤーの透明度は30％程度にしてふわりと淡く発色させる。

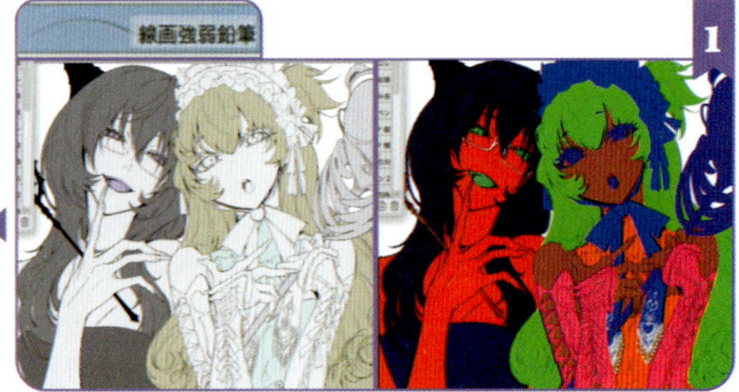

1 線画強弱鉛筆

パーツごとに視認しやすい濃い色にしたら、レイヤーマスクを作成。各パーツ、ラフからスポイトで色を取り、調整しながらベースをつくる。このあとの着彩は、基本的にここでつくったベースレイヤーに新規レイヤーをクリッピングして進める。

ヘッドドレスとシルバージュエリーを塗る

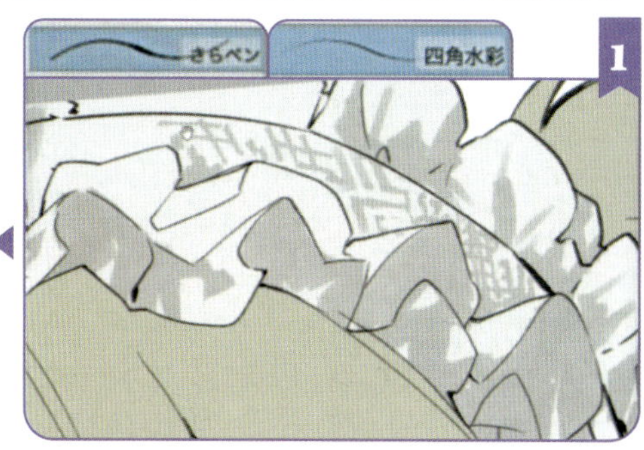 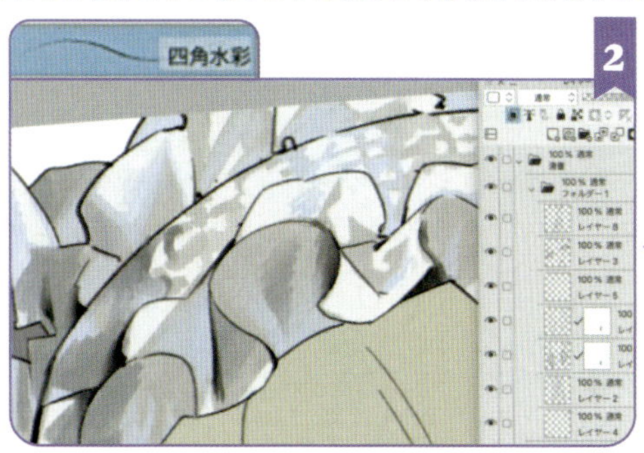 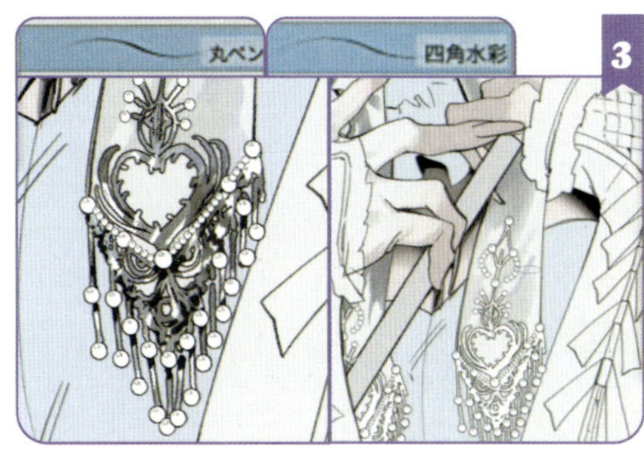

胸元に垂れたリボン部分を塗る。リボンの布地にも「四角水彩」でカゲを入れたら、シルバージュエリーを塗る。新規乗算レイヤーにツヤとカゲを「丸ペン」で描き込み、「色相・彩度・明度」で色調整。

工程①と同じレイヤーで、さらにカゲを描き込んでいく。透明感を出すために水色を足したり、線画のキワに濃いカゲを入れたり。「四角水彩」で①のカゲ色と混ぜながら塗る。

新規通常レイヤーで、ヘッドドレスにカゲを入れる。フリルのカゲは「四角水彩」で塗り、網状のレース部分は、一定の線を引きやすい「さらペン」で描く。

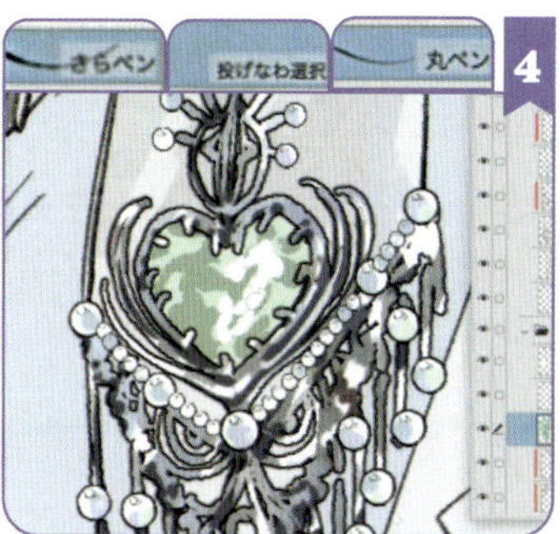 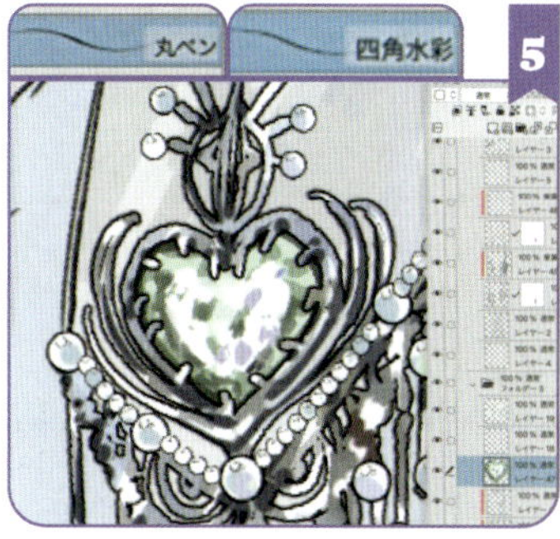 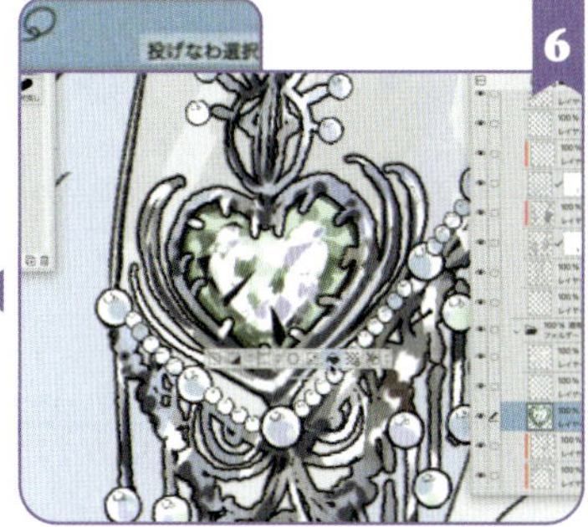 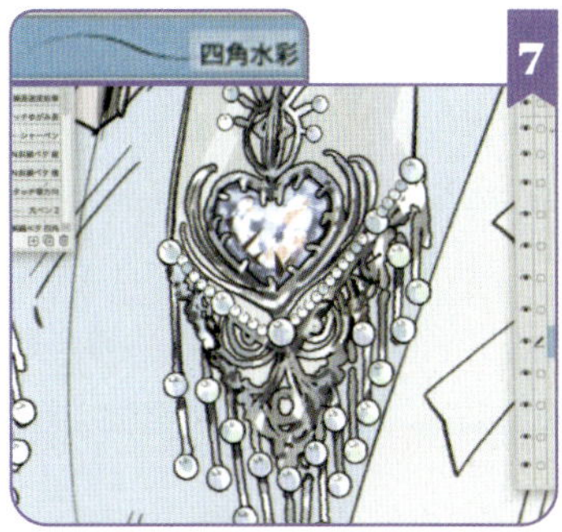

「色相・彩度・明度」で色みを整えたら、最後に装飾のカゲを「四角水彩」で追加するなど微調整して、完成！

複雑にカッティングされた宝石のきらめきを表現するため、「投げなわ選択」を使って、シャープな反射やカゲを描き込む。

「四角水彩」で、シルバーの土台のカゲを濃いグレーでなぞり、ハイライトのキワをなじませつつカゲを追加したら、「丸ペン」で紫色の反射光を描く。

「丸ペン」でパールにもカゲを描き込んだら、「投げなわ選択」で中央のハートの宝石を囲んで黄緑色に塗りつぶし、宝石部分に「さらペン」でハイライトとカゲを入れる。

瞳を塗る

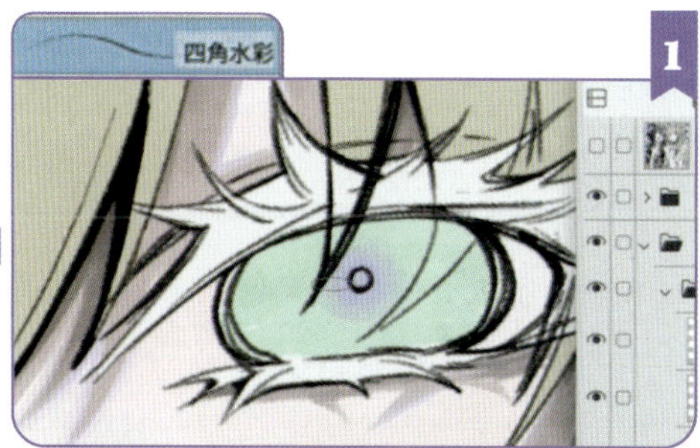 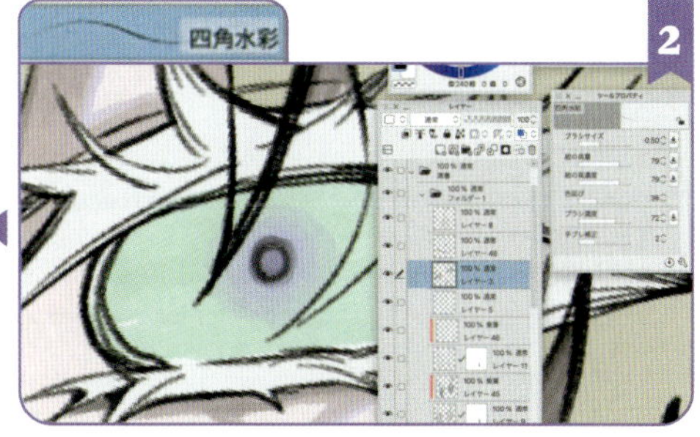 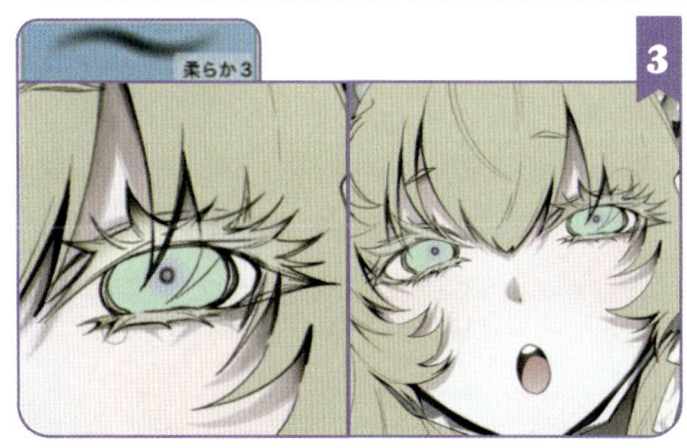

髪のベースレイヤーからスポイトで色を取り、エアブラシの「柔らか3」でまつ毛全体を黄土色で下塗り。「色相・彩度・明度」で色調整し、毛先は暗い色、中心は明るい色で塗る。

線画レイヤーに戻り、瞳孔の線画を「四角水彩」でぼかす。線画が瞳と自然になじんだ。

ラフの色をもとに、「四角水彩」で瞳を塗る。瞳全体には黄緑色、瞳孔まわりには青紫色を塗る。青紫色はラフからスポイトで取り、ベースの緑色となじませながら塗る。

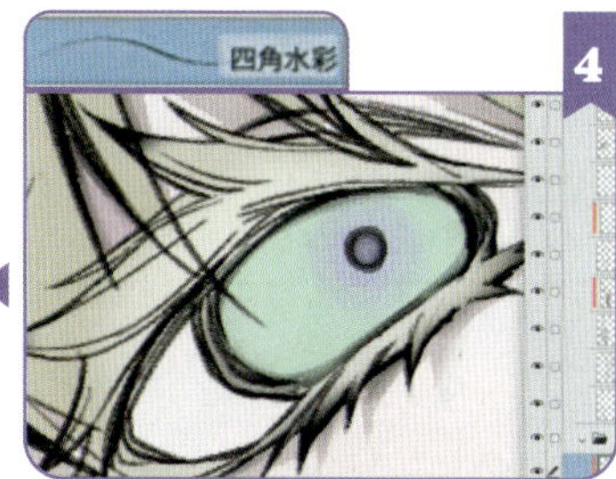 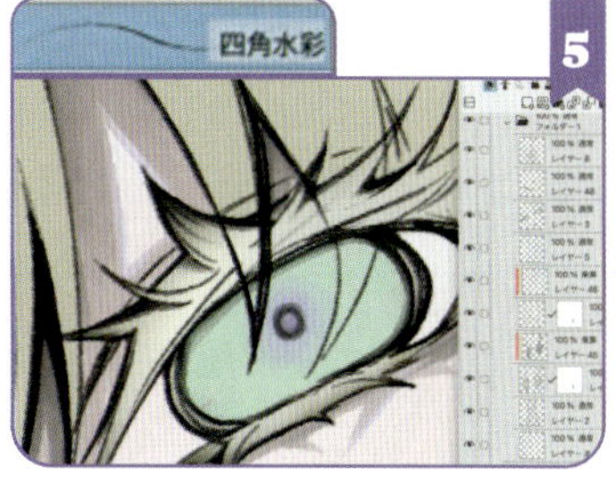 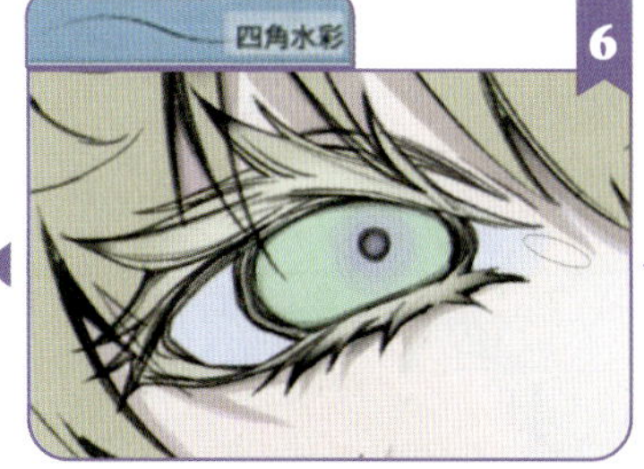 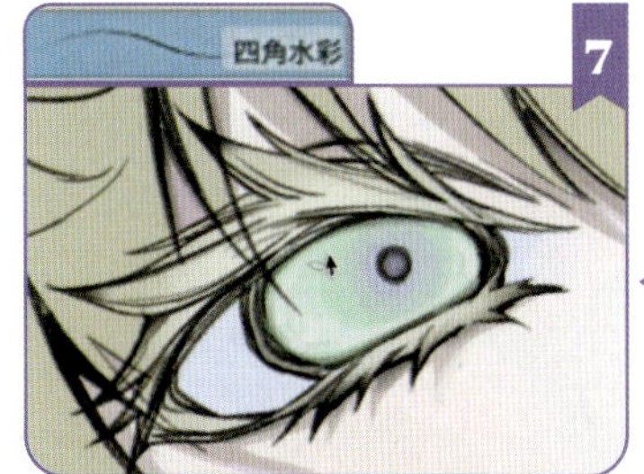

最後に、工程④でつくったレイヤー上で瞳の外側を「四角水彩」で、ほぼ白に近い灰色で塗る。瞳の立体感が増した。

新規通常レイヤーで、白目を「四角水彩」で水色に塗る。「色相・彩度・明度」で色調整したら、目頭側をぼかして肌となじませる。

新規通常レイヤーを作成し、「四角水彩」でまつげのカゲを描く。

新規通常レイヤーを作成し、「四角水彩」で瞳の線画のキワを濃いグレーで塗って、瞳の色と輪郭線をなじませる。

髪を塗る

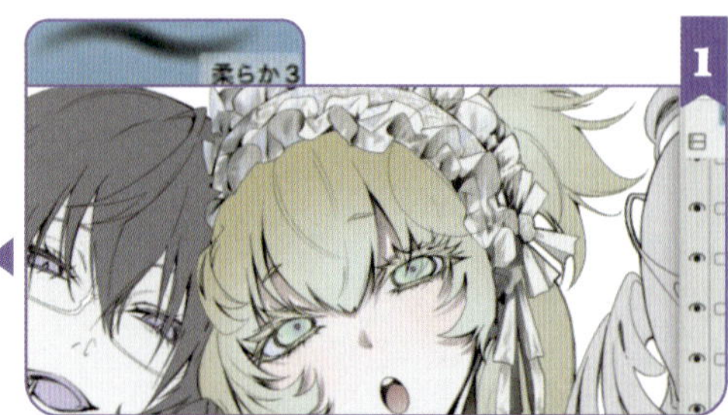

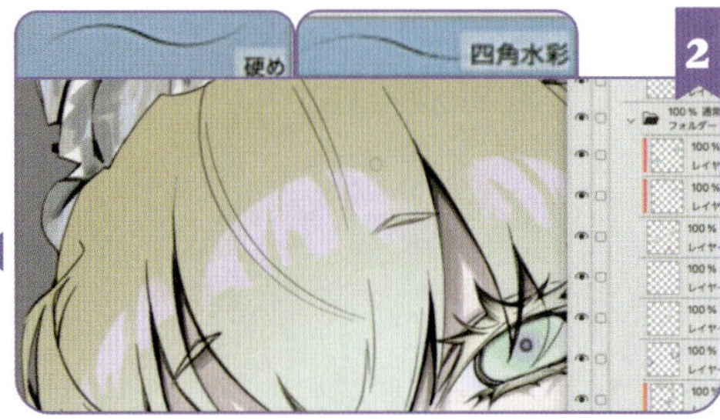

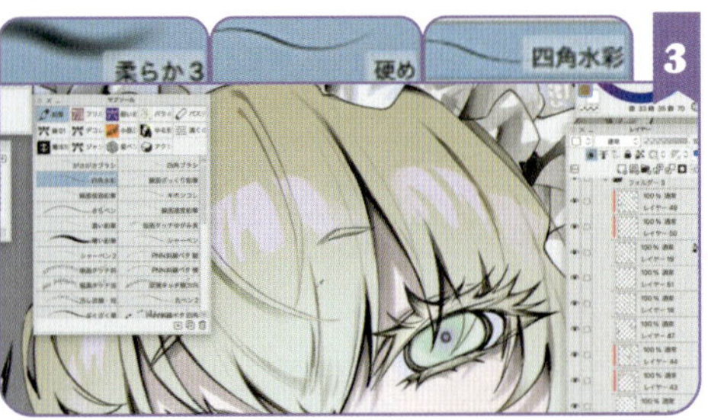

1 エアブラシの「柔らか3」で顔まわりに大きめのブラシで淡い水色を置いて、透明感と軽さを出す。外側にはベースの髪色より少し暗い黄土色を塗り、明暗を塗り分け。

2 前髪にハイライトを入れる。「四角水彩」で明るい紫色をざっくりとのせ、「硬め」の消しゴムで削って形を整える。

3 ハイライトレイヤーの下にレイヤーを追加してカゲを入れる。スポイトも使いながら、暗い黄土色〜灰色を「四角水彩」で塗り、「硬め」の消しゴムで形を整える。毛先にエアブラシの「柔らか3」でカゲをのせつつ、どんどん毛束を描いていく。

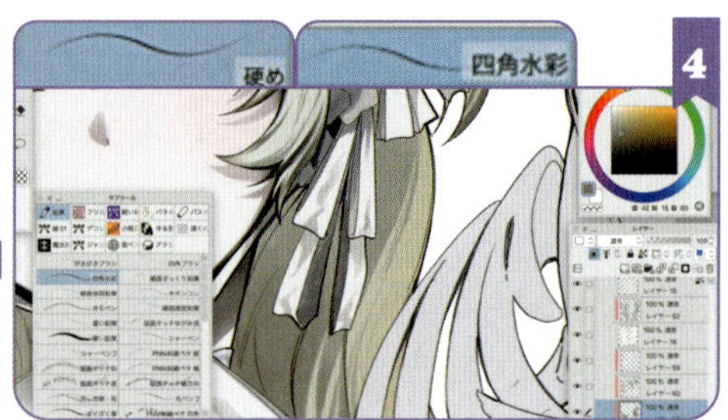

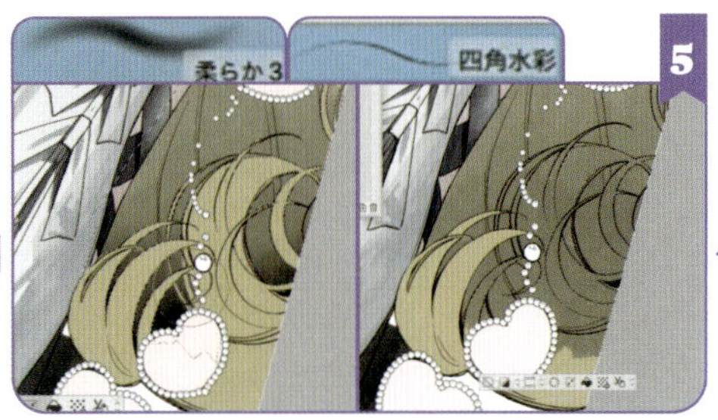

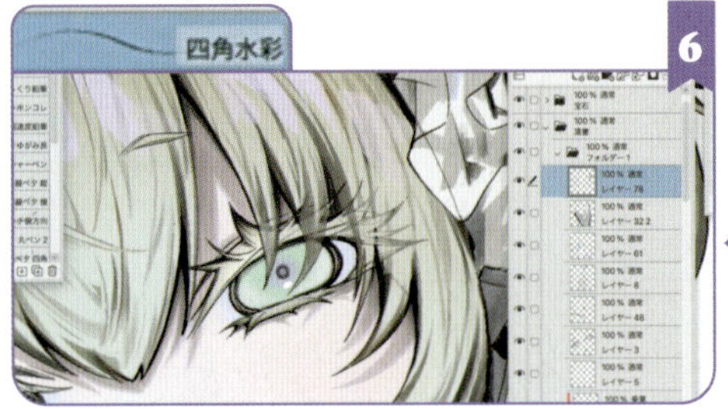

4 首の後ろ側の髪を塗る。カゲがしっかり落ちる部分なので、前髪まわりのように毛束を描く前に、まずは「四角水彩」で灰色のカゲを全体にのせる。消しゴムで整えたら、さらに塗り重ねてグラデーションに。

5 スソのほうも「四角水彩」で灰色をのせたら、手前の明るい部分は自動選択ツールで選択して塗りを削除。消しゴムで形を整える。レイヤーから選択範囲を作成し、より暗いところにエアブラシで黒色をのせた。

6 スソの髪も、前髪まわり同様に毛束を描き込んだら、前髪まわりを仕上げる。まつげにかかった髪を新規レイヤー「四角水彩」で塗る。レイヤーの透明度を下げ、ふわりとした透け感を表現。

背景効果

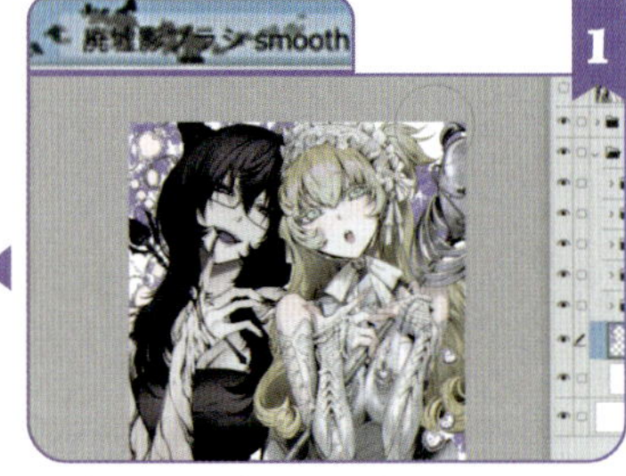

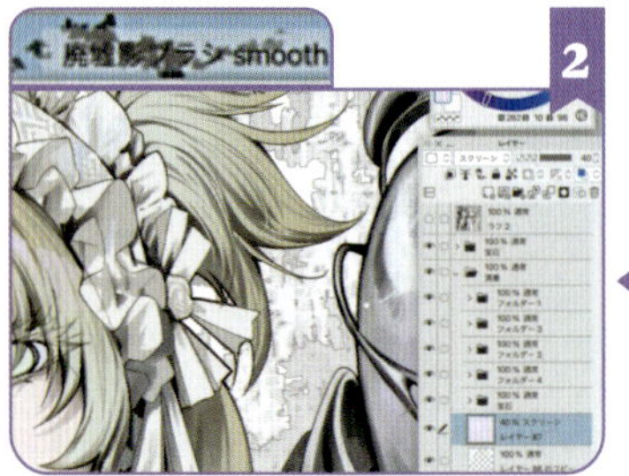

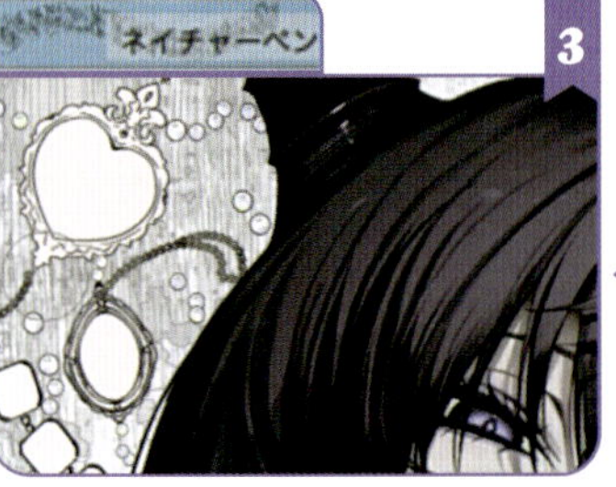

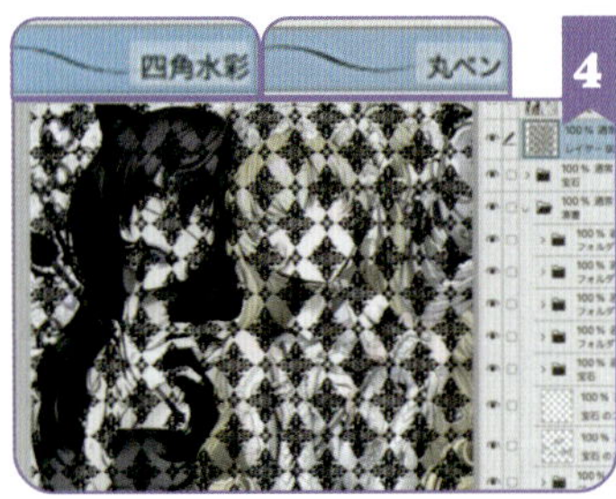

1 水彩ツールの「廃墟影ブラシ smooth」で背景全体に紫色でテクスチャを入れ、「色相・彩度・明度」で色味を調整する。

2 レイヤーを複製して「境界効果」でフチをつけたり、透明度40%のスクリーンレイヤーで紫色を重ねて、さらに調整。

3 ネイチャーペンで不揃いな縦線のようなテクスチャをさらに背景に追加。

4 「対称定規」を使って「丸ペン」と「四角水彩」で模様を描いたら、画面全体に複製。このあとレイヤーを人物の下に移動し、透明度を下げ、フチの太さや色味を調整。

おしゃれを楽しむ天使と悪魔の女の子のイラストが完成！ 主に「四角水彩」ブラシを使って混色しながらどんどん塗り重ねることで光とカゲを表現していたレモンさん。アナログっぽいムラのできるブラシは、デジタル初心者にも使いやすいことと思います。そのほかにも質感に合わせて様々なブラシを使い分け、「対称定規」などのツールの使い方も参考になったのではないでしょうか？ ぜひ、色々塗り試してみてくださいね！

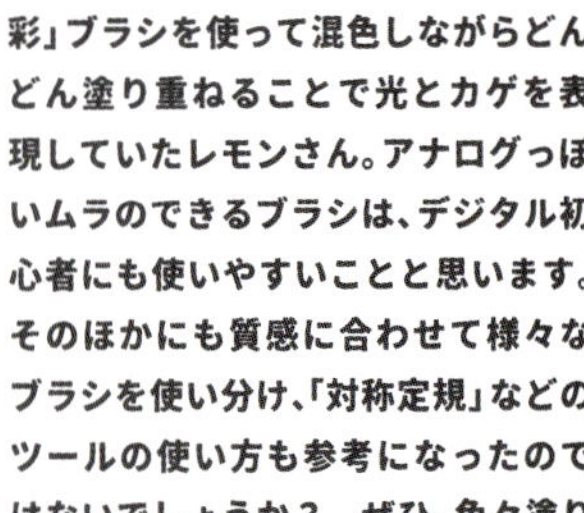

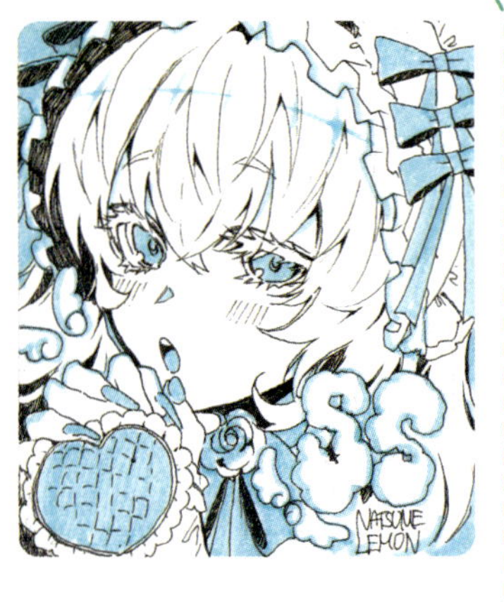

デジタルの作画や表現の楽しさ、魅力について教えてください。

夏目レモン 着彩が自由自在に表現できるところです。カラーラフを作る時など何度もやり直せて試行錯誤できるので色作りが楽しいなと思えます。清書最後の段階でも加工や修正で雰囲気をガラッと変えることができるのが魅力だなと思います。またスポイト機能などでどんな色の変化や組み合わせをしているのか研究したりするのも楽しいです。

デジタルの作品づくりを快適にするための、おすすめのグッズがあれば教えてください。

夏目レモン できればデュアルモニターで作業用と資料用で画面を使い分けながらやると便利だなと思います。また長時間作業される方は傾斜台や昇降デスクを使って作業すると体の負担が軽減すると思います。

お気に入りのお絵かきソフト・アプリを教えてください。作画でのおすすめのポイントや使い心地もお聞きしたいです。

夏目レモン イラストには基本的にPhotoshopを使っています。動作的に軽く、ブラシの種類が多いこと、マスクの使用感、加工や変形がやりやすいからです。漫画系はCLIP STUDIO PAINTが素材や機能的に便利だなと思ったので使用しています！ PCはiMac、液タブはWacom Cintiq Pro 32です。液タブはちょっと大きすぎたので22〜24インチあたりがちょうどいい気がします。

the making of ✎ FireAlpaca SE最新版3.0

主にコピックを用いて、ポップでフレッシュな少女から憂いを帯びた淑女まで、様々な女の子像を描くりーりんさん。そんなりーりんさんは普段からラフや線画にデジタルツールを利用し、時にはフルデジタルで作品を完成させることもあります。今回はりーりんさんも使ったことのあるFireAlpacaの最新リリース版であるSE3.0を使って、スイートでドリーミーなキューピッドの女の子たちのイラストをメイキング！ アナログ感のあるブラシを用いた着彩テクニックや、FireAlpacaならではの便利な効果などを盛りだくさんに紹介します！

りーりん！！

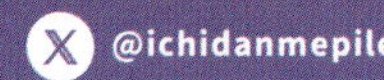

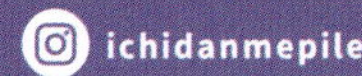

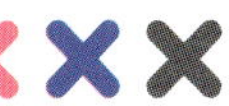
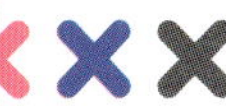

《 information 》

発売元
株式会社 ピージーエヌ
https://pgn.co.jp

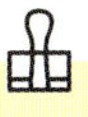

りーりんさんの線画で塗りためそう!
今回のメイキングの線画・使用ブラシはここでチェックしてね!

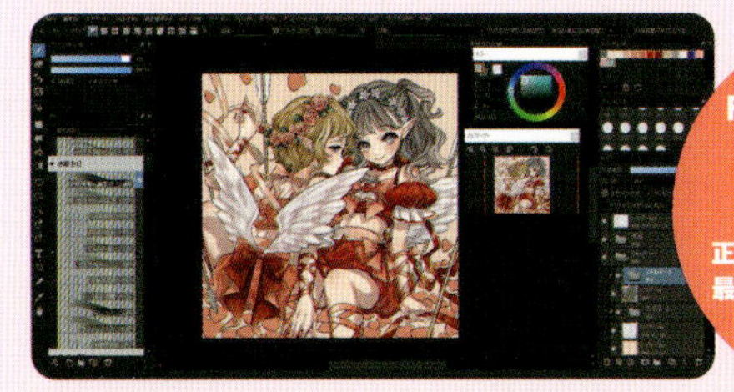

✎ 今回使用する画材はコチラ！

FireAlpaca SE最新版3.0

- ●新ブラシエンジン搭載で、ブラシの表現力の幅が広がる。
- ●SE版限定の高品質なブラシが毎週リリース！
- ●ダウンロードできるブラシは、通常版・SE版合計で700種類以上。
- ●ブラシのパラメーターが豊富で、好みのカスタマイズが可能。
- ●マンガも描けるプロジェクト機能。
- ●読込/書込ともにマルチスレッド対応し、高速な読込/保存ができる。

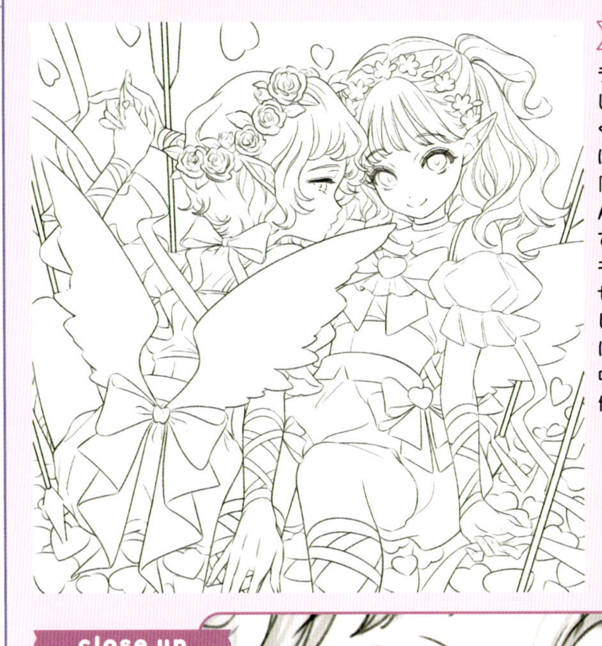

ラフレイヤーをうすく表示し、アタリにして線画を描く。ブラシは、アナログっぽい柔らかな質感が特徴の「もったり色鉛筆」をりーりんさん好みにカスタムして使用。線画を描く時にはキャンバスを随時反転させるなどして、ストロークしやすい向きに。目やまつげなど描写が細かい顔の中は、別レイヤーで線画を作成した。

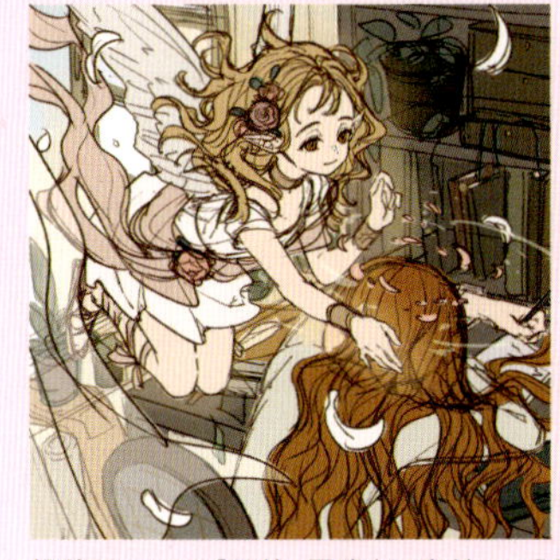
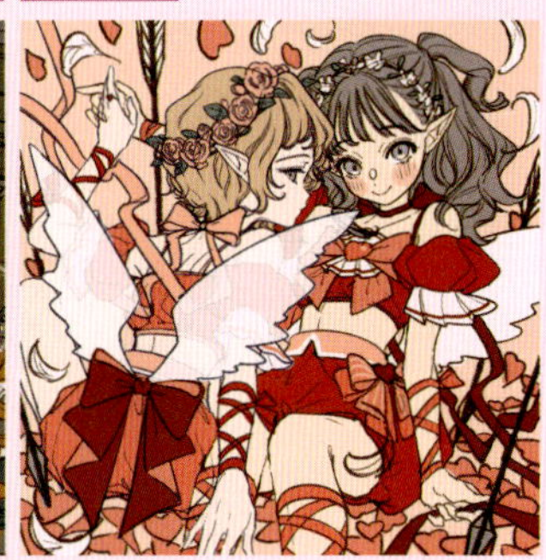

投稿テーマの「天使・悪魔」に寄せて、2種類の天使のラフを作成したくれたりーりんさん。ラフ1は赤やピンクをメインカラーに、リボンやハートが可愛くあしらわれた、スイートなキューピッドのイラスト。ラフ2は天使が癒してくれているようなイメージで、ドラマチックなシーンを印象的な光で切り取ったイラスト。どちらもそれぞれに魅力的だが、ラフ1が決定稿に。

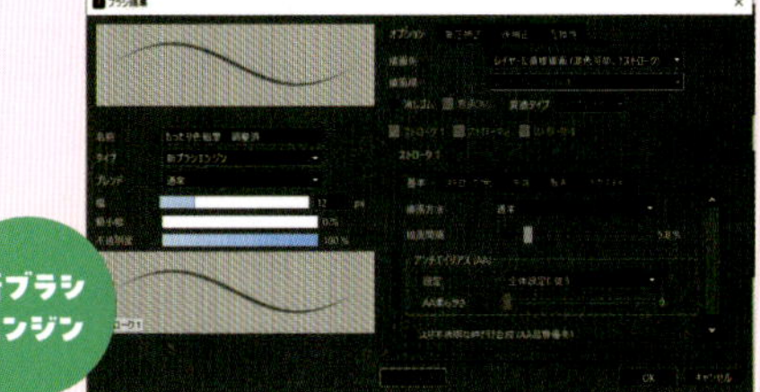
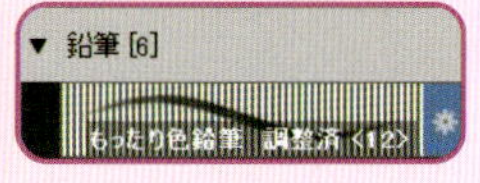

新ブラシエンジン

線画に使用したブラシ

▼ 鉛筆 [6]

【もったり色鉛筆】
高発色な油性色鉛筆をイメージしたブラシ

肌を塗る

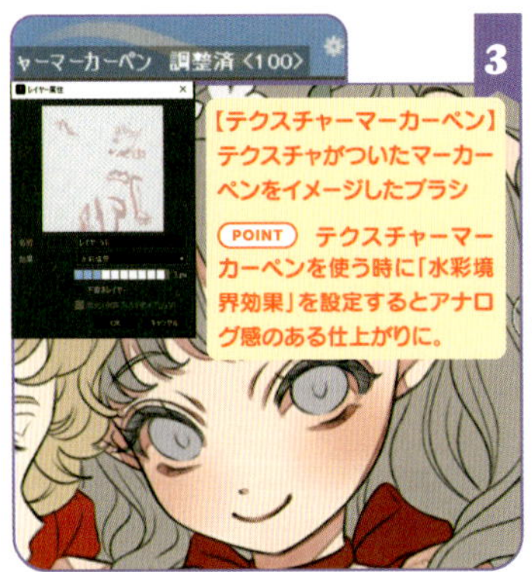

3　ャーマーカーペン 調整済〈100〉

【テクスチャーマーカーペン】テクスチャがついたマーカーペンをイメージしたブラシ

POINT　テクスチャーマーカーペンを使う時に「水彩境界効果」を設定するとアナログ感のある仕上がりに。

乗算レイヤーを追加して、カスタムした「テクスチャーマーカーペン」でカゲを入れる。水彩境界効果を設定してフチを付けた。

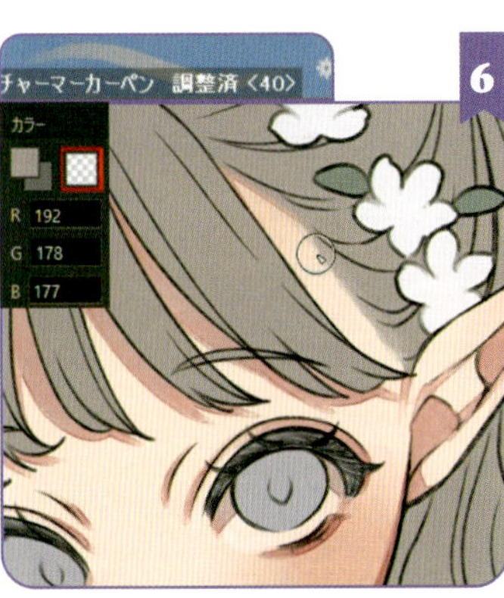

6　ャーマーカーペン 調整済〈40〉

カラー
R 192
G 178
B 177

はえぎわ部分が肌と髪できっちり塗り分けられているので、自然にするため「テクスチャーマーカーペン」でなじませる。

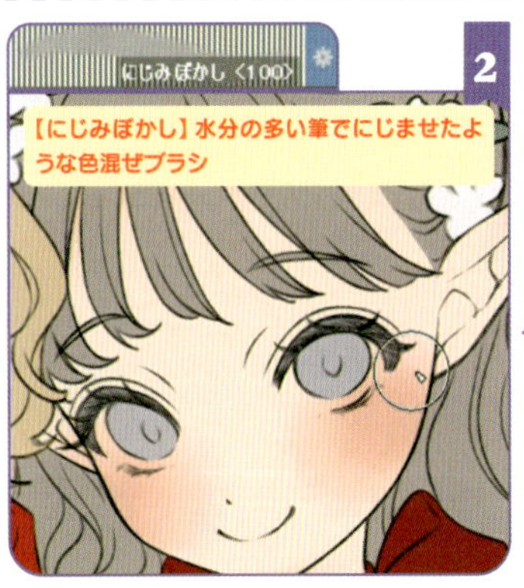

2　にじみぼかし〈100〉

【にじみぼかし】水分の多い筆でにじませたような色混ぜブラシ

指先、肩、ひざなどにも赤みを入れたら、それぞれベースの肌の色になじむよう、「にじみぼかし」でぼかし広げる。

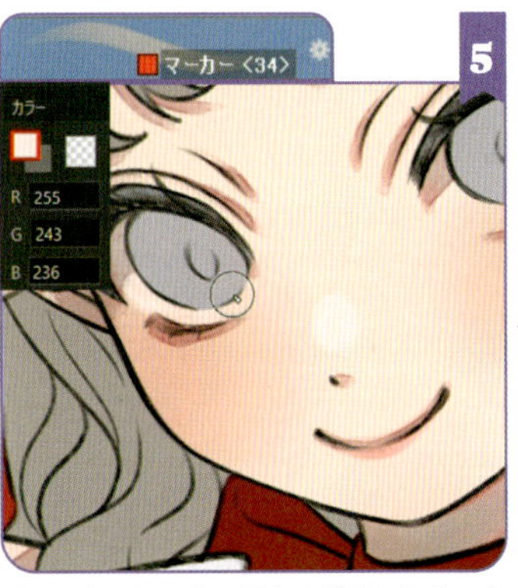

5　マーカー〈34〉

カラー
R 255
G 243
B 236

「マーカー」で、鼻の頭やひざ頭に丸くハイライトを入れ、白目部分はクリーム色で塗りつぶし、肌にツヤ感を出す。

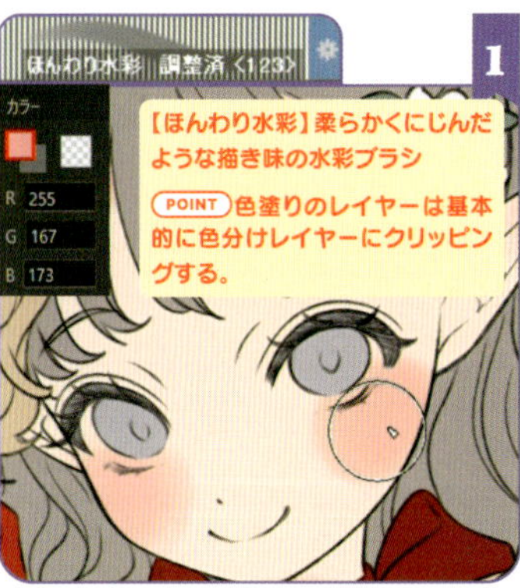

1　ほんわり水彩 調整済〈123〉

【ほんわり水彩】柔らかくにじんだような描き味の水彩ブラシ

POINT　色塗りのレイヤーは基本的に色分けレイヤーにクリッピングする。

カラー
R 255
G 167
B 173

肌の色分けレイヤーに新規通常レイヤーをクリッピングして、肌に赤みを入れる。ブラシは「ほんわり水彩」をカスタムして使用。

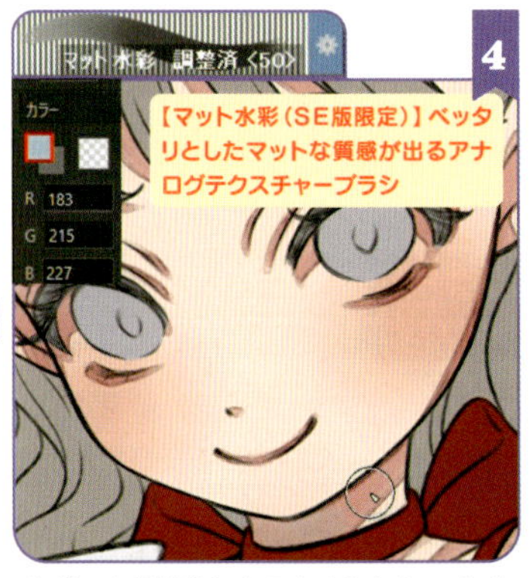

4　マット水彩 調整済〈50〉

【マット水彩（SE版限定）】ベッタリとしたマットな質感が出るアナログテクスチャーブラシ

カラー
R 183
G 215
B 227

カゲの内側部分にカスタムした「マット水彩」で水色をのせて透明感を出す。首、前髪の下、手足やお腹のカゲも同様に塗る。

色分け

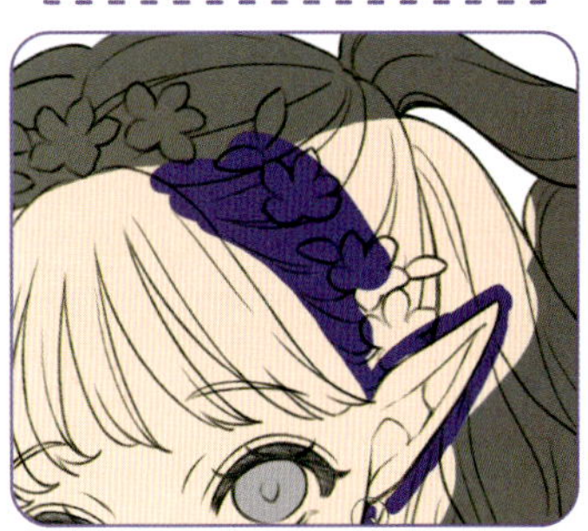

パーツごとの色分けレイヤーをつくる。面できっちり塗り分けるのが目的なので、ペンツールを使用。まずは灰色で人物全体をふちどりバケツツールで塗りつぶしたら、肌のベースとなるベージュ色に変更。さらに視認しやすい紫色でパーツごとに塗り分けていく。上図は髪の塗り分けをしているところ。塗り分けができたら、各パーツごとにベースとなる色に変更する。

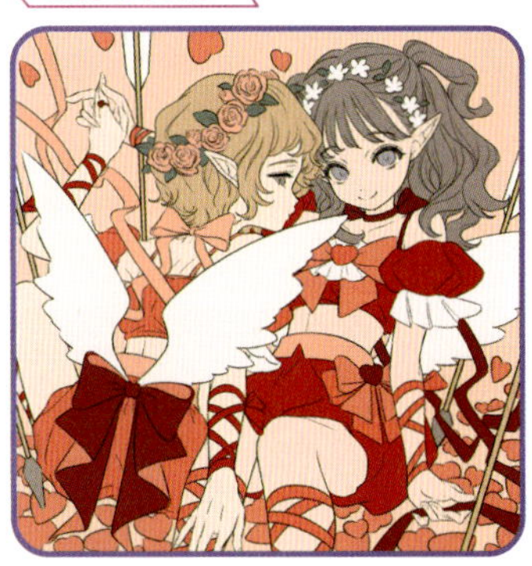

瞳を塗る

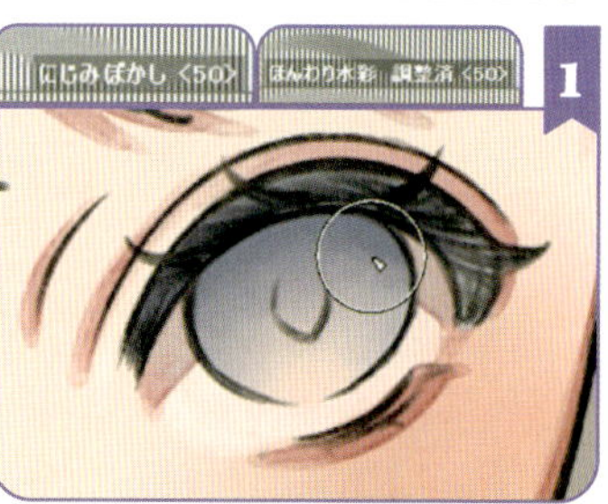

「テクスチャーマーカーペン」で瞳の上部にさらに暗い紫色を重ねる。瞳に深みと立体感が増してきた。

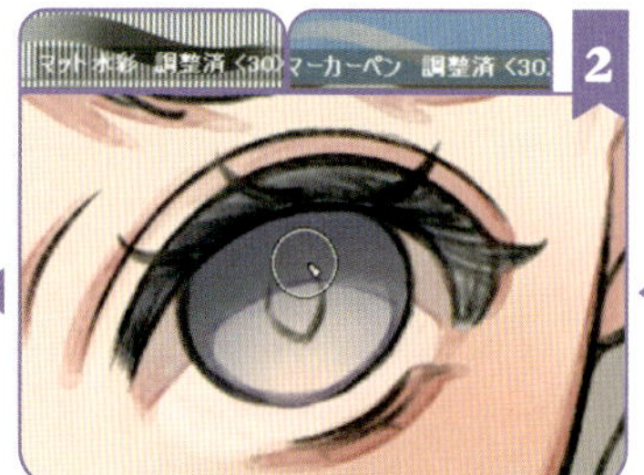

「テクスチャーマーカーペン」で瞳孔を塗りつぶしたら、新規乗算レイヤーに、暗い紫色で虹彩を描き込む。上からエメラルドグリーンを重ねて混色する。

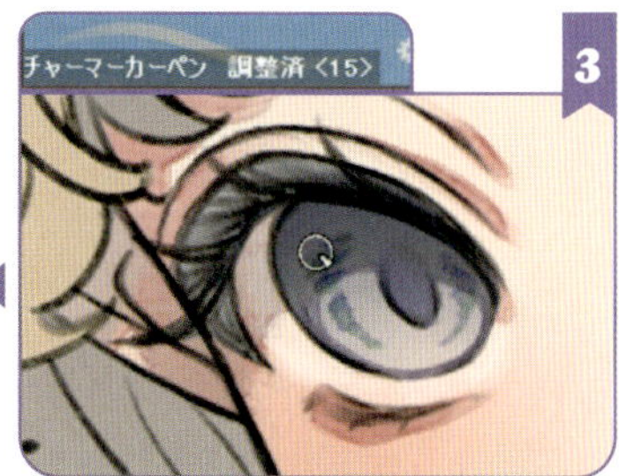

新規乗算レイヤーを追加して、瞳の上部に「テクスチャーマーカーペン」でより暗い紫色を塗る。さらに「マット水彩」でふわっと青緑色を重ねて、瞳に奥行き感を出す。

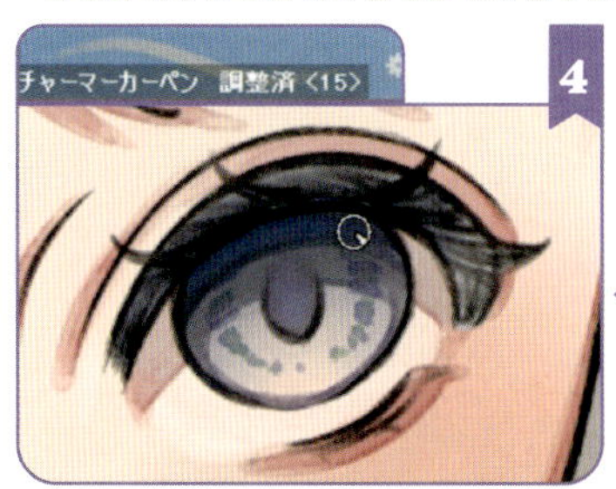

瞳の色分けレイヤーに新規通常レイヤーをクリッピング。「ほんわり水彩」で瞳の上部にブルーグレーを、下部にライトピンクを塗って「にじみぼかし」でなじませる。

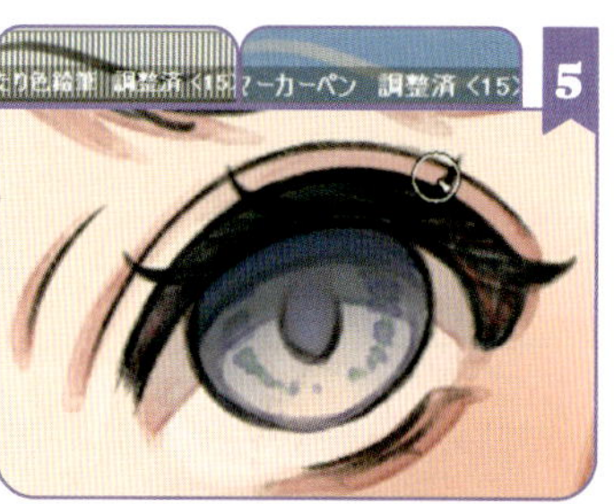

ペンツールで瞳の輪郭線上にもハイライトを入れたら、最後に「もったり色鉛筆」でまつげの逆光を描く。瞳の印象がさらに強くなり、生き生きとした表情が生まれた。

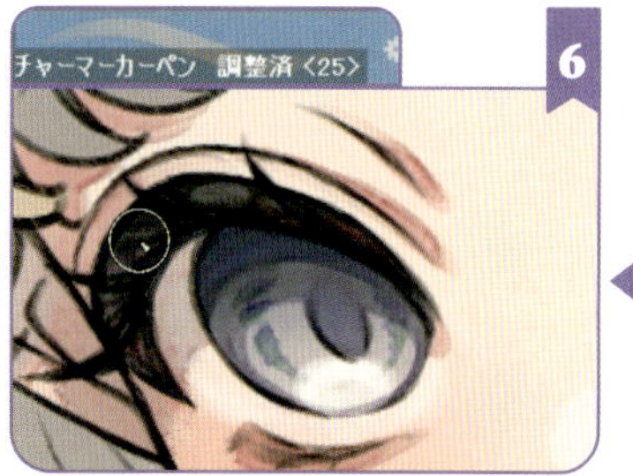

「加算・発光」レイヤーをさらに追加。「テクスチャーマーカーペン」でふわっとピンク色のハイライトを置き、上からペンツールでくっきりと白いハイライトを入れた。

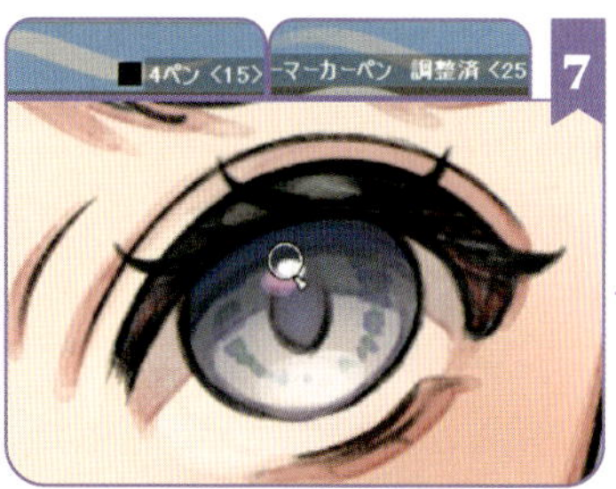

新規レイヤーでハイライトを入れる。「テクスチャーマーカーペン」でまつげや瞳の下部にクリーム色をのせた。レイヤーモードは色々試して「加算・発光」不透明度74%に。

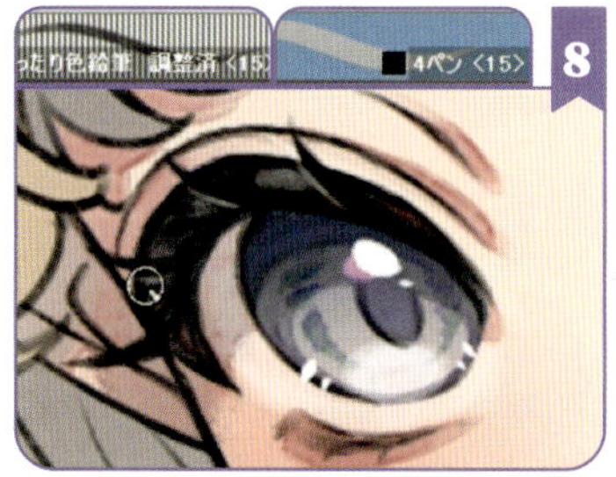

新規通常レイヤーを追加。「テクスチャーマーカーペン」でまつげを黒く塗りつぶし、両サイドに赤色をのせて肌となじませる。最後に「もったり色鉛筆」で微調整。

髪を塗る

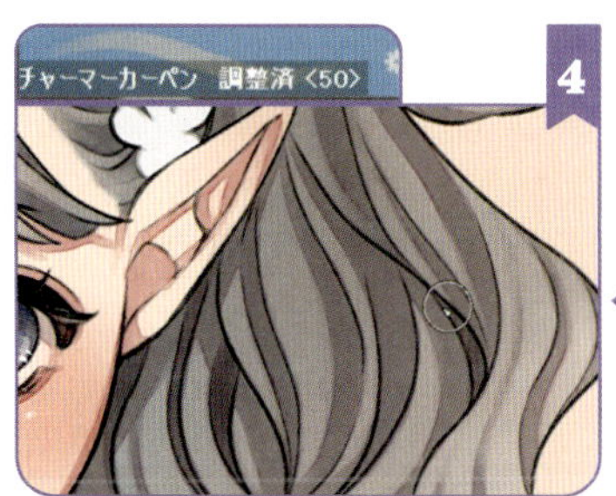

カゲ色を青み寄りに変更したり、透明色で削ってカゲの形を整えたりしながら髪を仕上げていく。毛束のカゲをランダムに濃くして、単調にならないよう動きを出す。

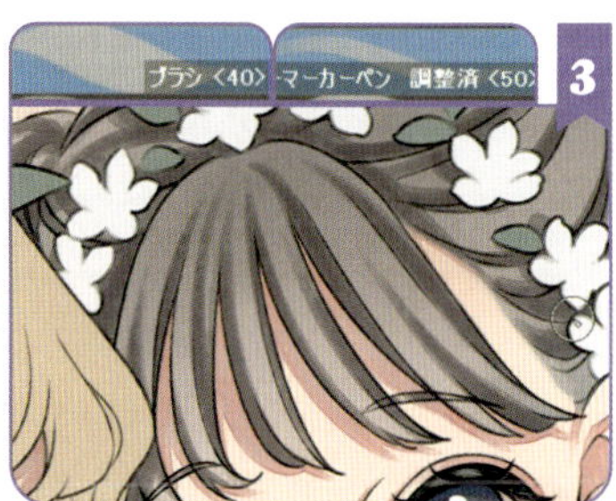

乗算レイヤーを追加。「テクスチャーマーカーペン」をメインにマーカーの「ブラシ」も使いながら、線画の毛の流れに沿って、カゲを入れていく。

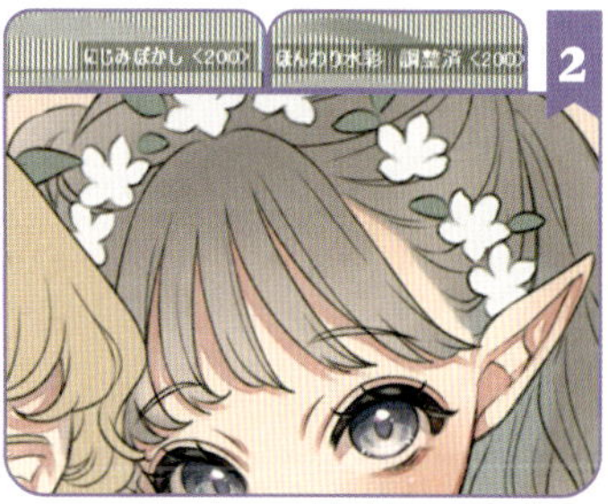

首の後ろ側に水色の反射光を入れる。①同様に「ほんわり水彩」で色を置いて、「にじみぼかし」でなじませる。透明感と奥行き感が出た。

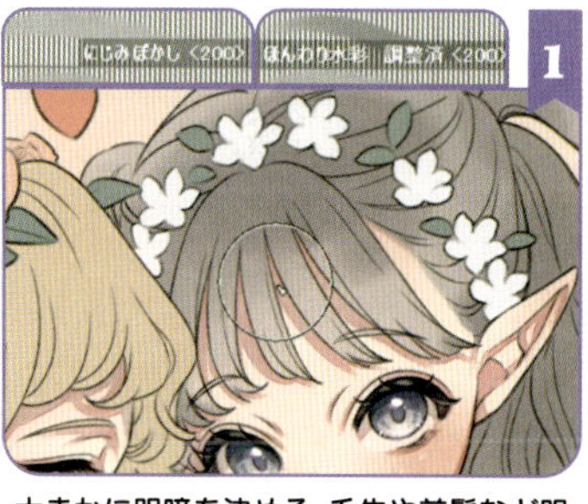

大まかに明暗を決める。毛先や前髪など明るくなる部分にはピンクベージュ、つむじ近辺や後ろ髪など、暗くなる部分にはベースの髪色よりやや暗い色を「ほんわり水彩」でのせ、「にじみぼかし」でなじませる。

天使の羽を塗る

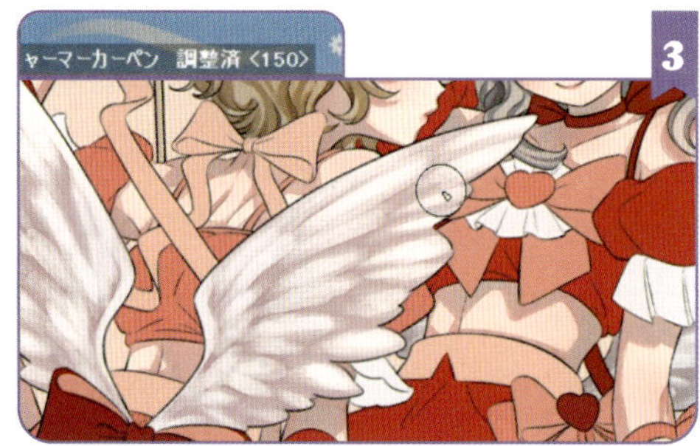

骨を意識しながら、立体的に塗り込んでいく。羽らしい質感が表現できた。

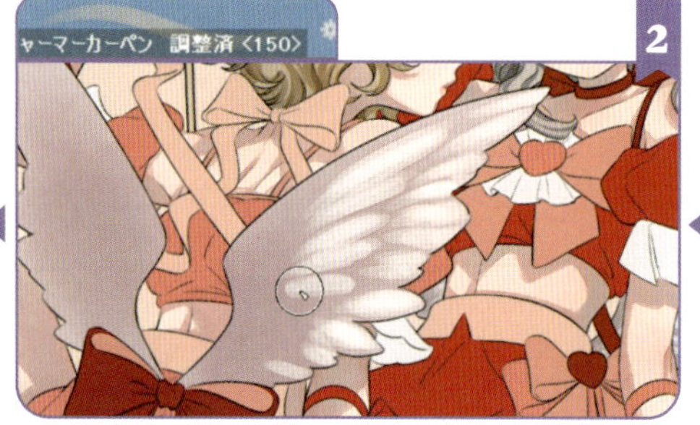

羽の質感を描き込む。「テクスチャーマーカーペン」の透明色で削るようにして、まずは大まかに形を取っていく。

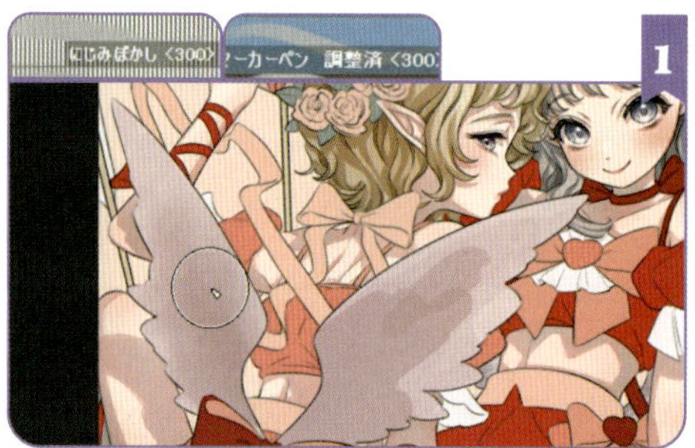

乗算レイヤーを作成し、羽全体を下塗り。羽の先端に向かって明るくなるよう、「テクスチャーマーカーペン」で2色のスモーキーピンクを塗り、「にじみぼかし」でなじませる。

ハートの宝石付きのリボンを塗る

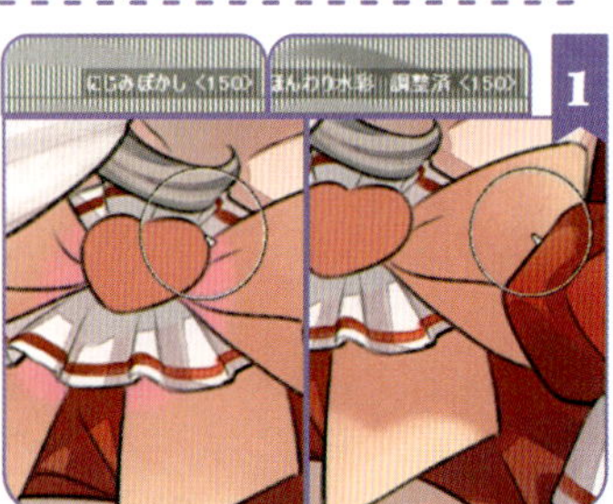 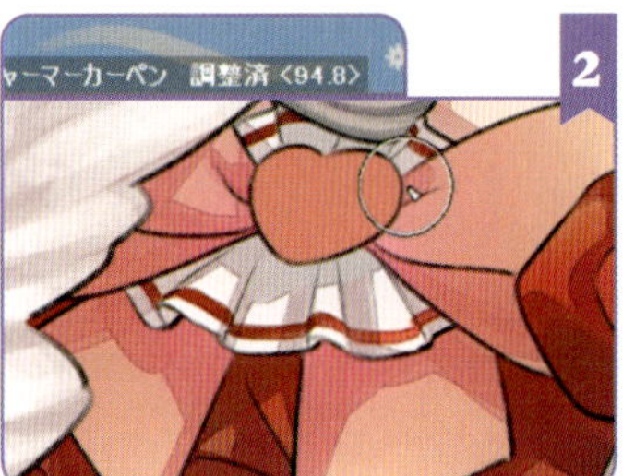 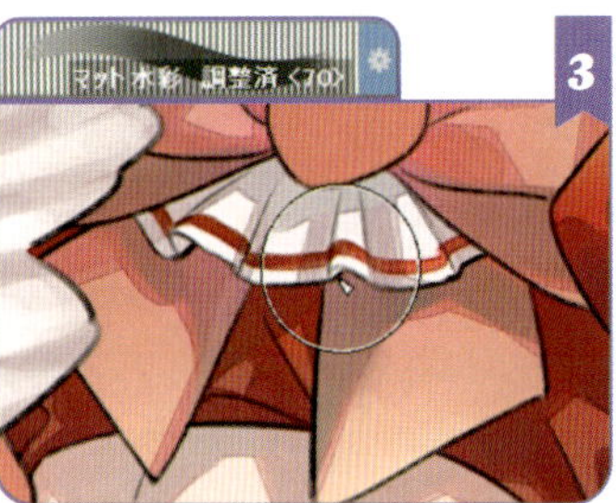 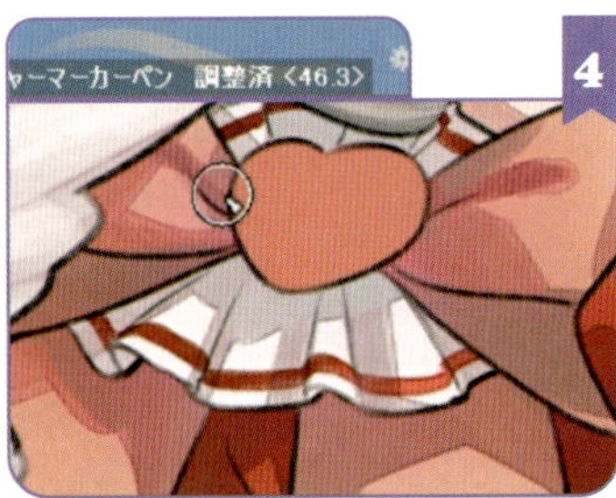

4 一通りリボンのカゲを塗り終わった段階で、さらに「テクスチャーマーカーペン」でシワの深い部分を重ね塗りして濃くする。

3 工程②で塗ったカゲの内側に部分的に「マット水彩」で緑色を重ねることで、複雑なニュアンスと奥行き感を出す。

2 乗算レイヤーを追加してカゲを入れる。「テクスチャーマーカーペン」のコーラルピンクでリボンのシワやフリルの落ちカゲを入れる。

1 リボンの明暗をつくる。「ほんわり水彩」でリボンの四隅にクリーム色をのせて「にじみぼかし」でぼかす。中心部分には鮮やかなピンク色をのせて、同様にぼかす。

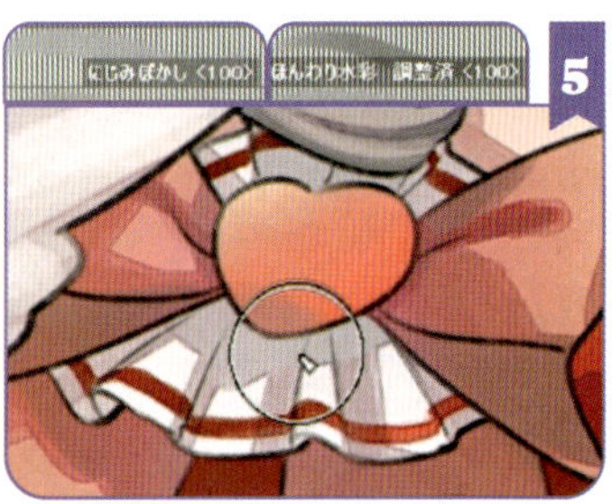 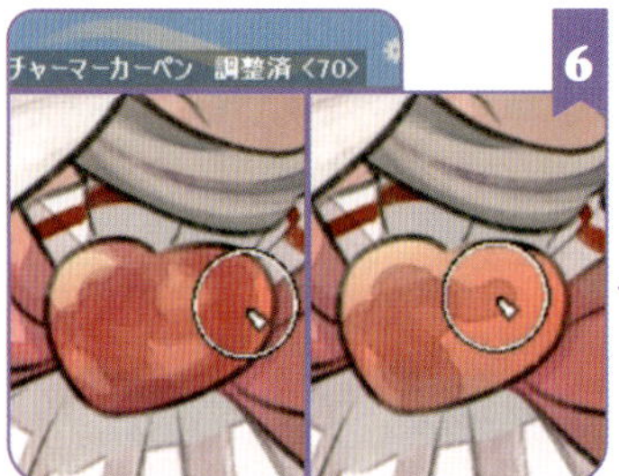 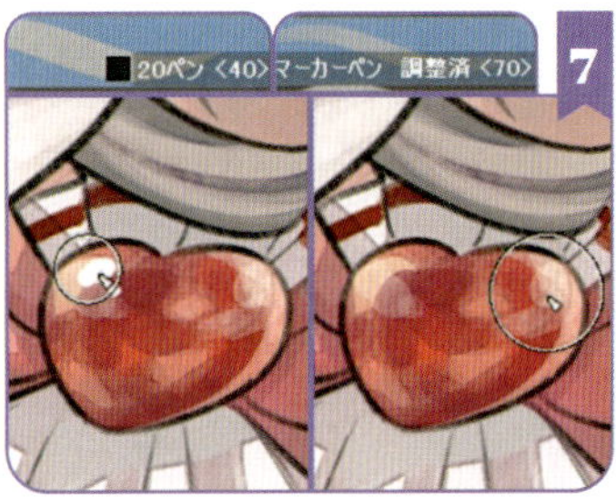 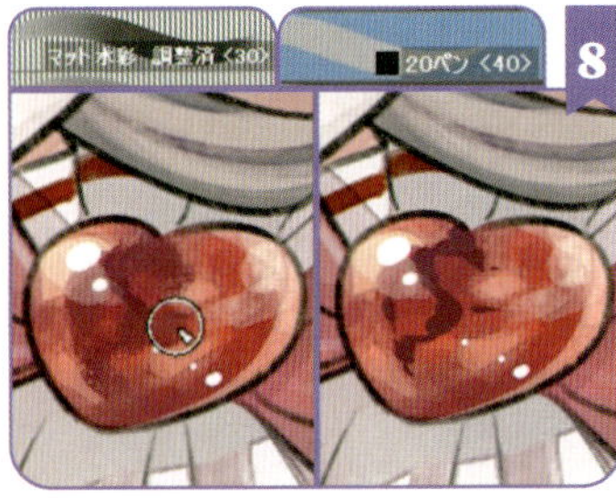

8 「もったり色鉛筆」でリボンに白い模様を描いたら、宝石の仕上げ。⑥で追加したカゲレイヤー上に、ペンツールのワイン色で一番濃いカゲを描き、「マット水彩」でぼかす。

7 宝石にハイライトを入れる。「スクリーン」レイヤーに「テクスチャーマーカーペン」でふわっと側面をふちどり丸を描き込んだら(右図)、「加算・発光」レイヤーにペンツールでくっきりと白いハイライトを入れる(左図)。

6 複雑な宝石の輝きを表現していく。まずは新規乗算レイヤーでカゲ入れ。「テクスチャーマーカーペン」で、立体感を意識しながら少しずつ赤を濃くして塗り重ねていく。

5 ハートの宝石を塗る。光が当たって明るくなる、向かって左上側にはクリーム色、カゲで暗くなる右下側にはコーラルピンクとうすい水色の反射光をのせてぼかす。

仕上げ・効果

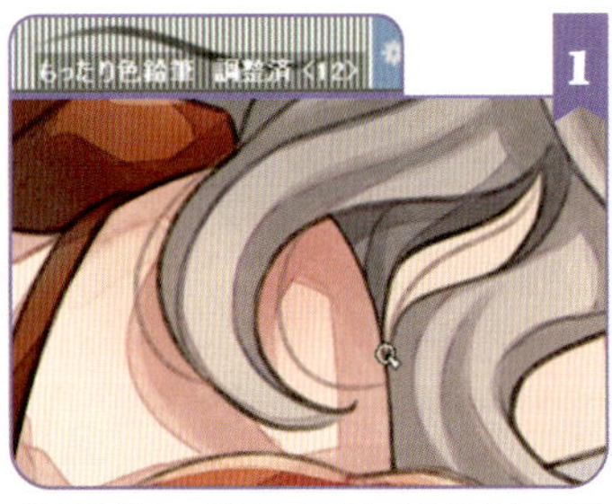 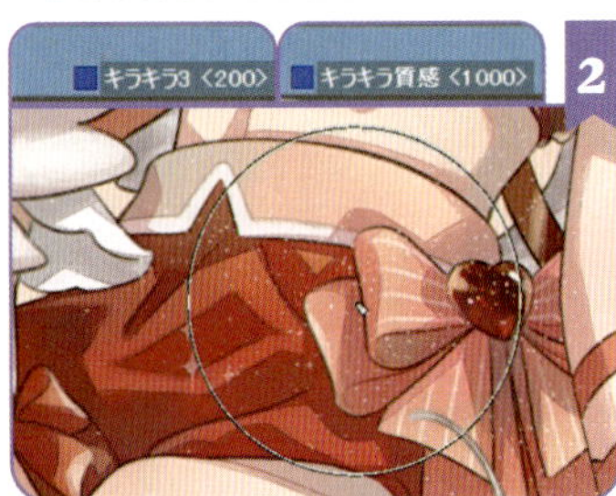

2 光を入れる。「加算・発光」レイヤーに「キラキラ質感」ブラシでホワイトをスパッタリングするイメージで細かい光のエフェクトをのせ、「キラキラ3」で星形の光も追加。

1 着彩を終えて線画を黒色からを茶色に変更して人物の線画を細かく色トレスしたら、仕上げ。髪の毛をペンツールで描き足した。

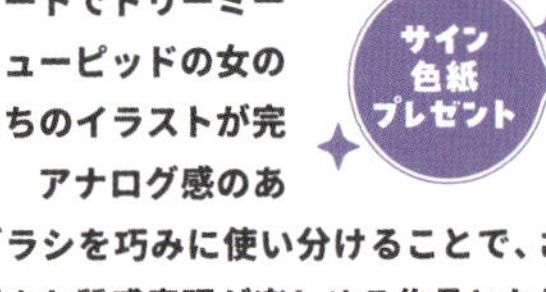

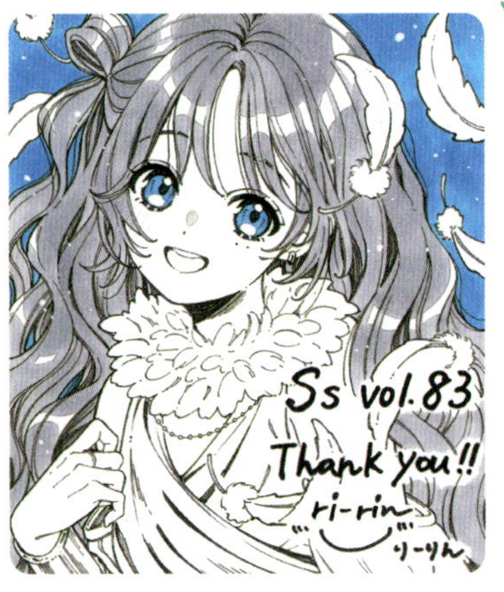

スイートでドリーミーなキューピッドの女の子たちのイラストが完成！　アナログ感のあるブラシを巧みに使い分けることで、さまざまな質感表現が楽しめる作品となりました。特に「ほんわり水彩」ブラシと「にじみぼかし」ブラシの使い方は、りーりんさんのコピックのグラデーション表現にも通じるもので、参考になったのではないでしょうか。また仕上げの「キラキラ質感」ブラシなども、便利で使いやすいのでオススメです！

りーりんさん使用ブラシの感想&カスタムポイント

■もったり色鉛筆／りーりん「主に線画を描くために、シャープペンで描いたような線をイメージしてカスタムしました。デフォルトのもったり色鉛筆は、もっとふわっとした質感で、画材で言うと色鉛筆やクレヨンのような感覚でした。それをもう少しシャープな描き味になるようにテクスチャの強さや自分に筆圧に合わせてペンの入り抜き設定などを調整しています。

■ほんわり水彩／りーりん「軽いタッチで濃いめの色が描画できるよう、デフォルトのほんわり水彩からカスタムしました。主にベースのグラデーション（ほっぺの赤みや髪の濃淡など）に使用したかったので、その都度色を変えなくても1色で濃淡の切り替えがしやすいように筆圧設定も調整しています。」

■にじみぼかし／りーりん「デフォルト設定のまま使用しました。ぼかし系のブラシはいくつかありますが、その中でも画用紙に描いたようなアナログ感のあるグラデーションやにじみをつくることができるブラシだと思います。色をぼかす際はこちらのブラシを使用しました。」

■テクスチャーマーカーペン／りーりん「今回のメイキングで一番使ったブラシだと思います。透明感のあるブラシで、重ね塗りすることで濃い色を表現することができます。画用紙に描いたような質感があり、レイヤー機能の水彩境界をつけて描くと、水彩絵具やコピックで塗ったような仕上がりになります。何回重ねるかでも色の濃淡が変わるので、アナログ感のあるムラのある塗りができます。今回はデフォルトのテクスチャーマーカーペンを少し調整して使っています。デフォルトより、テクスチャの質感が弱く、同じ力で描いた時に薄く色が出るようにしています。全体的な印象だと、少しふわっとした柔らかい感じで描けるように調整しました。」

■マット水彩（SE版限定）／りーりん「主にカゲ色の内側のグラデーションをなめらかにするのに使用しました。筆圧により色の濃淡が大きく変わり混色がしやすいブラシです。デフォルトだとかなり強くテクスチャの質感が残り、ざらざらしたような、かすれた筆で描いたような表現ができるブラシです。今回はテクスチャを少し弱くする一方で、他の塗りとなじむよう、ペンの入りの抜きに質感が残るようなカスタムしました。」

iPadとペイントアプリ「プロクリエイト」を使って作品を制作しているじみにしじみさん。日常の風景に寄り添いながら、少し不思議な世界を、風合いのあるタッチで描いています。今回メイキングを紹介する作品は、アパートに暮らす魔女が、おでかけする準備をしているワンシーン。生活感のある雑貨や植物、魔法書など魔女らしいアイテムがならぶ部屋の様子からイメージが膨らみます。背景のあるイラストは、描くことに苦手意識のある方もいると思いますが、小物を配置しながら組み立てていくと楽しく描き進められます。プロクリエイトの特徴のひとつである、デジタルだけれどアナログのような質感のブラシについても紹介します!

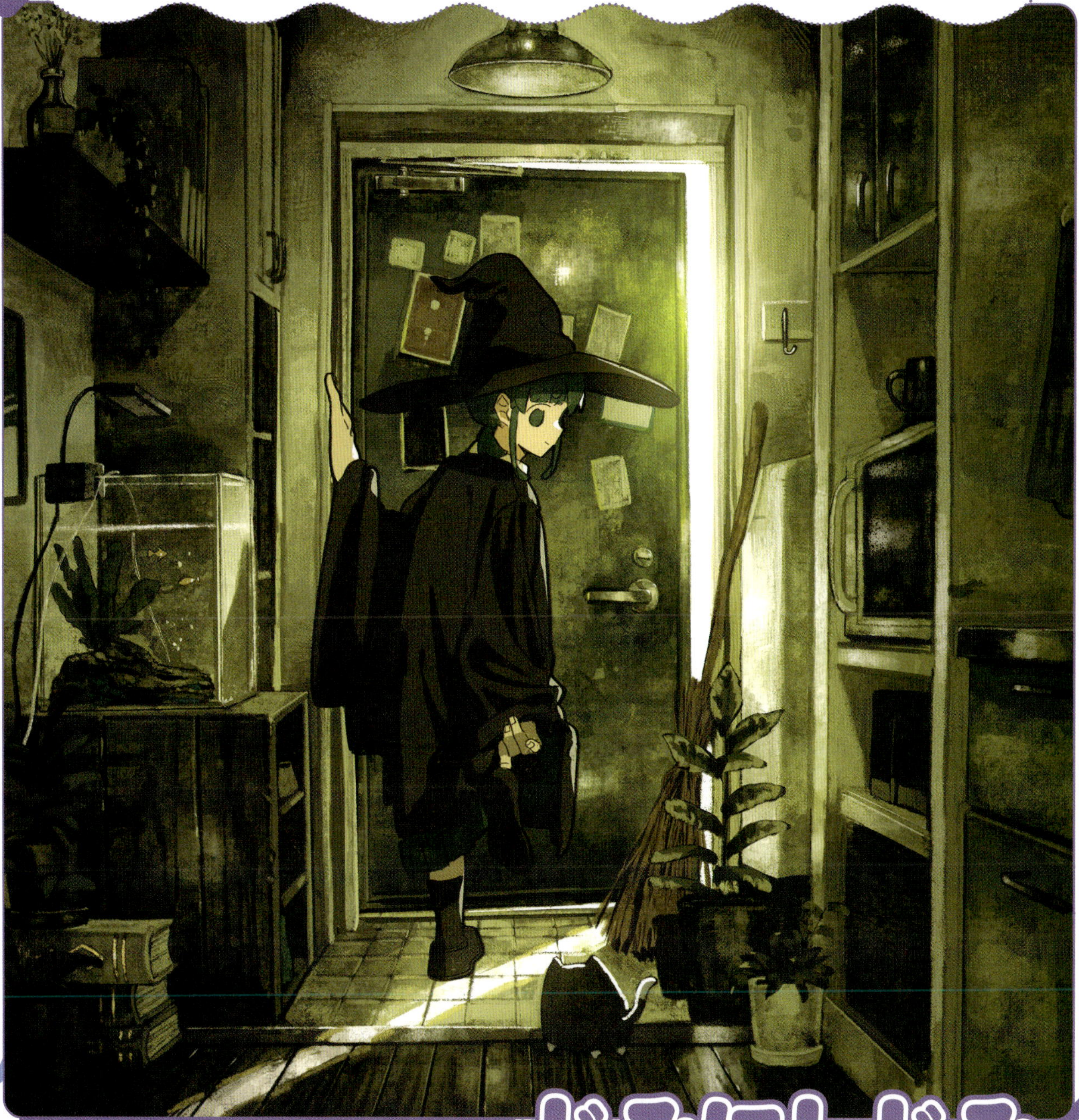

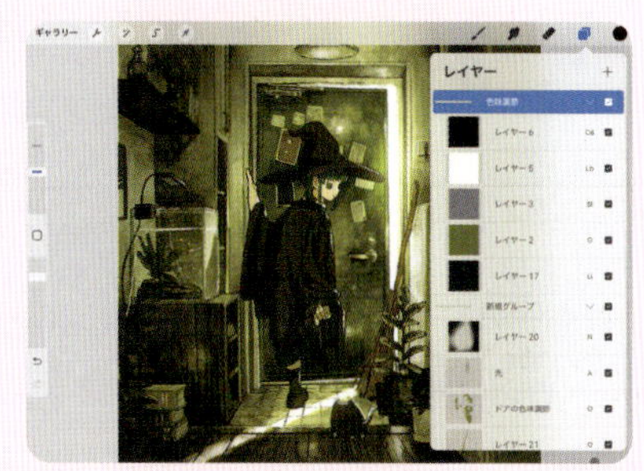

作業環境　iPad Pro(第7世代):13インチ／メモリ:1TB／Apple Pencil

じみにしじみ

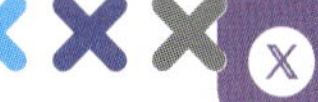 @jimini_shijimi 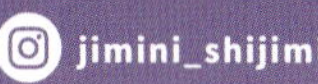 jimini_shijimi 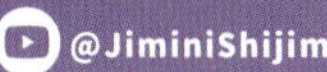 @JiminiShijimi

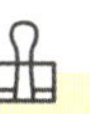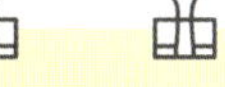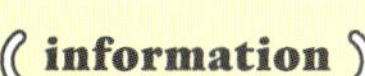

((information))

発売元
Savage Interactive Pty Ltd.
https://procreate.com/jp/
（日本語サイト）

Procreate for iPad
1,800円
（2025年10月現在）

アプリのダウンロード
はこちらから

✏ 今回使用する画材はコチラ!

プロクリエイト

● 買い切りなので出費を気にせずに使うことができる

● シンプルなUIで直感的に作画ができる

● 初期の収録ブラシも充実。アナログ画材のような風合いも豊富に揃う

● タイムラプスでの制作記録や書き出しもスムーズに行える

● イラストだけでなく、アニメーションも制作可能

✎ 今回のメイキングで、じみにしじみさんが使用しているブラシの一部を紹介！

スタッコ	けつ岩ブラシ	6B鉛筆	HB鉛筆（カスタムした設定違いをいくつか使いわける）	平ブラシ（カスタムした設定違いをいくつか使いわける）

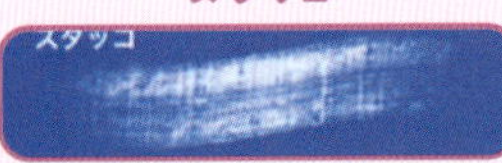

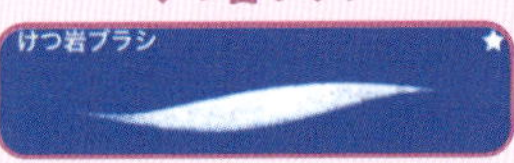

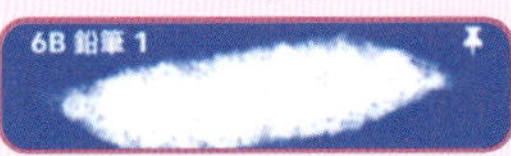

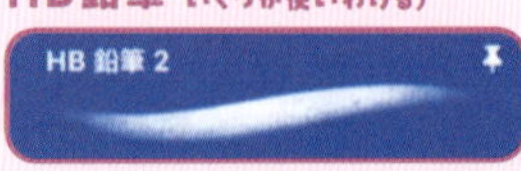

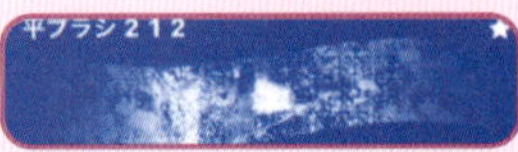

平ブラシよりも鋭利な線でタッチが入るブラシ。カゲの風合いとして重ねている。ほかにも［ニッコラル］［タラリア］など掠れたブラシを併用する。

入り抜きのコントラストが強い。筆圧のかけ具合で形が大きく変わるので、植物の葉を描くときに便利。りんかく線など使用頻度が高い。

線の質がやわらかいので、仕上げの加筆など少し太めにタッチをつけたいときに向いている。

シャープな線。塗り面のフォルムを整えたり、細かなタッチの加筆に使用する。ブラシをカスタムして、粗さの異なる2種類を使いわけている。

ザラッとした塗り面が特徴。平筆のような感覚で四角いブラシの形を、直線的なアイテムや平らな面を塗るときにも活用できる。

✎ じみにしじみさんが作画で使っているプロクリエイトの便利な機能を紹介！

ブラシサイズの記録

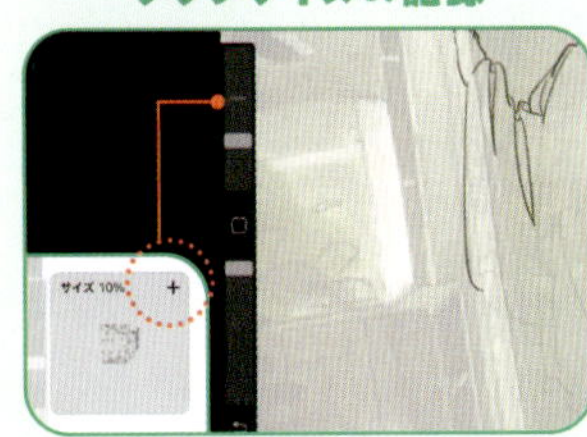

ブラシサイズと濃度はスクロールで調整する。同じ太さで描きたいときに数字を何度も打ち込むのは手間だが、右上に表示される「＋」を押すことで最大4つまでブラシサイズを登録できる。

クイックシェイプ

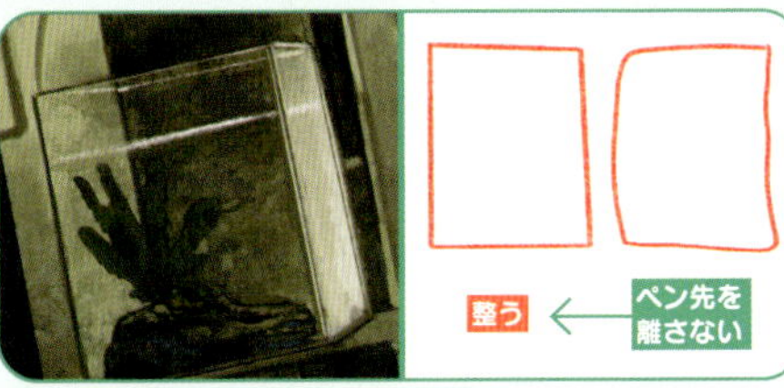

直線や形を描き、そのままペン先を画面から離さず保持することで、直線や曲線、円、多角形などの図形の線の歪みを整えてくれる。プロクリエイトならではの便利な機能で、しじみさんはフリーハンドで描いた背景の下絵を清書するときなどに活用していた。

変形

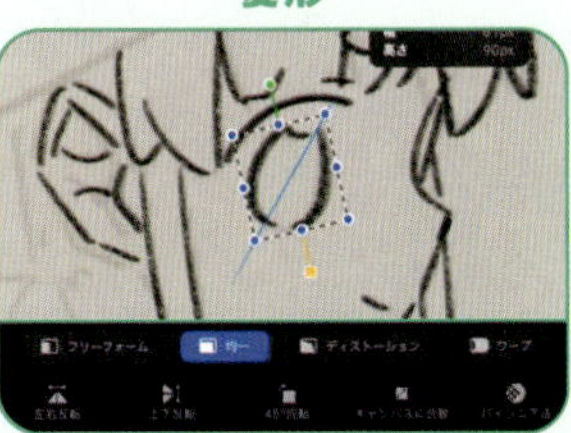

描いたものを移動させたり、角度や大きさを変えたいときは、［変形］ツールを使用する。「ワープ変形」や「遠近法ワープ」のような変形もできる。
※ゆがみは［調整］から選択できる。

スポイト

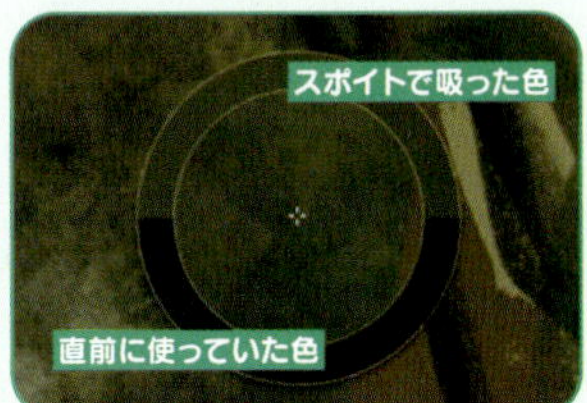

1本指を長押しすると色をスポイトできる。半円ずつ上下に分かれた上側が「スポイトで吸った色」、下側が「スポイト直前に使っていた色」。選択した場所が少し拡大表示されるので見やすい。

厚塗りを生かした作画工程

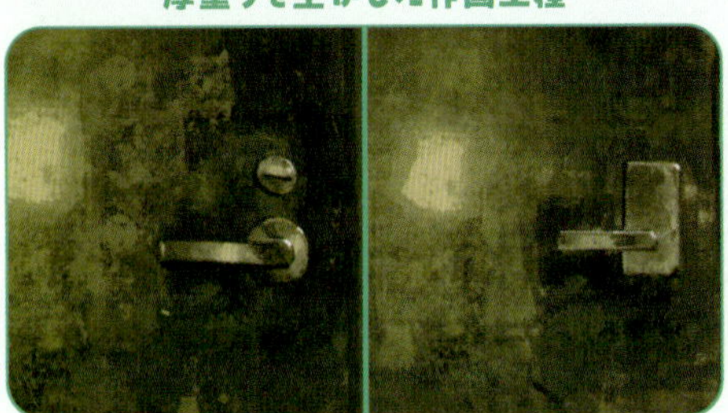

じみにしじみさんは清書する際、描きながら気になったフォルムやデザインを描き直している。ドアノブもそのひとつで、最初は長方形だったが円形に変わり、鍵も新たに加筆された。厚塗りならではのフレキシブルな彩色方法で進めていく。

少ないレイヤー数で作画する

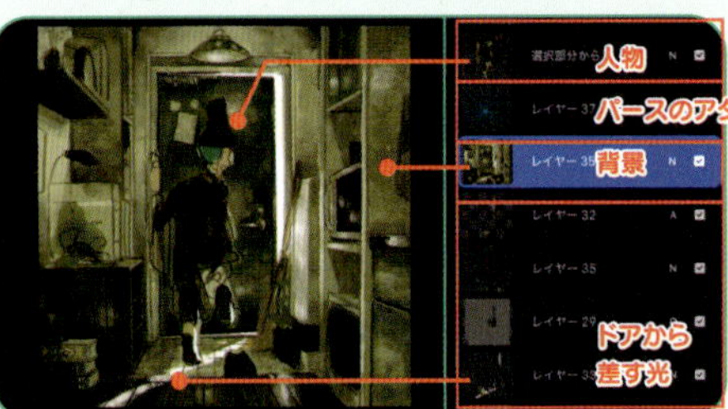

今回の作品の背景は、1つのレイヤーで作画する。色ラフを整えながら描き込むことでレイヤーの数を抑えられるだけでなく、統一感が出る。プロクリエイトのレイヤー数の上限はデータの解像度や端末のメモリによって変動することともつながっている。

拡大・縮小表示を繰り返して全体のバランスを見る

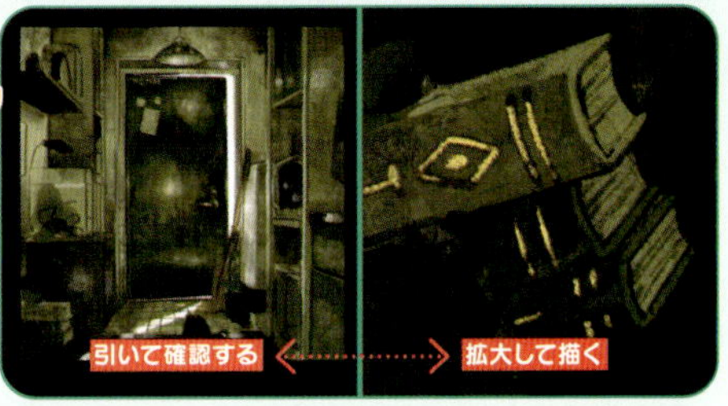

細かいディテールはしっかりと拡大して描く。そのあと、キャンバスを縮小表示して全体をチェックすることが作画するときの基本。実際に目にするのは引いた状態なので、その状態で見たときの形や色を確認する。

案出し〜カラーラフまで

POINT　絵で伝えたいことを最初にしっかりと決めておくと、作画への迷いが少なくなる。
しじみ「この絵で伝えたいことは"外から差し込む光"です。暗い室内と屋外の明るさとの対比を意識します」

POINT　画面を9分割して、画面で目立たせたいものやバランスを確認する。
しじみ「メインのものは三分割線の中央付近に置くとバランスが良くなります。中央付近にものがないと密度のない画面に見えることも意識しました」

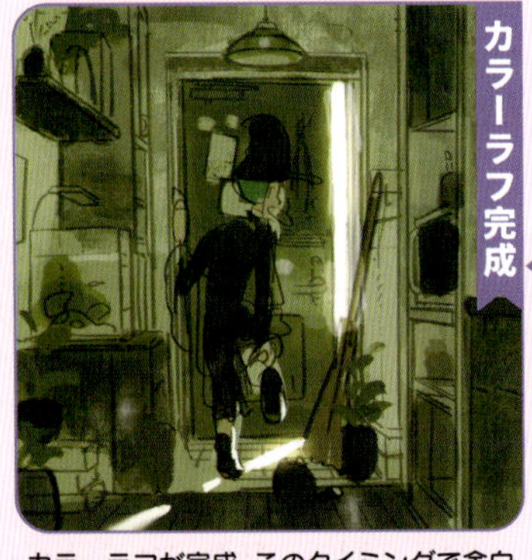

カラーラフ完成

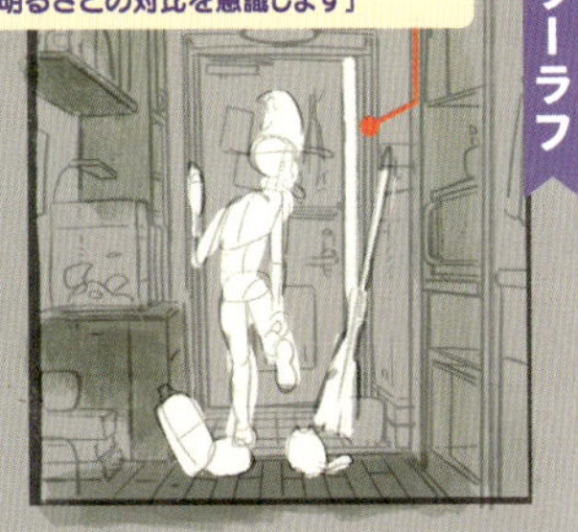

カラーラフ

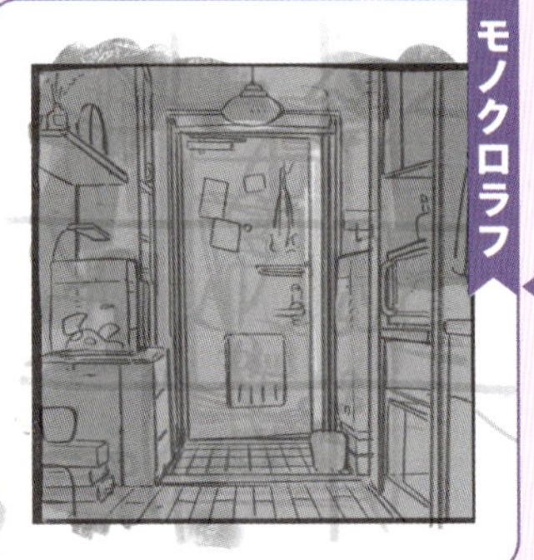

モノクロラフ

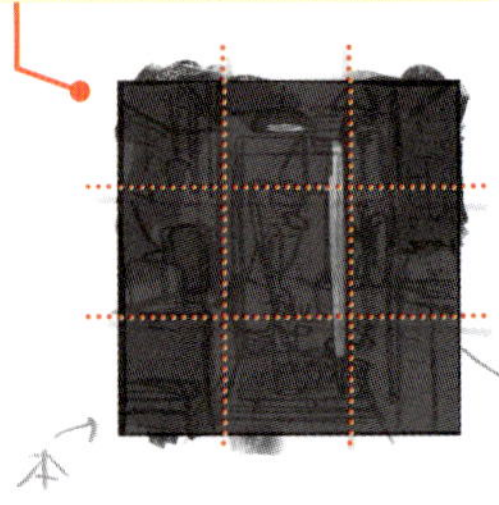

案出し

カラーラフが完成。このタイミングで余白をカットして完成サイズにトリミングする。解像度も350dpiに変えた。

新規レイヤー（乗算）に、明度差を意識しながら色を置く。玄関から差し込む明るい光を見せたいので、それ以外を暗くする。

家具やアイテムを描く。廊下にキッチンがあるワンルームらしい間取りを想像できる。床に本が積まれているのもリアル。

完成よりも小さいサイズでキャンバスを作成し、作品の構想を練る。色についてはまだ決めず、モノクロで明暗を描き入れる。

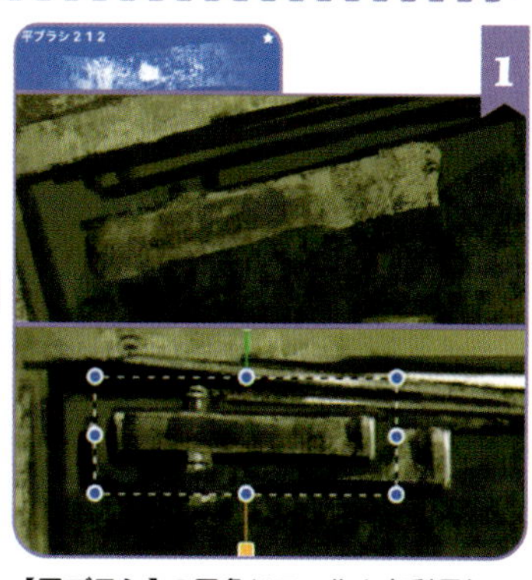 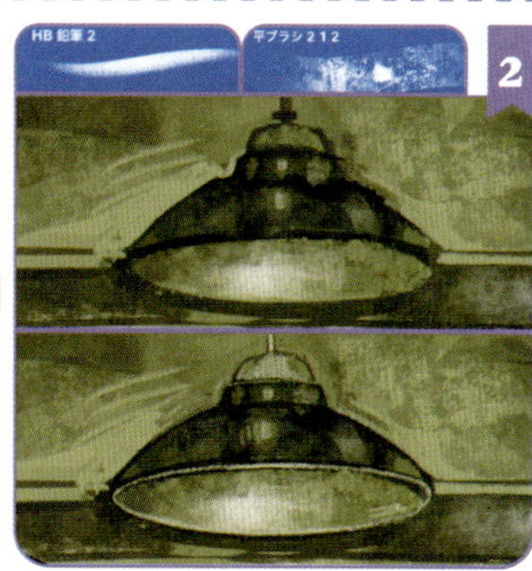 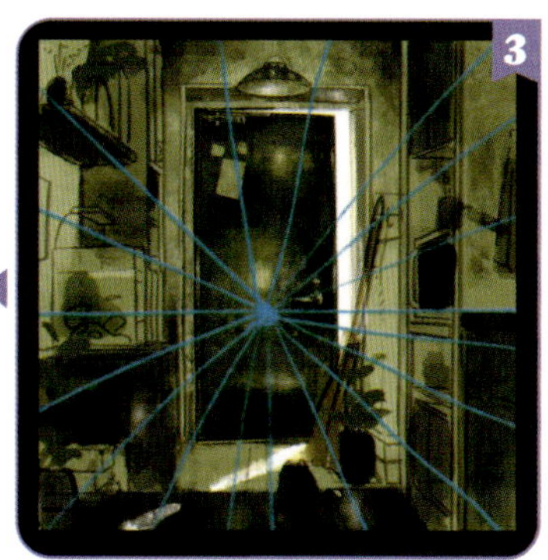 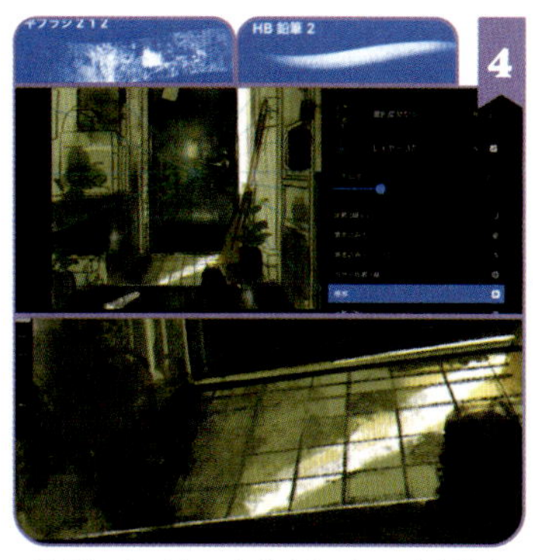

4 ガイドのレイヤーを薄く表示して床を描く。【HB鉛筆】とクイックシェイプでマス目を引いたあと、【平ブラシ】で質感を加える。

3 床を描く前にパースのガイド線を新規レイヤー上につくる。【描画ガイド】でも作成できるが、クイックシェイプ機能で引く。

2 照明の描き込み。【平ブラシ】で形を整えたり光沢を描き入れたら、【HB鉛筆】でりんかく線やタッチを加える。

1 【平ブラシ】の四角いフォルムを利用して上部にあるドアクローザーを描く。【変形】でサイズを調整して不要な部分を消す。

人物の清書と彩色

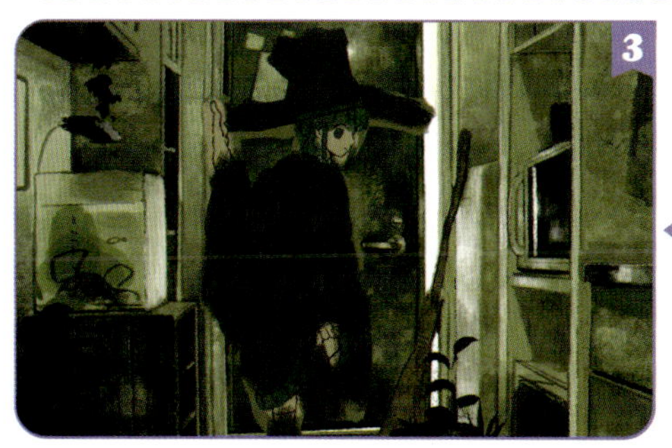 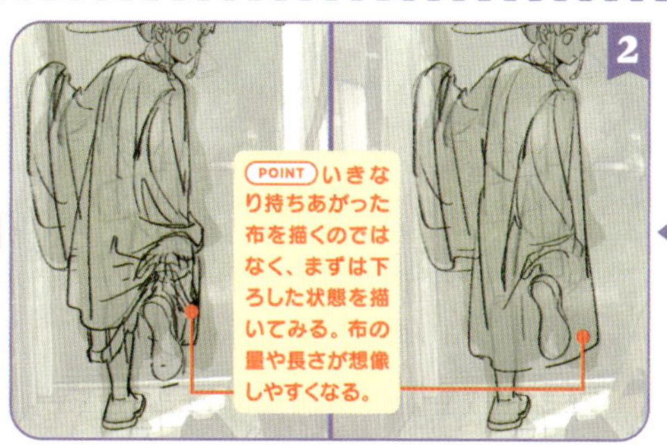 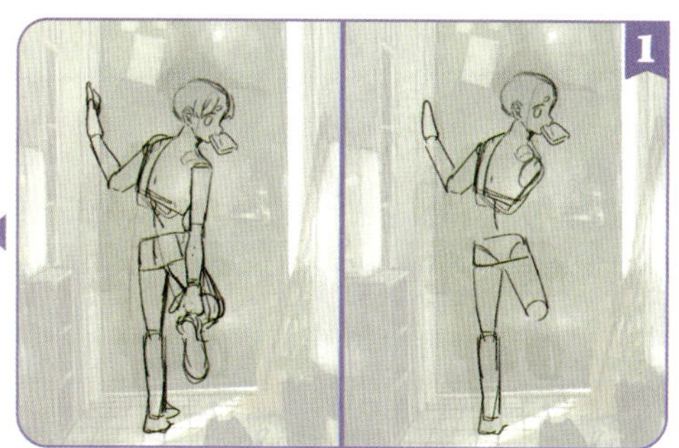

3 色のアタリ。人物は線画を活かした塗りにするので、線と塗りのレイヤーをわける。【平ブラシ】をはみ出し具合は気にせずに塗った。明暗はつけず、ベタ塗りにする。

2 工程①のアタリを薄く表示して、新規レイヤーに衣装を身につけた状態を描く。魔女のローブで見えない腕や脚の動きを意識しながらシワのたまりや布のたるみを描く。

1 人物の色ラフレイヤーを薄く表示して、アタリを描く。振り返るポーズの、体のパーツは動きを意識しながら素体を描く。関節の位置や体の中心線を意識するのがポイント。

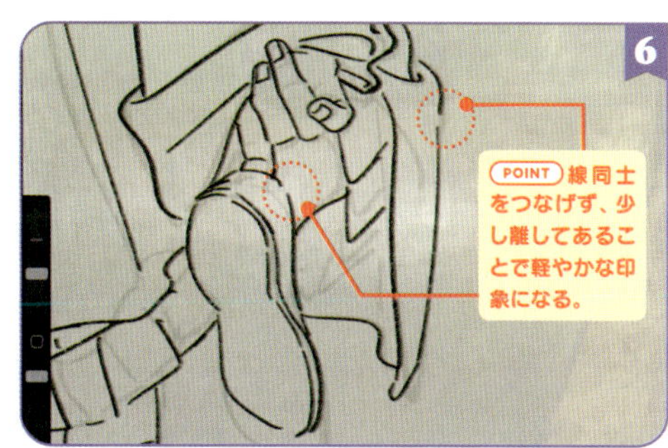 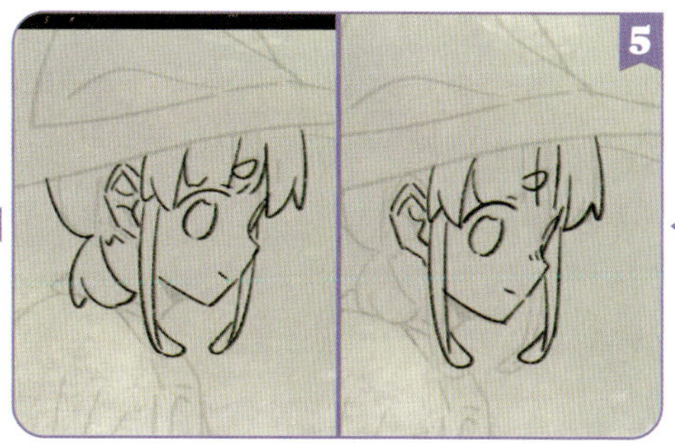 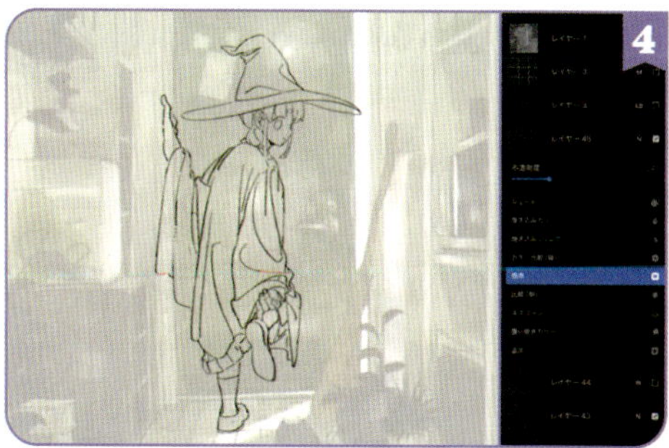

6 のびやかな線は細かい線を重ねるのではなく、スッと勢いよく一本の線を引いている。しっくりくるまで何度も引き直すこともある。使用ブラシは【HB鉛筆】の目が細かいもの。

5 顔は線の引き方で変わるので、さらにレイヤーを変えて描き直した。右が2回目で左が3回目（最終）。【消しゴム】をなるべく使わないことで、ストロークのきれいさが際立つ。

4 線画を描き直すことにしたじみにしじみさん。一度目のときはラフをなぞっていたが、二度目は整った状態をトレースすることになるので、線を引くことに集中できる。

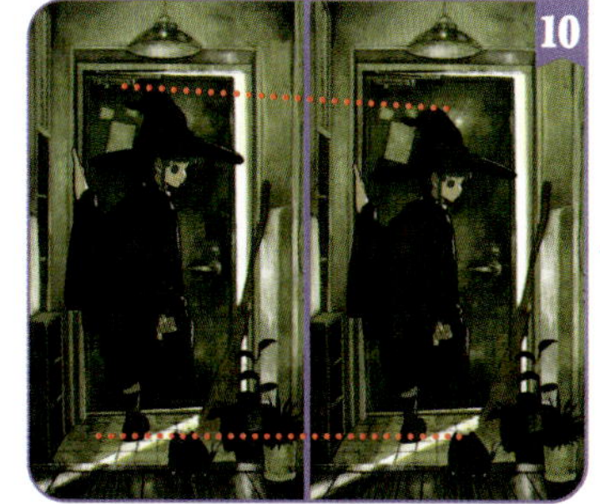 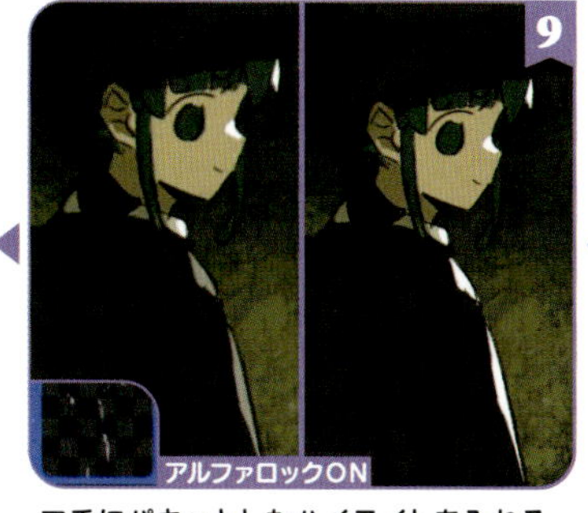 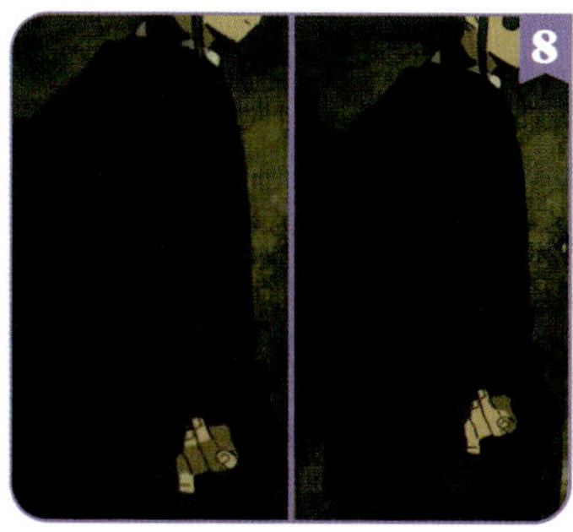 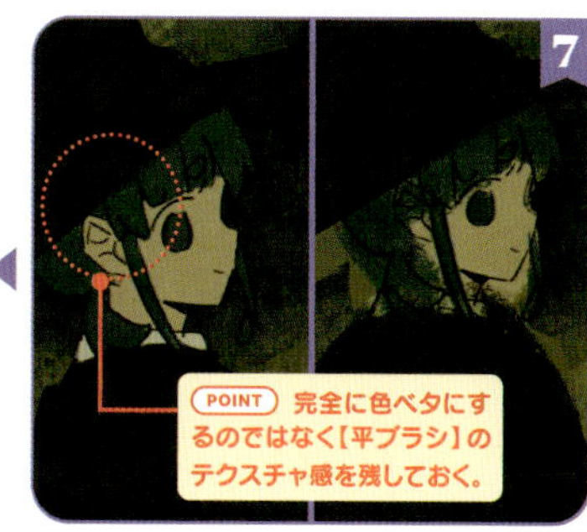

10 人物とドアのサイズを確認する。ドアから少し離れているので、人物を【変形】で少し大きくした。足元の位置は変えないようにする。

9 フチにパキッとしたハイライトを入れる。白色を置いたあと、光の当たり具合にあわせて部分的にアイボリーへ変更した。

8 カゲを描くときはレイヤーを「乗算モード」にする。シワの形や立体感を意識しつつ【平ブラシ（質感なし）】で加筆していく。

7 工程③で作っていた色のアタリのレイヤーを表示する。線画が変わったので、塗り足したり削ったりしてはみ出した部分を整える。

水槽を描く

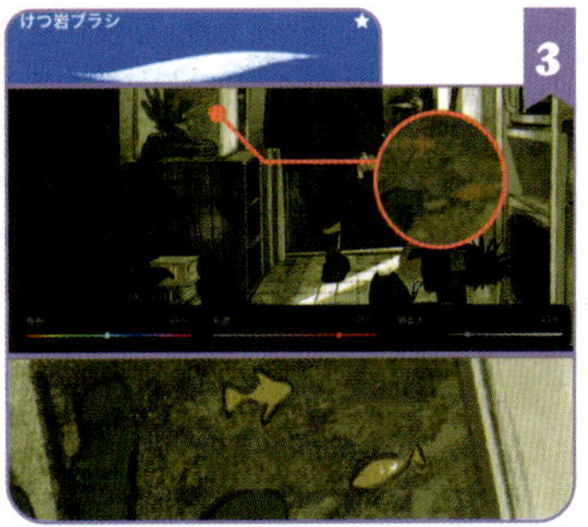

【けつ岩ブラシ】で熱帯魚を描く。【調整→色相、彩度、明るさ】で落ち着いたオレンジ色に変更。りんかく線も同じブラシで引いた。

水草を描く。波打つ形をランダムに【けつ岩ブラシ】で描いたあと、【HB鉛筆】で質感を加える。りんかくも【けつ岩ブラシ】を使用。

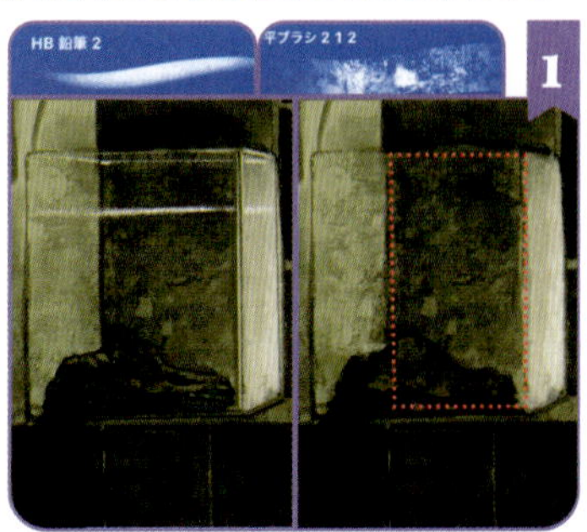

奥の棚の点線部分に【平ブラシ】で粗いタッチをつけて質感を変える。りんかくは【HB鉛筆】をクイックシェイプ機能で整えた。

POINT

しじみ「反射光やハイライトを丁寧に入れないとアイテムが平面的に見えてしまうので、注意して描きました。資料をよく確認して、どこにどのくらいの強さの光が当たるのか、どんなふうに当たるのかを注目してみると良いと思います。」

各アイテムの描き込み

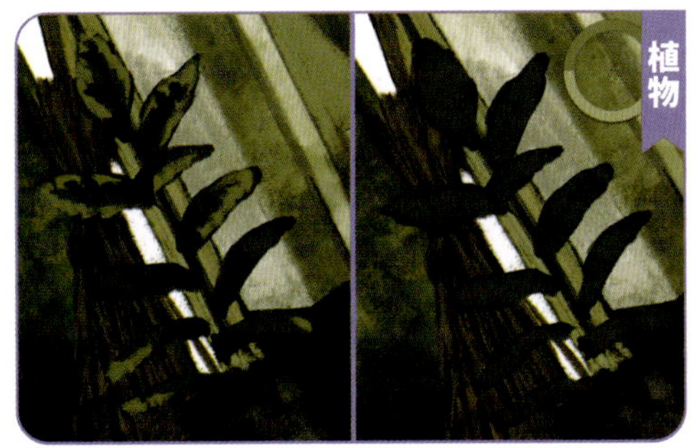

植物

観葉植物を描く。葉に【けつ岩ブラシ】で白い模様の斑（ふ）を描き入れると、より植物らしい見た目に。植木鉢のサイズやデザインを変えることで、描いた人物の生活感を表現できる。

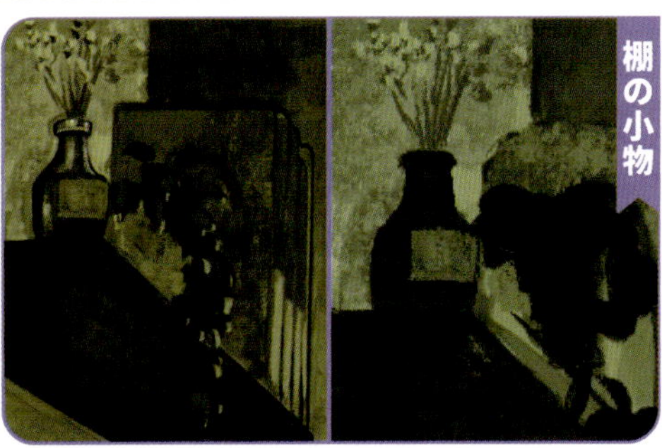

棚の小物

画面左上の棚には、花瓶に入ったドライフラワーとツタが伸びるアイビーが置かれている。たくさんある小物も、無意味なアイテムはないので、ひとつずつ丁寧に仕上げる。

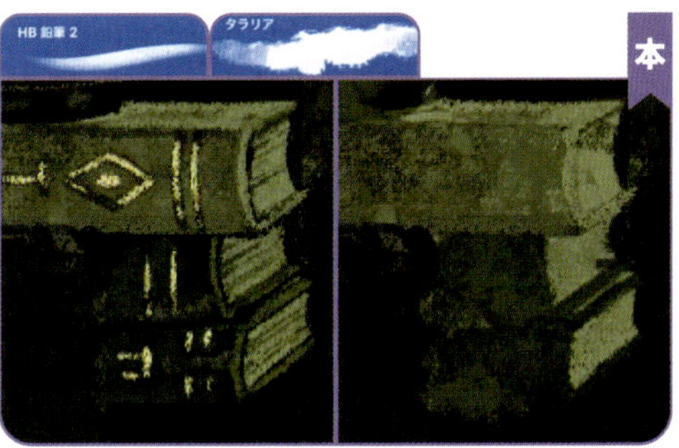

本

魔法書のハードカバーの重厚なビジュアルを意識して描いていく。本の表面をランダムな濃淡がつく【タラリア】で塗り、デザインや細い線を【HB鉛筆】で描いた。

仕上げ（タッチの追加・色調整）

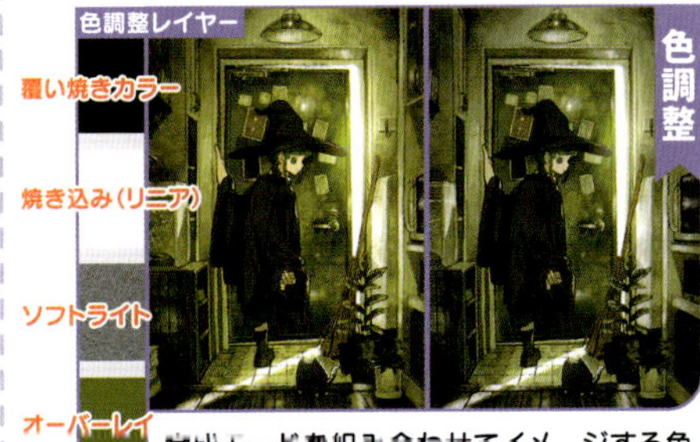

色調整レイヤー
- 覆い焼きカラー
- 焼き込み（リニア）
- ソフトライト
- オーバーレイ
- 比較（明）

色調整

合成モードを組み合わせてイメージする色に調整する。見比べると差し込む光の存在感がアップしている。ノイズのテクスチャも乗せて、全体の塗りをなじませた。

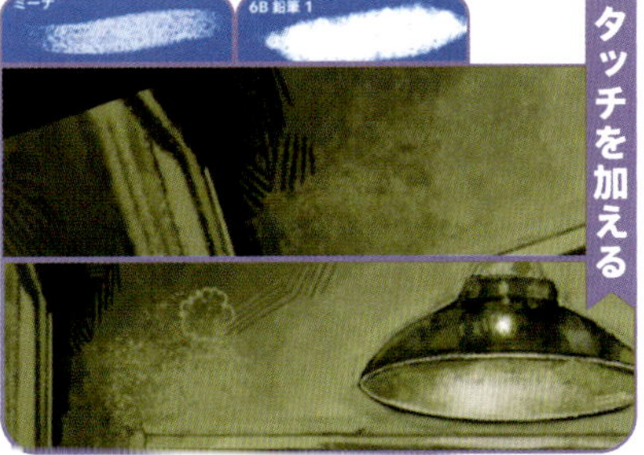

タッチを加える

全体を塗り終えたら、情報量や質感を調整する。バランスを見ながら【6B鉛筆】でハッチングを加えたり、砂状の【ミーナ】でタッチをつけたりした。

POINT

しじみ「画面全体にアイテムが散らばった密度のあるイラストでは、ものがないところ（余白）に目線がいくんです。たくさん小物を描きたいときは、見せたいものの周りに余白をつくるのがコツだと思います。」

魔女の女の子の愛らしい姿だけでなく、丁寧に描かれた暮らしぶりが伝わる小物や家具、植物からストーリーを想像したくなるイラストが完成！　プロクリエイトのバラエティに富んだ質感のブラシを組み合わせることで、デジタルでも手触り感のある作品に仕上がります。もちろん、デジタルらしい機能もしっかりと使えるので、じみにしじみさんのようなあたたかみのある世界観に惹かれる方は、使ってみてはいかがでしょうか。

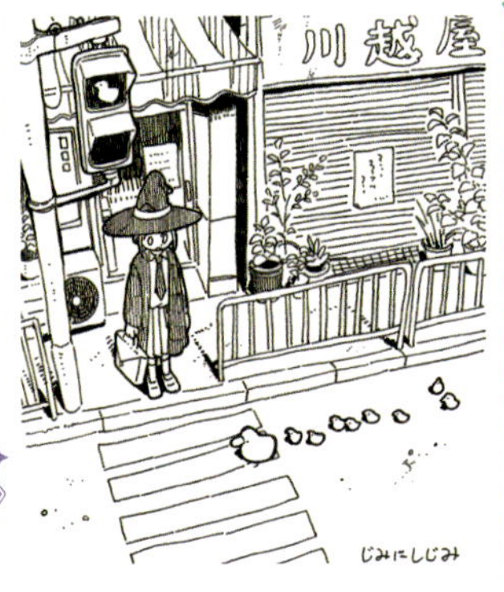

サイン色紙プレゼント

じみにしじみさんに聞く「デジタルで描くこと」

Q&A

お気に入りのお絵かきソフト・アプリを教えてください。作画でのおすすめのポイントや使い心地もお聞きしたいです。

じみにしじみ　プロクリエイトです。買い切りでずっと使用できる点や、UIや機能がシンプルでわかりやすいところも好きなのですが、一番のおすすめポイントはデフォルトで搭載されているブラシの種類がとても豊富なことです。シンプルで使いやすいブラシはもちろん、まるでアナログで描いているような質感のブラシや、一癖変わったブラシもあって、このブラシを使って描いてみたらどうなるんだろう…というワクワク感が絵を描くモチベーションにつながっています。絵を描く際に使用しているデバイスはiPad Pro第七世代・13インチモデルです。動画編集もしたいと考えていたので1TBの容量のものを購入しました。

デジタルの作画や表現の楽しさ、魅力について教えてください。

じみにしじみ　一番魅力的に感じる点は修正が簡単にできる点です。制作中に、もっといいアイデアが浮かんだら、簡単に付け足すことができますし、【トーンカーブ】で色を変更したり、レイヤーモードを活用して色を鮮やかにしたりといったデジタルならではの機能を活用して、納得がいくまで修正していける点がデジタルの一番の魅力だと思っています。

デジタルの作品づくりを快適にするための、おすすめのグッズがあれば教えてください。

じみにしじみ　Tour Box Elite PlusというiPad対応の左手デバイスです。ご提供いただいたものなのですが、ブラシの切り替え、ブラシのサイズ調節、ペンと消しゴムの切り替えなどなど、これ一台で簡単にこなすことができ、イラストを描く際に感じていた小さなストレスが多く解消されました。

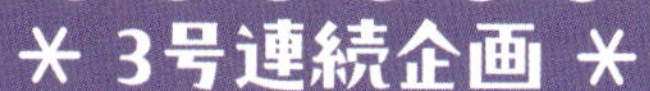

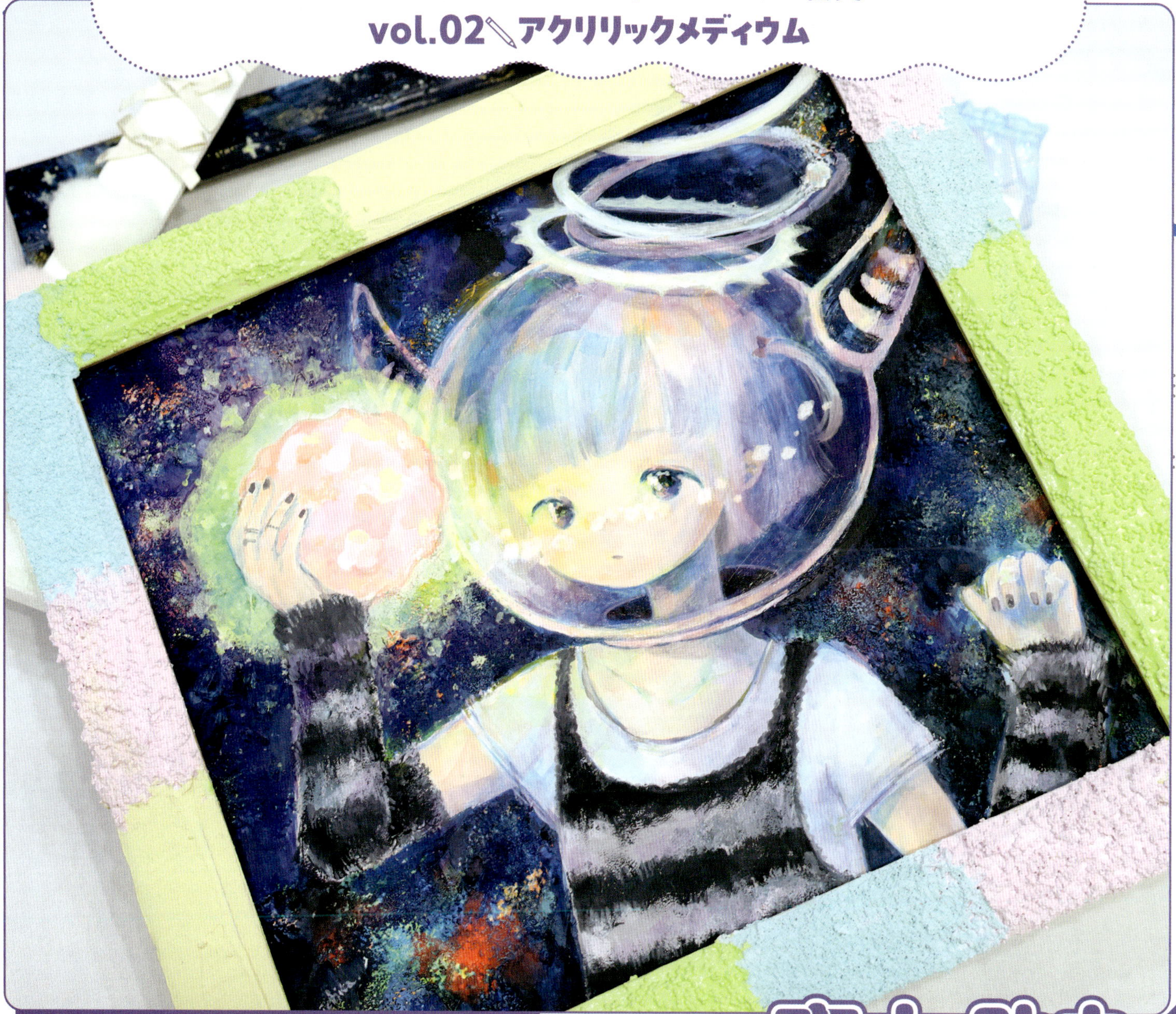

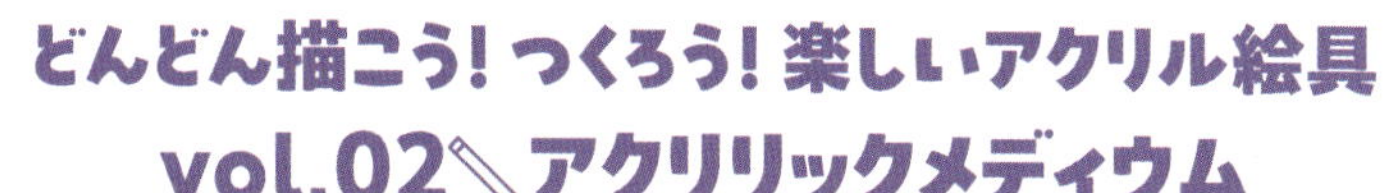

画材	アムステルダム アクリリックカラー＆アクリルガッシュ アムステルダム アクリリックメディウム ターレンス ヴァンゴッホビジュアル筆
用紙	色紙（ダイソー）

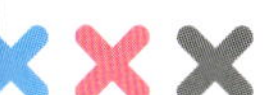

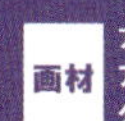
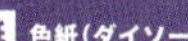

このコーナーは、前号から3号連続企画として壱太助丸さんにアクリル絵具の魅力を紹介していただいています。第1回は「アクリル絵具の基本情報」として、「アクリルガッシュ」と「アクリリックカラー」の違いを解説しました。第2回となる今回は、「メディウムを使用した表現のカスタマイズ」と題して「アクリリックメディウム」を紹介します！　アクリリックメディウムは、アクリル絵具と併用することで作品の表現の幅が広がるアイテムとして知られていますが、今回は普段、アクリル絵具に触れていない方でも楽しめる、メディウムを利用したオリジナルの額の制作方法をお届けします。メディウムは、質感やデコボコを額に施すだけでなく、接着剤としても活用できます。また、額のデコレーションはアクリル絵具に苦手意識がある方でも、色や画材で遊ぶような感覚でつくることができる楽しさがあります。今回はメディウムの基本情報から、アクリリックメディウムを利用してつくるオリジナル額のつくり方を紹介します。みなさんもぜひ、記事を読んで自分だけのオリジナルの額をつくってみてくださいね！　また、次号は最終回。最後は「立体物による3D表現」として、引き続きアクリル絵具の〝どこまでも自由な楽しみ方〟をお届けしますのでお楽しみに！

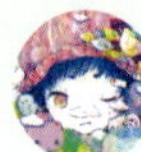

✏ アクリリックメディウムをつかうときのコツ！

① 乾き具合を見極める。
② アクリル絵具とメディウムを混ぜるときは、しっかりとムラなく混ぜる。

メディウムは質感や粘度に合わせて、筆やペインティングナイフ以外の道具をつかってみても楽しいです。例えば、クシやスポンジをつかったり。100円ショップに売っている日常生活でつかうアイテムで遊んでみるのも良いと思います。

✏ 今回使用する画材はコチラ！ 「アクリリックメディウム」とは…？

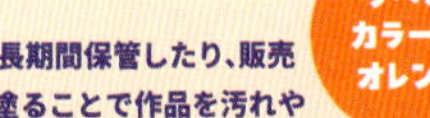

アムステルダムのアクリリックメディウムは主に4種類に分けることができます。店舗では、巻かれたラベルのカラーで種類を見分けることができます。まずは4種類のメディウムが、どのような分類に分かれていて、どのようなものがあるのかを紹介いたします。また、次の見開きでは壱太助丸さんがここで紹介したメディウムの7種類をつかい試して、オリジナルの額を作成いたします！　普段はアクリル絵具に触れない方も、展示会に参加したり、イベントや通販で絵を販売する際に役立つ情報となっています。ご自身の表現にぜひメディウムを取り入れてみてください。

Protection(保護剤)…全2種類

ラベルカラーはオレンジ

保護剤はあまり聞きなじみがない方が多いかもしれません。ですが、作品を長期間保管したり、販売する際には大切な仕上げ用のアイテムとなっています。保護剤を仕上げに塗ることで作品を汚れや傷から守ったり、劣化を防ぐのに役立ちます。また、仕上げの質感もマットからツヤまで、選ぶことができます。保護剤のもう一種は、お手入れ用の液体。筆についた乾いた絵具を取り除くことができるアイテムです。

【1】バーニッシュ

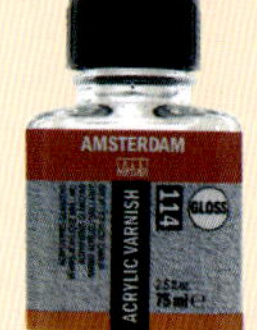

アクリリックバーニッシュは作品を保護するために利用する、仕上げ用の保護剤です。そのため、瓶にサラサラの液体が入っています。主に、陶器のパレットに液体を出して、筆やハケで塗ることが多いです。表面の仕上がりは、全部で4種類。①マット(アクリリックバーニッシュマット)②セミマット(アクリリックバーニッシュサテン)③ツヤ(アクリリックバーニッシュグロス)④強いツヤ(アクリリックバーニッシュハイグロス)から選ぶことができます。また、乾いたあともニスの色が黄色くならないことから、絵具の発色はそのままに作品を保護できるのが嬉しいポイント。壱太助丸さんはアクリル絵具で描いた作品をガラスを抜いて額装したり、キャンバスのまま展示することが多いため、そういった時にも大活躍なアイテムであるのがわかります。

アクリリックバーニッシュマット、アクリリックバーニッシュサテン、アクリリックバーニッシュグロス、アクリリックバーニッシュハイグロス
各／75ml｜各価格：1,375円(税込)

【2】リムーバー

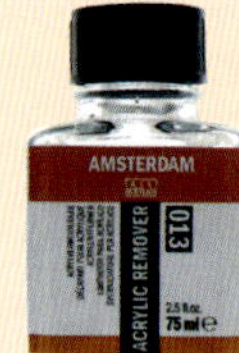

しっかりとした定着力が魅力のひとつであるアクリル絵具。一方で筆やパレットにアクリル絵具をつけたままでいると固まってしまい、乾燥してしまうとなかなか絵具が落ちずにつかえなくなってしまうことも…。そこで、お手入れのアイテムとして乾いた絵具を落とすリムーバーがあります！　筆にリムーバーをしばらくつけて置いておくと絵具が落としやすくなります。

アクリリックリムーバー　75ml｜価格：1,320円(税込)

Effect Medium(エフェクトメディウム)…全4種類

ラベルカラーは水色

エフェクトメディウムはインパクトのある質感が多いです。描き手が質感をコントロールしなくても、そのまま見応えのあるテクスチャがつきやすいメディウムとなっています。基本的にはアクリル絵具と混ぜてつかいます。絵具と混ぜれば簡単につかえるのも良いところです。また、大きく分けると、軽石を細かく砕いた軽石粉と、ガラスビーズの2種類に素材が分けられます。

【1】パミスメディウム

軽石粉からつくられているエフェクトメディウムは3種あります。どれもグレーがかっているため、アクリル絵具と混ぜると絵具の色のトーンがわずかに落ちると話をしていた壱太助丸さん。それを見越して混ぜる色を選ぶのがコツだそう。また、ざらざらとした質感を出せる粒子のサイズは3段階あります。①細かい(エフェクトメディウムファインパミスメディウム)②やや細かい(エフェクトメディウムミドルパミスメディウム)③粗い(エフェクトメディウムコースパミスメディウム)に分けることができます。

エフェクトメディウム　ファインパミスメディウム
エフェクトメディウム　ミドルパミスメディウム
エフェクトメディウム　コースパミスメディウム
各／250ml｜各価格：2,530円(税込)

左：ミドルパミスメディウムはやや細かい粒子が特徴。
右：コースパミスメディウムは粗い粒子が特徴。

【2】パールメディウム

パール(ガラスビーズ)はガラスの丸いつぶが入ったメディウム。クリアなメディウムのため、絵具と混ぜても絵具の色は変化しないのが特徴。つぶつぶとした質感を、イメージした色のままに乗せることができます。

エフェクトメディウムパール(ガラスビーズ)メディウム
250ml｜価格：2,530円(税込)

Ground(下地剤)…全2種類

ラベルカラーはゴールド

ジェッソやモデリングペーストという名前は聞いたことがある方は多いのではないでしょうか。主に絵具を塗る前に、下地として紙やキャンバス、木製パネルに敷くものです。滑らかな描き心地が好きな人はジェッソを、質感やタッチを下地から加えたい人はモデリングペーストがおすすめです。また、下地を敷くことでどんな素材でも同じ描き心地に調整できます。下地剤を塗るときは、筆やペインティングナイフなどを利用することが多いようです。

【1】ジェッソ

ホワイトジェッソは真っ白であることから、下地に敷くことで絵具の発色を良く見せる効果があります。また、サイズ展開も豊富で、イラストを描く方はジェッソを塗った後にやすりをかけて表面をなめらかにして細い線を描きやすくする方も多い印象です。また、ジェッソにはホワイト以外にも、クリアーとブラックのカラーがあります。色鉛筆をつかう方にはクリアータイプがおすすめです。

◀ クリアージェッソをそのまま試し塗りした様子

ホワイトジェッソ
250ml｜価格：2,200円(税込)
500ml｜価格：3,520円(税込)
1000ml｜価格：6,380円(税込)

クリアージェッソ
ブラックジェッソ
各／250ml｜各価格：2,200円(税込)

【2】モデリングペースト

モデリングペーストは白色の下地剤です。下地の段階で筆やペインティングナイフなどで、盛り上げたりテクスチャをつけたい方におすすめのアイテムです。モデリングペーストをざっくりと乗せれば、力強いタッチを表現することも可能で、テクスチャーアートとしても用いられることが多い印象です。また、乾燥後はナイフで割ったりやすりをかけて質感を調整することができます。

◀ モデリングペーストにアクリル絵具を混ぜて試し塗りした様子

モデリングペースト
250ml｜価格：2,750円(税込)
1000ml｜価格：6,380円(税込)

Medium(メディウム)…全6種類

ラベルカラーは黄緑

最も種類が豊富なのがアクリル絵具の描き心地やテクスチャなどを変えることができるメディウム。主に瓶に入ったサラサラな液体の「アクリリックカラーメディウム」とプラスチックケースに入った「ジェルメディウム」に分けることができます。これらのメディウムをつかえばアクリル絵具の粘度を変えたり、乾くスピードを調整したり、ツヤをコントロールをすることができます。アクリル絵具をつかいたいけれど思うように絵具をコントロールできないと思ったことがある方は、悩みに合わせてメディウムを取り入れてみるとより自分の好みのつかい心地で描くことが可能になると思います。

ジェルメディウム

【5】ジェルメディウム

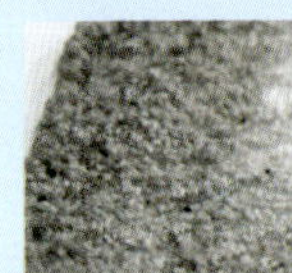

アクリル絵具と混ぜながらつかうメディウム。簡単にタッチを加えたり、盛ったりできます。
★ツヤなし(マット)＆ツヤあり(マット)の2種類があります！
各／250ml
各価格：2,640円(税込)

①ツヤなしは3種類。それぞれ、粘度や質感が異なります。
A：EX(エクストラ)ヘビージェルメディウムマット
B：ヘビージェルメディウムマット
C：ジェルメディウムマット

①ツヤありは3種類。それぞれ、粘度や質感が異なります。
A：EX(エクストラ)ヘビージェルメディウムグロス
B：ヘビージェルメディウムグロス
C：ジェルメディウムグロス

マットとツヤ以外の違いは……？
A：粘度が高く、より厚く盛りやすい！
B：Aよりも筆のタッチが残しやすくなる。また、厚盛りもしやすく、表面も保護できる。
C：アクリル絵具本来の粘度を保ちながらグロスやマット加工ができる。表面に傷つきにくく丈夫になる。

【6】シックニングメディウム

微量でアクリル絵具の粘度を高めることができます。筆のタッチをしっかりと残したいひとはこれ！
シックニングメディウム
250ml｜価格：2,090円(税込)

アクリリックカラーメディウム

【1】メディウム

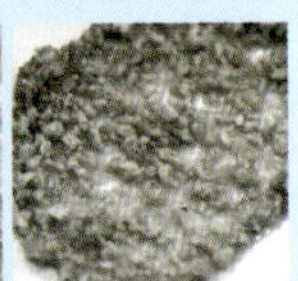

アクリル絵具と混ぜるだけで簡単に作品の仕上がりを変えたいひと向け。表面も傷つきにくく丈夫になります。
★ツヤあり(グロス)＆ツヤなし(マット)の2種類があります！
グロスメディウム／マットメディウム
各／75ml｜各｜価格：1,320円(税込)

【2】グレージング

アクリル絵具の透明度を高くなり、なめらかに塗ることができます。筆跡も残りにくくなるため、淡い色を重ね塗りしたい人は作業効率があがるのでおすすめ。
★ツヤあり(グロス)＆ツヤなし(マット)の2種類があります！
グレージングメディウム　グロス
グレージングメディウム　マット
各／75ml｜各価格：1,320円(税込)

【3】スロードライング／リターダー

アクリル絵具と混ぜることで絵具の乾きを遅くする。
①ゆっくり乾きながらも淡い濃度を再現したいひとはこれ！
アクリリックリターダー
75ml｜価格：1,320円(税込)

②ゆっくり乾く＆グラデーションや混色もしやすくなるのはこれ！
スロードライングメディウム
75ml｜価格：1,320円(税込)

【4】ポーリングメディウム

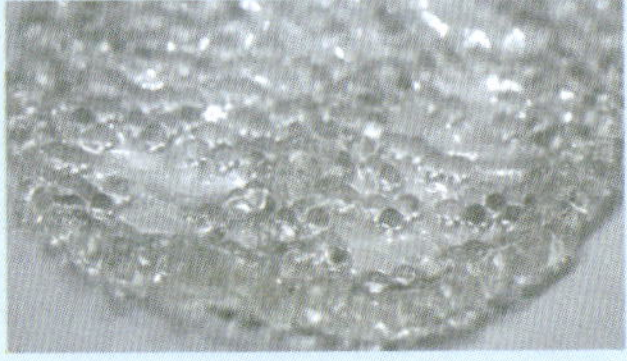

フルイドアートなどで利用できるアイテム。絵具をさらさらにし、垂らしこむことができます。
ポーリングメディウム
250ml｜価格：2,090円(税込)／1000ml｜価格：5,500円(税込)

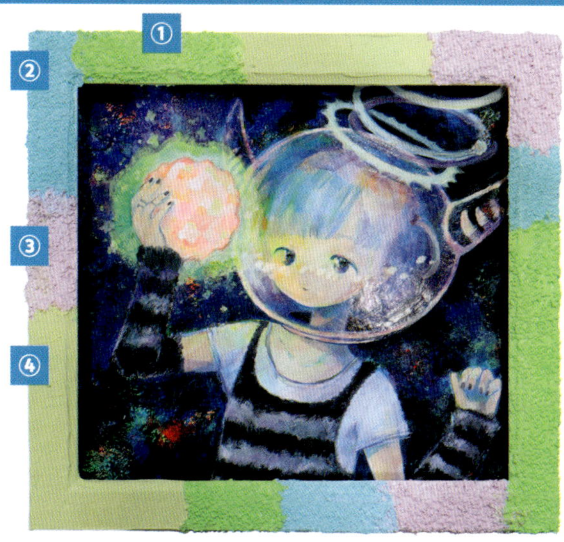

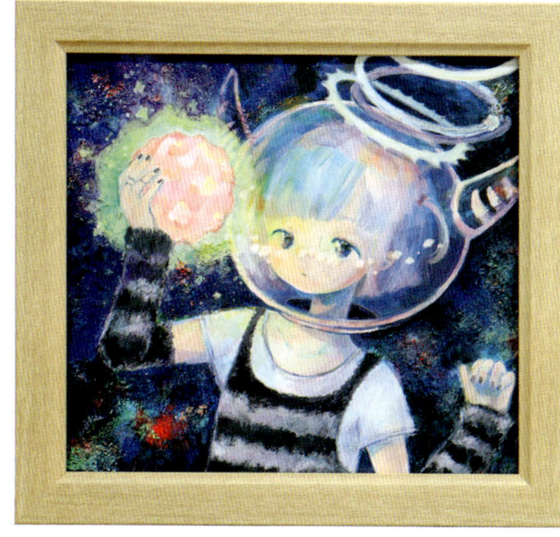

この額はすべてエフェクトメディウムをつかいました。メディウムと絵具をそれぞれ使い捨ての紙皿に1色ずつ出して、混ぜたものをそのまま乗せています。混ぜるとなるとメディウムで筆が痛んでしまうため、今回はペインティングナイフを使用しました。どうしても筆をつかいたい方は専用の使い捨ての筆を準備すると良いと思います。また、エフェクトメディウムは、パール（ガラスビーズ）メディウム以外、グレー色をしているので絵具の色を混ぜると少しくすんでしまいます。それを見越して今回はパステルカラーを選びました。

今回は色紙に絵を描いたので色紙サイズの額をつかいます。もとは木目調のプレーンなものです。額に絵具やメディウムを乗せる時は、一度やすりをかけると定着しやすいと言われていますが、今回は人工木材でしたので、やすりがけで傷に繋がってしまい、そのまま加筆していくことにしました。

close up

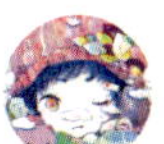

塗った直後はテカテカとしています。乾くとマットになるので、乾燥するタイミングを見極めるヒントにしてみてください。また、テクスチャを活かすために乗せるメディウムは粒子が大きく粗いものほどたっぷりと乗せるのがおすすめ。塗るというよりは乗せる感覚で、あまり粒子を動かさないのがコツです。また、量を乗せると乾かすのに時間がかかります。乾く前に触ると削れて取れてしまうので注意が必要です。

close up

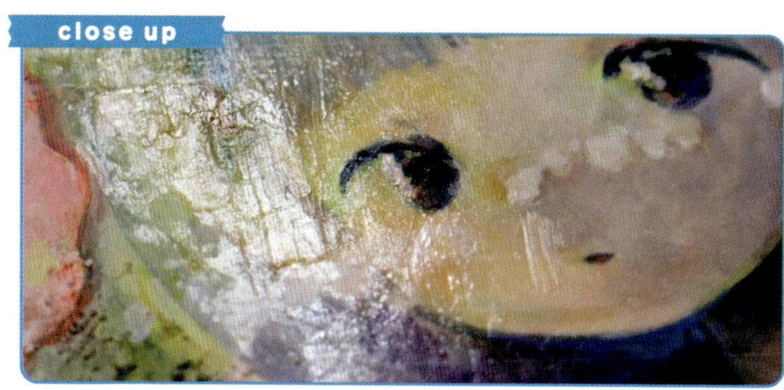

絵を描き終えたあとに仕上げとしてメディウムを乗せました。宇宙のヘルメットの透明感が、EXヘビージェルメディウムグロスをつかうことによって、より表現できると思いました。メディウムも絵具も透明なので、下の色がにごらないのも嬉しいところです。

【使用したメディウム】

【メディウム】EXヘビージェルメディウムグロス
【絵具】アクリリックカラー・リフレックスオレンジ（少量）

①黄緑色の場所：パール（ガラスビーズ）＋イエローイッシュグリーンライト
②水色の場所：ミドルパミス＋ホワイティグリーン
③ピンク色の場所：コースパミス＋ホワイティレッド
④黄色の場所：ファインパミス＋ネープルスイエローディープ

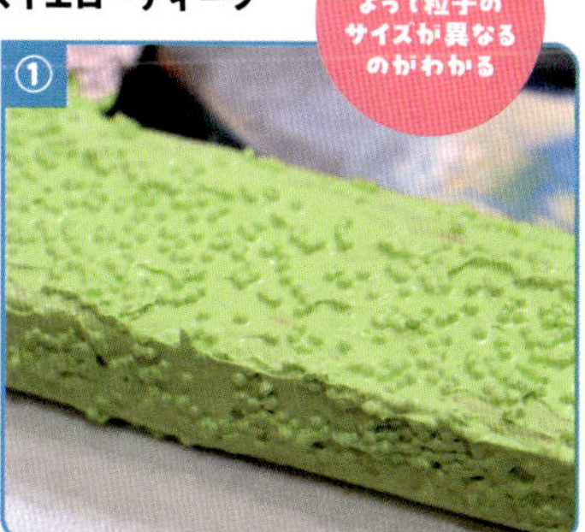

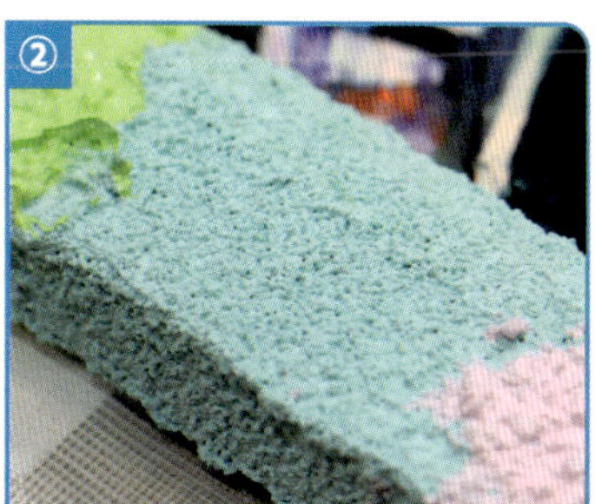

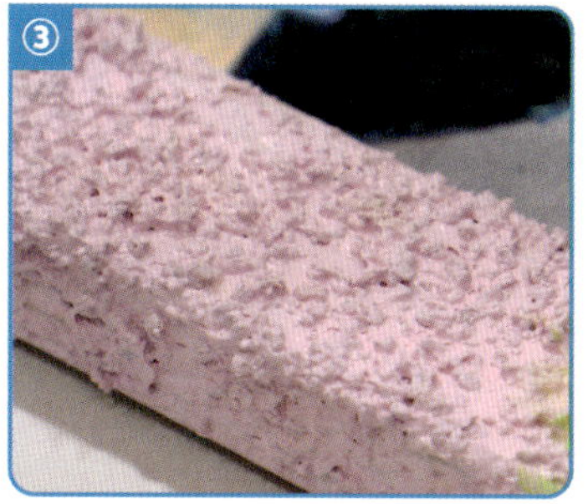

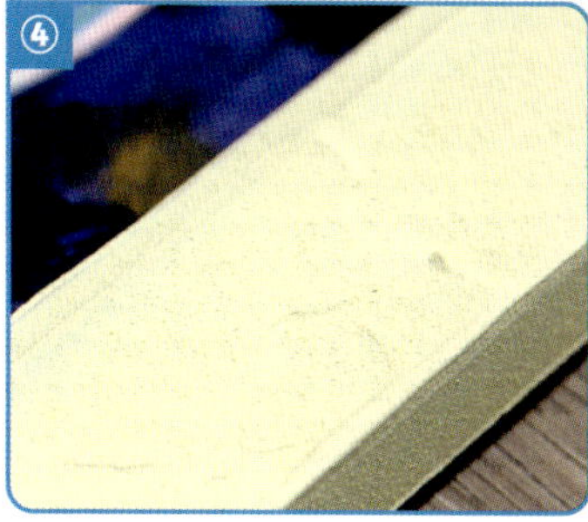

close up

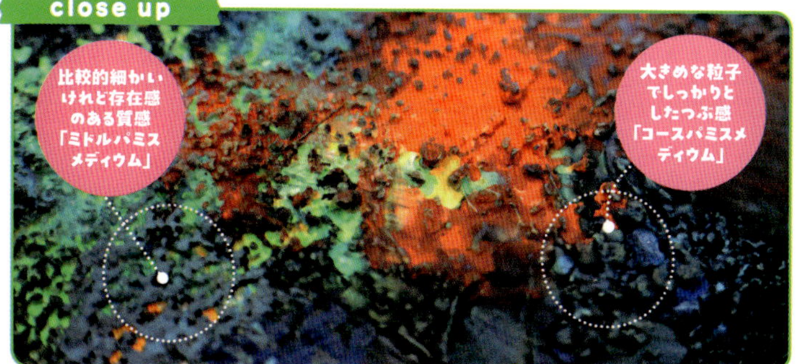

背景は宇宙にしよう！　と決めていたので、人物のフラットさを引き立たせつつ、不思議な質感に向いていそうなコースパミスメディウムを取り入れてみました。ざくざくとしたところは、同じくエフェクトメディウムのミドルパミスメディウムとコースパミスメディウムで表現しています。メディウムの上からたっぷりの水でうすめた絵具を重ねると、筆だけでは表現できない不思議な色の混ざり方や濃淡になりました。

【使用したメディウム】

【下地剤】モデリングペースト
【エフェクトメディウム】ミドルパミスメディウム、コースパミスメディウム（一部）

イラスト講座

メディウムをデコレーションの接着剤として使用した額

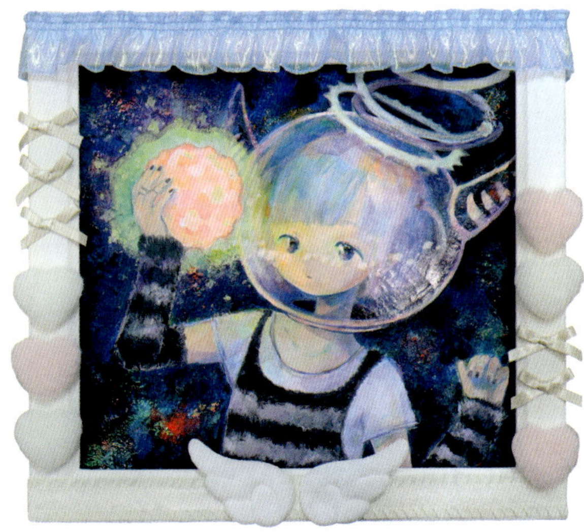

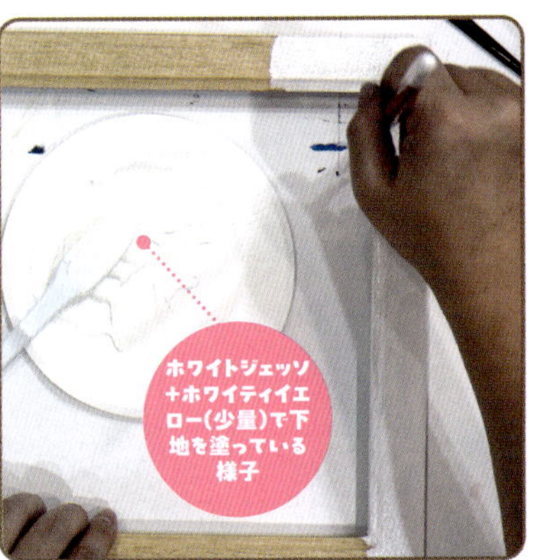

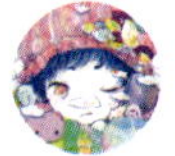

メディウムが1つ家にあれば、コラージュも簡単にできます。今回の接着は全てEXヘビージェルメディウムマットを使用しました。マットな質感なので、メディウムがはみ出しても目立ちにくいように感じました。また、額のベースは、アクリルガッシュのホワイティイエロー（少量）をホワイトジェッソに混ぜてアイボリー色の下地を塗ることにしました。真っ白なジェッソなのであえてクリーミーにすることで、全体的に可愛らしい雰囲気になると思ったんです。ムラがないように、たっぷり色を乗せてしっかりとベースの額の色を隠蔽するのがポイントです。

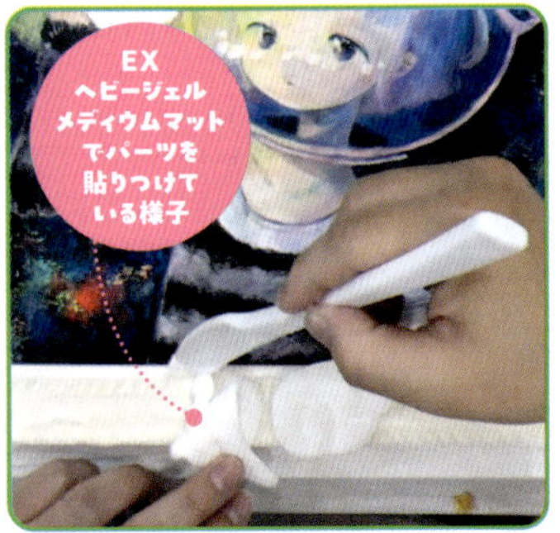

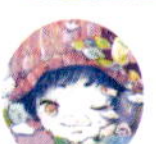

額につける装飾は、ついつい派手にしたくなりましたが、素材を接着する前に絵を入れた額に仮置きして、バランスをチェックすることで全体の雰囲気をまとめることができます。また、布やリボンは軽くて裏面が平らなので、メディウムで接着するのに相性が良いと感じました。ほかにもボタンやビーズなども額以外に絵にコラージュするのが簡単にできそうだなと思いました。

close up

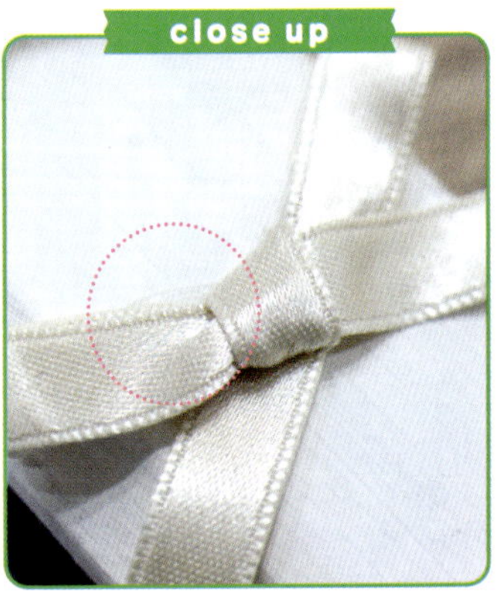

壱太助丸さんのいうように、EXヘビージェルメディウムマットはマットなので、パーツからはみ出ても、下地で塗ったジェッソとなじんで、はみ出しが気にならないのがわかる。

絵具を活かしながらメディウムでタッチをつける額

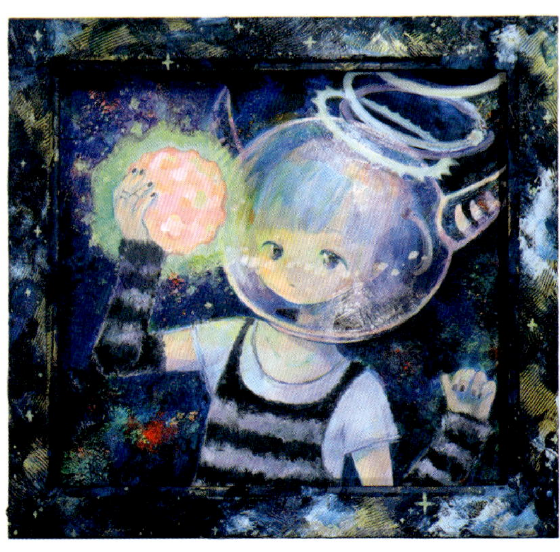

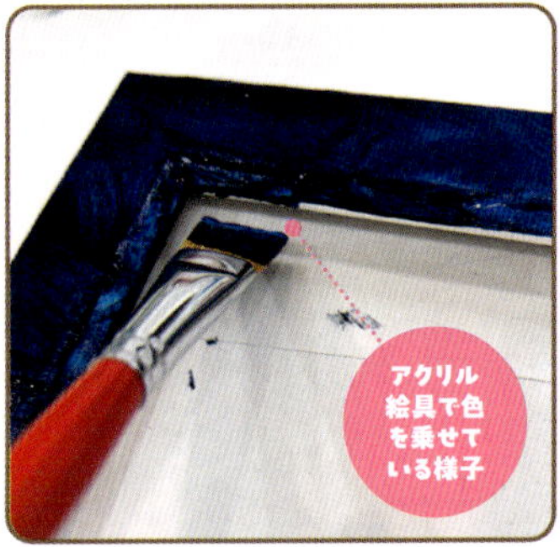

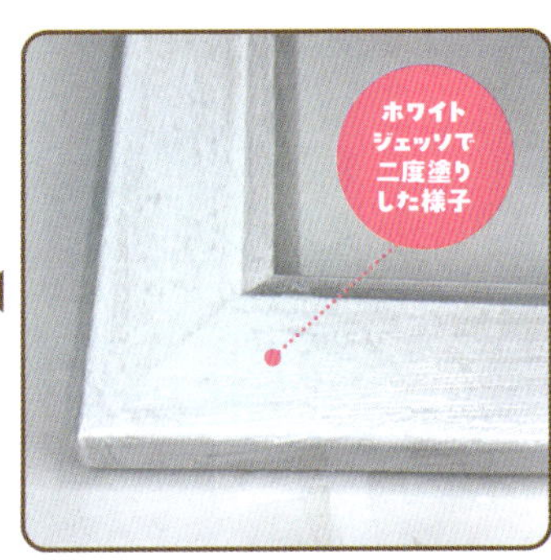

この額は筆でジェッソを二度塗りしています。二回重ねた方がムラなくしっかりと白地のベースがつくれます。ジェッソが乾いたら、アクリリックカラーで宇宙の感じを出すために、あえてムラをつくりながら青色で塗りました。

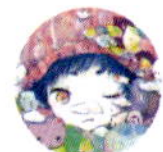

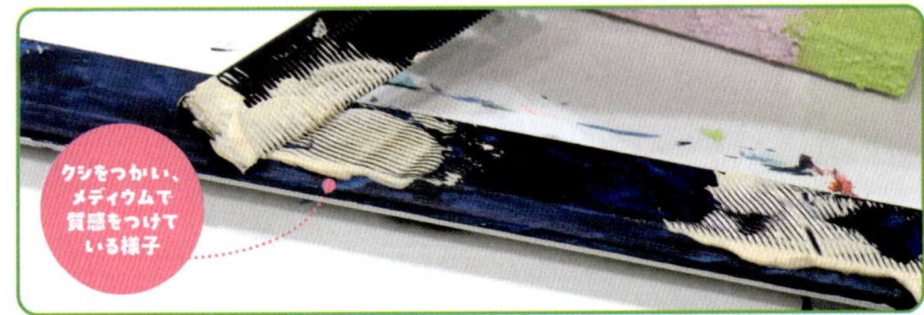

絵具が乾いたら仕上げに上からメディウムで質感をたします。まず、EXヘビージェルメディウムグロスにアクリリックカラーのライトゴールドを混ぜます。それをスプーンですくって額の上に置いて、100均で購入したクシでメディウムを伸ばして模様を描きました。バランスを見ながらさらに質感や色をたせば完成です。

【使用したメディウム】
【メディウム】EXヘビージェルメディウムグロス
【下地剤】ホワイトジェッソ
【絵具】アクリリックカラー・ライトゴールド

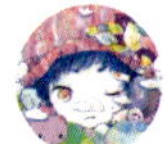

close up

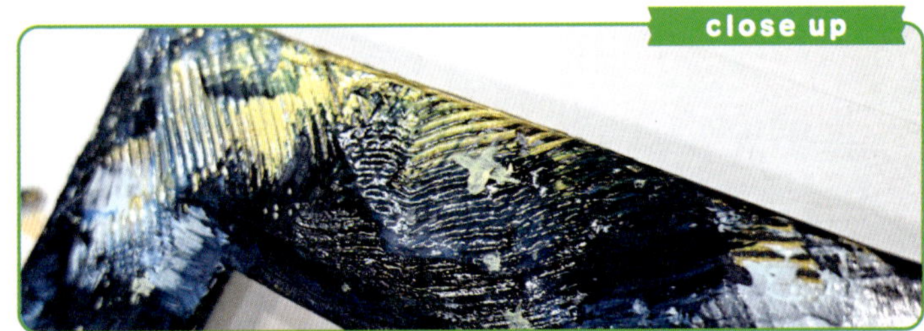

EXヘビージェルメディウムグロスは乾いた後もしっかりとツヤが出ているのがわかる。マットタイプは落ち着いた印象になるが、今回はグロスタイプで、輝きときらめく宇宙の印象をアップ！

【サイン色紙のプレゼントあります】ミドルパミスとEXヘビージェルメディウムグロスがつかいやすかったです。質感も目に見えて変わるのが面白いのでおすすめです！

メディウムは原画に見応えを与えることもできますし、グラデーションがうまくできずに悩んでいる方にもおすすめのアイテムです。どのメディウムが自分に合っているのか、今回の壱太助丸さんの記事を見て、いろいろと使い試してみてくださいね！

次回予告●3号連続企画の第2弾はいかがでしたか？ラーのテクスチャをメディウムをつかってつくってみてください。次号は最終回！アクリル絵具をつかって立体作品を制作予定です。お楽しみに〜！みなさんもぜひ今回の記事を参考にさまざまな力

今回は芦屋マキさんに「ステッドラー ピグメントブラッシュペン」をつかって作品を描いていただきました！「ステッドラー ピグメントブラッシュペン」は、全60色の豊富なカラーバリエーションが魅力のマルチインク（水性顔料）ペンです。透明感のある肌や優しい瞳、深みのある髪、あたたかな光の表現、そして柔らかな天使の羽などメイキングをお届けします。また、二〇二五年十一月二十四日（月・休）に開催される「コミティア154」に、ステッドラー日本のブース参加が決定！ 今回のメイキングと連動した「芦屋マキさん」によるライブドローイングをおこないます！ぜひ遊びに来て下さいね！

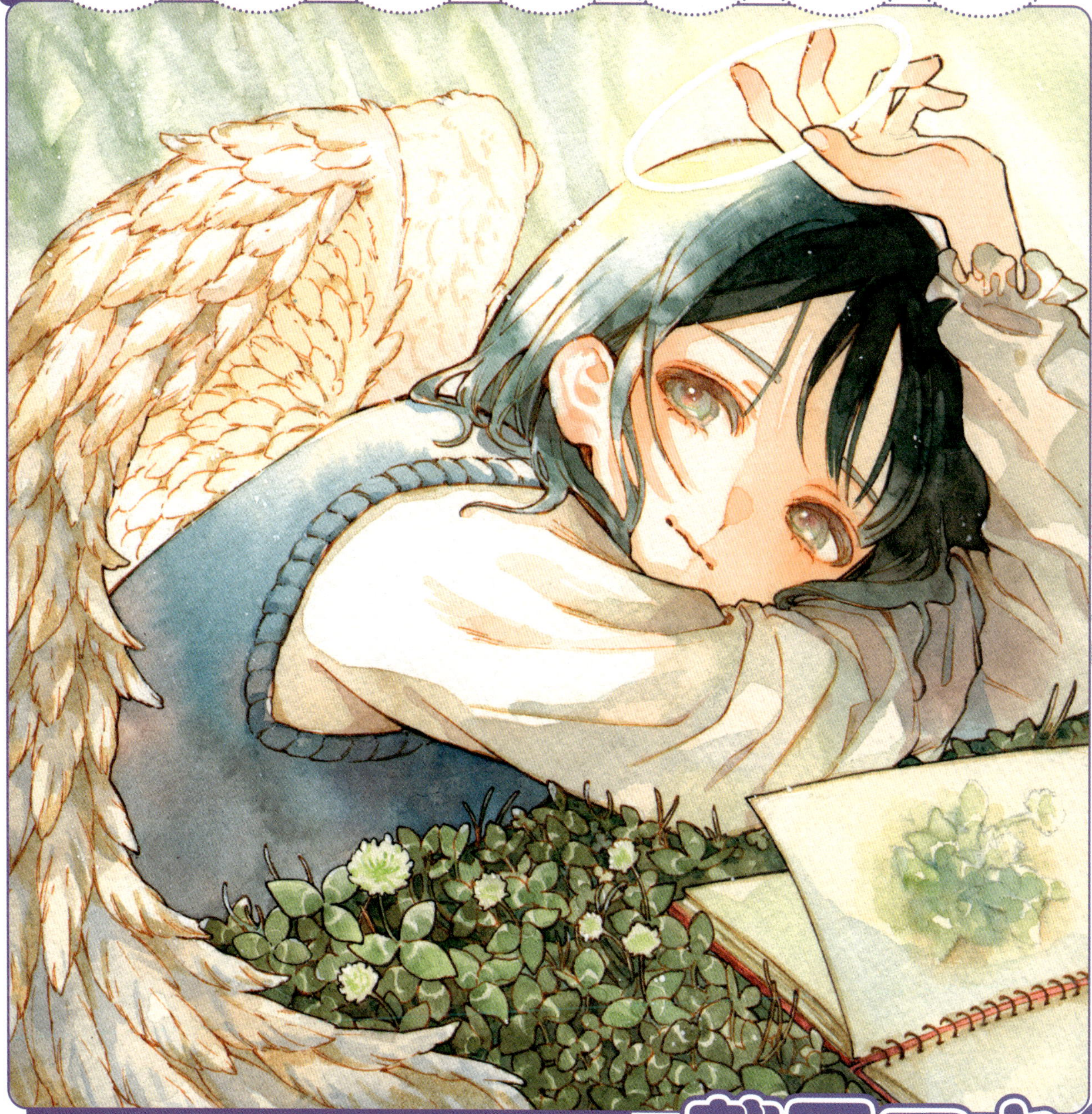

画材	ステッドラー ピグメントブラッシュペン／ウォーターブラシ（水筆）…太筆、中筆、細筆、平筆／ステッドラー ピグメントライナー（ブラック）／コピック マルチライナー（ブラウン）／クリアファイル／消しゴム／シャープペンシル
用紙	ホワイトワトソン水彩紙（ホワイトワトソン ツインリングブック／超特厚口）

X @a0z0o0
p0azo0q

芦屋マキ
あしや

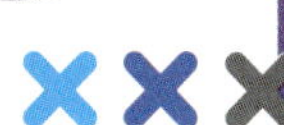

information

発売元
ステッドラー日本株式会社
https://www.staedtler.jp

※価格は税込表示です

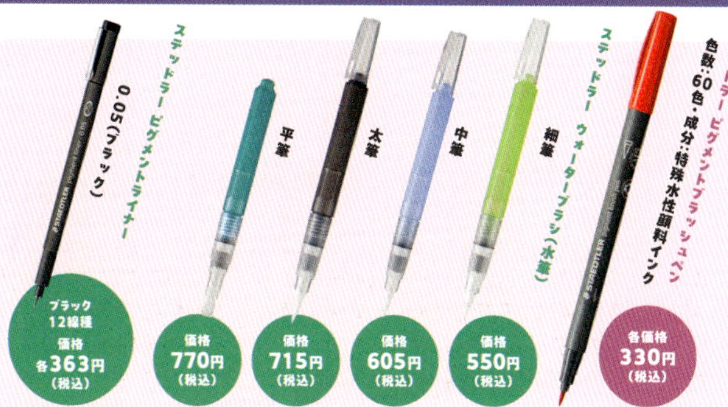

POINT 芦屋マキさんの ピグメントブラッシュペンの使い方

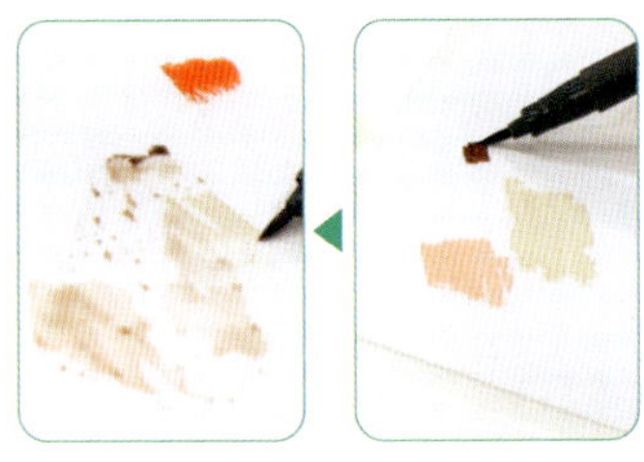

今回は「ステッドラー ピグメントブラッシュペン」で水彩風に色を塗っていく。まず、クリアファイルにインクを乗せて、水で濃度を調整する。クリアファイルのなかに白い紙を挟むと、インクの色が見えやすくなるのでオススメ。インクは比較的、乾くのが早いため芦屋さんは少しずつインクを取り出していた。

芦屋マキ「水筆でインクを取れば、筆先に水分があるので、インクの乾くスピードが少し遅くなる気がします。今回はクリアファイルをパレットの代わりにつかいましたが、つかい捨ての紙パレットのほうが手軽に作業できそうです」

＜完成線画＞

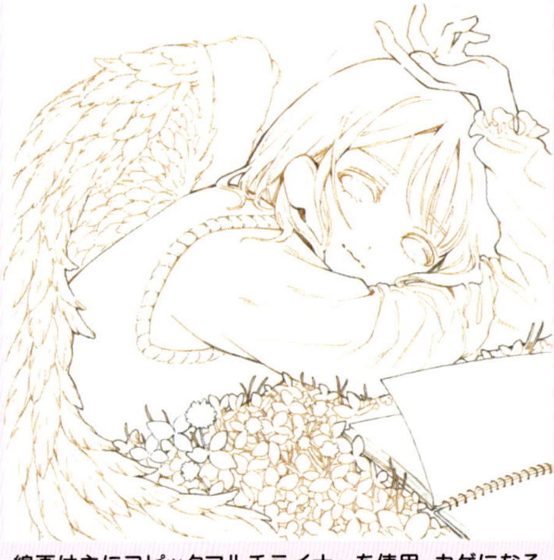

線画は主にコピックマルチライナーを使用。カゲになる場所はところどころステッドラー ピグメントライナー（ブラック）をつかい、黒い線を引くと良い。また、人物のアウトラインは太めに、内側の線を細めに描くのもコツ。立体感や奥行きを表現することができる。さらに、瞳や耳のなか、天使の輪などはシャープペンシルで薄くアタリを取っていた。シロツメクサの葉の模様は色で表現したいため、線画はりんかくのみ描く。

ラフ～線画

ラフ①

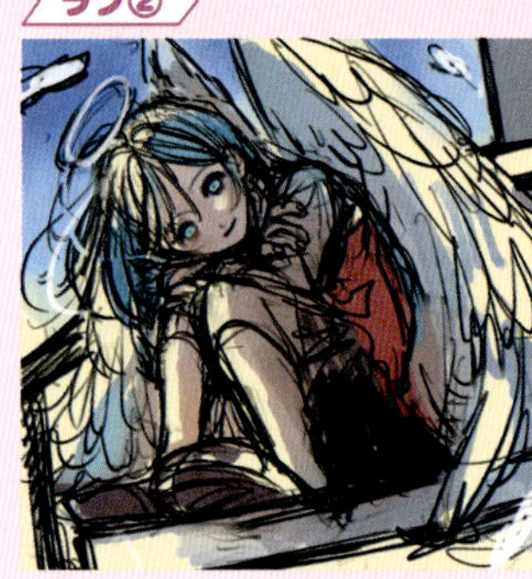

ラフ②

今号の投稿テーマ「天使・悪魔」に合わせて、芦屋マキさんに天使の女の子のラフを2案描いていただいた。ラフ①は、天使の輪に手を添えながら、シロツメクサの上でゆったりとくつろぐ姿が愛おしい。ラフ②は、屋上の階段から微笑む姿が魅力的だ。今回のメイキングでは、天使の子の表情や羽の描写が気になるラフ①を採用。線画はラフ①をベースに描き進めていく。

芦屋マキ「2案とも天使の女の子が、授業をこっそりと抜け出してサボっているイメージで描きました。前にシリアスな天使の子を描いたことがあったので、今回は無邪気で可愛い雰囲気にしました！」

顔を塗る、指先を塗る

使用色…スカーレットレッド（24）、ブラウン（76）、コーラル（420）、サンド（450）／水筆（中筆、細筆、平筆）

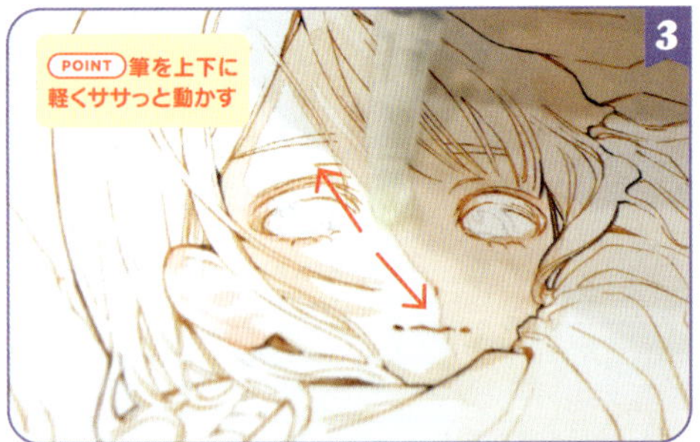

顔に乗せるカゲは人物の印象に大きな影響を与える。芦屋さんは②で乗せた色によってできたムラなどを、たっぷりの水でぼかすことにした。平筆でやさしくなでることで美しい肌に仕上げるのがポイント。また、ピグメントブラッシュペンは乾くと耐水性になるが、色が定着する前であれば若干ではあるが、調整することができる。

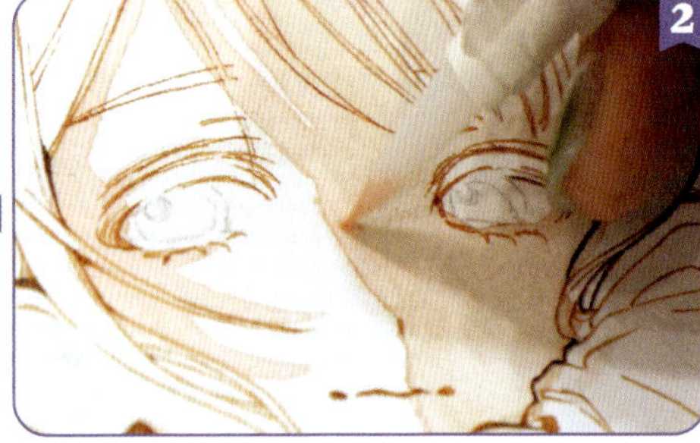

①で乗せた色が乾かないうちに、光とカゲの境目に水筆で薄めたスカーレットレッド（24）を置く。カゲのフチに鮮やかな色を重ねると、塗り残した紙の白さを引き立たせることができる。そうすることで、日光が強く当たる表現に繋がるだけでなく、あたたかな光の演出をすることができる。

芦屋マキ「インクの乾きが早いので素早く塗り進めます」

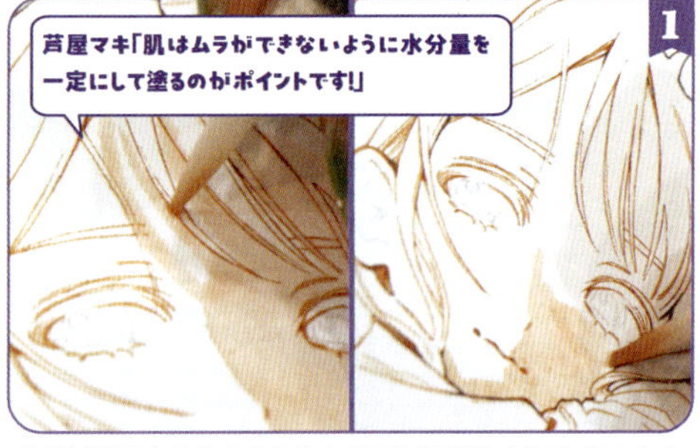

今回は画面左上からあたたかな光が降り注ぐ作品。そのため顔の肌はカゲになる場所のみに塗る。まず、水筆（中筆）で向かって右半分に大きく落ちるカゲを描く。アゴからひたいに向かって塗り広げていく。つかったベージュ色は水分多めに「サンド（450）＋スカーレットレッド（24）＋ブラウン（76）少なめ」を混ぜてつくった。前髪のカゲもベージュ色で描く。

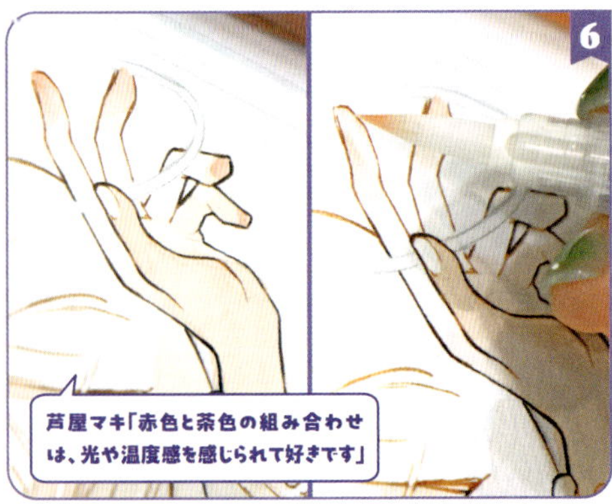

すべての指先にスカーレットレッド（24）を重ねる。光が当たる人差し指と中指には（24）のみを乗せるのがコツ。鮮やかに発色することで、光のあたたかさと指のやわらかさが表現できる。一方で、①でベージュ色を敷いているほかの指は、①で乗せた色に（24）がなじむ。

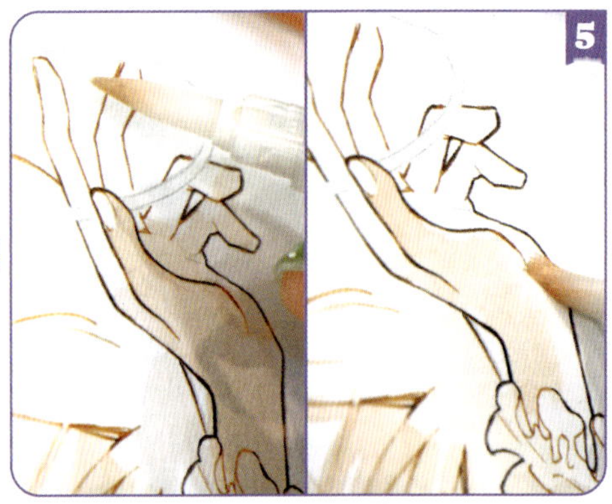

手も顔と同様に、カゲになる場所に①でつくったベージュ色を乗せる。まずは親指の指先から手首に向かって色を塗り広げる。続いて、奥に見える手のひら、小指と薬指にベージュ色を乗せた。光源を意識して立体感に合わせて白抜きすると良い。

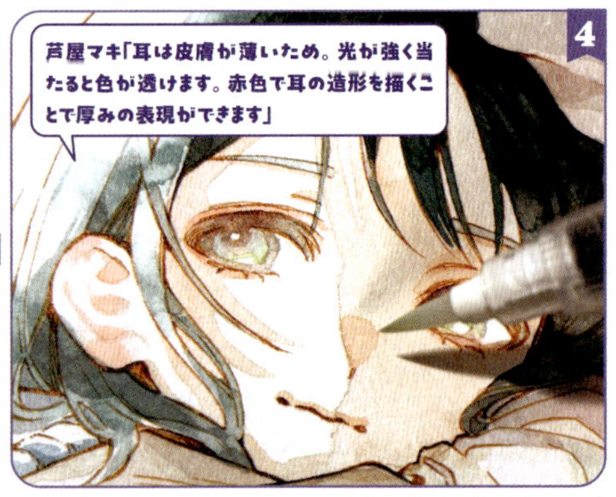

仕上げをおこなう。コーラル（420）を水筆（細筆）で溶いたピンク色をつかい、唇の厚みや鼻のカゲを描く。カゲの部分は、水彩境界のようにフチを残して顔の立体感を表現している。また、濃い色を置く工程のため、作品全体のバランスを確認しながら仕上げている。

※メイキングではステッドラー ウォーターブラシは「水筆」（太筆、中筆、細筆、平筆）と表記

髪を塗る

使用色…ライトブラック(90)、インテンスブラック(99)、アイボリー(107)、ブライトイエロー(110)、ライトサンド(407)、ファーグリーン(539)／水筆(太筆、中筆)

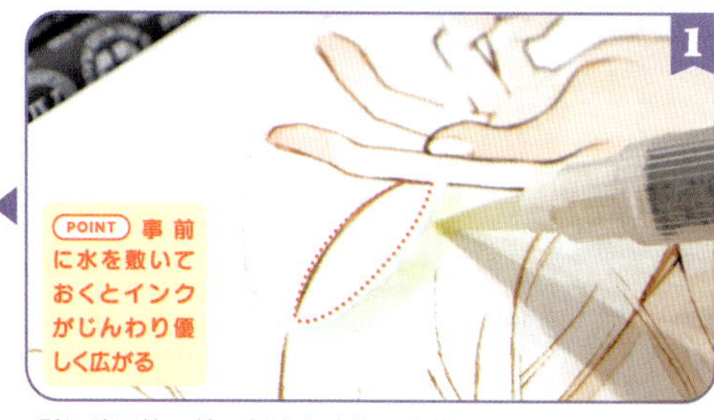
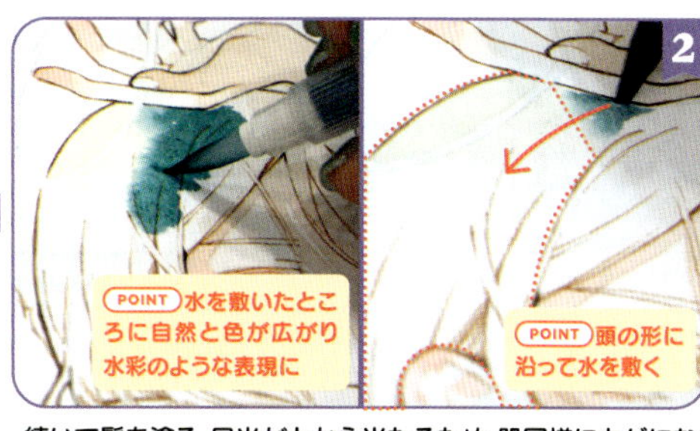
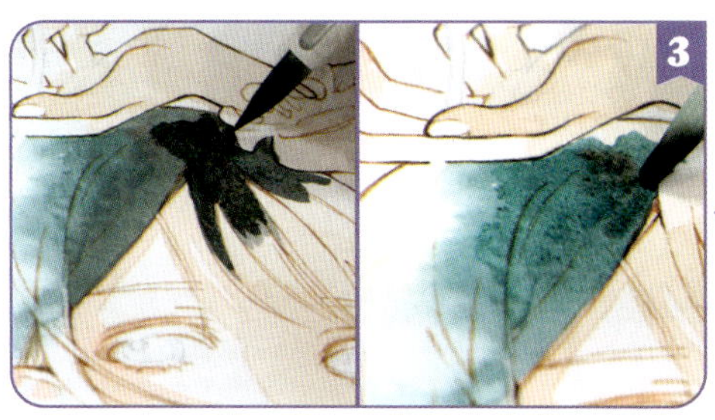

3　②の深い緑色を塗り広げた状態。続いて前髪を塗る。つむじ付近から前髪の毛先へと、濃い緑色を塗り重ねている。色は「ライトブラック(90)＋インテンスブラック(99)」を混色してつくった。①で乗せた色よりも暗いトーンをつかうのがポイント。

2　続いて髪を塗る。日光が上から当たるため、肌同様にカゲになる場所にだけ色を乗せた。まず水筆(中筆)で光が当たる後頭部に水を敷く。髪の色は「ファーグリーン(539)＋ライトブラック(90)＋インテンスブラック(99)」でつくった深い緑色を毛先に向かって塗る。最初は水を敷いていない場所に色を置き、慎重に水を敷いた場所に色を乗せるのがコツ。

1　髪には天使の輪の輝きと人物に降り注ぐ自然光の2種類の光が当たる。はじめに天使の輪の光を淡い黄色で塗る。輪の形に沿って髪に水を敷き、「アイボリー(107)＋ブライトイエロー(110)」を混ぜた淡い黄色を置いた。インクの広がり方はティッシュで、水気を吸い取りながらコントロールすると良い。

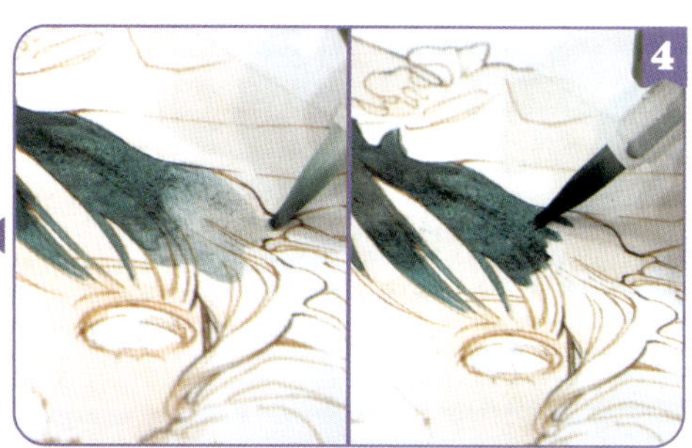
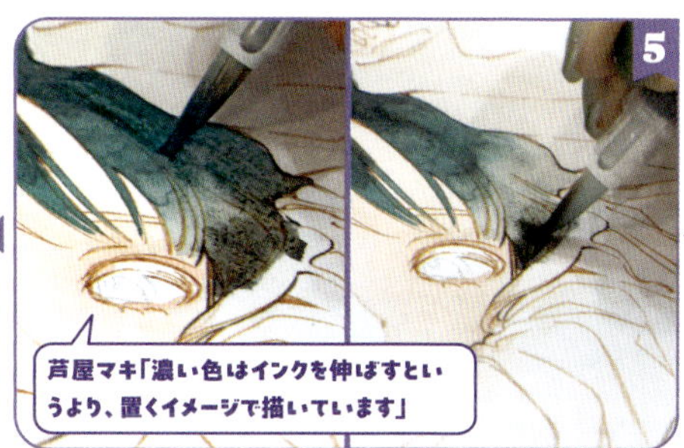
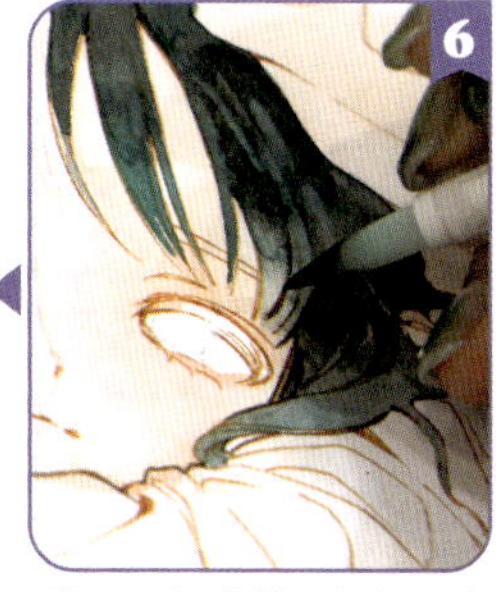
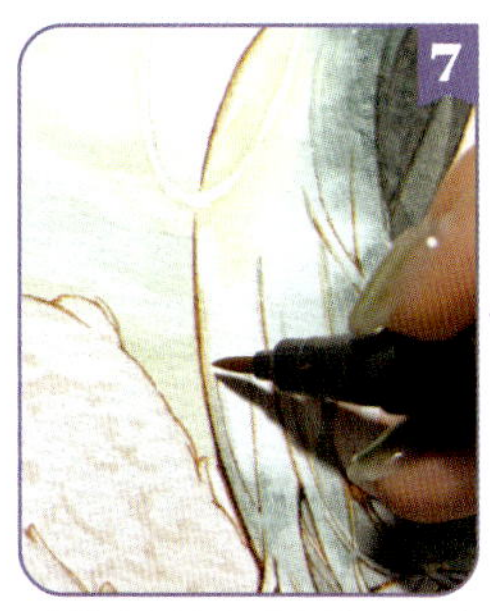

7　自然光が当たる場所のカゲは茶色をつかう。ライトサンド(407)で細やかな髪のカゲを直接ペンで描き込む。

6　③でつくった濃い緑色で毛束を描く。頭の丸みを意識して色を置くのがコツ。メリハリが生まれた。

5　一番濃いカゲが落ちる部分には、こげ茶色を乗せる。こげ茶色は③でつくった濃い緑色にライトブラック(90)を少し加えたもの。次に前髪と後ろ髪の前後感を表現するために、前髪の線に沿ってカゲを描く。腕に乗る毛束にも③を乗せた。

4　左側の毛束は、毛先に向かって茶色を多く乗せると奥行きが演出できる。まず、③と同じ濃い緑色を髪の中腹あたりまで置く。続いて、水筆(太筆)をつかい、髪のうねり部分に向かって水で塗り伸ばす。

瞳を塗る

使用色…ハジーブルー(308)、ライトサンド(407)、コーラル(420)、ライムグリーン(530)、マルーン(729)／水筆(中筆、細筆)

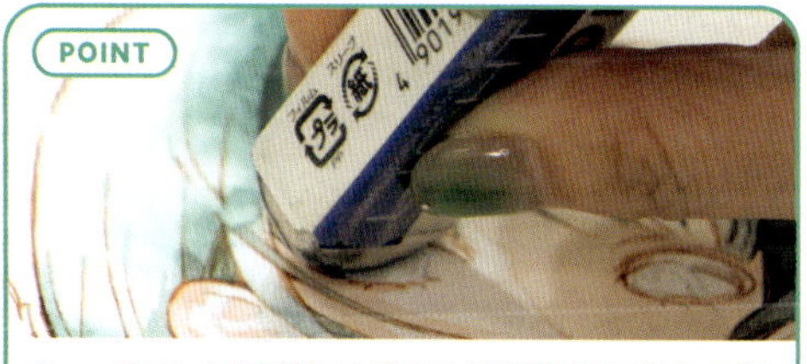

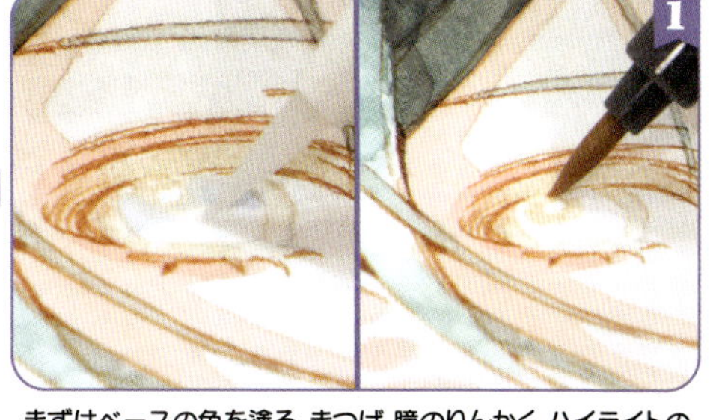
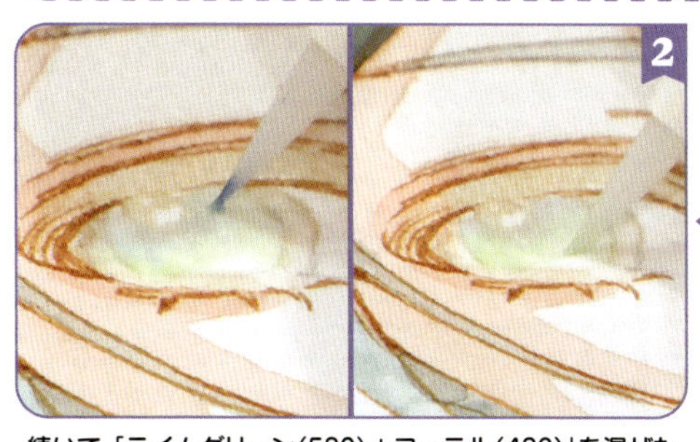

2　続いて、「ライムグリーン(530)＋コーラル(420)」を混ぜた淡い緑色を水筆(中筆)に取る。ハイライトを避けつつ、瞳中部から瞳下部に色を塗る。また、ハイライトのフチには水筆(細筆)で(308)を重ねて、透明感のあるうるんだ瞳にする。

1　まずはベースの色を塗る。まつげ、瞳のりんかく、ハイライトのフチに直接ペンでライトサンド(407)を塗る。インクが乾く前に水筆(中筆)で色をなでて、やわらかなグラデーションにする。また、ハジーブルー(308)を水筆で薄めて、瞳上部を塗る。

シャープペンシルで描いた瞳孔などは着彩前に消す。水彩紙が傷つかないように消しゴムでやさしくトントンと押さえ付けるように色を落とすと良い。
芦屋マキ「アタリの線を残したまま上から色を塗ってしまうと、アタリの線を消せなくなってしまうので、淡い色を乗せるときは事前に消します」

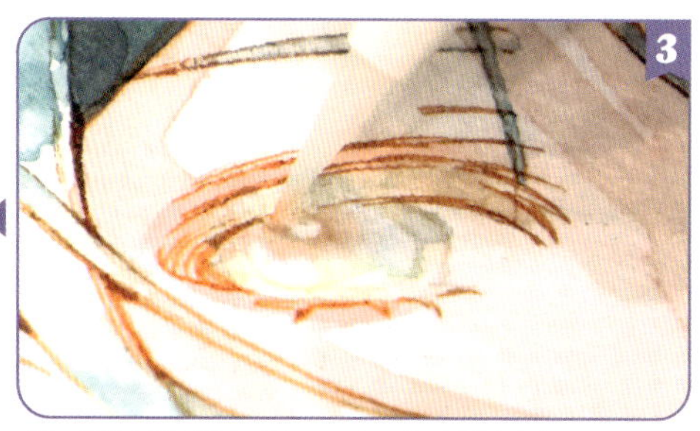
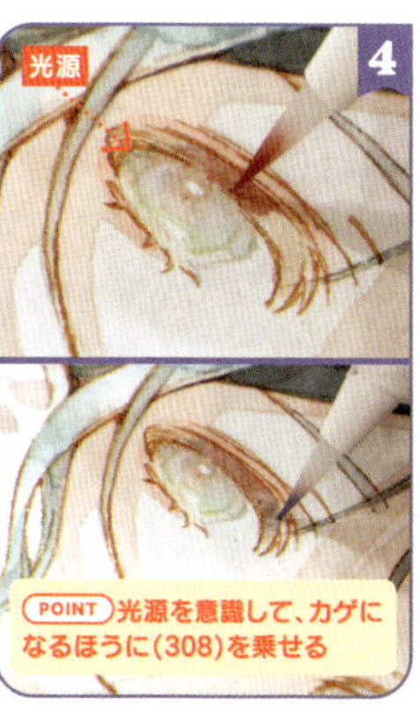

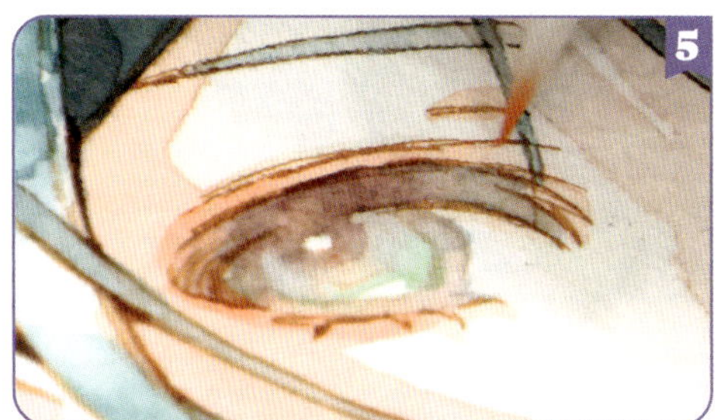

5　最後に、まぶたのくぼみやふたえのラインを描く。水筆(細筆)でコーラル(420)を薄めた淡いピンク色を塗る。ほんのり血色をプラスする色合いでカゲを描くことで、可愛らしい印象に仕上げる。

4　まつげを塗る。まず中央部にはマルーン(729)を水筆(細筆)で濃く乗せる。次に(729)となじませながら、水筆で溶かしたハジーブルー(308)を目頭側に向けて塗り広げる。反対側のまつげは目尻に向かって(308)を塗っていた。まつげを濃く塗ることで瞳とのコントラストを生み出し、目力をアップさせる。そうすることで、澄んだ眼差しにもなる。

3　瞳の印象を強めるために、ハイライトを引き立たせる。「ライムグリーン(530)＋コーラル(420)多め」でオレンジ色をつくり、水筆(細筆)でハイライトを囲うように色を乗せる。ベースに敷いた水色とオレンジ色が重なると深みも増した。

イラストメイキング

制服を塗る・シャツ　使用色…スカーレットレッド(24)、ブラウン(76)、ダスティローズ(207)、ハジーブルー(308)、サンド(450)、ダークオリーブ(579)、マルーン(729)／水筆(太筆、中筆、細筆)

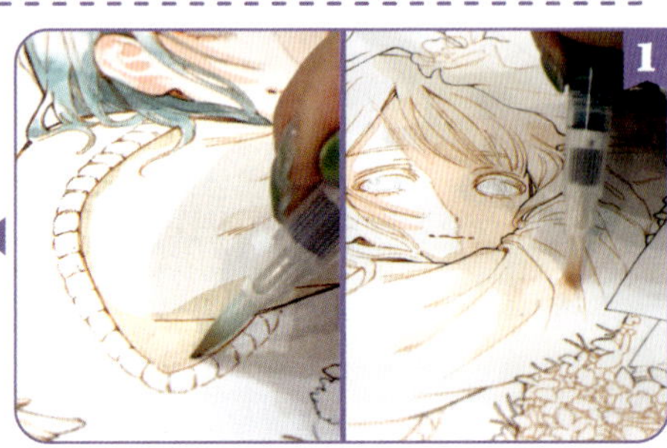
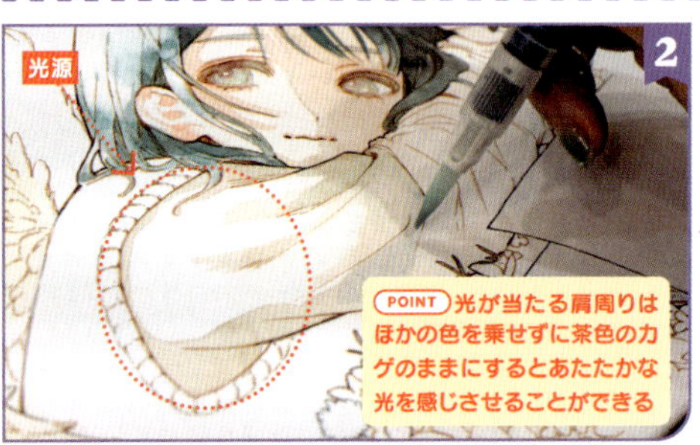
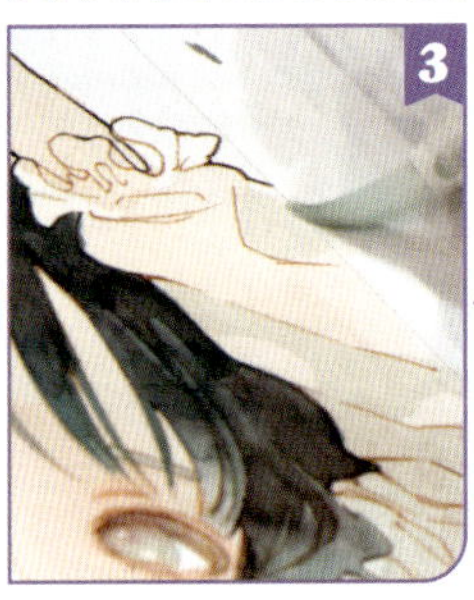
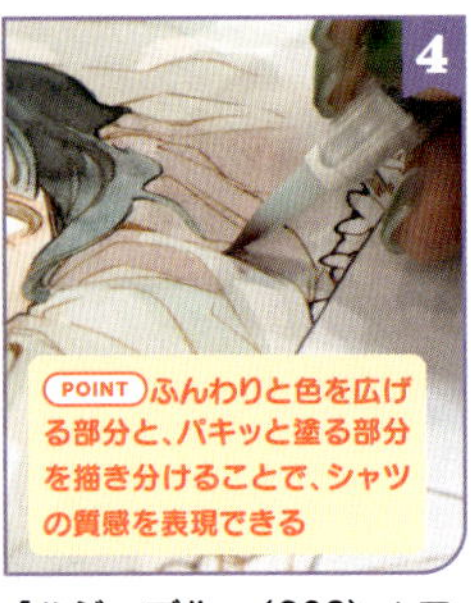

POINT ふんわりと色を広げる部分と、パキッと塗る部分を描き分けることで、シャツの質感を表現できる

POINT 光が当たる肩周りはほかの色を乗せずに茶色のカゲのままにするとあたたかな光を感じさせることができる

「ハジーブルー(308)＋マルーン(729)」を混ぜてくすんだ紫色をつくる。その色で、一番暗いカゲを塗る。

ひじから手首にかけては「ハジーブルー(308)＋ダスティローズ(207)」を混ぜてつくった、青みがかった灰色でシワを描く。

①で乗せたカゲの上に緑色や水色を重ねて絵になじませる。まず、「ダークオリーブ(579)＋ハジーブルー(308)」を混ぜ、ベージュがかった淡い緑色をつくる。それを腕から肘あたりのシャツのカゲに塗り重ねる。また、二の腕あたりのカゲは、(308)を乗せた。

シャツの白色のカゲを塗っていく。まずは下塗り。「肌を塗る」工程①と同じベージュ色「サンド(450)＋スカーレットレッド(24)＋ブラウン(76)少なめ」を水筆(太筆)に取り、シャツのシワ部分に色を乗せる。また、ベストから落ちるカゲはダスティローズ(207)をつかった。

制服を塗る・ベスト　使用色…ティール(355)、ライトサンド(407)、マルーン(729)／水筆(太筆、中筆)

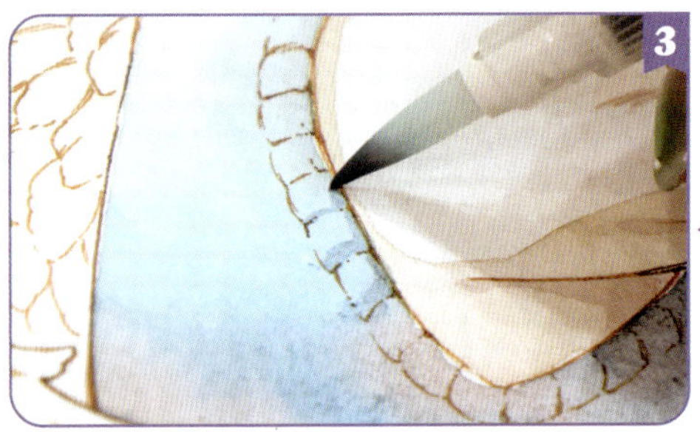
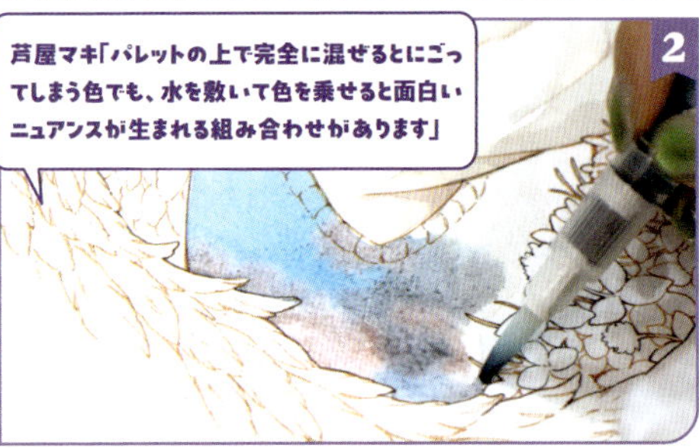
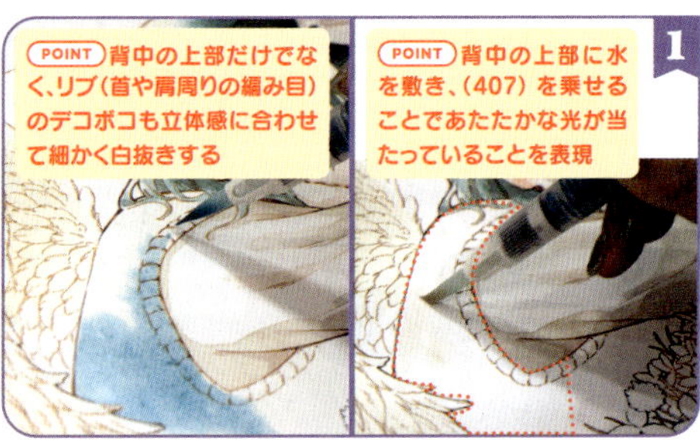

芦屋マキ「パレットの上で完全に混ぜるとにごってしまう色でも、水を敷いて色を乗せると面白いニュアンスが生まれる組み合わせがあります」

POINT 背中の上部だけでなく、リブ(首や肩周りの編み目)のデコボコも立体感に合わせて細かく白抜きする

POINT 背中の上部に水を敷き、(407)を乗せることであたたかな光が当たっていることを表現

色が乾いたら仕上げに、ベストのリブに沿って丸みのあるカゲを塗る。ティール(355)を水筆(太筆)で溶かし、明るい淡い水色をつくる。デコボコの形に合わせて、明るい淡い水色で丁寧にカゲを描き、厚みを出す。

「ティール(355)＋マルーン(729)」を混ぜ、水分を多く含ませた水筆で取り、わきの下あたりから胸の方に向かって塗り広げる。ティール(355)とマルーン(729)が、分離して独特なタッチが生まれている。

「髪を塗る」工程②と同じように、まず光が当たる部分に水を敷く。上からライトサンド(407)を淡く乗せてなじませる。これが下塗り。続いて、青色「ティール(355)＋マルーン(729)少なめ」を、上部に向かってにじませながら塗り広げる。

天使の羽を塗る　使用色…ダスティローズ(207)、ハジーブルー(308)、ライトサンド(407)、ブライトイエロー(110)／水筆(太筆、中筆、細筆)

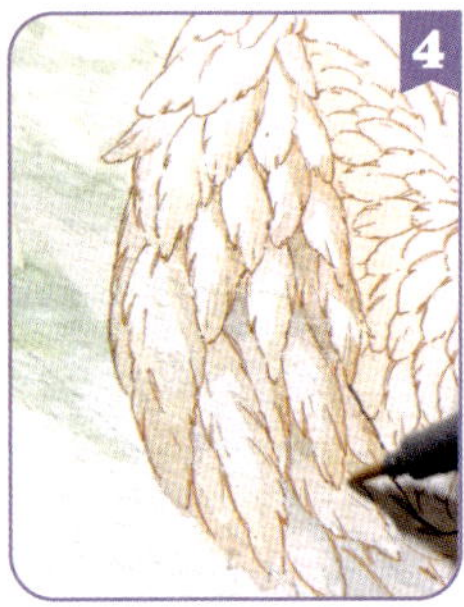
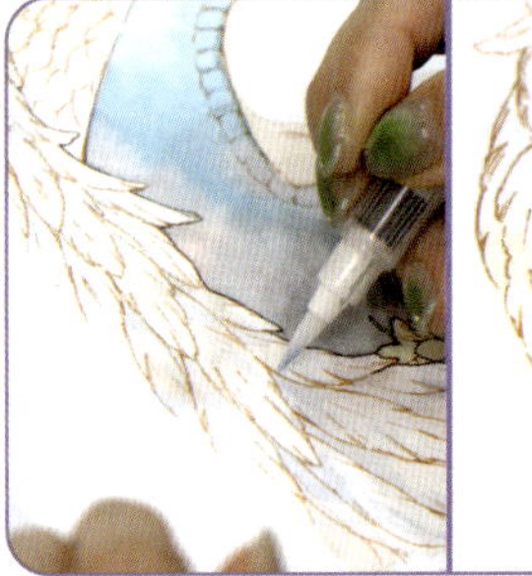
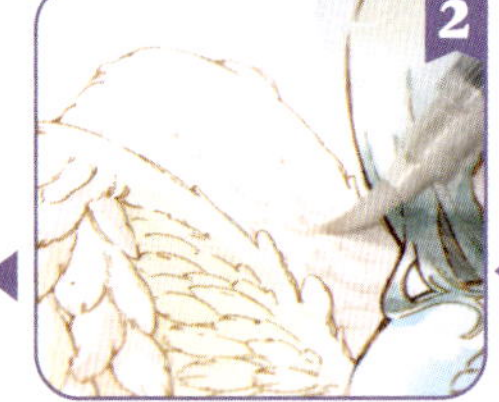
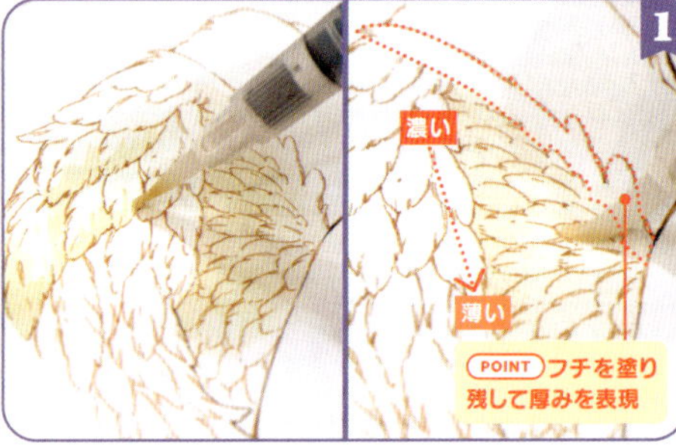

POINT フチを塗り残して厚みを表現

仕上げにライトサンド(407)のペンで直接、羽の毛並みを描き込む。さらにカゲに色を加えることで奥行きを出す。

続いて、羽のカゲを1枚ずつ描いていく。まずあたたかな光を浴びる羽の上部は、「ダスティローズ(207)＋ハジーブルー(308)」を混ぜてつくった、淡い焦茶色でカゲを表現する。羽の中腹から下部のカゲは、日光が当たらないためハジーブルー(308)だけをつかい、羽の造形に沿って塗る。

奥の羽は線画を描かずに塗りで表現するのがポイント。上部にいくほど線ではなく点を打つように羽を描くことで、ふわふわな質感が出せる。ダスティローズ(207)をつかった。続いて羽の付け根にも色を塗り広げる。

「ライトサンド(407)＋ブライトイエロー(110)少なめ」を混ぜて淡い黄色をつくり、羽の内側に色を塗り広げる。グラデーションにすることで、奥行きを出す。また、手前にくる羽は形に沿って一枚ずつカゲを描くことで厚みを表現できる。羽の中腹あたりから下部は淡い黄色を薄くベタ塗りした。

シロツメクサの上でくつろぐ、あたたかな光に包まれた天使の女の子が完成！　芦屋さんは主に「ステッドラー　ピグメントブラッシュペン」のインクを水筆で溶かして水彩風のタッチで作品を描いていました。偶然に生まれるにじみを活かしながら塗り進めるのもおもしろさのひとつです。また、常に光源を意識しながら淡い色を何層にも重ねることで、彩度やコントラストを丁寧に整え、あたたかな光を表現していました。みなさんもぜひ「ステッドラー　ピグメントブラッシュペン」でイラストを描いてみてくださいね。

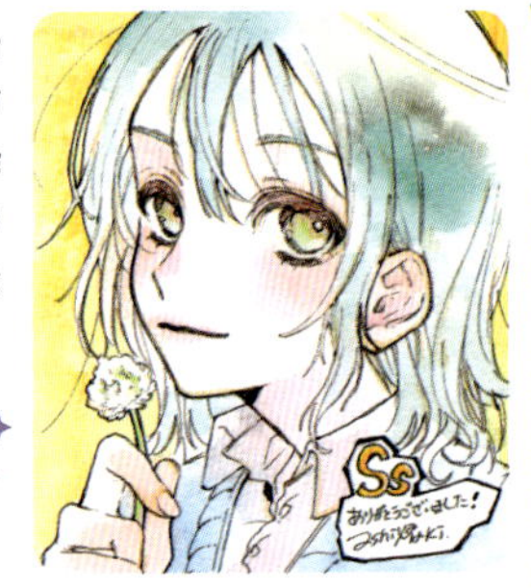

「ステッドラー　ピグメントブラッシュペン」をつかった感想

芦屋マキ「水に溶かすと透明感が出るハジーブルー(308)がお気に入りカラーです。「ステッドラー　ピグメントブラッシュペン」は乾くと耐水性になるので、濃い色の上から薄い色を重ねても色がにごらないですし、濃い色同士であれば、順番をあまり気にせずに塗り進められるところも良いなと思いました。また、重ね塗りでの修正もしやすく、乾くスピードをコントロールすれば、グラデーションや混色なども楽しめて、表現の幅の広さを感じました！」

「#ちっちゃいコピックコンテスト」連動企画

the making of コピック

今回は、コピックの公式Xにて開催されているイラストコンテスト「#ちっちゃいコピックコンテスト」と連動したメイキングをお届けします。本コンテストは指定のコピック製品に作画をし、ハッシュタグをつけてXに投稿するだけ！ 気軽に簡単にイラストコンテストに参加することができます。このページでは、高校生の投稿者である「めーたん」に「コピックチャオ ステップアップ36色セット」をメインにつかっていただき、コピック色紙にイラストを描き下ろしていただいた様子を紹介します。みなさんもぜひ、めーたんの記事を見てイラストコンテストに参加してみませんか？

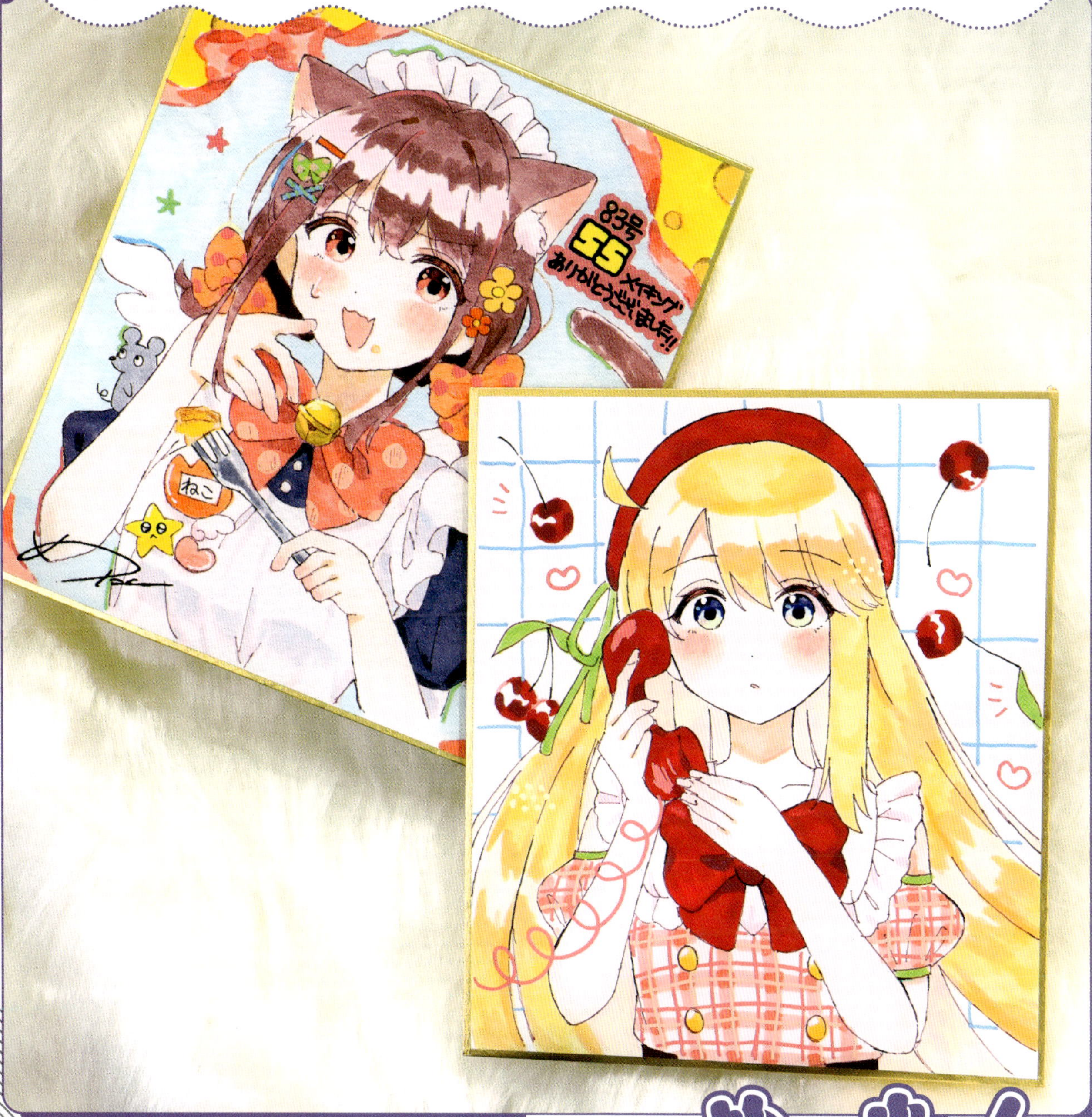

サイン色紙プレゼント

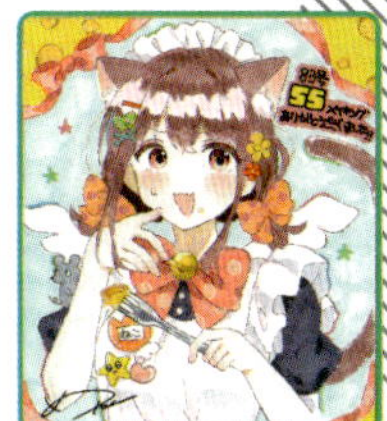

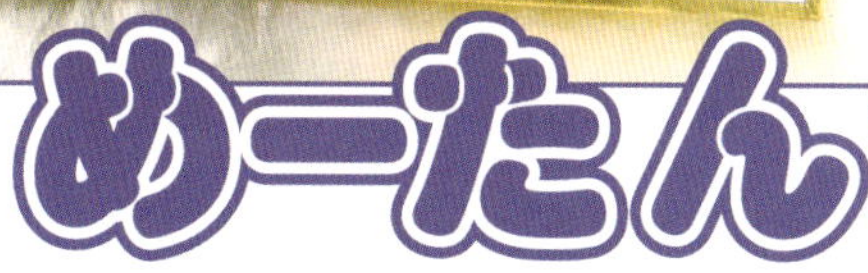

画材	コピックチャオ ステップアップ36色セット／コピック スケッチ（E0000, R0000）／コピック アクレア／色鉛筆／シャープペンシル
用紙	コピック色紙（Sサイズ）

X @meeendaco

めーたん!

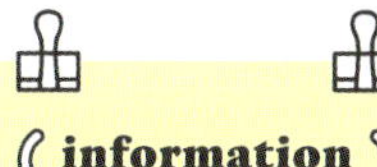

《 information 》

発売元
株式会社トゥーマーカープロダクツ
https://copic.jp

※価格は税込表示です

check!

応募方法や応募作品は
公式Xをチェック！

こちらをチェック！
X @COPIC_Official

開催スケジュール・募集テーマ

作品受付期間
2025年
9月10日（水）
〜11月30日
（日）
作品テーマ・秋

※応募期間は延長される可能性がございますあらかじめご了承ください。

コンテスト開催のおしらせ

「#ちっちゃいコピックコンテスト」イラストコンテスト

キャンペーン対象製品

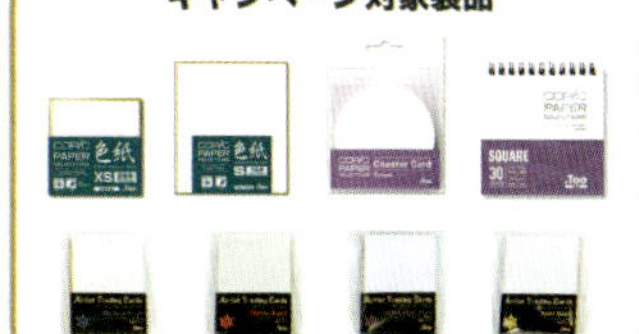

【キャンペーン対象製品】
・コピック色紙（XSサイズ、Sサイズ）
・コピックコースターカード
・コピックスケッチブック スクエアサイズ
・アーティストトレーディングカード（ATC）（ケントボード、ワトソンボード、マーメイドボード、カスタムペーパーボード）

応募条件

参加料・無料。指定のコピック製品に作画いただき、作品の画像をハッシュタグ「#ちっちゃいコピックコンテスト」をつけてXに投稿してください。

入選人数は20名！ 2025年12月中にコピック公式サイト内にて結果を発表いたします。詳しくはコピックの公式Xをチェック！

下絵を描く

使用画材…シャープペンシル

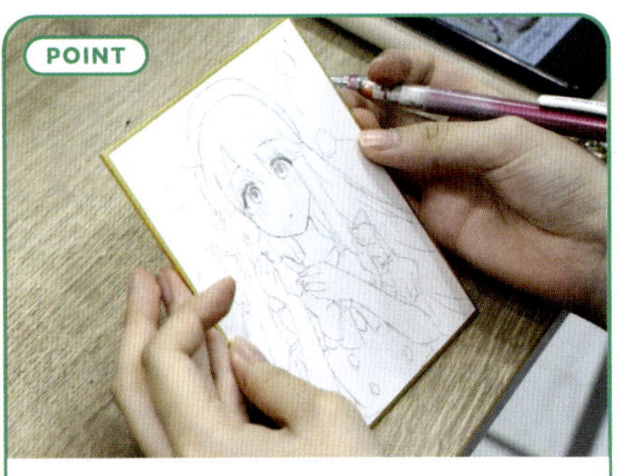

POINT

下絵を描くときは、ときどき紙を立てて絵を引きで見ると良い。めーたんは着彩段階でも定期的に正面から絵を見ていた。そうすることで、描いている女の子の目線が見る人と合うかを確認していた。

下絵完成

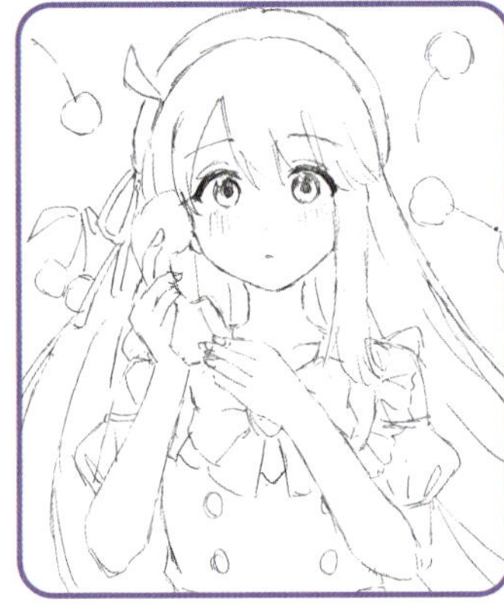

下絵の完成。めーたんは何度も瞳の形や瞳孔の位置を確認していた。

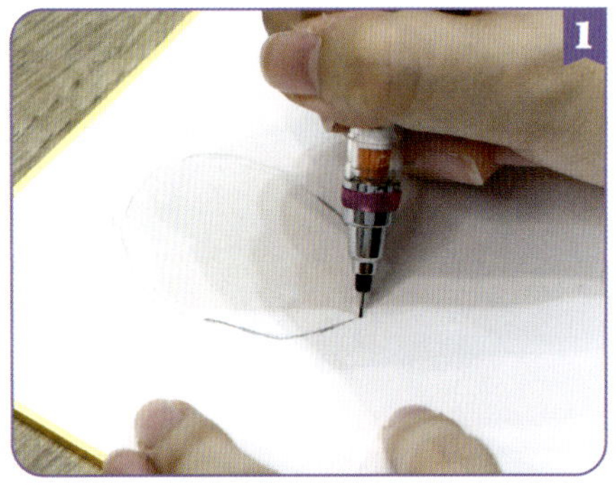

下絵はクルトガのシャープペンシル(0.5/2B)をつかって描く。スマホに表示したラフを見ながら、まずは頭のアタリを軽く取る。続いて、りんかく線を描いていく。
めーたん「普段は筆圧が強いので、意識的に軽いタッチで下絵を描くようにしています」

顔、髪、体はアタリをとらずにそのまま描いていく。短いストロークで線を引いていた。

ラフ①

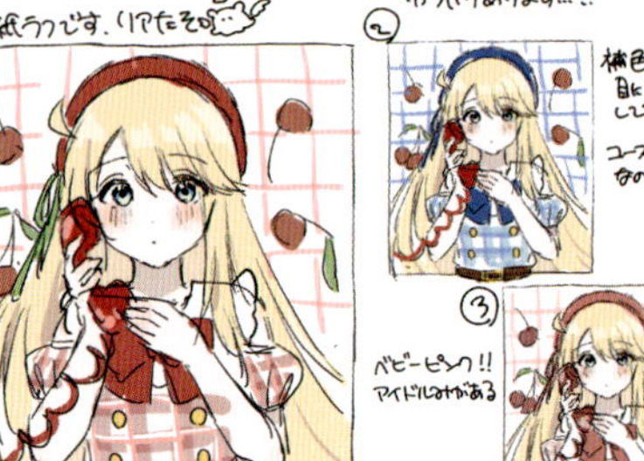

ラフ②

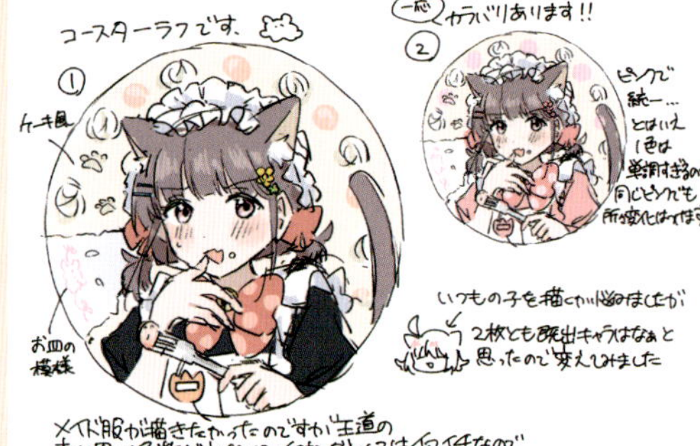

ラフは液晶タブレットをつかい、2種類描いてくれた。ラフ①は色紙の形をイメージして描いたもの。ラフ②はコピックコースターカードの丸い形を活かした構図で考えられているのがわかる。どちらも胸元の赤いリボンが印象的。

線画を描く

使用色…コピックマルチライナー(ブラック、ワイン)／色鉛筆(色辞典・チェリー/CHERRY RED)

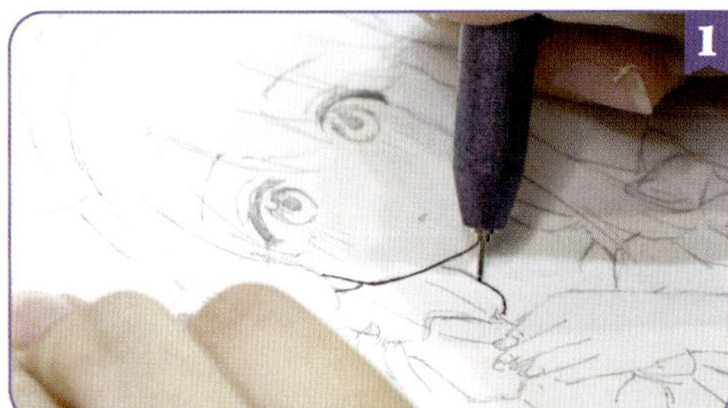

下絵の上からコピックマルチライナーで線画を描く。主にワイン(0.05mm)をつかった。

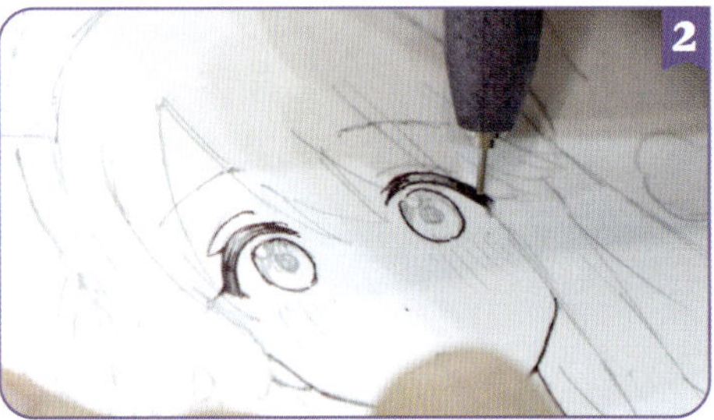

瞳はりんかく線のみを描く。まつげは中央部の線を描かないことで軽やかな印象に。塗りだけで表現して透明感を出す。

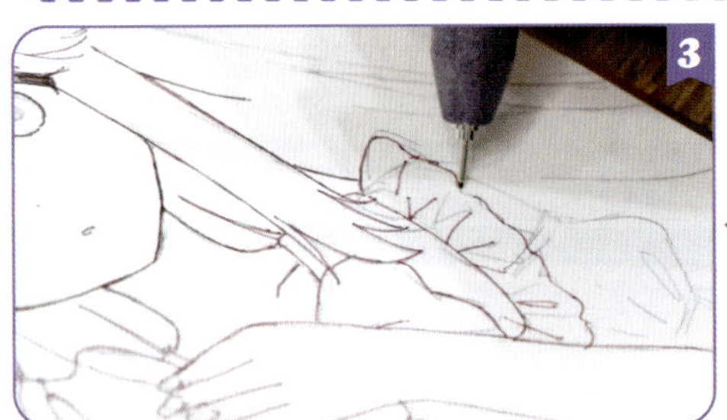

洋服なども無理のないストロークで線を引いていく。
めーたん「最近は3次元のアイドルも好きです。=LOVEの衣装からもインスピレーションを受けています」

線画完成

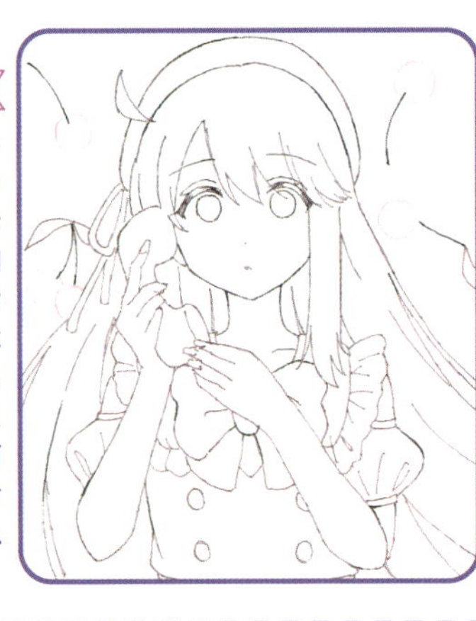

めーたん「今回はレトロな雰囲気のファッションにしました。お洋服のブランドを調べるのが好きで、背景のさくらんぼはgelato piqueから発売されていたチェリー柄のポーチが可愛くて自分でも描きたいと思って取り入れてみました」

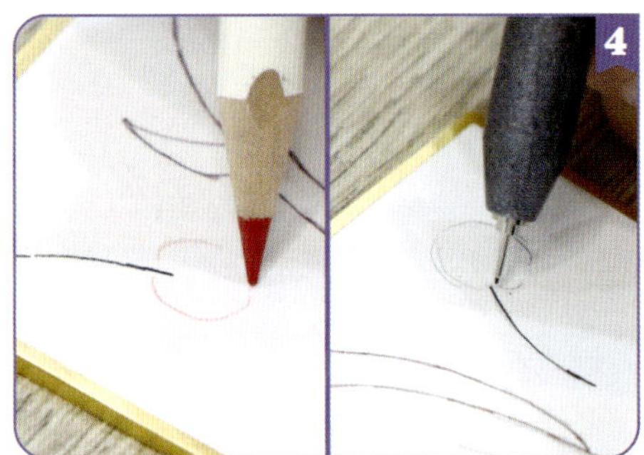

背景のさくらんぼのくき部分は、コピックマルチライナーのブラック(0.05mm)で描く。さくらんぼの実の部分は下絵を消したあとに、赤色の色鉛筆(色辞典・チェリー/CHERRY RED)で表現した。

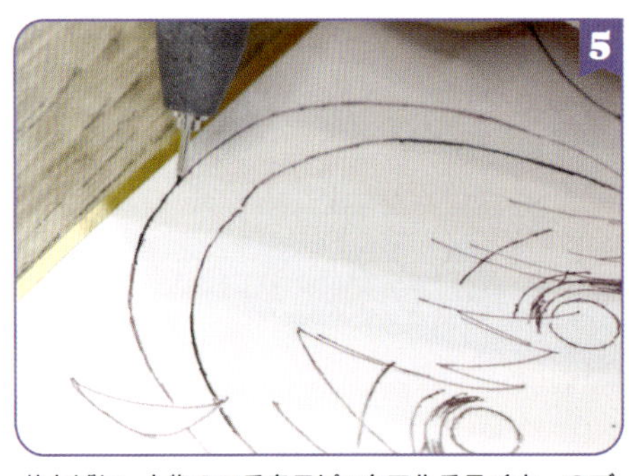

仕上げに、人物のフチをコピックマルチライナーのブラックでところどころなぞる。色を締めたい場所や腕が重なるところ、カゲになるような場所を部分的になぞると良い。

使用色…コピックスケッチ（R0000、E0000）／コピックチャオ（R20、E000、E21、V000）　　肌を塗る

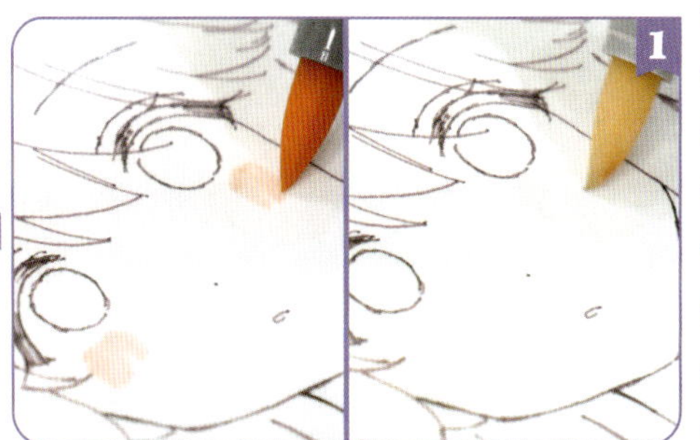 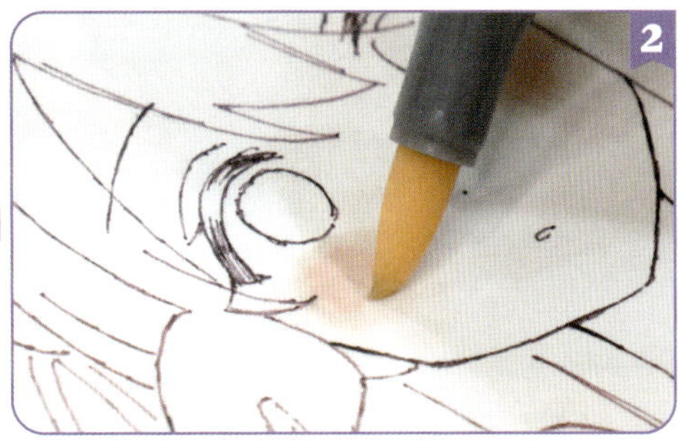 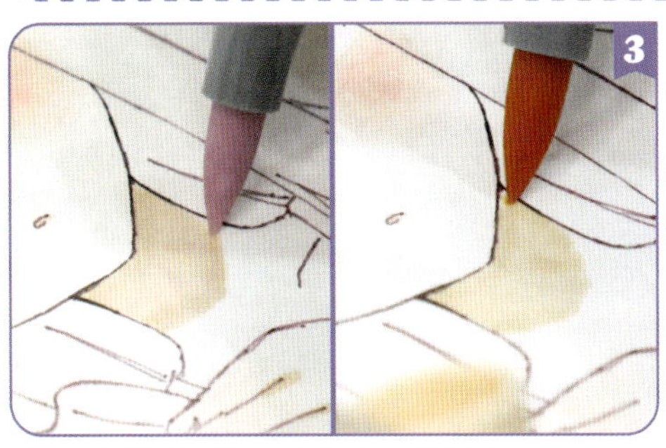

1
肌は赤みから乗せていくのがめーたん流の描き方。まず、コピックスケッチのR0000で頬に色を置く。縦に線を引くように乗せるのがポイント。続いて、頬の一番高い位置に、少量のR20を重ねた。

2
①で乗せたR20をE000でぼかす。少し強めにニブを押し当てながらインクを溶かすように色を重ねるのがコツ。塗った直後だとわかりにくいが、色が乾くと綺麗にR20がにじんでベースに乗せたR0000となじむ。

3
首のカゲはE21を塗り、上からV000を重ねる。
めーたん「E21だけでは黄色が強いので、V000で赤みをたします。色を重ねるとフチができて水彩境界のような効果が生まれます」

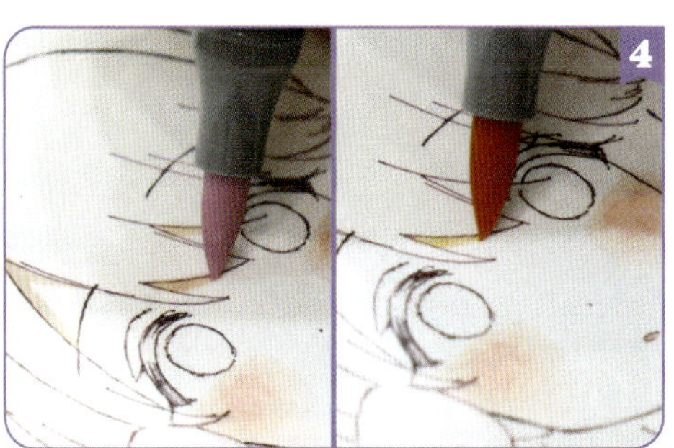 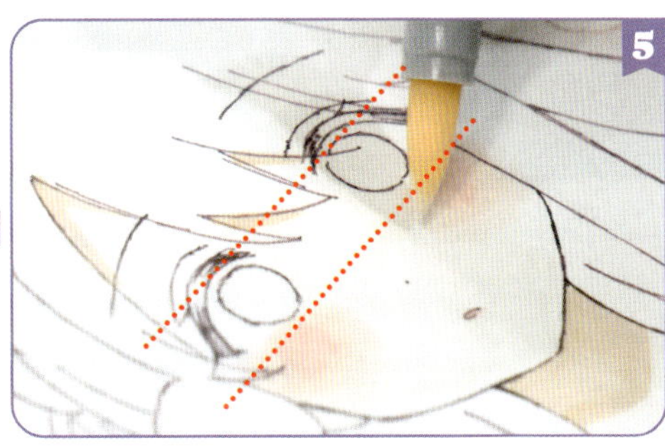 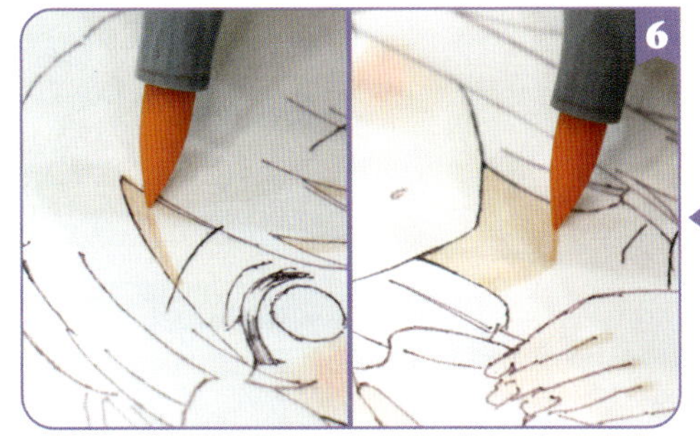

4
前髪によって落ちるカゲも、首のカゲと同様の手順でE21とV000で塗る。まずE21で生えぎわ付近から毛先に向かってカゲを描く。上からV000を重ねてなじませる。

5
コピックスケッチのE0000を肌全体に塗る。目の下からあご、ひたい、顔の中央で、塗る面積を分けながら着彩すると良い。このとき縦にニブを動かす。なめらかな肌になった。

6
最後に肌のカゲのフチをR20でなぞる。水彩境界のような効果を演出すると同時に、濃い色をフチに乗せることでメリハリのある作品に仕上げていた。

使用色…コピックチャオ（Y000、BG000、V000、B29、V09、BV02、R22、R20）／コピックマルチライナー（ブラック、ワイン）／コピックアクレア（スノーホワイト）　　瞳を塗る

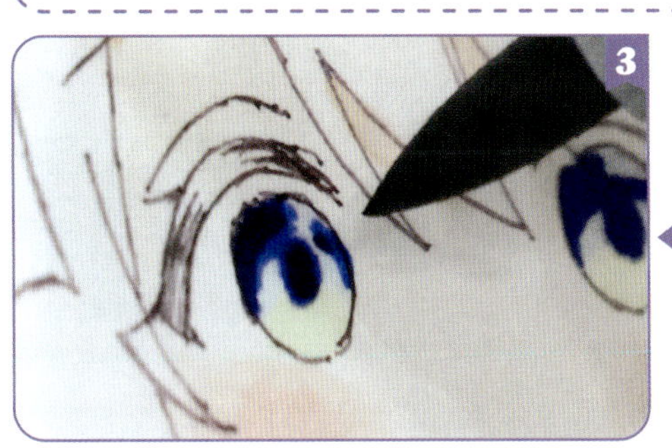 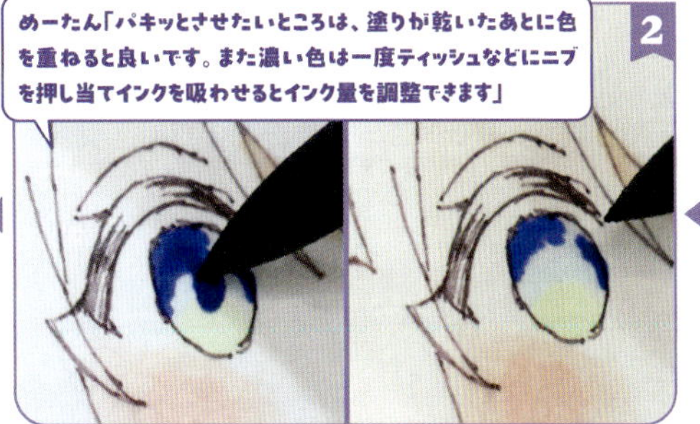 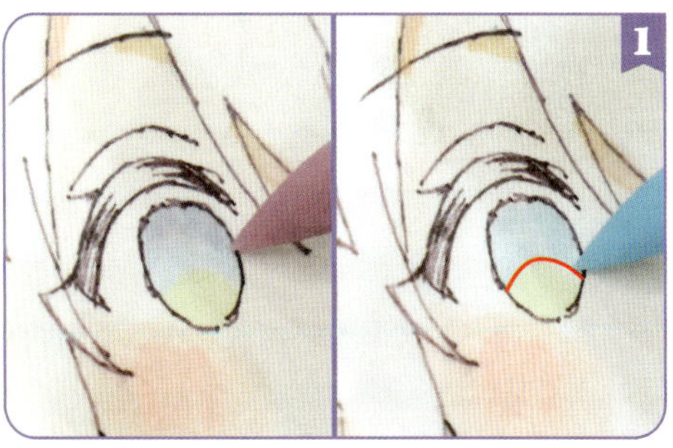

1
まずは下塗りをする。瞳下部にY000をアーチ状に乗せた。塗り残していた場所にはBG000をベタ塗り。最後に瞳の上の方（1/3程度）にV000を重ねれば下塗りの完成。

2
めーたん「パキッとさせたいところは、塗りが乾いたあとに色を重ねると良いです。また濃い色は一度ティッシュなどにニブを押し当てインクを吸わせるとインク量を調整できます」

B29で瞳孔を描く。まずは線画のフチにそって瞳上部に色を塗る。このとき、向かって右上はわずかに隙間をあけて、塗り残すのがポイント。続いて丸い瞳孔を描く。

3
②で塗った上にV09を塗り重ねる。
めーたん「B29だけだと彩度が高いけれど、V09を重ねることで深みが加わり、黒色のように見せることができます」

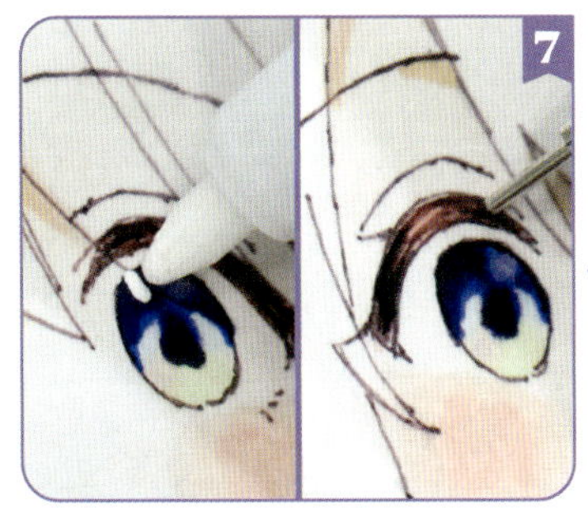 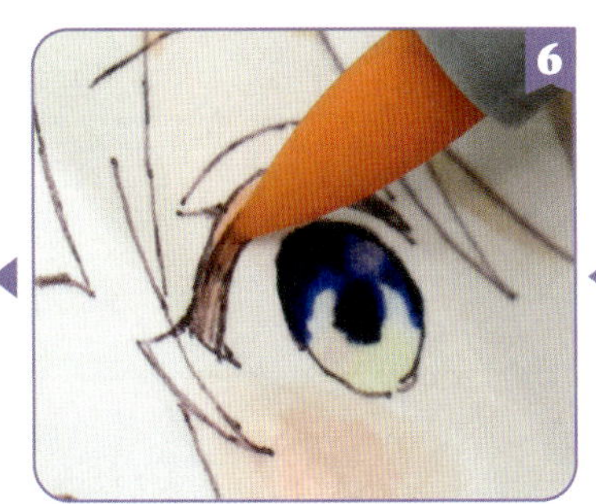 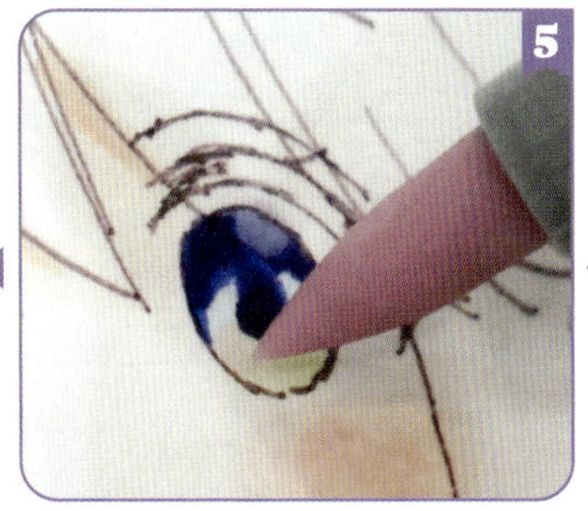 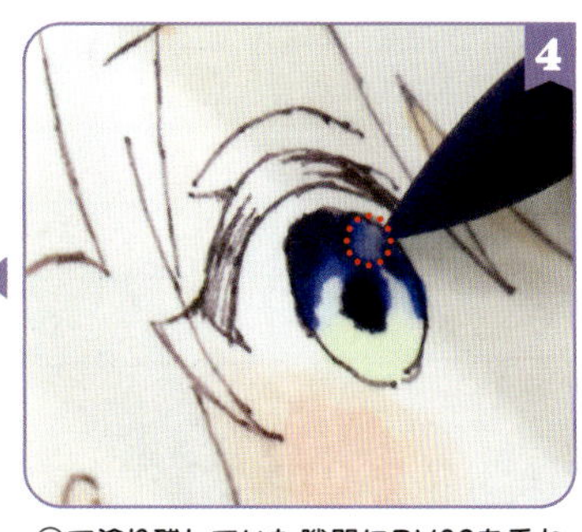

4
②で塗り残していた隙間にBV02を重ねる。点を打つように置くことで色を乗せながらも、下に敷いていたインクで溶かして色を抜いた。

5
向かって左下にピンク色をたす。点を打つようにV000を乗せた。瞳に黄色、青色、赤色が入ることによって、カラフルな印象になった。

6
コピックマルチライナーのブラックで瞳のフチをなぞり直して形を整えた状態。まつげは中央部にR22を乗せたら、R20で目頭と目尻に向かって塗り伸ばす。

7
コピックマルチライナーのワインでまつげの中央部に線を加える。目頭と目尻はブラックで線の密度を高めた。コピックアクレアのスノーホワイトでハイライトを打てば瞳の完成。

お洋服を塗る

使用色…コピックチャオ(R29、BV02、V000、RV000、R20、R22、E29、Y21、Y35)／コピックアクレア(スノーホワイト、コーラルピンク、カスタードベージュ)

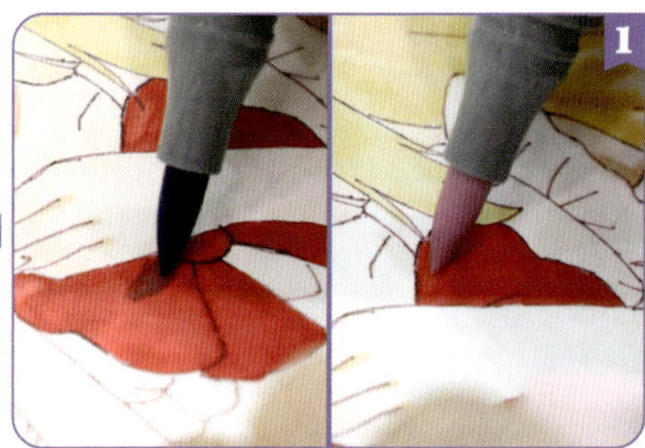 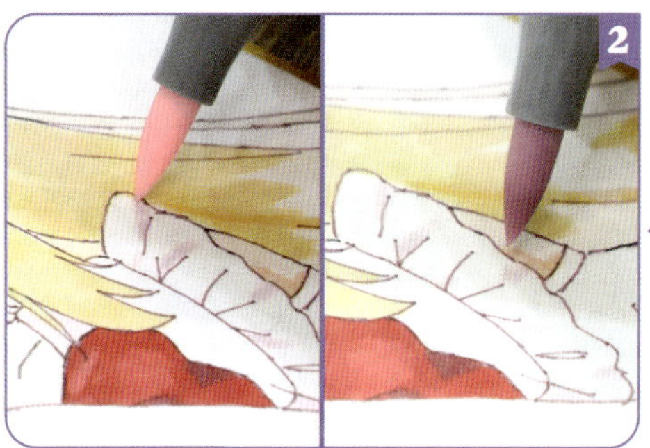 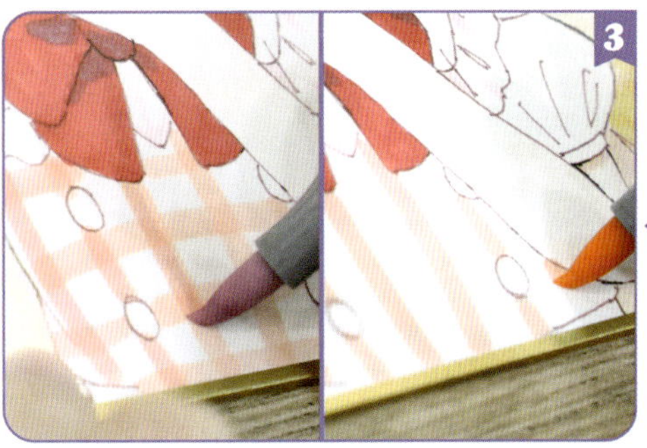

今回のお洋服はチェック柄。まずR20でストライプを描く。続いて横のラインも同じR20で引いていく。上からV000を重ねて深みを与えつつ、作品に統一感を出した。

フリルのカゲを描く。線画で描いた形をもとに、主にV000を乗せる。続いて、V000の上からRV000を重ねた。色をぼかしてなじませるように塗るのがポイント。

胸元のリボン、ベレー帽、電話はすべてR29をベタ塗りする。リボンのカゲはV000を重ねてR29のインクを溶かし、水彩風に仕上げる。一番濃いカゲはBV02を重ねて表現。

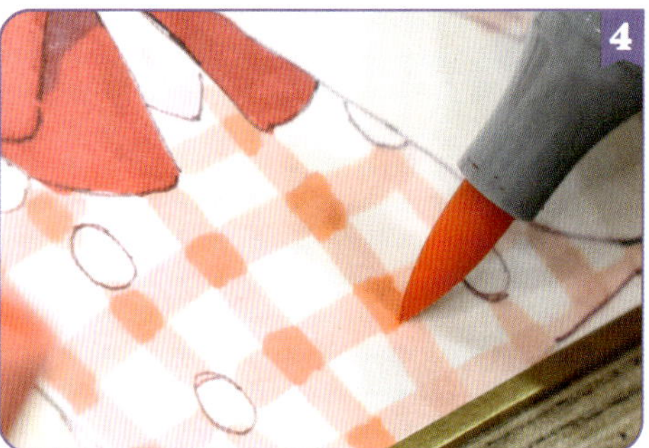 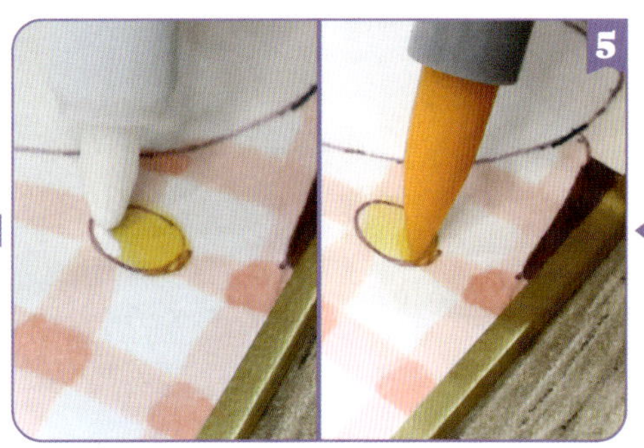 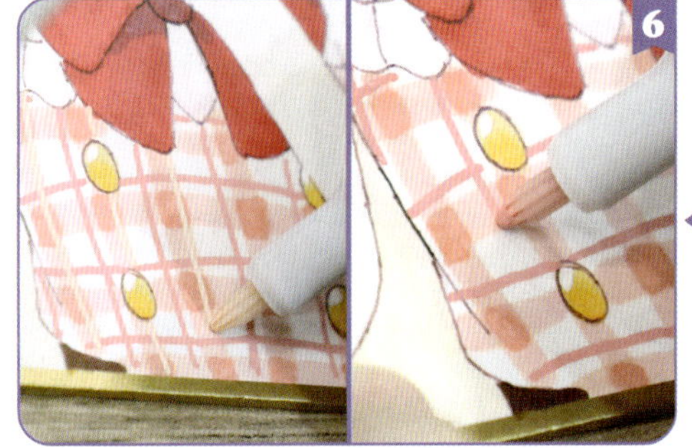

コピックアクレアでチェック柄を加筆する。カスタードベージュとコーラルピンクの2色をつかった。この2色は絵になじみやすい優しい色味のため取り入れやすいそう。

腰のベルトをE29でベタ塗りした状態。金色のボタンはY21を乗せた上から、Y35でカゲを加えれば完成。仕上げにコピックアクレアのスノーホワイトでハイライトを描く。

縦と横の線が重なる場所にR22を塗る。四角い形を引き立たせることで、チェックらしさがアップ。R22の上から再びV000を四角い形に重ねて絵になじませる。

完成

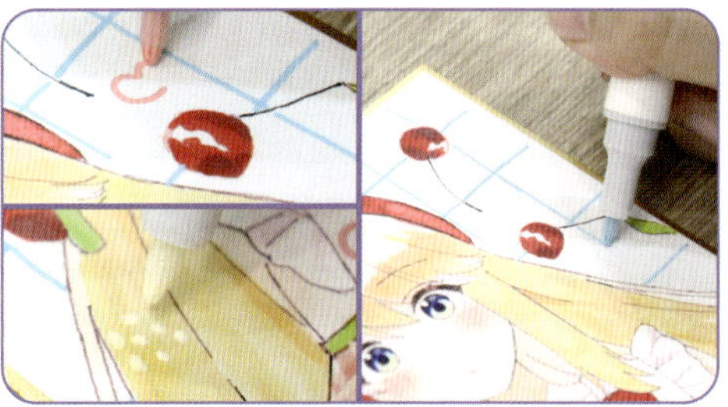

赤いベレー帽をかぶり、赤電話を手にしたレトロ感あるキュートな女の子の完成！　めーたんはカゲの部分にV000を取り入れることによって、作品に統一感を与えながらも見た瞬間に「ピンク色の絵」になるように仕上げていたのが印象的です。そうすることで、女の子の体温やぬくもりが伝わってくるイラストに仕上げていました。また、瞳の青色が差し色として映えている配色も素晴らしいです。さらに、コピックアクレアで表現していたチェック柄や格子柄などはフリーハンドで描くことで、手描きらしさだけでなく、見る人に楽しい印象を与えています。みなさんもぜひ、「#ちっちゃいコピックコンテスト」に参加してみてくださいね！

さくらんぼを塗る

使用色…コピックチャオ(R29、YG03、BV02)

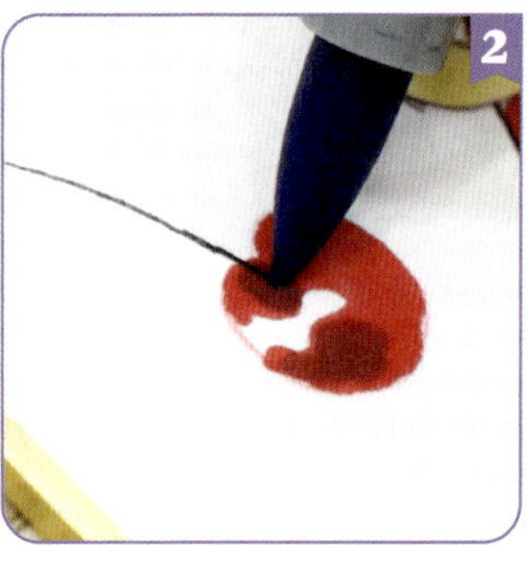 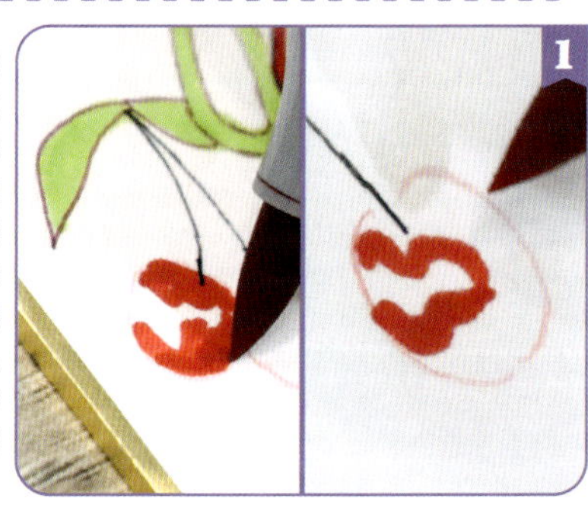

カゲ部分にはBV02を乗せる。ハイライトのフチを囲うように色を重ねたり、くきの付け根などに色を置く。

ツヤを塗り残しながらさくらんぼの実をR29でベタ塗りする。塗り残すツヤを囲ってからベタ塗りすると良い。さくらんぼの葉はYG03を使用した。

アクレアで遊び心を加える

使用色…コピックアクレア(ターコイズブルー、コーラルピンク、クリームイエロー)

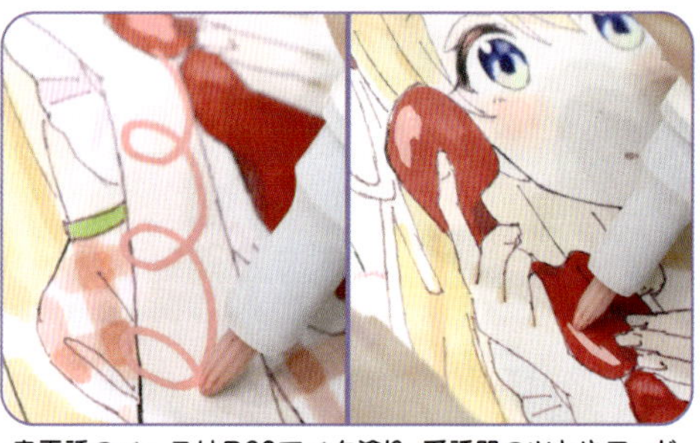

背景はフリーハンドでチェック模様を描いた。コピックアクレアのターコイズブルーをつかった。ハートはコーラルピンク、ドットはクリームイエローで描いた。

めーたん「アクレアのなかではダントツでコーラルピンクが好きです！」

赤電話を加筆する

使用色…コピックチャオ(R29)、コピックアクレア(コーラルピンク)

赤電話のベースはR29でベタ塗り。受話器のツヤやコードは、コピックアクレアのコーラルピンクで表現。

めーたん「アクレアは下の色が透けないのでハイライトやツヤを描くのにも便利です」

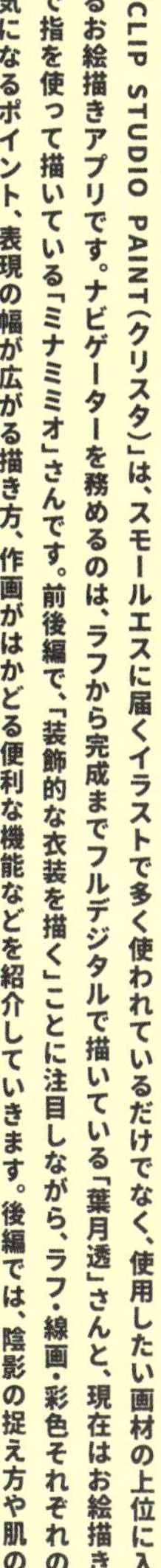

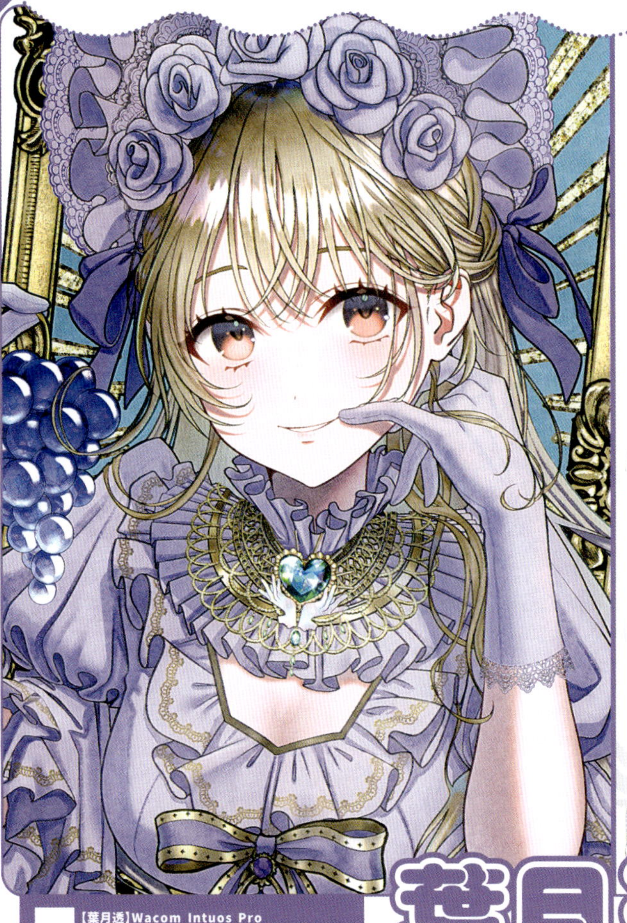

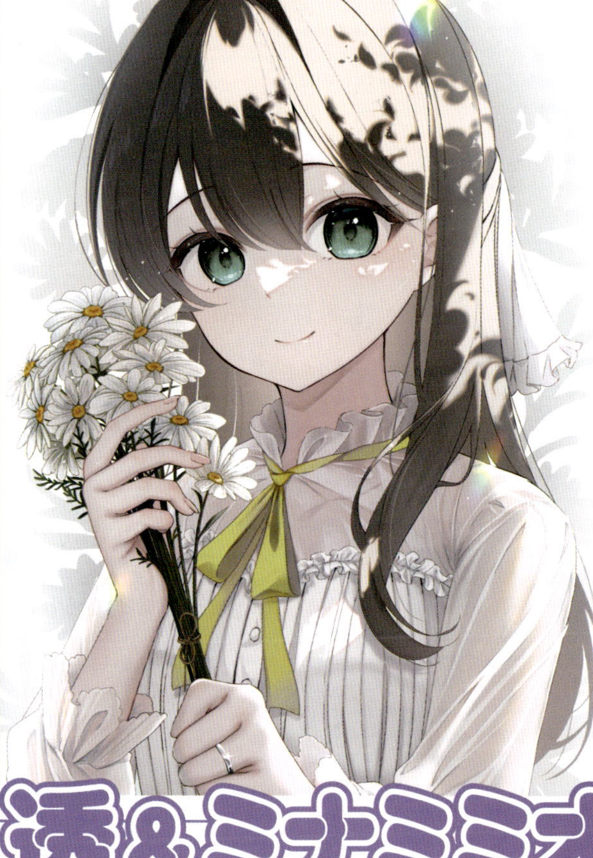

イラスト講座

葉月 透 & ミナミミオ
はづきとおる

「CLIP STUDIO PAINT（クリスタ）」は、スモールエスに届くイラストで多く使われているだけでなく、使用したい画材の上位に入っているお絵描きアプリです。ナビゲーターを務めるのは、ラフから完成までフルデジタルで描いている「葉月透」さんと、現在はお絵描きアプリで指を使って描いている「ミナミミオ」さんです。前後編で、「装飾的な衣装を描く」ことに注目しながら、ラフ・線画・彩色それぞれの工程で気になるポイント、表現の幅が広がる描き方、作画がはかどる便利な機能などを紹介していきます。後編では、陰影の捉え方や肌の立体感の出し方、CLIP STUDIO ASSETSの素材を使いつつ、絵に馴染ませる方法など作画に活用できるポイントを紹介します！

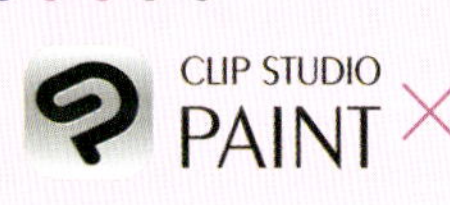

| 機材 | 【葉月透】Wacom Intuos Pro Wacom MovinkPad 11
【ミナミミオ】OPPO（Android搭載スマホ） |

葉月透／イラストレーター。VTuberの衣装やMV、グッズイラストなどを手がける。装飾的な衣装や儚げな少女が登場する世界観が好き。小説『ソレが出てくる話を聞かないでください　本当にあった私の恐怖体験』（著：西羽咲花月／野いちごジュニア文庫）の表紙・挿画も手がけている。

X @hdkjln　　pixiv 22677008

HP https://hadukijj.wixsite.com/grkt2sn

ミナミミオ／長らく指を使ってスマホでデジタルイラストを描いている。今年から美術系の大学に入学したこともあり、新しい作画環境に挑戦中。

X @0527minamimio

lit.link minamimio0527

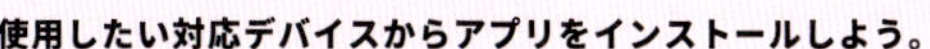

CLIP STUDIO PAINT × SS

まずは無料体験版を使ってみよう！ CLIP STUDIO PAINTの利用方法、ダウンロードはこちらから！

使用する画材はコチラ！

CLIP STUDIO PAINT

- スマートフォン、タブレット、パソコンで使用できるお絵描きアプリ
- イラストやマンガ、アニメーションまで幅広く制作できる
- 定期的なアップデートにより最新の環境・技術で作品制作が行える
- プロも使う多彩なブラシで水彩や厚塗りなど幅広い表現に挑戦できる
- 「CLIP STUDIO ASSETS」から追加素材・ブラシをダウンロードできる

まずは持っているデバイスで描いてみよう！
CLIP STUDIO PAINTはスマホ、タブレット、PCと幅広い作画環境に対応しているのが魅力。指描きからスタイラスペン、ペンタブレットなど自分の作画スタイルにあわせて使ってみよう！ 最新の端末にも対応しています！

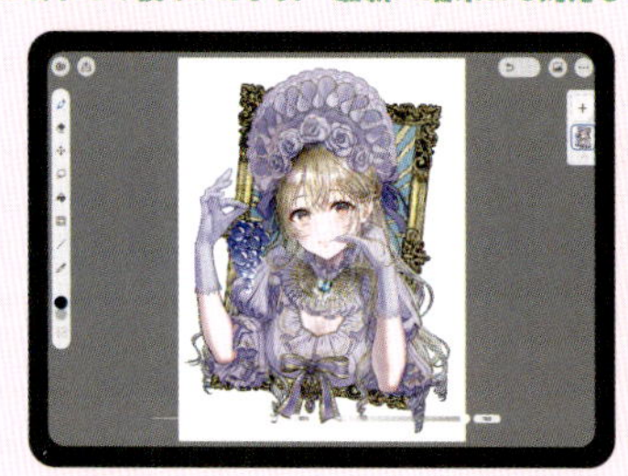

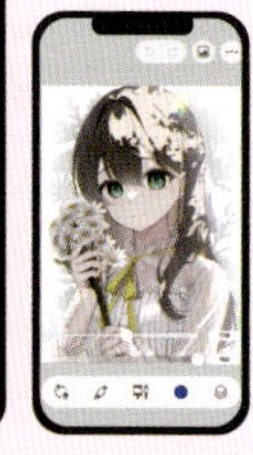

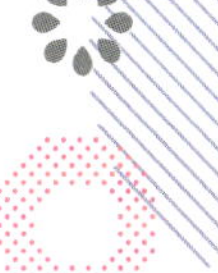
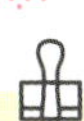

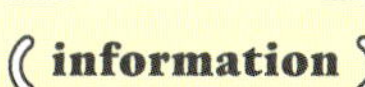

使用したい対応デバイスからアプリをインストールしよう。

※年額・月額利用プランは、無料期間終了後、プラン契約をすることで継続して利用できます。

※いずれの機種で使用する場合もインターネットへの接続が必要です。

[無期限版（一括払い）]Windows / macOS
PRO:6,400円（税込）EX:26,900円（税込）※ダウンロード販売

[年額・月額利用プラン]
iPad / Android / Windows / macOS / iPhone
PRO:100円/月（税込）～　EX:300円/月（税込）～
スマートフォンなら毎月30時間ずっと無料

《 information 》
発売元
株式会社セルシス
www.clipstudio.net

X【@clip_celsys】

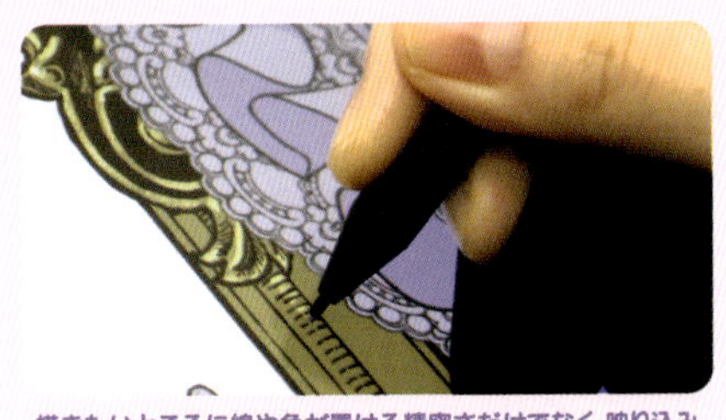

製品情報
・型番:DTHA116CL0Z
・ディスプレイ表示サイズ:11.45型
・筆圧レベル:8192レベル
・マルチタッチ:対応(10点)
・価格:オープン価格

対応システム
・OS:Android 14
・プロセッサー:MediaTek Helio G99
・メモリ/ストレージ:8GB/128GB

描きたいところに線や色が置ける精密さだけでなく、映り込みの少ない液晶ディスプレイも描きやすいポイント!

すぐに使える!
購入特典
CLIP STUDIO PAINT DEBUT
がついてくる

一緒に使用する端末はコチラ!

Wacom MovinkPad 11

●スリープから即スケッチアプリWacom Canvasを起動できる
●Wacom CanvasからCLIP STUDIO PAINTへスムーズにデータ移動可能。ラフから清書へワンステップで進められる
●バッテリーレスのWacom Pro Pen 3が同梱され、すぐに描ける
●大きな液晶サイズながら588gと軽量で持ち運びもラクラク

作画のPOINT・陰影の捉え方

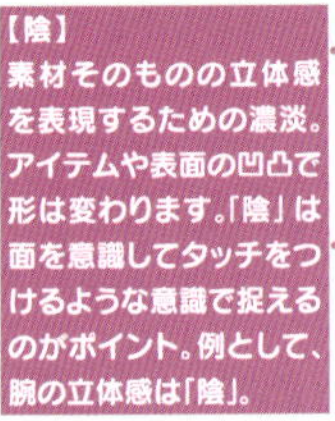
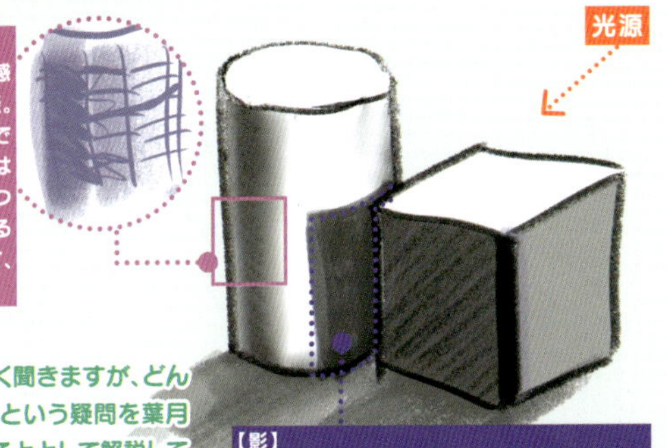

【陰】
素材そのものの立体感を表現するための濃淡。アイテムや表面の凹凸で形は変わります。「陰」は面を意識してタッチをつけるような意識で捉えるのがポイント。例として、腕の立体感は「陰」。

陰影という言葉をよく聞きますが、どんな違いがあるの? という疑問を葉月さんが意識していることとして解説してくださいました。「陰」と「影」は濃淡がつく理由が異なることがポイント。

【影】
隣り合う場所に落ちるのが「影」。接触するものによって形は変わり、ベタっと大きなシルエットでつきます。例として、前髪に落ちるのは「影」。

作画のPOINT・便利アイテムを使おう

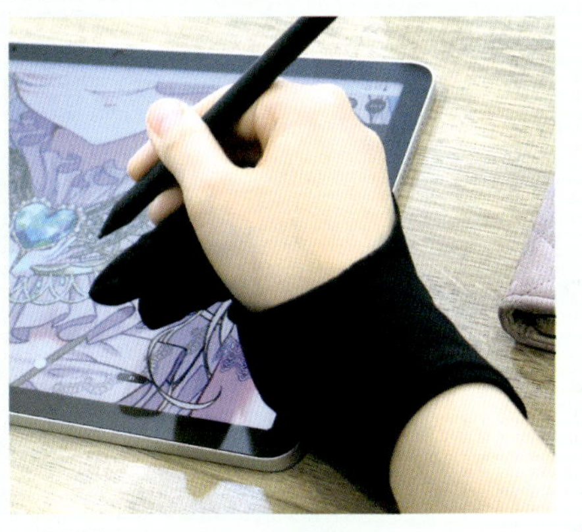

葉月さんが利き手に使っていた「二本指グローブ」。キズや汗を防いだり液晶と接触する場所が非通電パッドになっているため、誤操作を防いでくれるアイテムです。描くことに集中したいのに、意図しない操作が挟まると作業が止まってしまいますよね。親指・人差し指・中指は出ているので、タッチジェスチャーは支障なく行えます。100円～売っていて、厚みやつけ心地がいくつかあるので、自分の好みで使ってみましょう。

作画のPOINT・合成モードを組み合わせて光沢を表現する

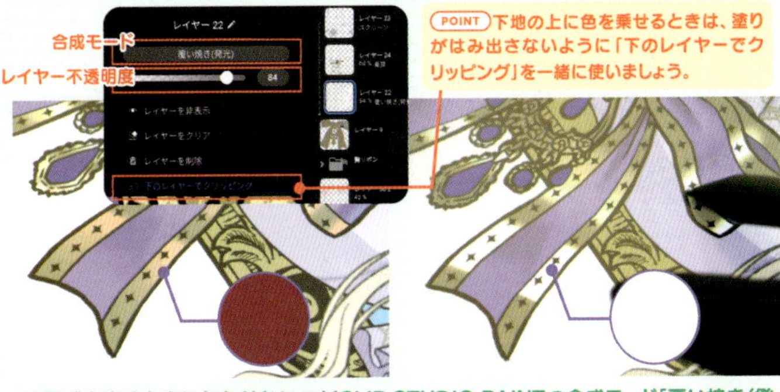

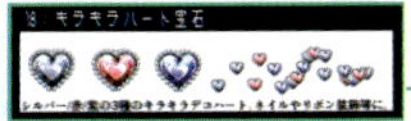

POINT 下地の上に色を乗せるときは、塗りがはみ出さないように「下のレイヤーでクリッピング」を一緒に使いましょう。

光沢感を出すときに欠かせないのがCLIP STUDIO PAINTの合成モード「覆い焼き(発光)」。乗せたい場所の色よりも明度の高い色を選んで塗ると、光っているように見えます(右図)。明度の低い色を選ぶことで、控えめな光沢も表現できますよ(左図)。

作画のPOINT・CLIP STUDIO ASSETSの素材を活用しよう!

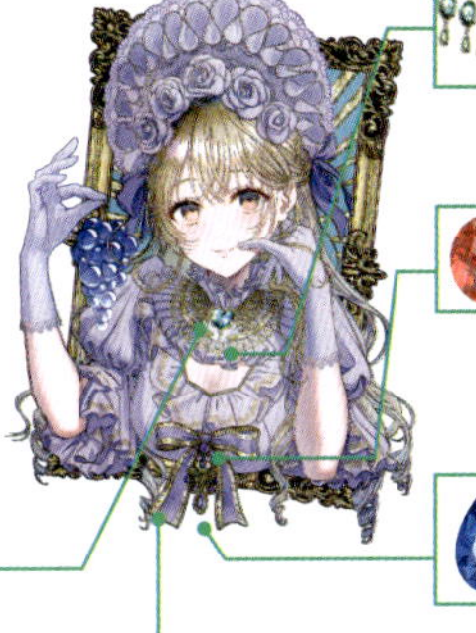
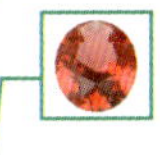

CLIP STUDIO ASSETSで素材を探すのも作画の楽しみのひとつです。フレームや装飾など線のタッチも制作された方によってさまざまなので、自分の絵に乗せたときの相性やなじみ具合を気にしてチェックしてみるのが良いと思います。素材を使うようになってから、自分の線も意識するようになりました。

【アクセサリーブラシ】
コンテンツID:1714649
制作者:euq

【ルビー画像素材集】
コンテンツID:1823406
制作者:クリエイターT

【ブルーサファイアの正面】
コンテンツID:1823627
制作者:クリエイターT

【地雷ちゃんブラシセット】
コンテンツID:1933709
制作者:清成

【フリルレースリボンブラシ10種】
コンテンツID:1904047　制作者:朝野れい

作画のPOINT・観察して描く

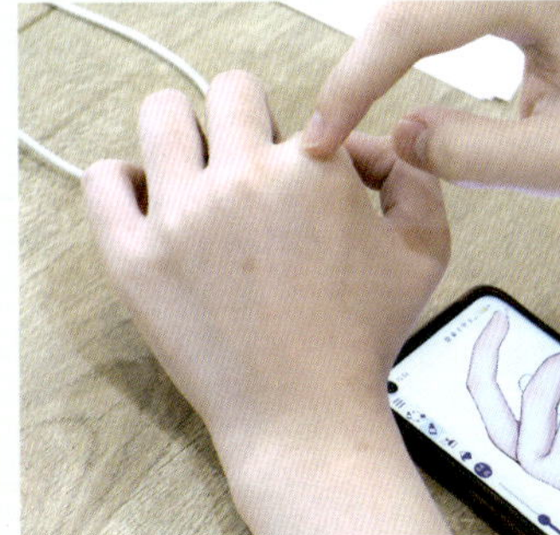
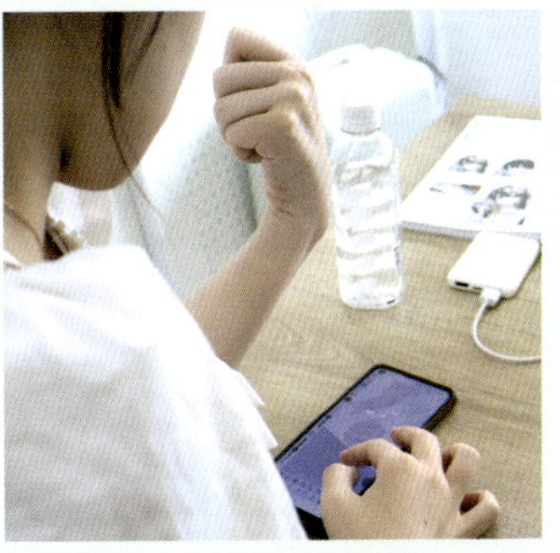

肌を塗るとき、顔の立体感を控えめにするぶん、手元はしっかり描くことを意識しているというミオさん。自分の手を観察しつつ彩色しています。特に気にするところは「凹凸がつく骨の位置」。メリハリがつきすぎると固く見えるので、加減を何度も調整していました。

作画のPOINT・くぼみに注目する

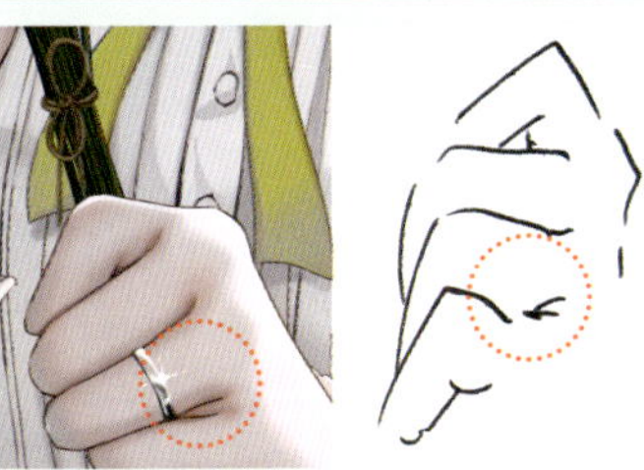
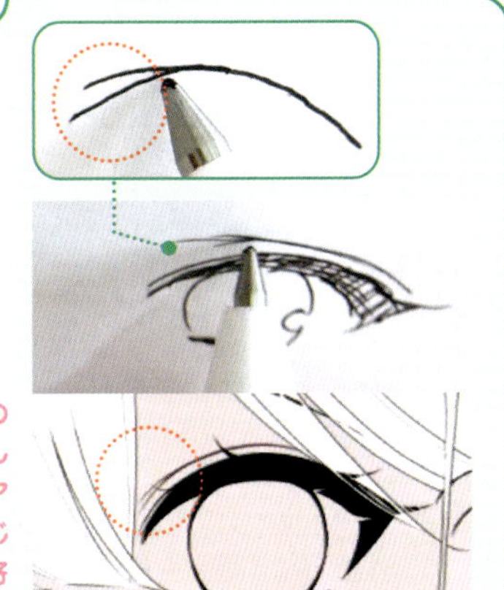

最近、目を描くときの二重のくぼみのラインを意識して描くようになりました。途中で二股にすることで深みが出て、リアルっぽさが増すように感じるんです。手も同じように、指の付け根を二股に描くと、自分の好みの立体感が出るなと気づきました。

肌を塗る

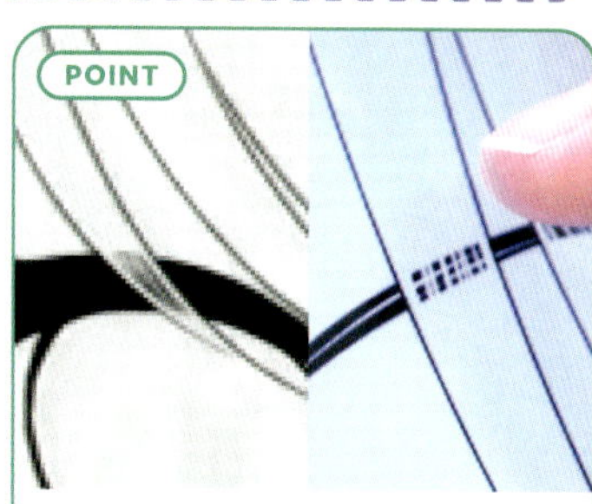

ミオさんは、目と髪の線画のレイヤーを別々に描いています。色を塗る前に、目と重なる前髪の線画を調整しました。【消しゴム】で重なる線を途切れさせるように細い線を何本も重ねて消しています。下の線が透けているように見せることで、透明感や軽やかさが出ます。

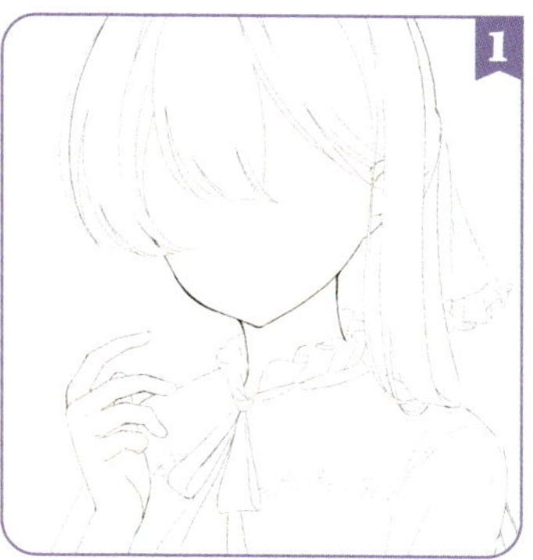

1 目のレイヤーを非表示にして肌のみ塗りつぶします。デフォルトの設定では前髪の細かいところが塗りつぶしきれなかったので【ツールプロパティ】の「隙間閉じ」を強めに調整しました。

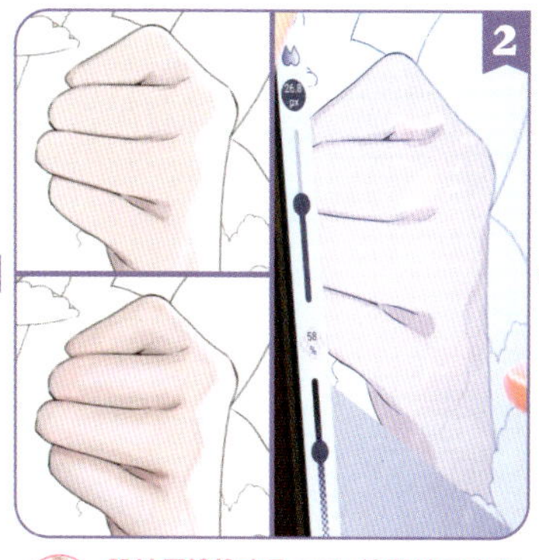

2 肌は厚塗りするので、線画は最小限にしています。塗りつぶしたレイヤーの上に新規レイヤーを作成して「下のレイヤーでクリッピング」しました。光が当たる場所は骨の立体感を意識して描きました。

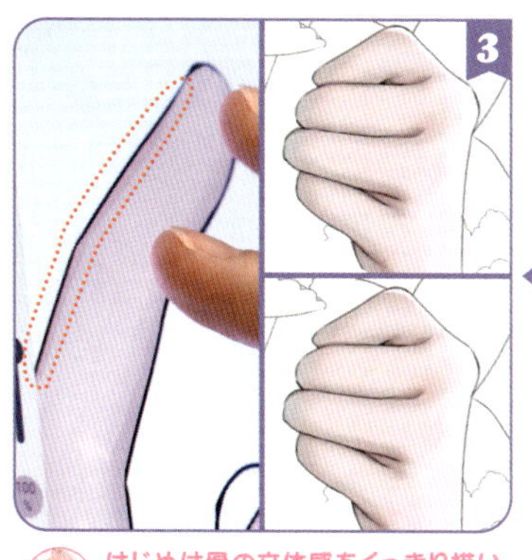

3 はじめは骨の立体感をくっきり描いていましたが、もう少しなめらかな濃淡に変更しました。また、指の輪郭に少し鮮やかな色を加えると血色が良くなる印象です。細かい場所は拡大して描きます。

瞳を描く

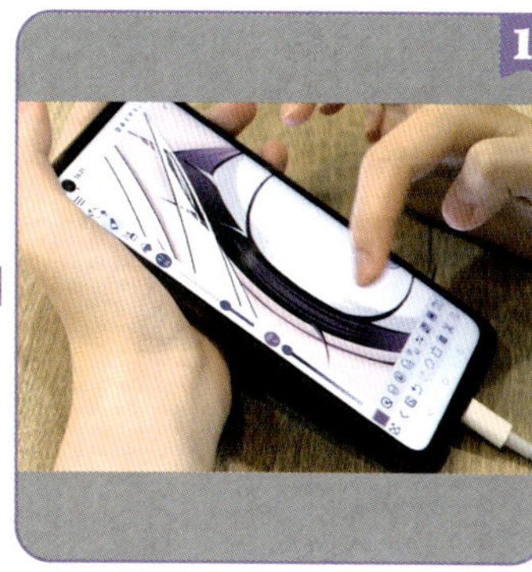

1 線画で黒ベタにしていた上まぶたに明るい茶色の細い線を重ねて明るくしました。線がぶれないようにスマホをしっかりホールドさせながら引いています。

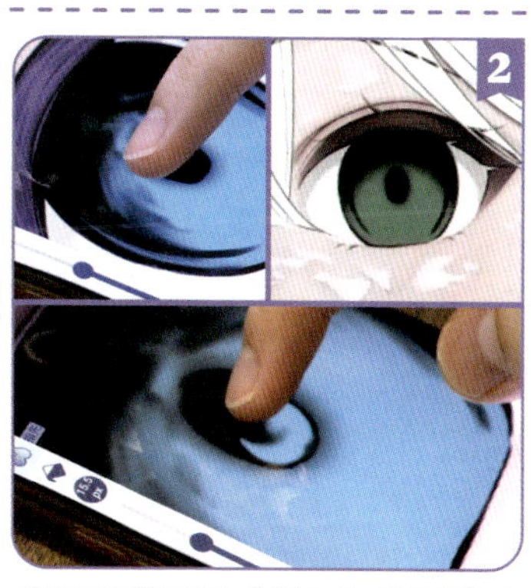

2 瞳の中の描き込み。緑色のベースに黒色で大まかに色を置いたら【色混ぜ／指先】でじわっと混色します。瞳孔も同様に、置いた色を【色混ぜ→指先】で塗り広げます。

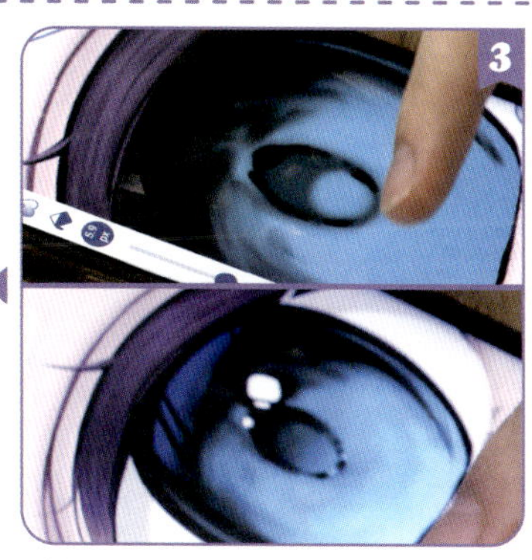

3 瞳孔の周りを黒色でフチ取ったりハイライトを加えます。指を使ってピンポイントで色を置きたいときは、最大までキャンバスを拡大して指先をトントンと軽く置くのがコツ。

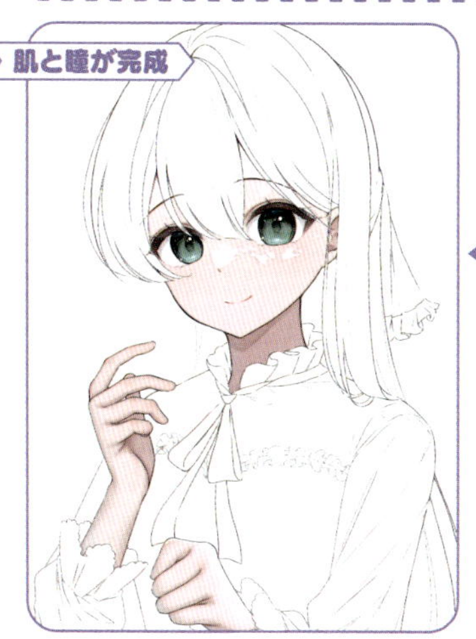

肌と瞳が完成

描いてみた感想

※写真の操作画面はスタジオモードです

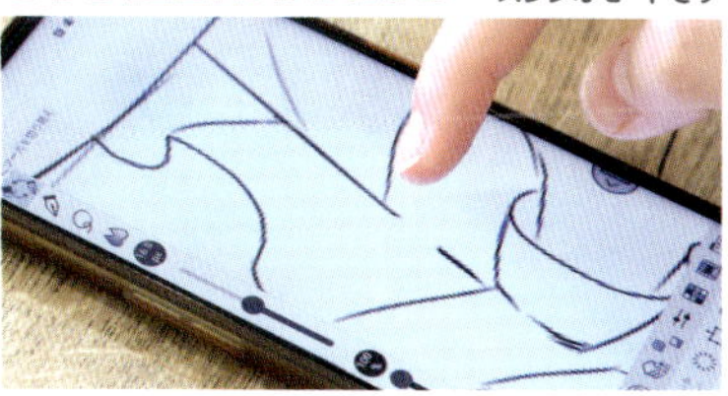

スマホで描く場合、画面が小さいため、「拡大して描く→引きで確認する」を繰り返しながら作画するのが良いとのこと。指のみで描くミオさんは、描画も拡大・縮小も同じ指で操作するので、素早い動きが印象的でした。

色合いやポーズなど、葉月さんのイラストと並ぶことを意識して描いてみました！ 作画は、はじめのうちは線画が思うように描けず戸惑いましたが、描き進めていくうちにCLIP STUDIO PAINTの線のタッチにも慣れていきました。他のソフトと異なる便利な点として「他のツールを使っているときも、長押しでスポイトが使えること」が良いと思ったところです。よく使った機能は「変形」です。デジタルの作画には欠かせないと思います。

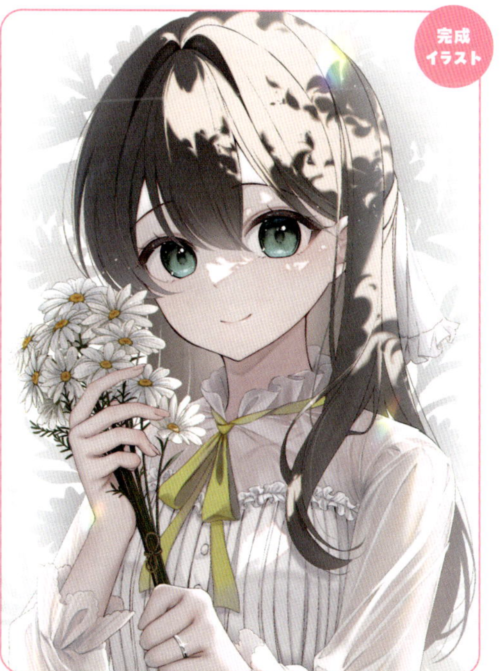

透け感のあるシャツを描く

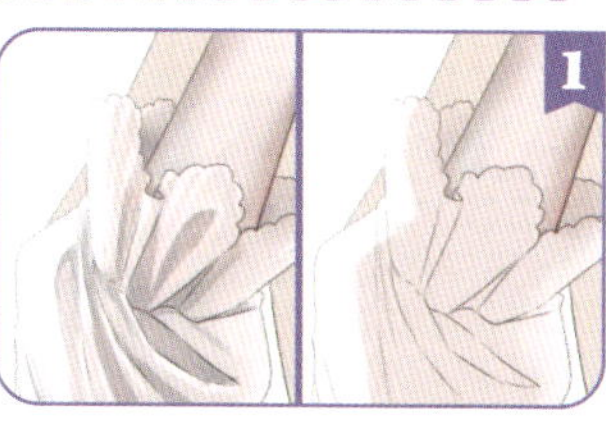

1 透け感のあるブラウスなので、布部分にも【エアブラシ／柔らか】で肌色を乗せます。袖口に溜まるシワを暖色系のグレーと肌色を【混色円ブラシ】で描き入れました。明るい色でフリルのラインも入れます。

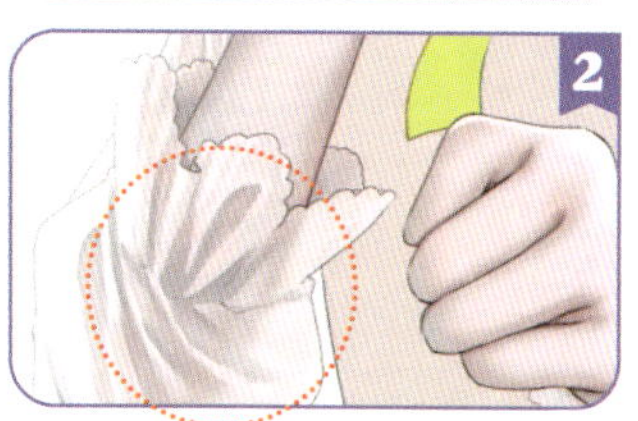

2 描いたシワの濃度を調整します。全体を淡くしつつ、布に隠れる部分の腕を【フラットマーカー（コンテンツID：1804961／製作者：_RD）】で描き足しました。輪郭線を描かないことで、透けている感じが出ています。

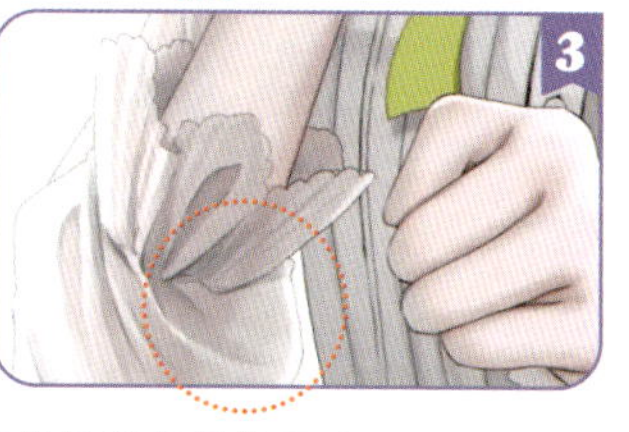

3 全体的に【エアブラシ／柔らか】でカゲを入れて完成。逆光ぎみの光源なので、内側が濃いめ、外側が明るめの明暗になっています。回り込む光を描き入れるのも立体感を出すポイントです。

顔周りと肌を塗る

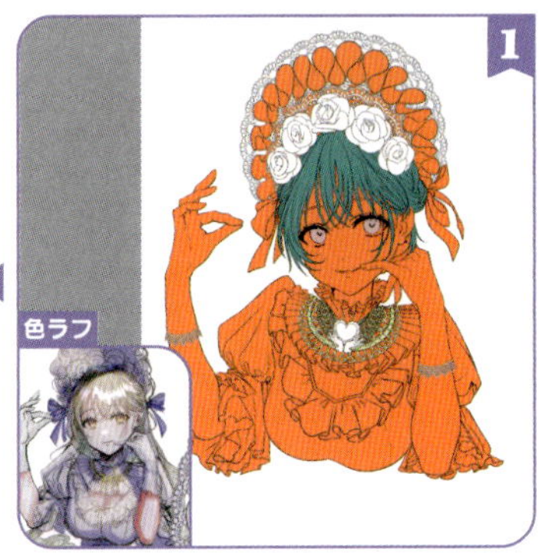

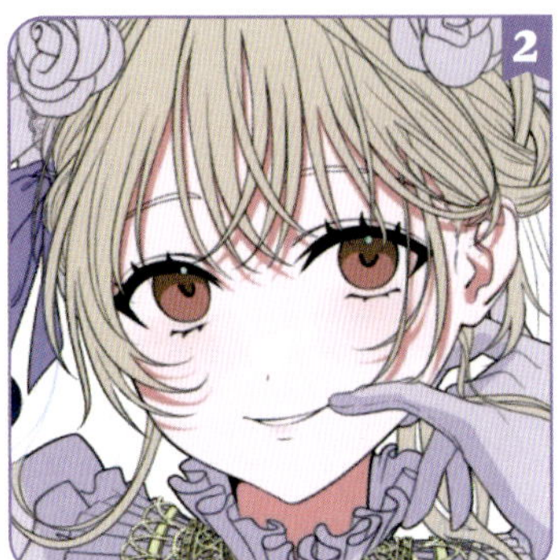

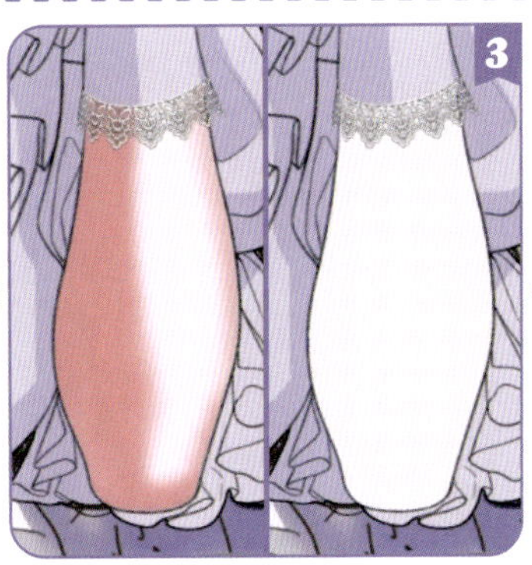

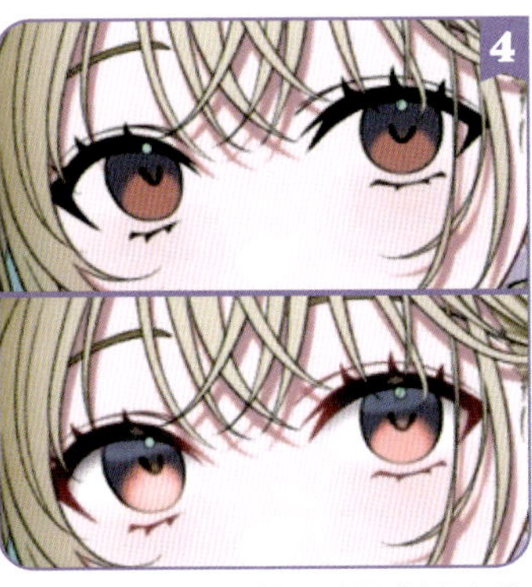

瞳の彩色。ベースの塗りに光沢感を加えるとガラスのような透明感のある質感になりました。線画の色も変更。目尻と目頭に赤みを加えると血色が良くなりました。中央の濃い色の部分に目線も向かいます。

顔以外は濃淡をしっかりとつけました。腕は筒状の面を意識して明暗をつけました（陰影の陰にあたる）。肌は、色ラフよりも明るくなっています。実際に塗るときはいくつかある固定色から選びました。

人物の肌から塗ります。顔は濃淡を控えめにしています。前髪から落ちるカゲ（陰影の影にあたる）は、髪の複製レイヤーを少しズラして配置しました。光源を意識して位置を調整するのがポイントです。

大まかに線画を描き終えたら、パーツごとに色分けします。塗り漏れがないように、わかりやすい色で塗りつぶしたあと、色ラフから【スポイト】してベース色に変更します。

金属の立体感を表現する

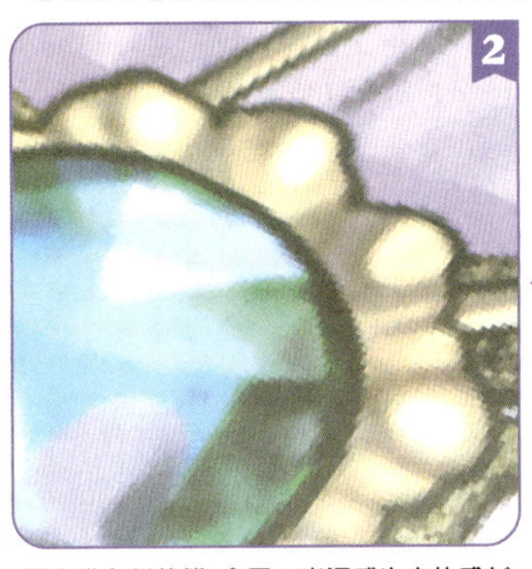

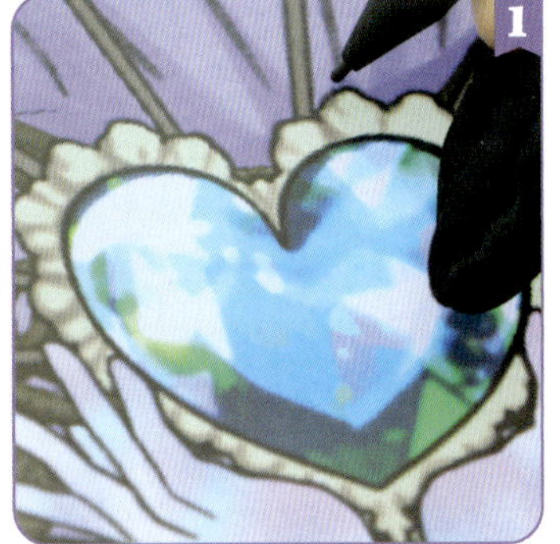

描き進んだ状態。金属の光沢感や立体感が増しています。明るい宝石の近くにある金属なので、その光も加えます。寒色系を部分的に乗せるのがポイント。

中央の宝石部分は素材をベースに加筆しますが、周りの装飾は絵に合わせて描きました。【エアブラシ／柔らか】で凹凸をつけていきます。

布の立体感を表現する

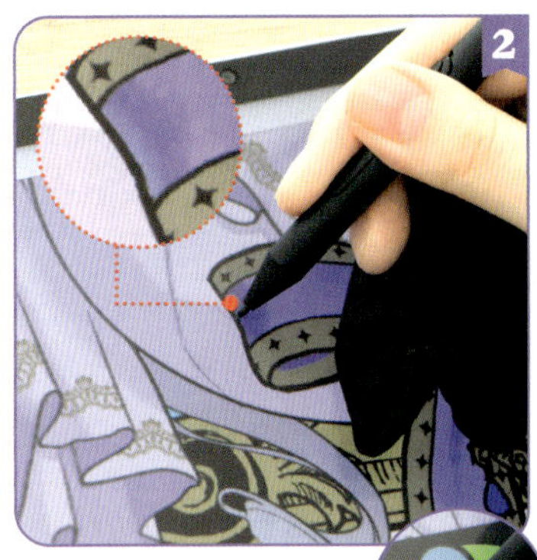

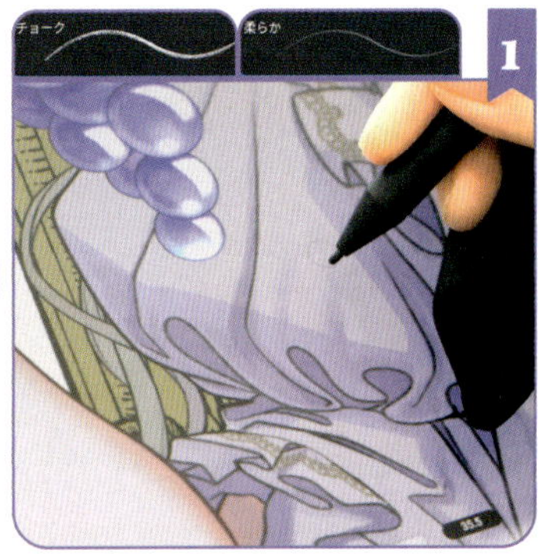

リボンの端に明るい水色の差し色を加えると、布が奥に回り込んでいる様子を表現できます。

布シワは複数のブラシを使って描きます。1カゲを【エアブラシ／柔らか】で塗り、2カゲに【スケッチ／チョーク】を使ってザラっとしたタッチを加えます。

葉月さんの完成イラスト。最後にザラっとしたテクスチャを画面全体に乗せています。質感を調整できるだけでなく、アンティークな雰囲気も増しています。フリルや装飾をたくさん描いた作品ですが、配色を紫色と金色に絞っているので上品な印象です。

テーマの装飾的な衣装にあわせて、フリルやアクセサリーをたくさん描いてみました。胸元の大きなリボンやハート型の宝石、額縁には、CLIP STUDIO ASSETSの素材を取り入れて描いています。装飾はゼロから描くのが大変そうに見えますが、絵にマッチする素材を組み合わせると表現が広がるのでオススメです。さらに陰影や光沢を加えるなど、絵に合わせた加筆をすることでイラストと調和しますよ。

サイン色紙プレゼント

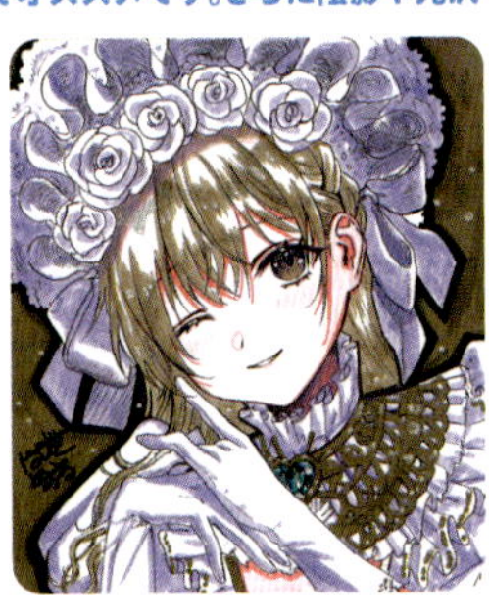

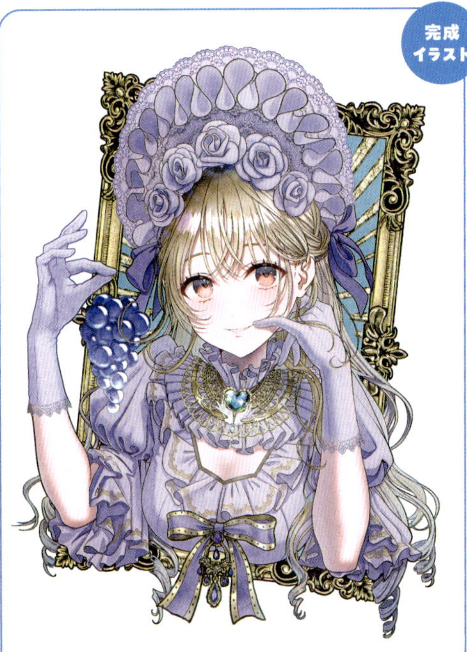

完成イラスト

素材に加筆して光沢感を出す

【スケッチ／チョーク】でハイライトを加えて金属の光沢を表現します。全てに入れるのではなく、部分的に加えることでメリハリが出て、光っている臨場感が強まります。

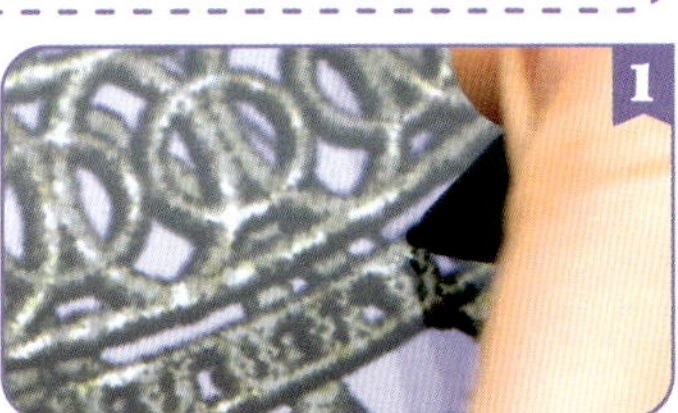

細かな宝石にも【スケッチ／チョーク】でハイライトを入れます。こちらの装飾は同じ形が並んでいるデザインなので、光源を意識しながら、均一な点を打っています。

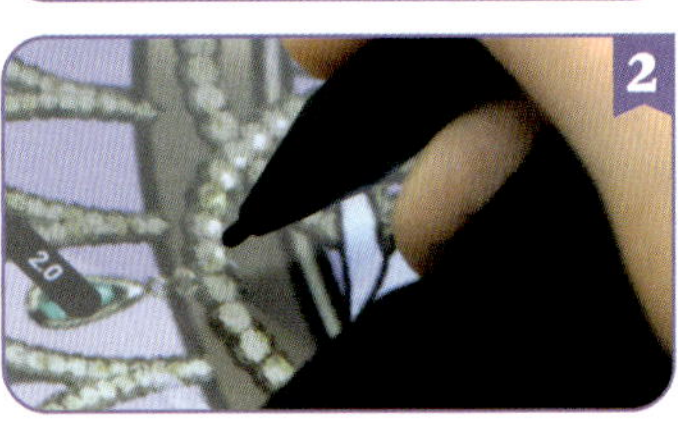

【スケッチ／チョーク】は金属の光沢表現と相性が良いブラシでした。大きめのブラシサイズにすることで質感がより出た額縁の描画も気に入っています。

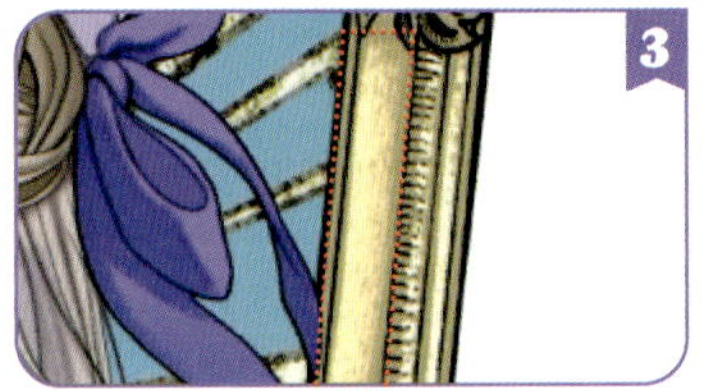

SS学園通信

はいどうも〜！ 絵澄えすです。今号もSS学園のコーナーのはじまりです！ 学園のことをお伝えする係をつとめさせていただきます〜。

えす丸です。このコーナーは、SS学園の生徒たちのグラビアや、その活躍をとらえた物語を紹介する「SS学園通信」です。この後のページの投稿コーナーでは、SS学園の新しい生徒さんを紹介していますが、投稿者さんの描き下ろしも実施中！

そうですね。投稿者の皆さんへのお知らせとしては、自分の描いた生徒が一度掲載されたら、その次からは学園での暮らしぶりや他の生徒と絡む様子を描いて送ってください。自己紹介が済んだ後はどんどん展開させたイラストや、1ページ漫画を送ってくださいね〜。その場合も、どのキャラかわかるように、ぜひキャラ名を絵の中に書いてください。

では今号のSS学園通信の内容を紹介しましょう。投稿作品からの描き下ろしはおずもんどさん。高等部一年生の九十折くんを中心にして、個性豊かな生徒さんたちが登場しています。SS学園は教師たちが公式でも登場していないので、気になるところですよね。授業って普通の教科なのか、授業中はどんな様子なのか…。そして、今回の物語では、異能力を持つ者や人外、空を飛ぶ人たちの非現実な光景を眺める九十折くんが驚いています〜。物腰柔らかな模範生のはずですが、最後に不穏なムードを見せますね…。どこかミステリアスなんですよね。

最後に、昴くんが登場して、突っ込まれています。透明人間の昴くんは、姿が見えないゆえに、「聞いてはいけない話」を聞いたり、秘密を抱えがちだそうなので、九十折くんの秘密も見てしまったのかな…。この後がどんな展開になるのかも気になります〜。

秘密かぁ。僕も少年の秘密を見てみたいなぁ。もし僕が透明ロボットになったら、SS学園の初等部に出かけて行って、少年たちの秘密を握ったり、手を握ったり…。やば！ 犯行予告！ 手を握るのはゼッタイ止めてください！ 学園生活を覗き見するだけでもダメなのに、おさわりとは！ 厳罰に処されますよ。キビシイご時世ですね…。透明な眼差しとして、SS学園の個性豊かな美少年たちを眺めるだけにとどめます…。あなたはもう、意識もすべて透明でいてください。心も体も透明になって、安らかにお眠りなさい。清らかなロボットに…。

さて、今号の紹介に戻りますと、河山流さんの雨音宙くんを中心とした物語がありますよ〜。美しいお姿です〜。甘名ちとせちゃんが作ったり、朱青アサギくん、朱青ザクロくんたちと天体観測をしたり…。観測というか、大変なことになってしまっていますが…。そして、ミルキーやエルユー・ビビたちとお話するくだりもあります。雨音宙くんの感情についてのエピソードは興味深いですね〜。甘名ちとせちゃんが作ったゼリーにお顔がついて、とってもラブリーです〜。雨音宙くんの顔のとこに、顔文字マークが出るのも面白いですね！ 今回のストーリーで、雨音宙くんの感動する姿や、哀しい様子、にっこりした感じ、怒ってみたシーンが見られましたね〜。最後には、登場したSS学園メンバーのみんなが可愛いモンスター姿でも出ていて、これも必見です〜。本当ですね〜。

そして前号では、渋谷のSS編集部に併設のギャラリーエクリで開催されたグループ展を紹介しました。こちらは、ハモンド華麗さん、河山流さん、天嶺ジウさんの三人の合同展で、SS学園の生徒さんも少し登場したのですが、今後もこういう企画ができたら良いなぁと思っています。SS学園の詳しい内容は、「SS学園公式設定資料集」としてSSのBOOTHで発売中！ ぜひチェックしてください。今後もSSでは、皆さんの投稿をお待ちしております！

SS学園24人選抜メンバー相関図

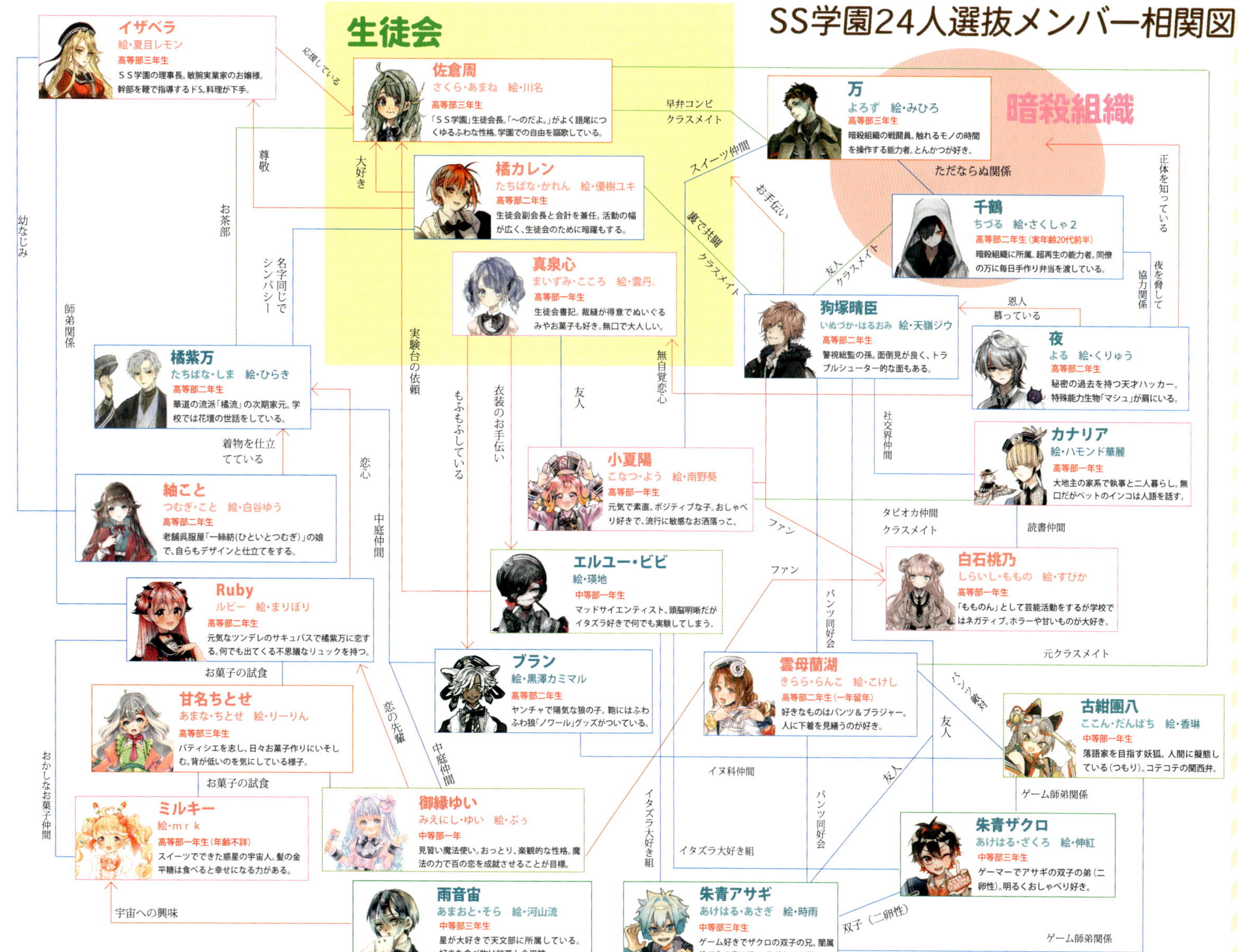

作:おずもんど

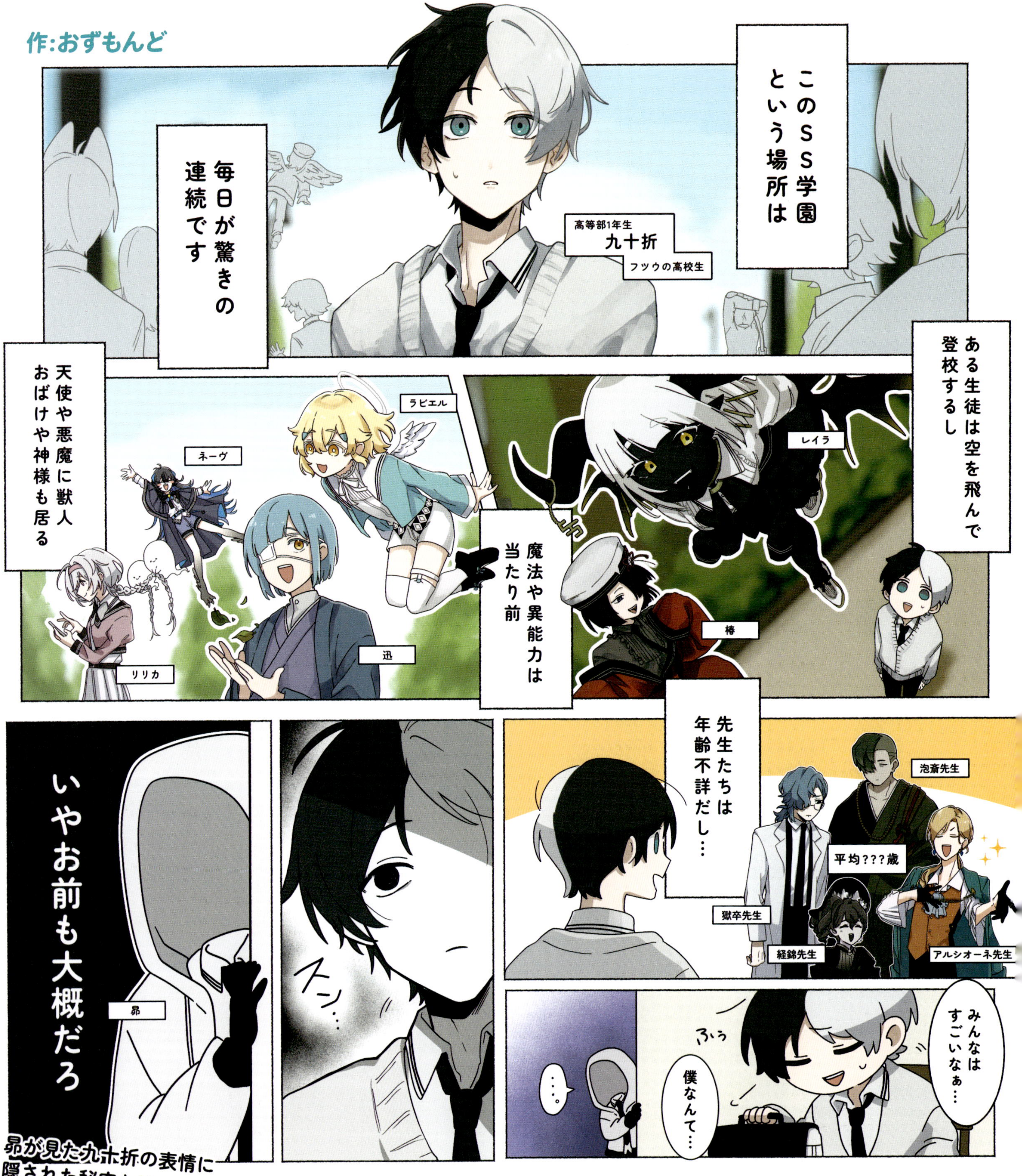

このSS学園
という場所は

毎日が驚きの
連続です

高等部1年生
九十折
フツウの高校生

ある生徒は空を飛んで
登校するし

天使や悪魔に獣人
おばけや神様も居る

ネーヴ

ラビエル

レイラ

リリカ

迅

魔法や異能力は
当たり前

椿

先生たちは
年齢不詳だし…

泡斎先生

平均???歳

獄卒先生

経錦先生

アルシオーネ先生

いやお前も大概だろ

昴

ドン…

みんなは
すごいなぁ…

僕なんて…

ふぅ

…

昴が見た九十折の表情に
隠された秘密とは……?

出演:九十折、楽々浦昴、泡斎、レイラ=オブシディアン、椿、ラビエル、ネーヴ、
風宮迅、我妻リリカ、獄卒、経錦、アルシオーネ・エドエルド

SS学園四コマ【雨音宙の巻】　作者：河山流

レア？

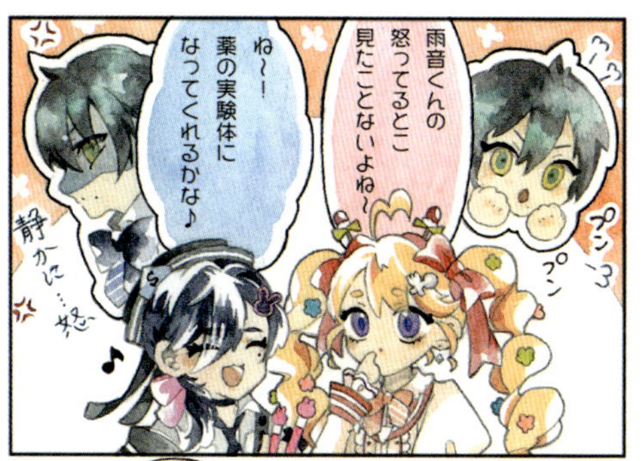

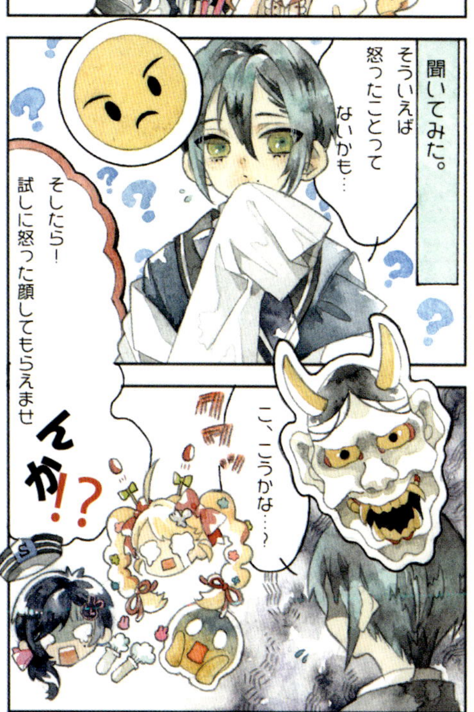

天体観測にて

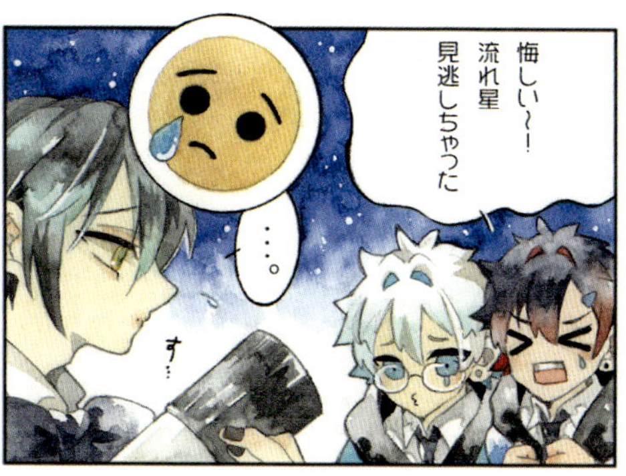

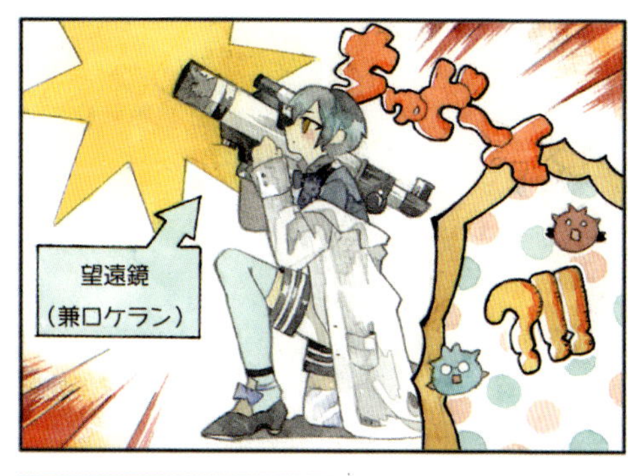

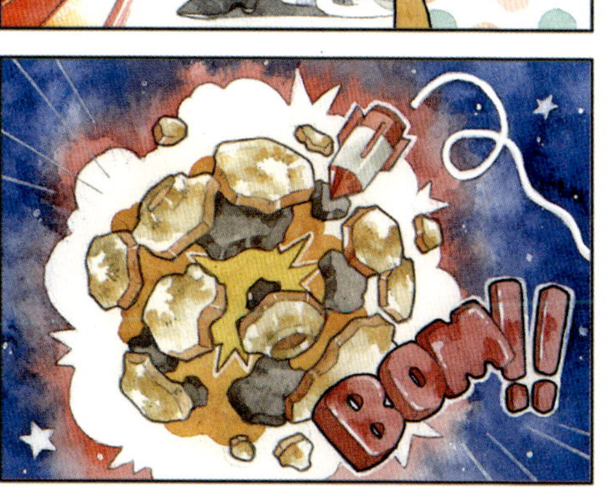
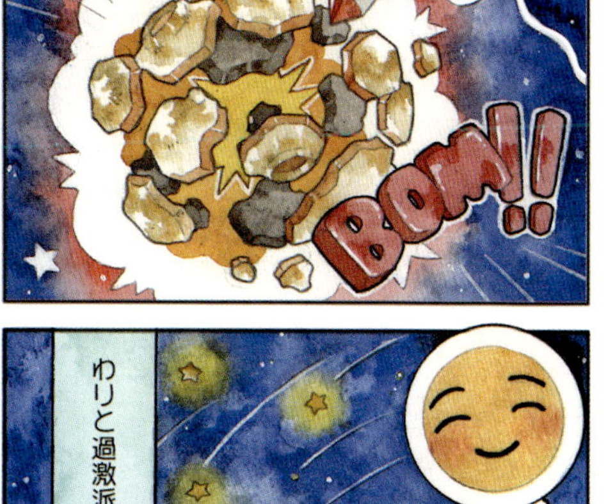

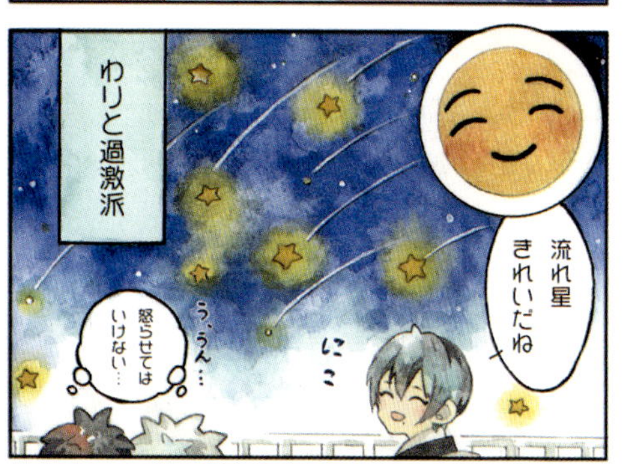

宙の喜怒哀楽

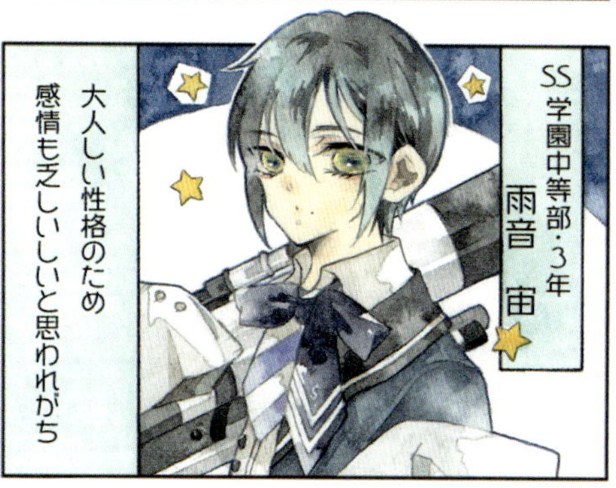

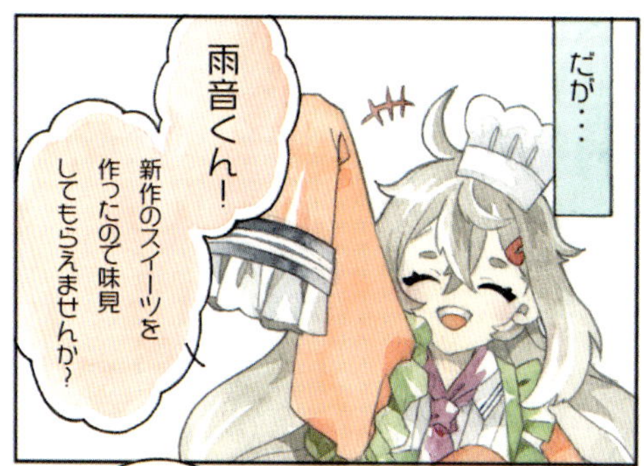

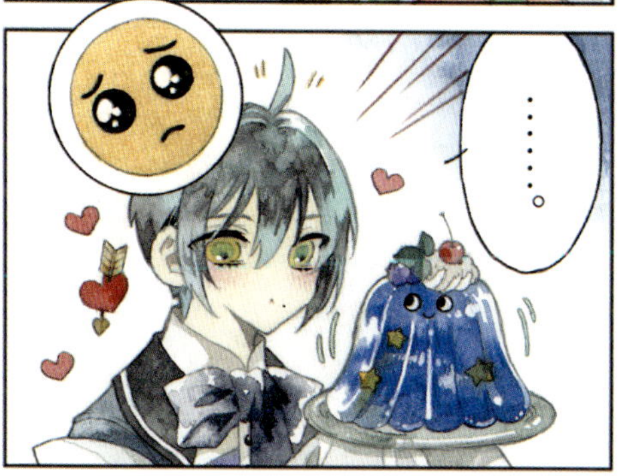

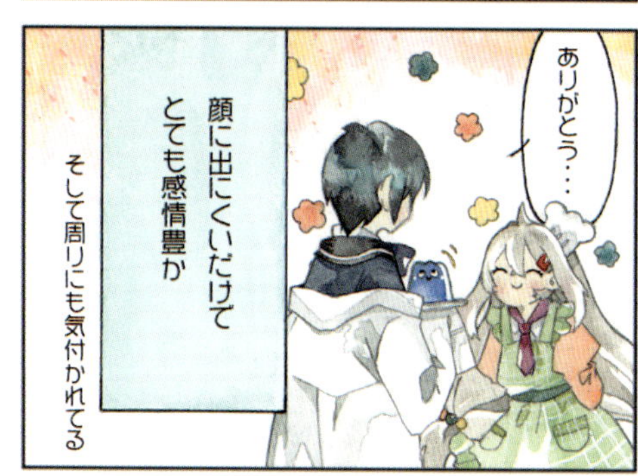

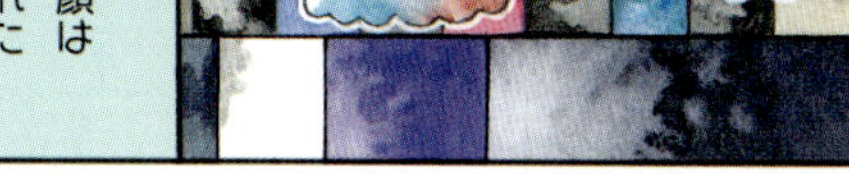

出演：雨音宙、甘名ちとせ、朱青アサギ、朱青ザクロ、ミルキー、エルユー・ビビ

「SS学園」投稿ガイド

制服ベースデザイン：ハモンド華麗

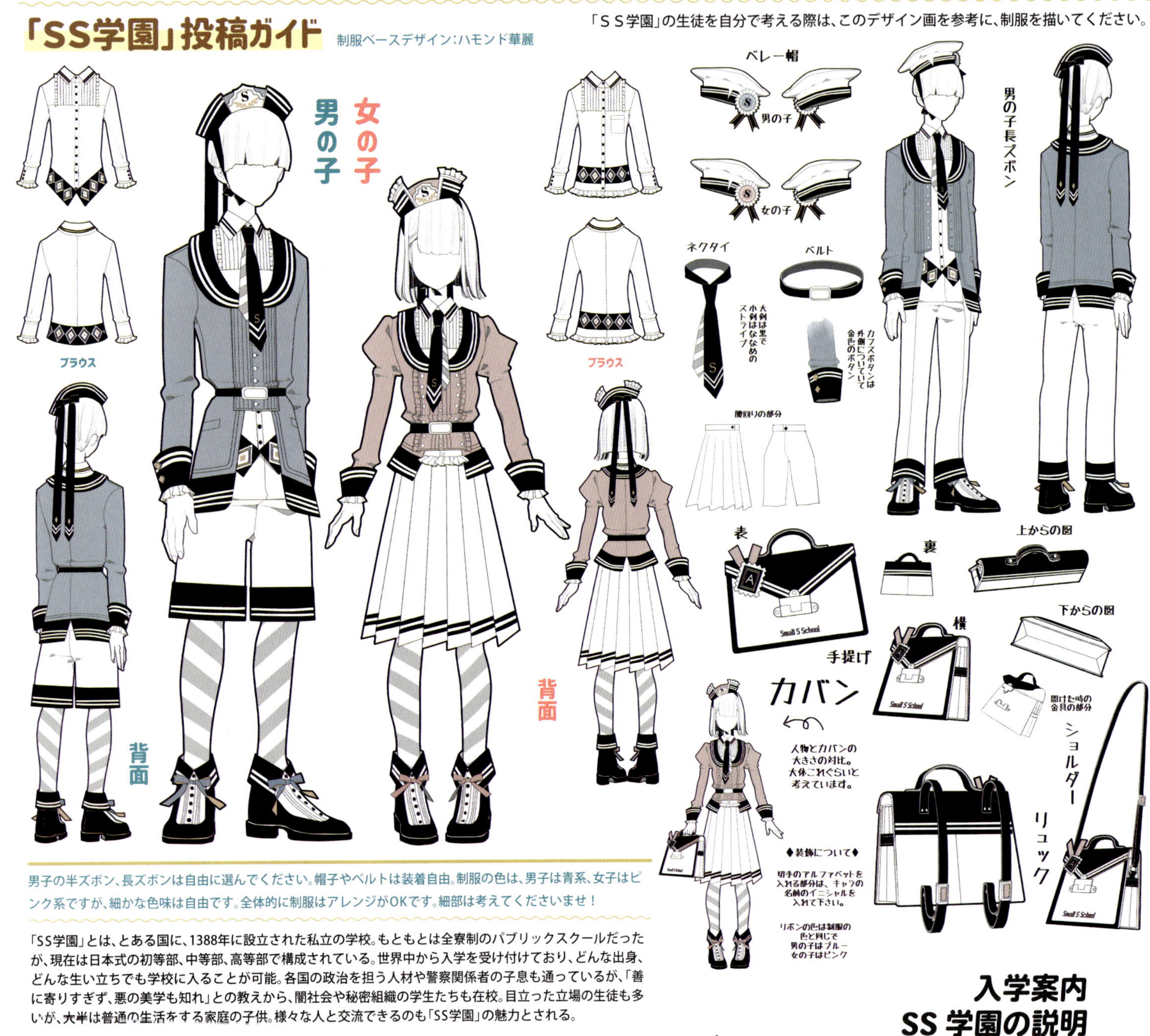

男子の半ズボン、長ズボンは自由に選んでください。帽子やベルトは装着自由。制服の色は、男子は青系、女子はピンク系ですが、細かな色味は自由です。全体的に制服はアレンジがOKです。細部は考えてくださいませ！

「SS学園」とは、とある国に、1388年に設立された私立の学校。もともとは全寮制のパブリックスクールだったが、現在は日本式の初等部、中等部、高等部で構成されている。世界中から入学を受け付けており、どんな出身、どんな生い立ちでも学校に入ることが可能。各国の政治を担う人材や警察関係者の子息も通っているが、「善に寄りすぎず、悪の美学も知れ」との教えから、闇社会や秘密組織の学生たちも在校。目立った立場の生徒も多いが、大半は普通の生活をする家庭の子供。様々な人と交流できるのも「SS学園」の魅力とされる。

注意!!

【創作物への注意事項】　SS学園を扱った有償のグッズ、同人誌、原画（展示会など）の販売はOKです。その際は同人誌の奥付、グッズや展示の場合は告知文や値札の中で、以下の事項を記してください。
- 「SS学園」は、雑誌「スモールエス」の誌面企画です
- 制服ベースデザイン：ハモンド華麗　（※こちらは公式の制服を描いた場合に入れてください）

また、他の作家のキャラを描いて販売をする際は、必ずお互いの作家同士で了解をとってください。

「スモールエス」編集部の通販サイトBOOTHにて、SS学園公式設定資料集を電子書籍で発売中！

←こちらからチェックください！

「SS学園」の生徒イラスト投稿募集！

カラーイラスト、モノクロイラスト、1ページ漫画を募集します。掲載はカラーページです。

1枚の紙に自分が考えた「SS学園」の生徒、もしくは今号に掲載された生徒を描いてください。絵の中に、キャラクターの名前、紹介文を書き入れてください。なければ掲載できない場合があります。人物紹介の文体は自由です。また、複数のキャラを描いても良いですが、それぞれの名前がわかるようにしてください。

最初の人物紹介が掲載された生徒は、その後に自由な形式で、絵や漫画を描いてOK。名前表記を絵に入れると覚えてもらいやすい！

- 生徒は人外やファンタジー設定でもOK。生徒会長や理事長など、選抜メンバーで描かれたキャラ設定は避けてください。なお、血縁や恋人など、近すぎる固有の関係は避けてください。相手のキャラ設定に大きな影響が出ます。
- 他の作家さんの生徒を描く場合は、その人のペンネームとキャラ名も絵の中に入れてください。

郵送時の応募コーナー名
「スモールエス●●号　SS学園係」

※●●には、送付時に募集している号数をお書きください。

※データ投稿の場合、応募コーナー名は投稿画面での選択式になります。応募時に「SS学園」を選択ください。

※絵の中に、キャラクターの名前と設定文を書き入れてください！
絵のみの投稿は不可。キャラ名と、初回はキャラ説明を入れるのが必須です。

投稿の締切
2025
11/20 木曜日
当日消印有効

ＳＳ学園 投稿コーナー

SS学園の参加メンバー24人の作家さんの投稿も、自由に想像して描いた作家個人の創作を掲載します。公式設定ではないですが、自由にお楽しみください。

みんなで生徒を描き合って交流しよう！　投稿コーナーでは、他生徒を借りてグループを作るのも自由です。一度自己紹介が掲載されたキャラは紹介文は不要。学園生活を描いた絵や漫画を送ってください〜！

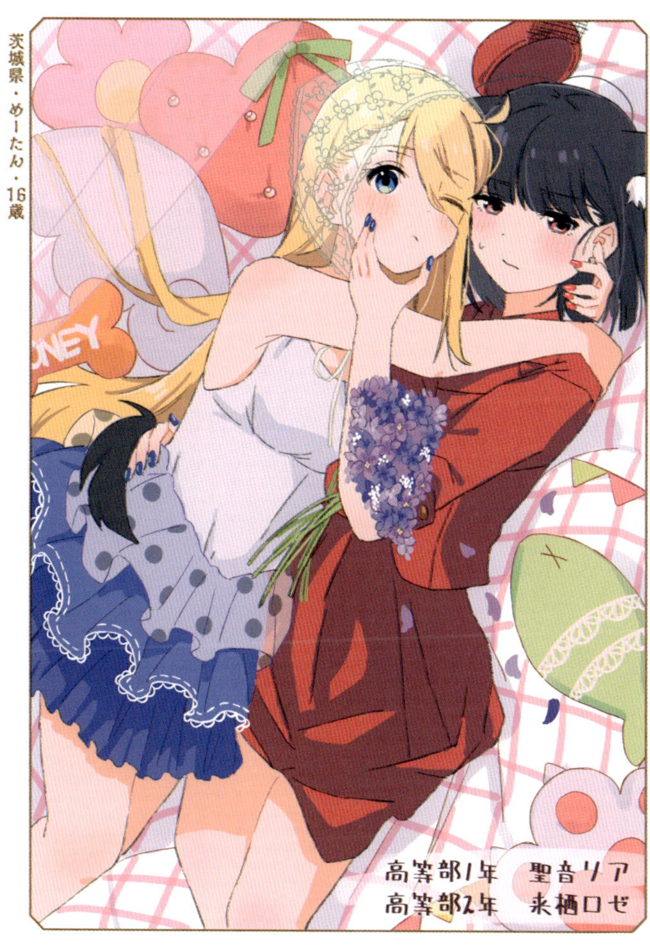

茨城県・めーたん・16歳

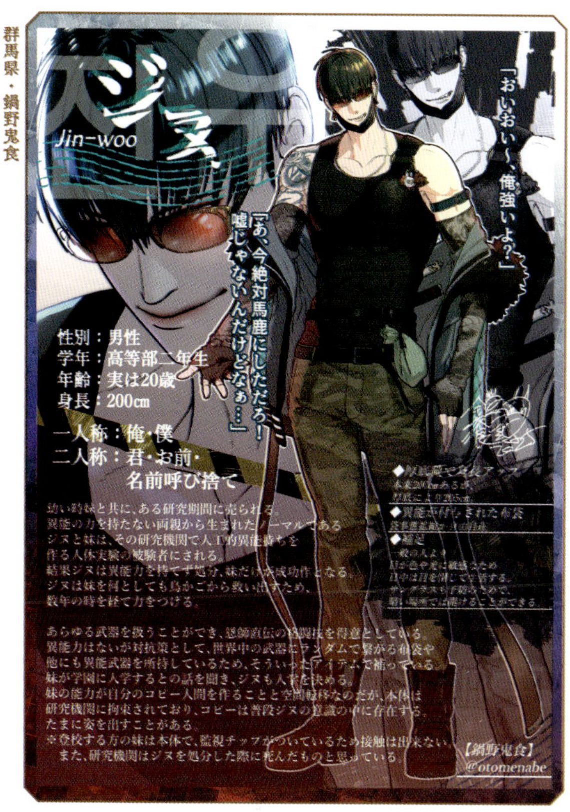

群馬県・鍋野鬼食

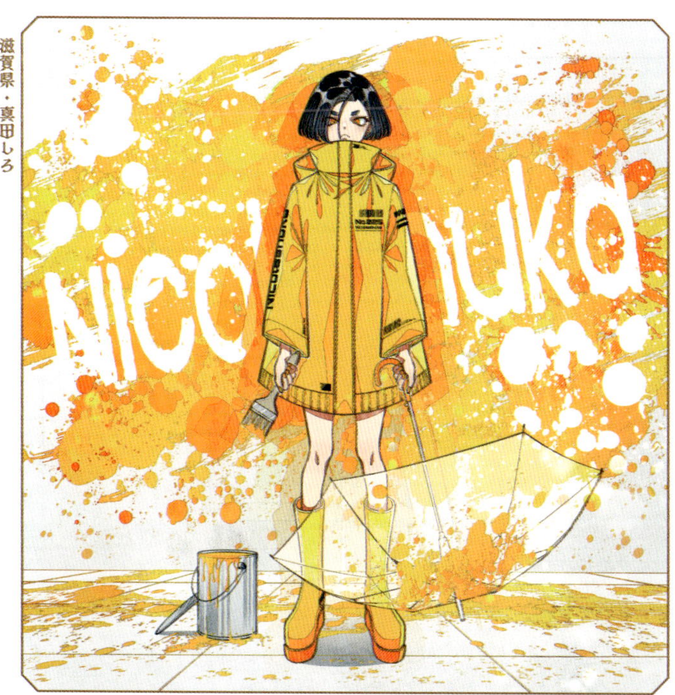

滋賀県・裏田しろ

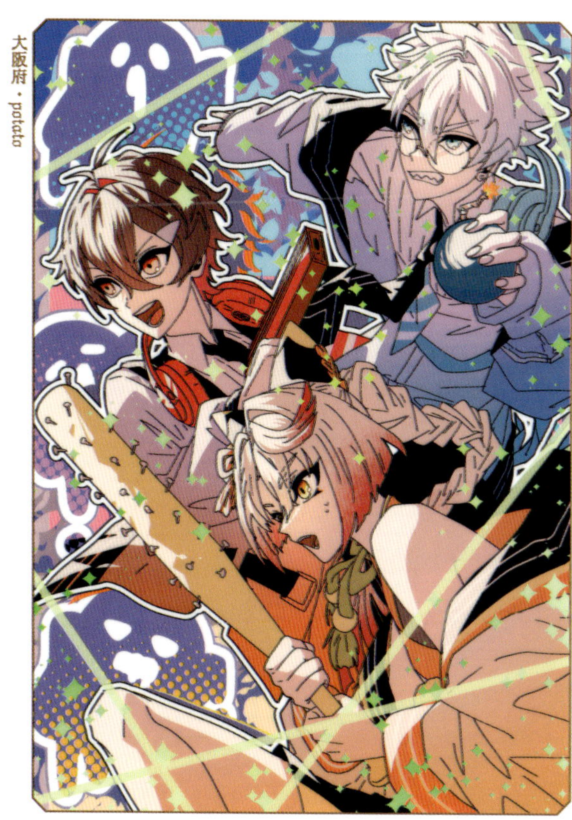

大阪府・potato

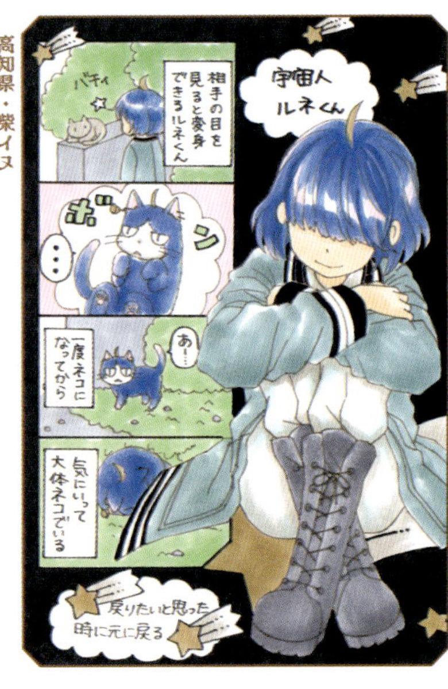

高知県・栄イヌ

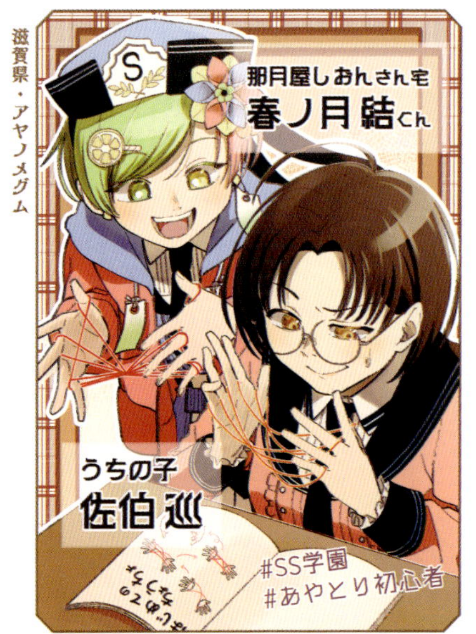

滋賀県・アヤノメグム
那月屋しおんさん宅　春ノ月結くん
うちの子　佐伯巡
#SS学園　#あやとり初心者

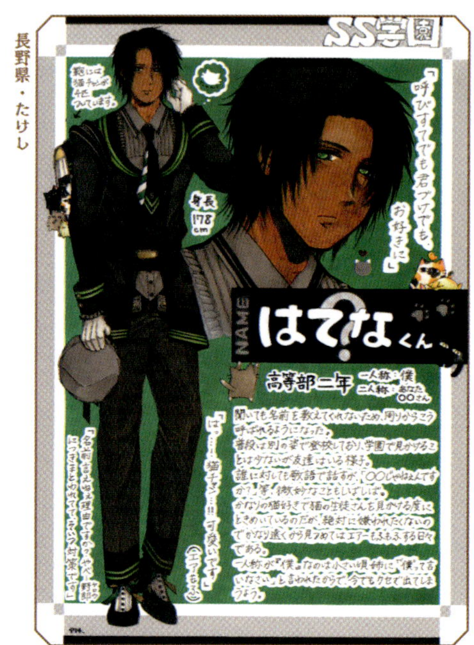

長野県・たけし

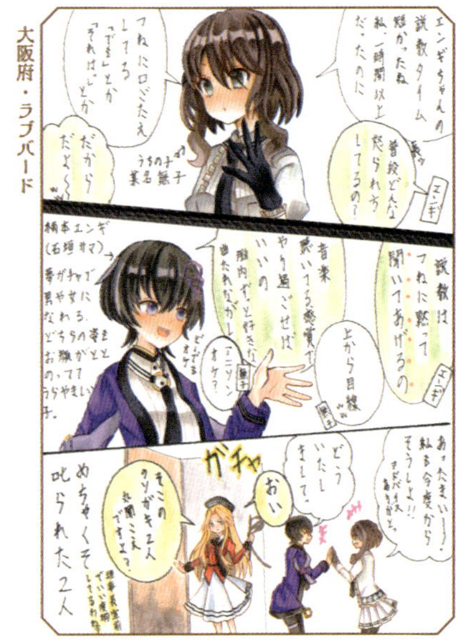

大阪府・ラブバード

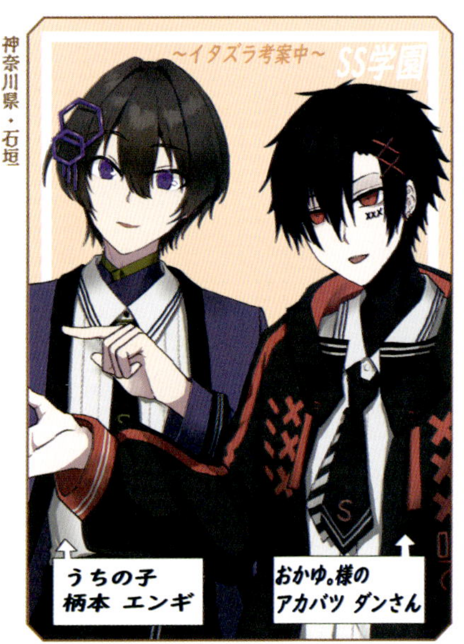

神奈川県・石垣
うちの子　柄本 エンギ
おかゆ。様の　アカバツ ダンさん

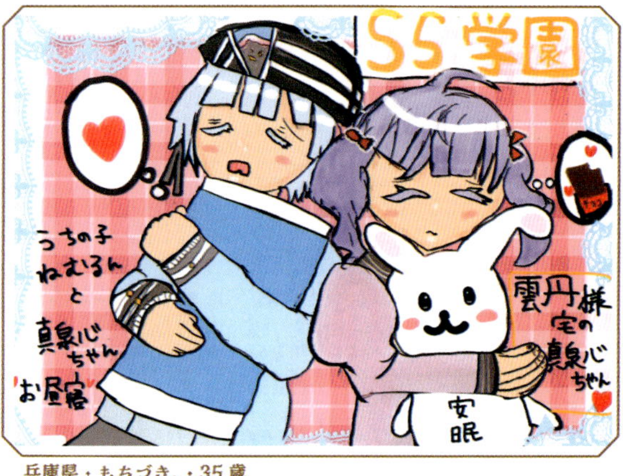

うちの子ねむるんと真泉心ちゃんお屋敷
雲丹様宅の真泉心ちゃん
安眠

兵庫県・もちづき。35歳

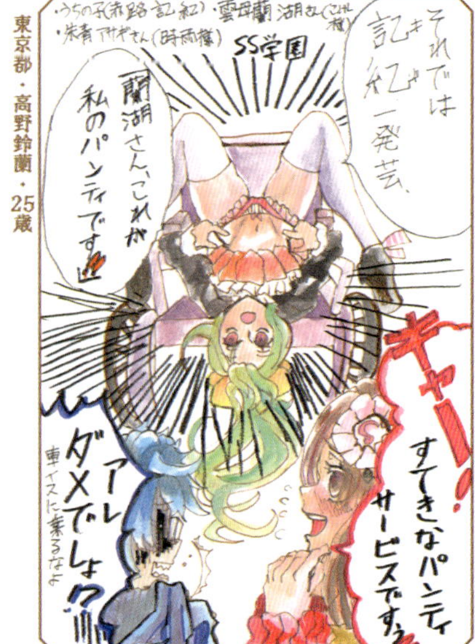

東京都・高野鈴蘭・25歳

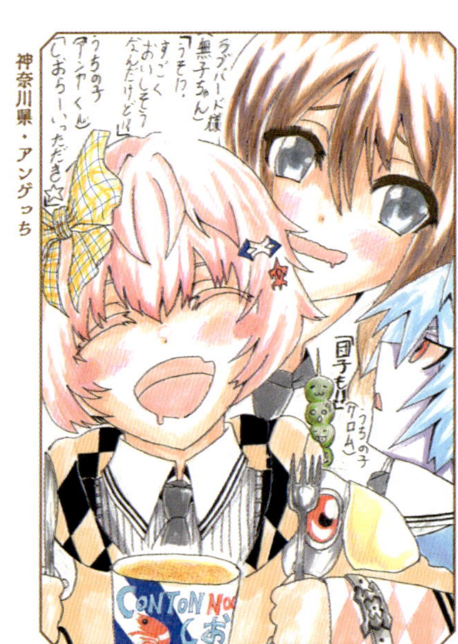

神奈川県・アングっち

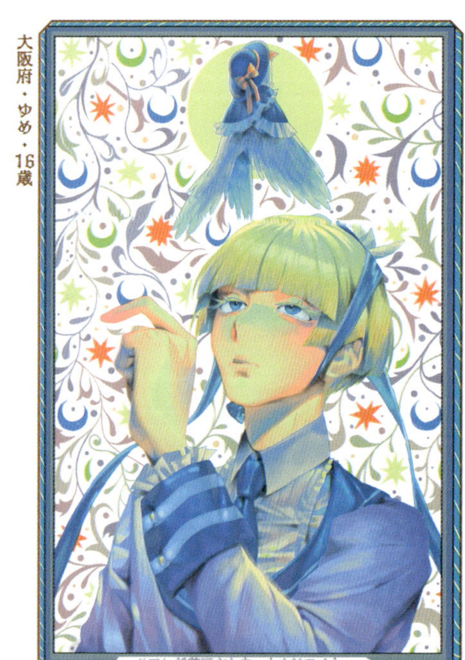

大阪府・ゆめ・16歳

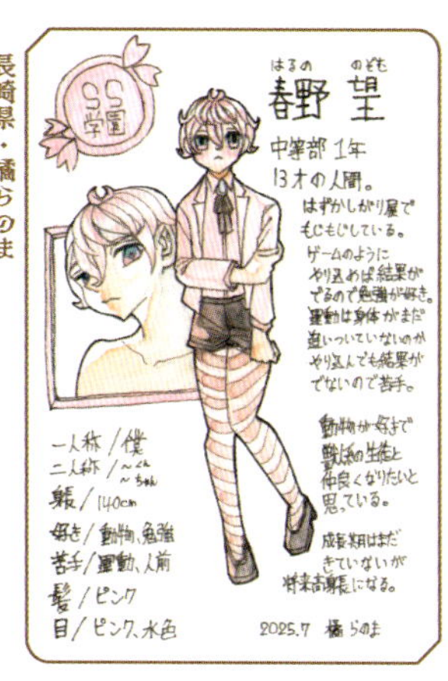

長崎県・橘らのま
春野望

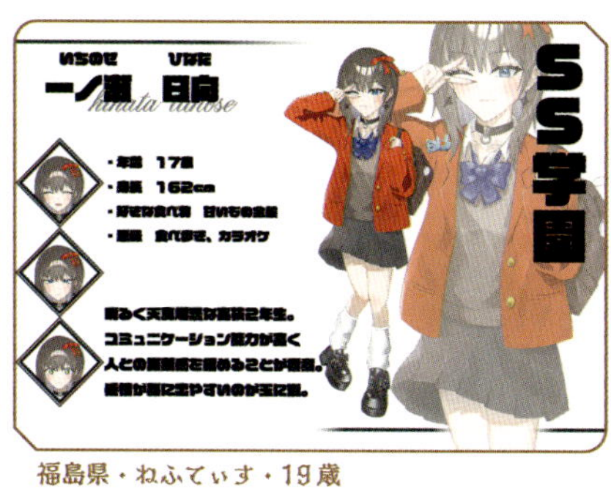

一ノ瀬 晴
SS学園
福島県・ねふてぃす・19歳

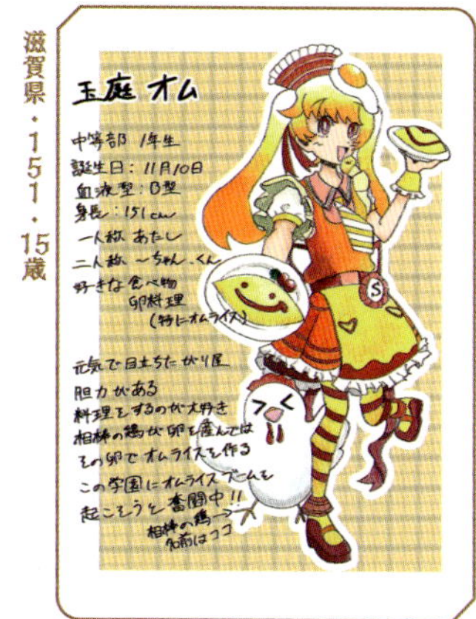

滋賀県・151・15歳
玉庭オム

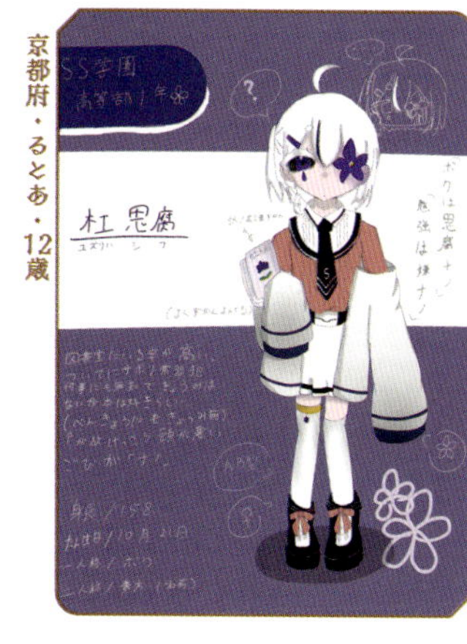

京都府・るとあ・12歳
杠思麻

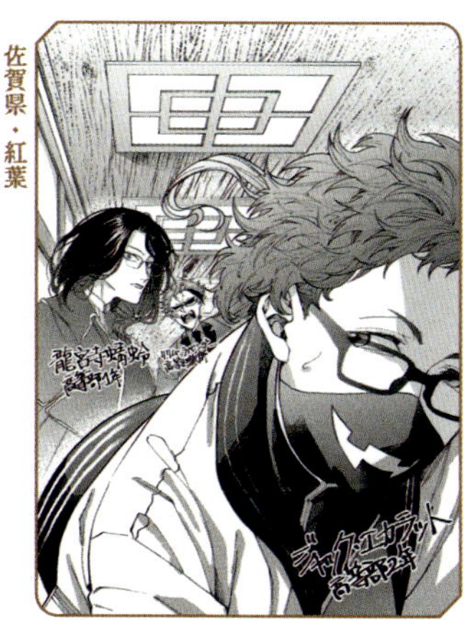

佐賀県・紅葉

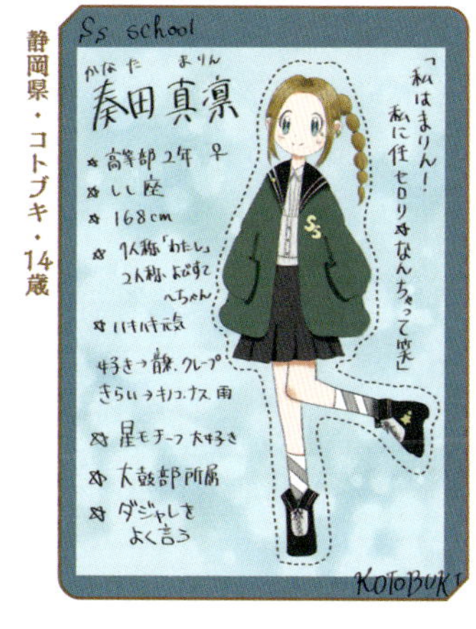

SS school
奏田真凛
静岡県・コトブキ・14歳
KOTOBUK

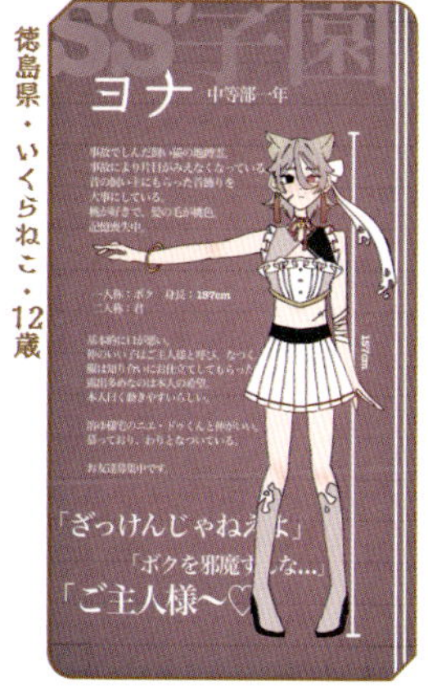

ヨナ
徳島県・いくらねこ・12歳

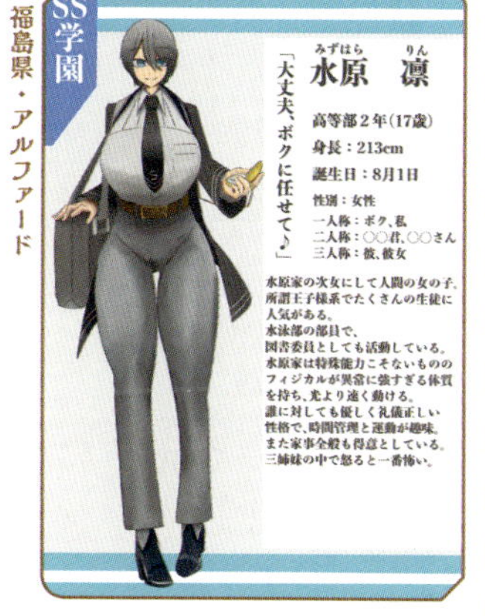

SS学園
水原凛
福島県・アルファード

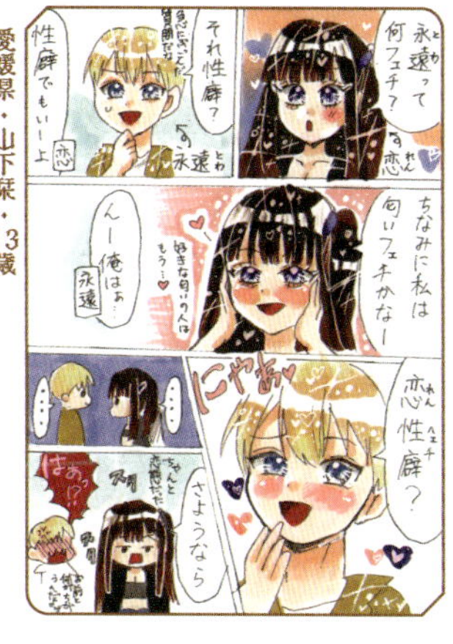

愛媛県・山下菜・13歳

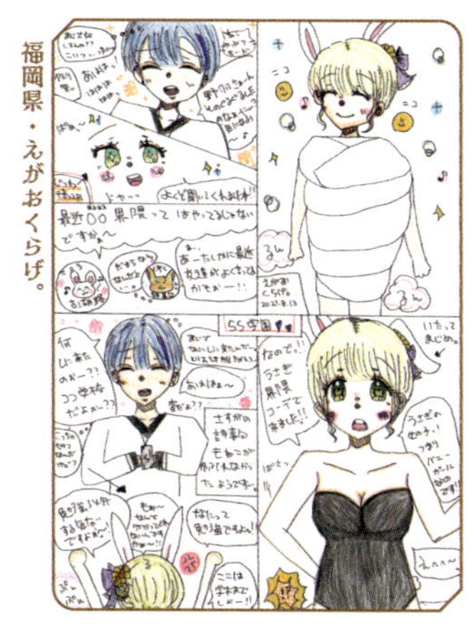

福岡県・えがおくらげ。

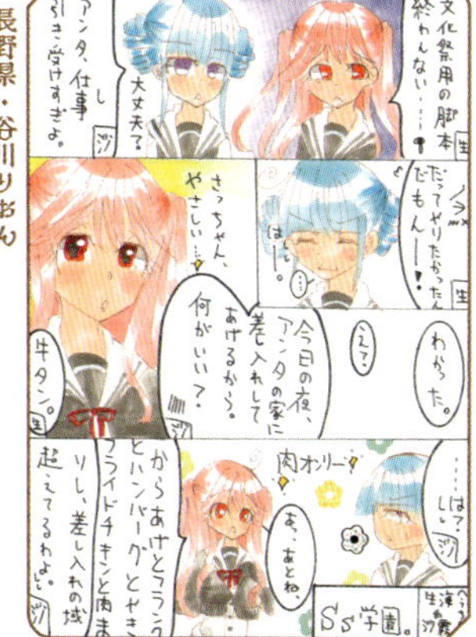

長野県・谷川りおん

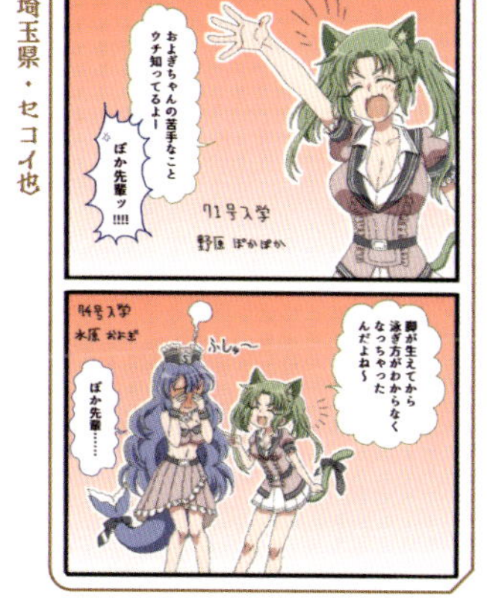

埼玉県・セコイ也

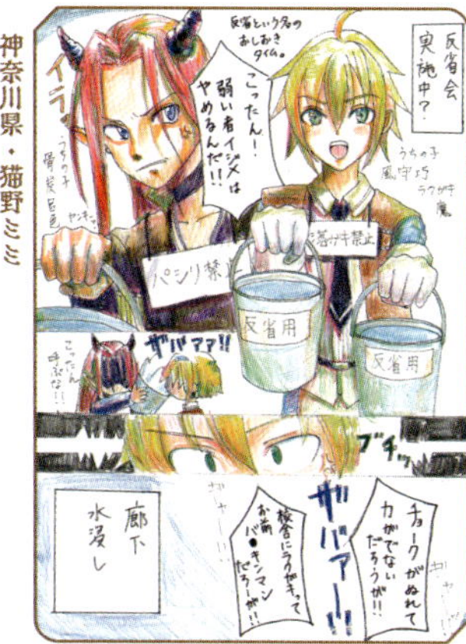

神奈川県・猫野ミミ

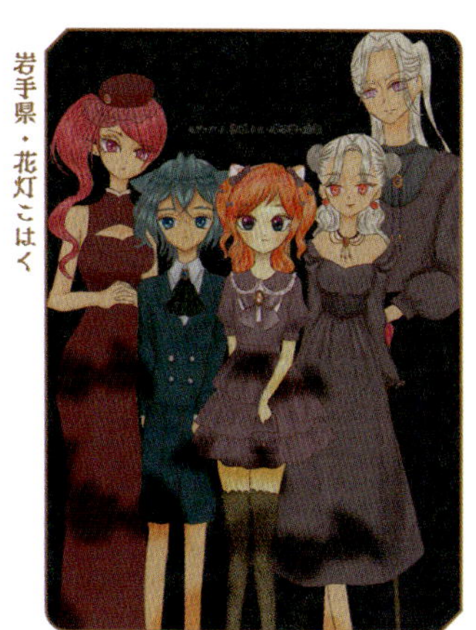

岩手県・花灯こはく

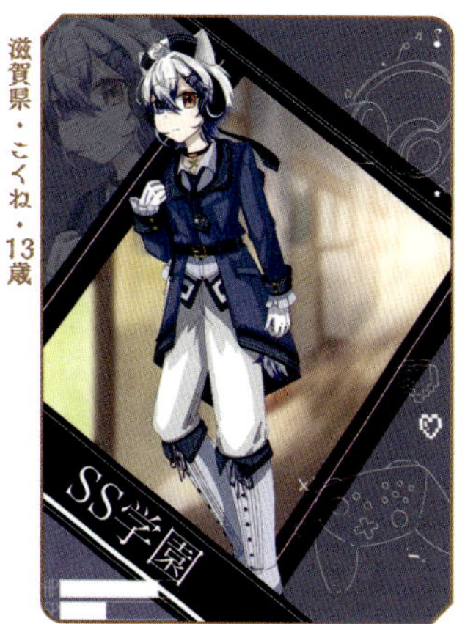

滋賀県・こくね・13歳
SS学園

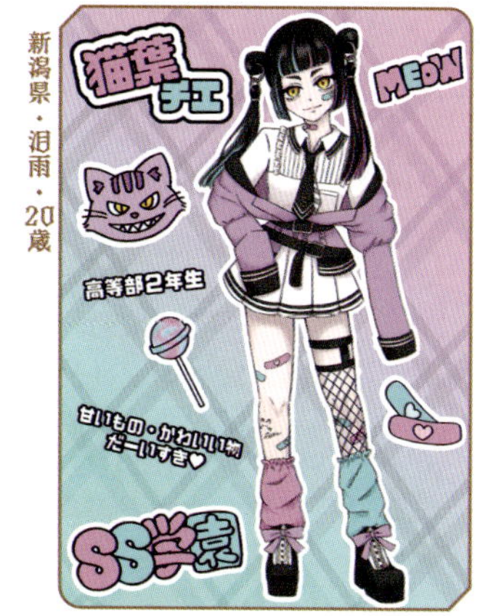

猫葉チエ
MEOW
新潟県・泪雨・20歳
高等部2年生
SS学園

2025年 お絵描き合宿レポート!!

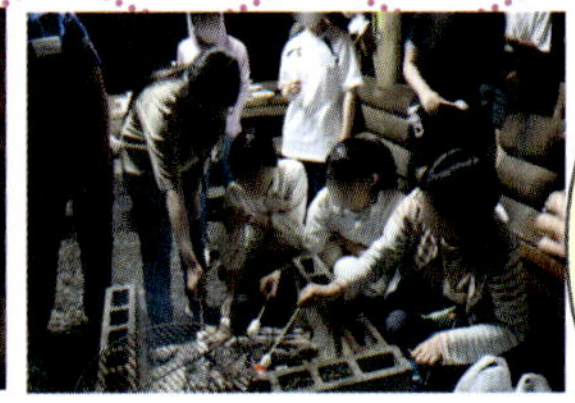

「SS」編集部主催の《SSお絵かき合宿》を2025年夏に開催しました。この合宿は栃木県日光市にある豊かな自然に囲まれたログハウス「ウッズマンズヴィレッジ」に宿泊して、参加者たちで絵を描いたりお話をする集まり。絵を描くのが好きな人たちや「SS」に投稿している人たちが、みんなでお泊りして、ゆっくり親睦を深め、将来のことや自分の作風について話し合って交流しよう! という主旨で開かれました。来年も開催する予定ですので、気になる方は次回より、ぜひ応募くださいませ! 想像しているより楽しいこと、うけあいです。絵を描いて楽しく語り合いましょう。

▲テーブルにいろんな画材を並べてうちのこを描きあったり、お題に沿ったイラストに挑戦するなど、楽しく過ごします! BBQや川遊び、花火など賑やかな時間もあれば、集中して真剣に描く時間も。あっという間の2泊3日です〜!

▼参加した皆さんの寄せ描き

もふる
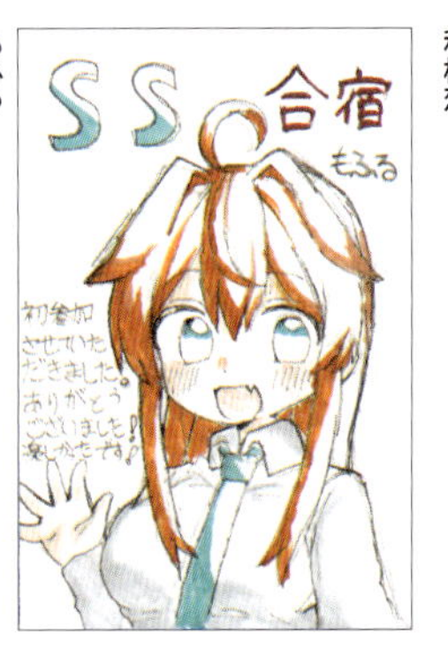

和桜恋
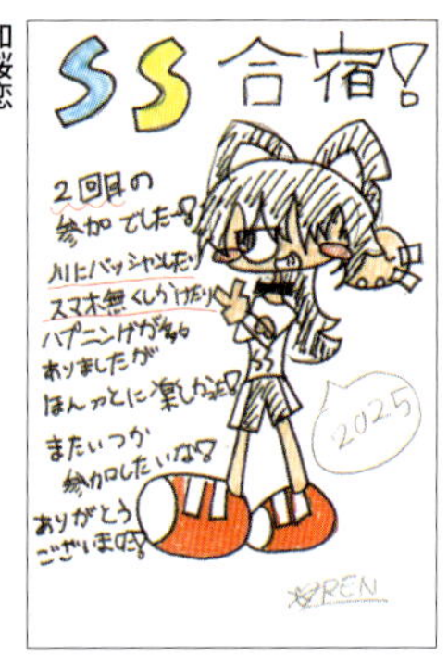

萩原あろ
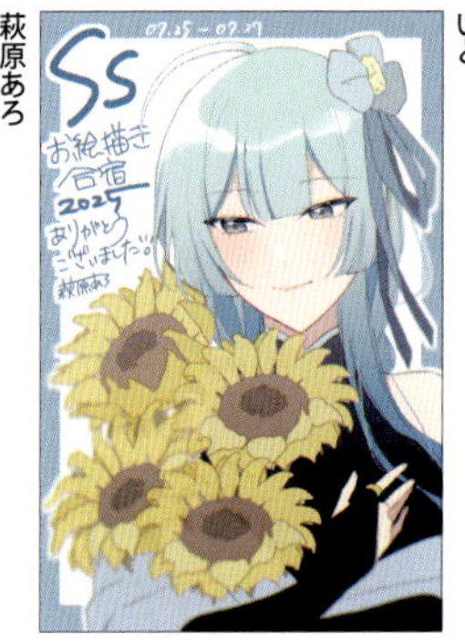

いと
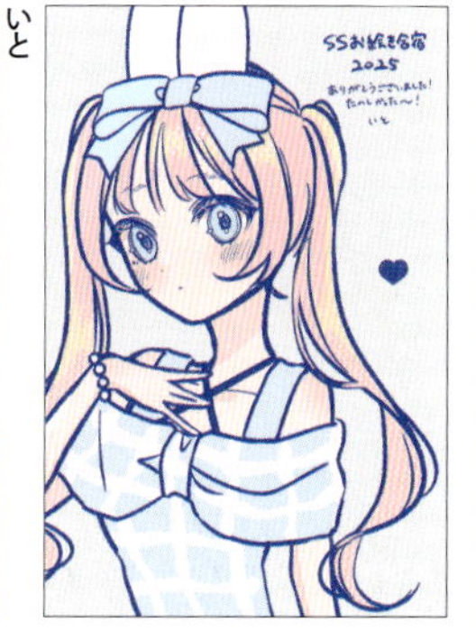

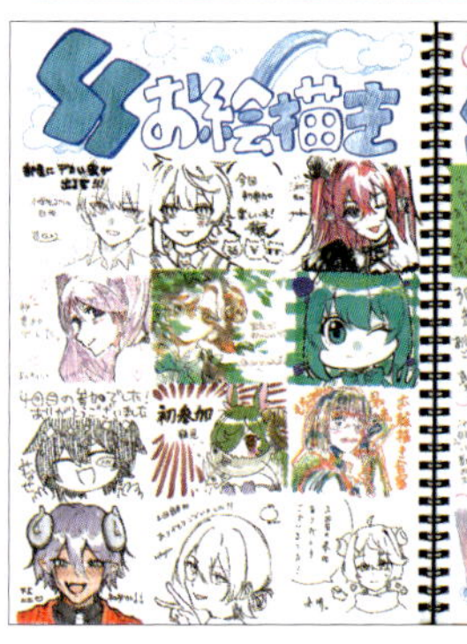

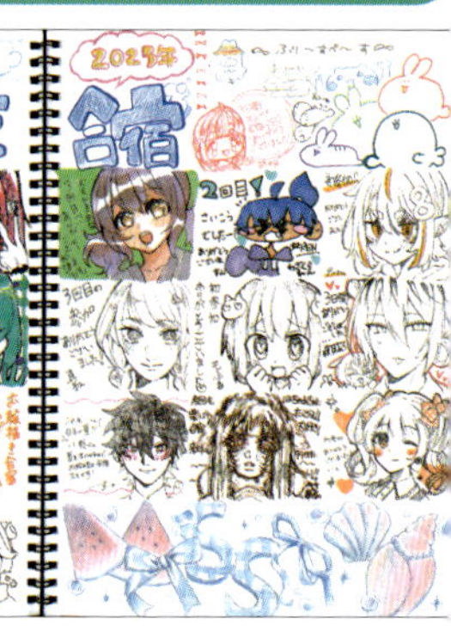

うさまる。
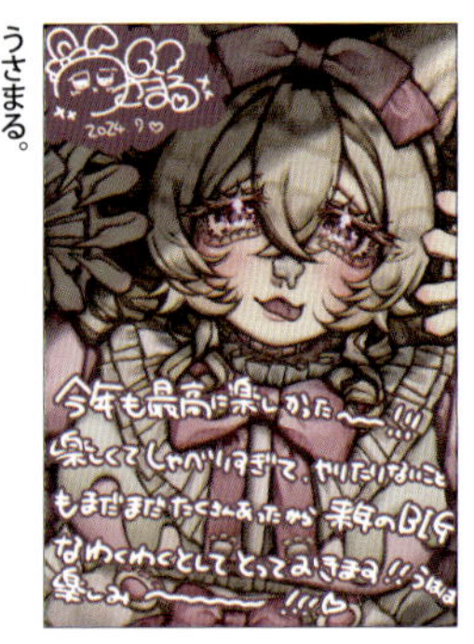

ひらい祐夢
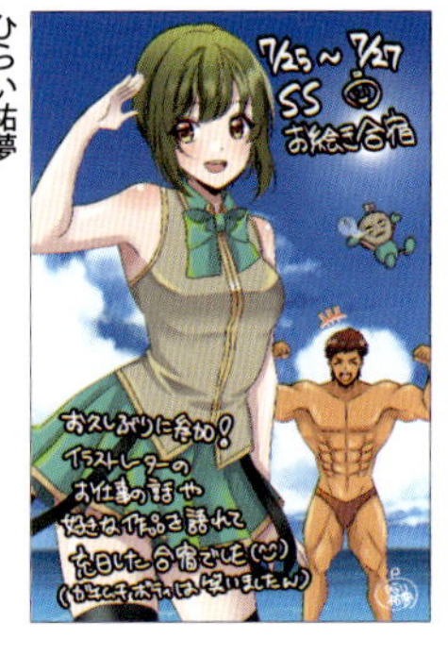

真紅
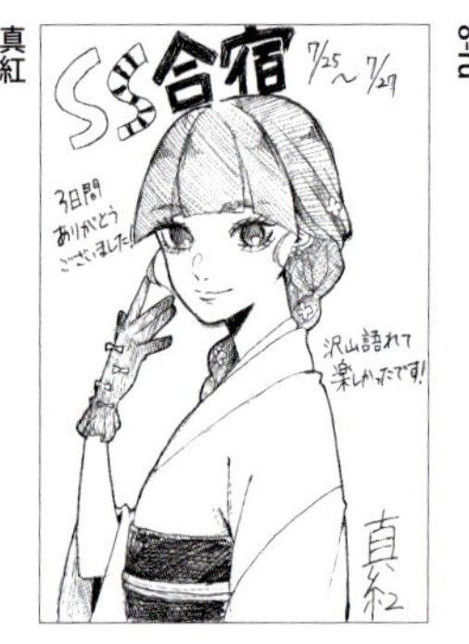

8-ru
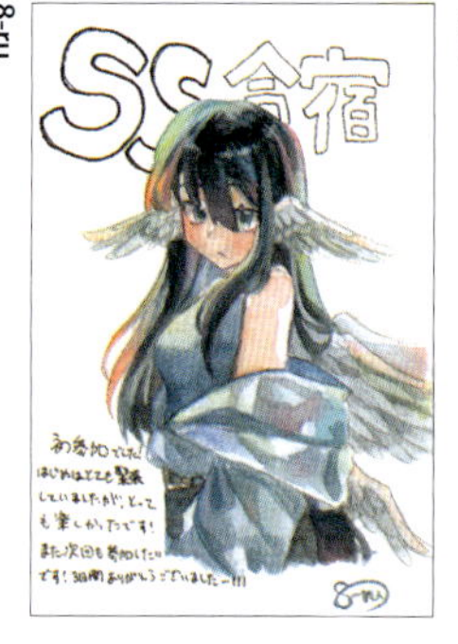

未明。
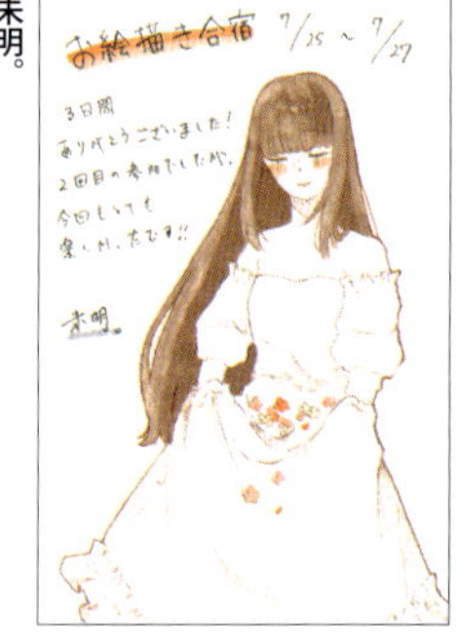

旭幸
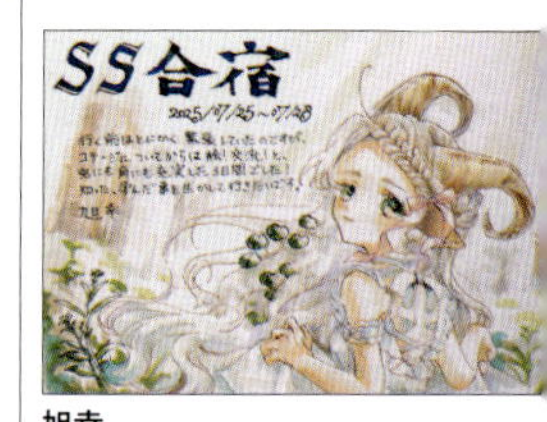

我壊ワルド
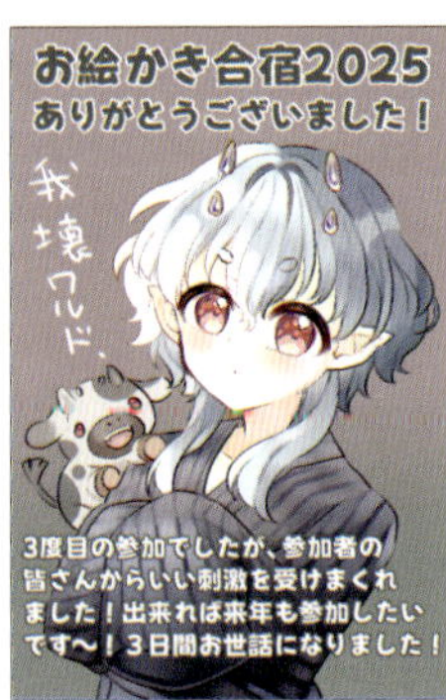

お天気屋
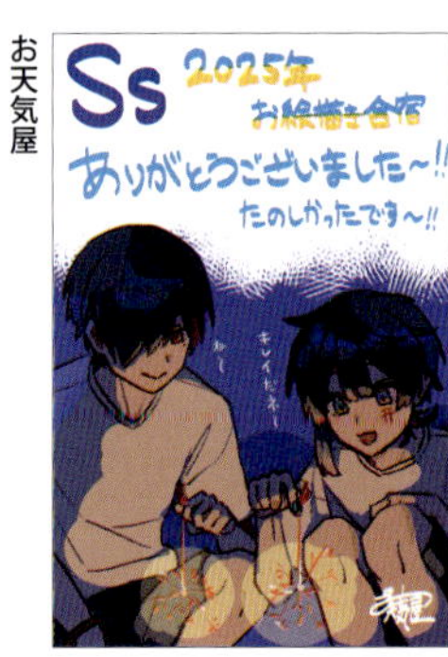

さくしゃ2
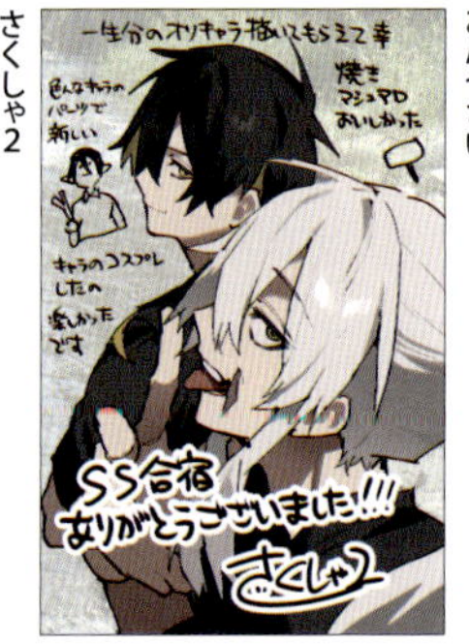

おんやさい
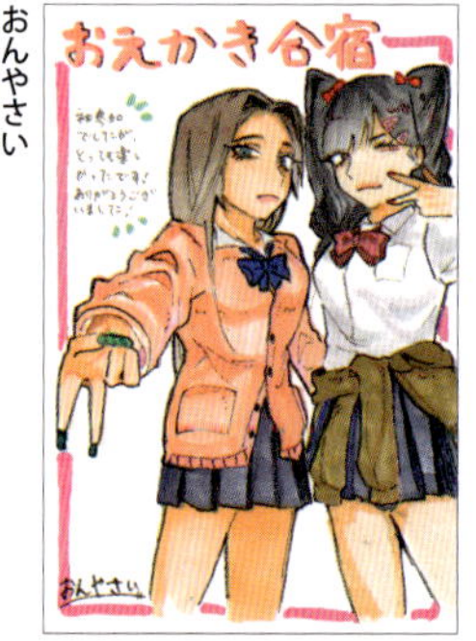

上下ニニ
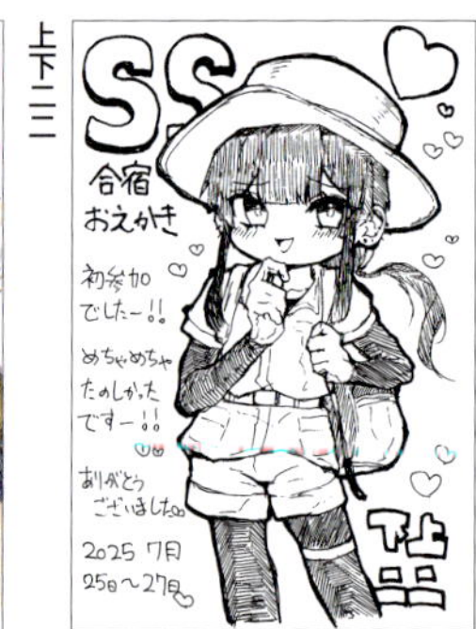

rikopin
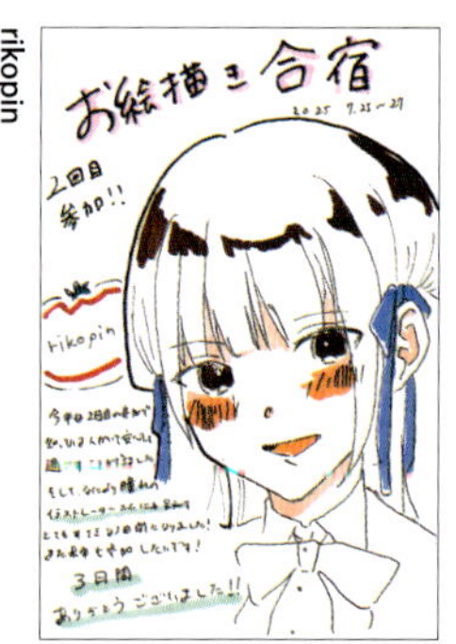

レポート・告知

次回開催予定

レポートの掲載が遅くなりましたが、今後も《SSお絵かき合宿》は開催する予定です。2026年の7月、8月を予定しています。2026年4月発売の号にて応募詳細を発表予定です。過去に参加された方、初参加に関係なく、ぜひお気軽に応募くださいませ。どうぞ、よろしくお願いします。

みなせ
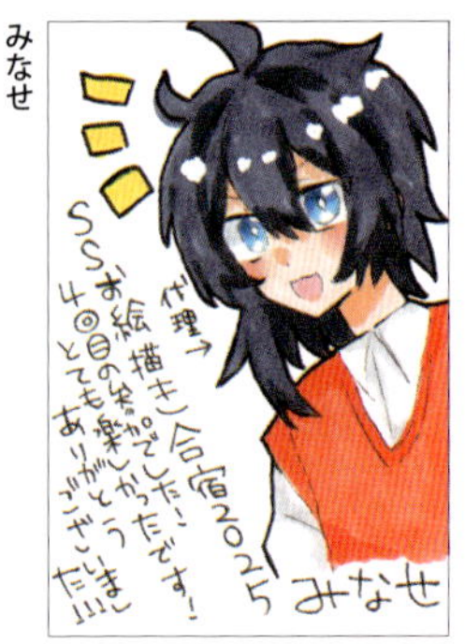

日暮澄
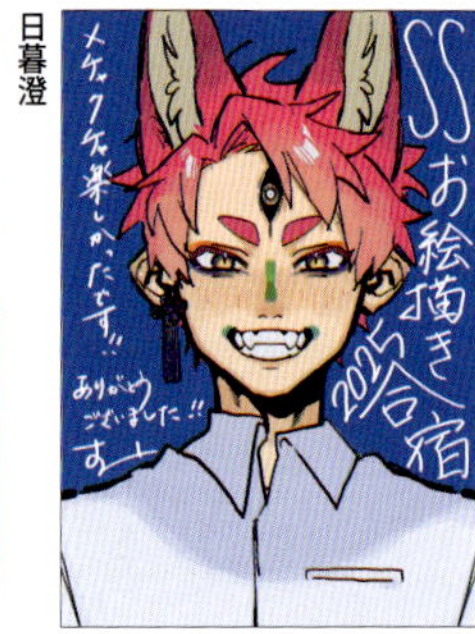

もちみかん
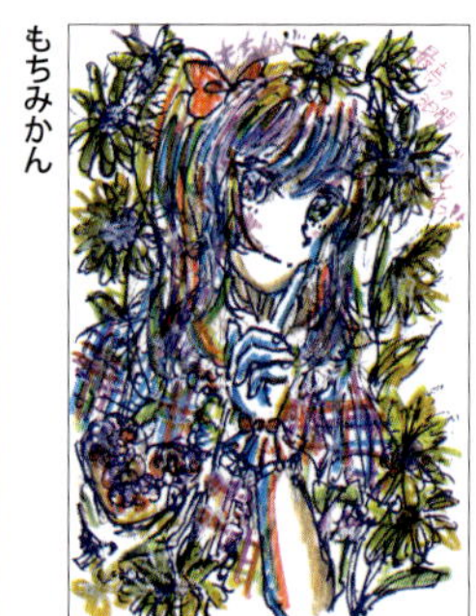

鶴見海斗
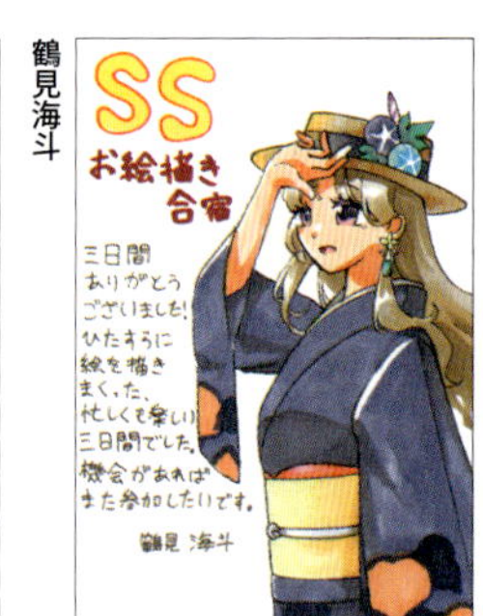

yuhu
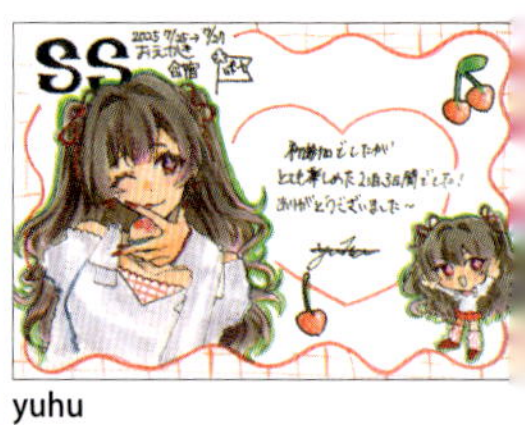

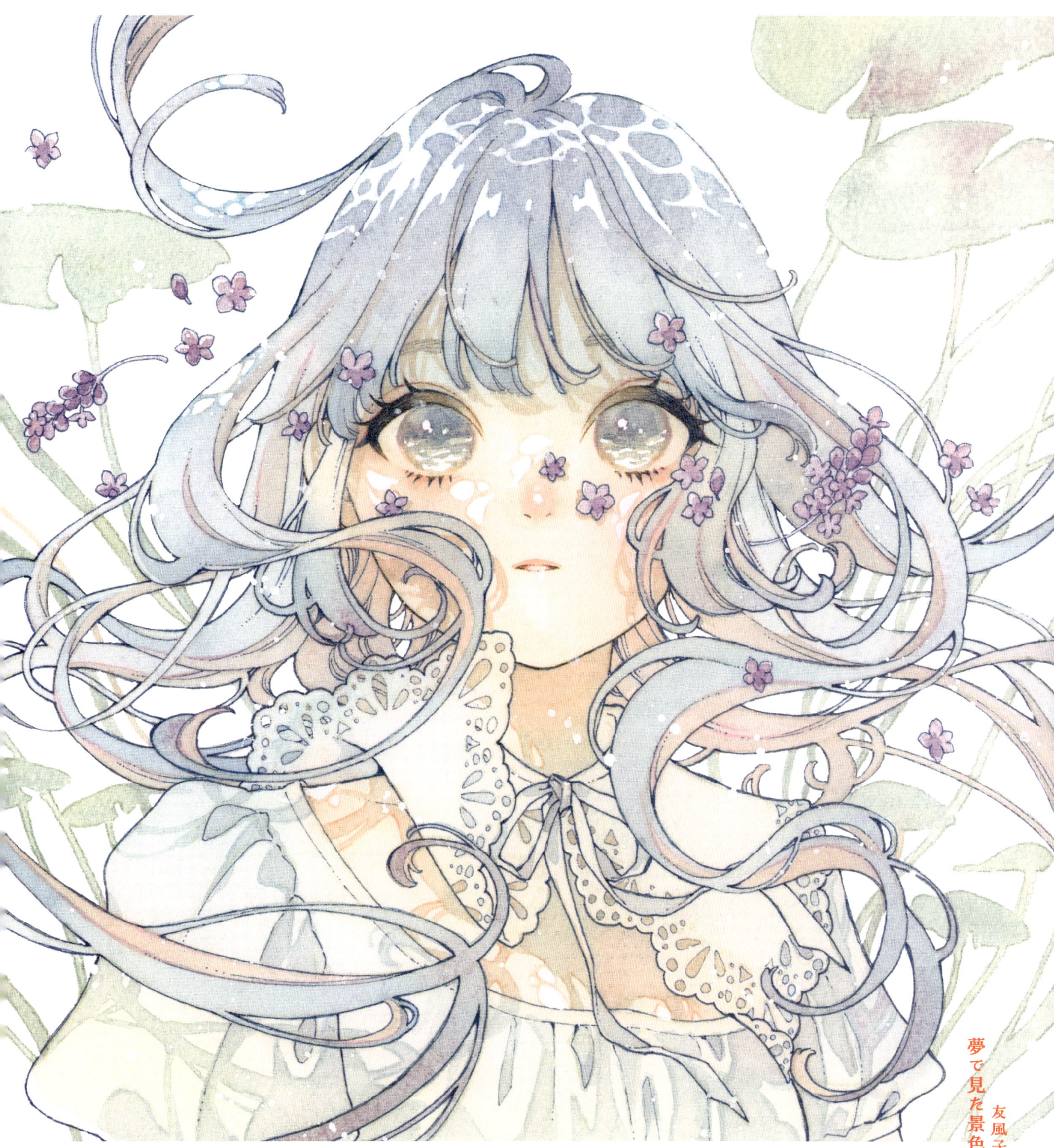夢で見た景色
友風子
vol. 2

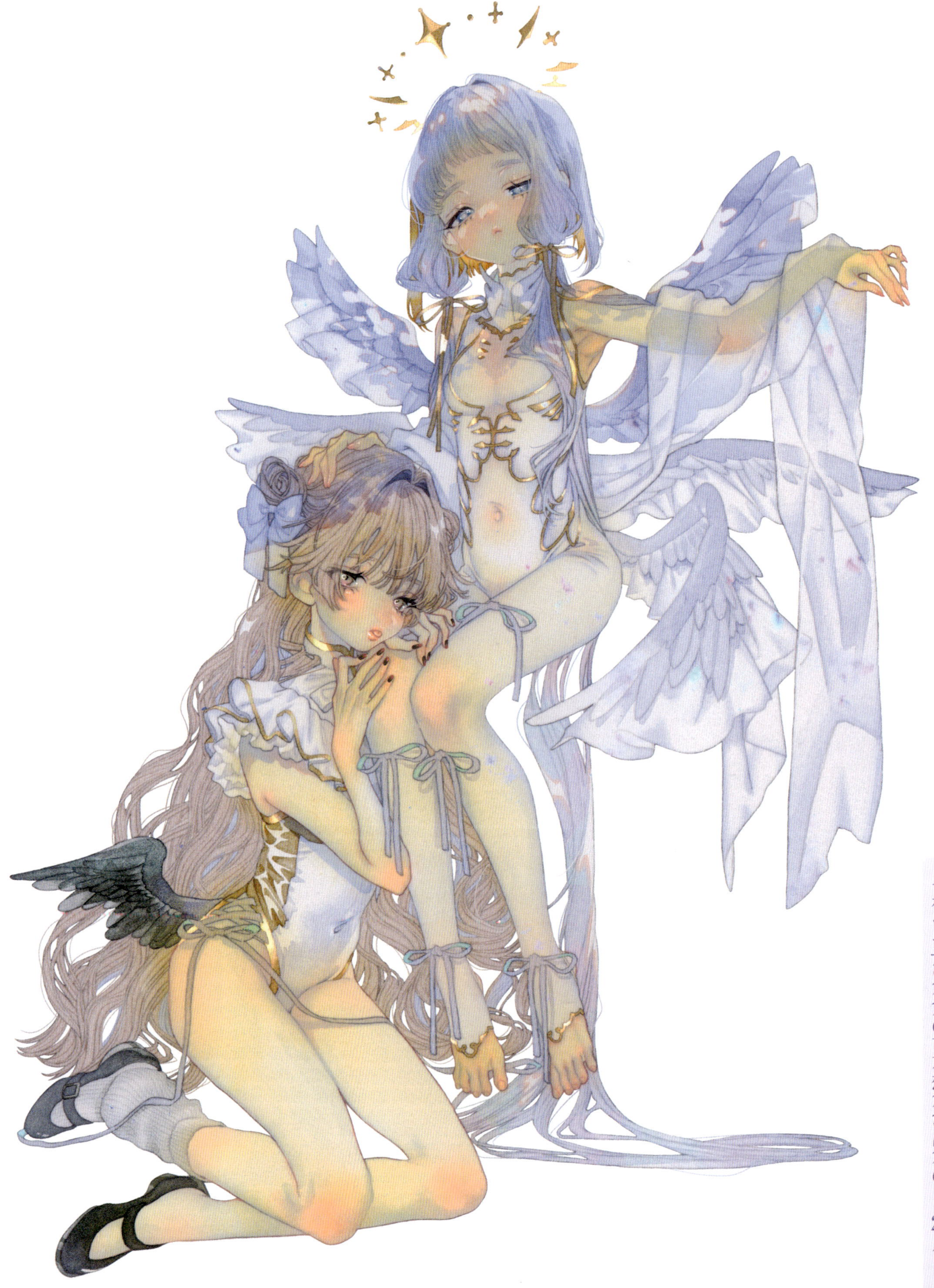

七神マナ｜あなたの可哀想なおんなのこ　27人目

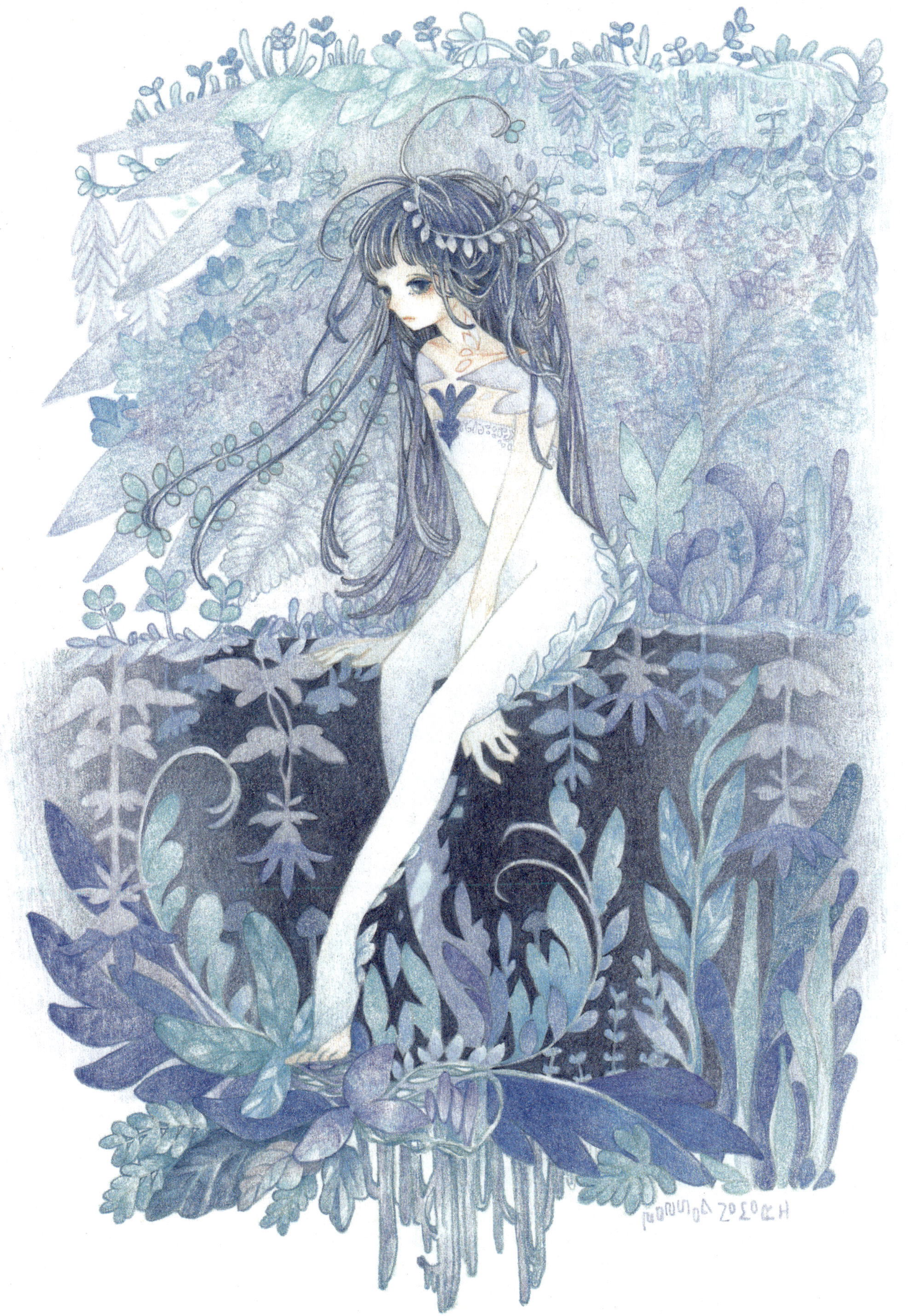

color illust collection

sky S

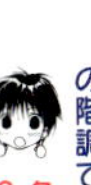

今号も投稿ありがとうございます〜！　今回のフリー扉の絵は、のもりさん。青色をテーマに描いたそうです。画面全体が青と紫の階調で作られていて、植物とあわさったキャラクターが神秘的！　色鉛筆で繊細に描かれていますが、色の濃淡も美しいですね〜。83ページのひらきさんは、「この世の存在ではない少女」ということで、人魂が漂う光景が妖しい雰囲気を出しています…！　髪の毛がほどけるような描写が素晴らしい。ずめ子さんの作品は「みんな持っている時限爆弾。時間切れまで動くといいね」というコメントが！　胸についた心臓の描写や背景のカラーリングや構成も印象深いです！　84ページ竹輪てんさんは、「大好きなスズメと和風メイドさんを秋のイメージで描いてみました」とのことで、秋らしく落ち着いた色合いが素敵です。和風パフェやお茶も美味しそう！　着物やヘッドドレスのデザインも趣向が凝らされていて素敵です。Parumさんの作品は、「レモンの女の子をエプロンドレスの装いで描きました」とのことで、こちらはレモンのクリームソーダが登場して美味しそう。メンダコやペンギンといった海をイメージさせる生き物が爽やかで可愛い。こけしさんは「夏のおでかけ前に玄関で鏡をチェックしているシーン」を描いていて、パールや貝のモチーフが描かれています。リボンの肩紐のトップスの肌見せと、ひねらせたピップラインもセクシーで魅惑的！　こんぺ伊藤さんは「ナースコンカフェで働く女の子」を描いていて、血液パックや絆創膏も含めて、全体の水色が可愛い！　エナジードリンクっぽいものが、哺乳瓶の形になっているのが良い！　85ページの木野白さんは「夢幻の魔女」で、ナイトドレスを着ているそうですが、ひらめく感じや背景デザインも雰囲気たっぷり。ハロウィンがテーマの魔女庭一さんの作品は帽子にいろんなモチーフが入っていてシュールな魅力があります。ハルサメマナさんは海底にある冥界の刑務所を描いていて、タコの足や目玉などの不穏なものがあふれる光景が迫力満点！　本当ですね。今号もたくさんの投稿ありがとうございました。次回もお待ちしております！　クンストカマーもよろしくです〜。

大阪府・のもり【色鉛筆・Beアートペーパー】

熊本県・ひらき〔ウォーターフォード水彩紙（ホワイト）・アクリルガッシュ・透明水彩〕

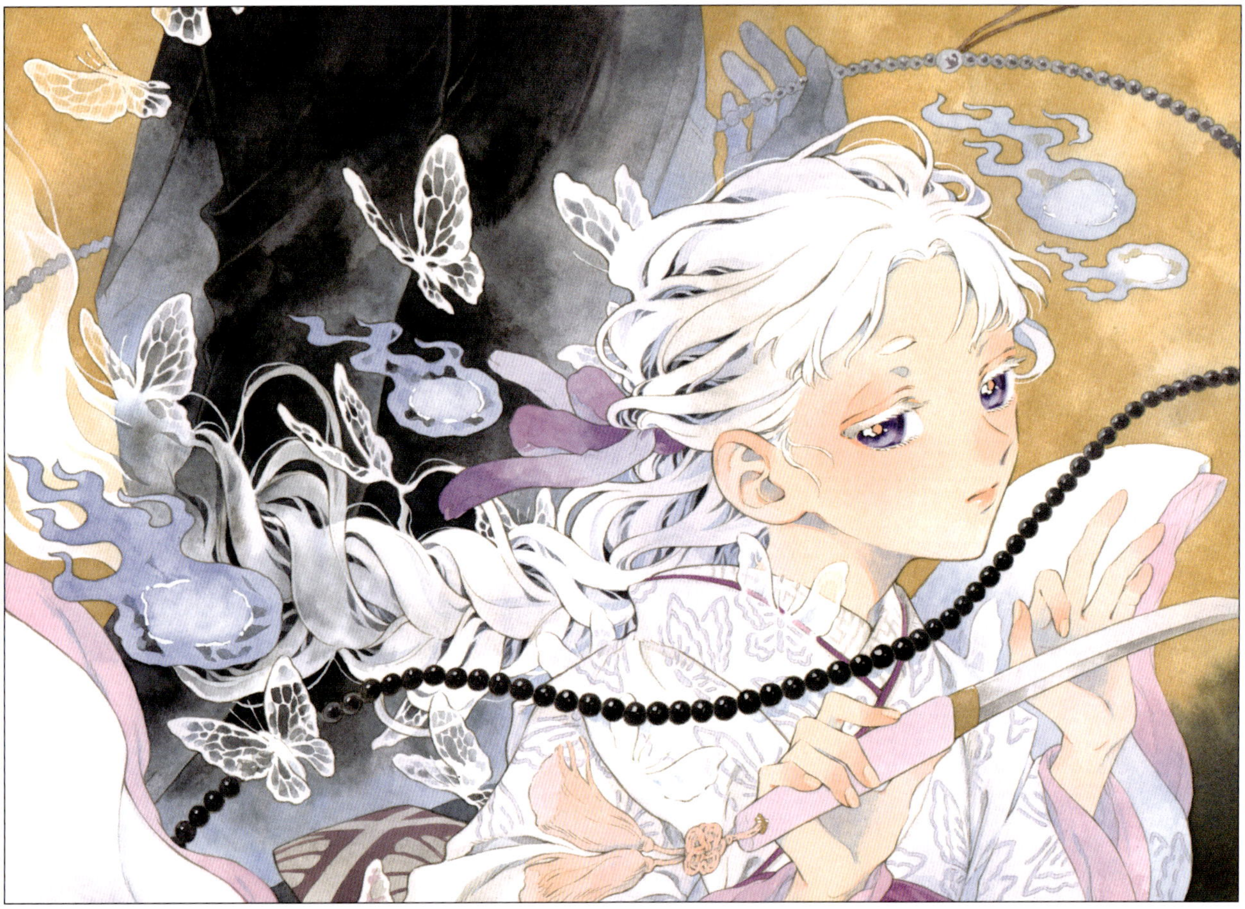

岐阜県・ずめ子〔ターナーアクリルガッシュ・ファーバーカステル水彩色鉛筆・マルマンスケッチブック〕

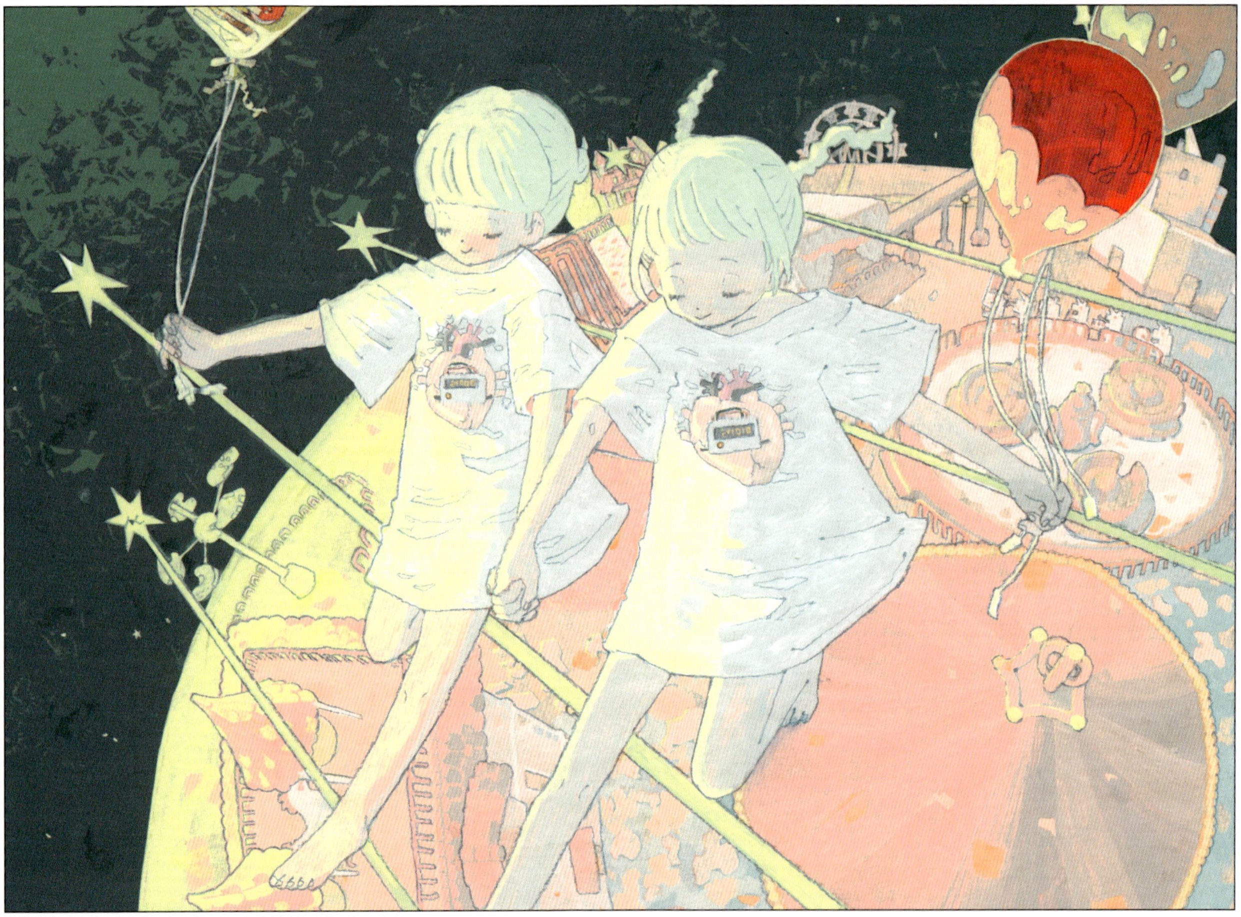

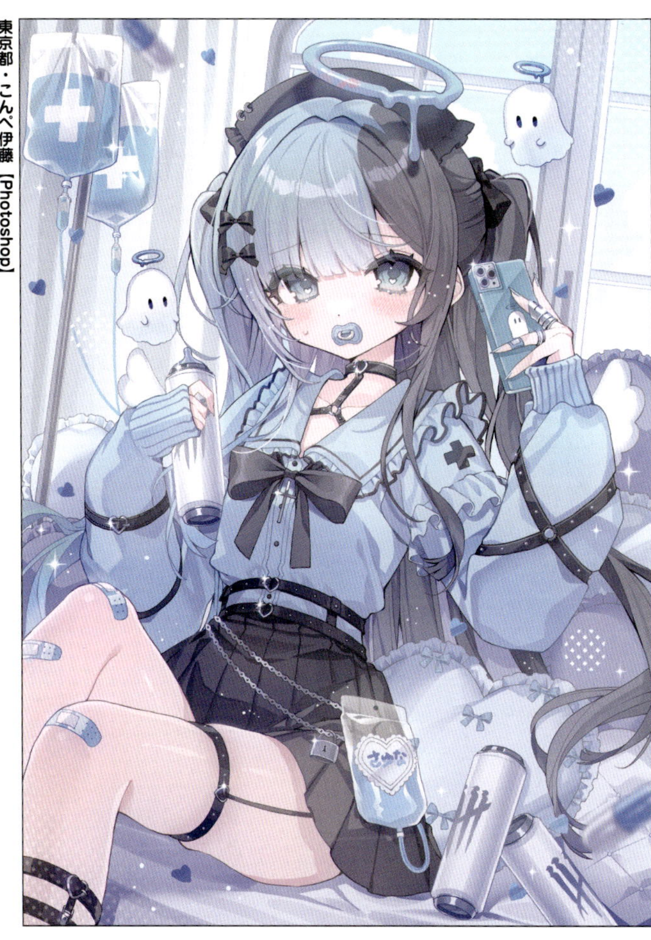

東京都・こんぺ伊藤　[Photoshop]

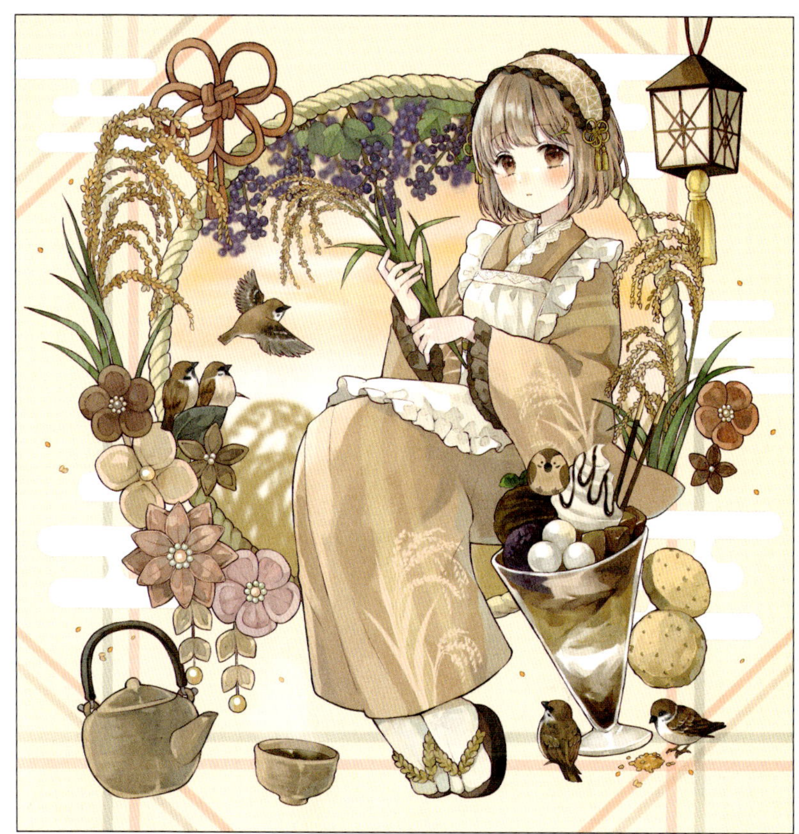

埼玉県・竹輪てん　【SAI】

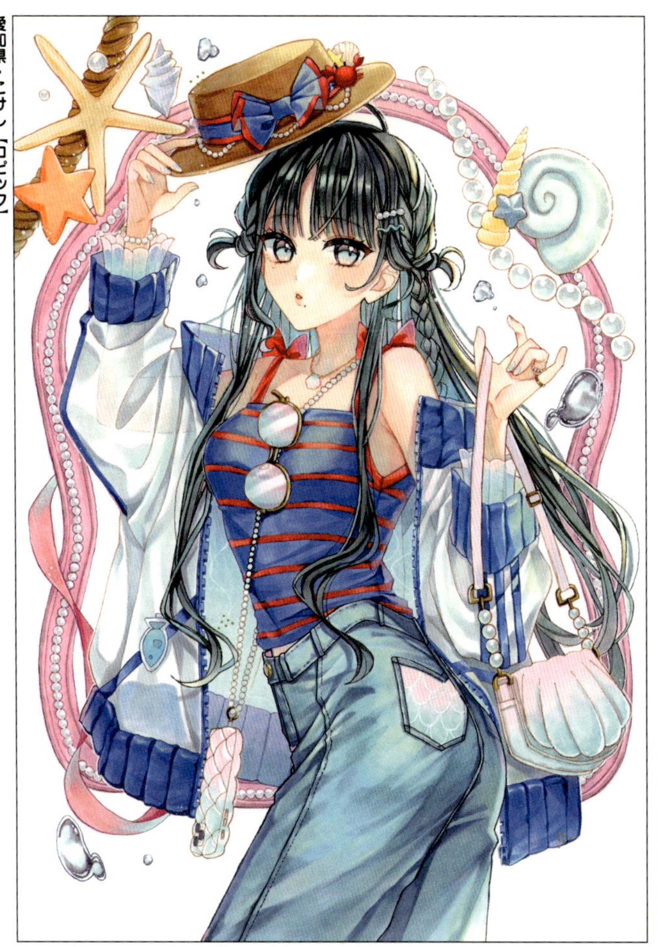

愛知県・こけし　[コピック]

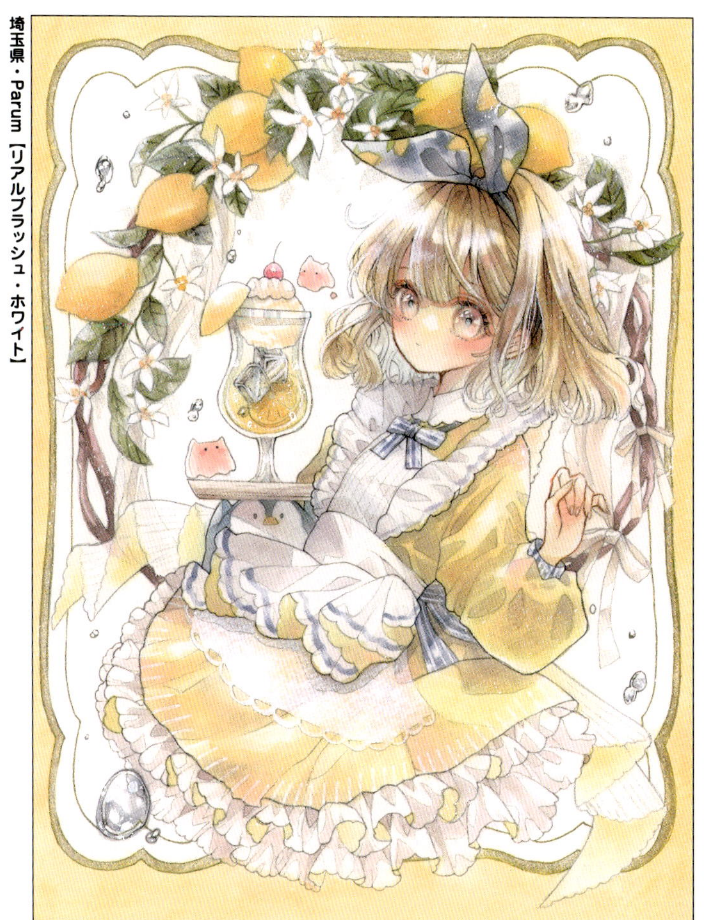

埼玉県・Parum　[リアルブラッシュ・ホワイト]

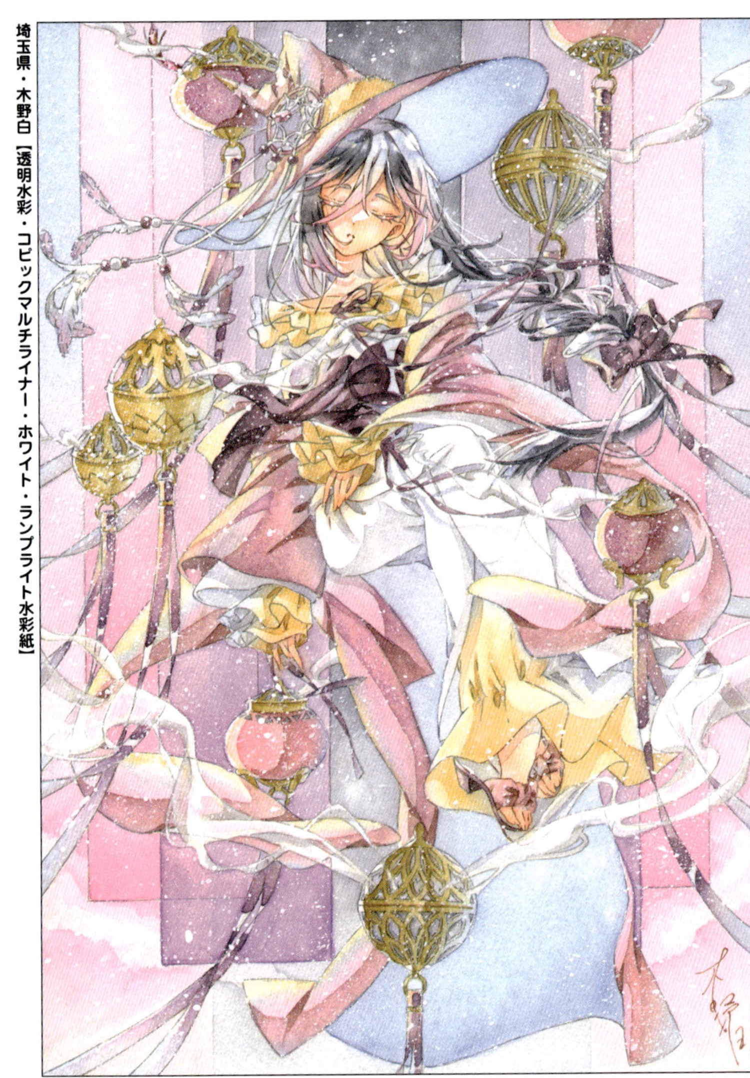

埼玉県・木野白【透明水彩・コピックマルチライナー・ホワイト・ランブライト水彩紙】

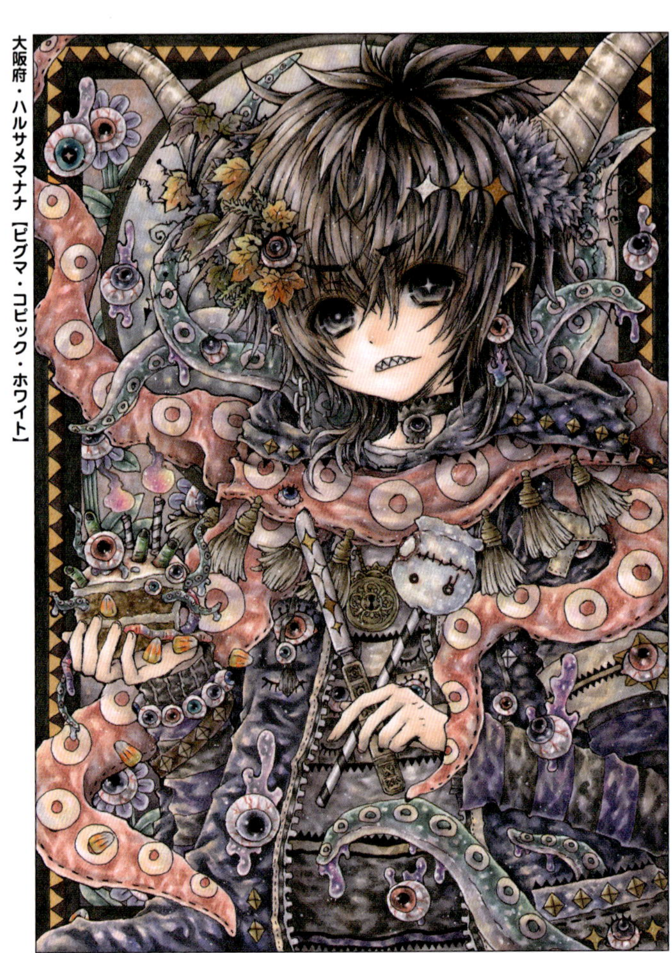

大阪府・ハルサメマナナ【ピグマ・コピック・ホワイト】

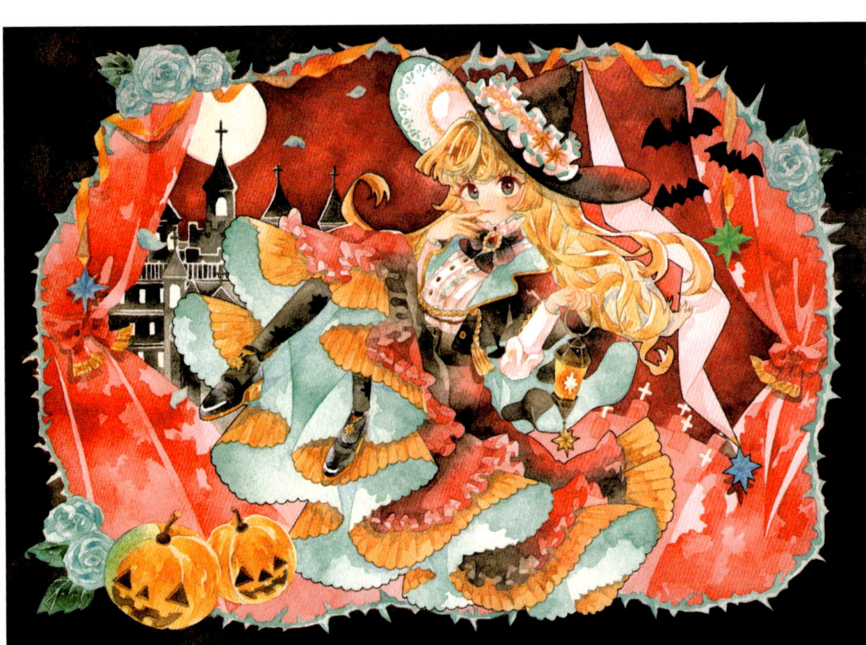

埼玉県・わさび【透明水彩・コピックアクレア・ウォーターフォード水彩紙】

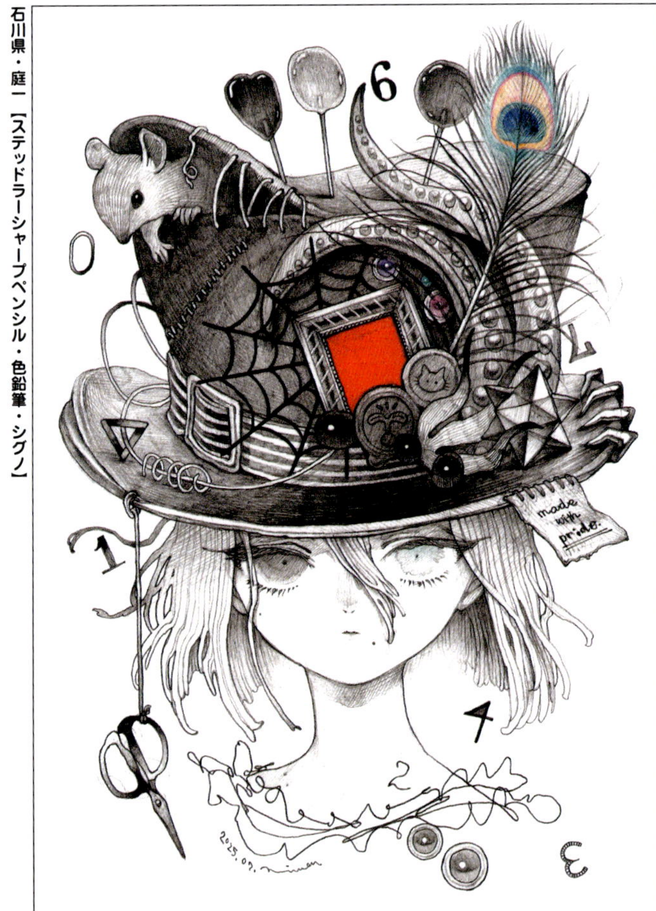

石川県・庭一【ステッドラーシャープペンシル・色鉛筆・シグノ】

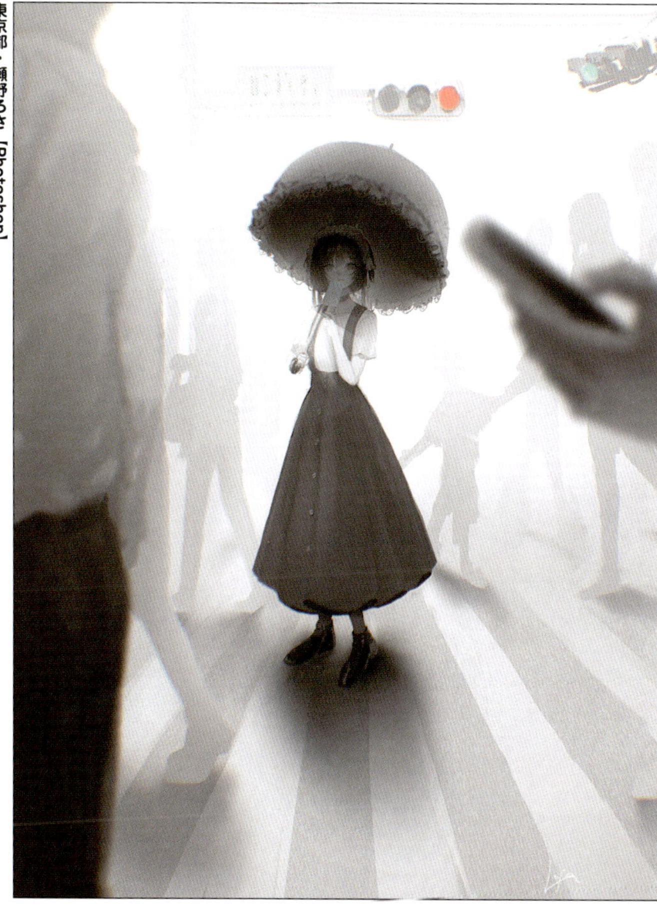

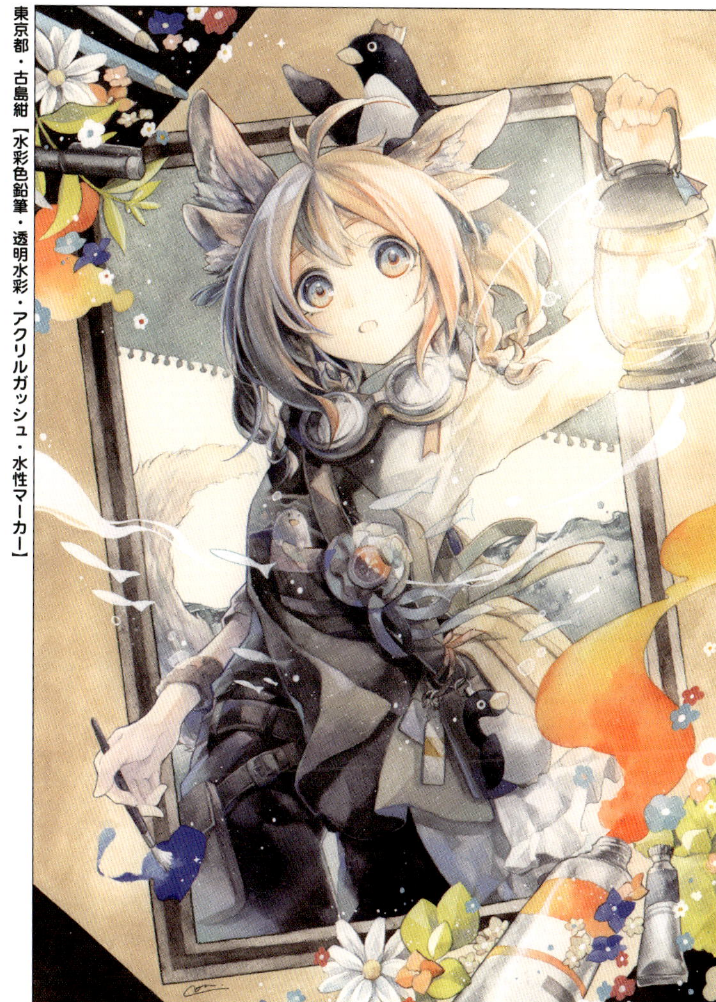

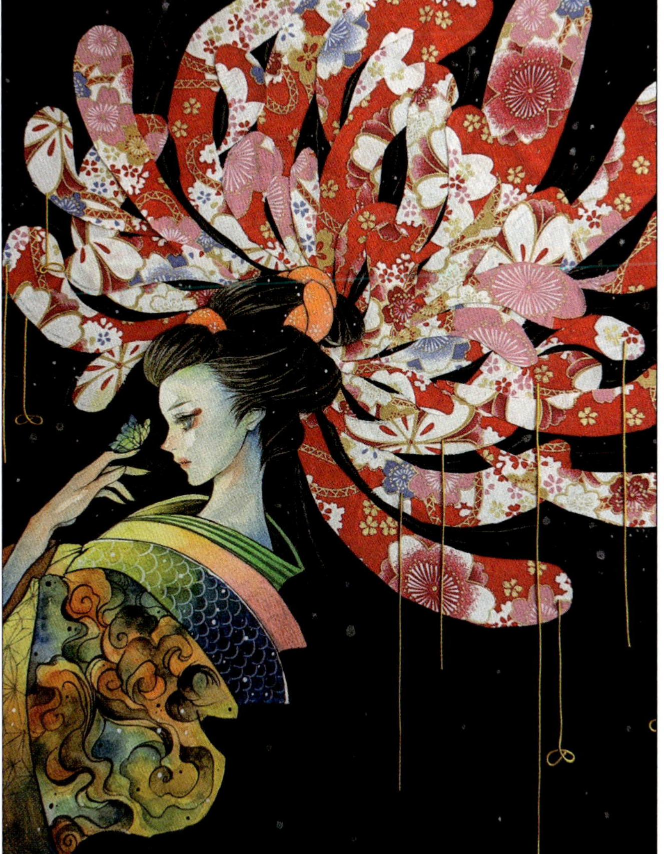

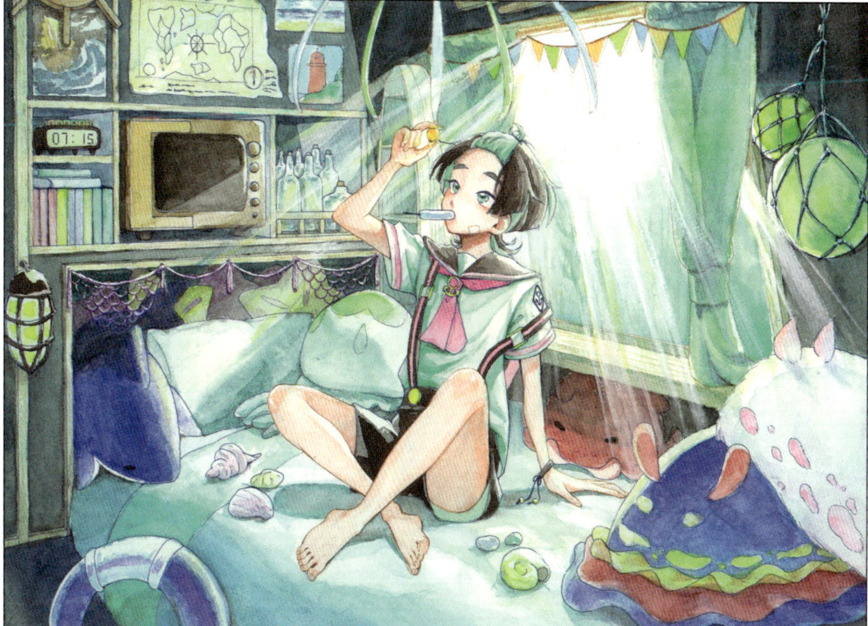

福岡県・ゆのみ【透明水彩・カラーインク・アクリルガッシュ】

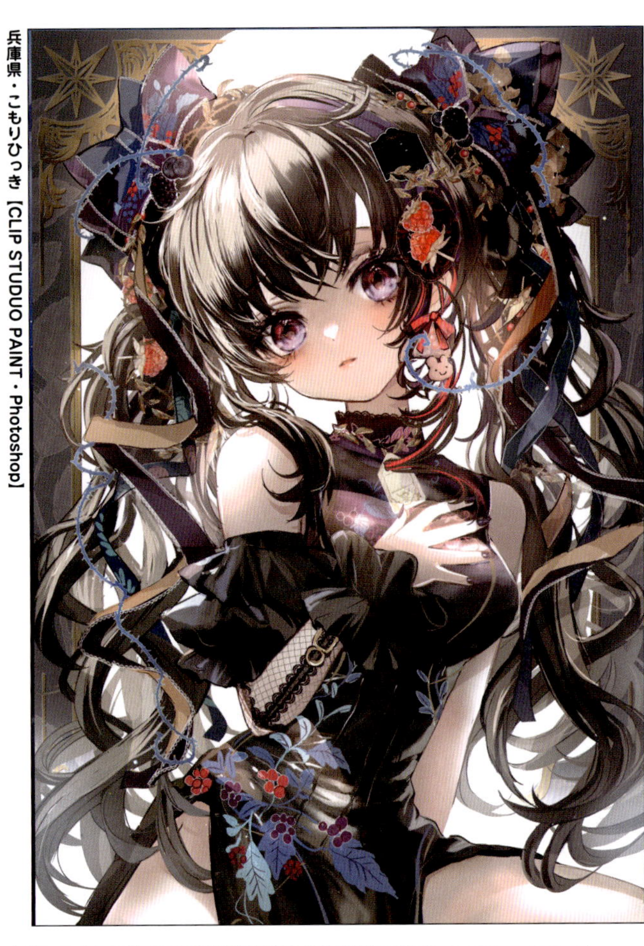

兵庫県・こもりひっき [CLIP STUDIO PAINT・Photoshop]

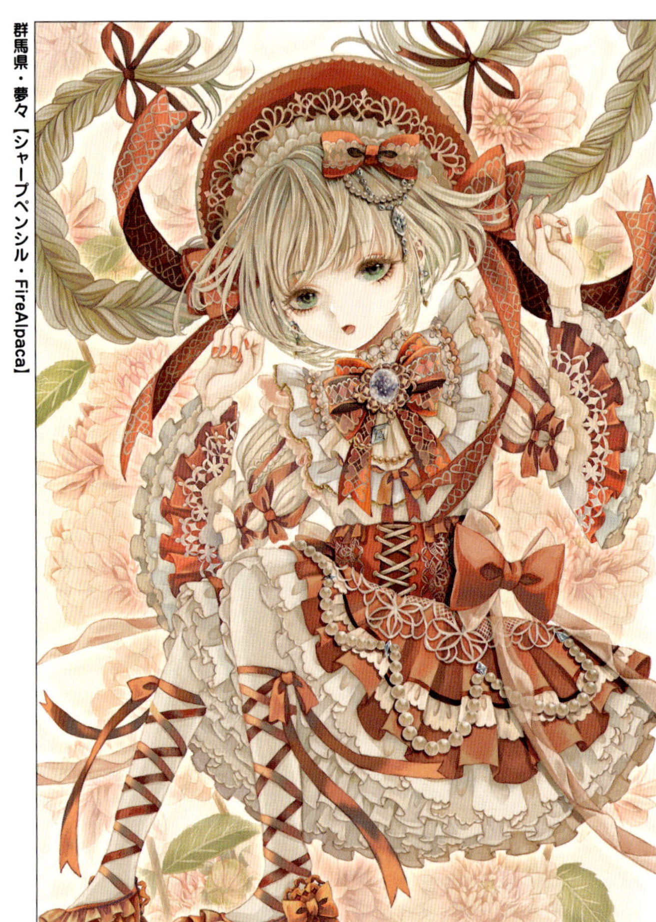

群馬県・夢々 [シャープペンシル・FireAlpaca]

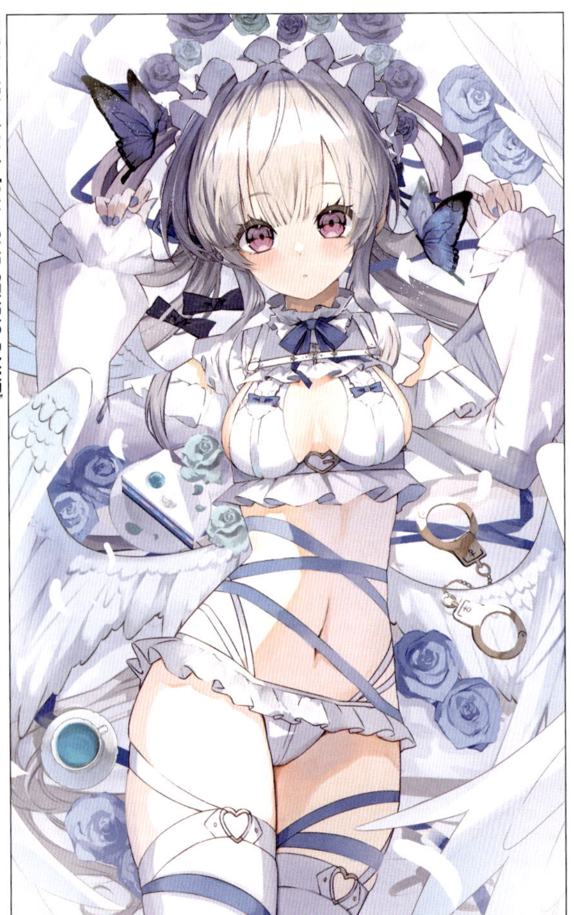

福島県・桃寸（もす）[SAI・CLIP STUDIO PAINT]

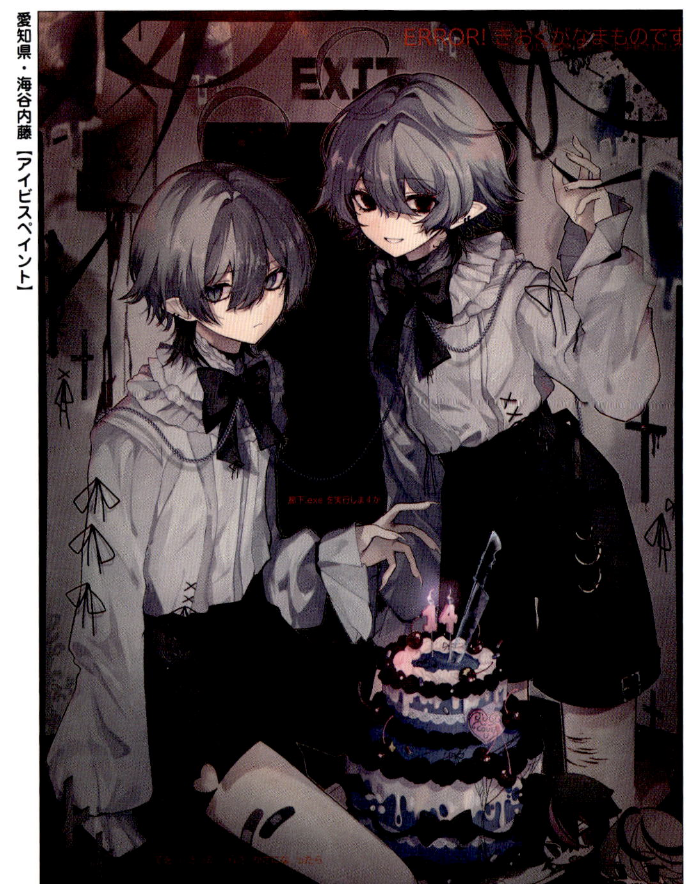

愛知県・海谷内藤 [アイビスペイント]

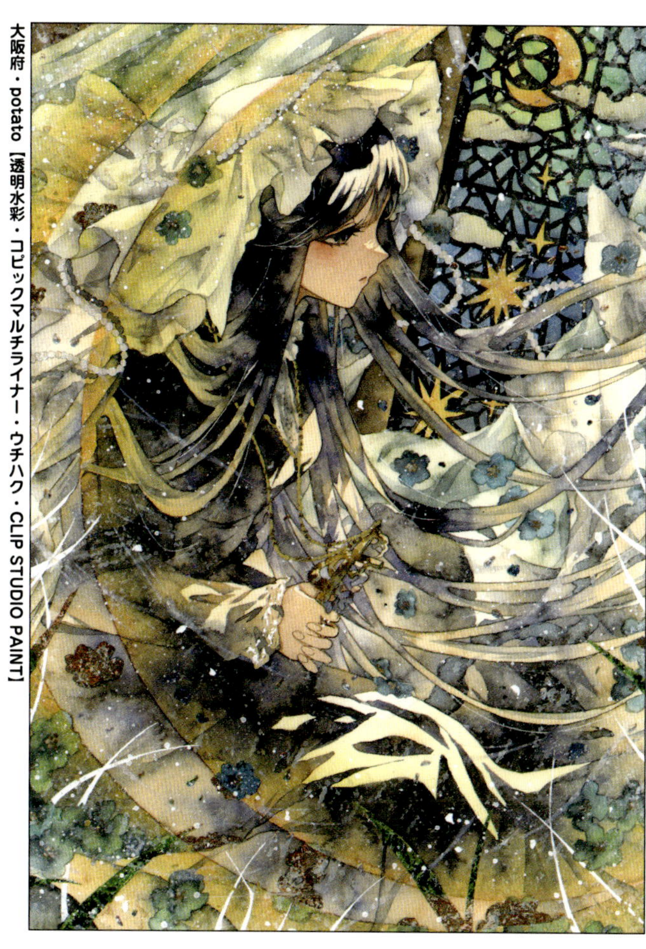

大阪府・potato [透明水彩・コピックマルチライナー・ウチハク・CLIP STUDIO PAINT]

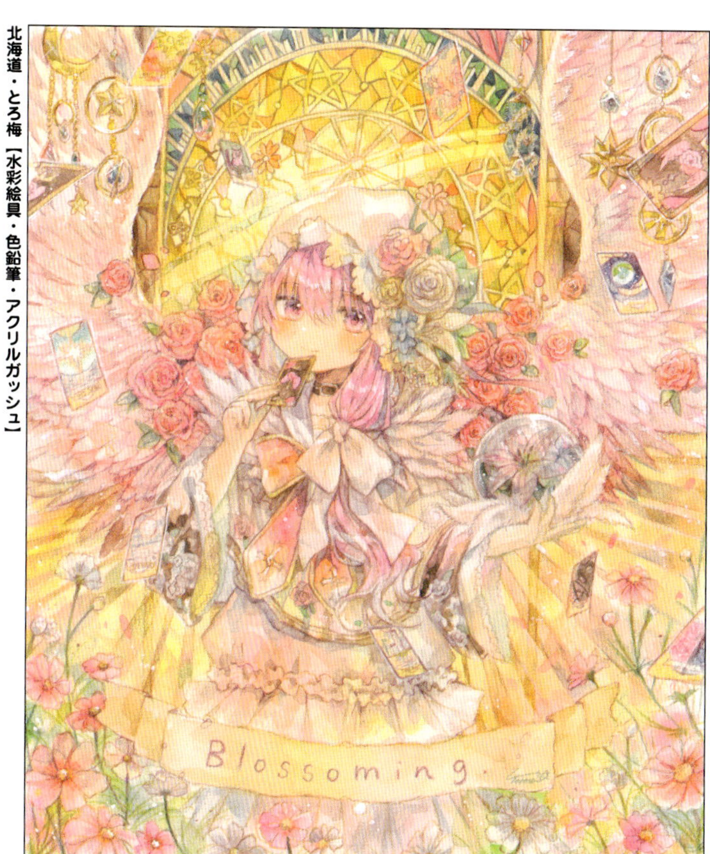
Blossoming.

北海道・とろ梅 [水彩絵具・色鉛筆・アクリルガッシュ]

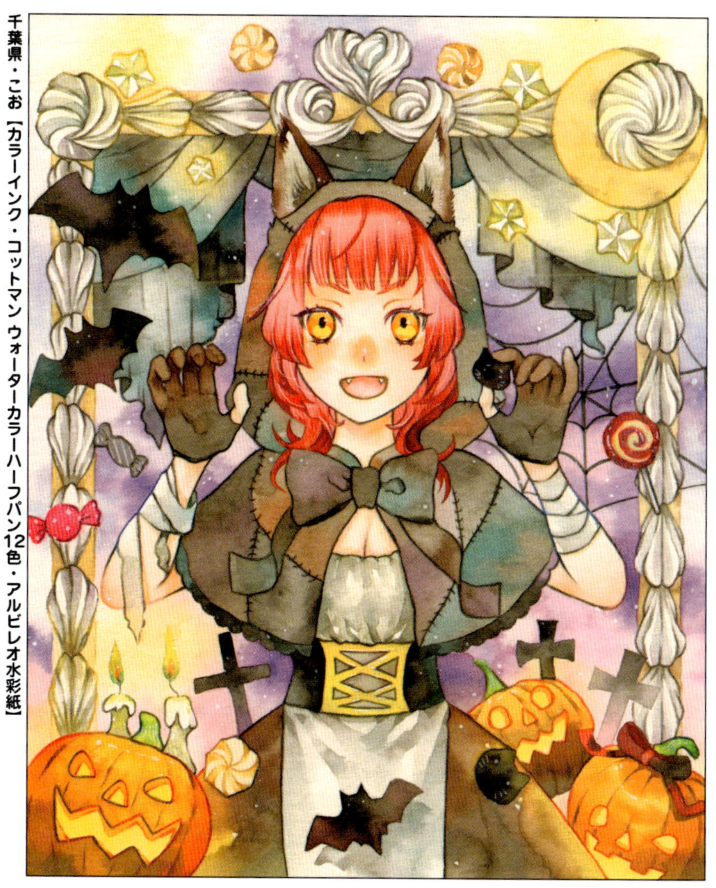

千葉県・こお [カラーインク・コットマン ウォーターカラーハーフパン12色・アルビレオ水彩紙]

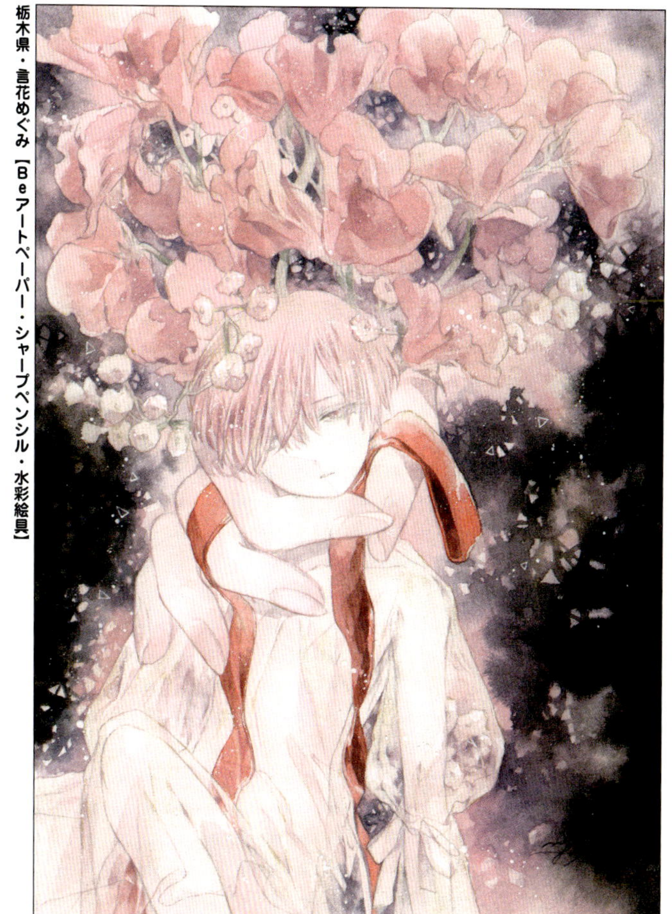

栃木県・言花めぐみ [Beアートペーパー・シャープペンシル・水彩絵具]

愛知県・シト【透明水彩・色鉛筆】
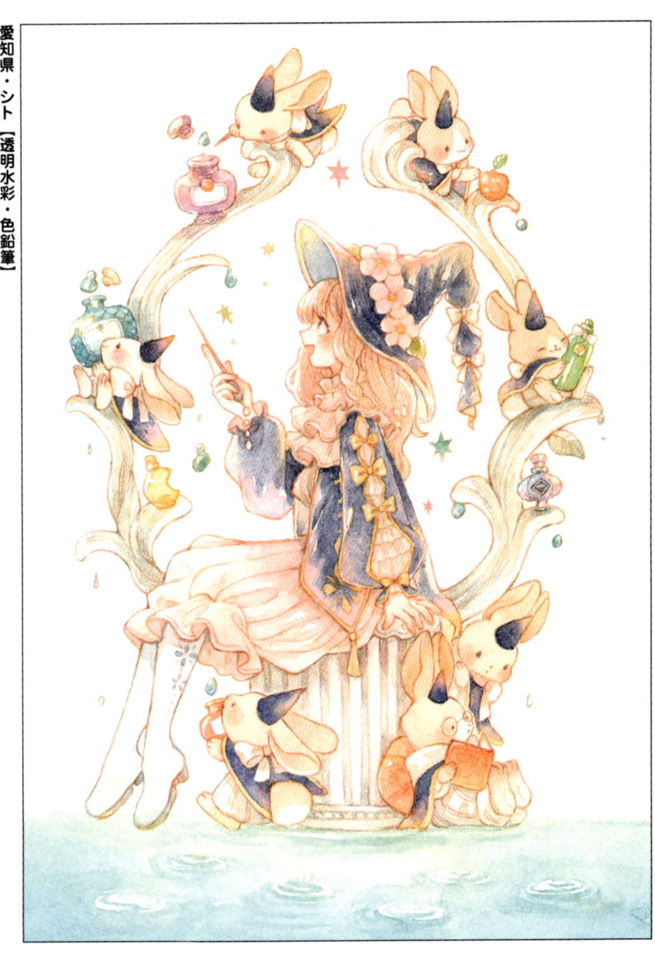

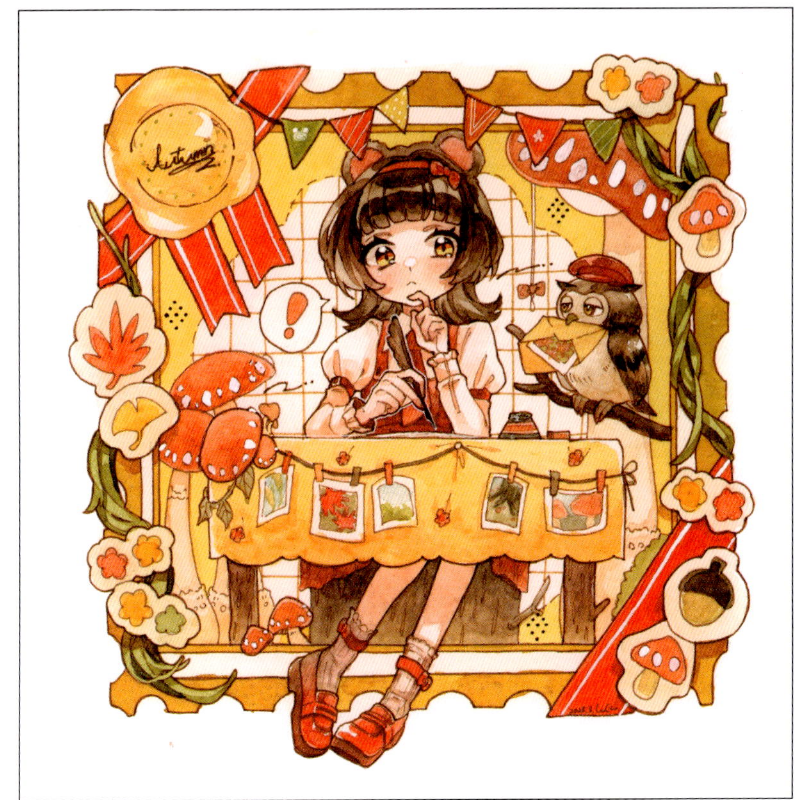
北海道・伸紅【透明水彩】

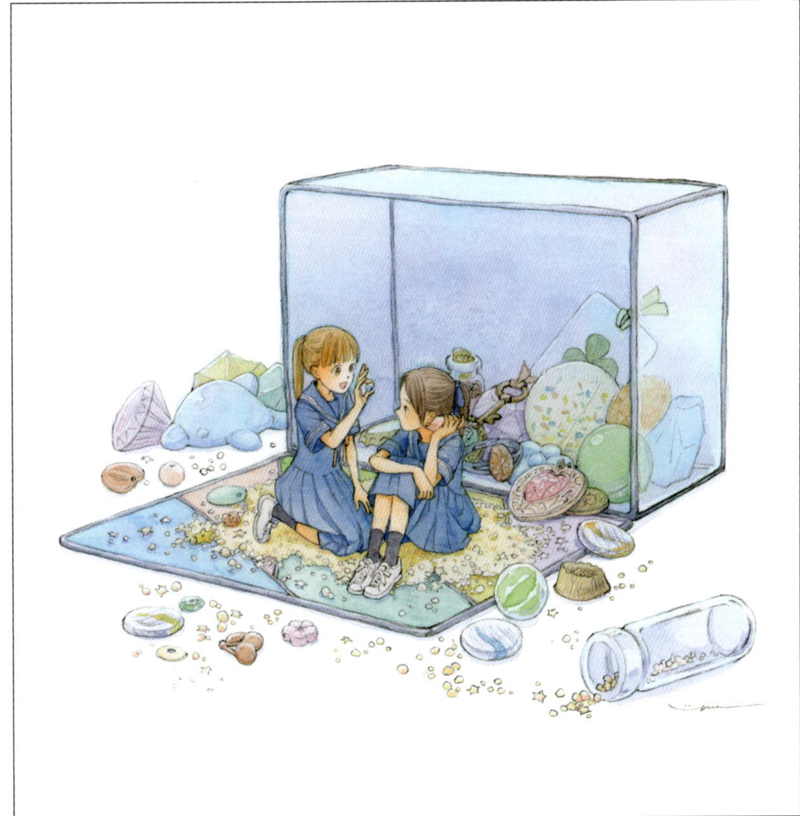
神奈川県・はにみ【シャープペンシル・カラーインク・透明水彩】

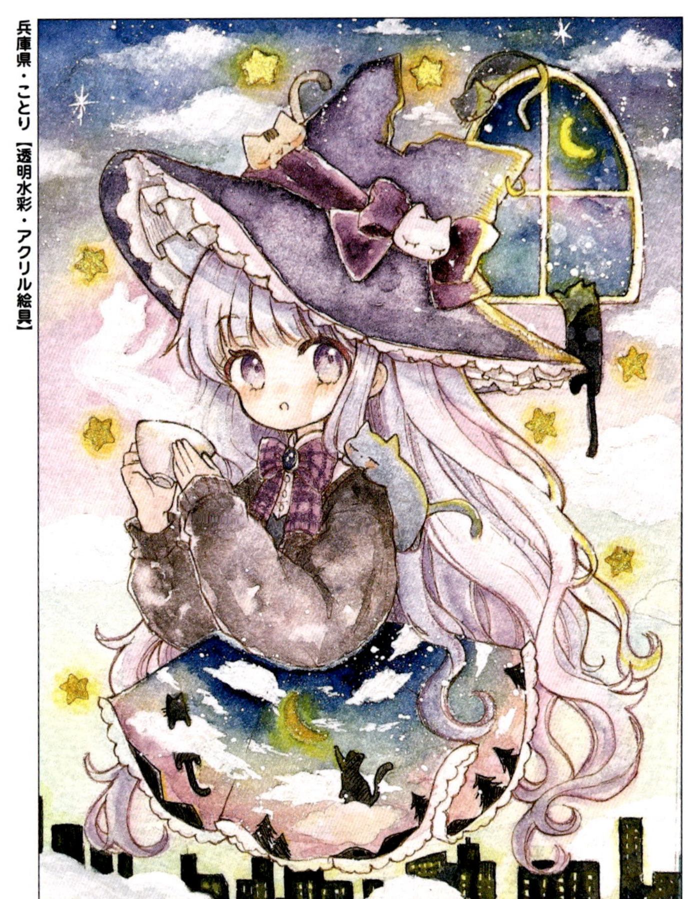
兵庫県・ことり【透明水彩・アクリル絵具】

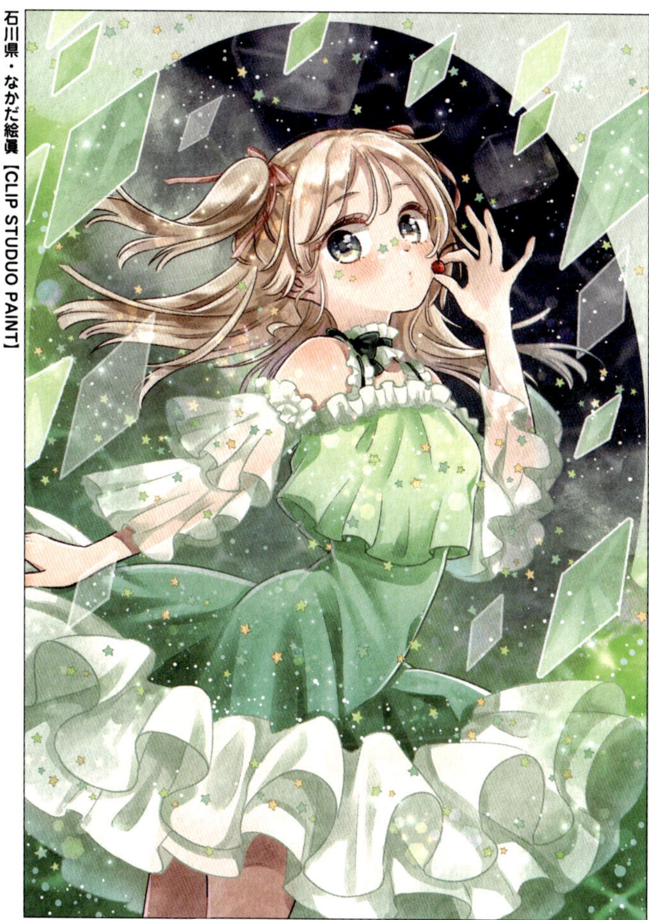

石川県・なかだ絵眞【CLIP STUDIO PAINT】

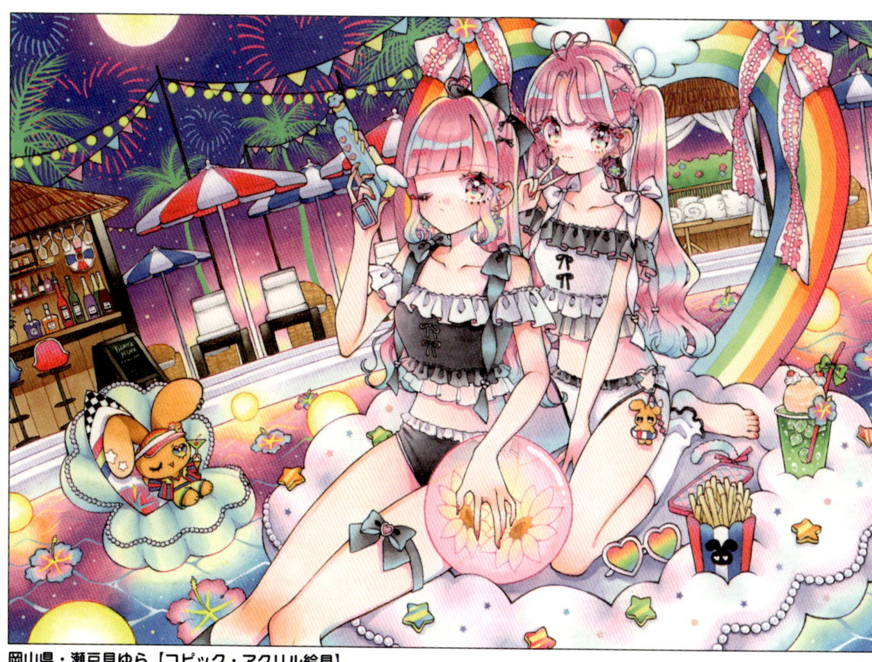

岡山県・瀬戸見ゆら【コピック・アクリル絵具】

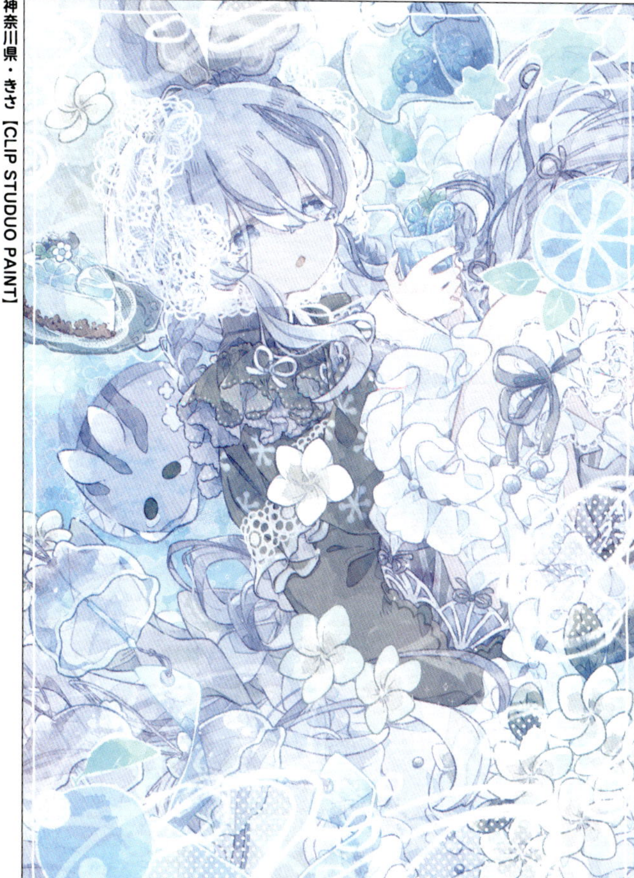

神奈川県・きさ【CLIP STUDIO PAINT】

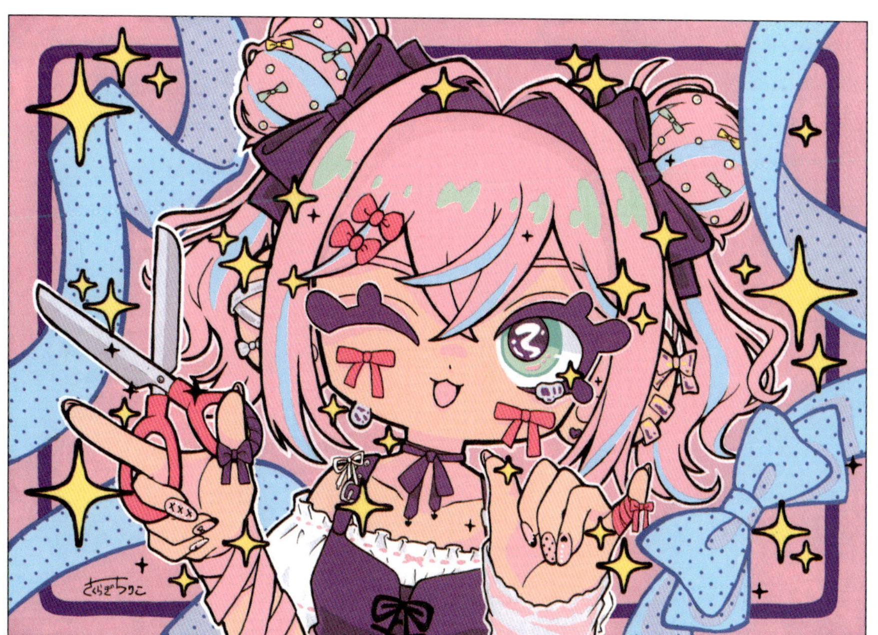

神奈川県・さくらぎちりこ【アクリルガッシュ・ポスカ・コピックマルチライナー・イラストボード】

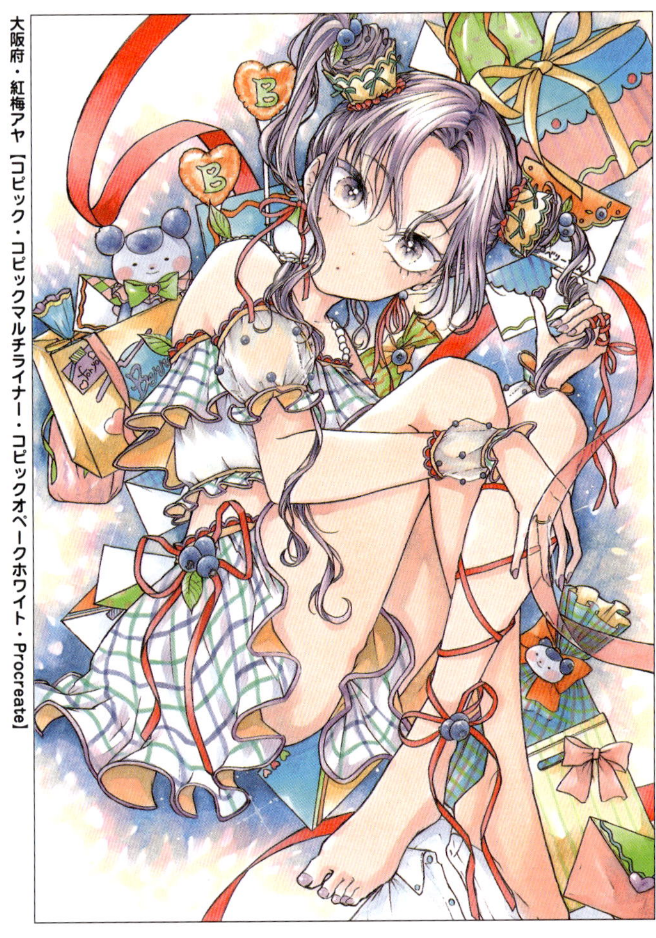

大阪府・紅梅アヤ ［コピック・コピックマルチライナー・コピックオペークホワイト・Procreate］

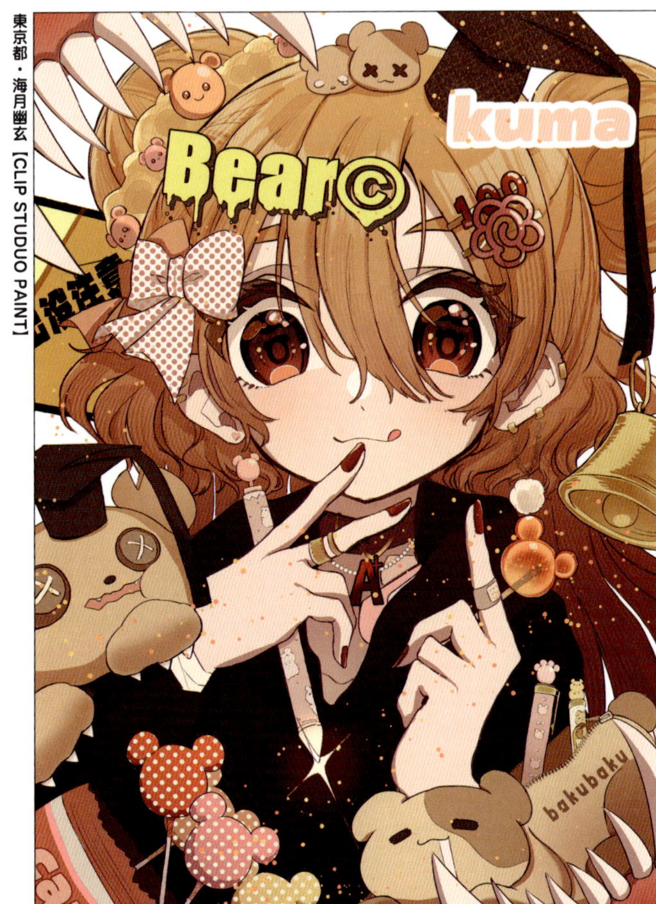

東京都・海月幽玄 ［CLIP STUDUO PAINT］

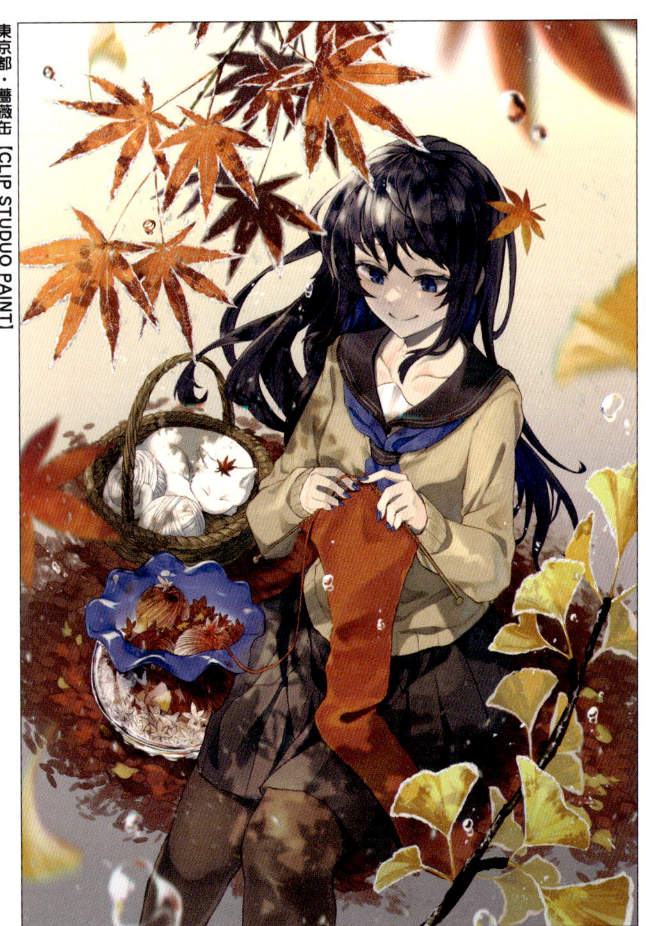

東京都・薔薇缶 ［CLIP STUDUO PAINT］

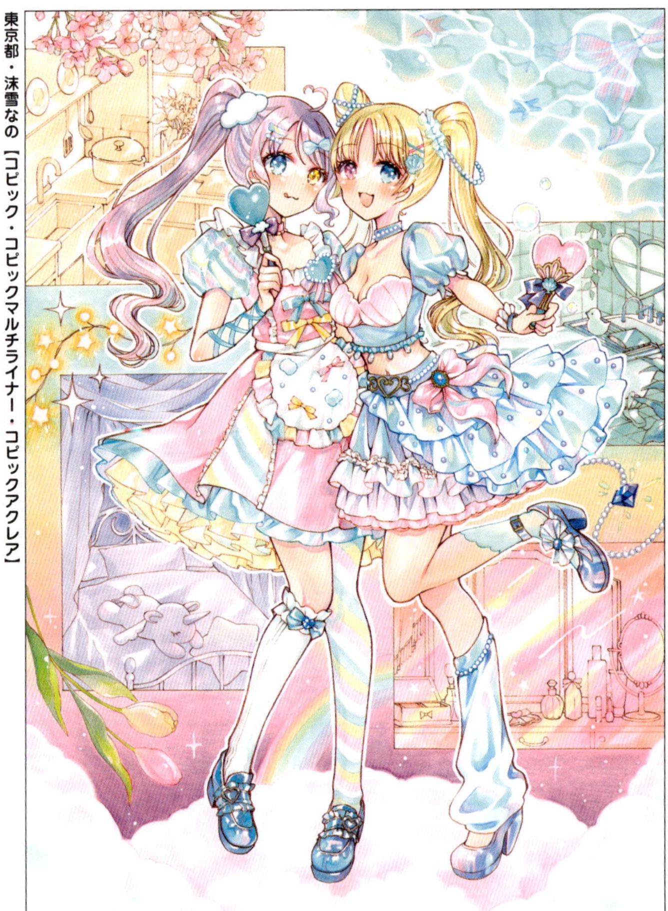

東京都・沫雪なの ［コピック・コピックマルチライナー・コピックアクレア］

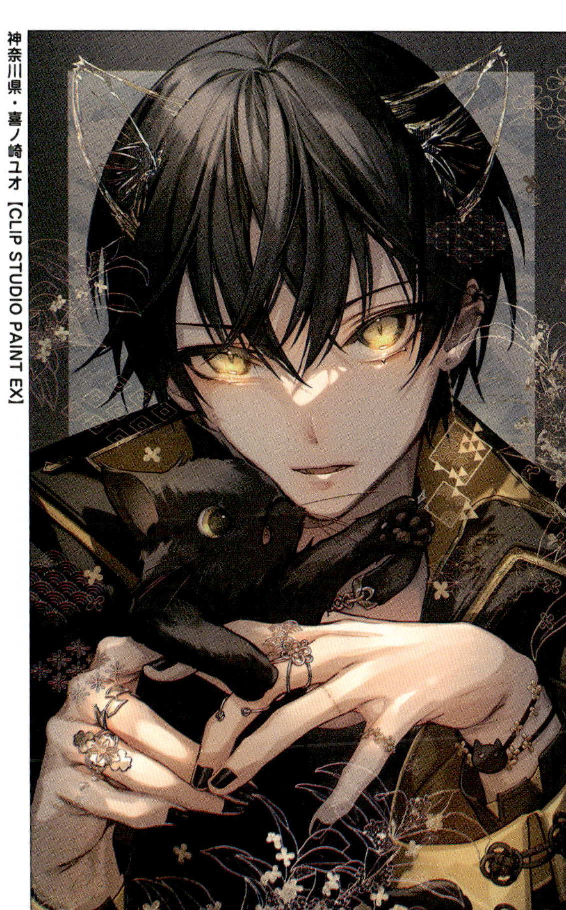
神奈川県・喜ノ崎ユオ【CLIP STUDIO PAINT EX】

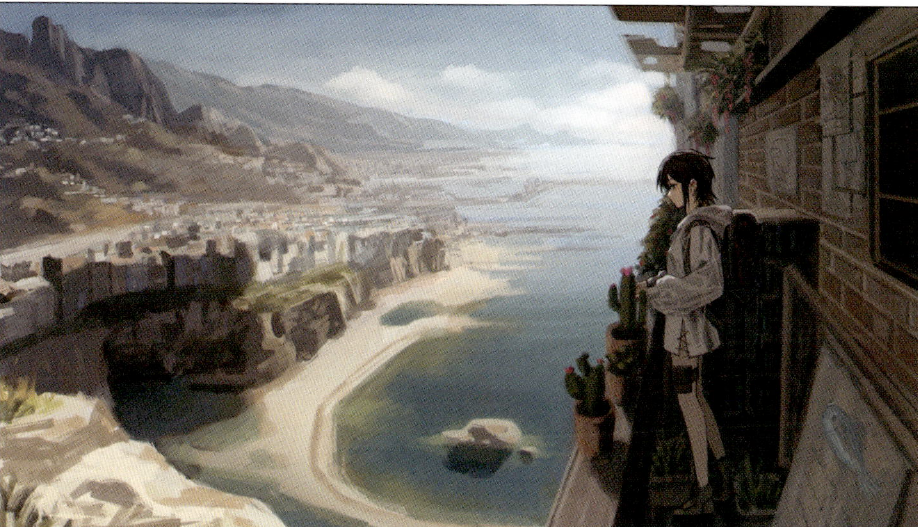
アメリカ・d_ying5022【CLIP STUDUO PAINT】

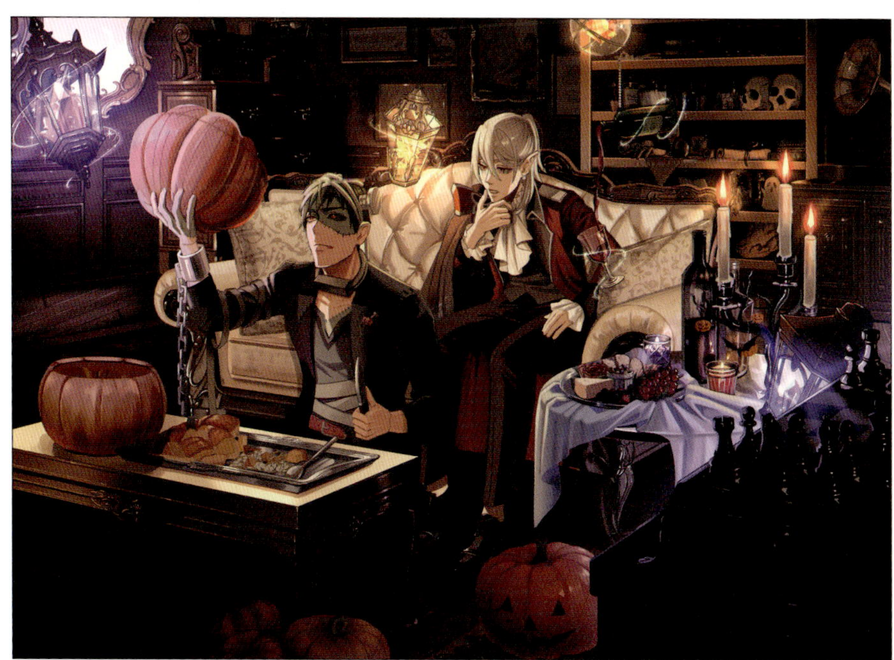
大阪府・藤【CLIP STUDUO PAINT】

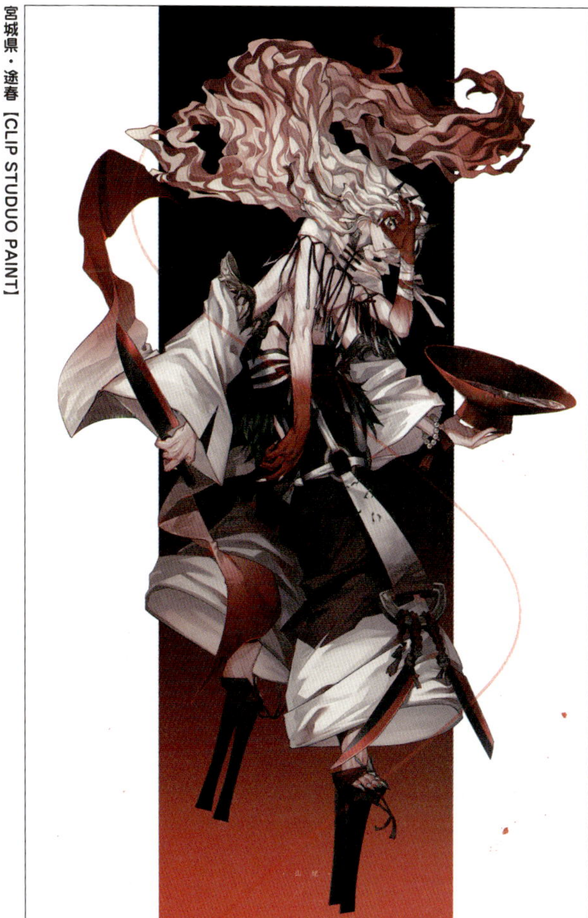
宮城県・逸春【CLIP STUDUO PAINT】

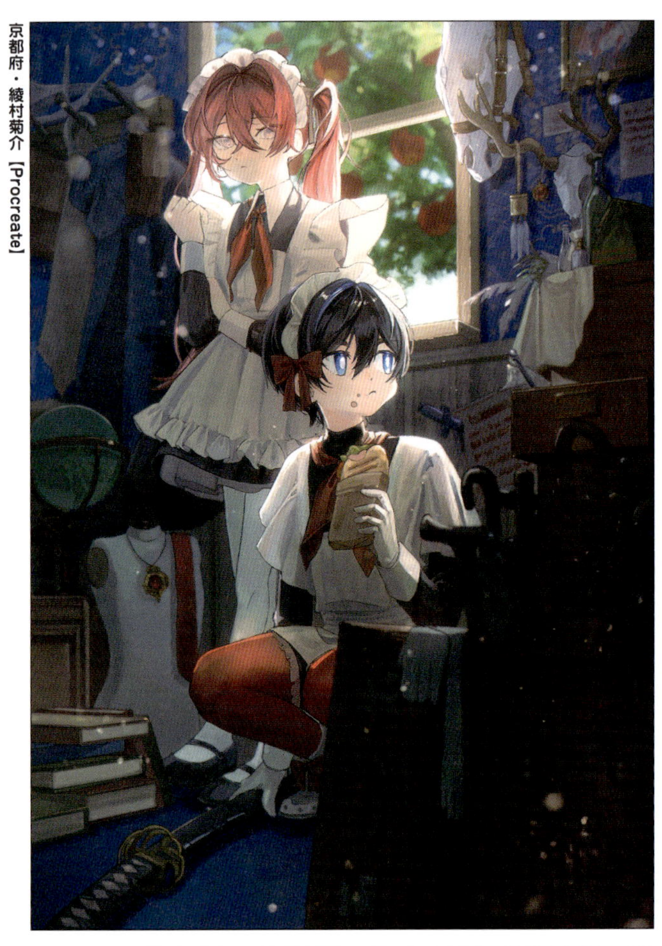

京都府・綾村菊介 [Procreate]

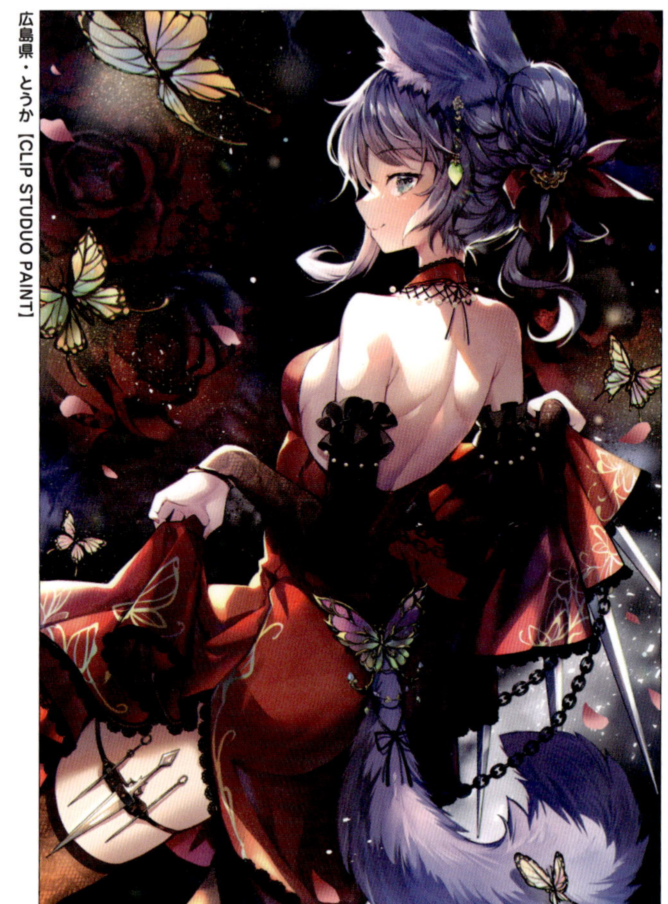

広島県・とうか [CLIP STUDUO PAINT]

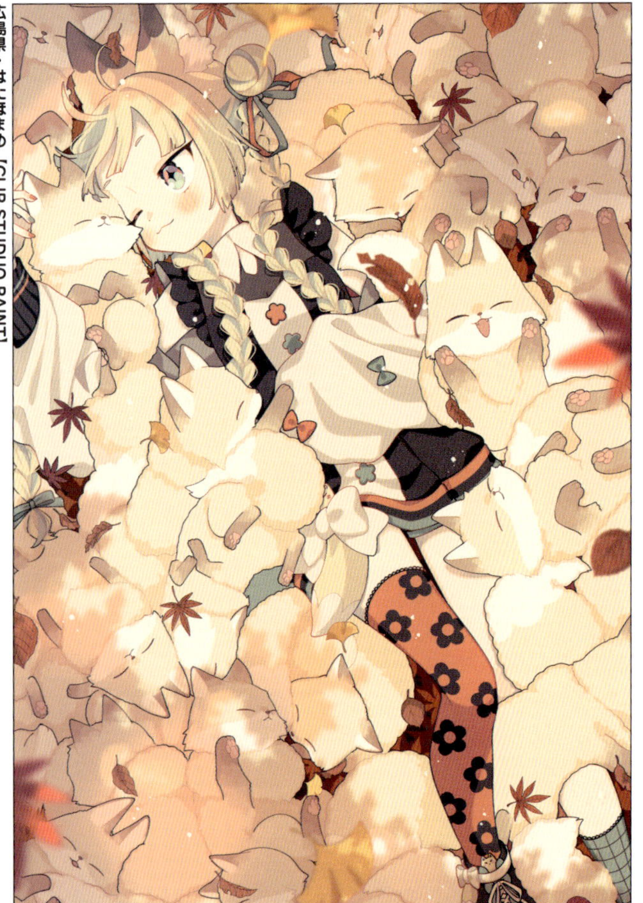

広島県・はたほまめ [CLIP STUDUO PAINT]

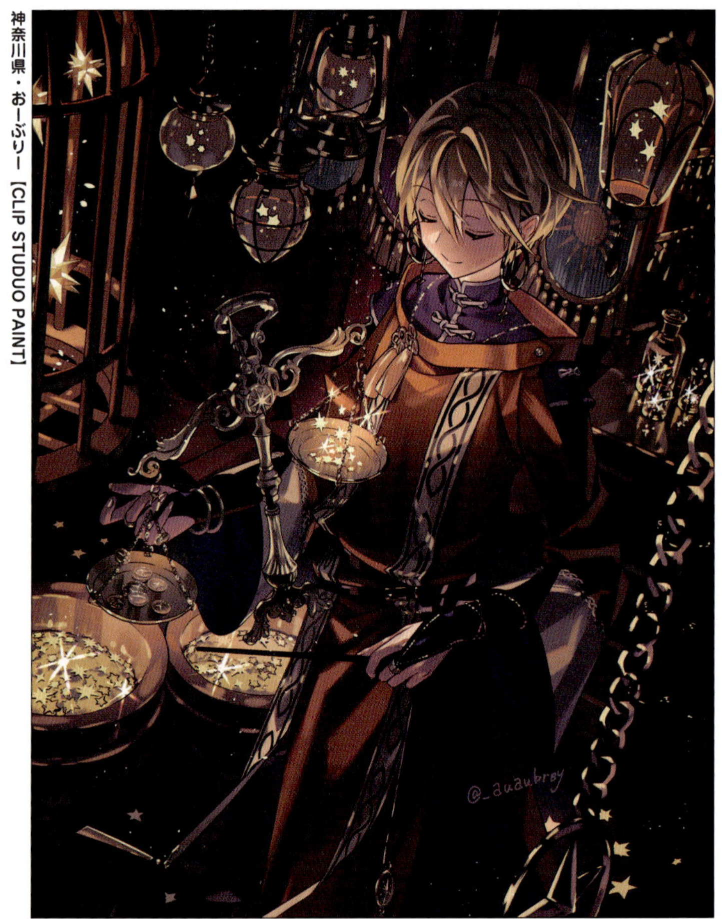

神奈川県・おーぶりー [CLIP STUDUO PAINT]

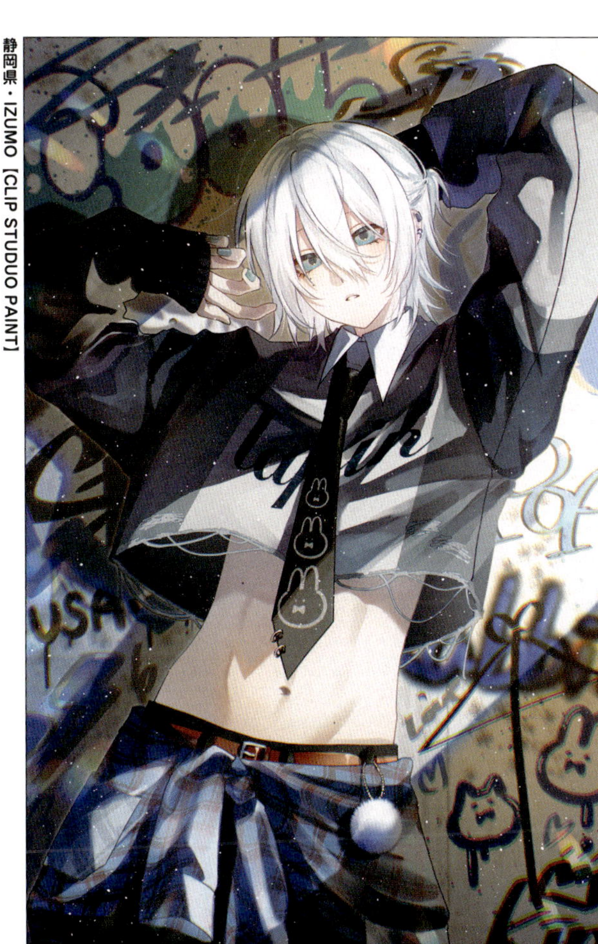

静岡県・IZUMO [CLIP STUDUO PAINT]

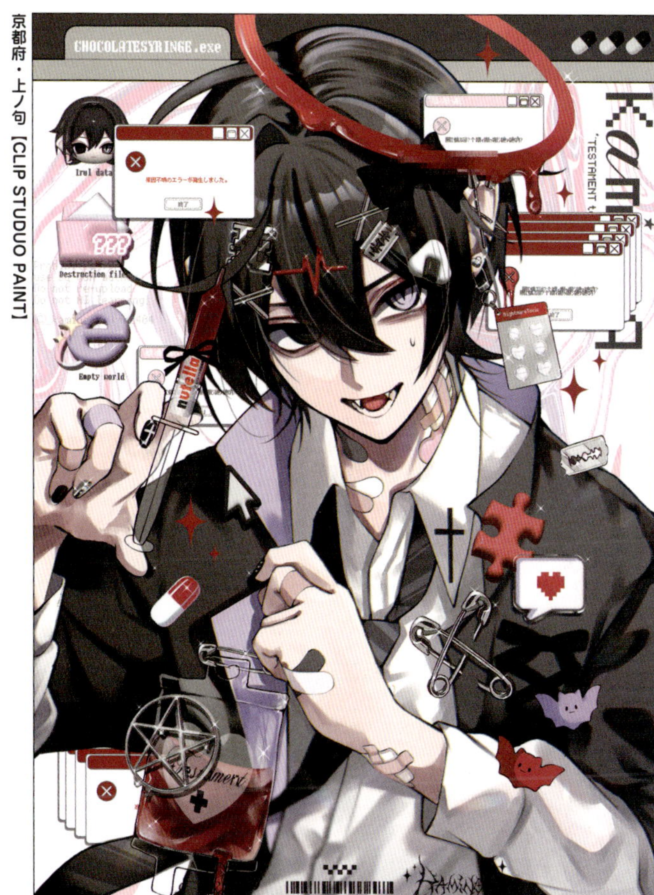

京都府・上ノ句 [CLIP STUDUO PAINT]

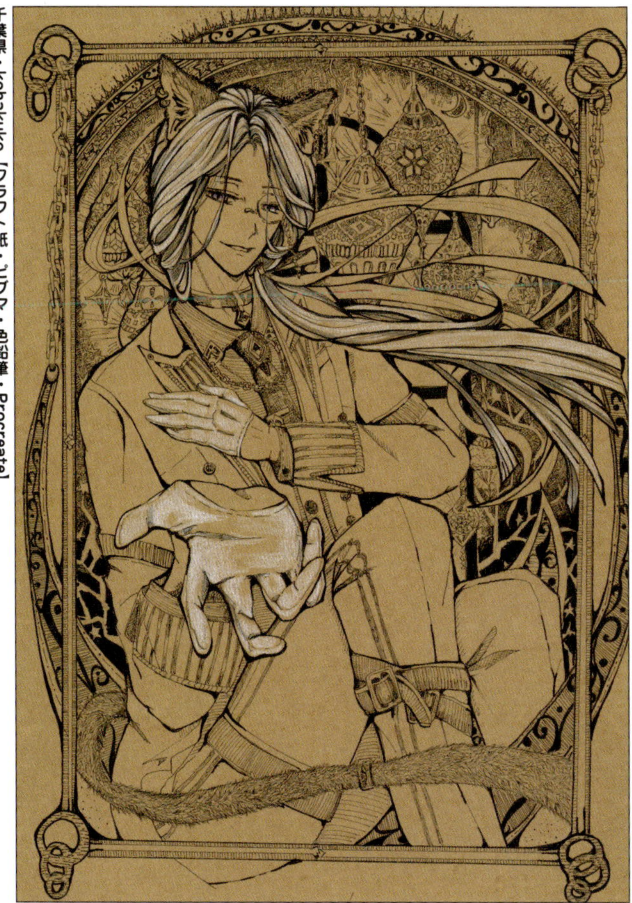

千葉県・kohakuko [クラフト紙・ピグマ・色鉛筆・Procreate]

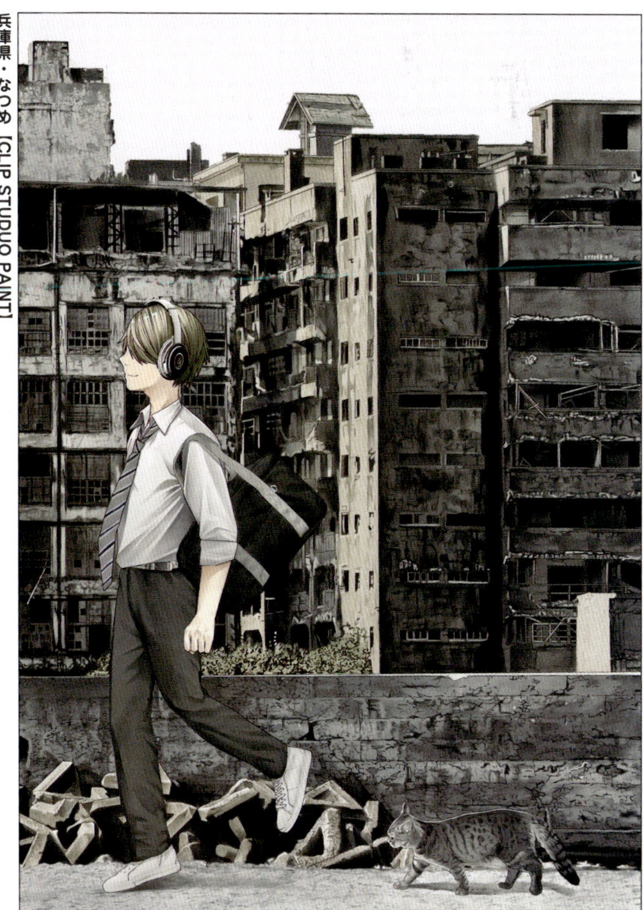

兵庫県・なつめ [CLIP STUDUO PAINT]

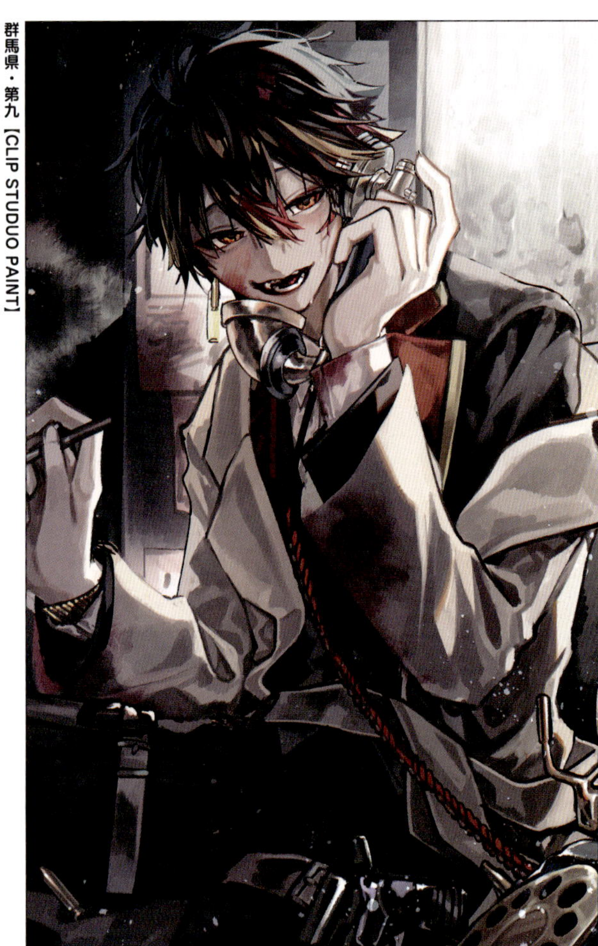

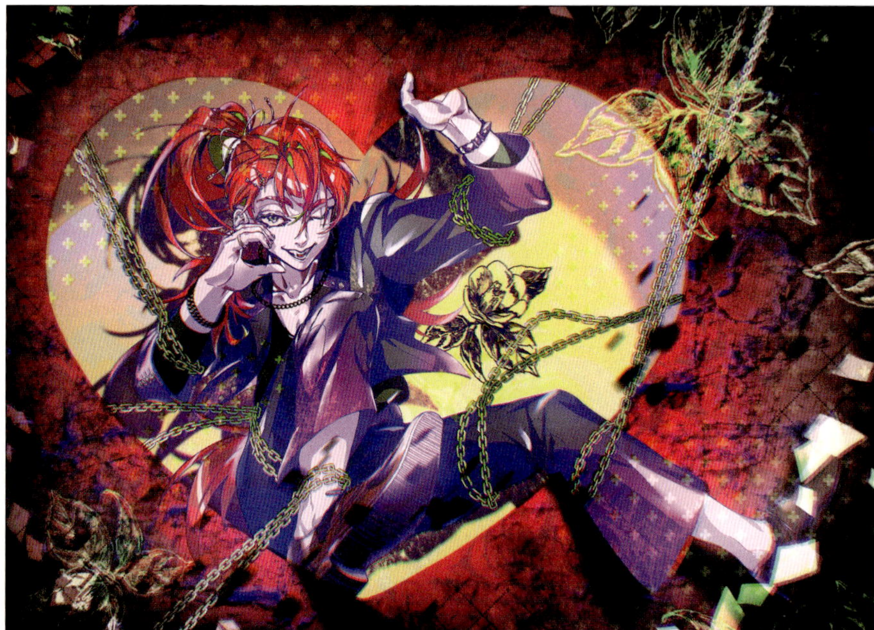

新潟県・化2。【Procreate】

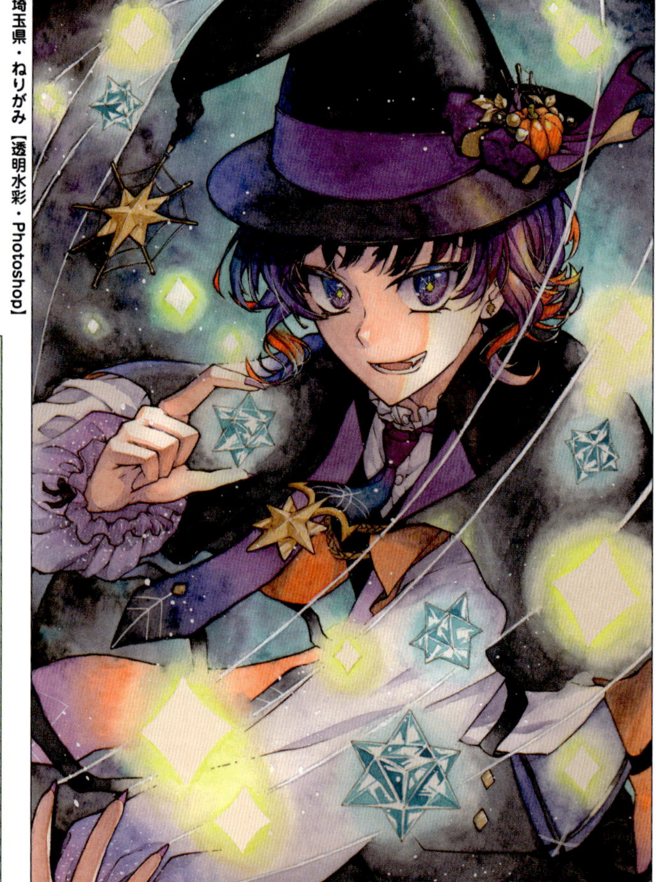

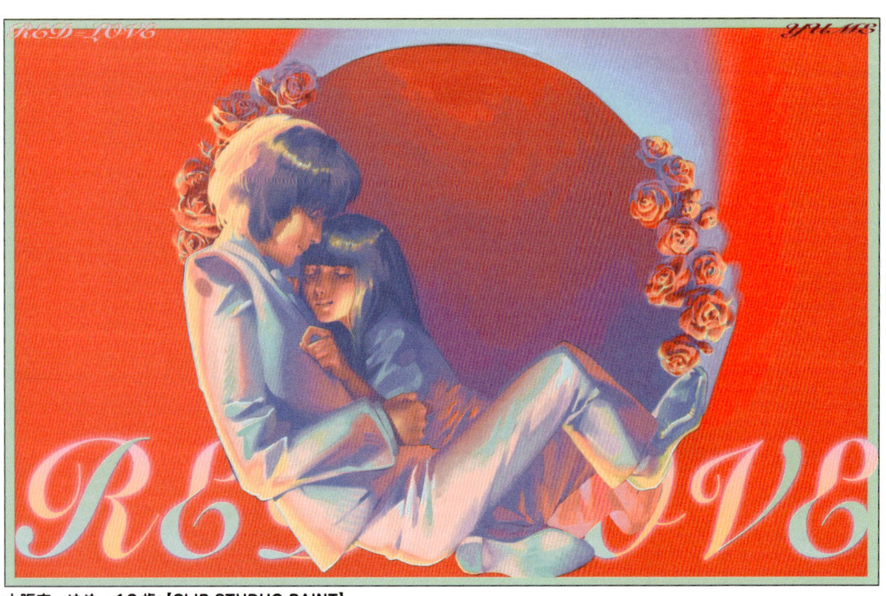

大阪府・ゆめ・16歳【CLIP STUDUO PAINT】

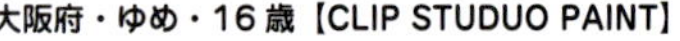

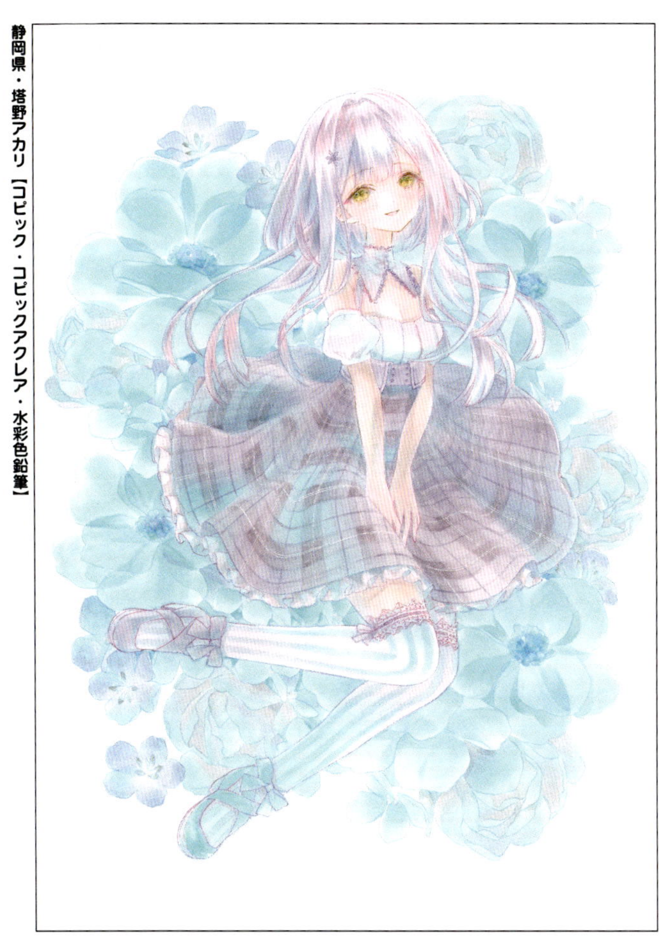

静岡県・塔野アカリ【コピック・コピックアクレア・水彩色鉛筆】

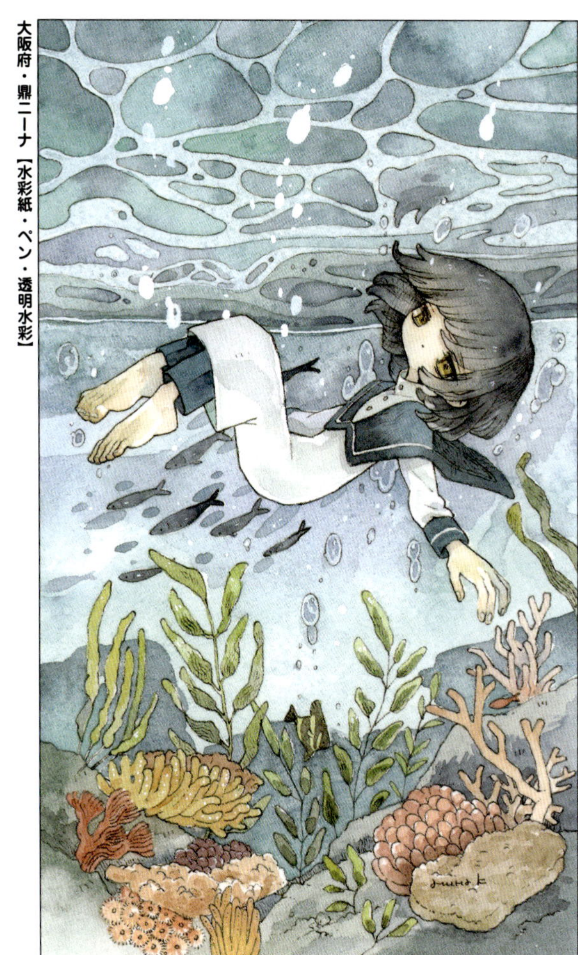

大阪府・鼎ニーナ【水彩紙・ペン・透明水彩】

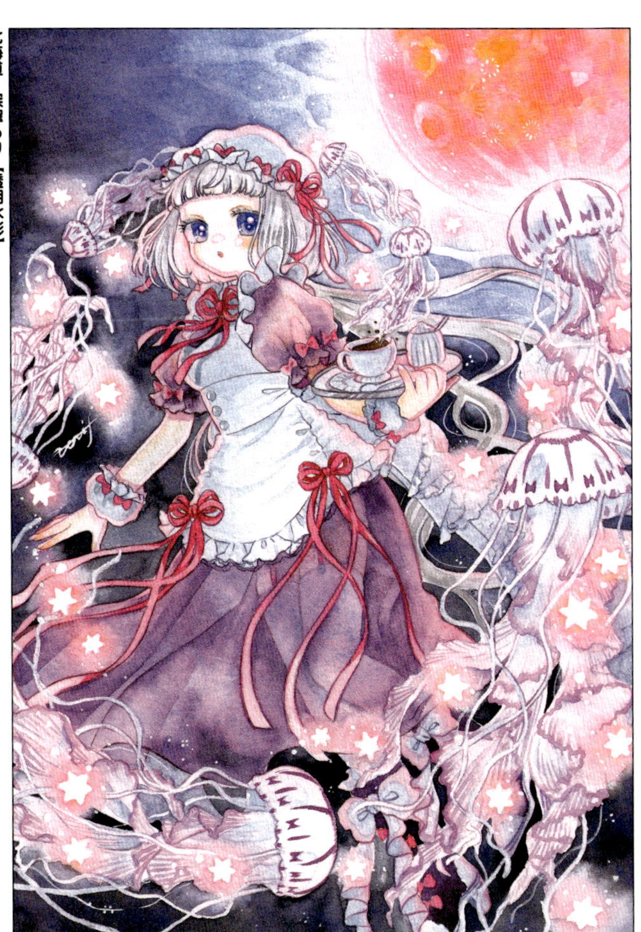

北海道・深翠うり【透明水彩】

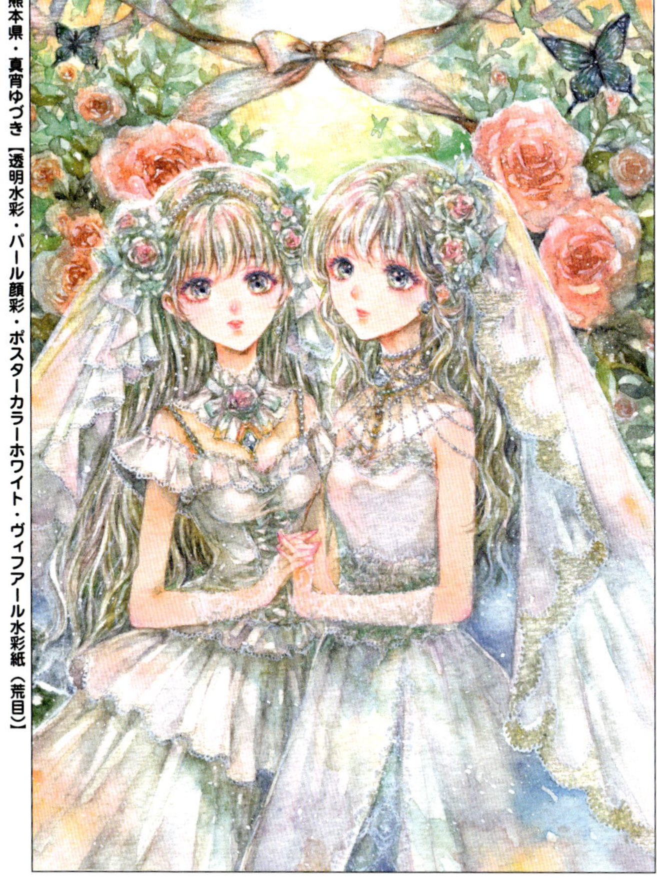

熊本県・真宵ゆづき【透明水彩・パール顔彩・ポスターカラーホワイト・ヴィフアール水彩紙（荒目）】

静岡県・梨茶【透明水彩・色鉛筆】

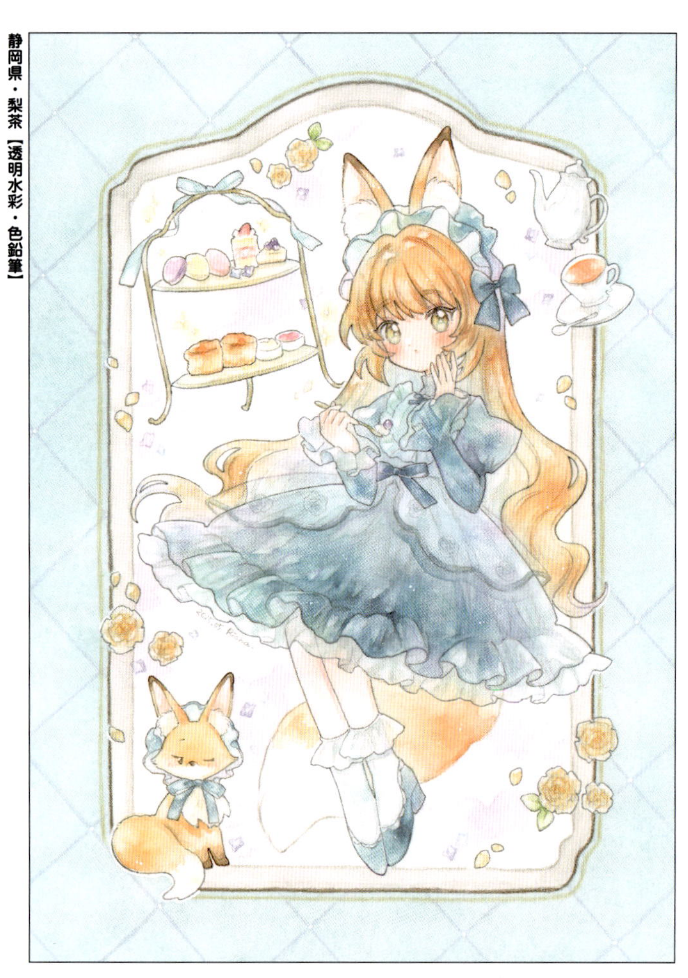

滋賀県・りふ【アルビレオ水彩紙・透明水彩・アクリルガッシュ・顔彩・シャープペンシル】

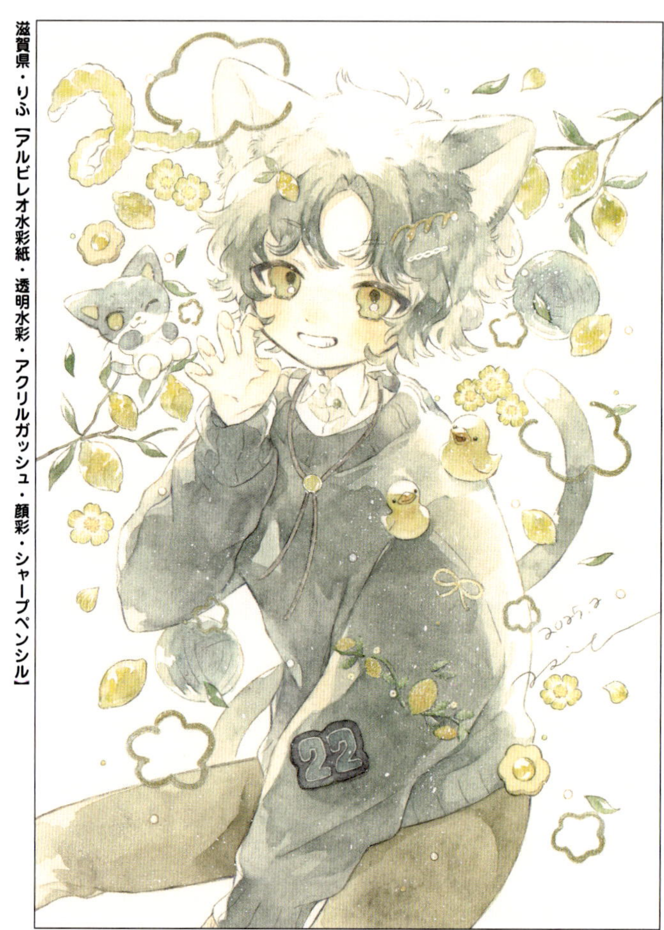

兵庫県・戎井幸一【透明水彩・絵墨】

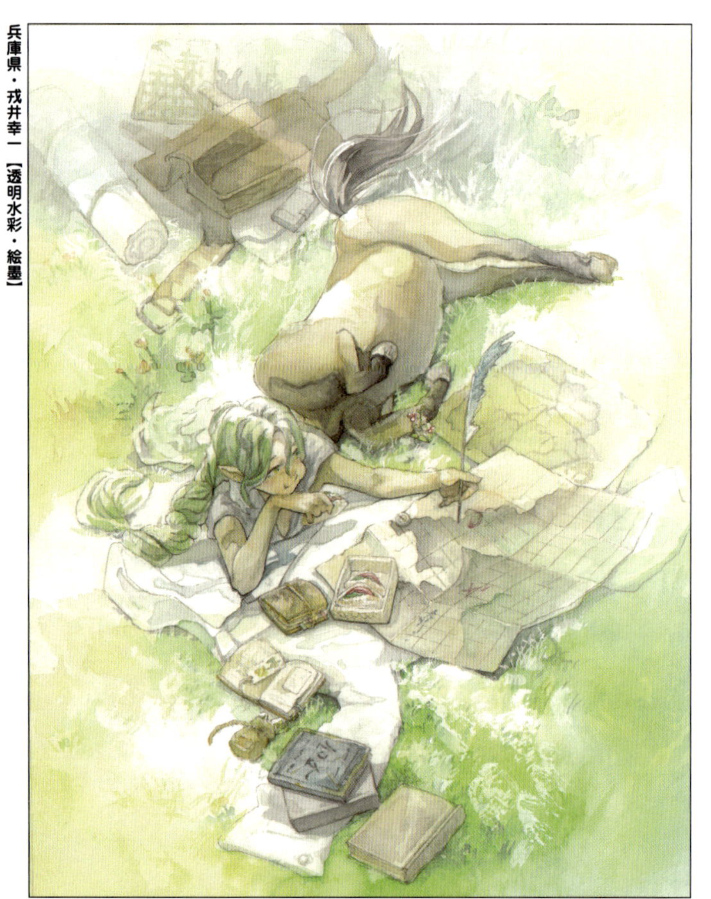

新潟県・もねぎ【透明水彩・アクリルガッシュ】

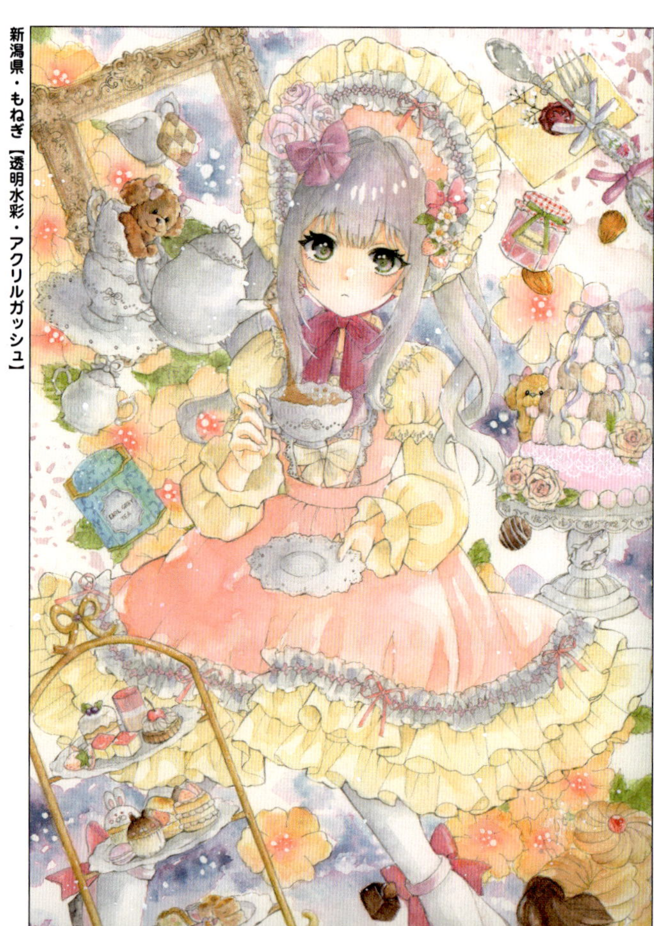

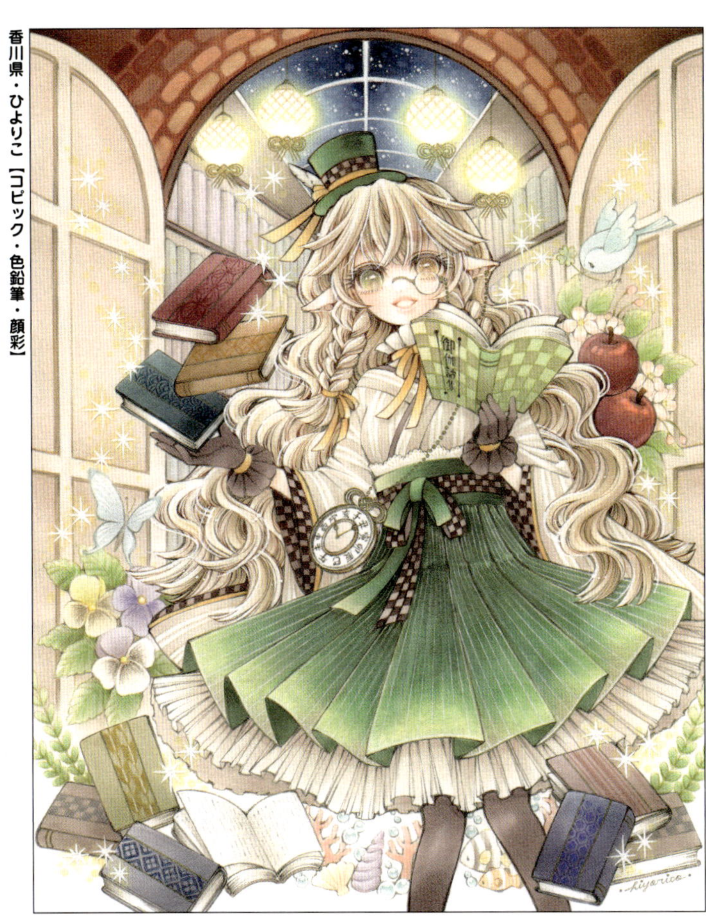

香川県・ひよりこ ［コピック・色鉛筆・顔彩］

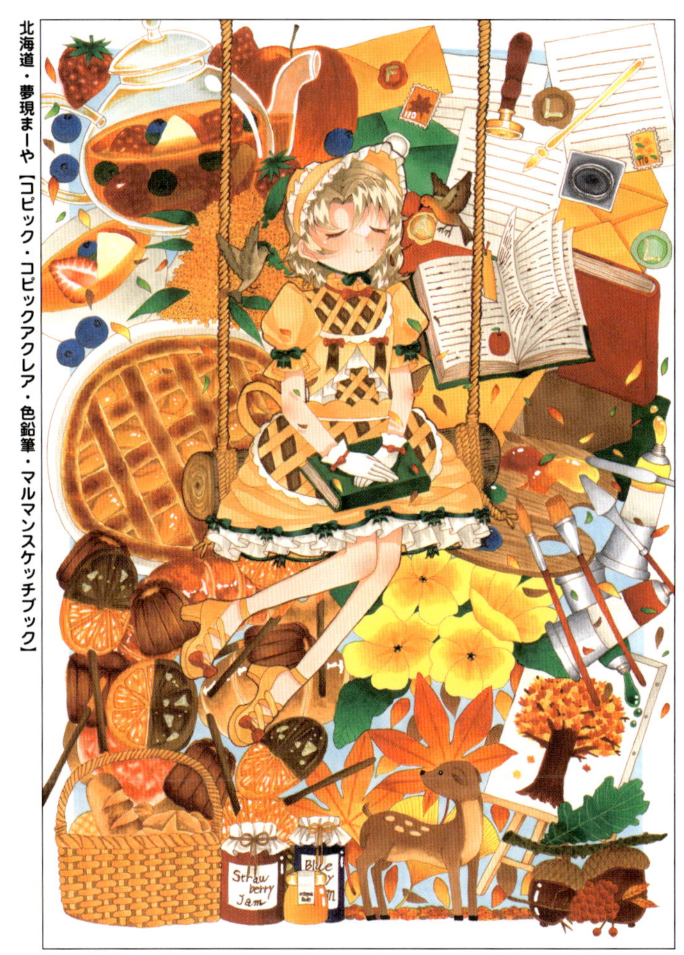

北海道・夢現まーや ［コピック・コピックアクレア・色鉛筆・マルマンスケッチブック］

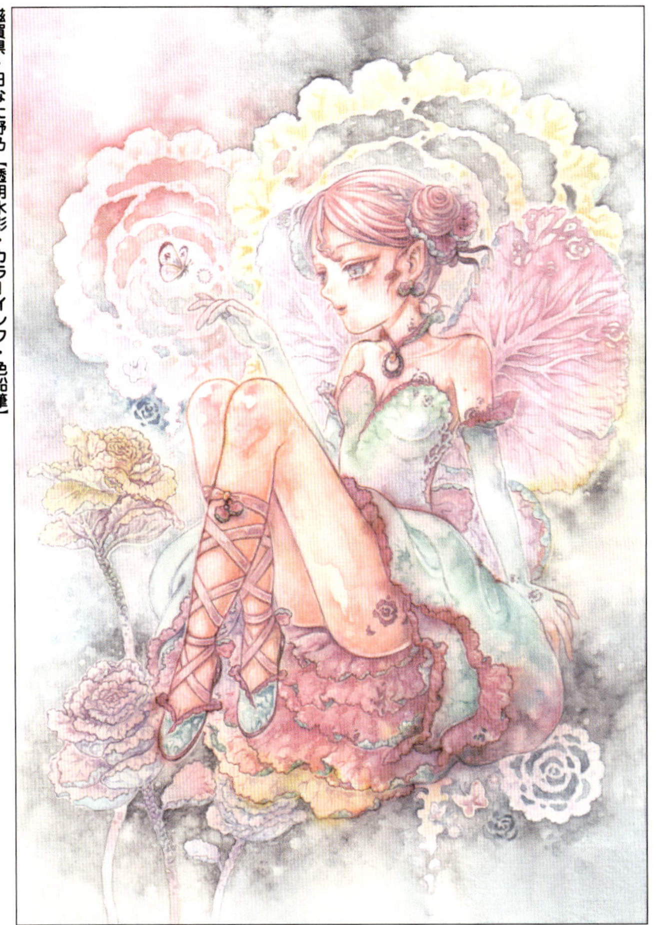

滋賀県・日なた野乃 ［透明水彩・カラーインク・色鉛筆］

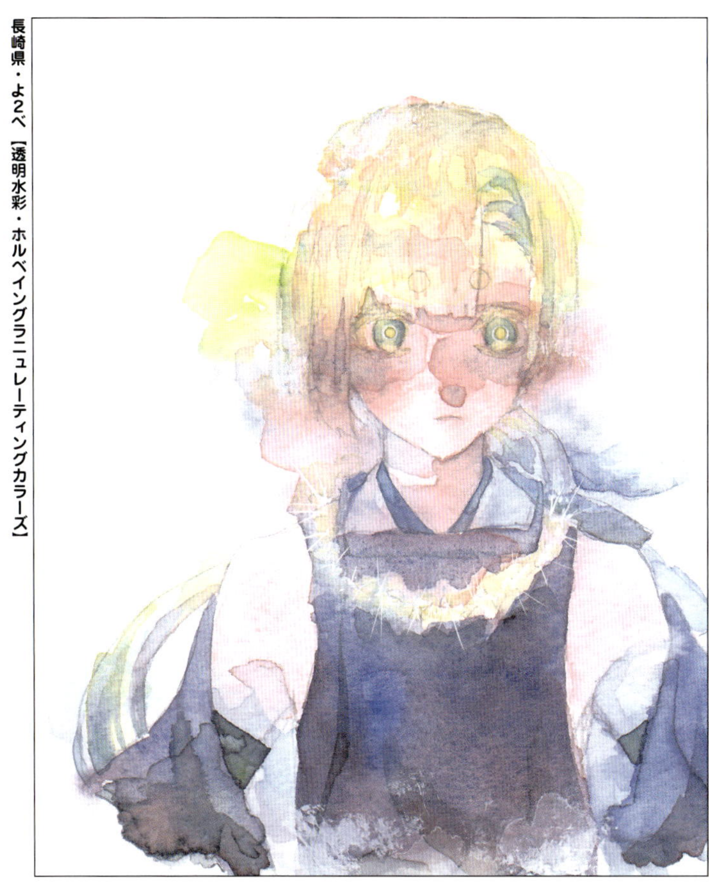

長崎県・よ2べ ［透明水彩・ホルベイングラニュレーティングカラーズ］

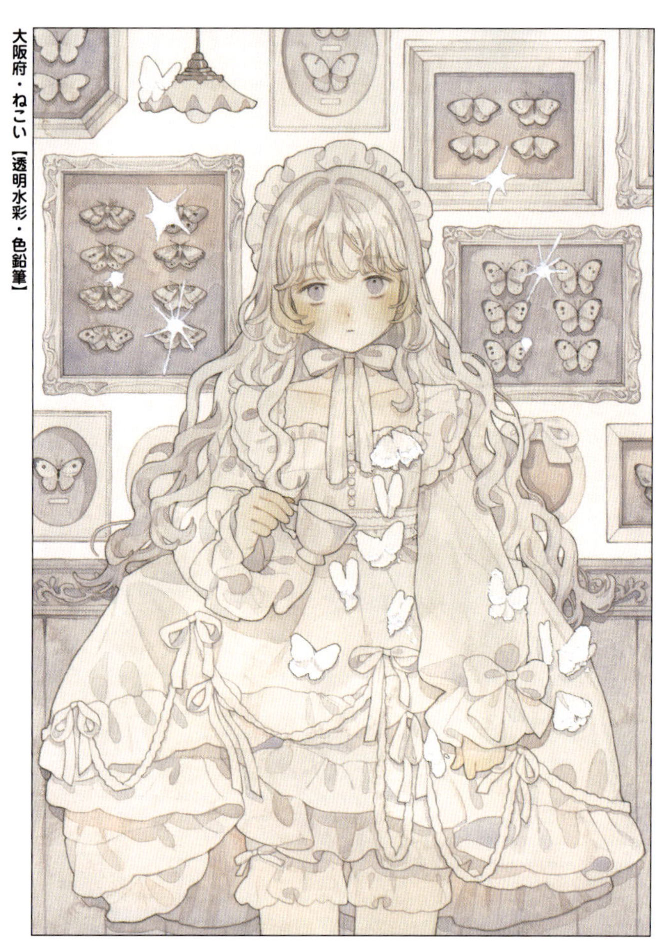

大阪府・ねこい【透明水彩・色鉛筆】

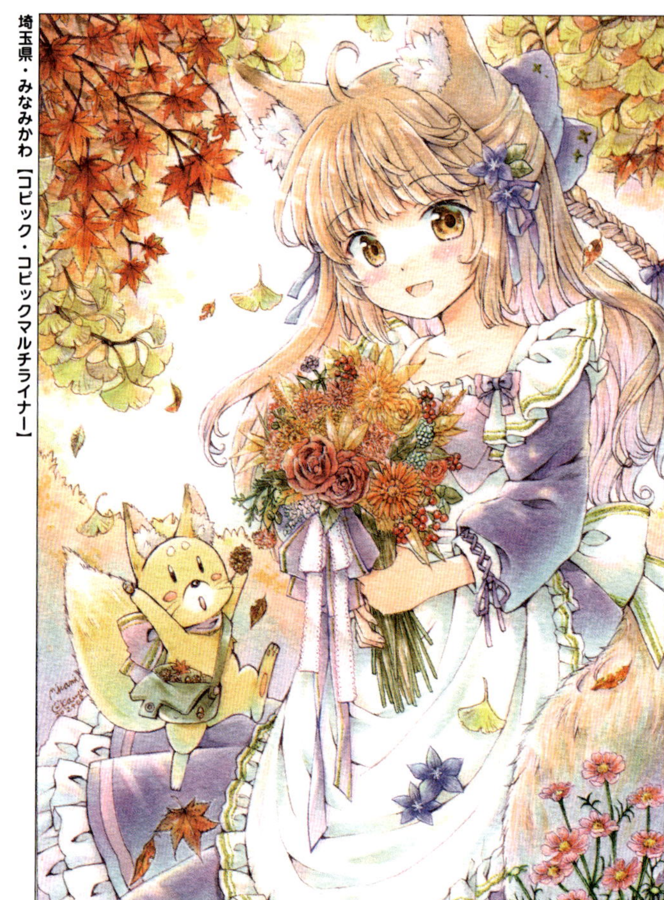

埼玉県・みなみかわ【コピック・コピックマルチライナー】

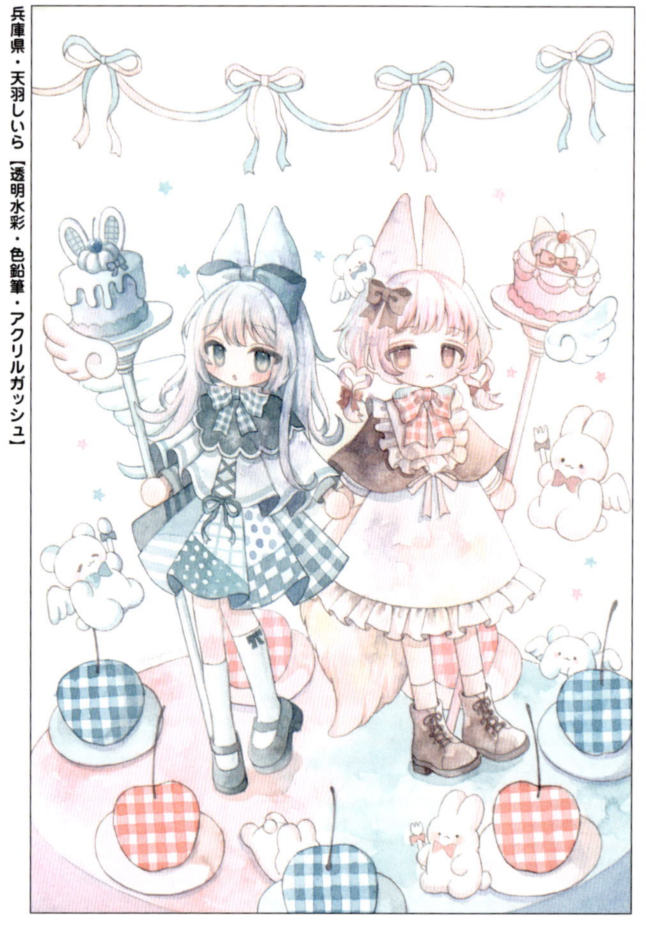

兵庫県・天羽しいら【透明水彩・色鉛筆・アクリルガッシュ】

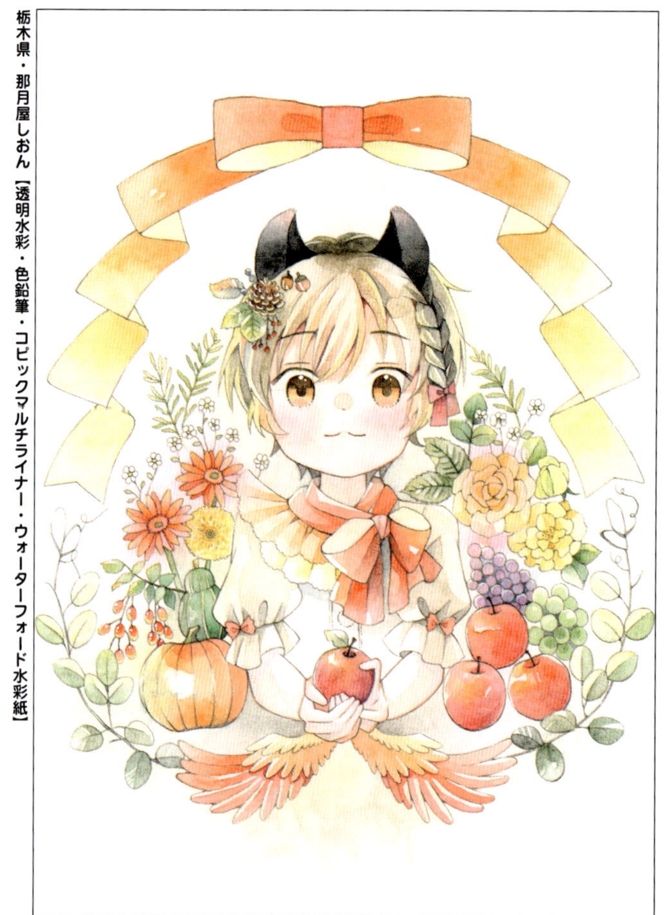

栃木県・那月屋しおん【透明水彩・色鉛筆・コピックマルチライナー・ウォーターフォード水彩紙】

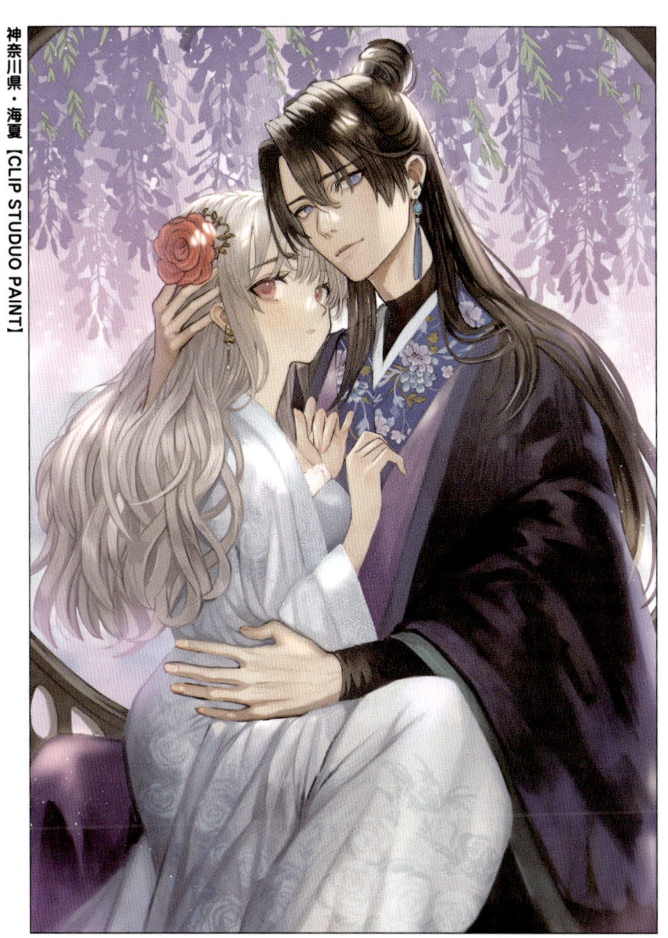

神奈川県・海夏 [CLIP STUDUO PAINT]

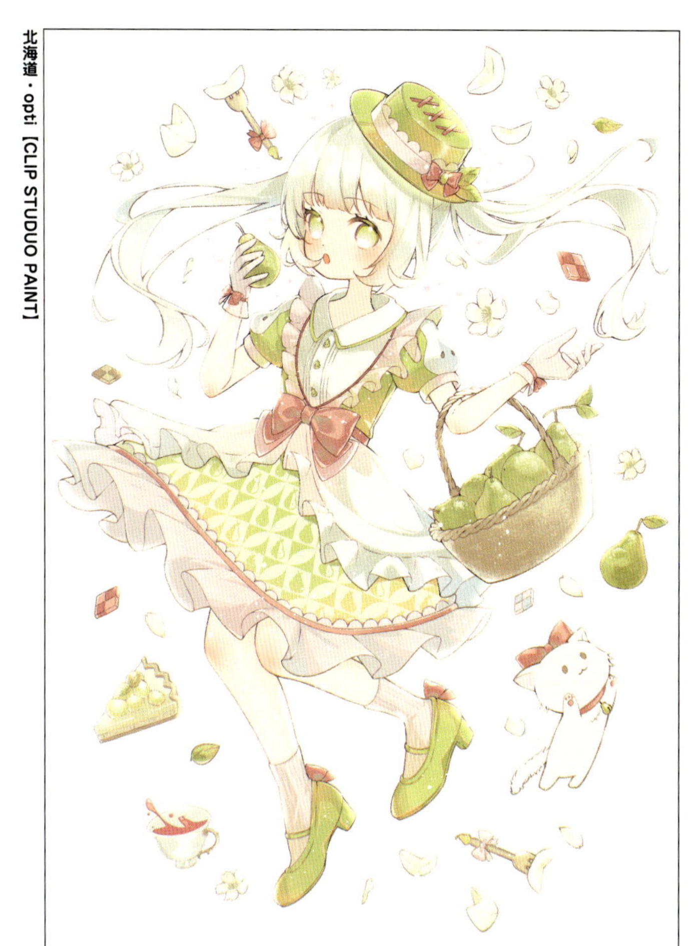

北海道・opti [CLIP STUDUO PAINT]

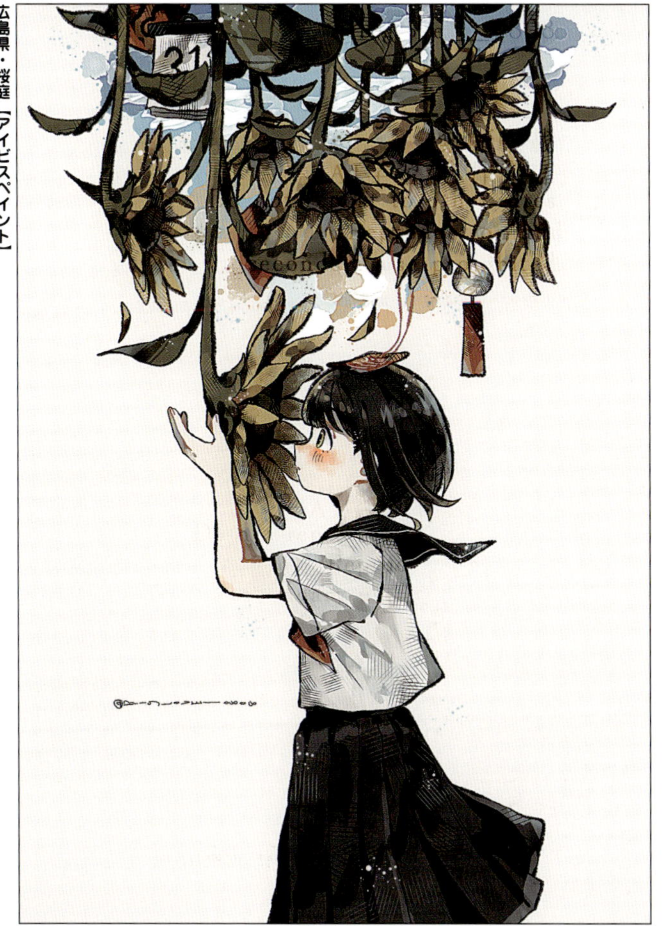

広島県・桜庭 [アイビスペイント]

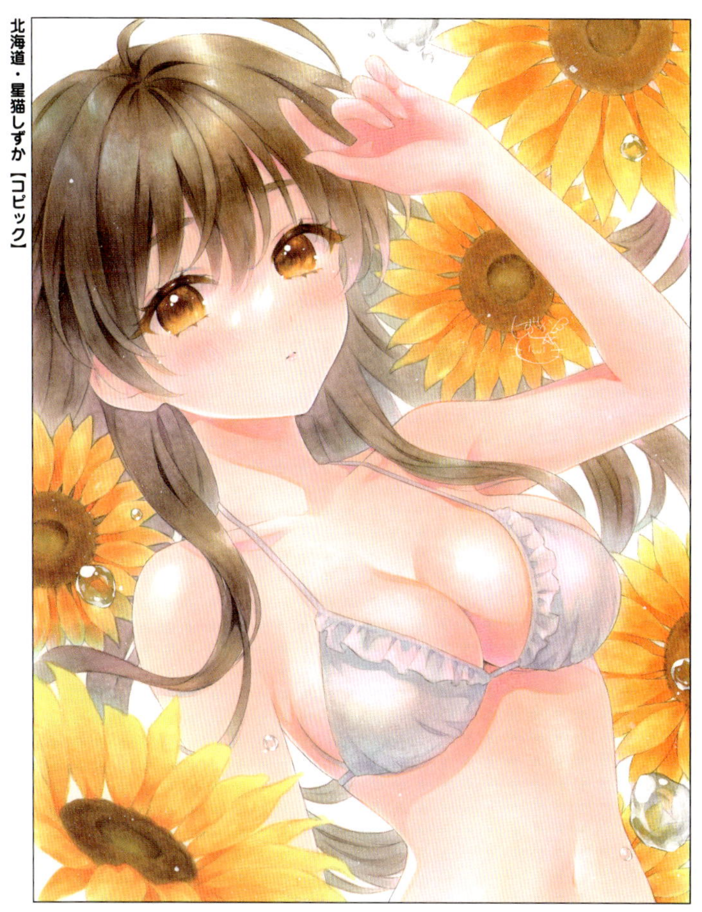

北海道・星猫しずか [コピック]

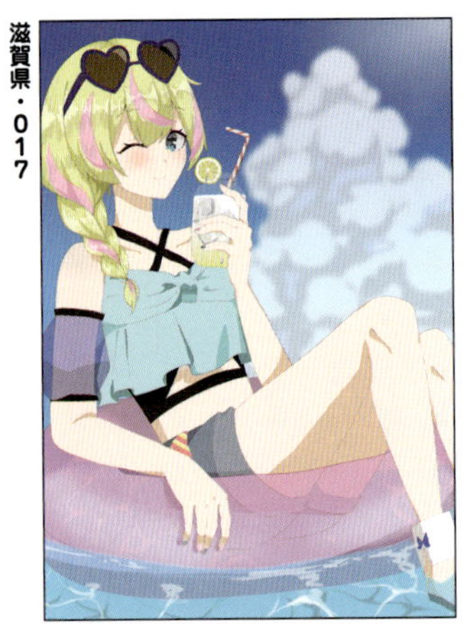

滋賀県・017

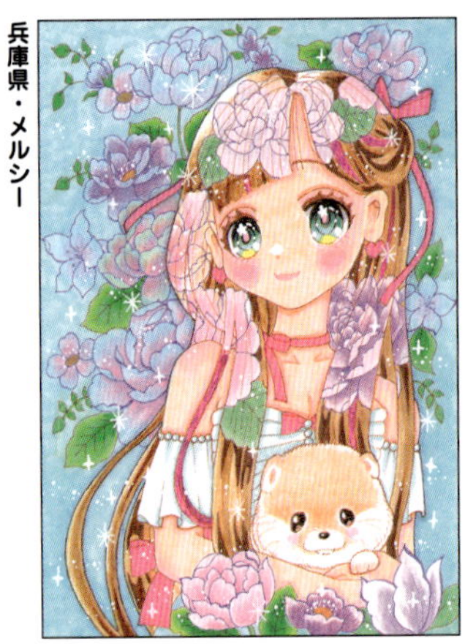

兵庫県・メルシー

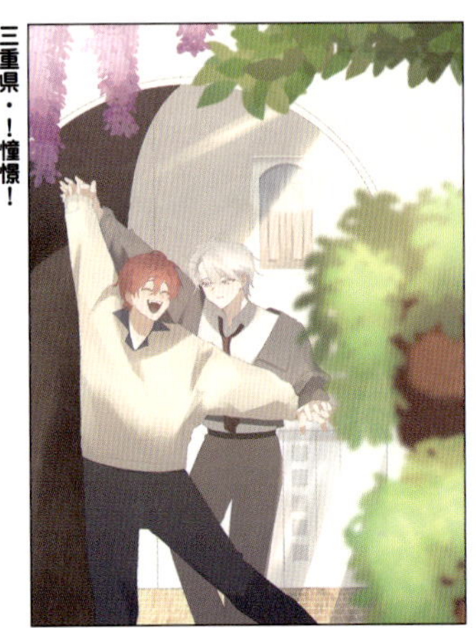

三重県・！憧憬！

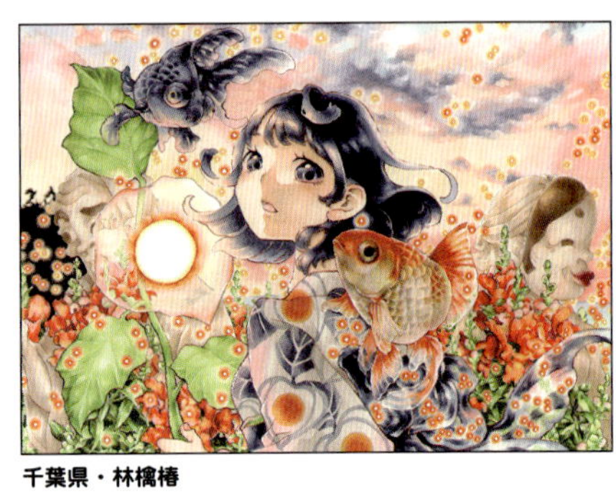

千葉県・林檎椿

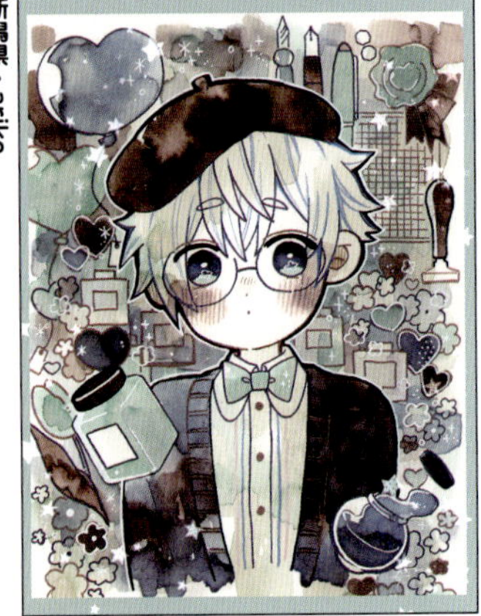

新潟県・ariko

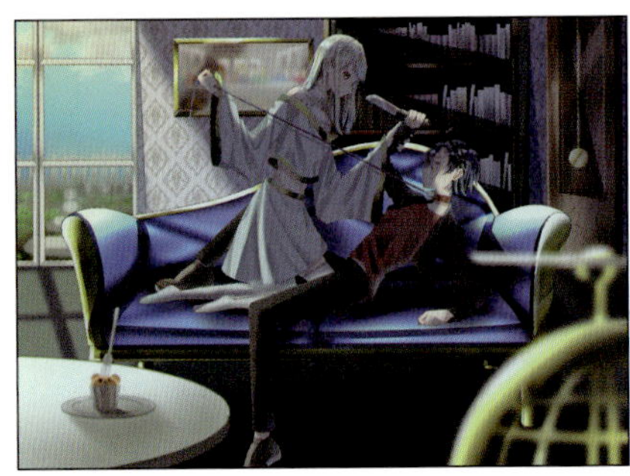

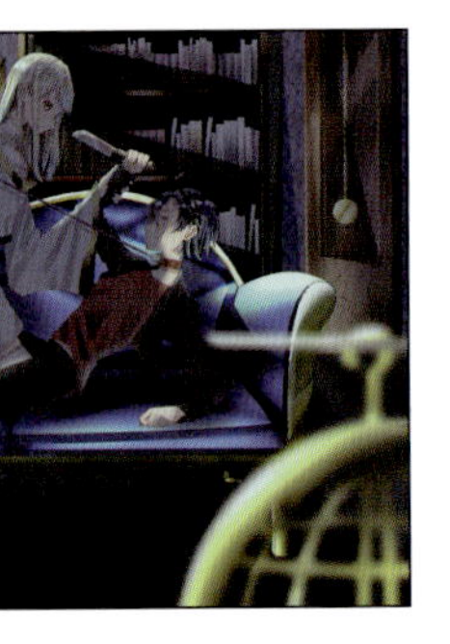

岐阜県・夜魅

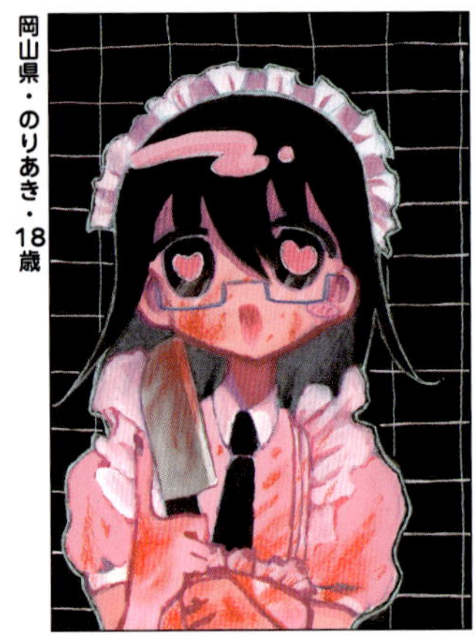

岡山県・のりあき・18歳

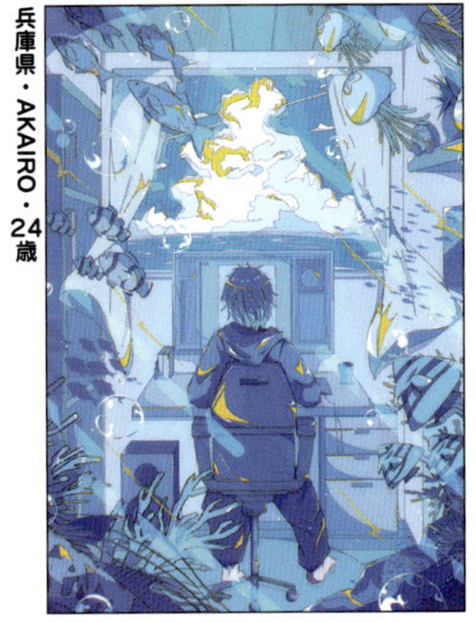

兵庫県・AKAIRO・24歳

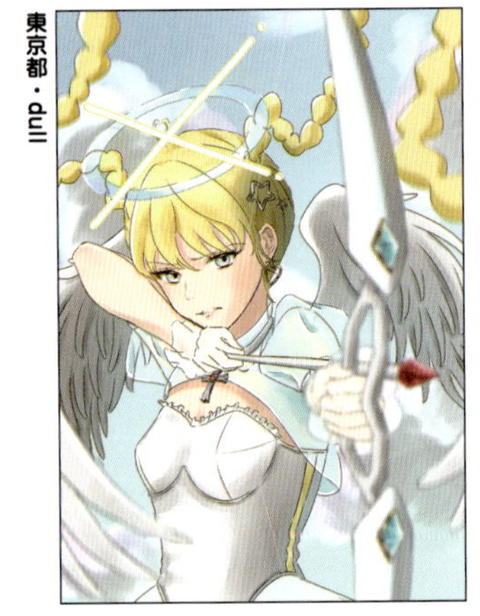

東京都・dull

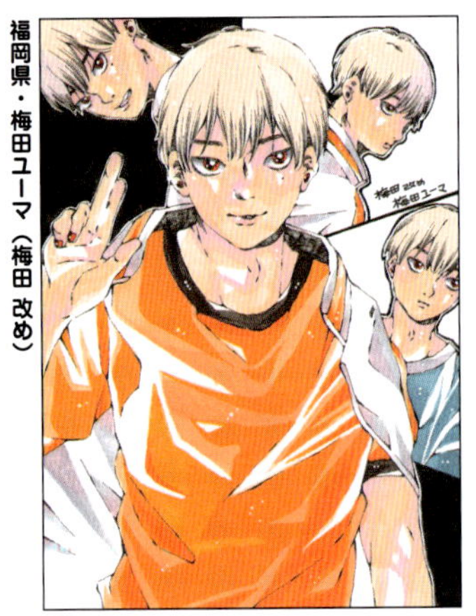

福岡県・梅田ユーマ（梅田 改め）

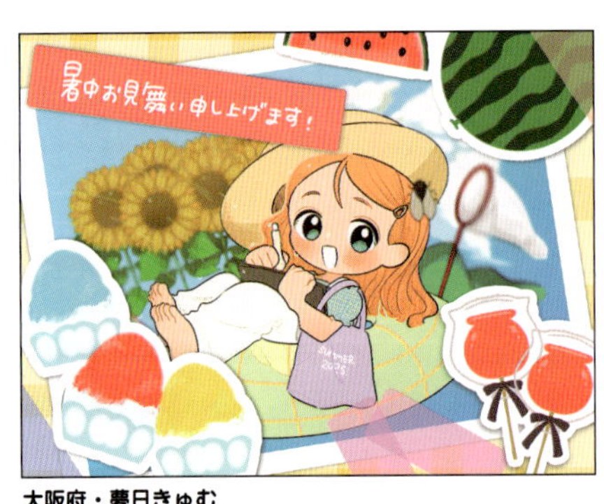

大阪府・夢日きゅむ

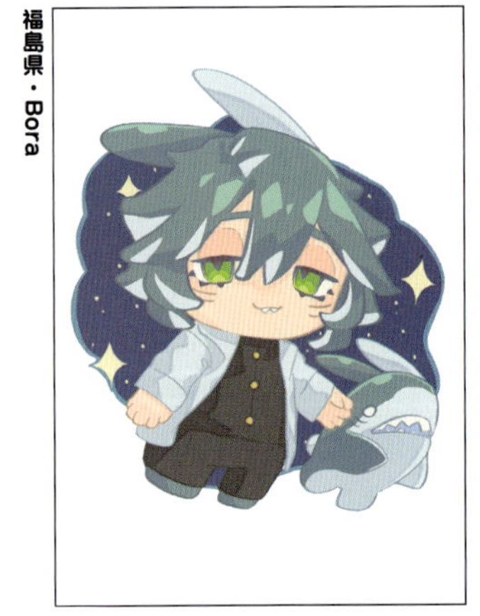

福島県・Bora

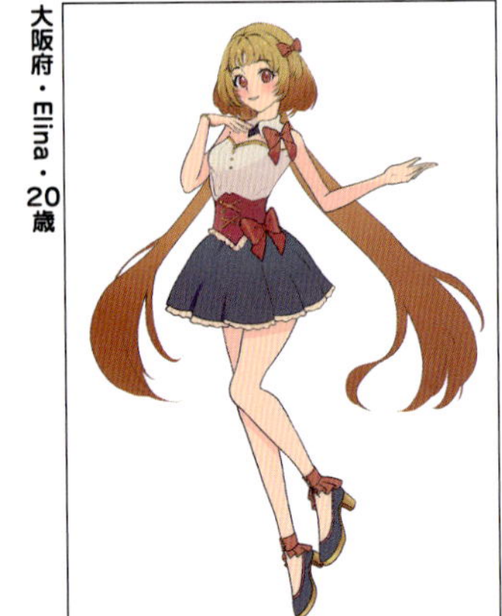

大阪府・Elina・20歳

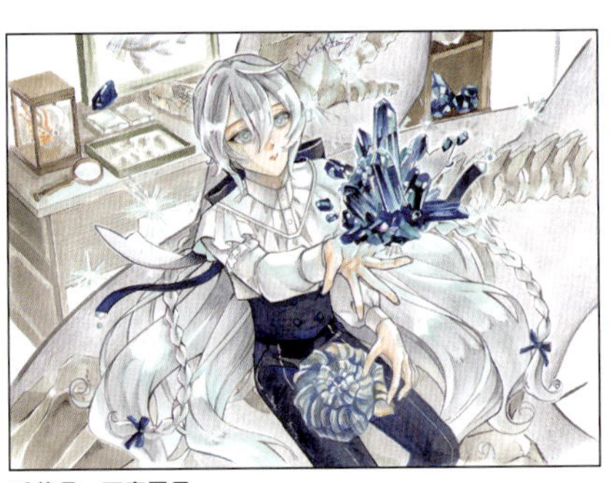

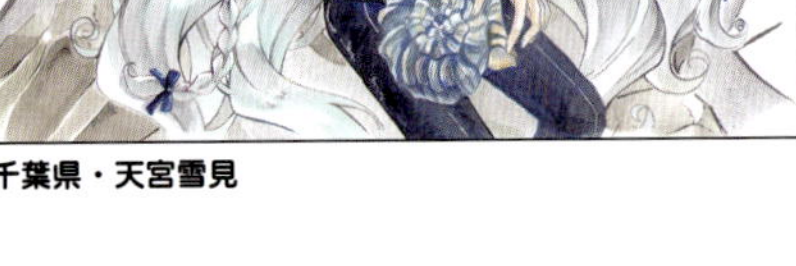

千葉県・天宮雪見

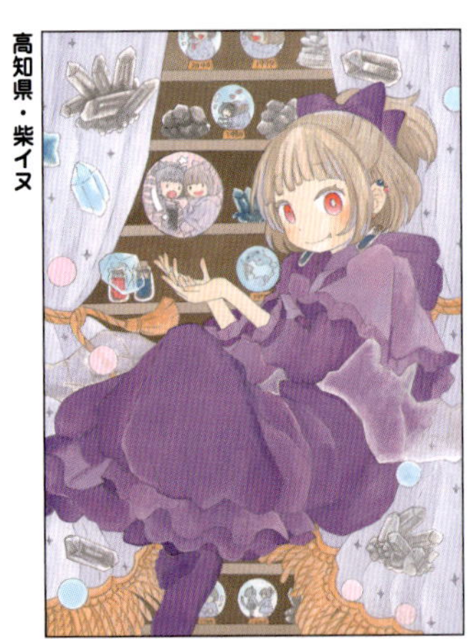

高知県・柴イヌ

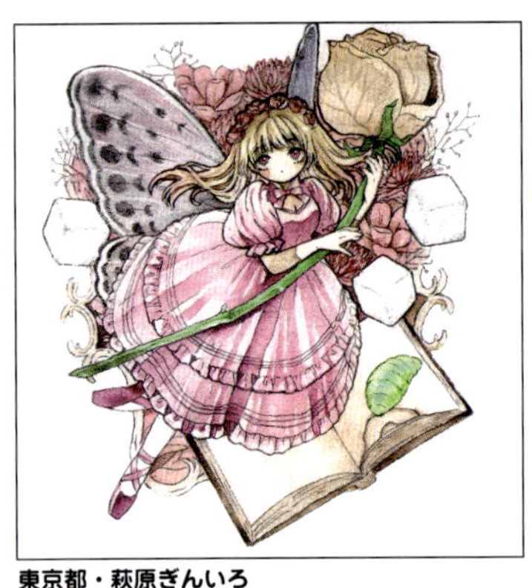

東京都・萩原ぎんいろ

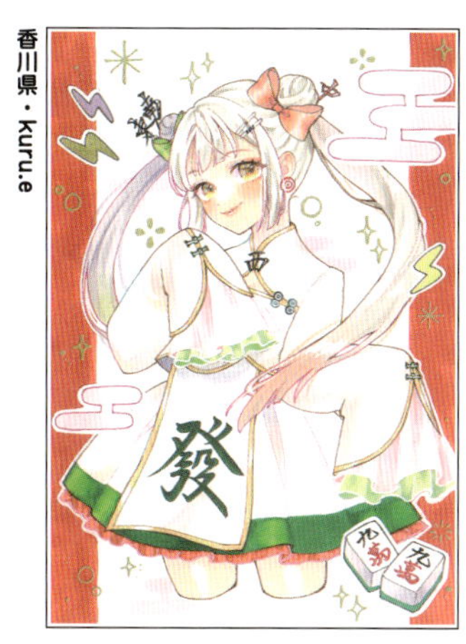

香川県・Kuru.e

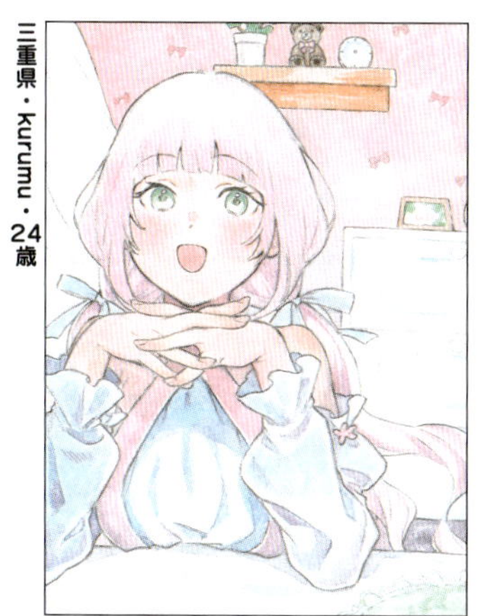

三重県・Kurumu・24歳

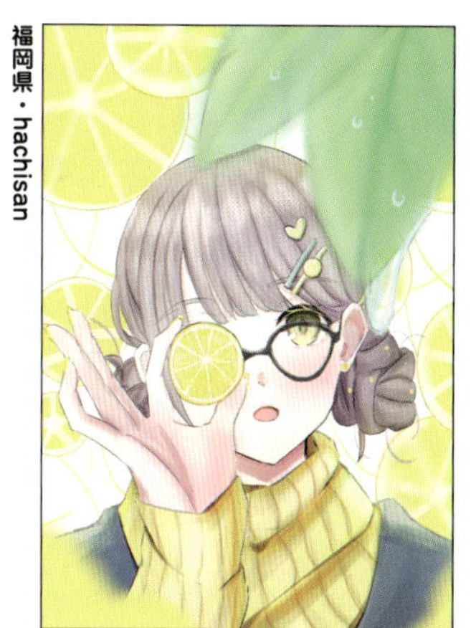

福岡県・hachisan

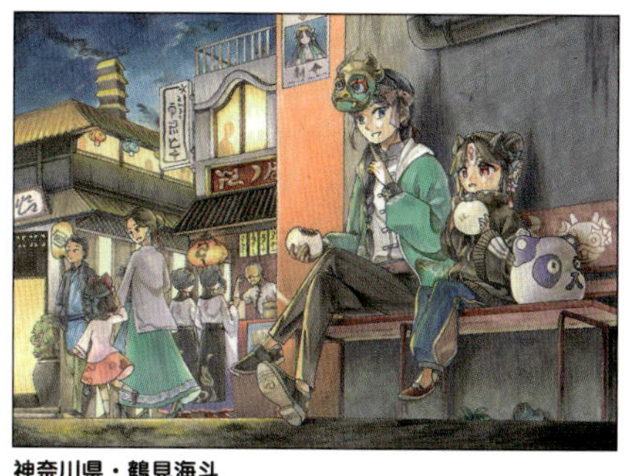

神奈川県・鶴見海斗

Midori

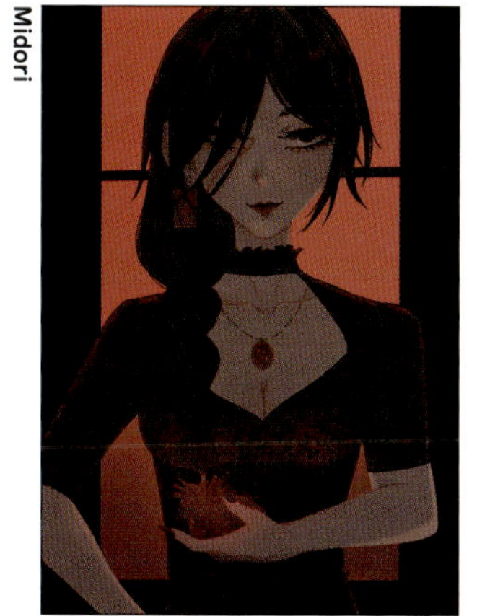

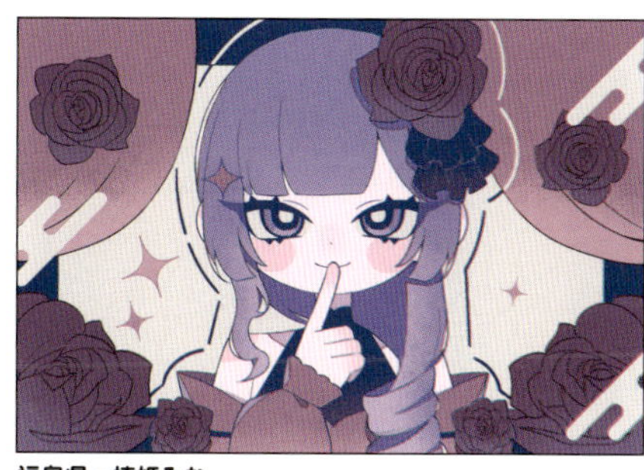

福島県・椿姫みな

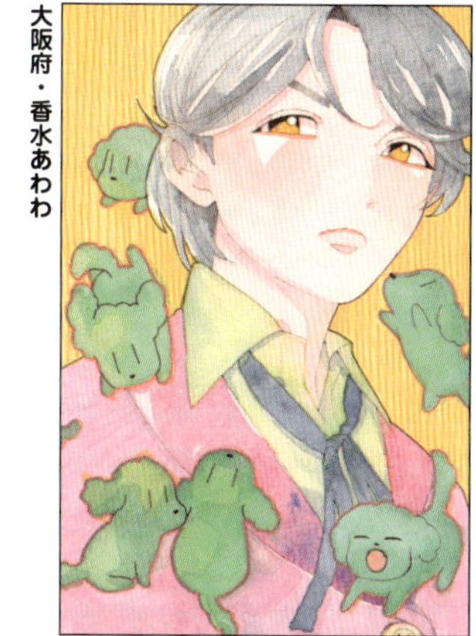

大阪府・香水あわわ

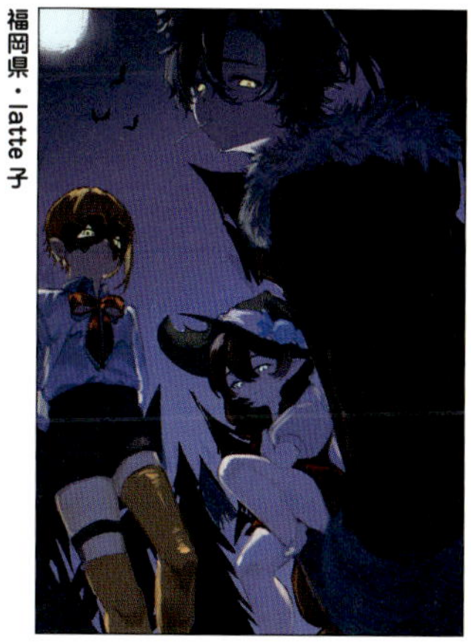

福岡県・latte 子

奈良県・NAGISA

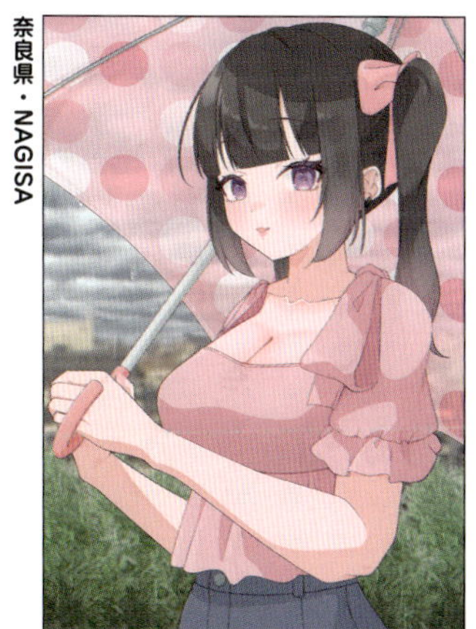

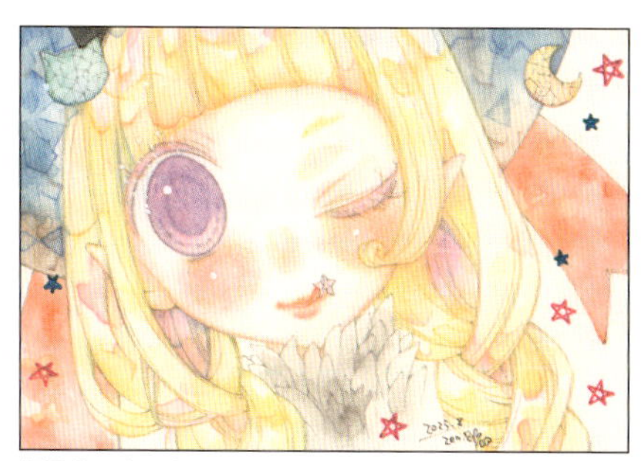

新潟県・チュチュ

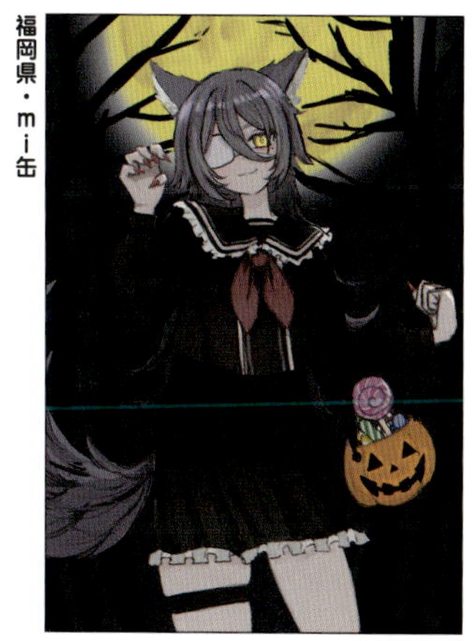

福岡県・ｍｉ缶

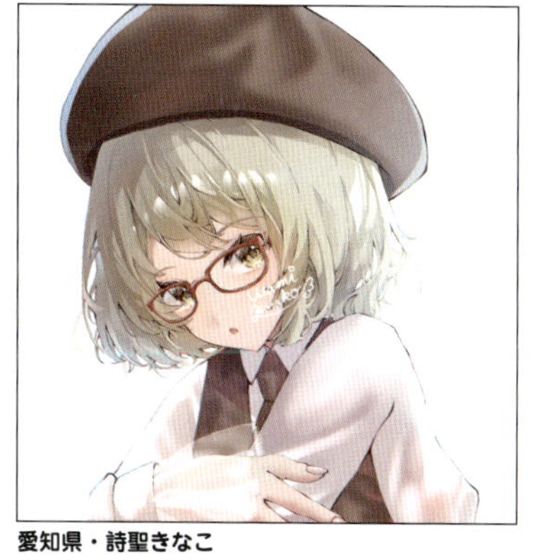

愛知県・詩聖きなこ

奈良県・sameno

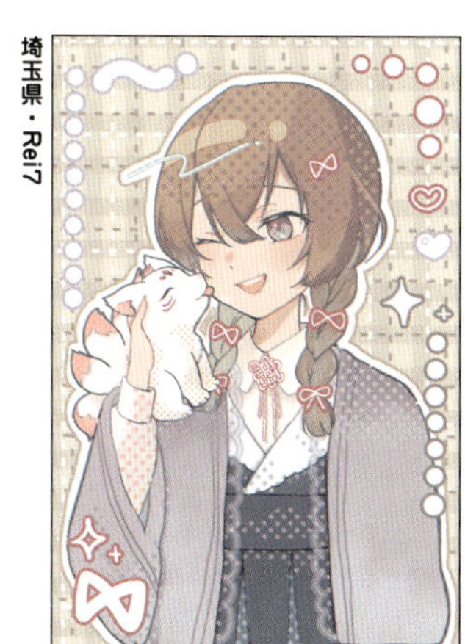

埼玉県・Rei7

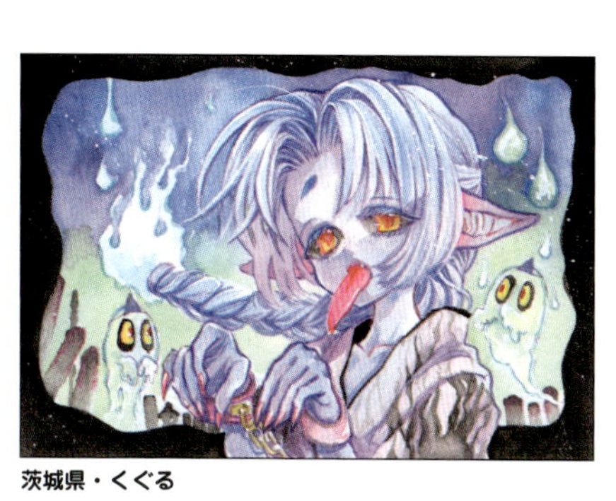

茨城県・くぐる

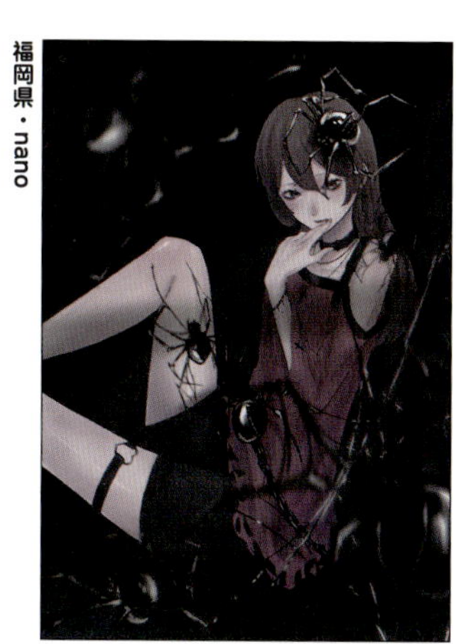

福岡県・nano

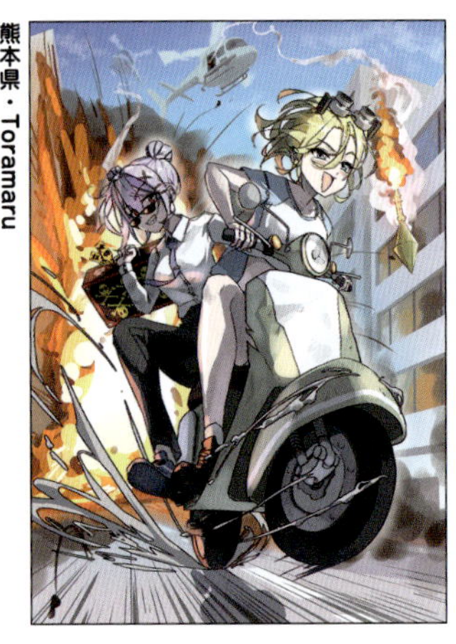

熊本県・Toramaru

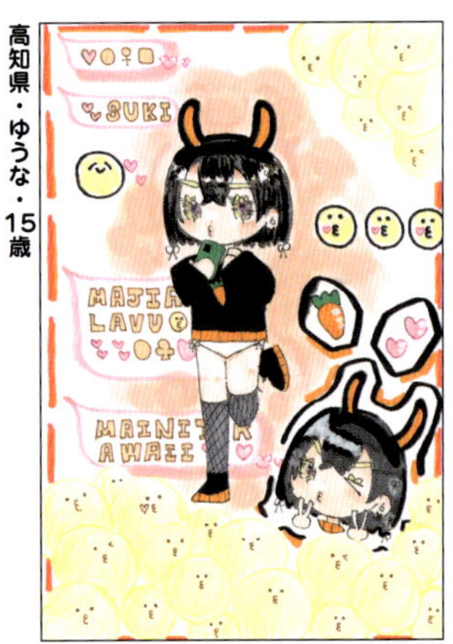

高知県・ゆうな・15歳

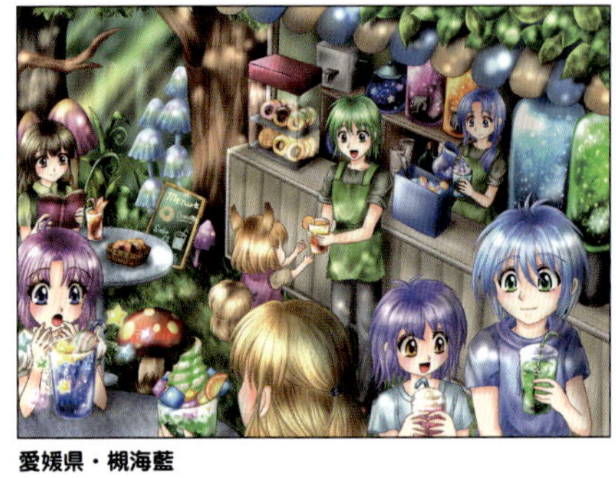

愛媛県・棚海藍

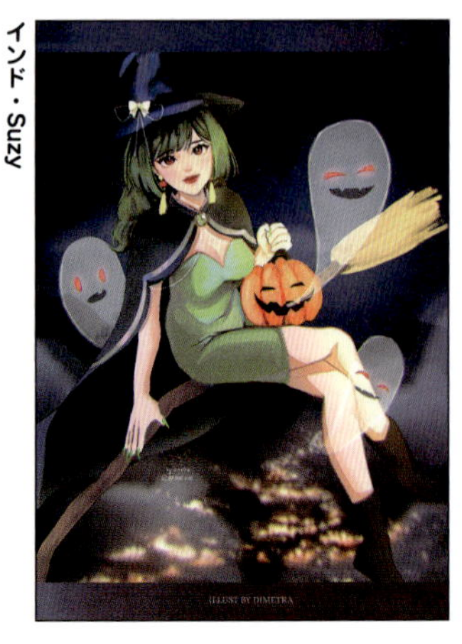

インド・Suzy

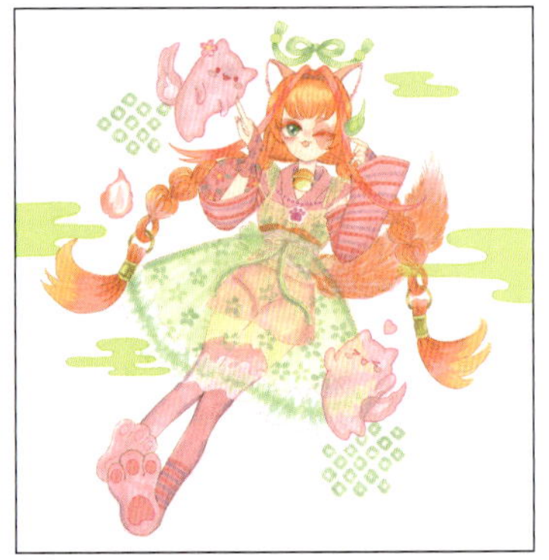

岩手県・花灯こはく

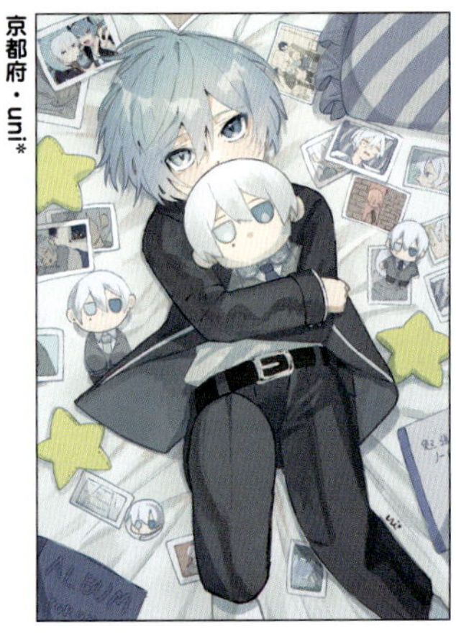

京都府・uni*

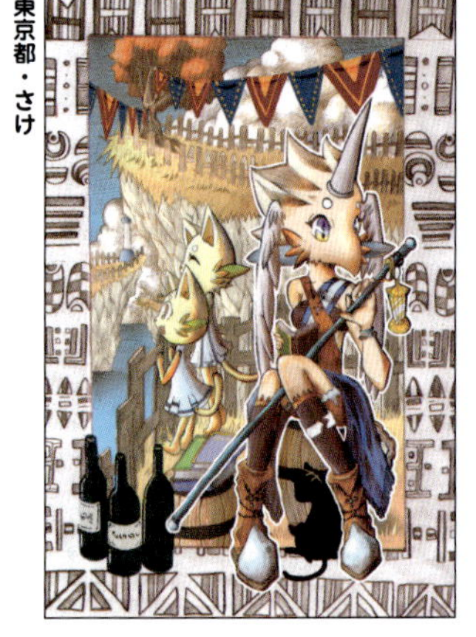

東京都・さけ

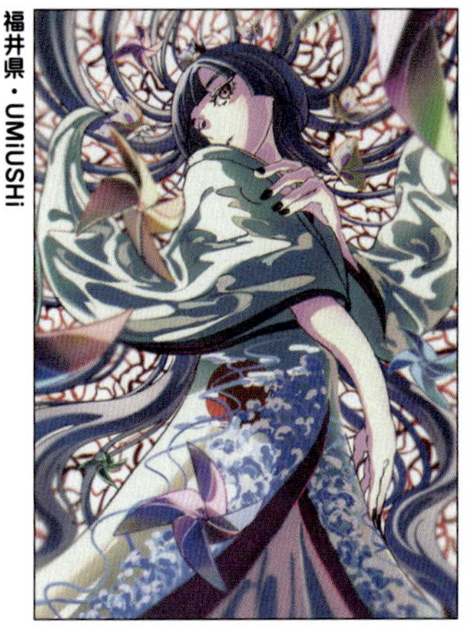

福井県・UMiUSHi

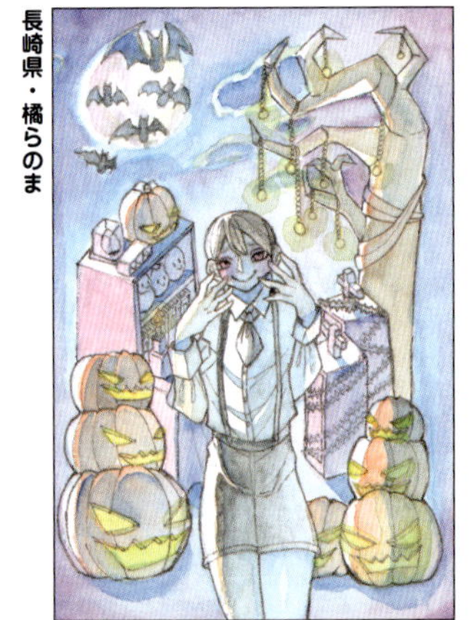

長崎県・橘らのま

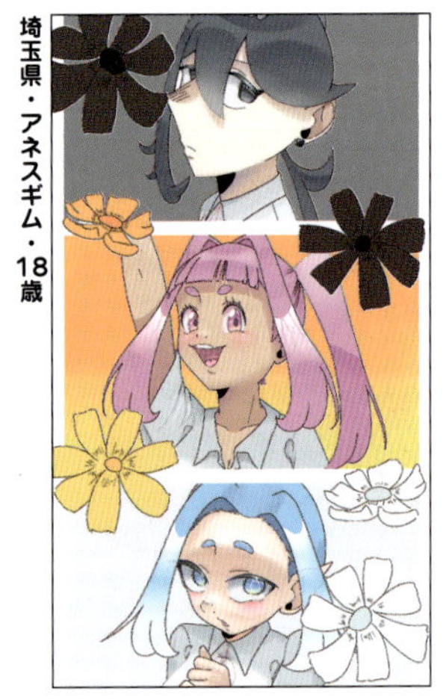

埼玉県・アネスギム・18歳

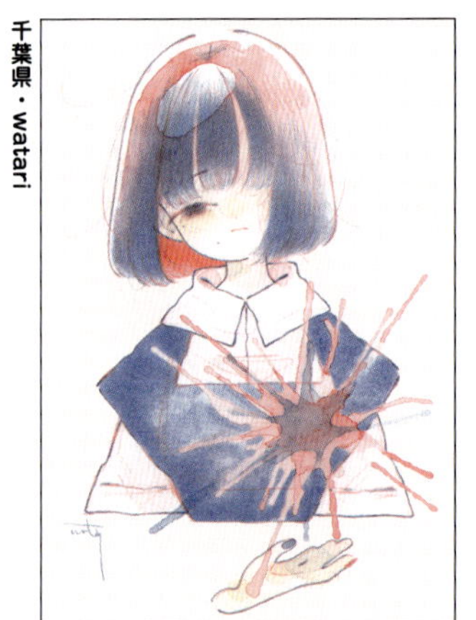

千葉県・watari

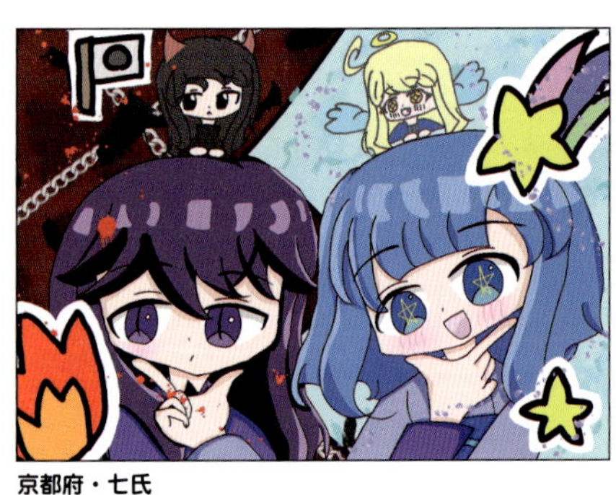

京都府・七氏

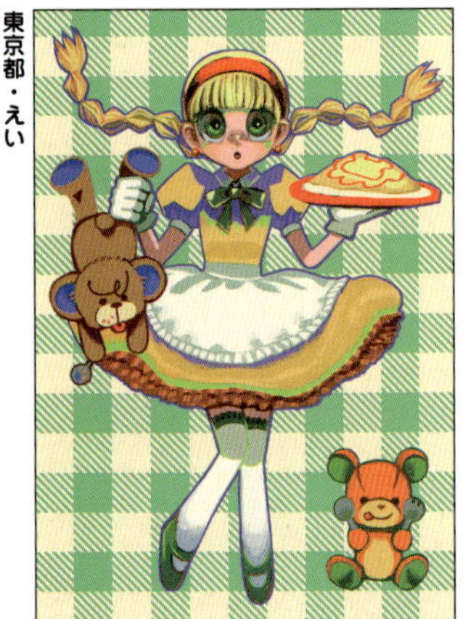

東京都・えい

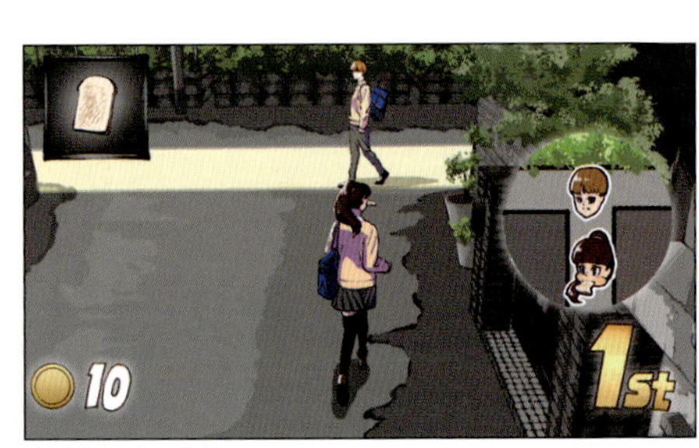

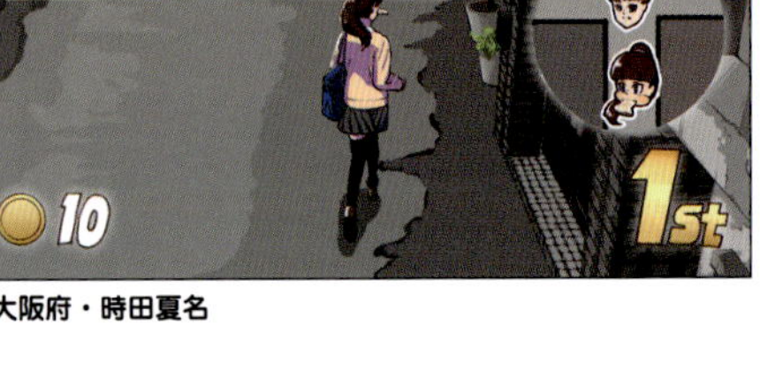

大阪府・時田夏名

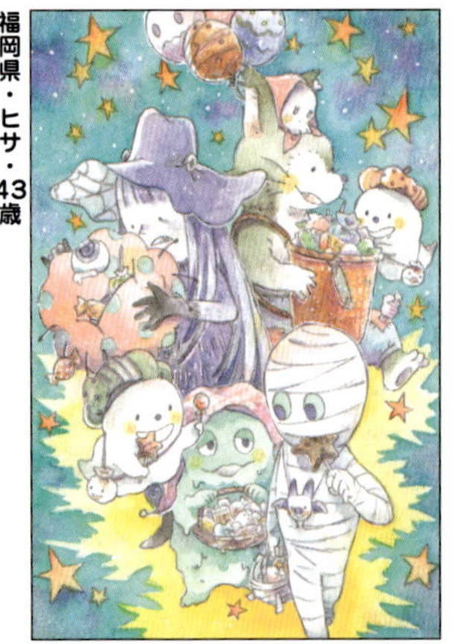

福岡県・ヒサ・43歳

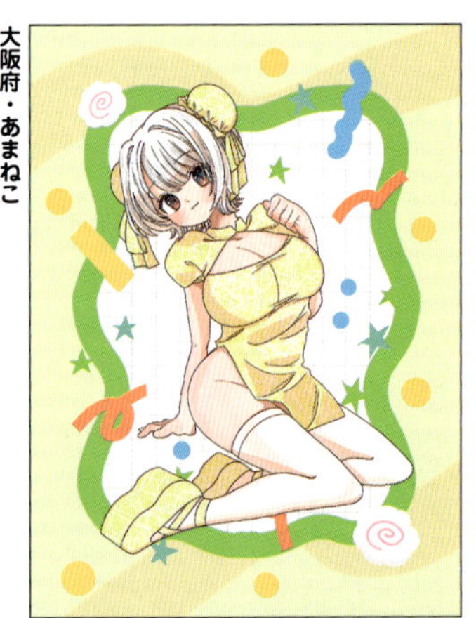

大阪府・あまねこ

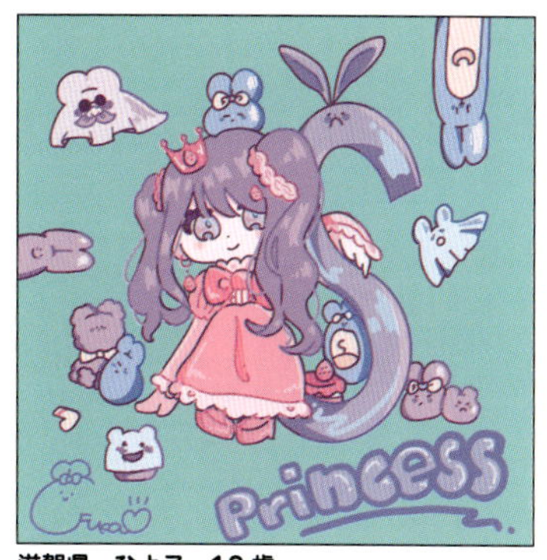

滋賀県・ひよ子・10歳

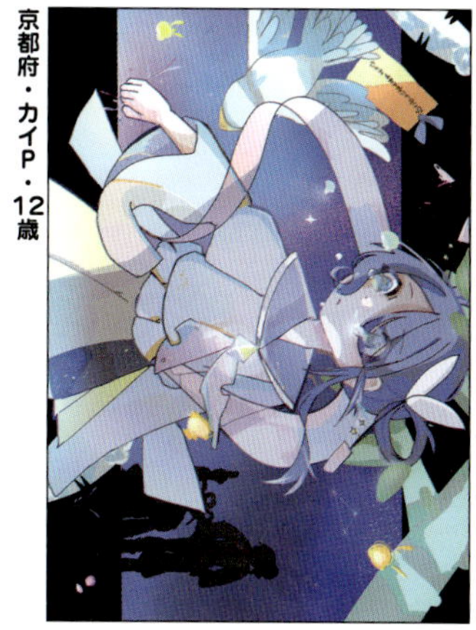

京都府・カイP・12歳

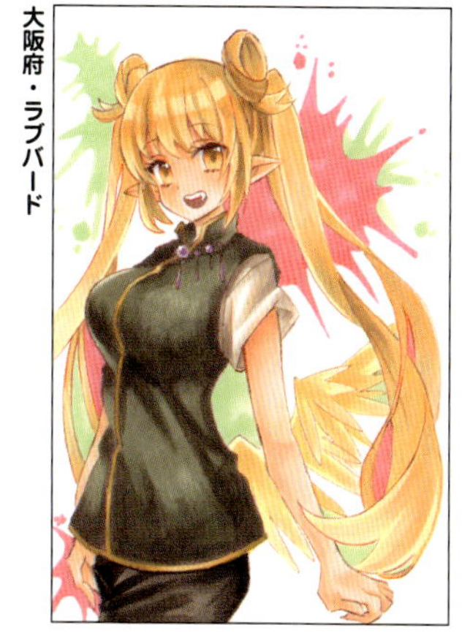

大阪府・ラブバード

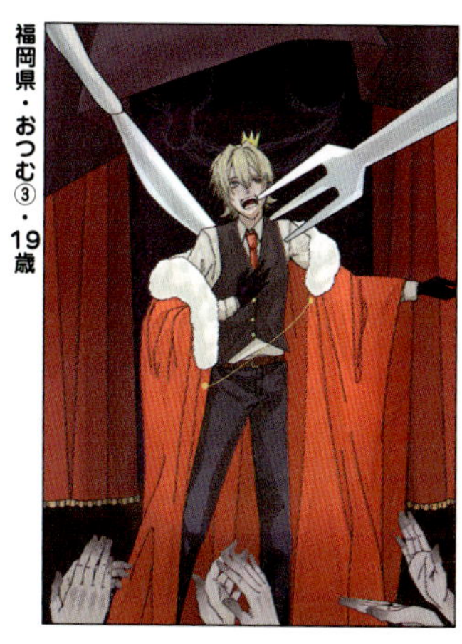

福岡県・おつむ③・19歳

大阪府・こまこまる

神奈川県・のにのー

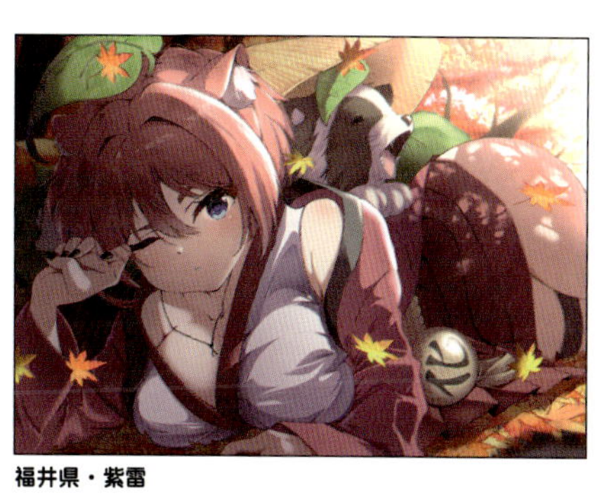

福井県・紫雷

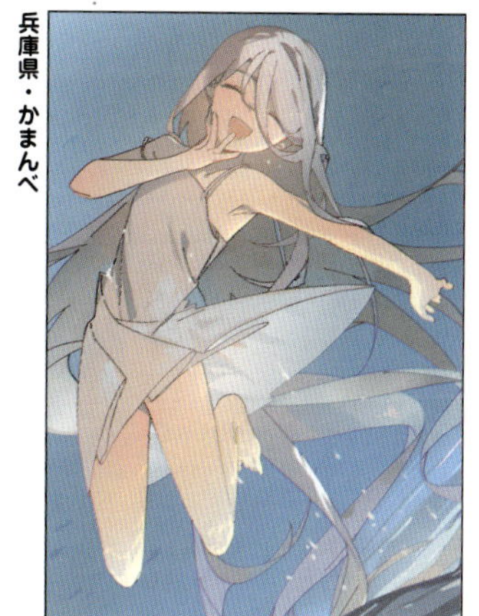

兵庫県・かまんべ

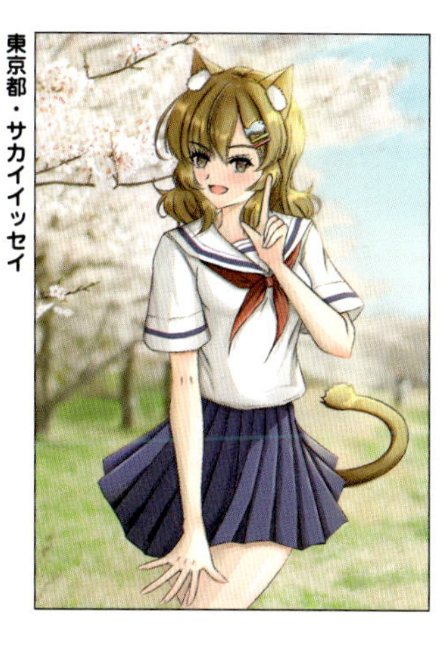

東京都・サカイイッセイ

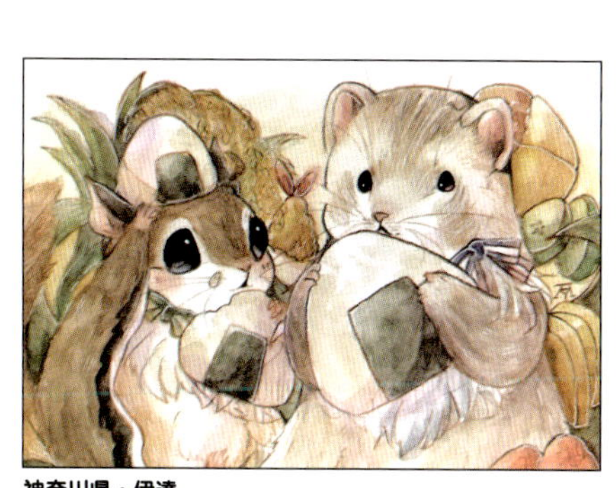

神奈川県・伊達

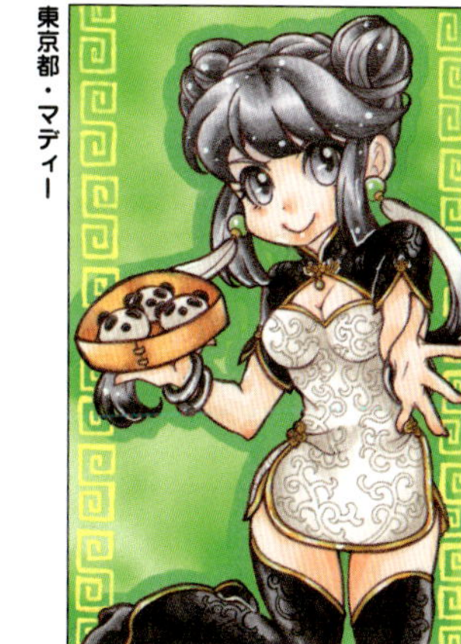

東京都・マディー

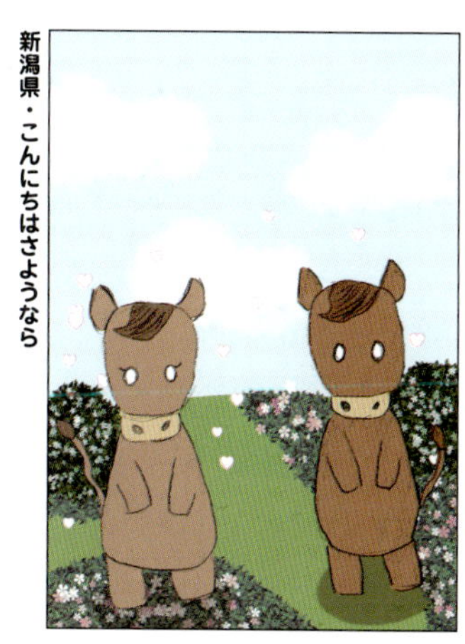

新潟県・こんにちはさようなら

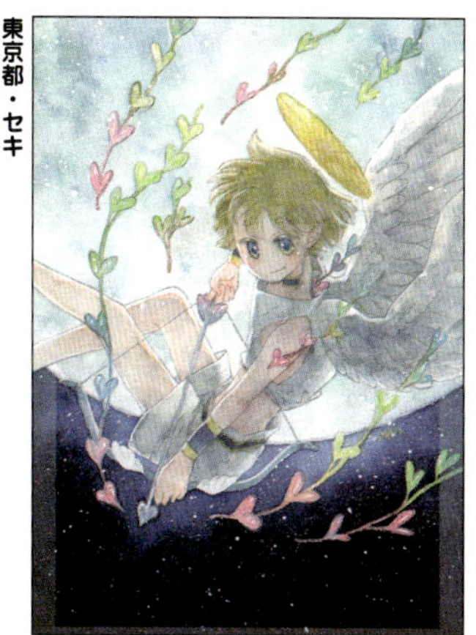

東京都・セキ

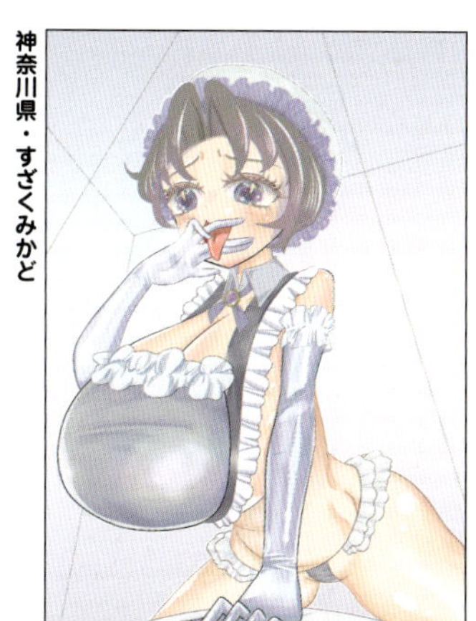

神奈川県・すざくみかど

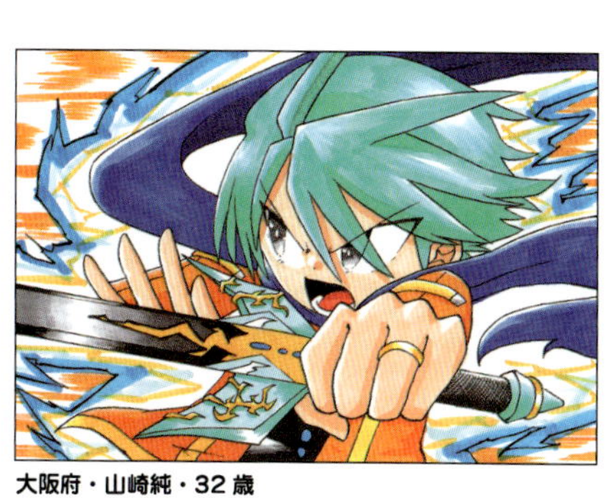

大阪府・山崎純・32歳

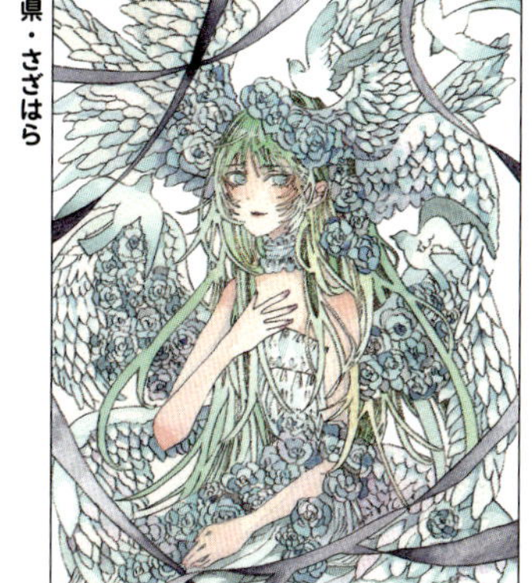

千葉県・さざはら

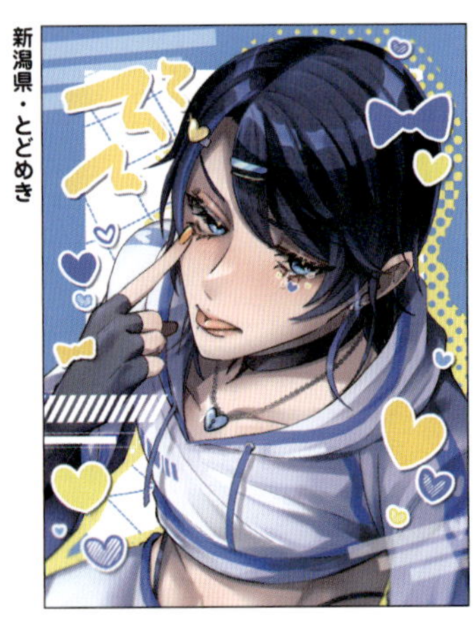

新潟県・とどめき

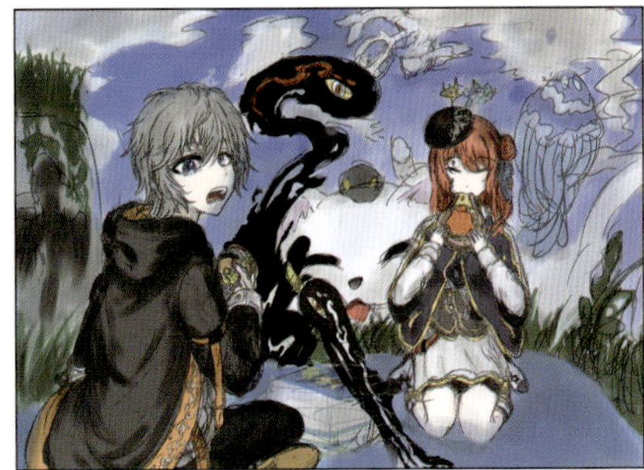

福島県・りんね

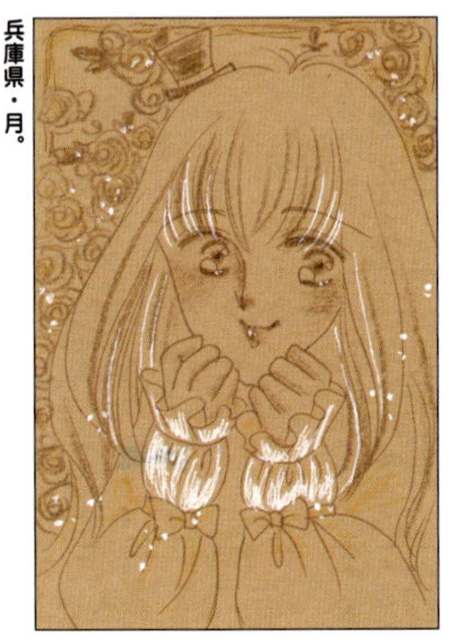

兵庫県・月。

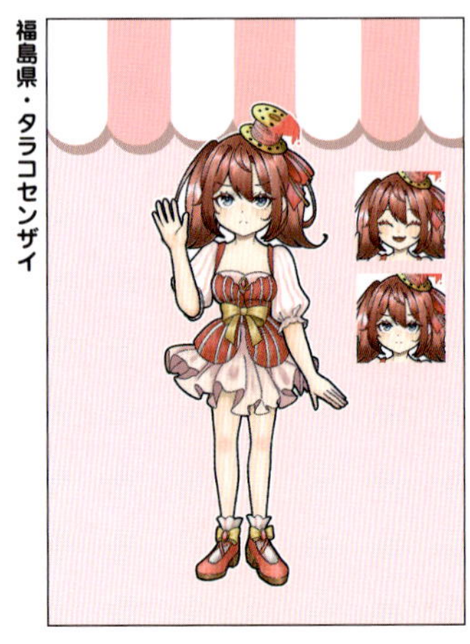

福島県・タラコセンザイ

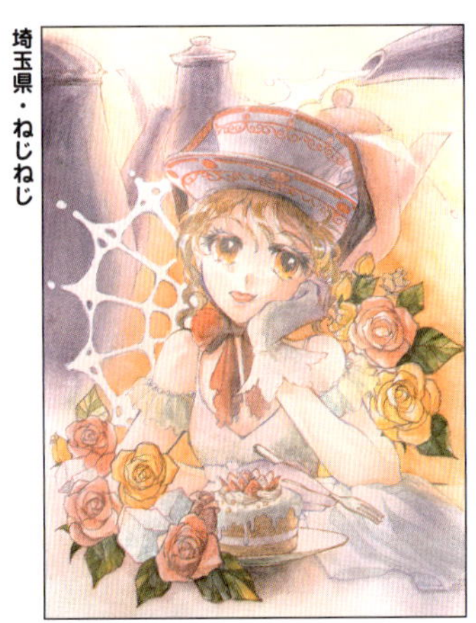

埼玉県・ねじねじ

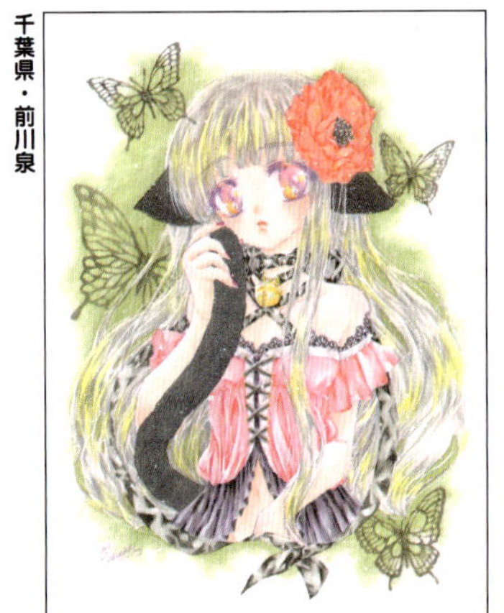

千葉県・前川泉

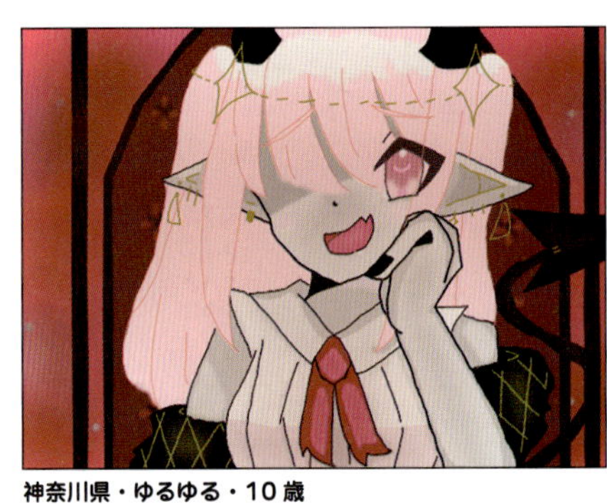

神奈川県・ゆるゆる・10歳

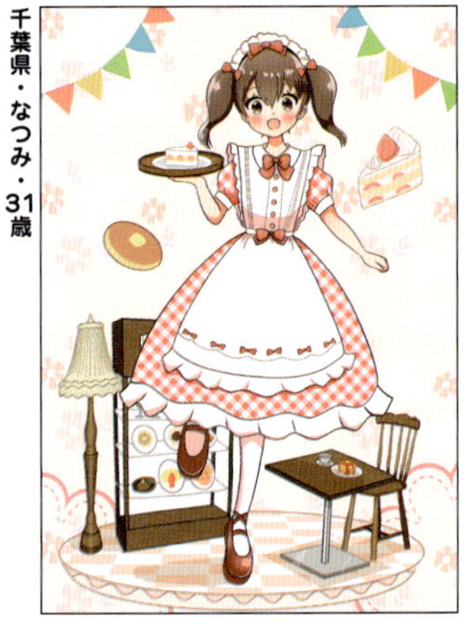

千葉県・なつみ・31歳

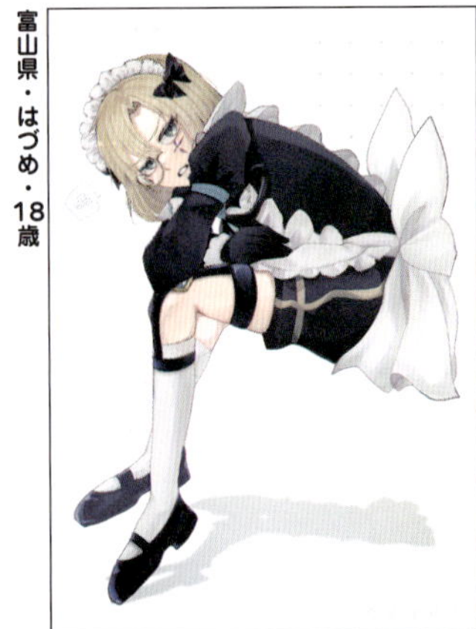

富山県・はづめ・18歳

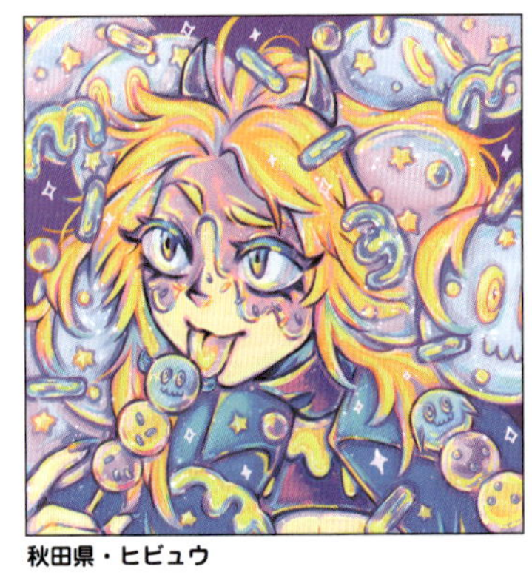

秋田県・ヒビュウ

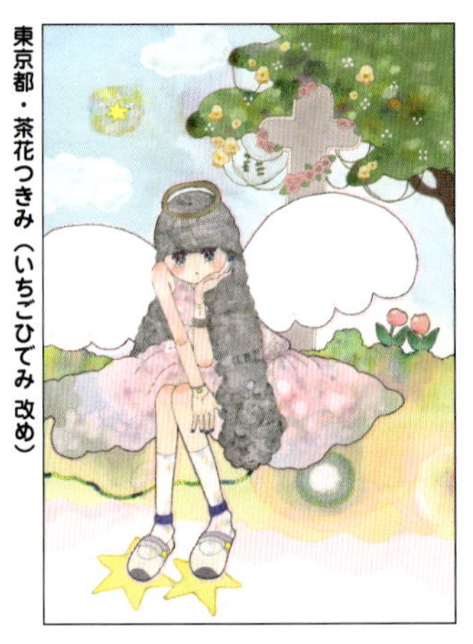

東京都・茶花つきみ（いちごひてみ 改め）

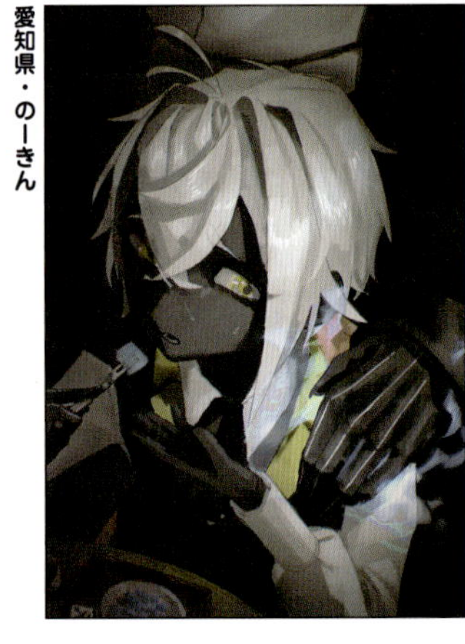

愛知県・のーきん

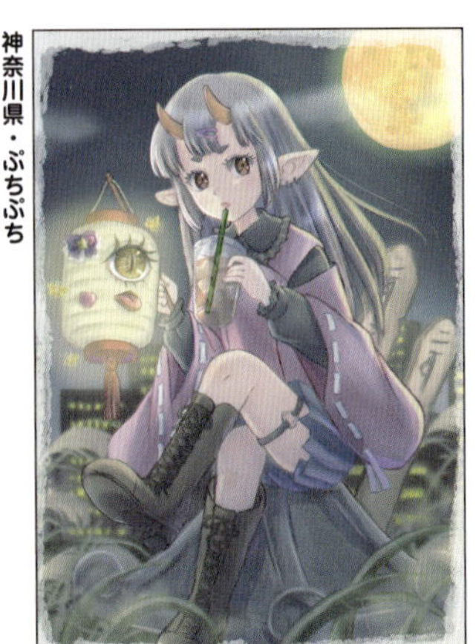

神奈川県・ぷちぷち

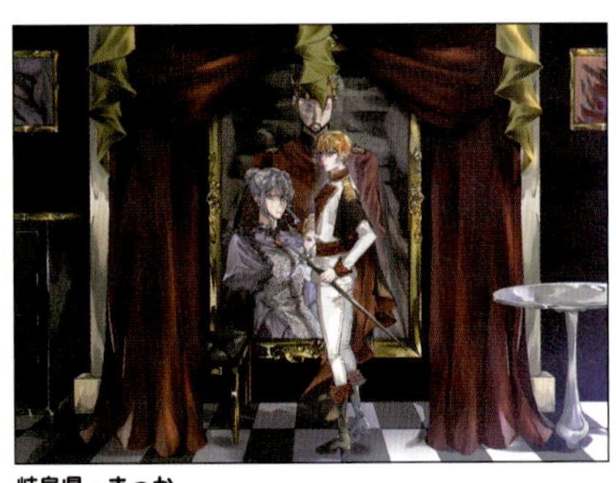
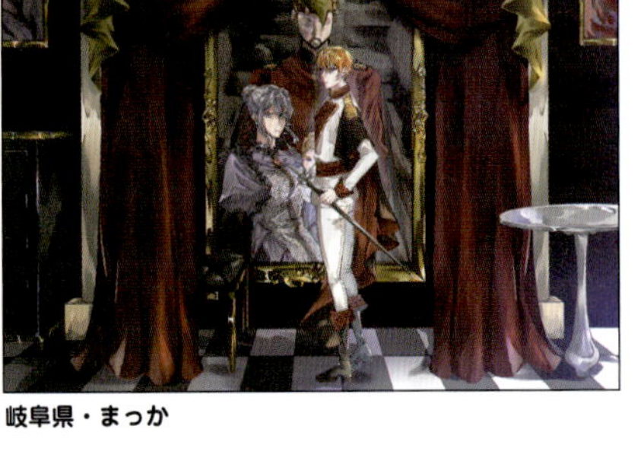

岐阜県・まっか

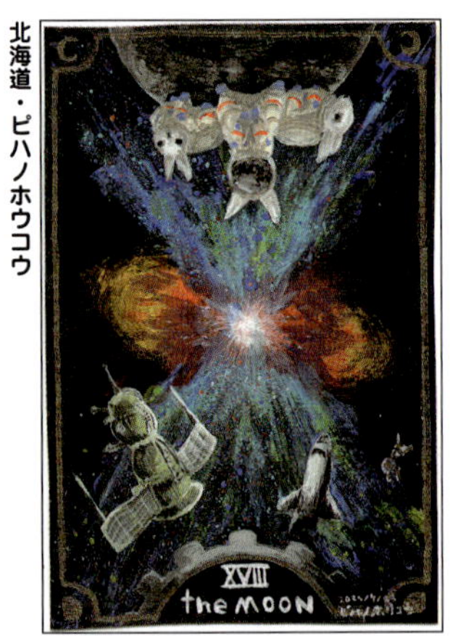

北海道・ピハノホウコウ

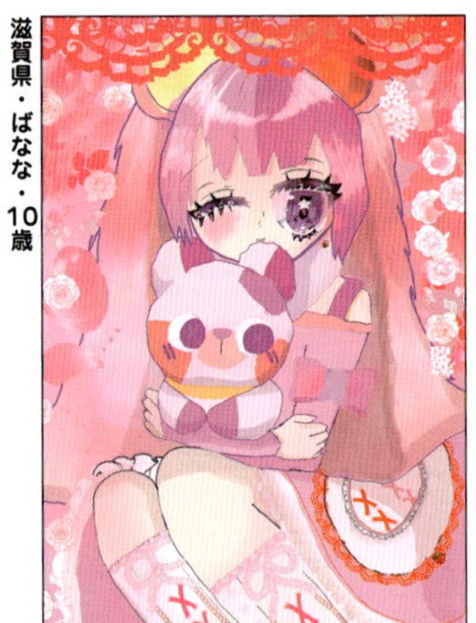

滋賀県・ばなな・10歳

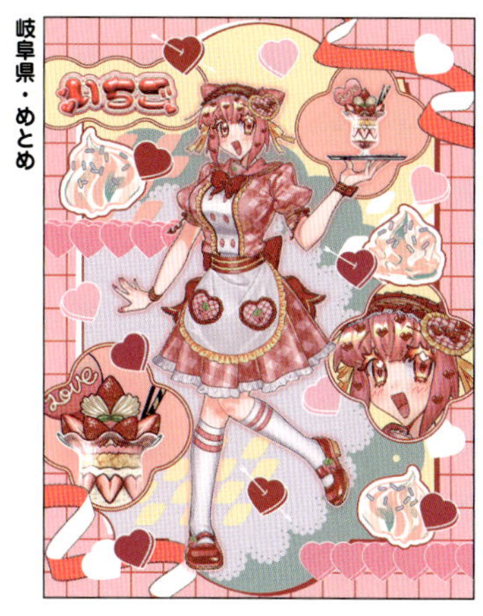

岐阜県・めとめ

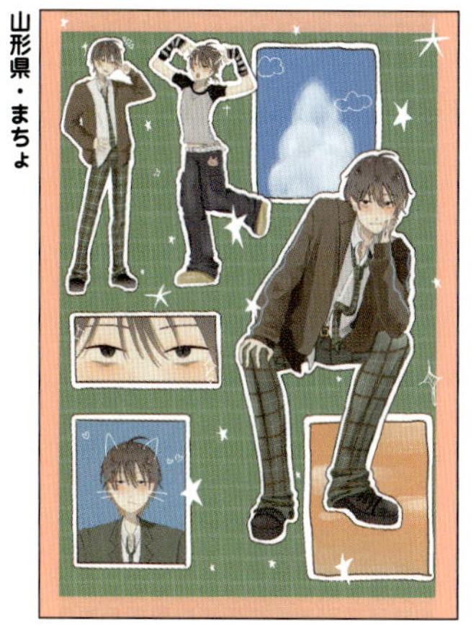

山形県・まちょ

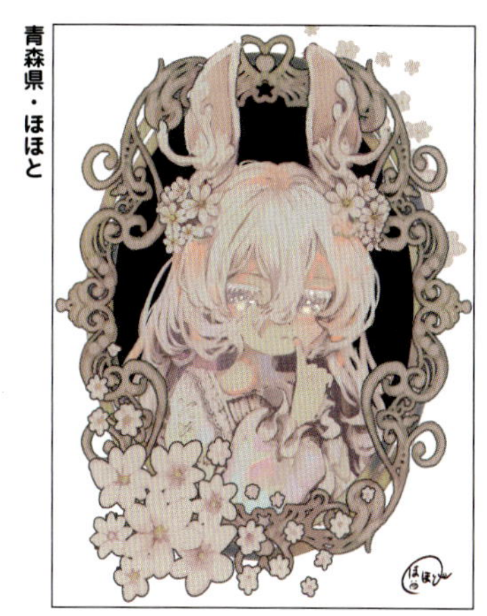

青森県・ほほと

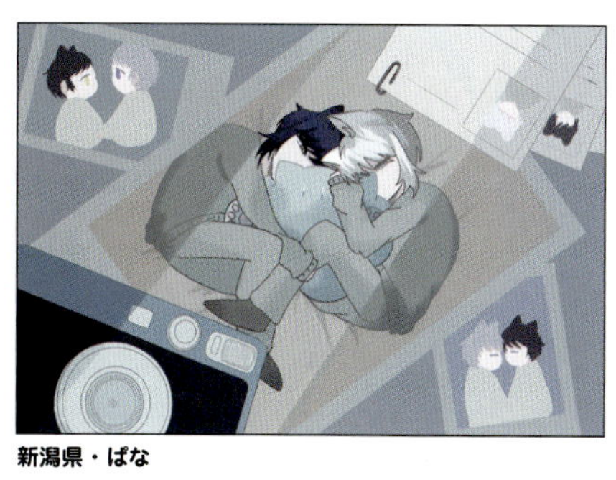

新潟県・ぱな

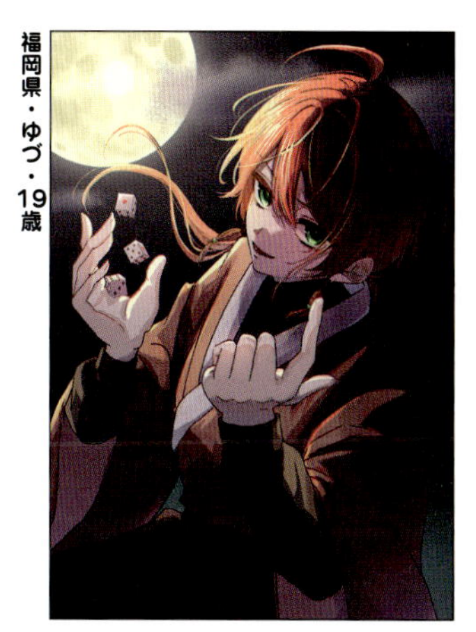

福岡県・ゆづ・19歳

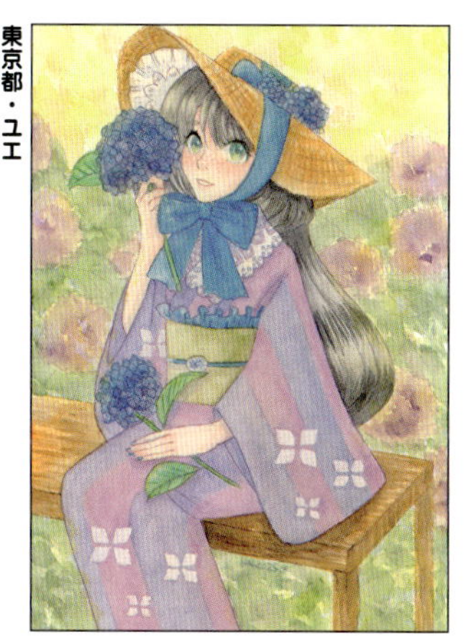

東京都・ユエ

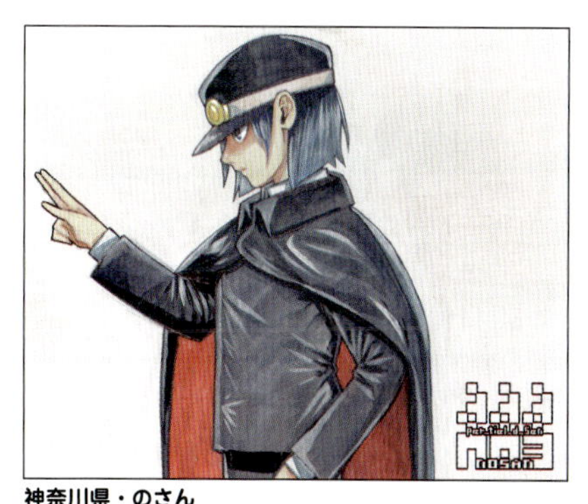

神奈川県・のさん

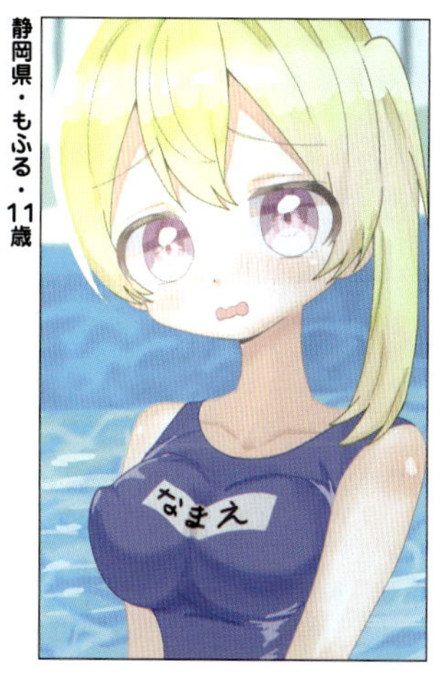

静岡県・もふる・11歳

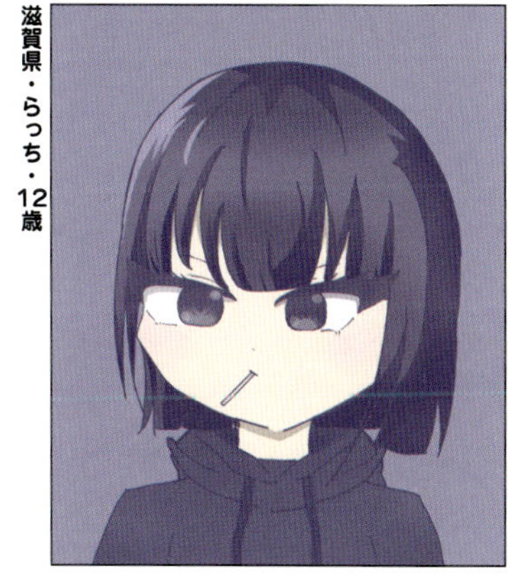

滋賀県・らっち・12歳

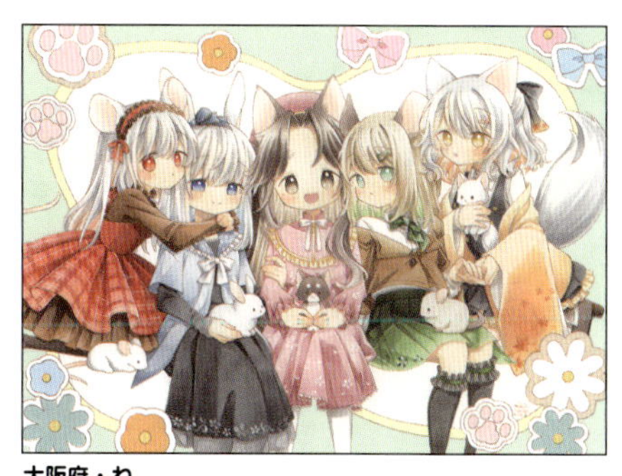

大阪府・ね

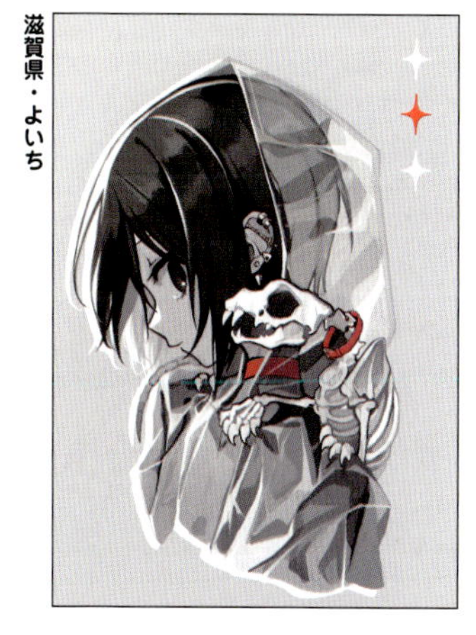

滋賀県・よいち

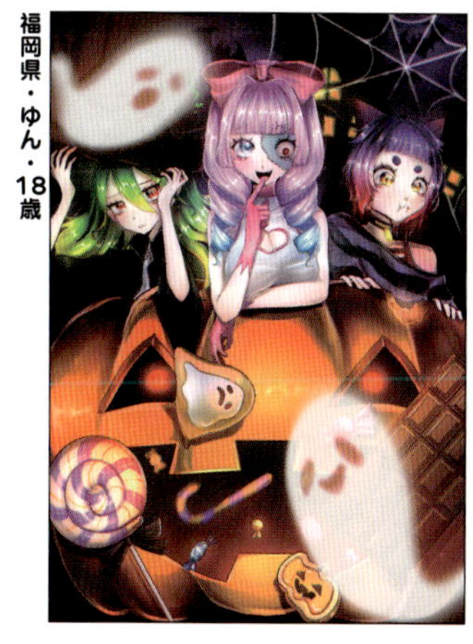

福岡県・ゆん・18歳

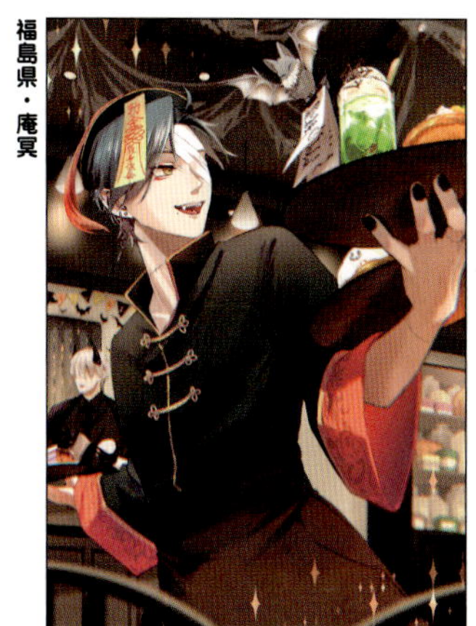

福島県・庵冥

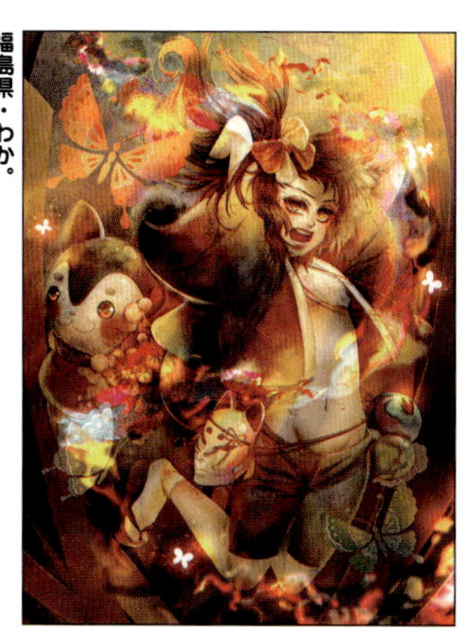

福島県・わか。

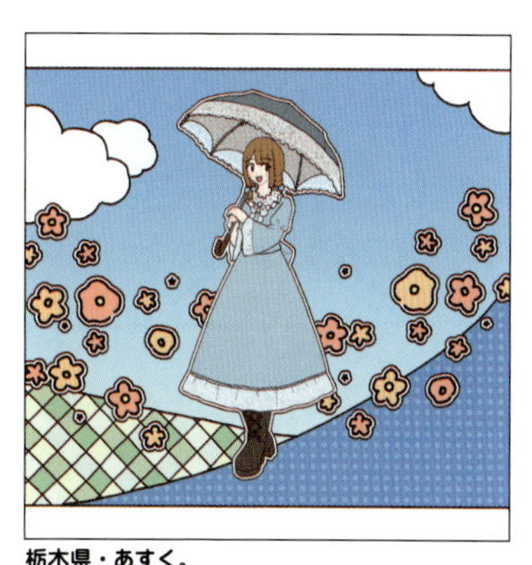

栃木県・あすく。

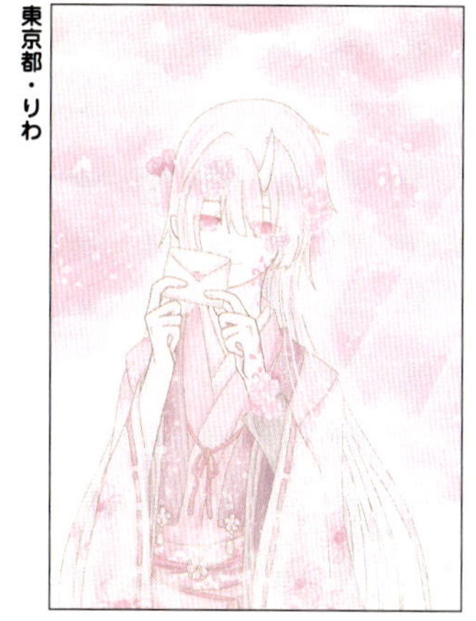

東京都・りわ

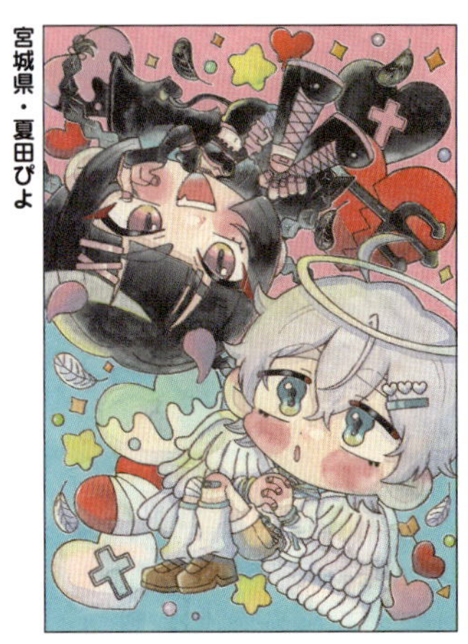

宮城県・夏田ぴよ

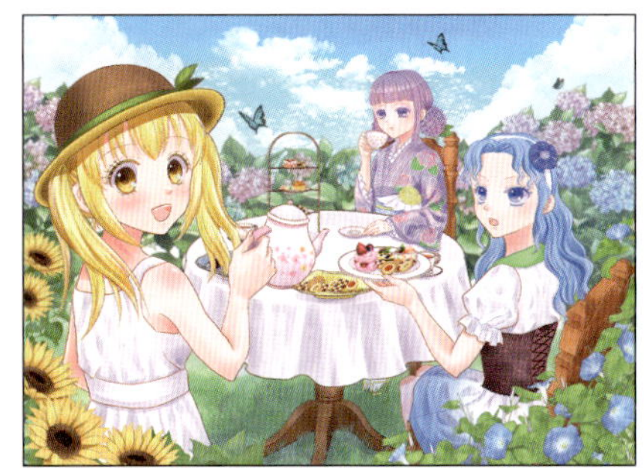

愛知県・しょここ

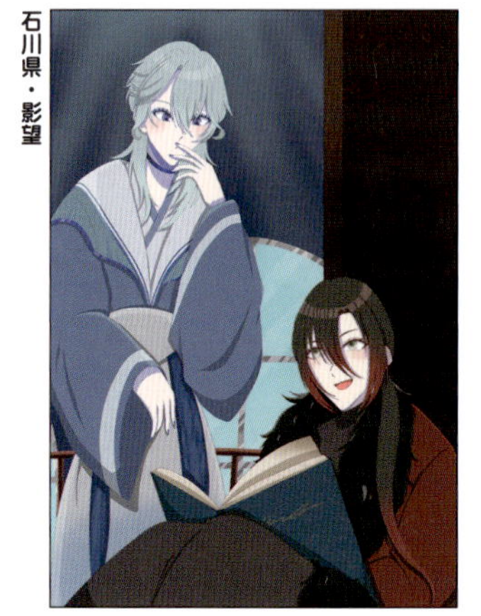

石川県・影望

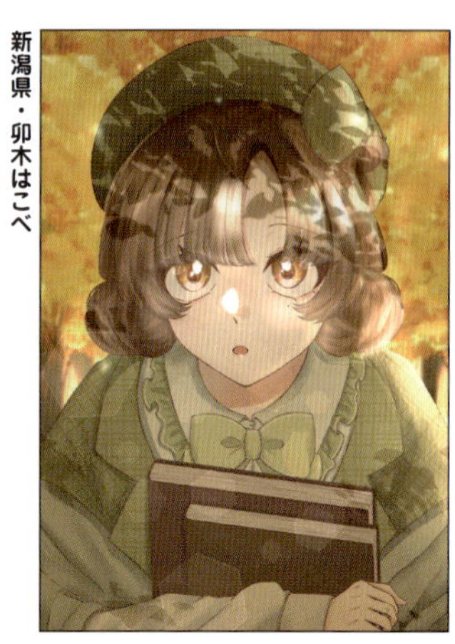

新潟県・卯木はこべ

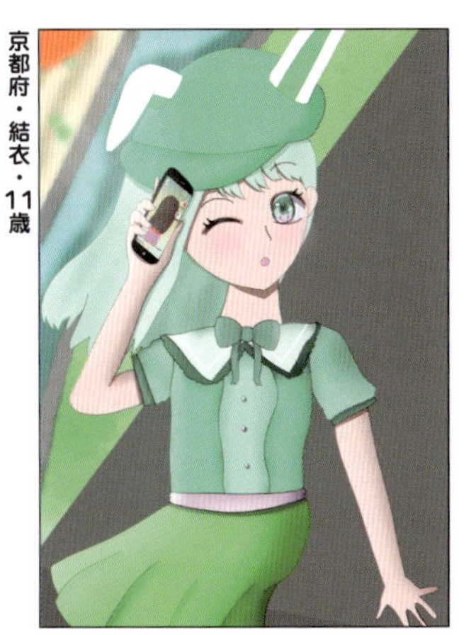

京都府・結衣・11歳

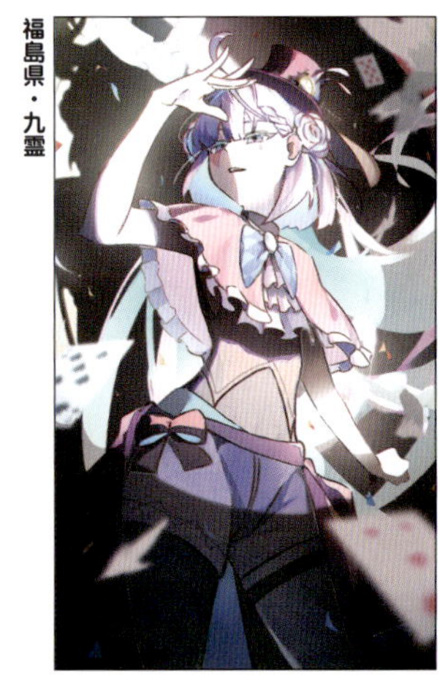

福島県・九霊

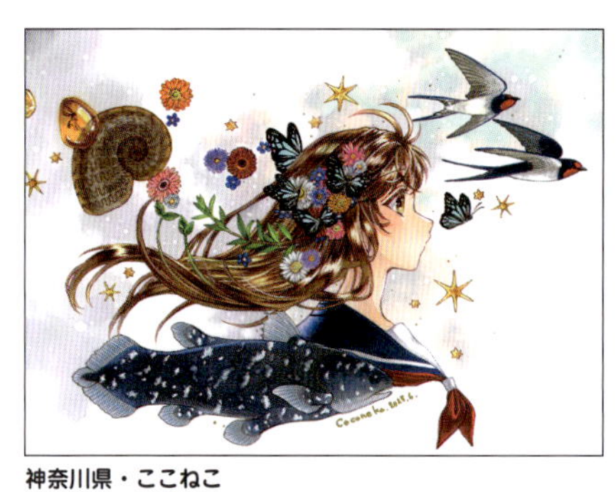

神奈川県・ここねこ

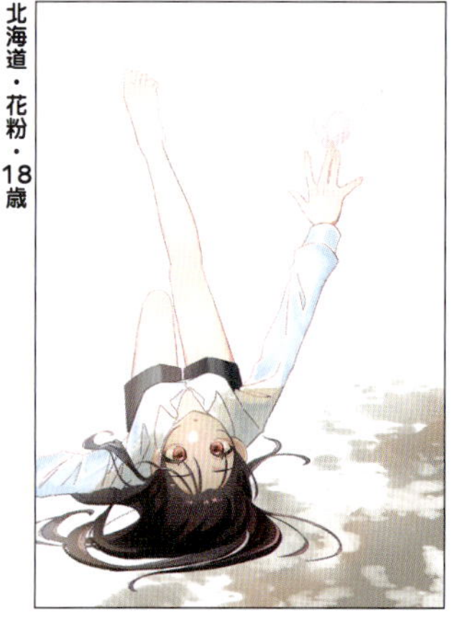

北海道・花粉・18歳

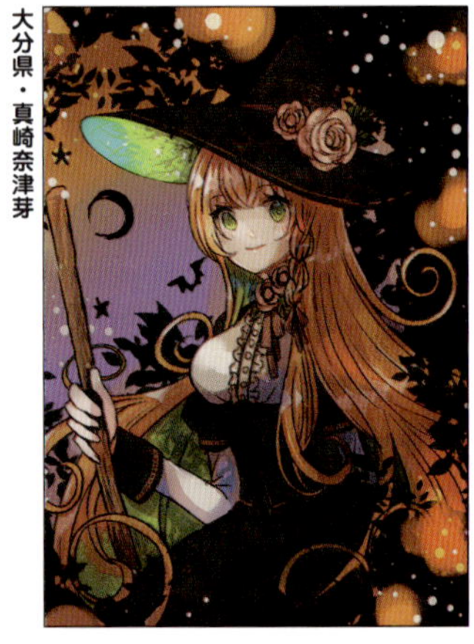

大分県・真崎奈津芽

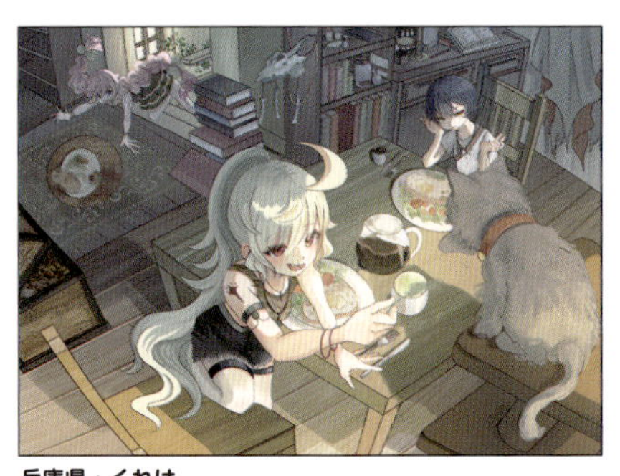

兵庫県・くれは

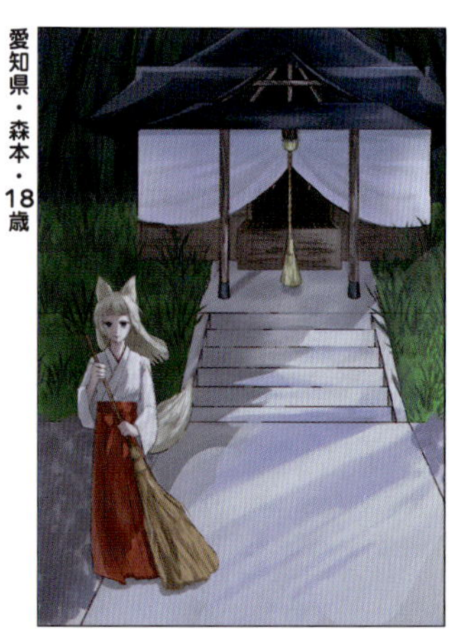

愛知県・森本・18歳

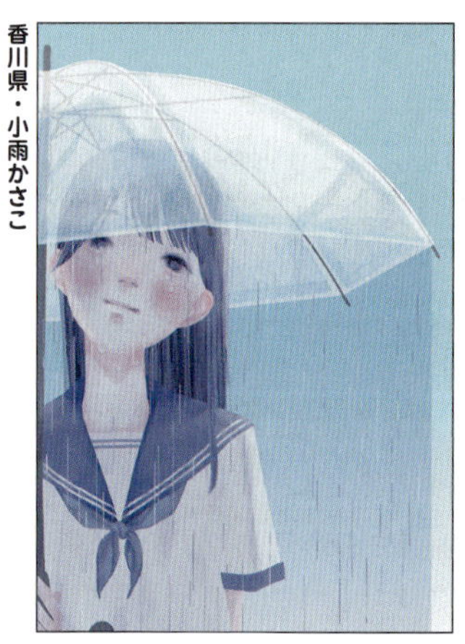

香川県・小雨かさこ

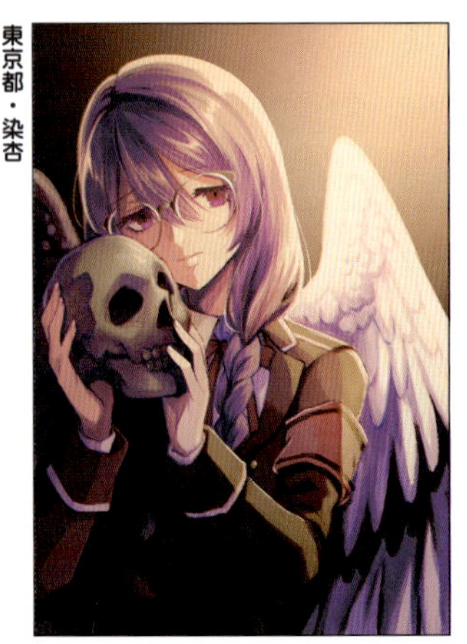

東京都・染杏

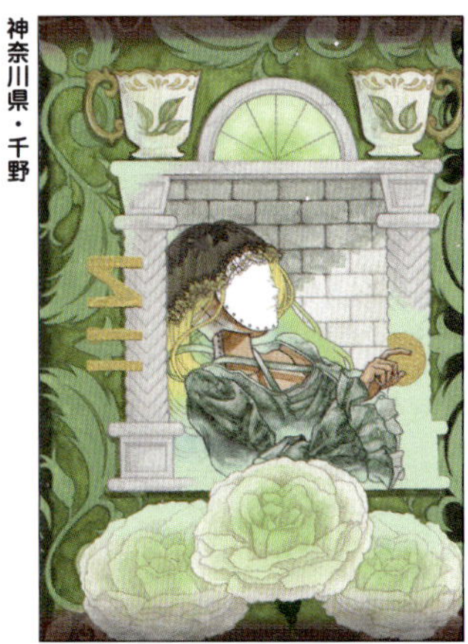

神奈川県・千野

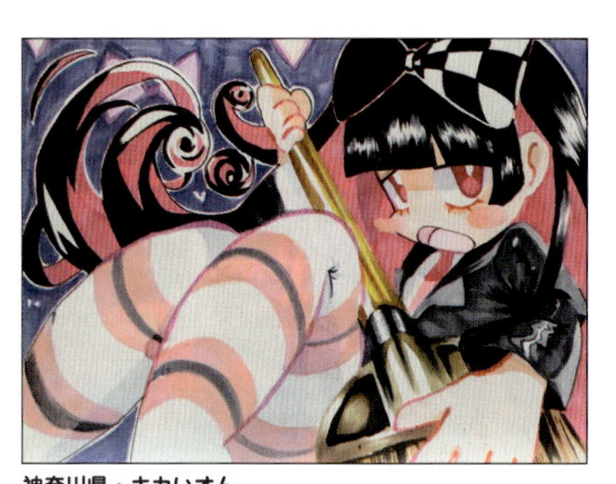

神奈川県・キカいオン

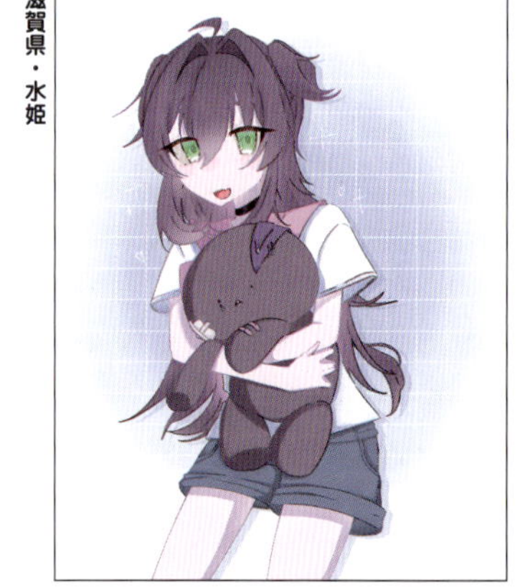

滋賀県・水姫

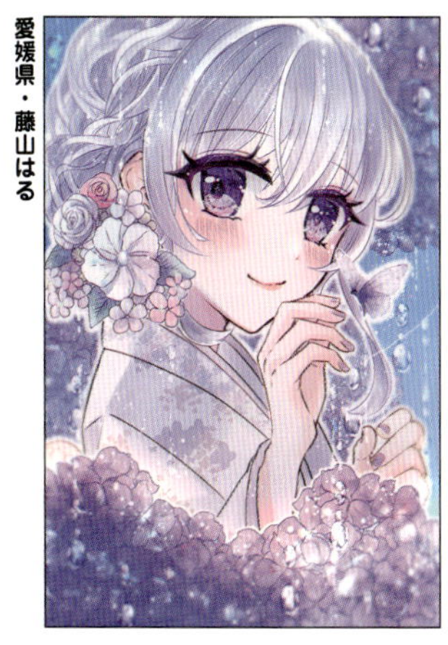

愛媛県・藤山はる

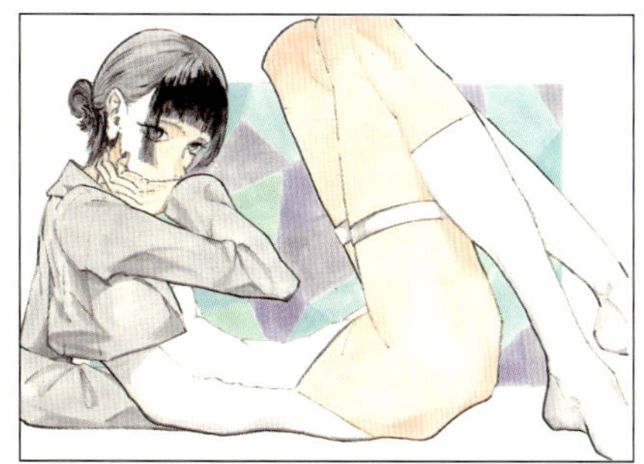

大阪府・Shina

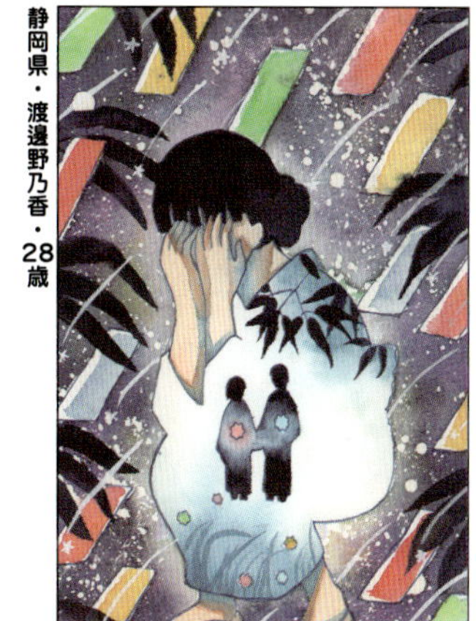

静岡県・渡邊野乃香・28歳

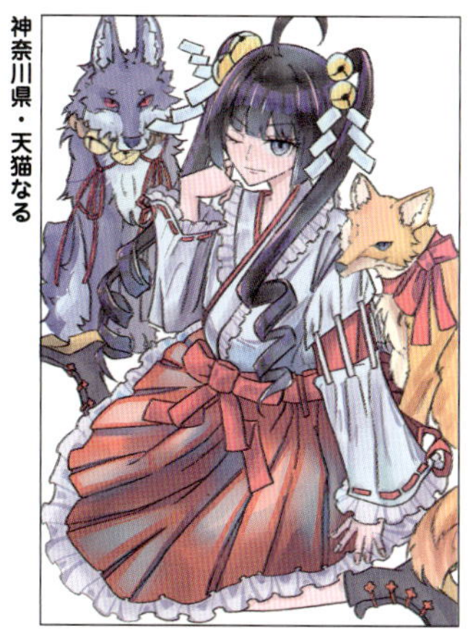

神奈川県・天猫なる

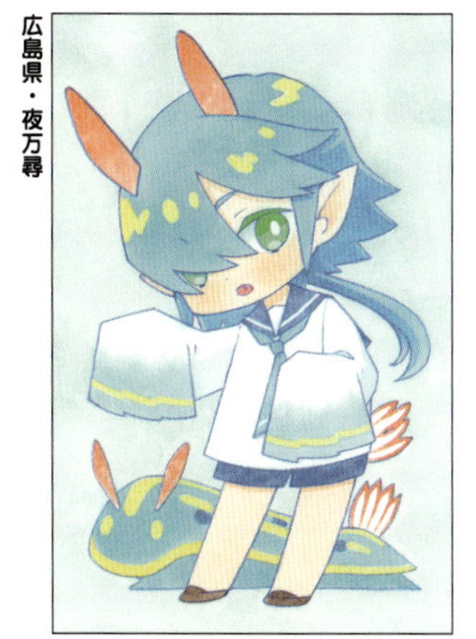

広島県・夜万尋

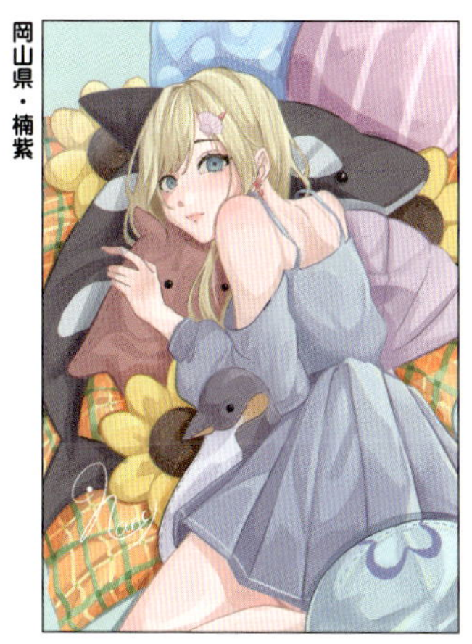

岡山県・楠紫

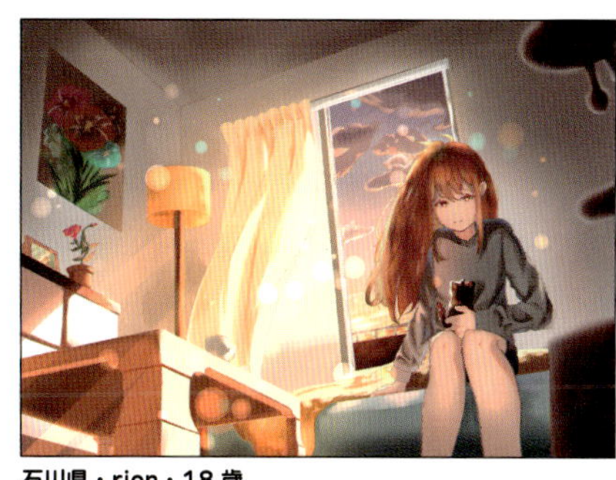

石川県・rion・18歳

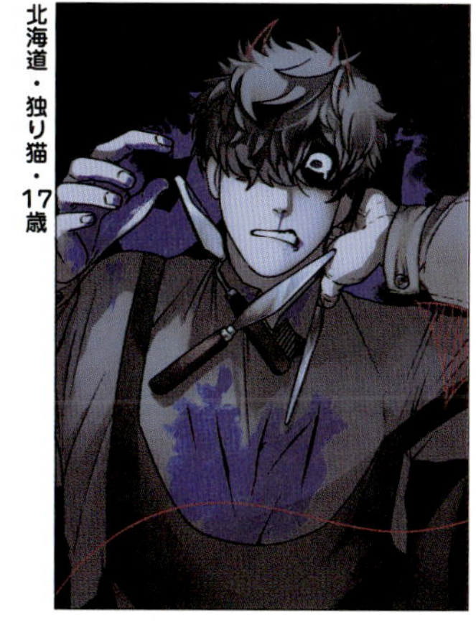

北海道・独り猫・17歳

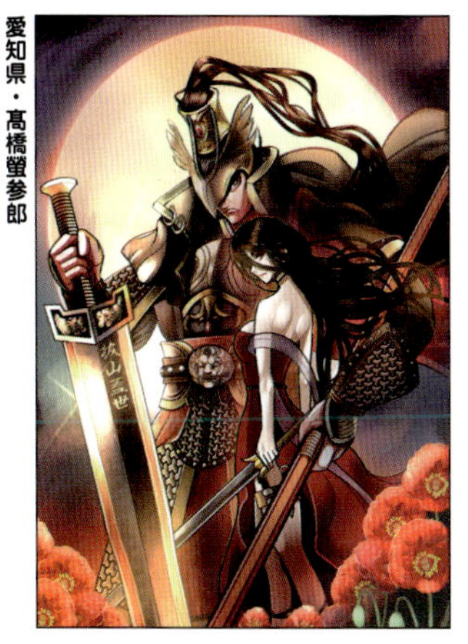

愛知県・髙橋望参郎

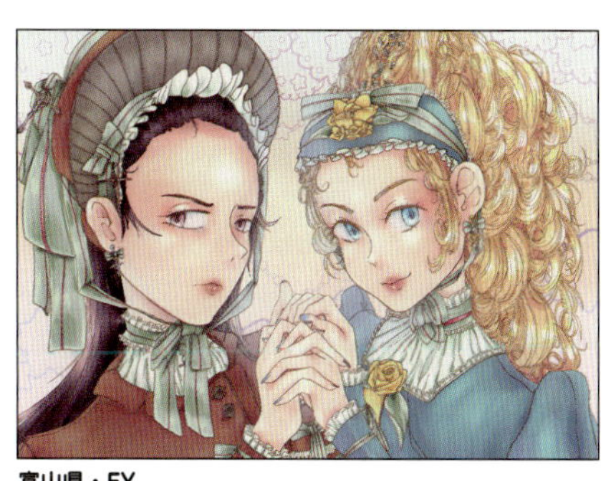

富山県・FY

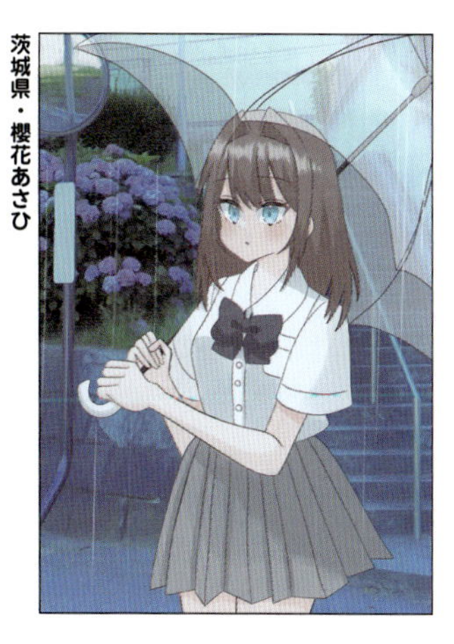

茨城県・櫻花あさひ

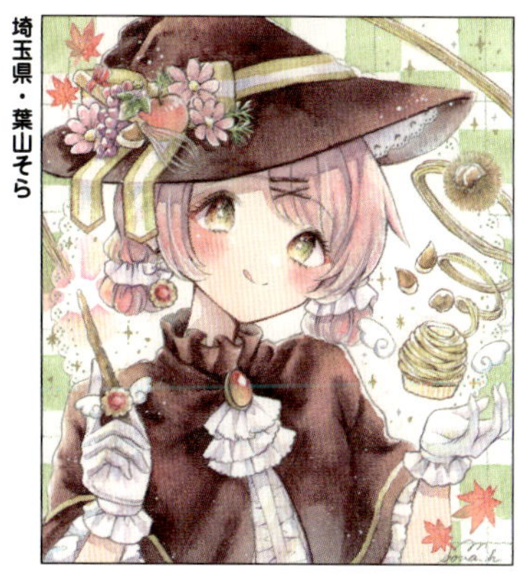

埼玉県・葉山そら

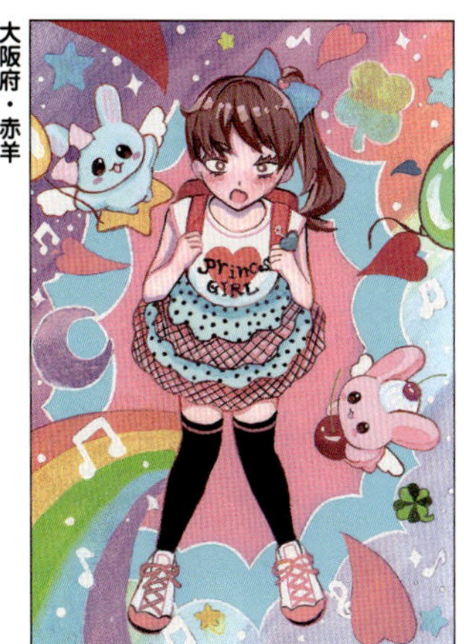

大阪府・赤羊

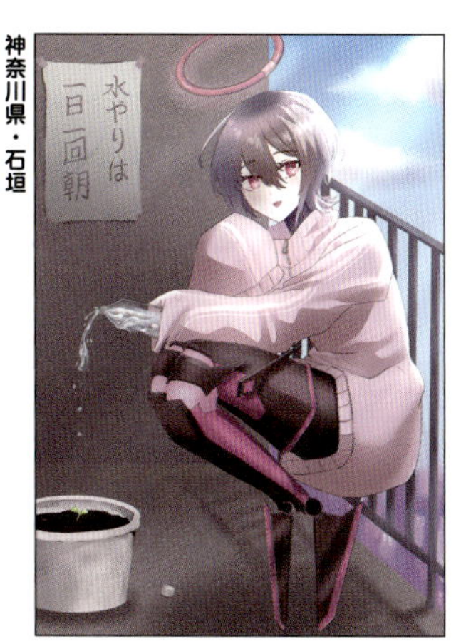

神奈川県・石垣

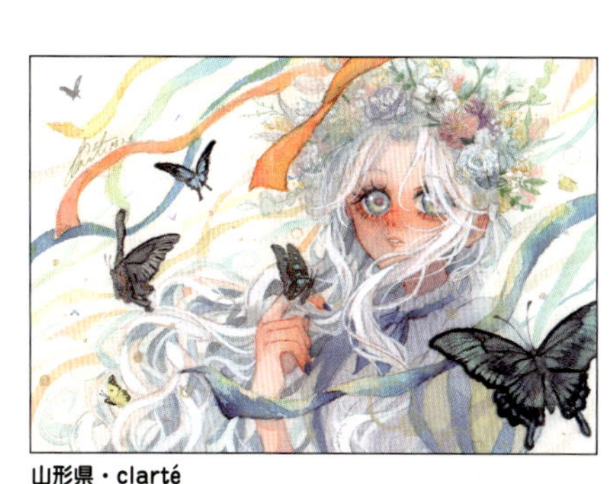
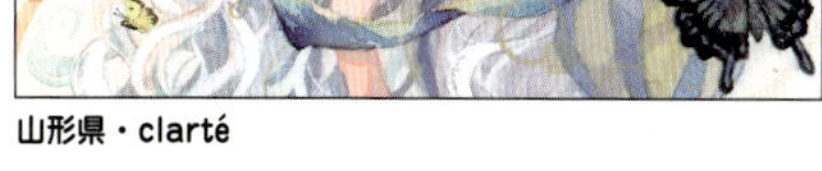

山形県・clarté

愛知県・星乃・24歳

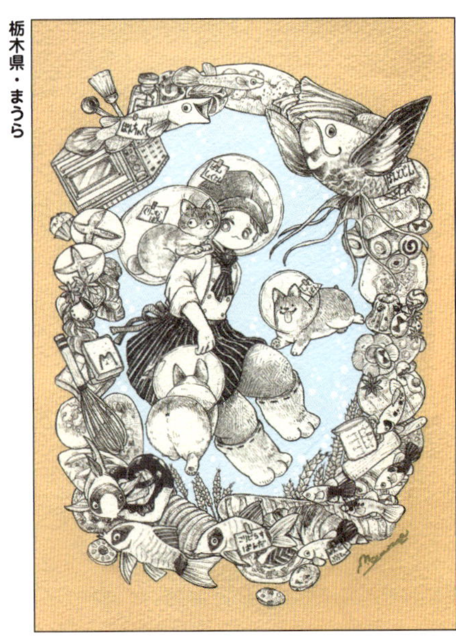

栃木県・まうら

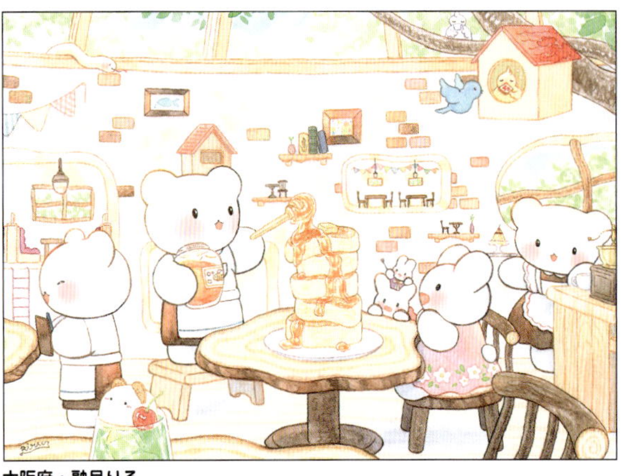

大阪府・融月りる

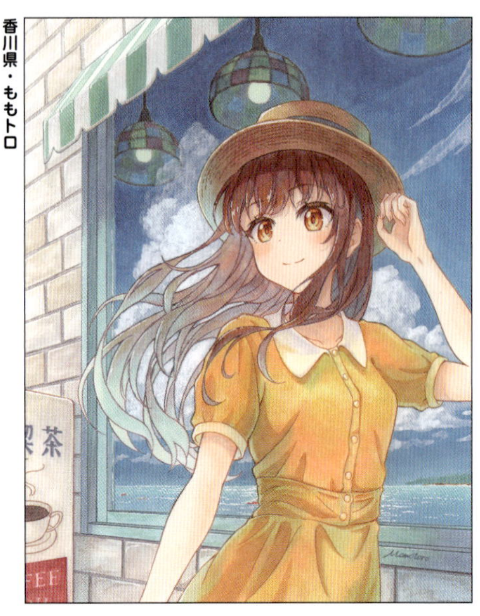

香川県・ももトロ

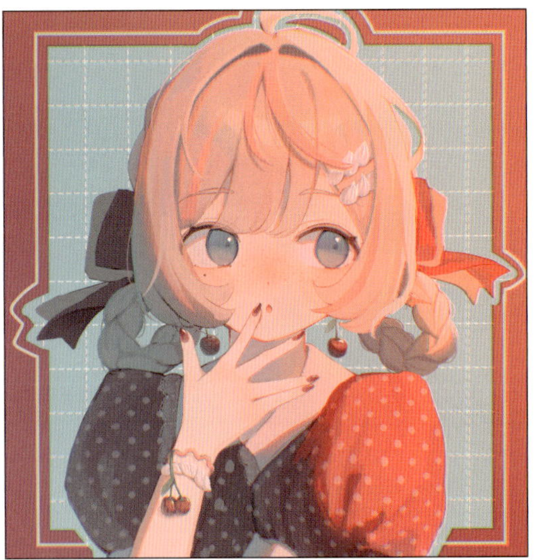

滋賀県・鈴乃すずらん

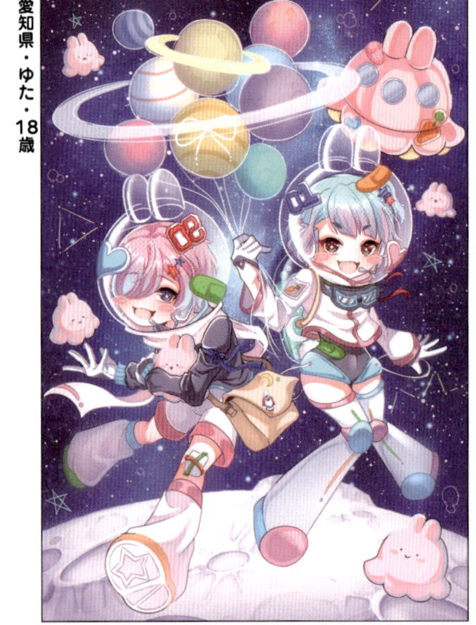

愛知県・ゆた・18歳

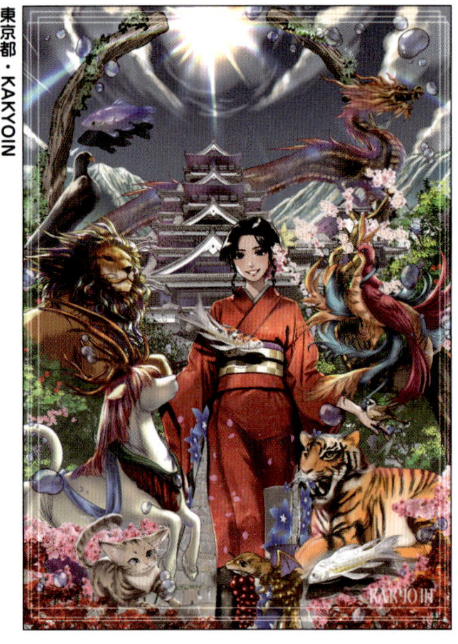

東京都・KAKYOIN

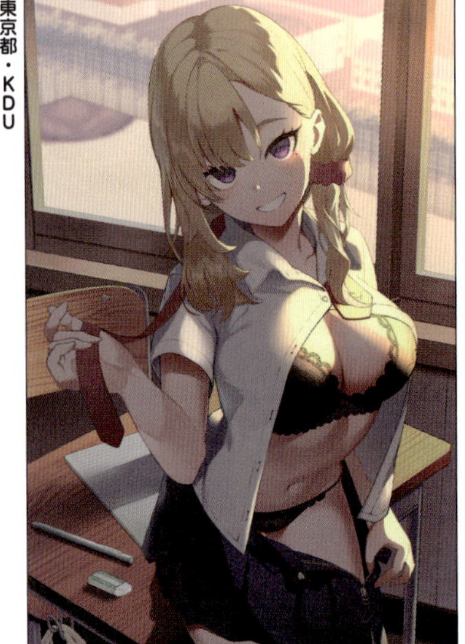

東京都・KDU

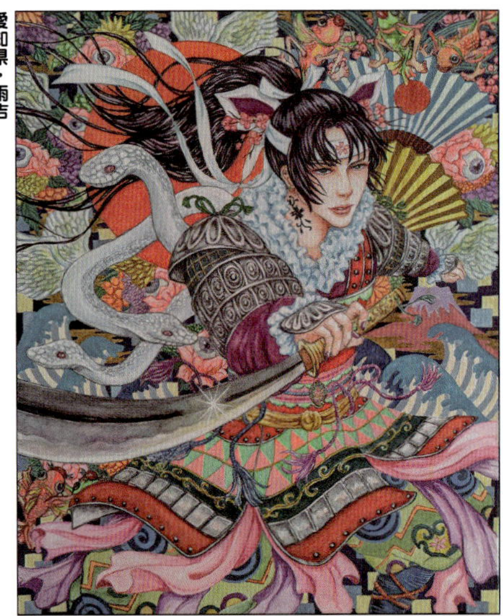

愛知県・雨吉

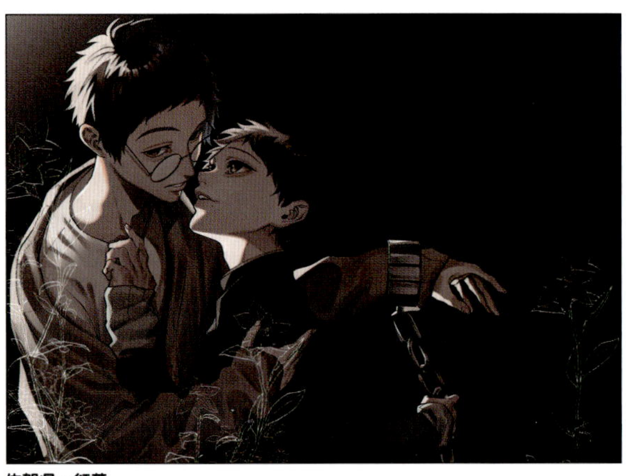

佐賀県・紅葉

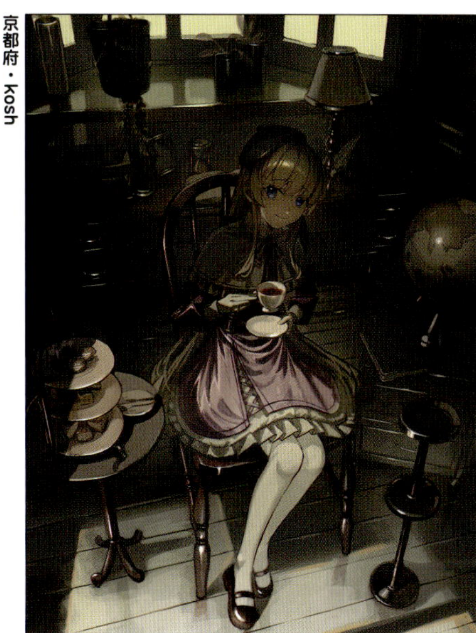

京都府・Kosh

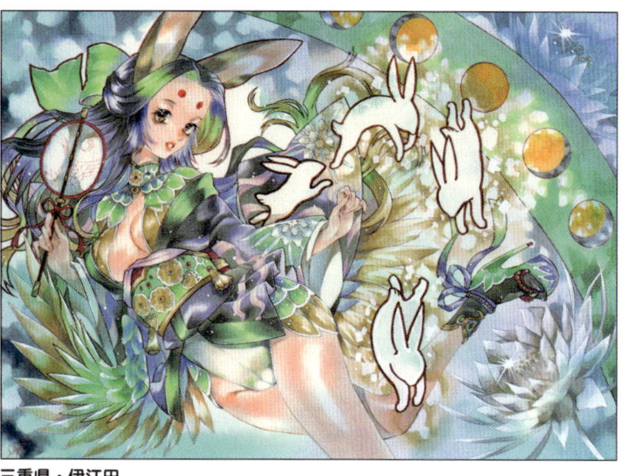

三重県・伊江田

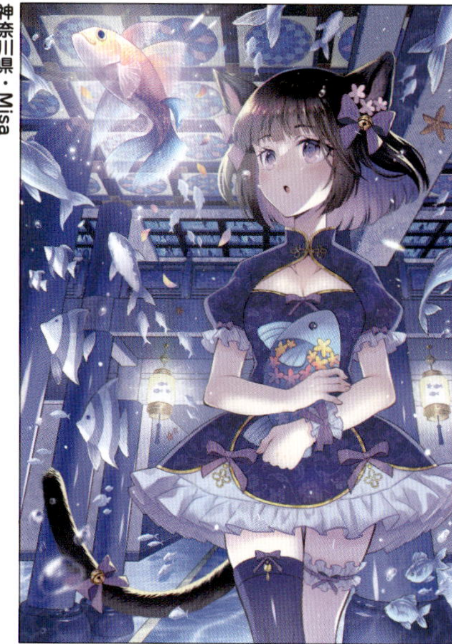

神奈川県・Misa

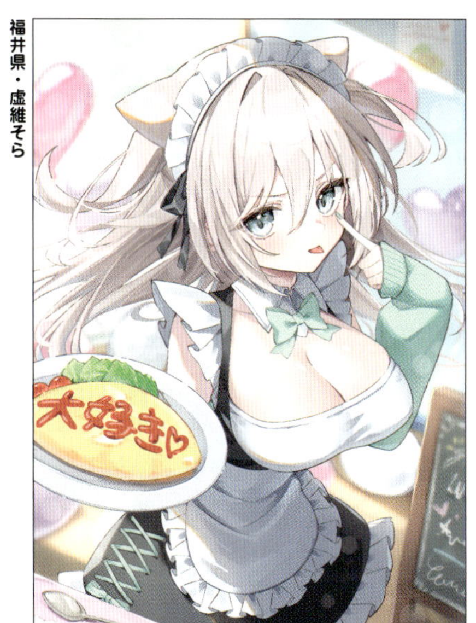

福井県・虚維そら

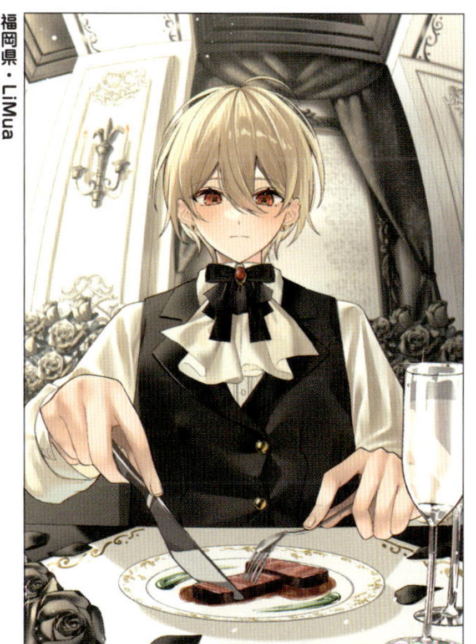

福岡県・LiMua

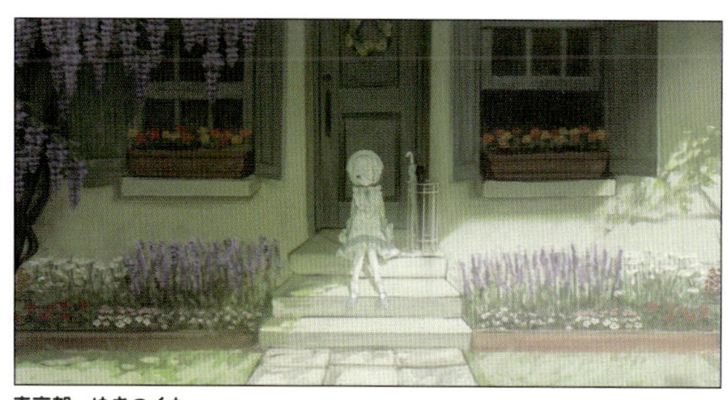

東京都・ゆきつくも

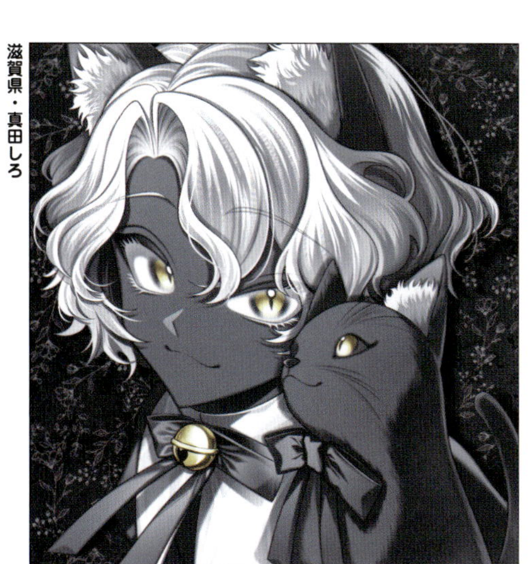

滋賀県・真田しろ

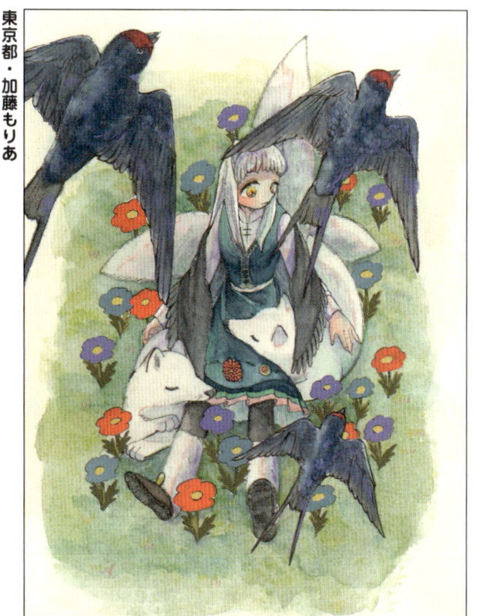

東京都・加藤もりあ

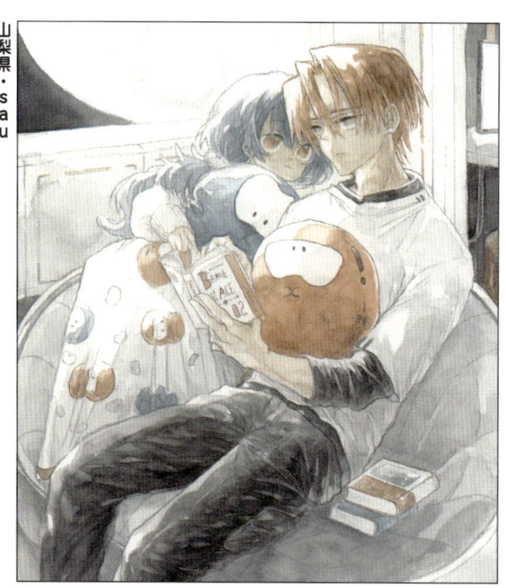

山梨県・sau

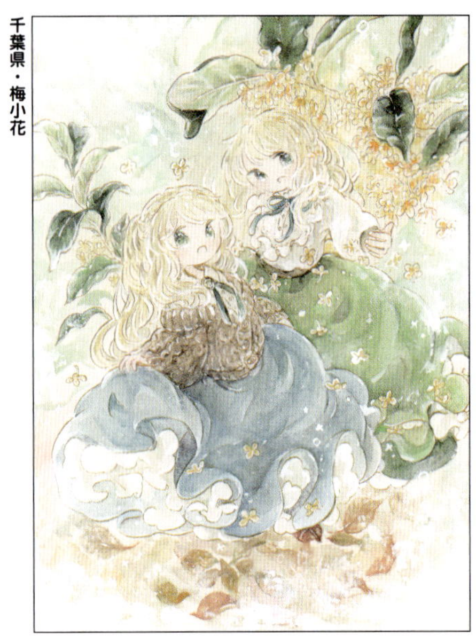

千葉県・梅小花

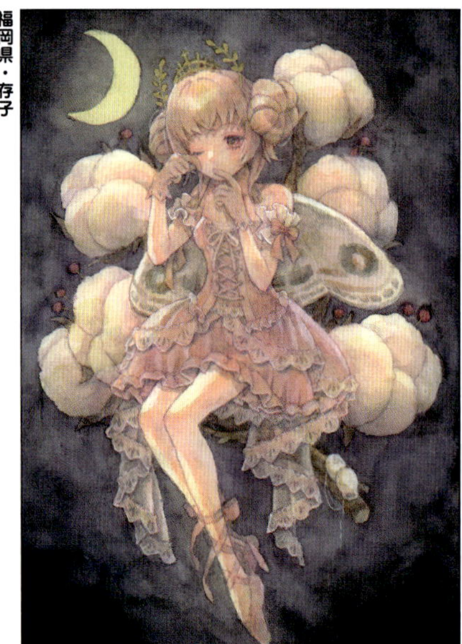

福岡県・存子

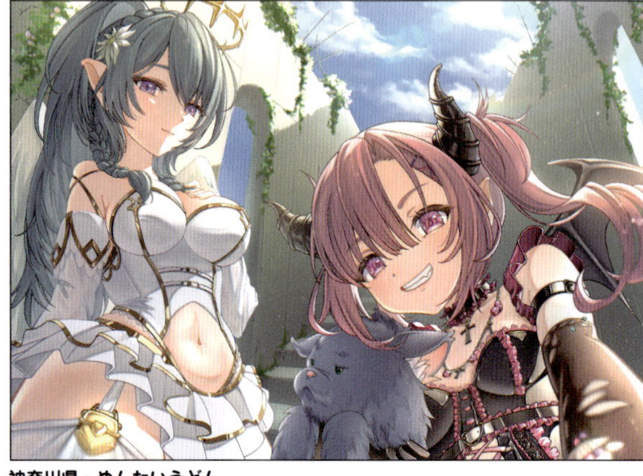

神奈川県・めんたいうどん

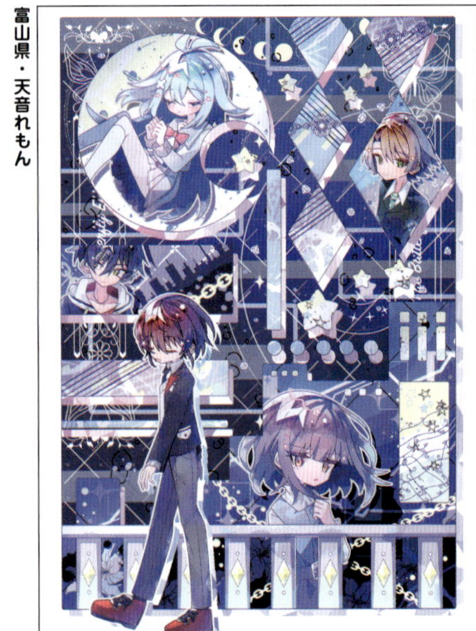

富山県・天音れもん

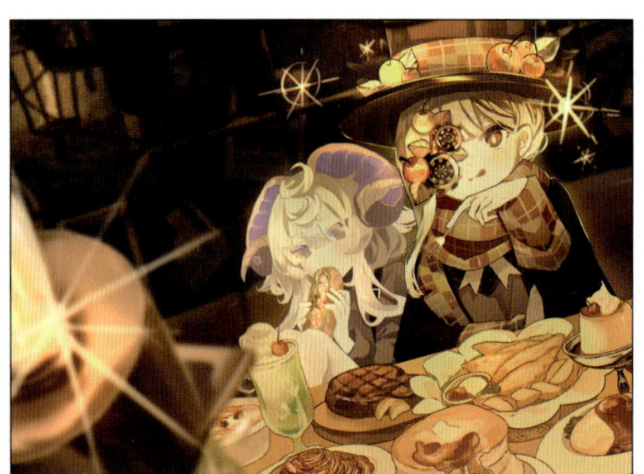

大阪府・さかな

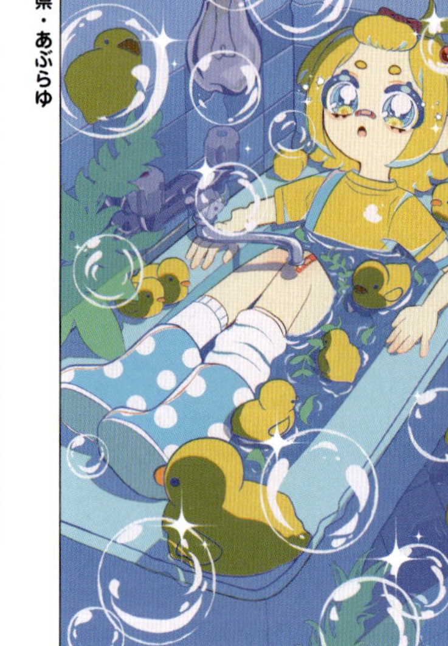

新潟県・あぶらゆ

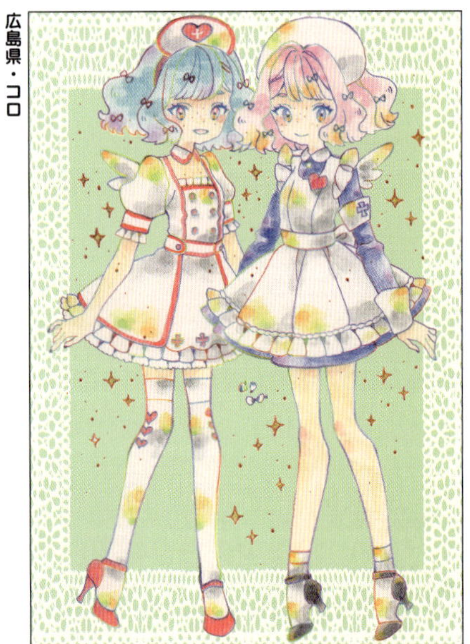

広島県・コロ

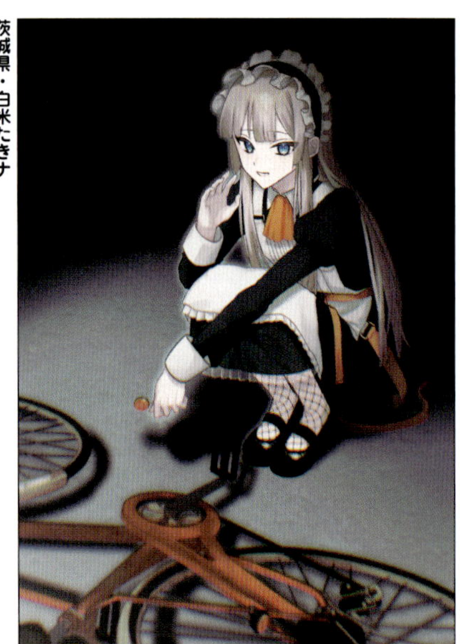

茨城県・白米たきナ

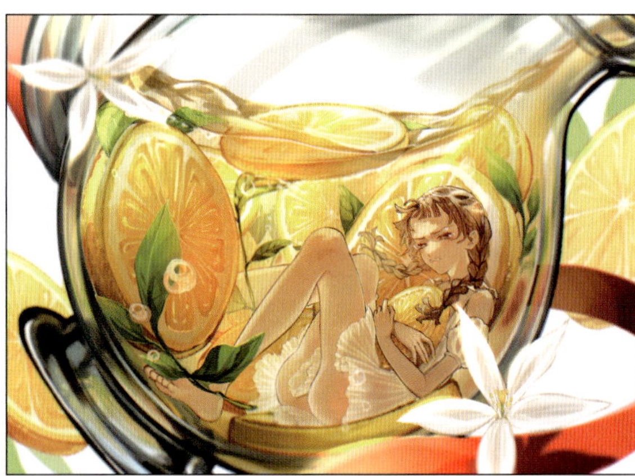

福岡県・めんだこて

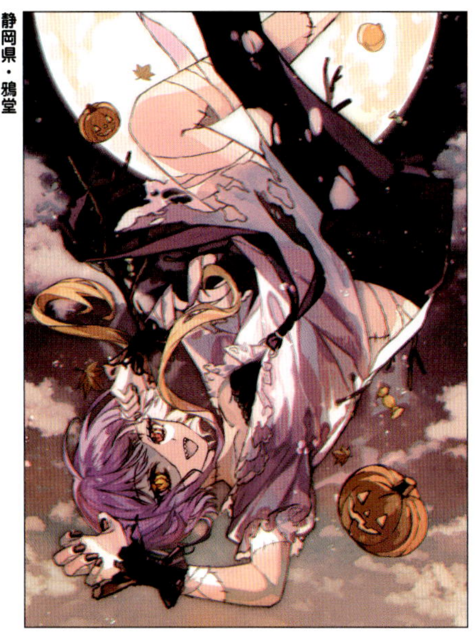

静岡県・鴉堂

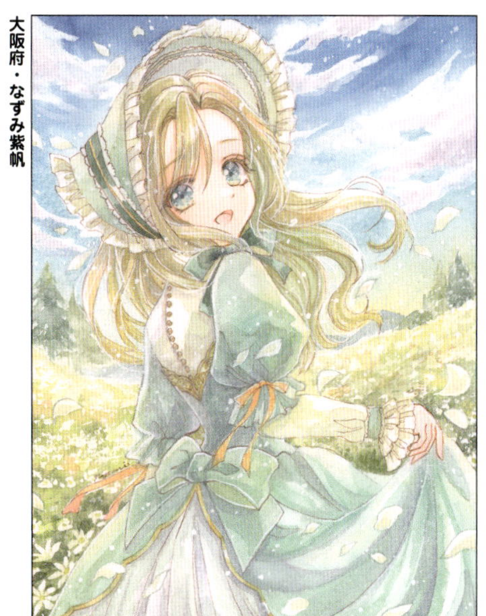

大阪府・なずみ紫帆

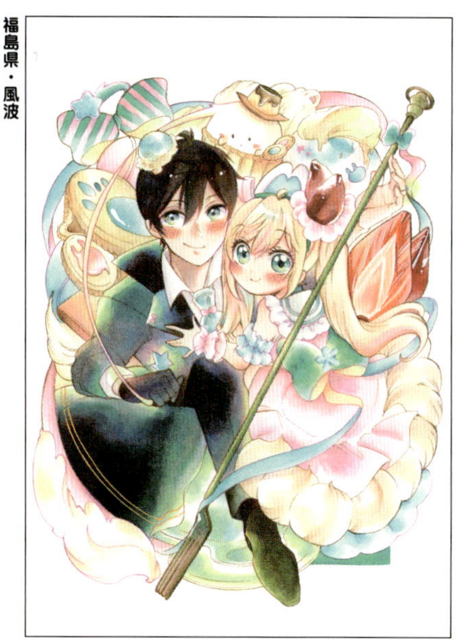

福島県・風波

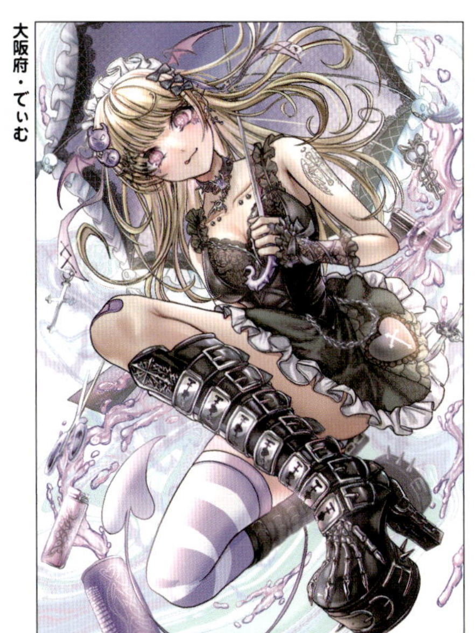

大阪府・てぃむ

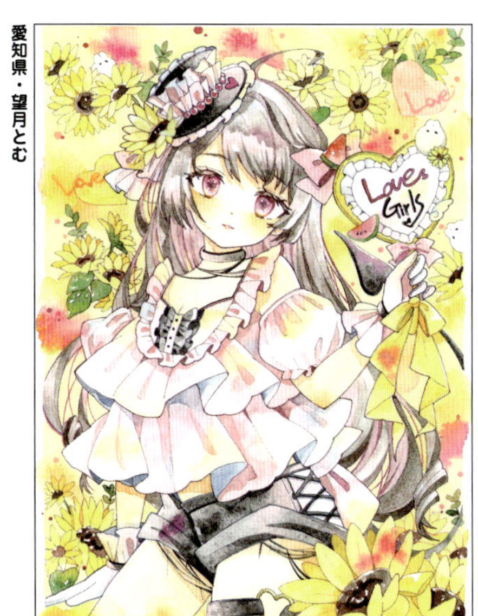

愛知県・望月とむ

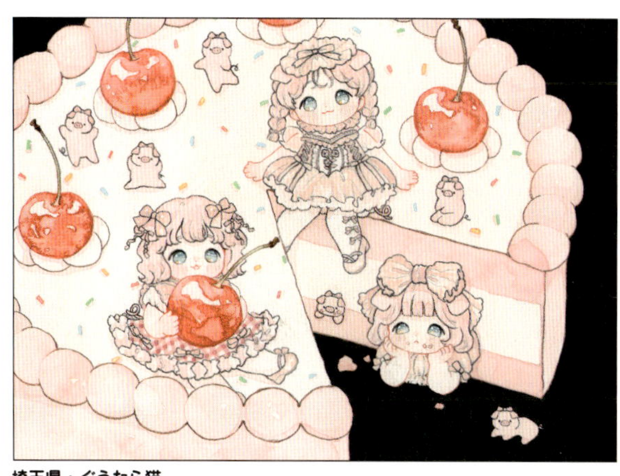

埼玉県・ぐうたら猫

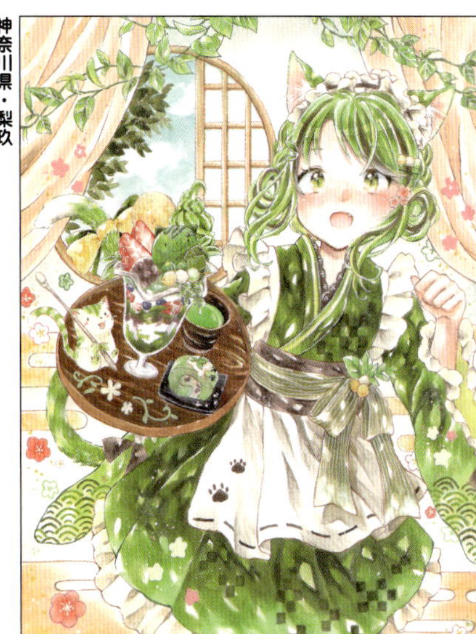

神奈川県・梨玖

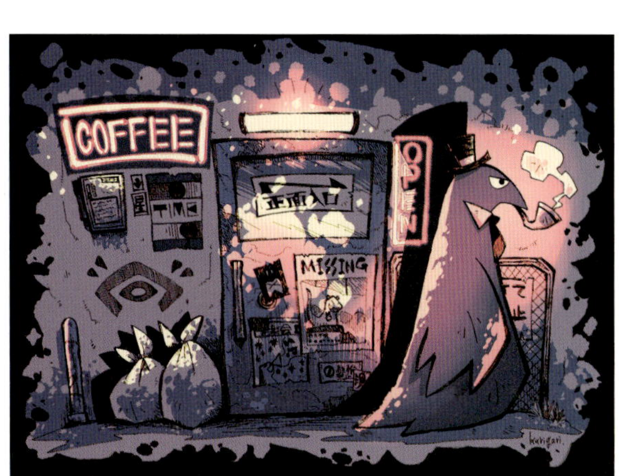
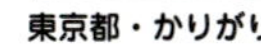

東京都・かりがり

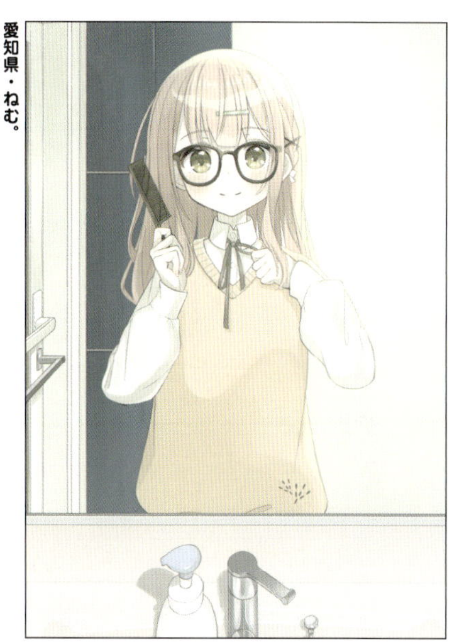

愛知県・ねむ。

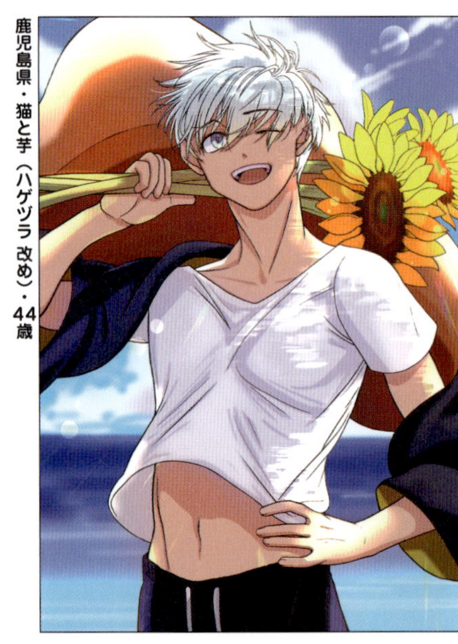

鹿児島県・猫と芋（ハゲヅラ 改め）・44歳

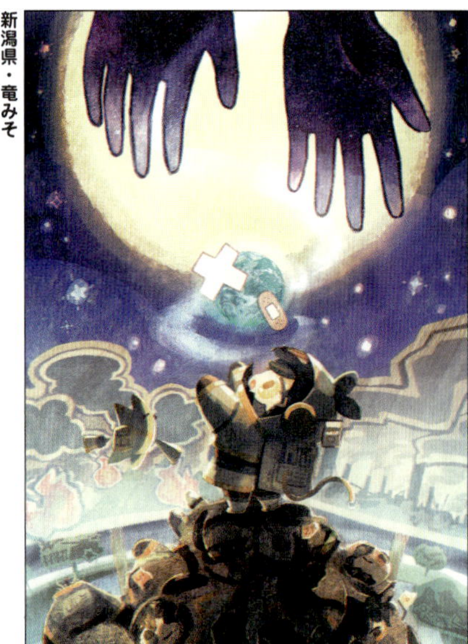

新潟県・竜みそ

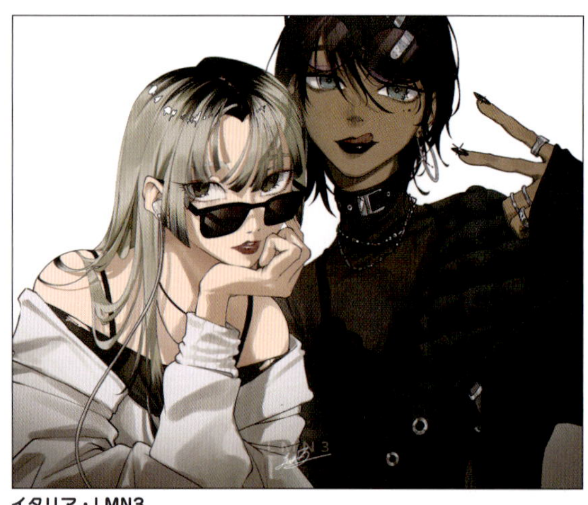

イタリア・LMN3

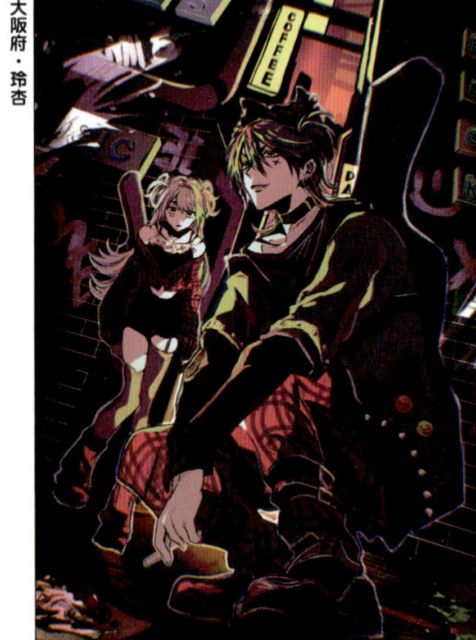

大阪府・玲杏

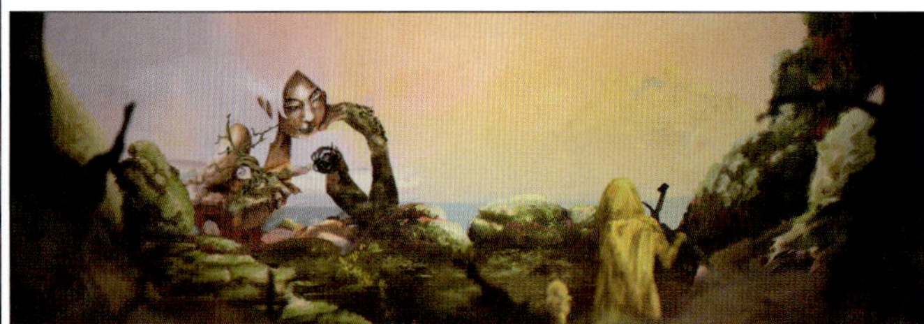
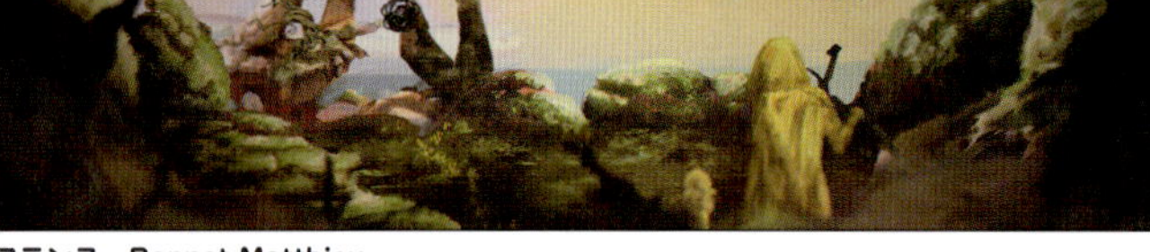

フランス・Bonnet Matthieu

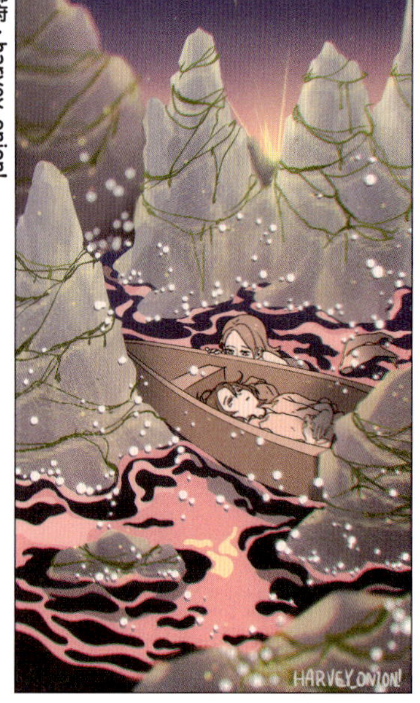

京都府・harvey_onion!

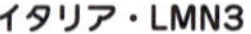

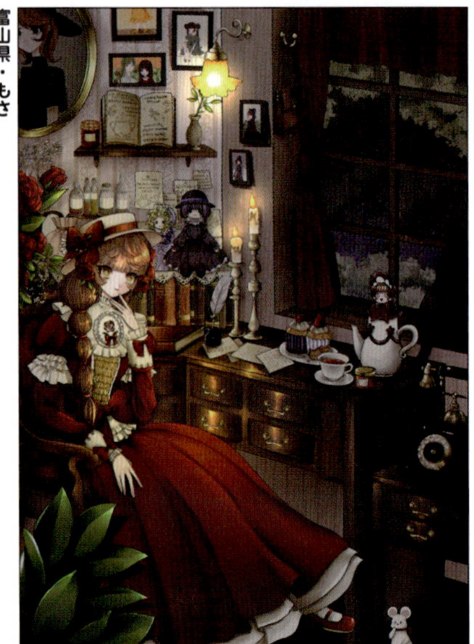

富山県・もさ

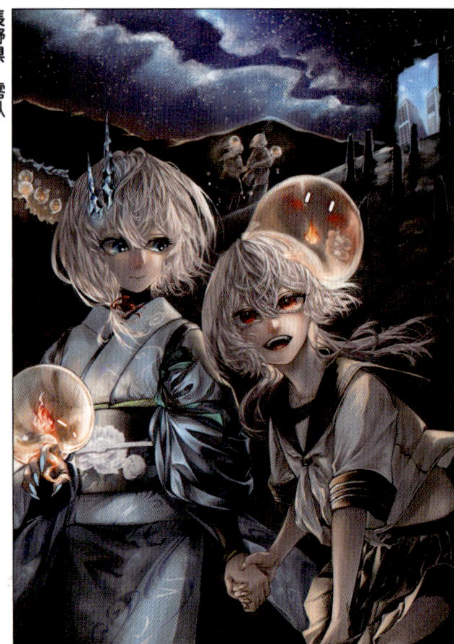

長野県・零臥

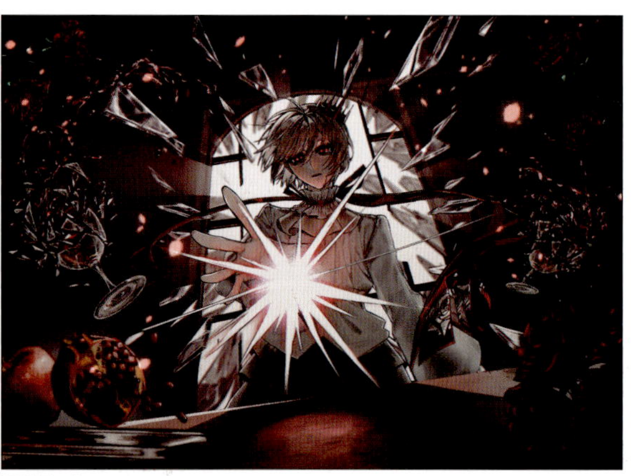

福岡県・々

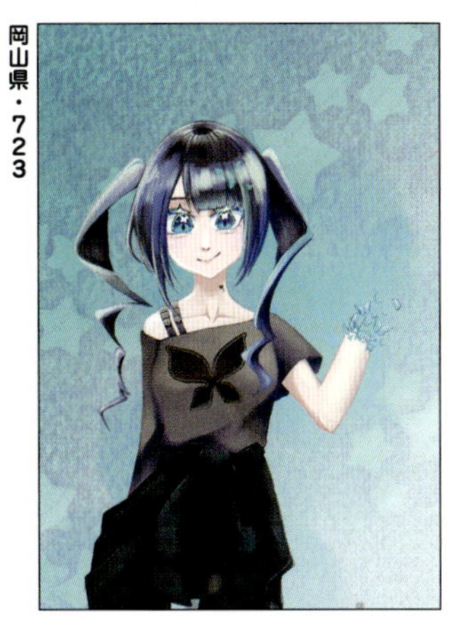

岡山県・723

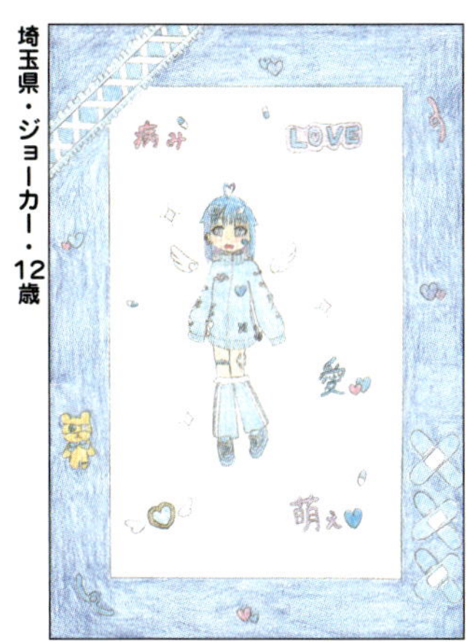

埼玉県・ジョーカー・12歳

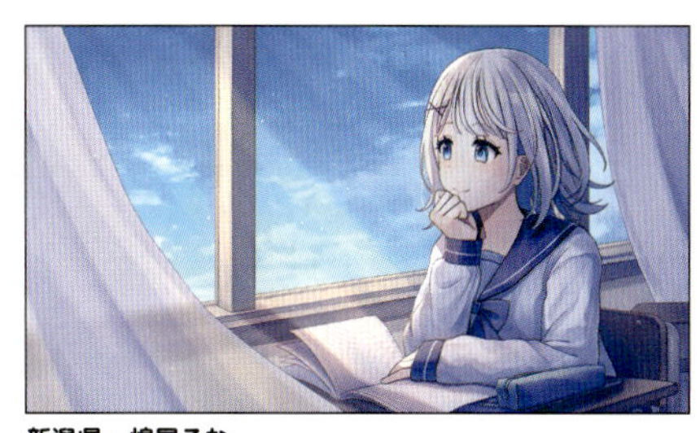

新潟県・煌星るな

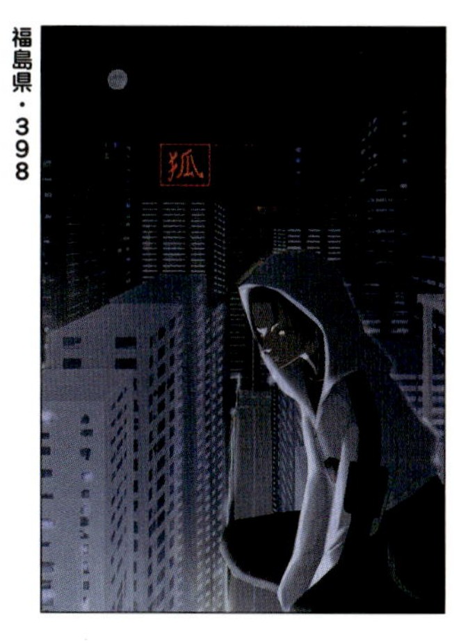

福島県・398

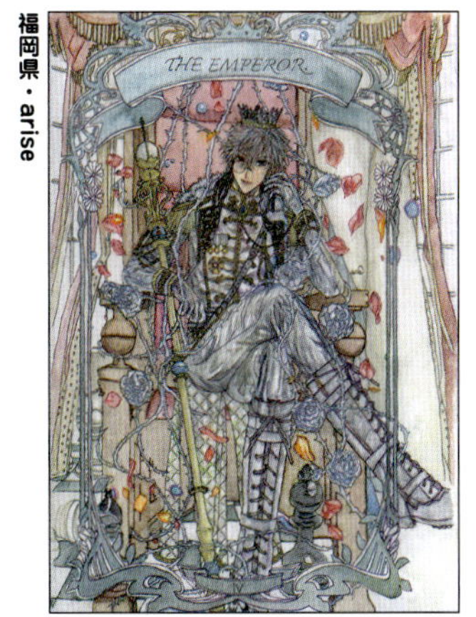

福岡県・arise

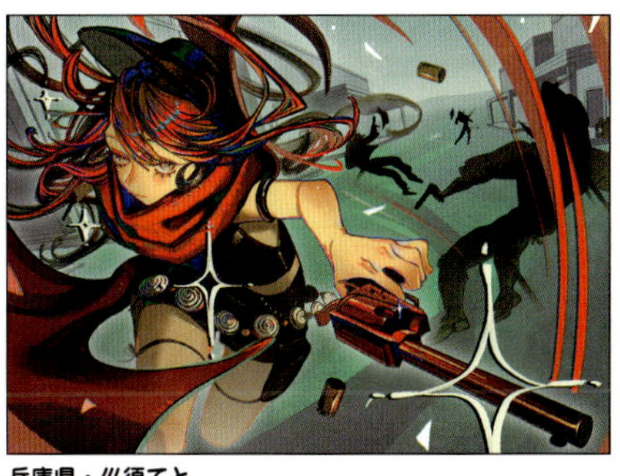

兵庫県・《《須てと

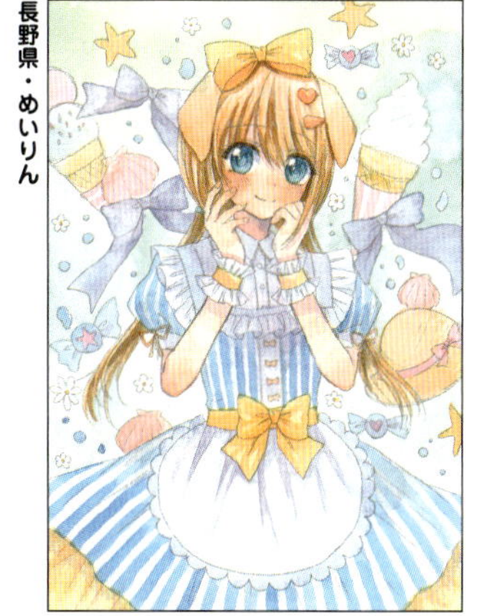

長野県・めいりん

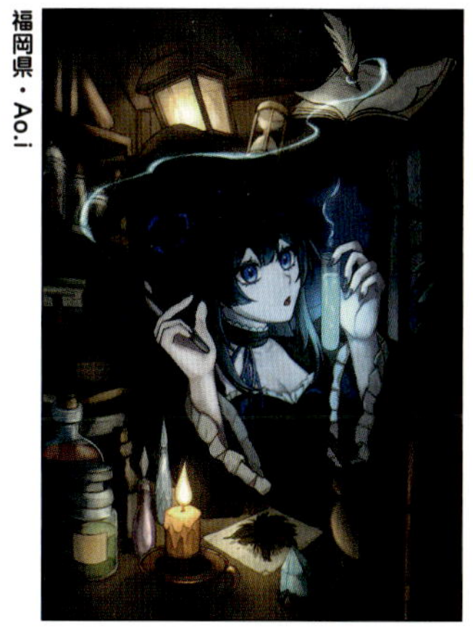

福岡県・Ao.i

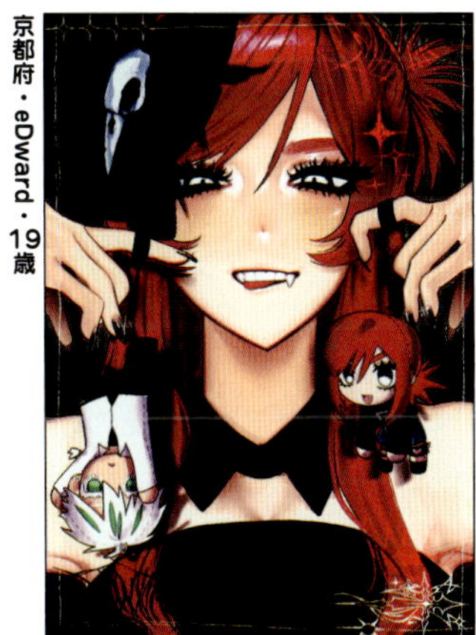

京都府・eDward・19歳

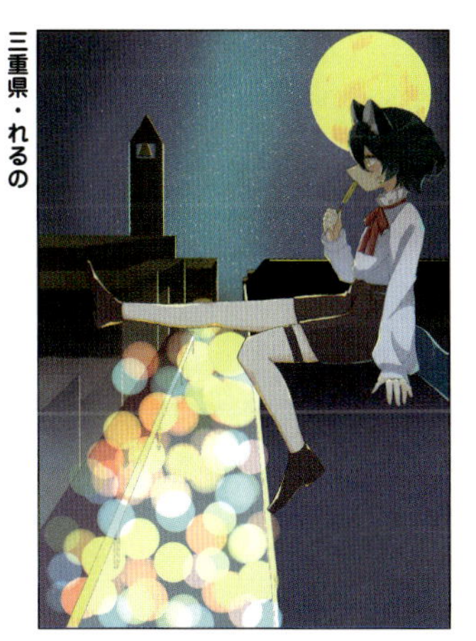

三重県・れるの

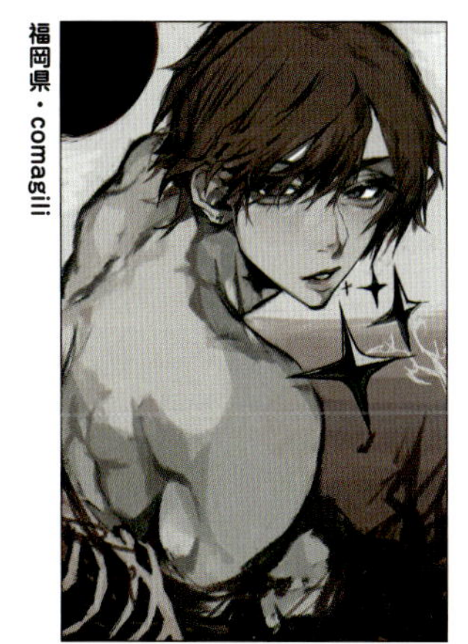

福岡県・comagiii

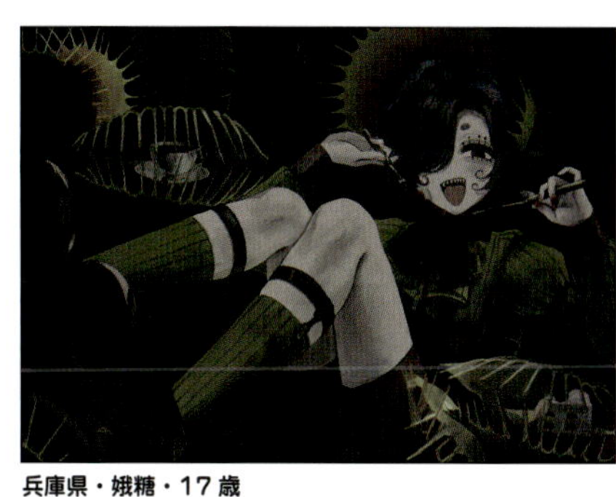

兵庫県・娥糖・17歳

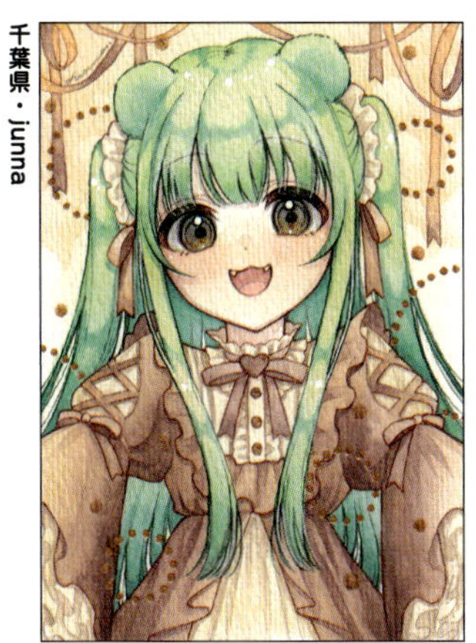

千葉県・junna

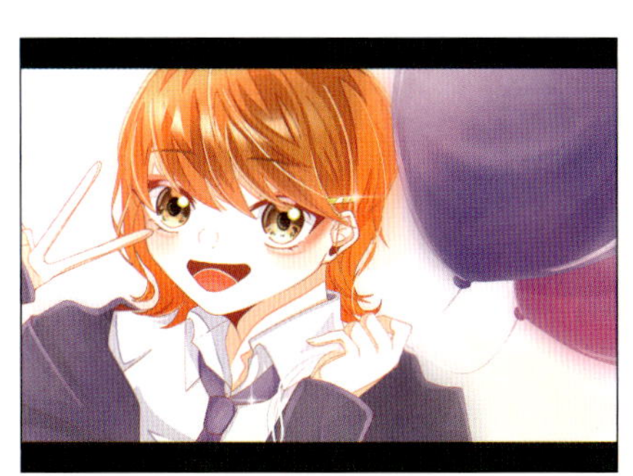

新潟県・路山

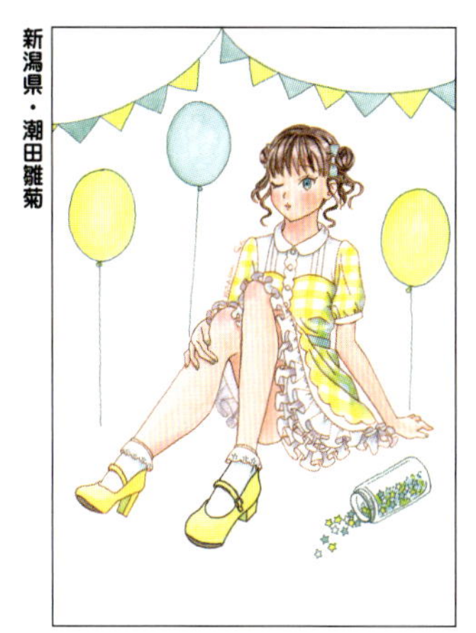

新潟県・潮田雛菊

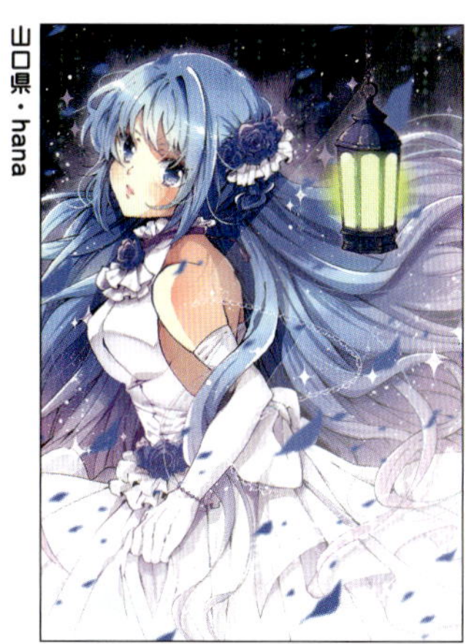

山口県・hana

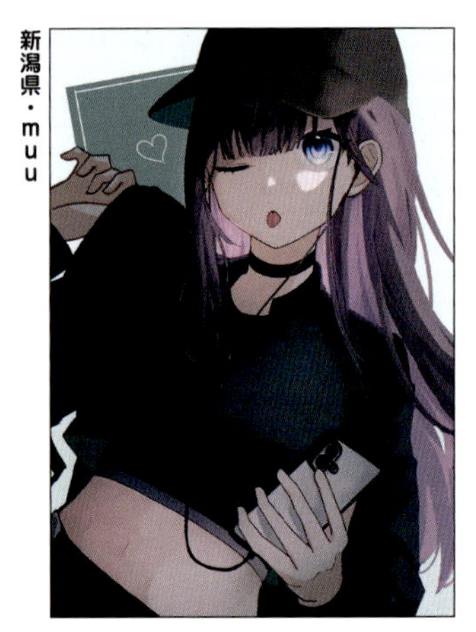

新潟県・muu

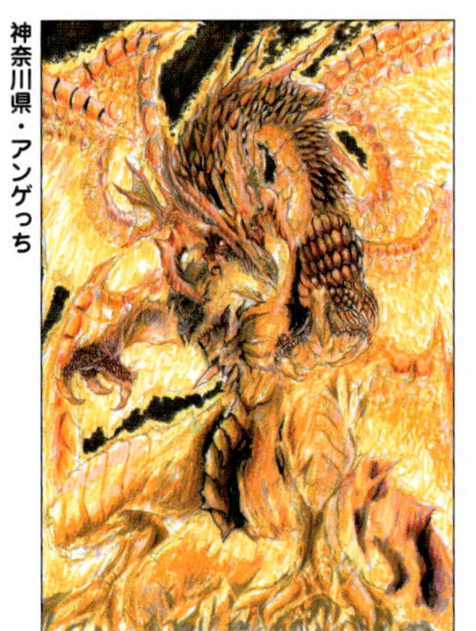

神奈川県・アンゲっち

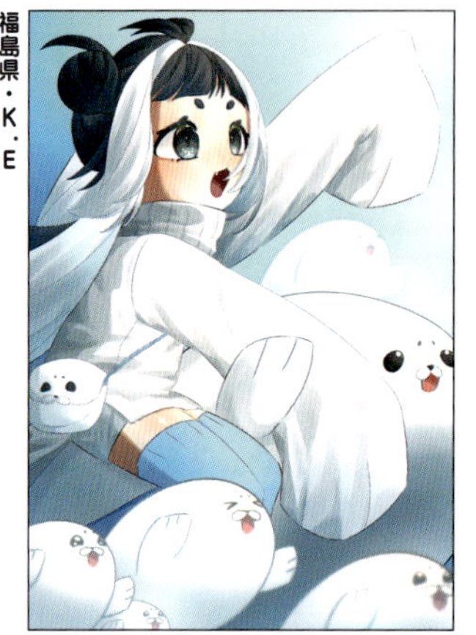

福島県・K・E

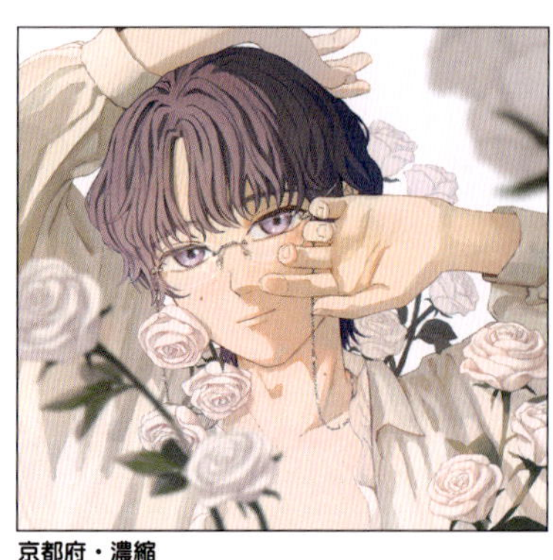

京都府・濃縮

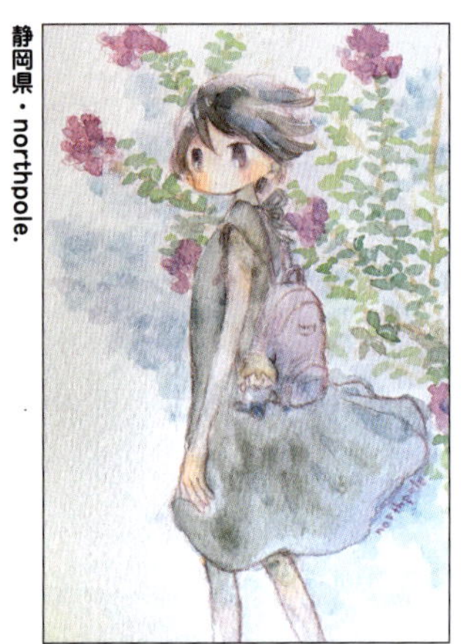

静岡県・northpole.

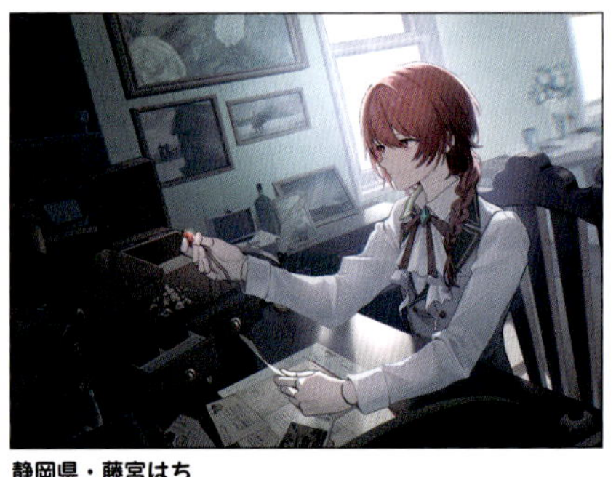

静岡県・藤宮はち

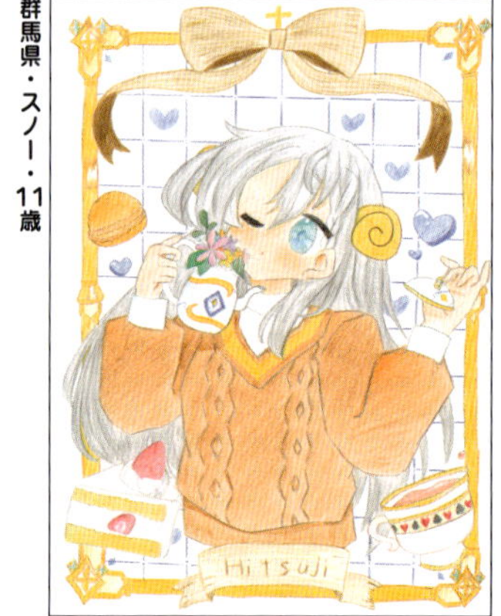

群馬県・スノー・11歳

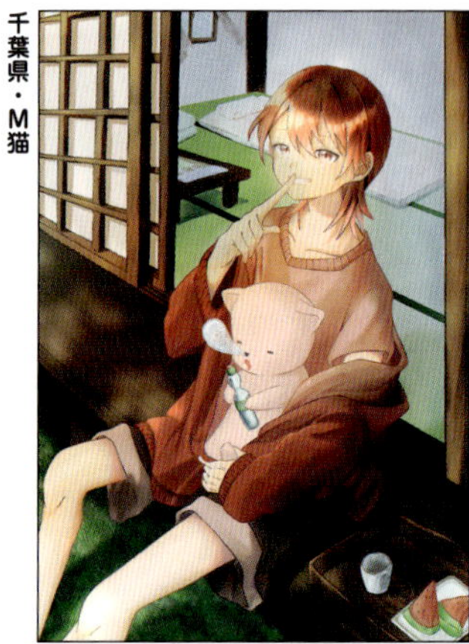

千葉県・M猫

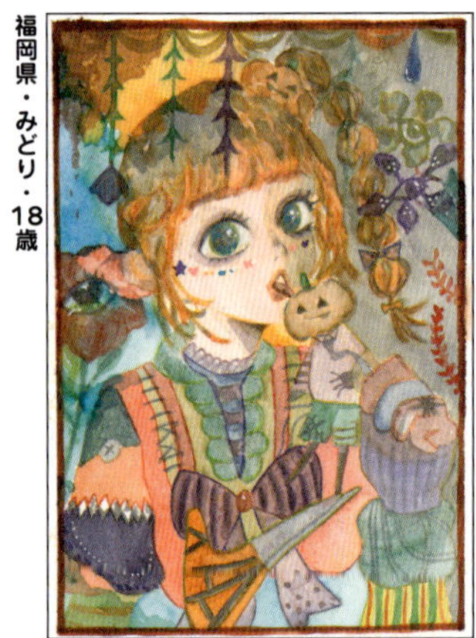

福岡県・みどり・18歳

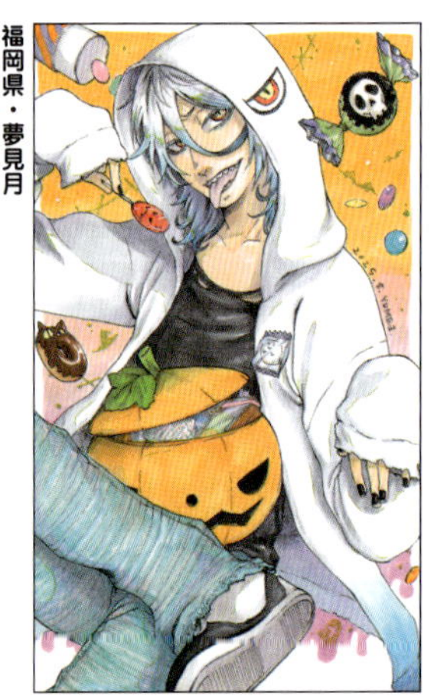

福岡県・夢見月

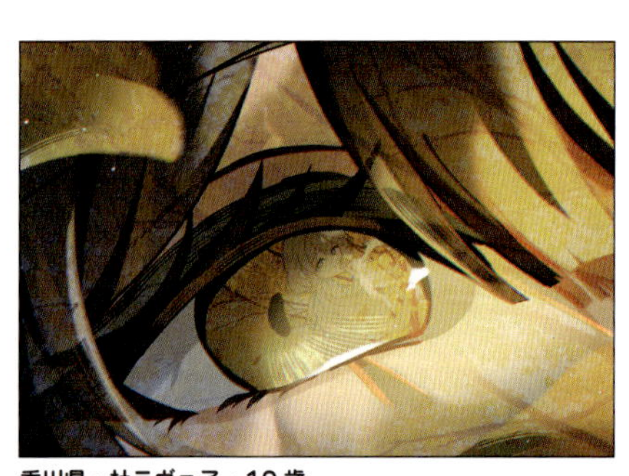

香川県・杜ラヴェ子・19歳

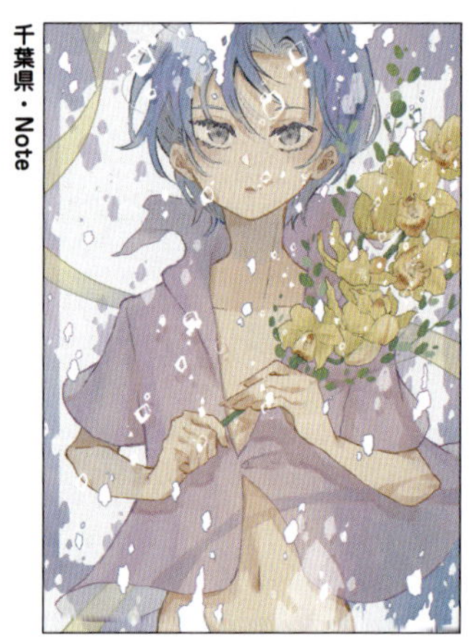

千葉県・Note

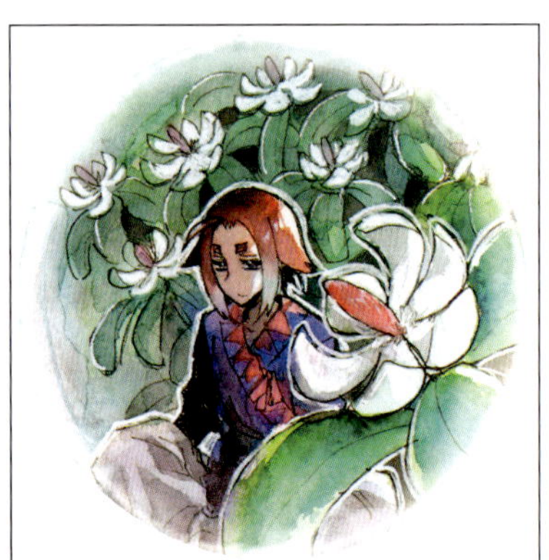

神奈川県・咨ののめ

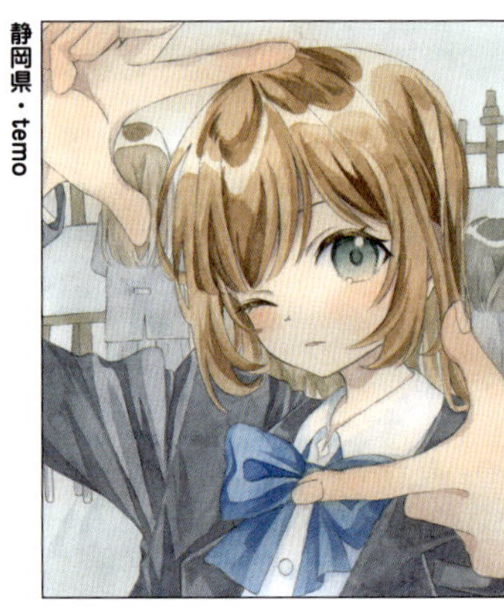

静岡県・temo

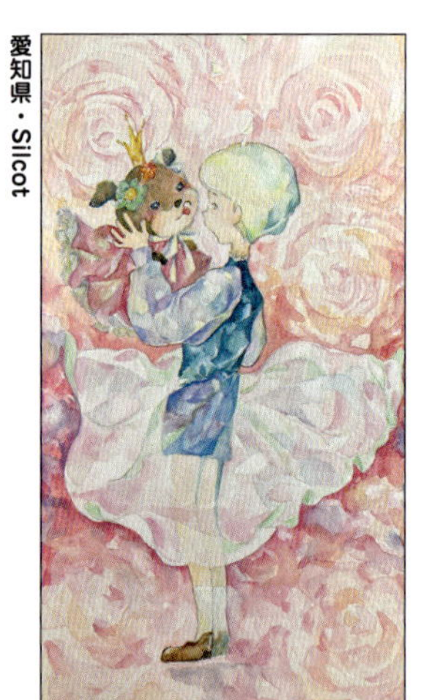

愛知県・Silcot

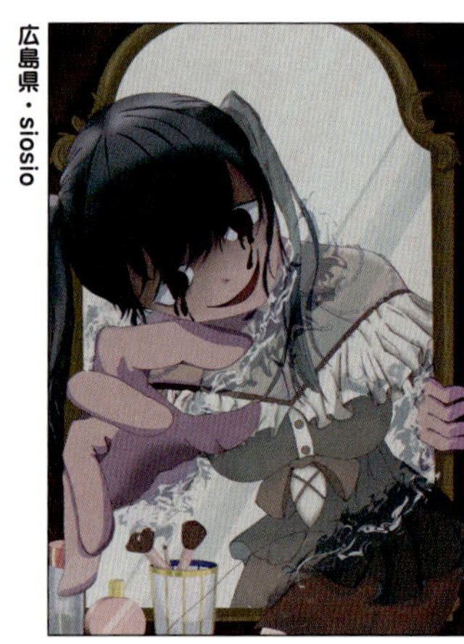

広島県・siosio

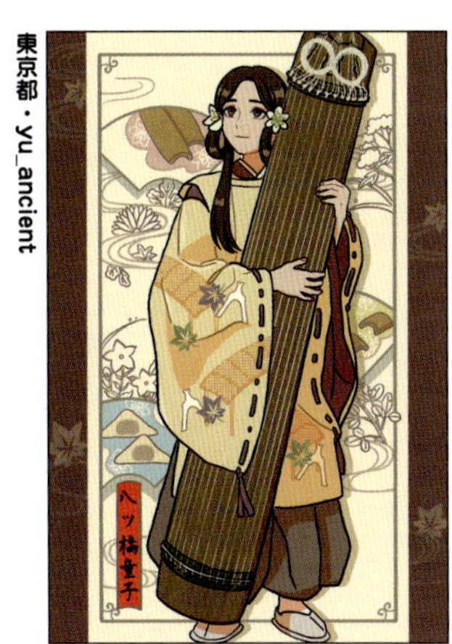

東京都・yu_ancient

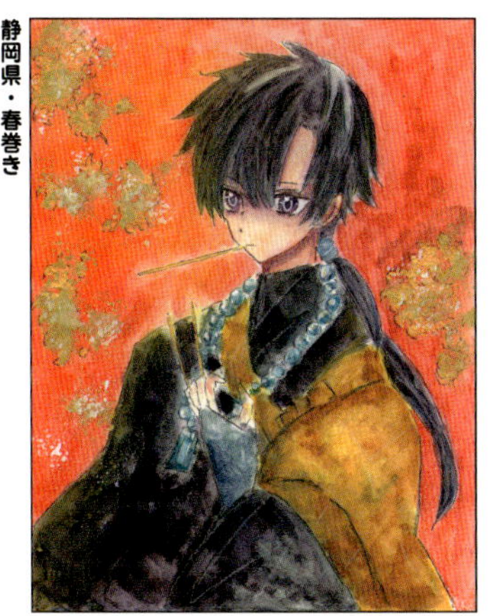

静岡県・春巻き

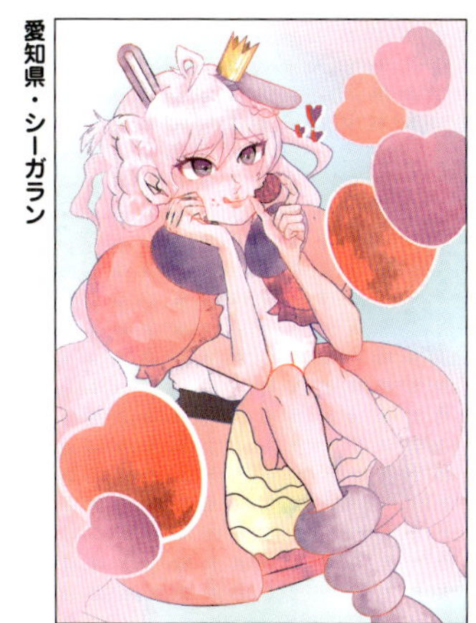

愛知県・シーガラン

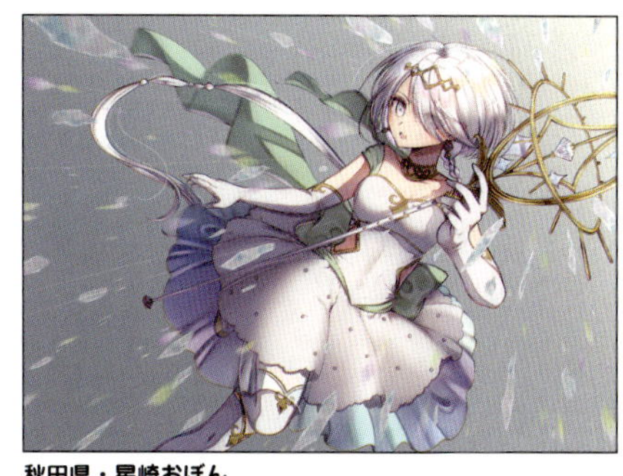
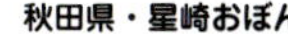

秋田県・星崎おぼん

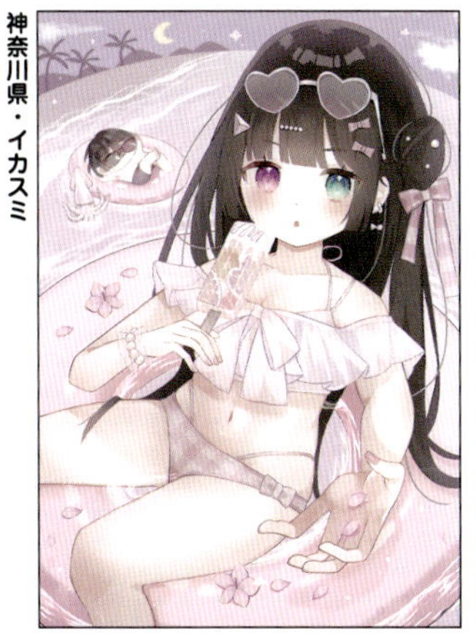

神奈川県・イカスミ

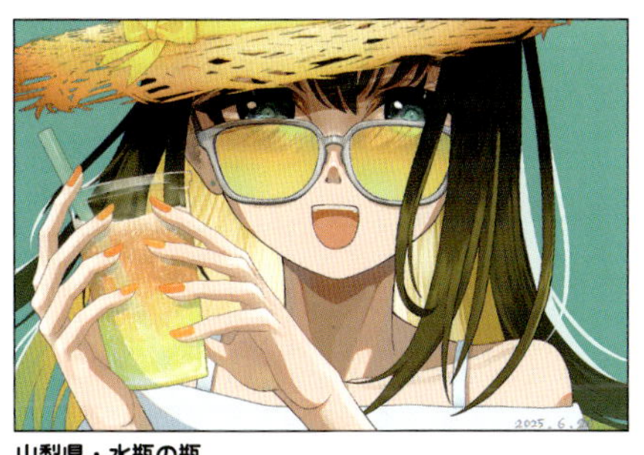

山梨県・水瓶の瓶

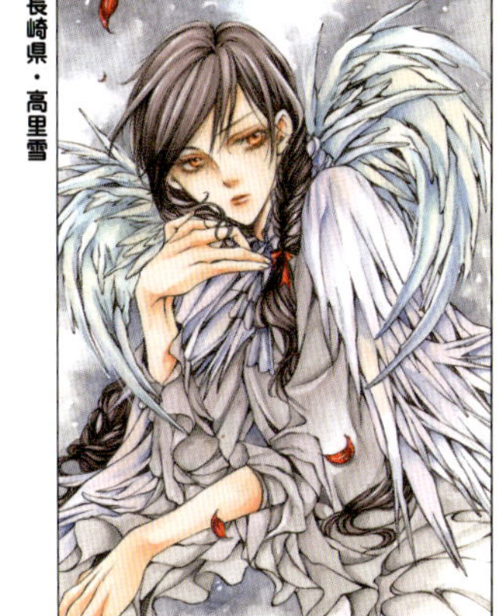

長崎県・高里雪

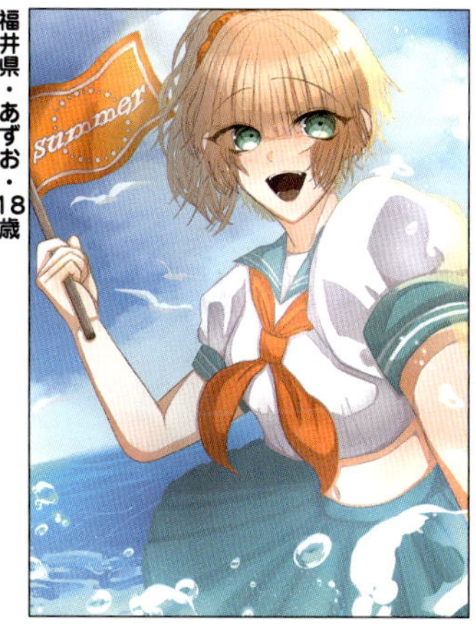

福井県・あずお・18歳

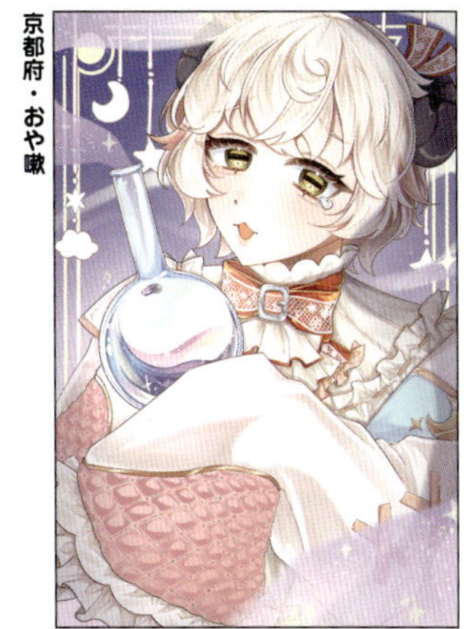

京都府・おや瞰

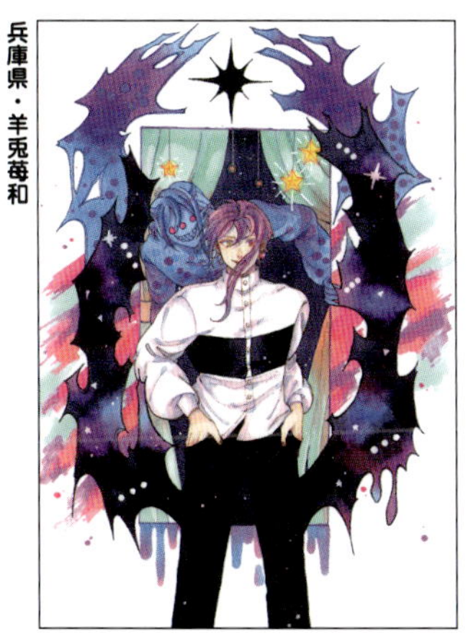

兵庫県・羊兎苺和

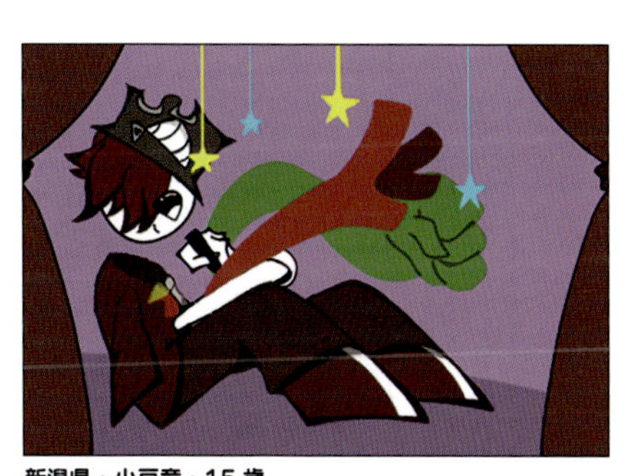

新潟県・小豆竜・15歳

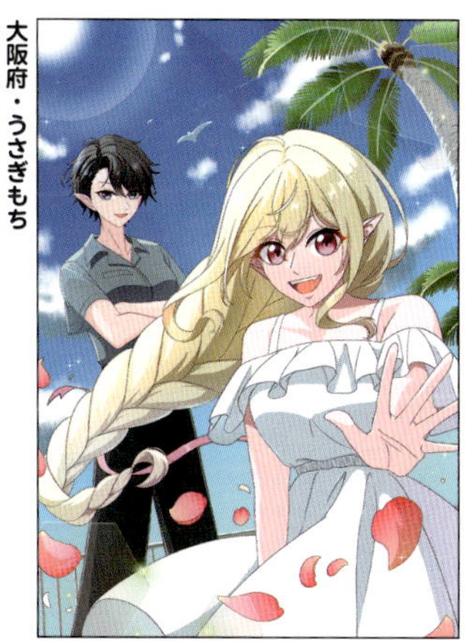

大阪府・うさぎもち

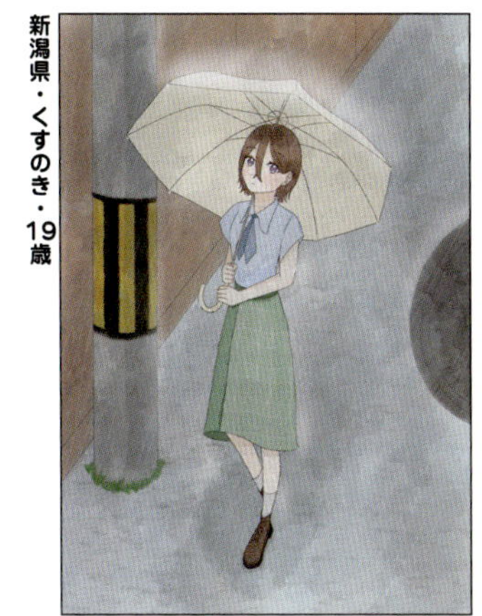

新潟県・くすのき・19歳

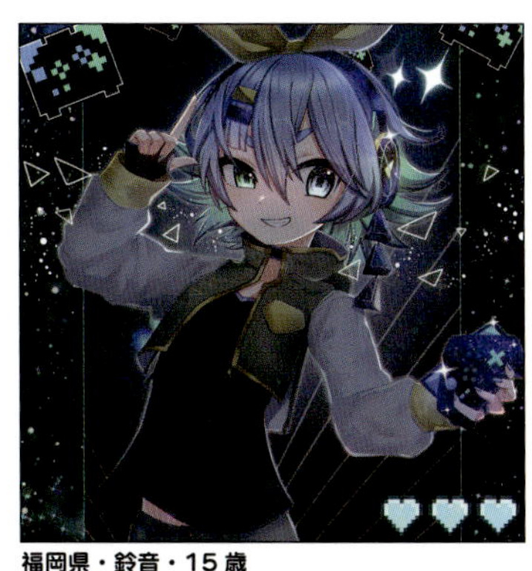

福岡県・鈴音・15歳

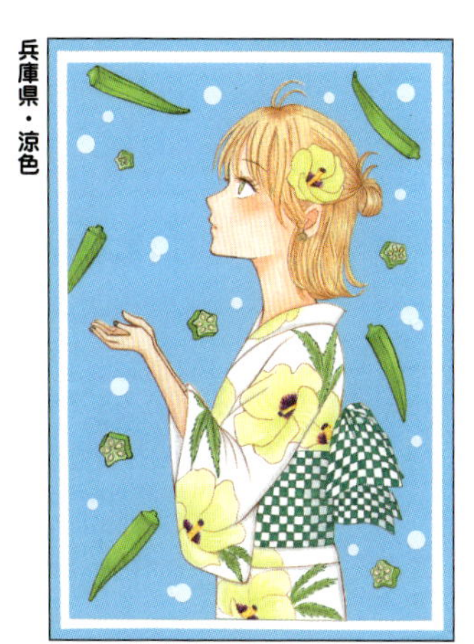

兵庫県・涼色

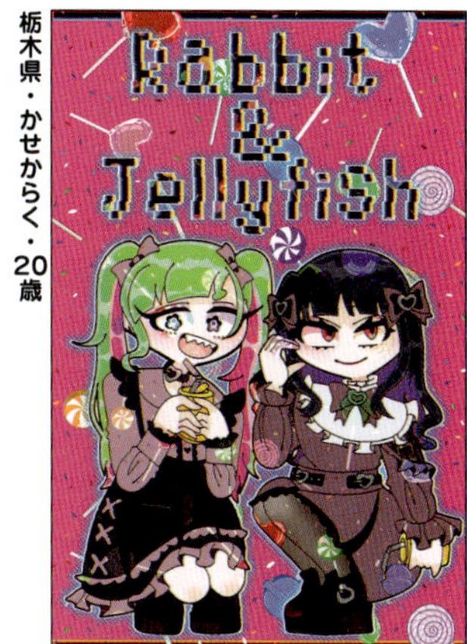

栃木県・かせからく・20歳

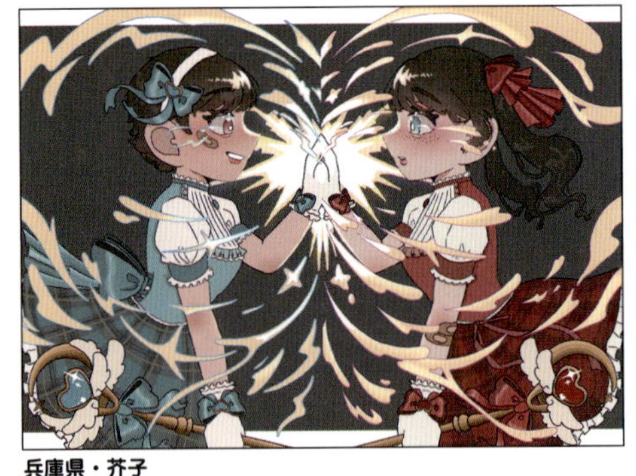

京都府・こづき・12歳

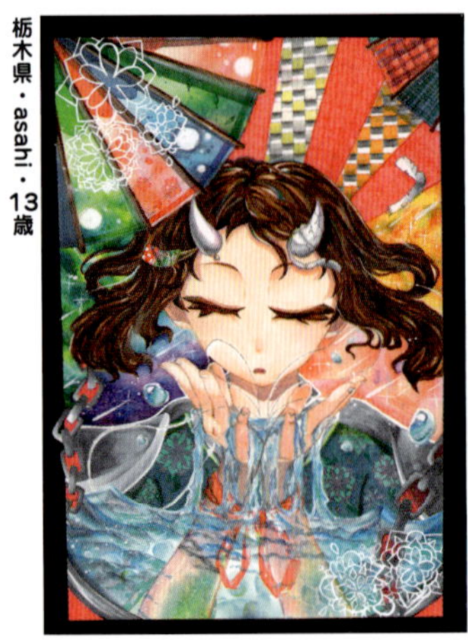

兵庫県・芥子

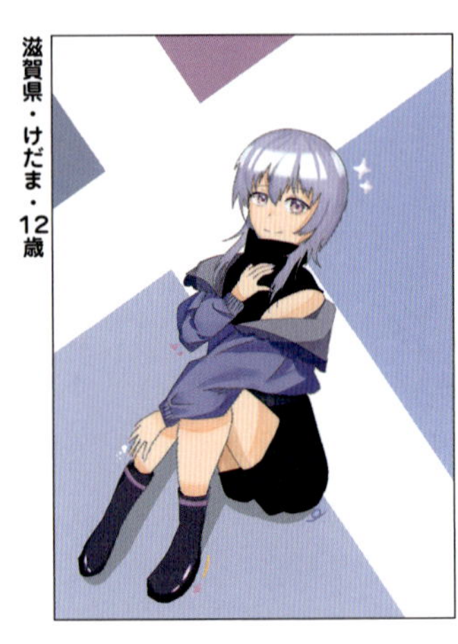

栃木県・asahi・13歳

滋賀県・けだま・12歳

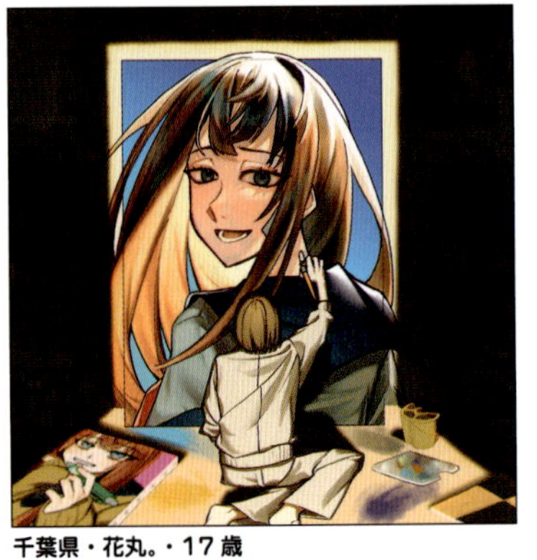

千葉県・花丸。・17歳

大阪府・しどうかいと・40歳

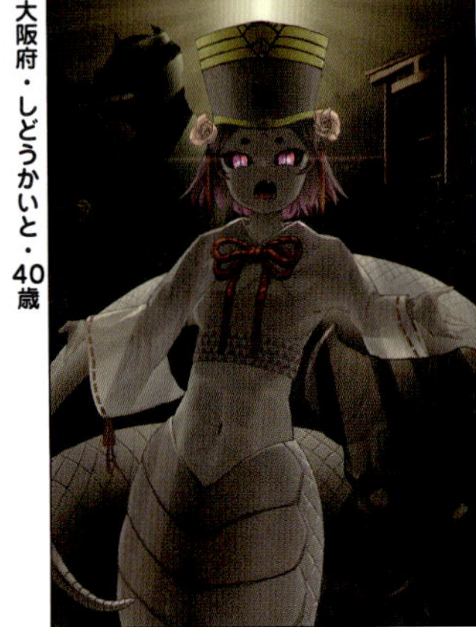

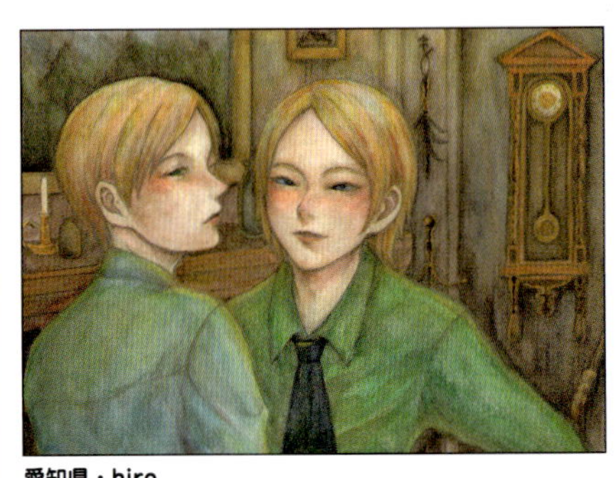

愛知県・hiro

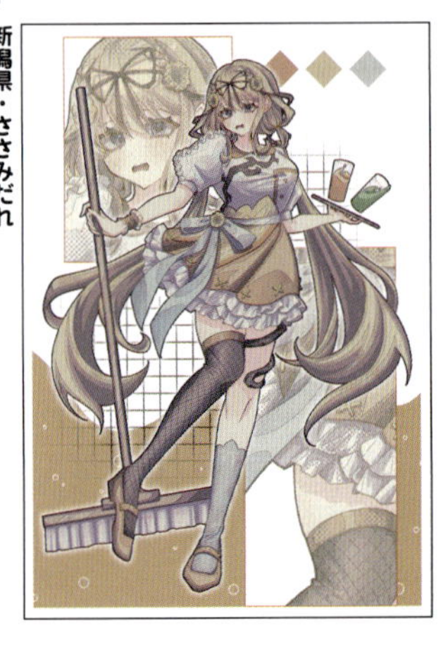

新潟県・ささみだれ

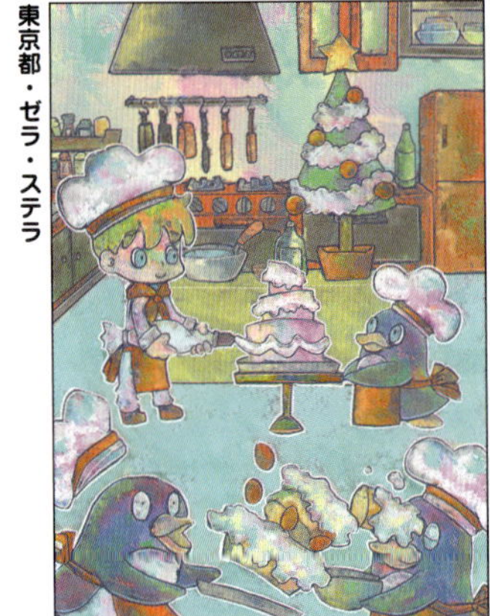

東京都・ゼラ・ステラ

福島県・出塚ミツキ

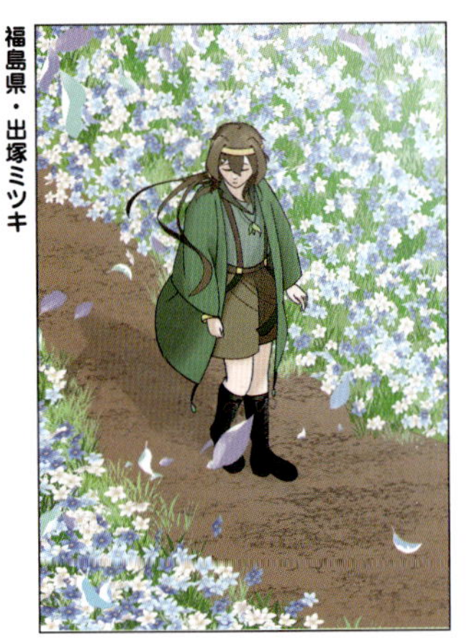

福岡県・スィア・18歳

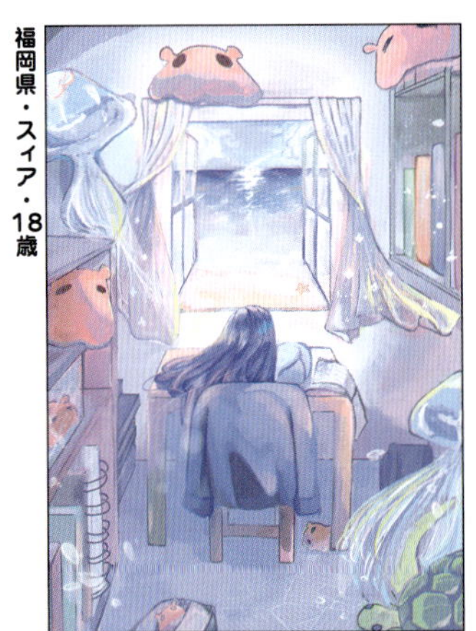

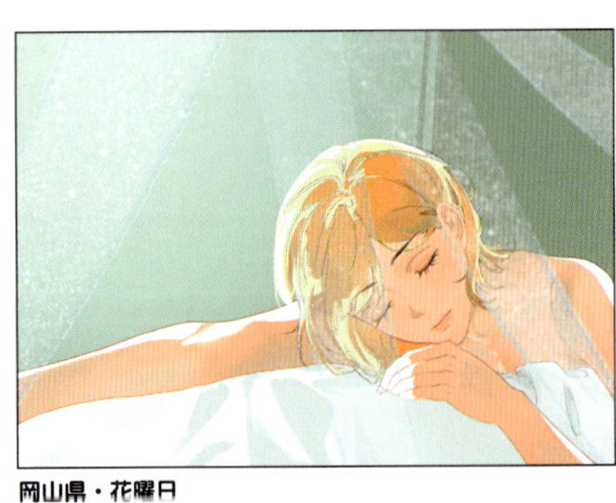

岡山県・花曜日

茨城県・タラコ

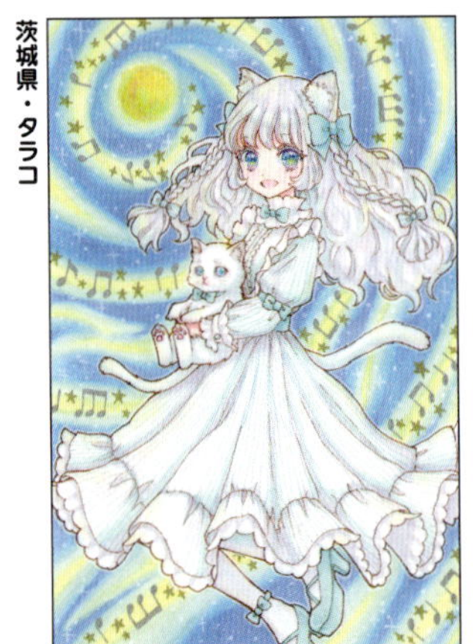

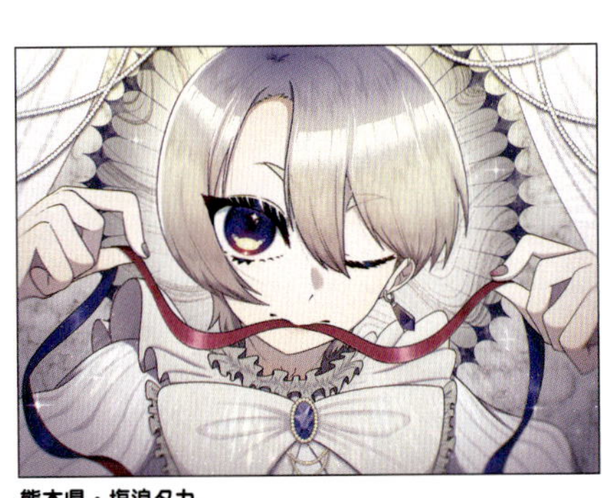

熊本県・塩浪タカ

和歌山県・ひろいうみ・43歳

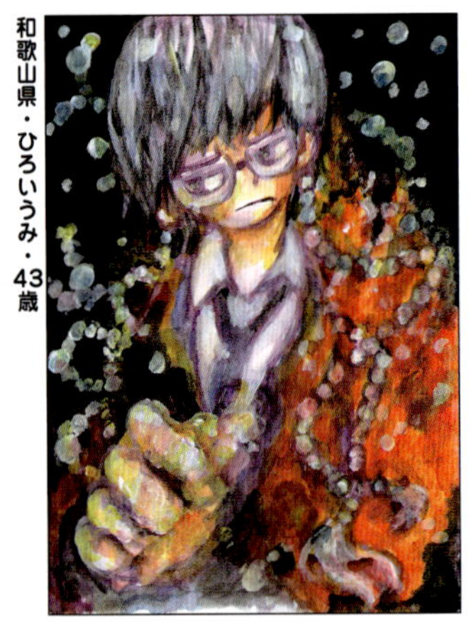

福岡県・せんきち

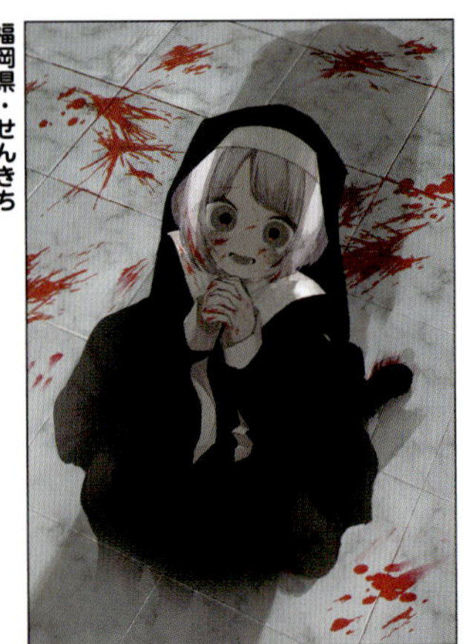

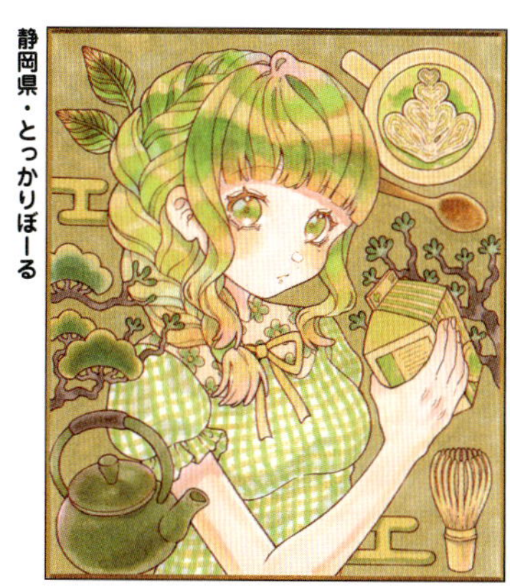

静岡県・とっかりぼーる

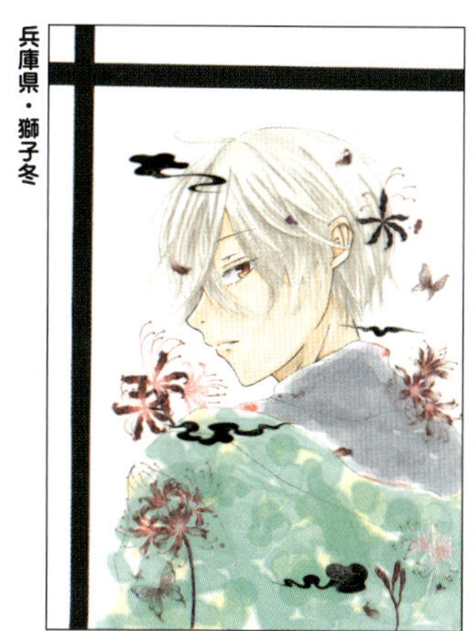

兵庫県・獅子冬

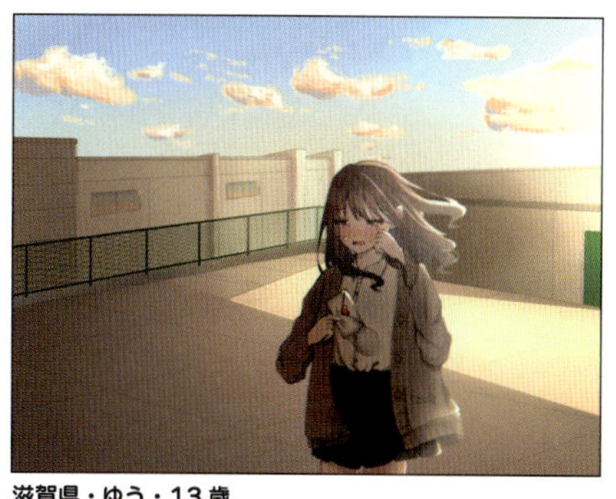

滋賀県・ゆう・13歳

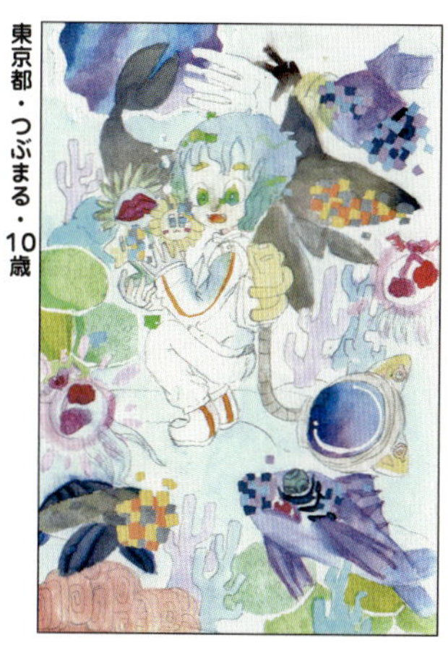

東京都・つぶまる・10歳

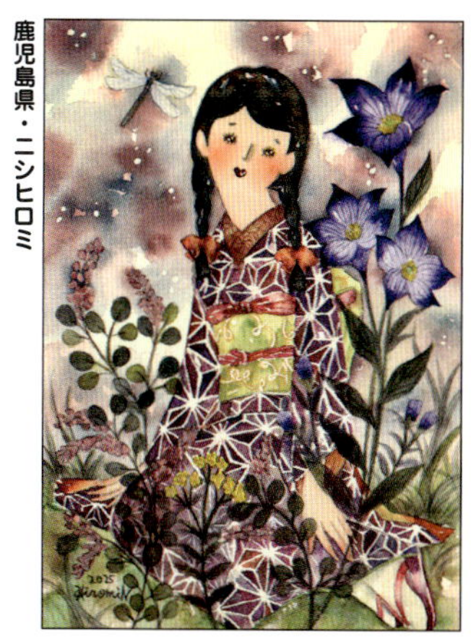

鹿児島県・ニシヒロミ

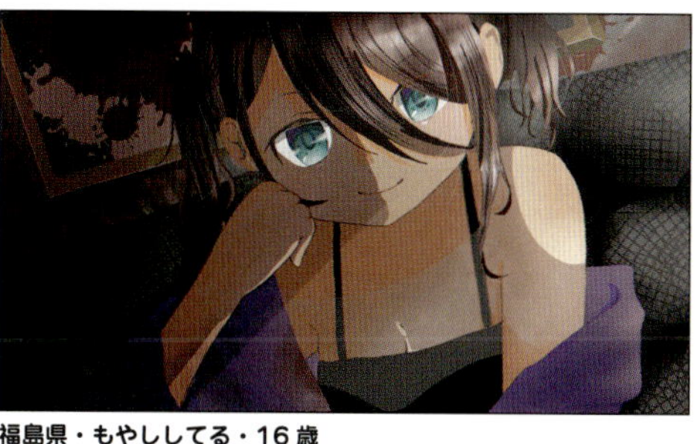

福島県・もやししてる・16歳

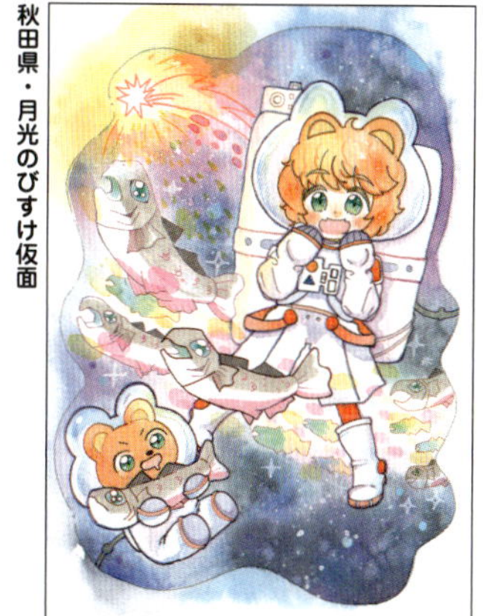

秋田県・月光のびすけ仮面

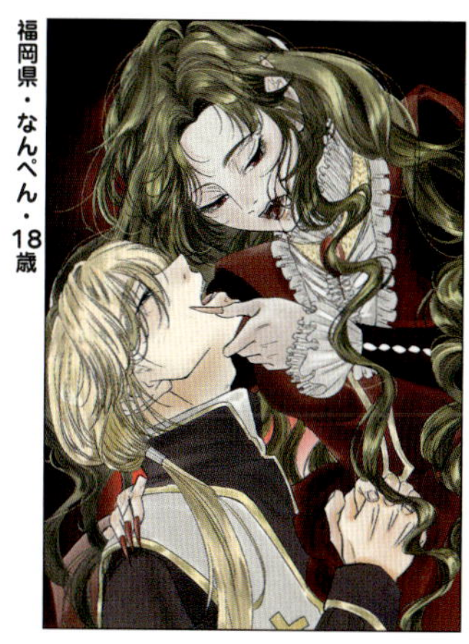

福岡県・なんぺん・18歳

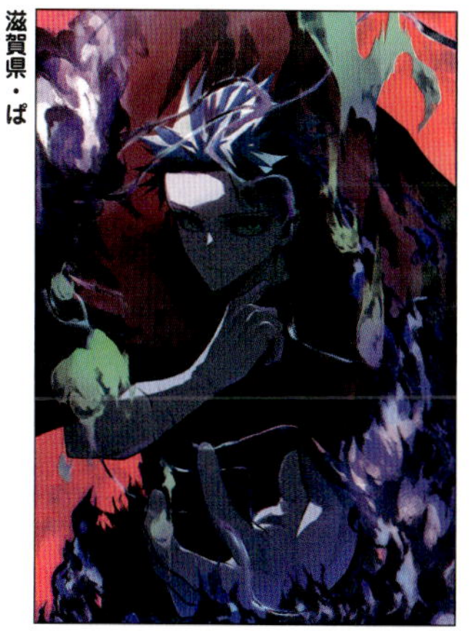

滋賀県・ぱ

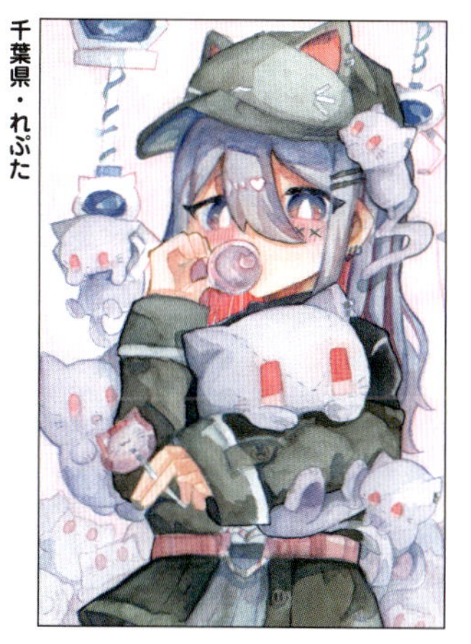

千葉県・れぷた

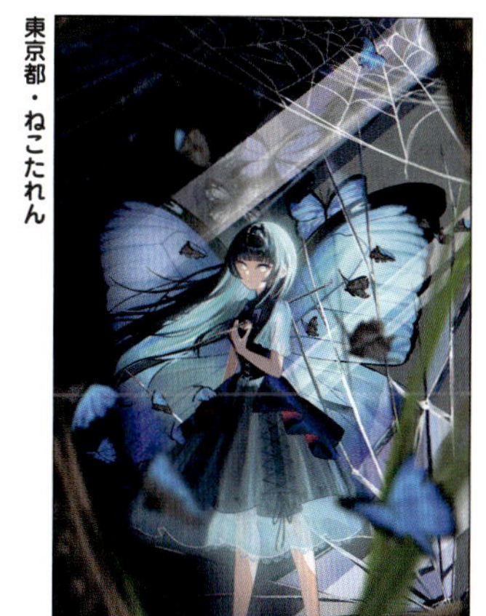

東京都・ねこたれん

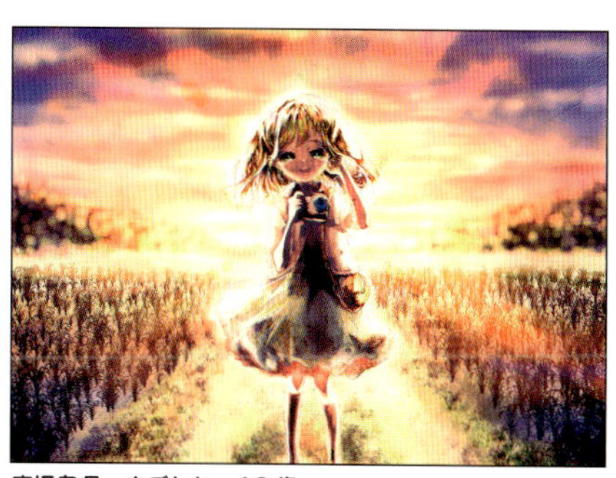

鹿児島県・まごたな・16歳

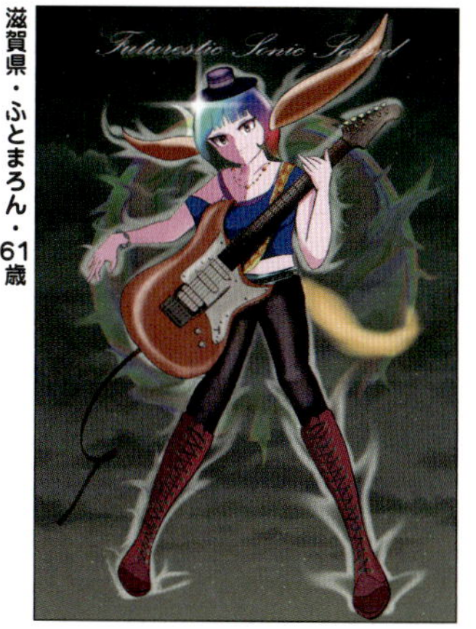

滋賀県・ふとまろん・61歳

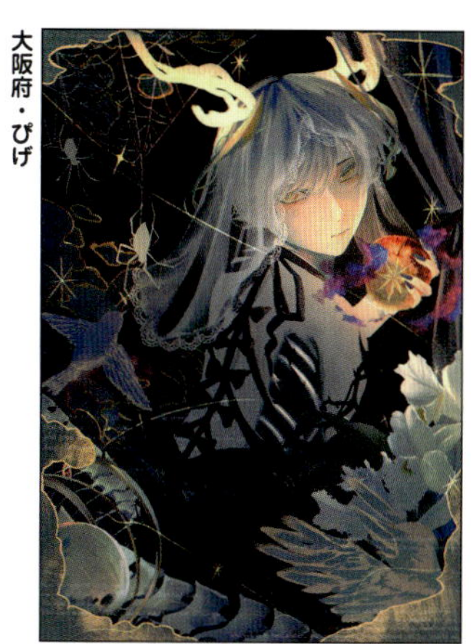

大阪府・ぴげ

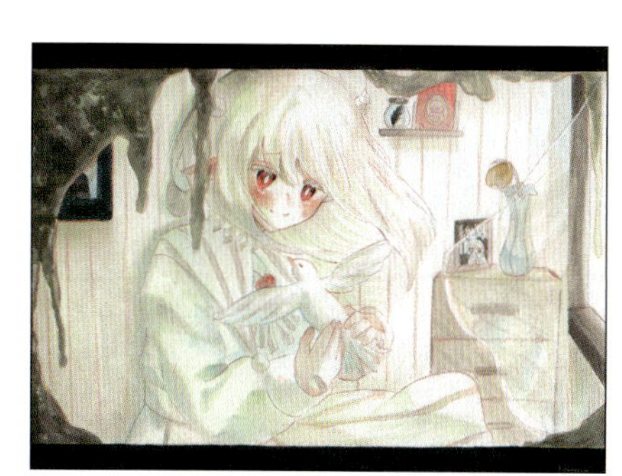
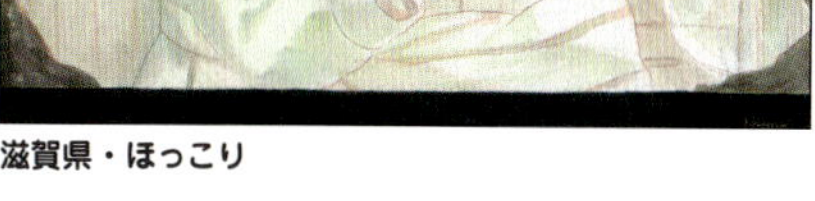

滋賀県・ほっこり

福島県・はたけ

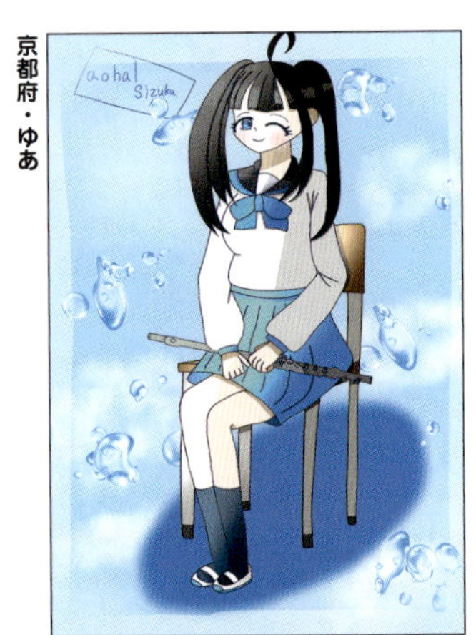

京都府・ゆあ

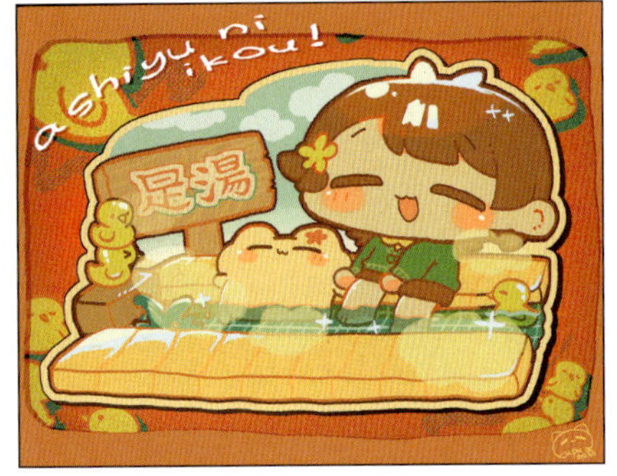

福島県・ふぷあ

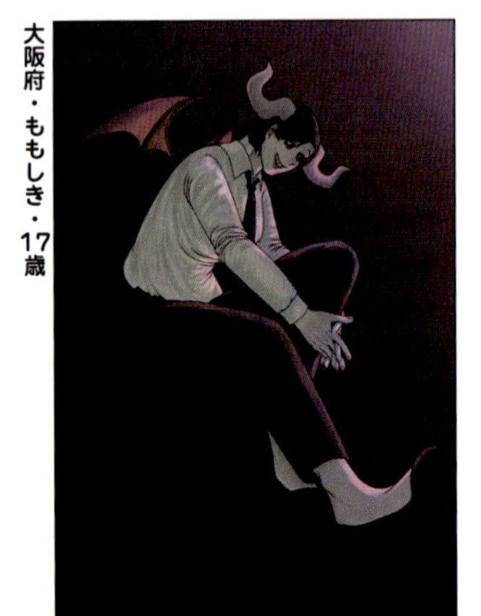

大阪府・ももしき・17歳

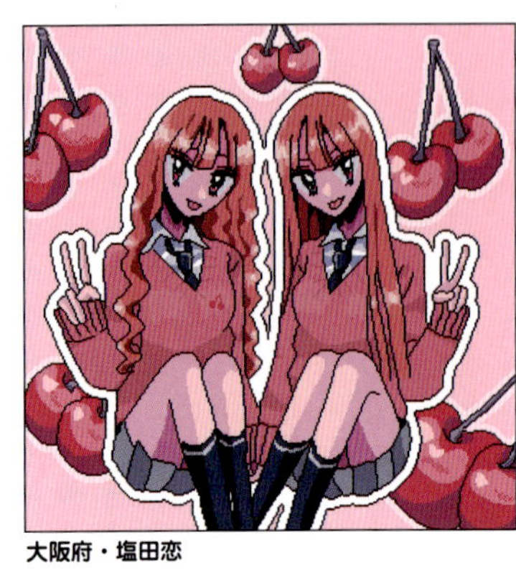

大阪府・塩田恋

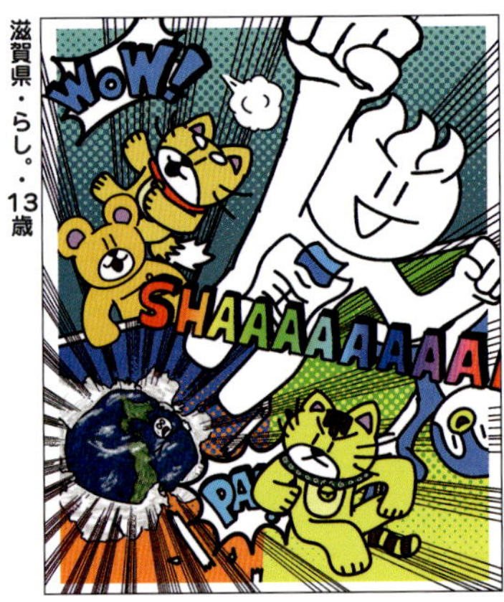

滋賀県・らし。・13歳

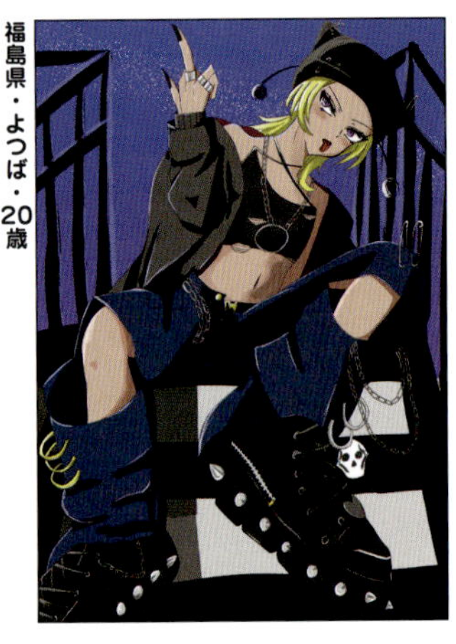

福島県・よつば・20歳

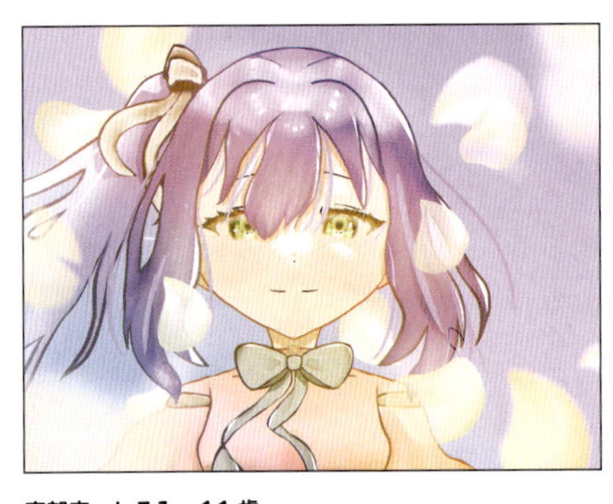

京都府・しろみ・11歳

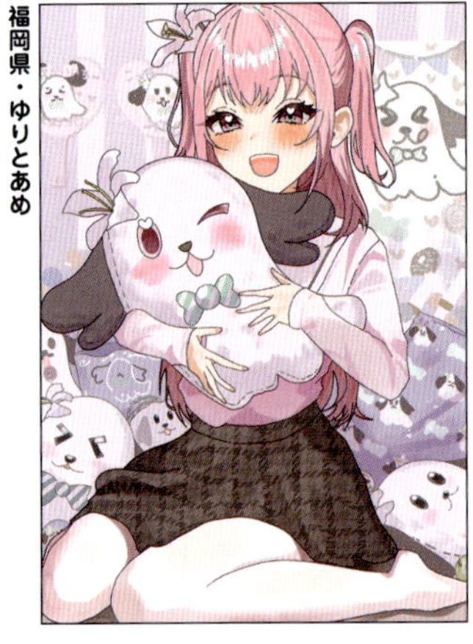

福岡県・ゆりとあめ

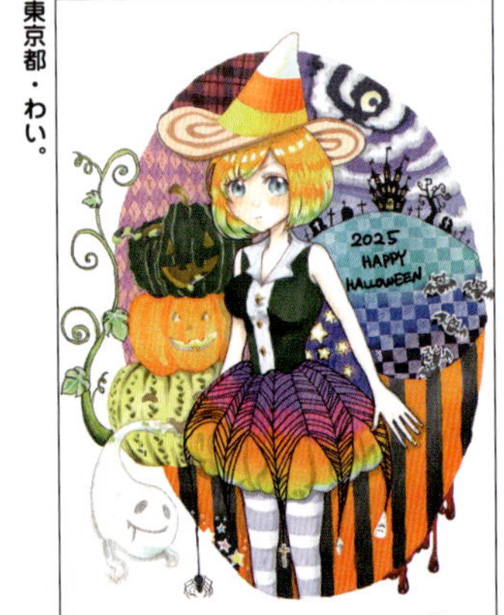

東京都・わい。

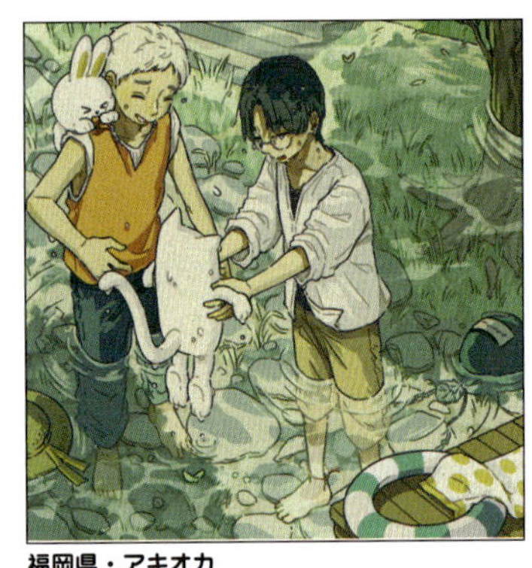

福岡県・アキオカ

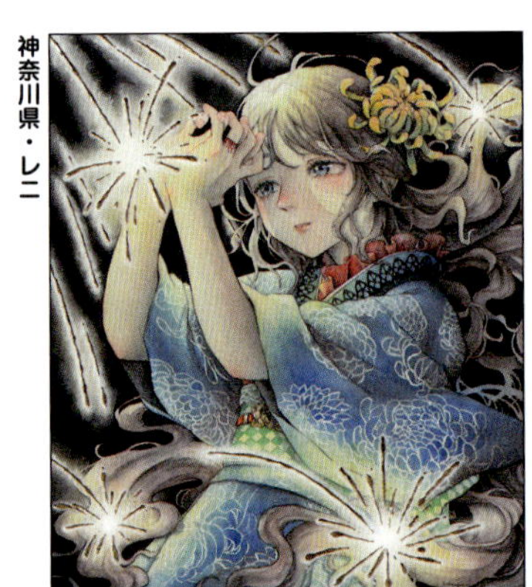

神奈川県・レニ

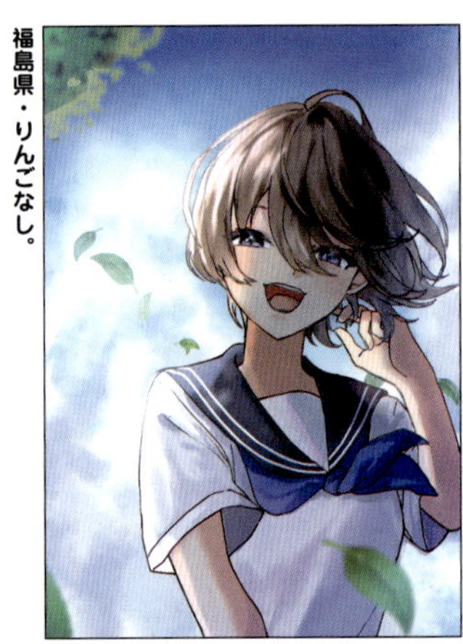

福島県・りんごなし。

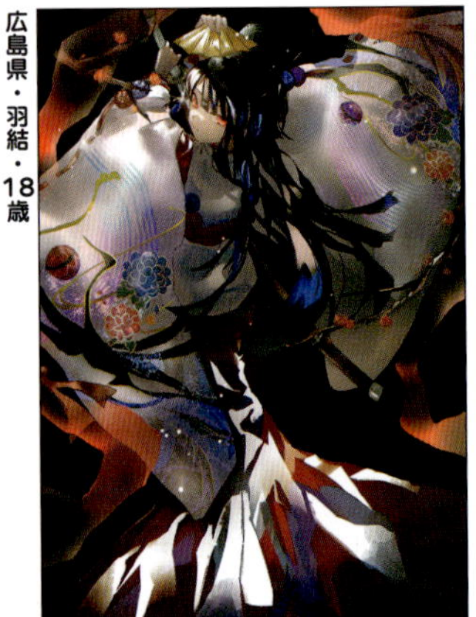

広島県・羽結・18歳

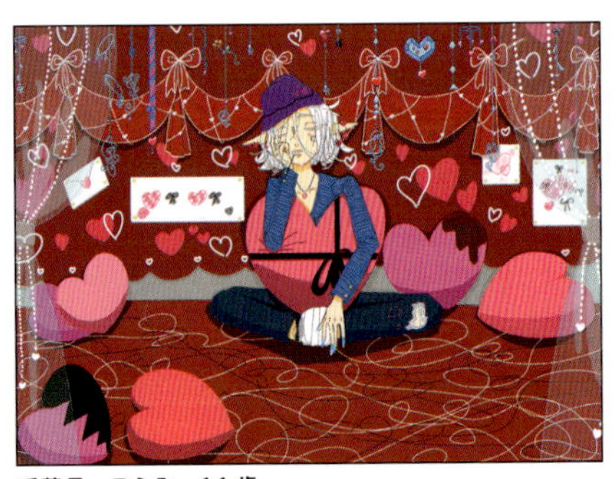

千葉県・こふみ・11歳

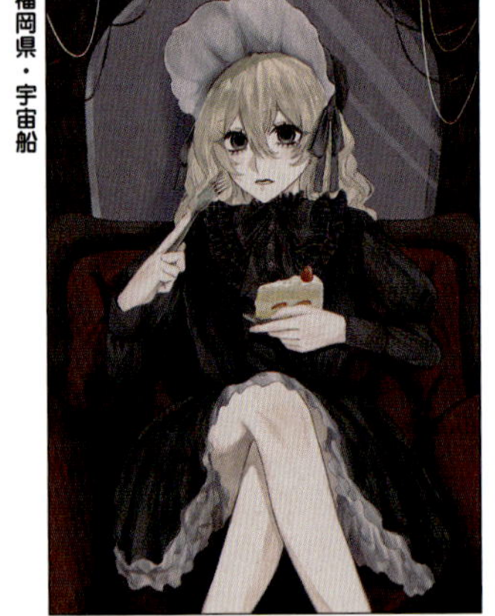

福岡県・宇宙船

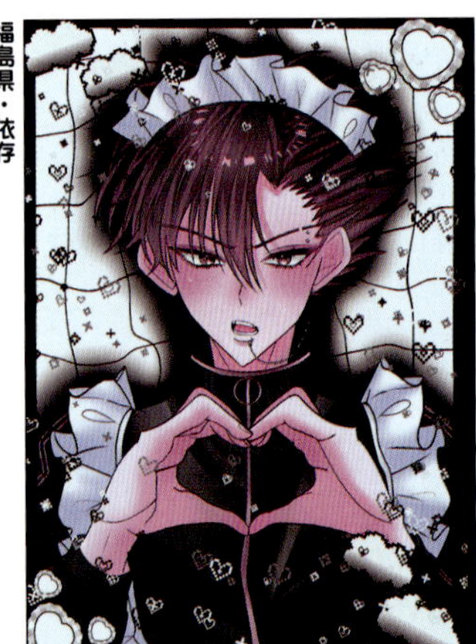

福島県・依存

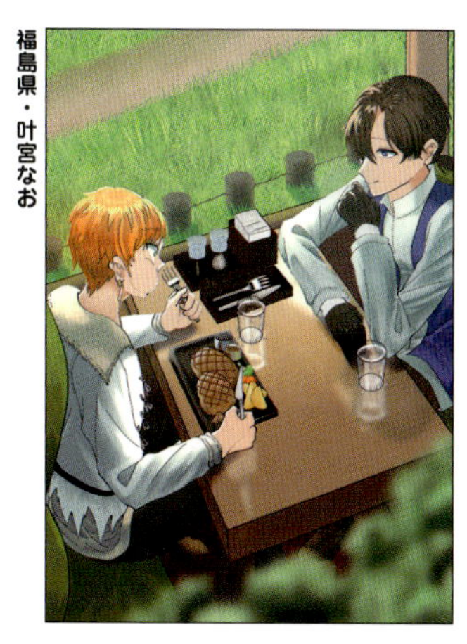

福島県・叶宮なお

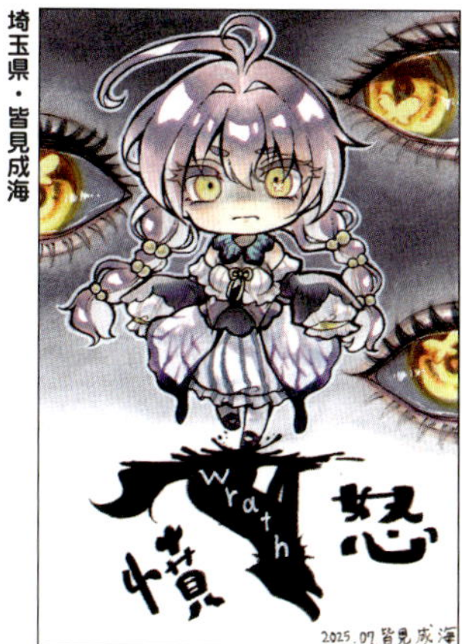

埼玉県・皆見成海

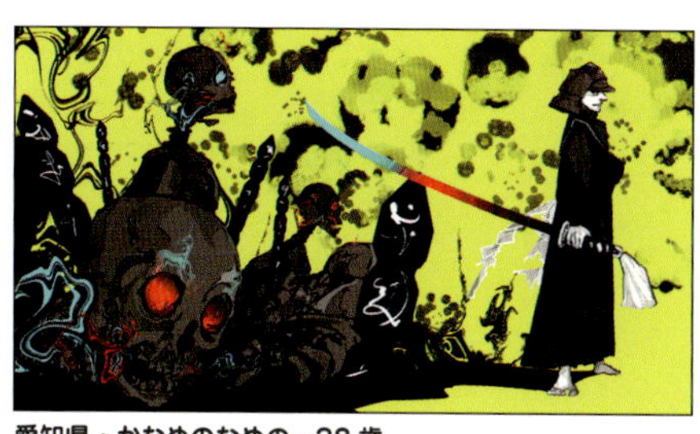

愛知県・かなめのなめの・28歳

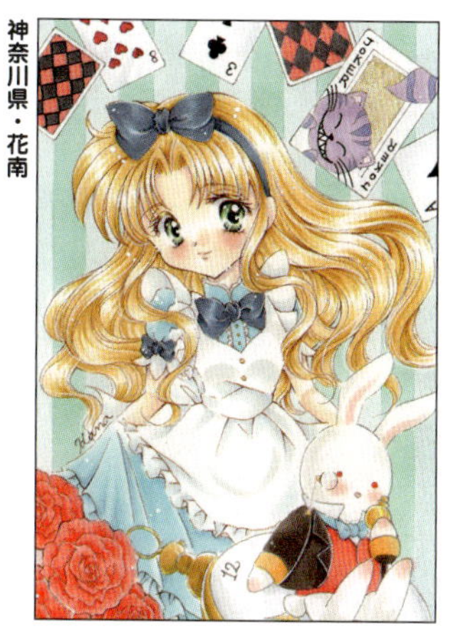

神奈川県・花南

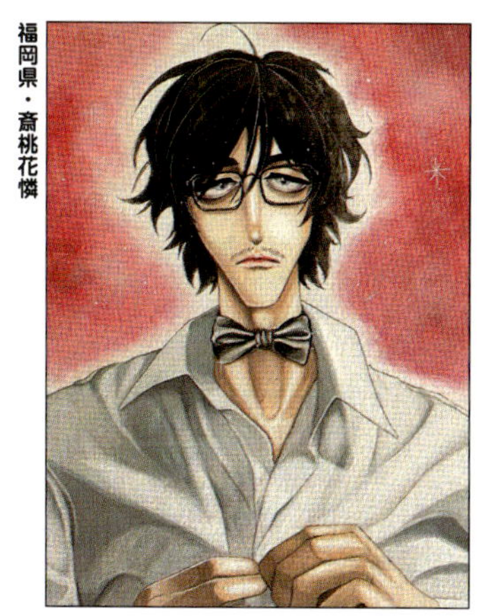

福岡県・斎桃花憐

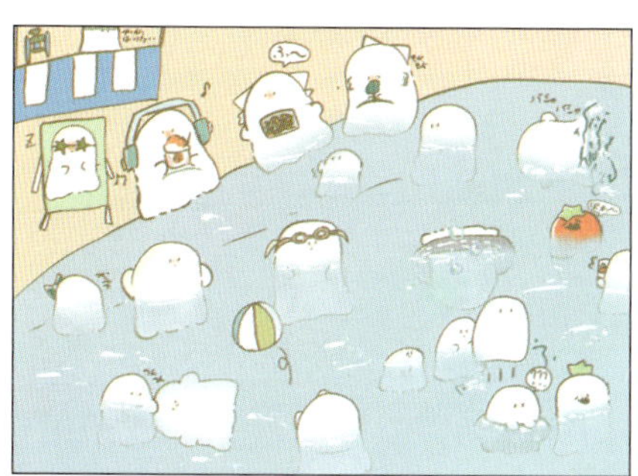

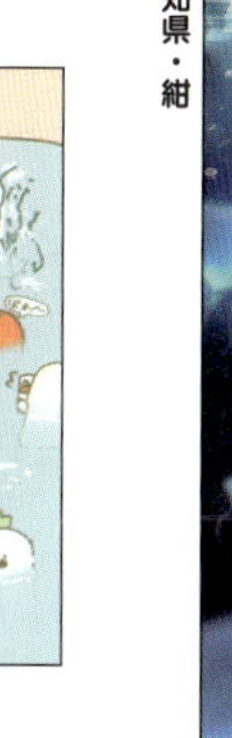

滋賀県・えびせーん・9歳

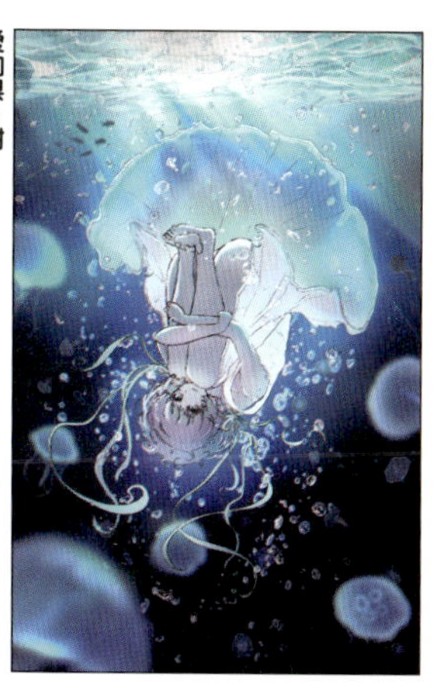

愛知県・紺

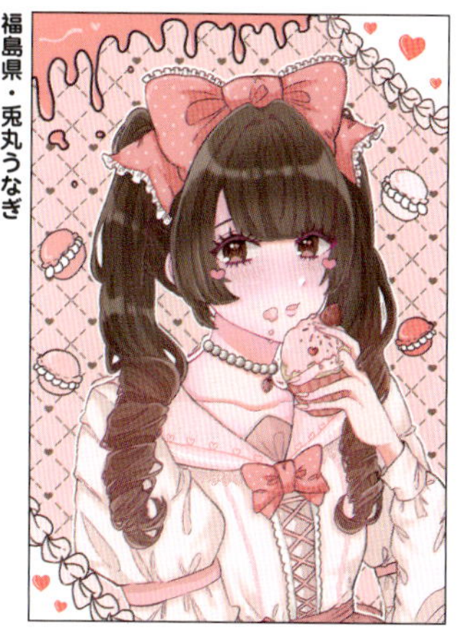

福島県・兎丸うなぎ

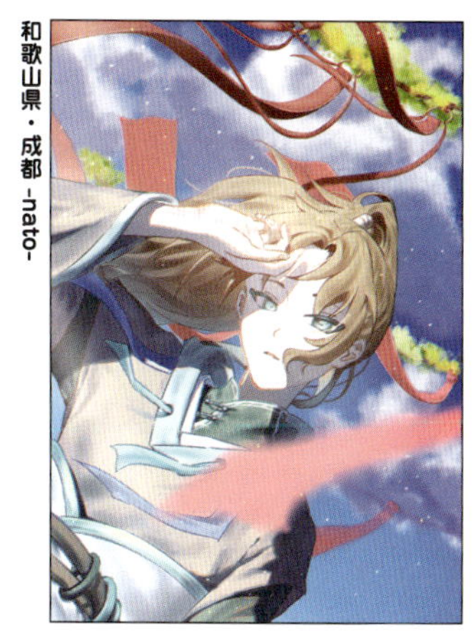

和歌山県・成都 -nato-

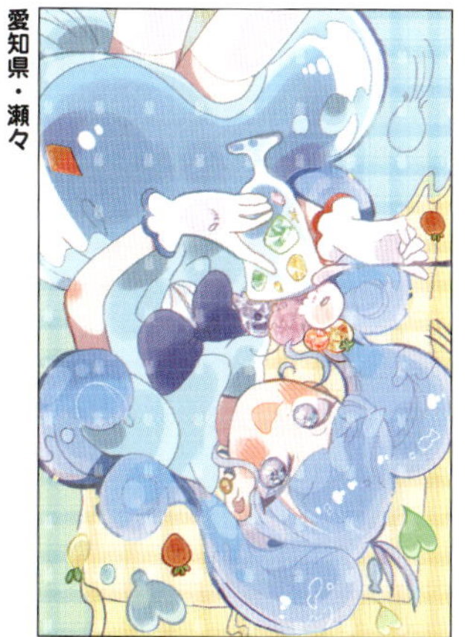

愛知県・瀬々

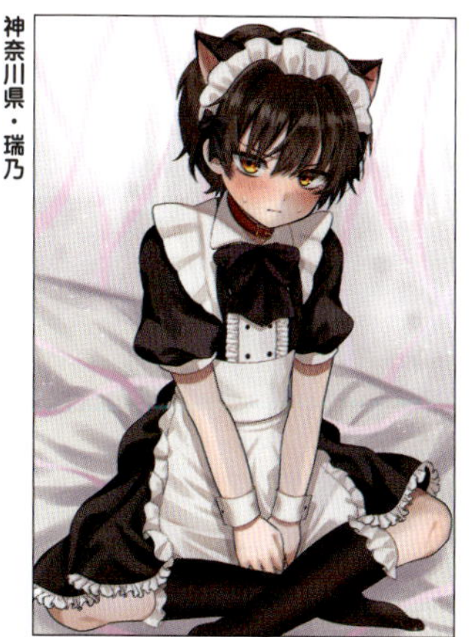

神奈川県・瑞乃

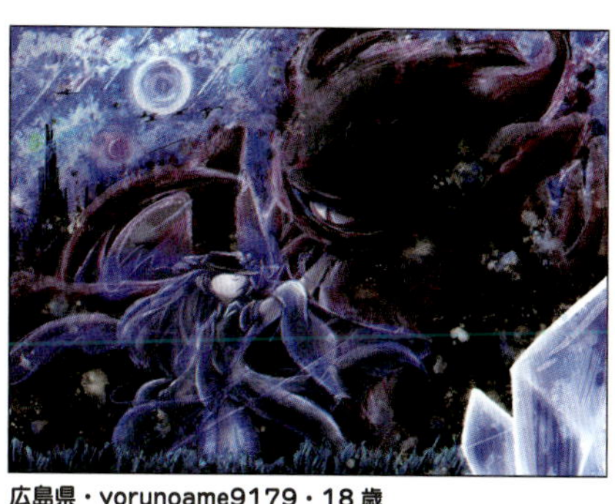

広島県・yorunoame9179・18歳

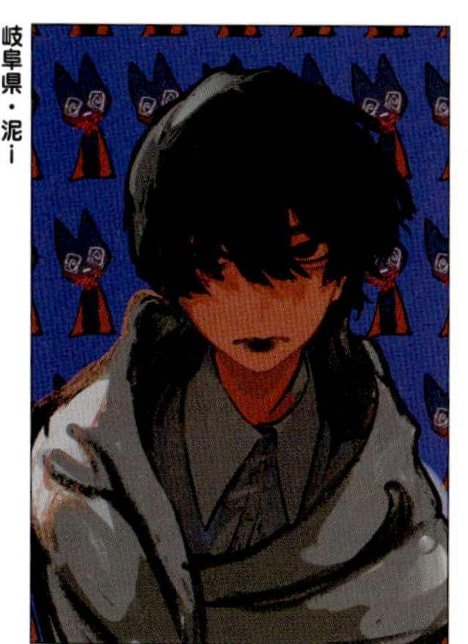

岐阜県・泥-i

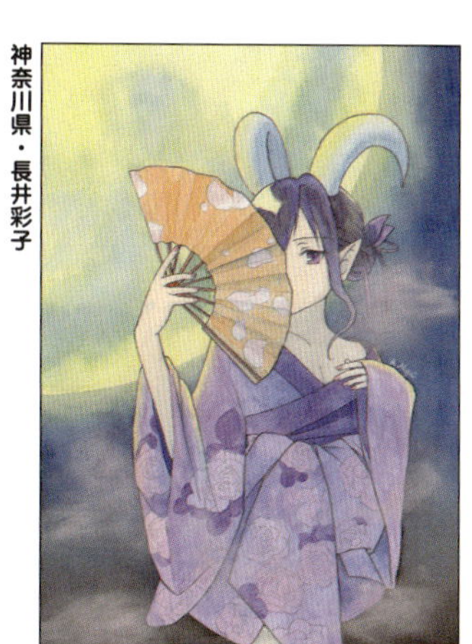

神奈川県・長井彩子

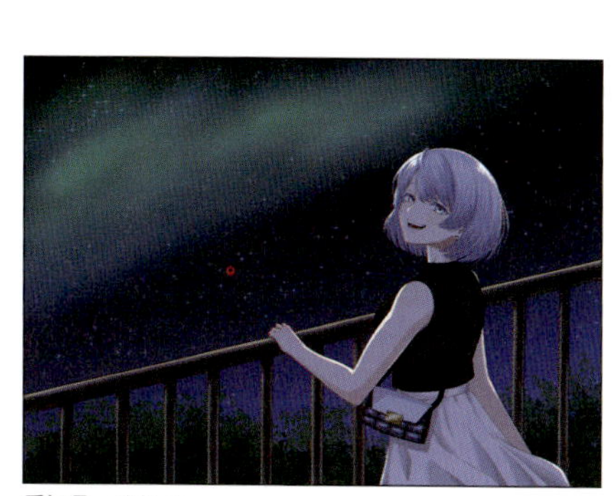

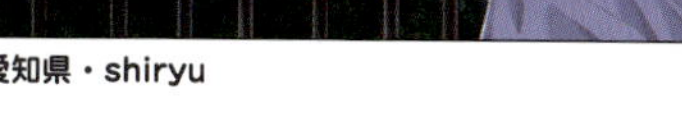

愛知県・shiryu

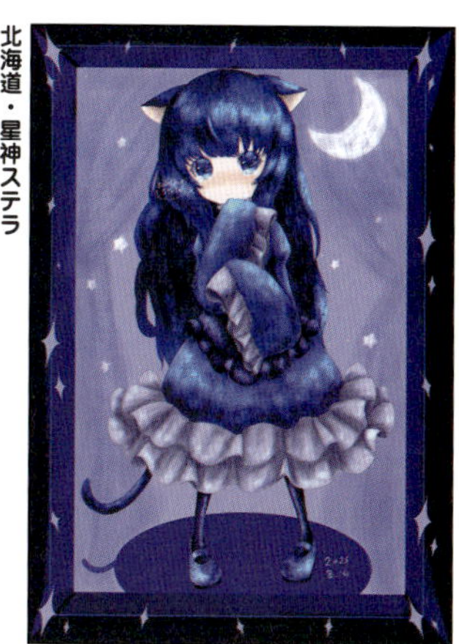

北海道・星神ステラ

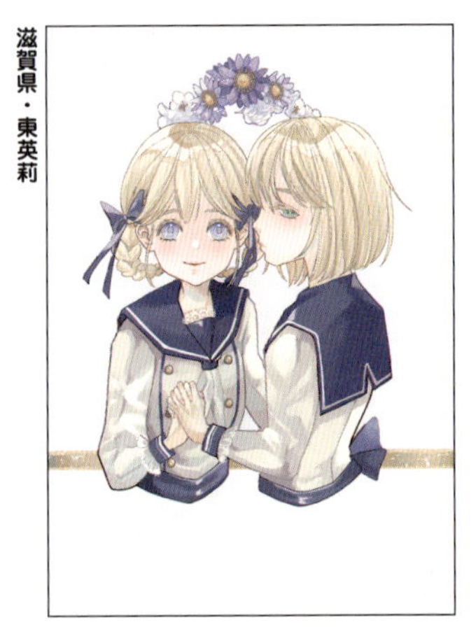

滋賀県・東英莉

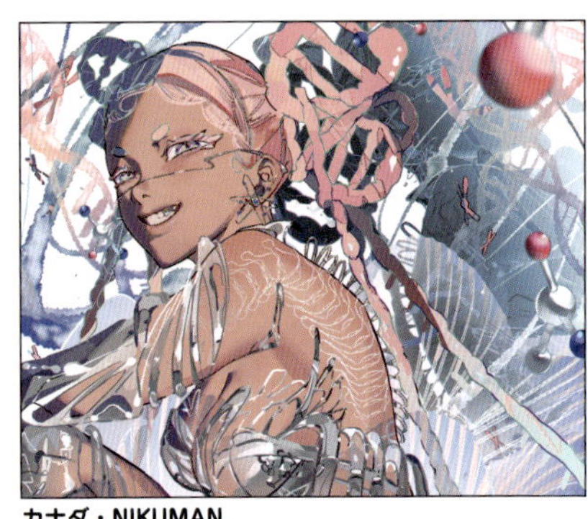

カナダ・NIKUMAN

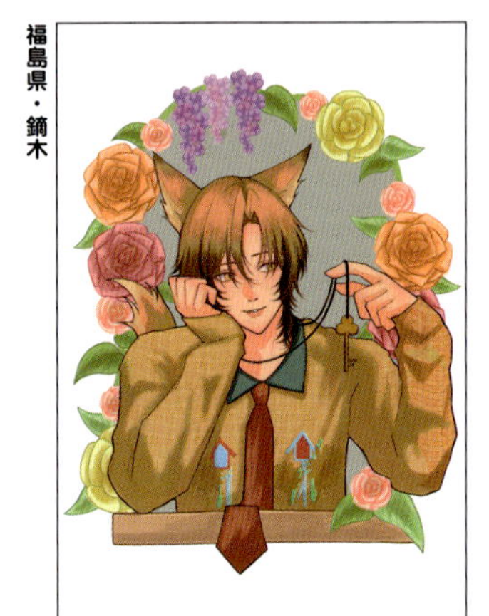

福島県・鏑木

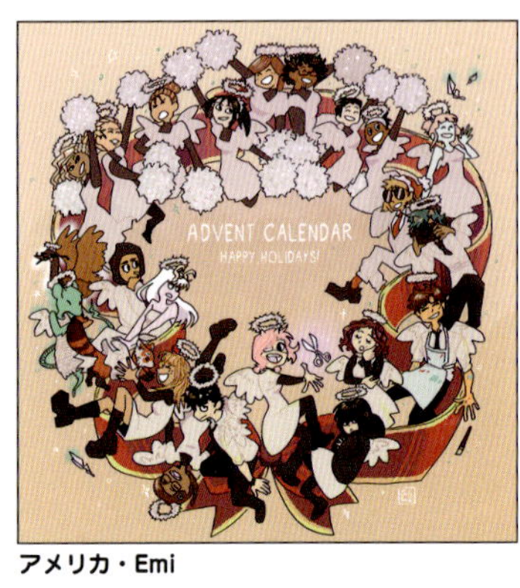

アメリカ・Emi

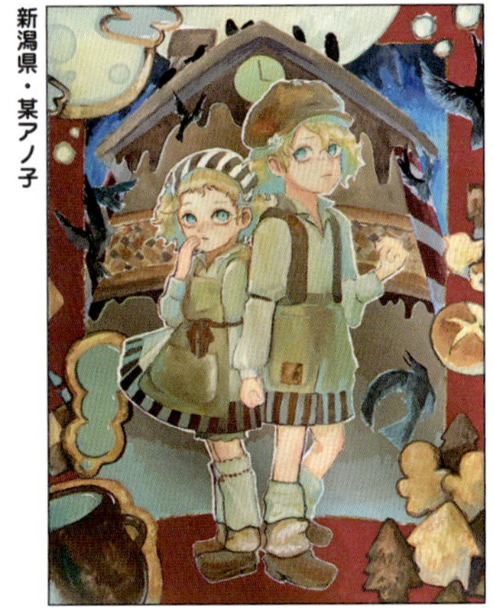

新潟県・某アノ子

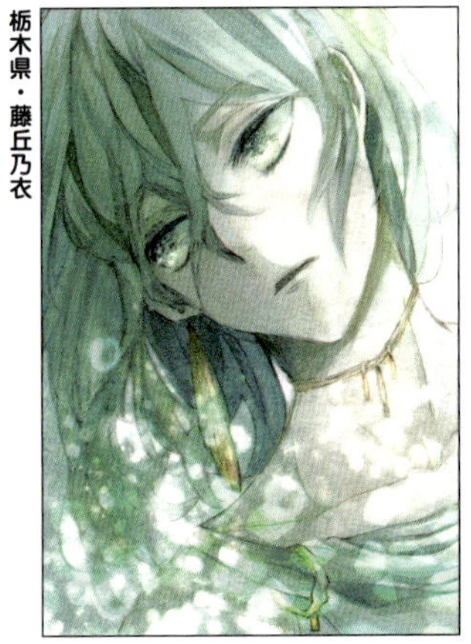

栃木県・藤丘乃衣

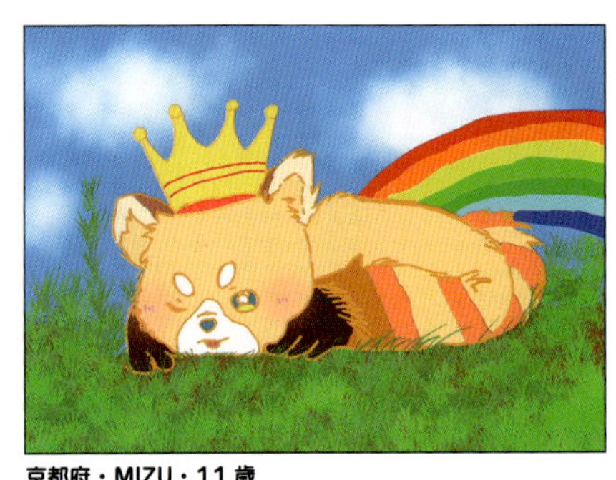

京都府・MIZU・11 歳

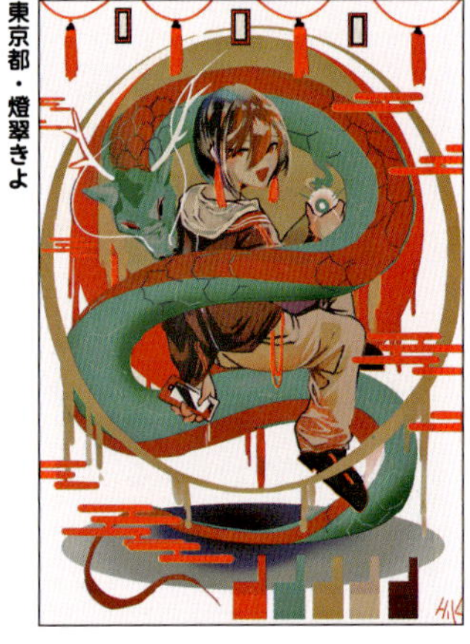

東京都・燈翠きよ

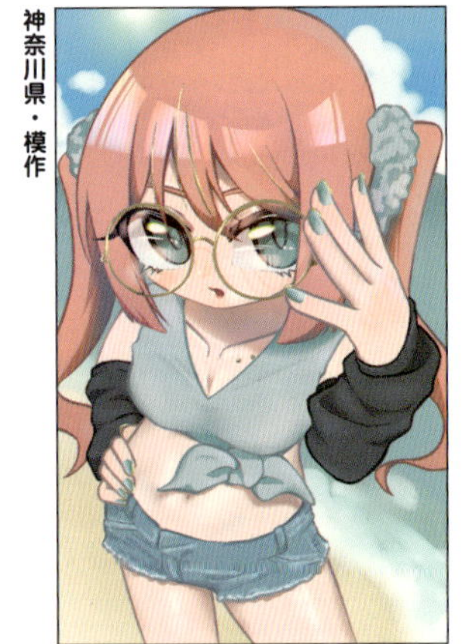

神奈川県・模作

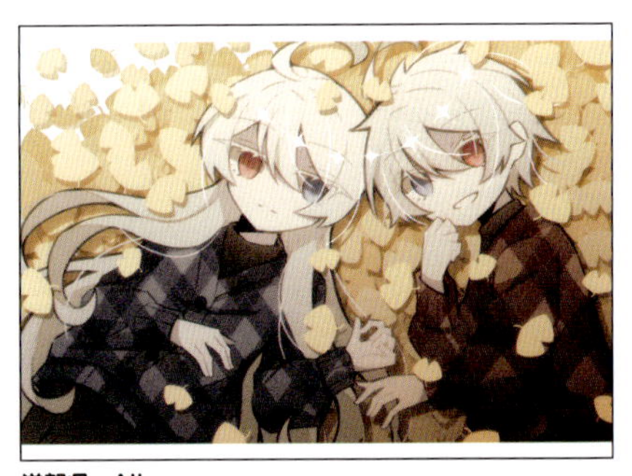

滋賀県・Allen

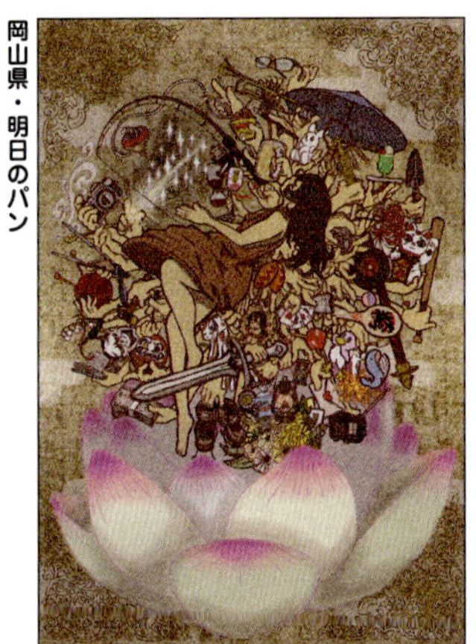

岡山県・明日のパン

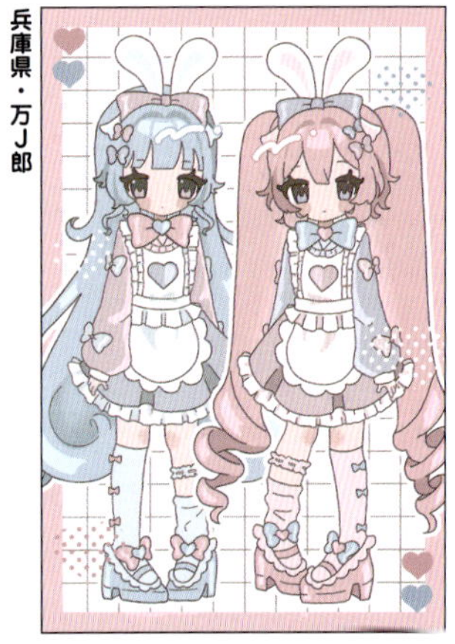

兵庫県・万J郎

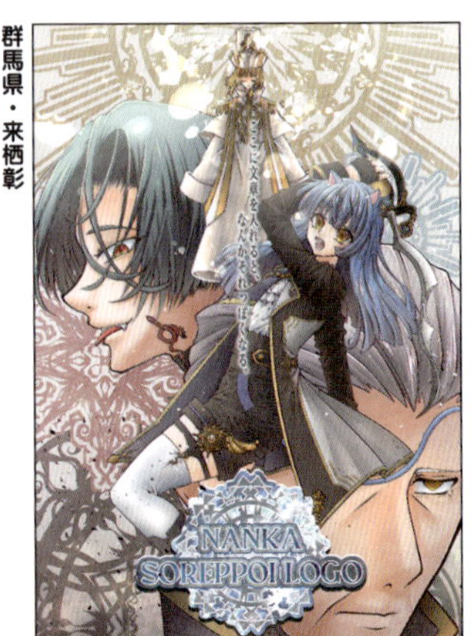

群馬県・来栖彰

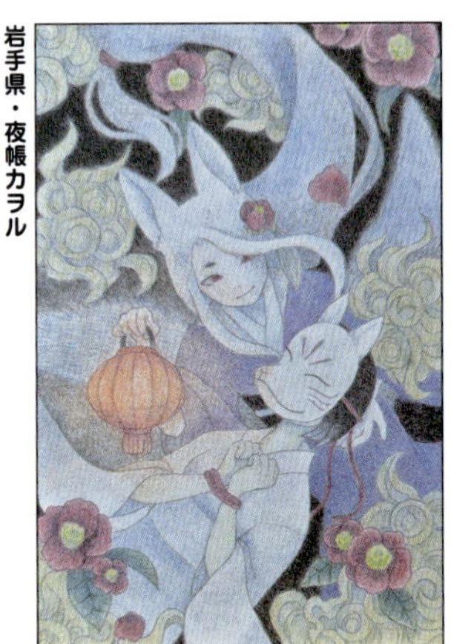

岩手県・夜帳カヲル

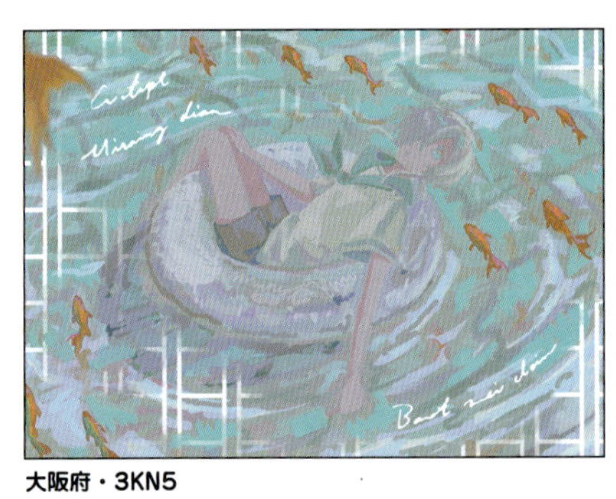

大阪府・3KN5

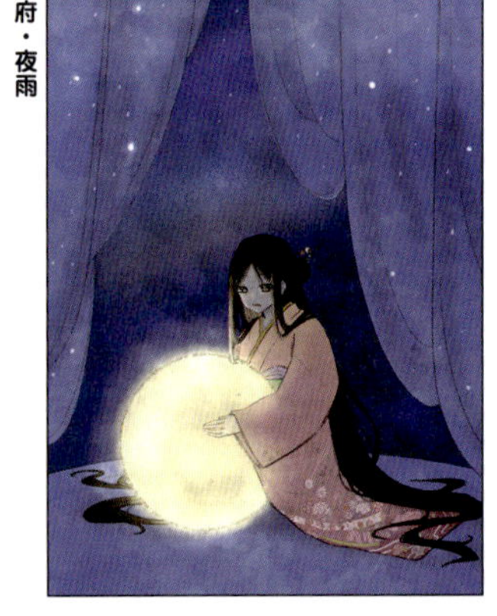

大阪府・夜雨

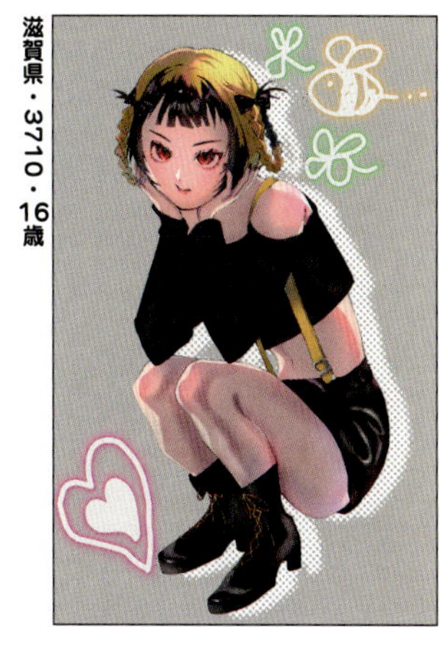

滋賀県・3710・16歳

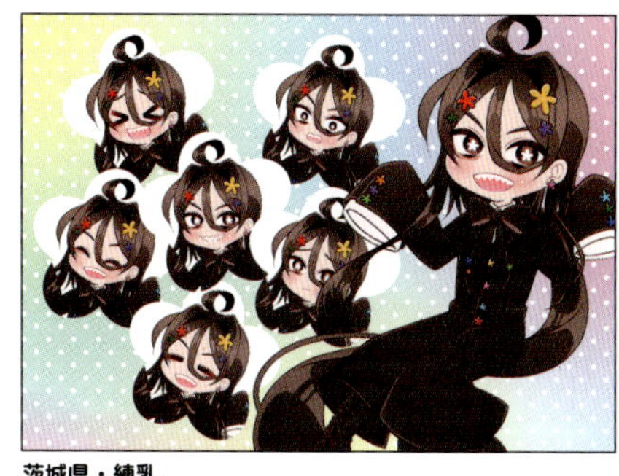

茨城県・練乳。

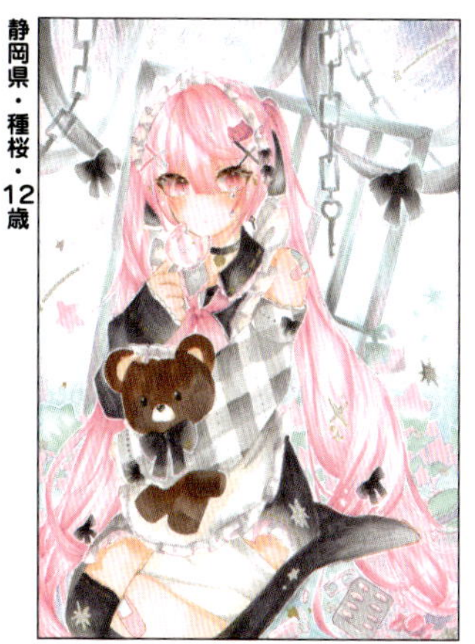

静岡県・種桜・12歳

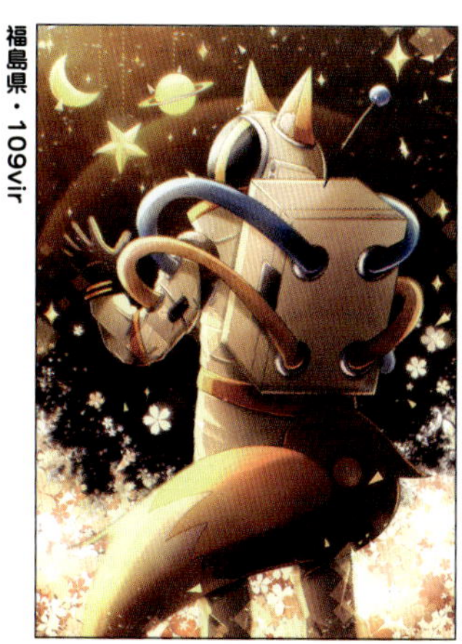

福島県・109vir

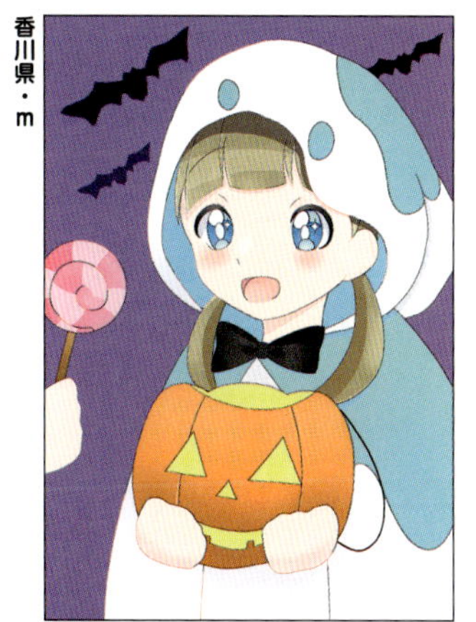

香川県・m

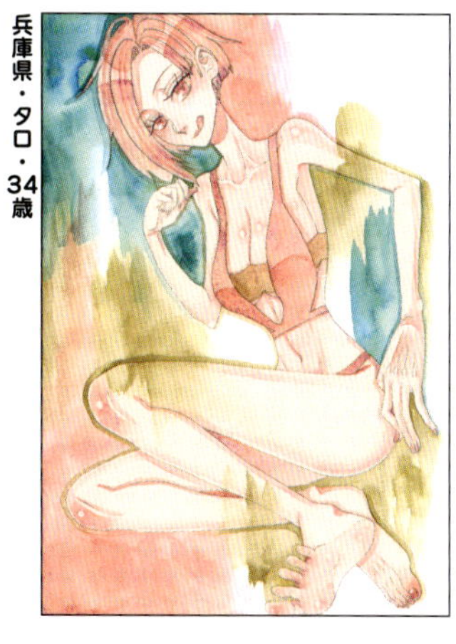

兵庫県・タロ・34歳

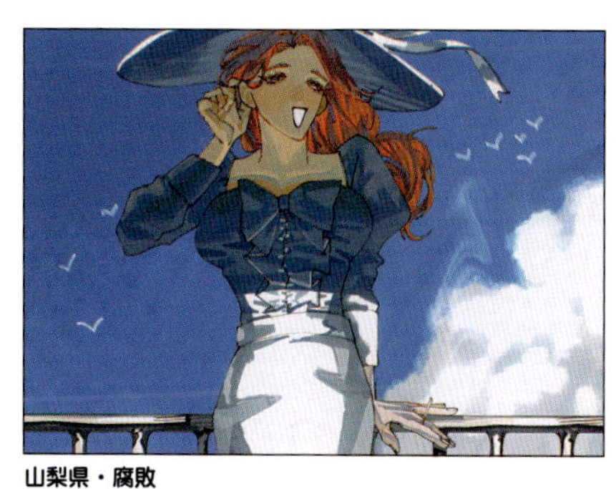

山梨県・腐敗

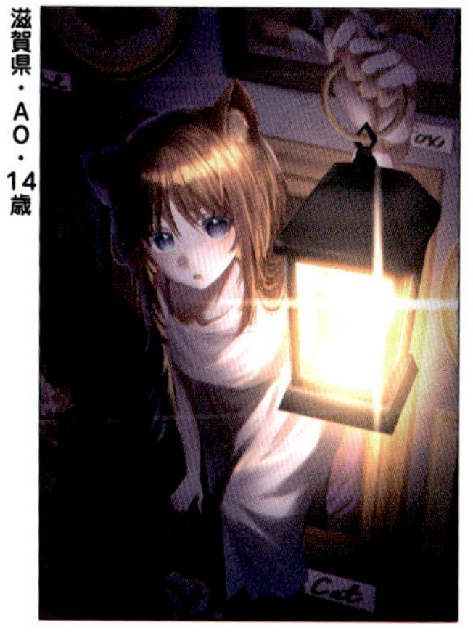

滋賀県・AO・14歳

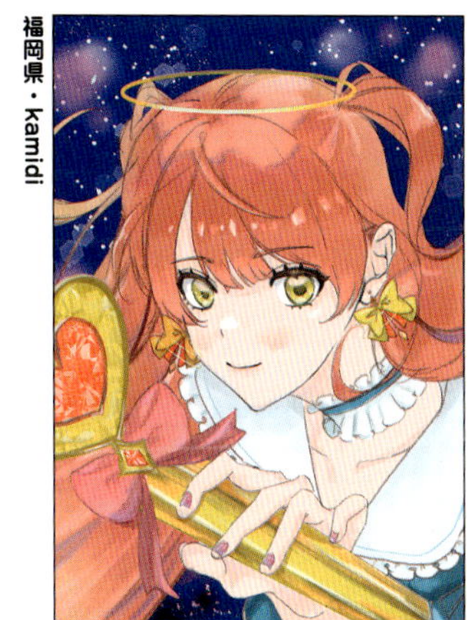

福岡県・kamidi

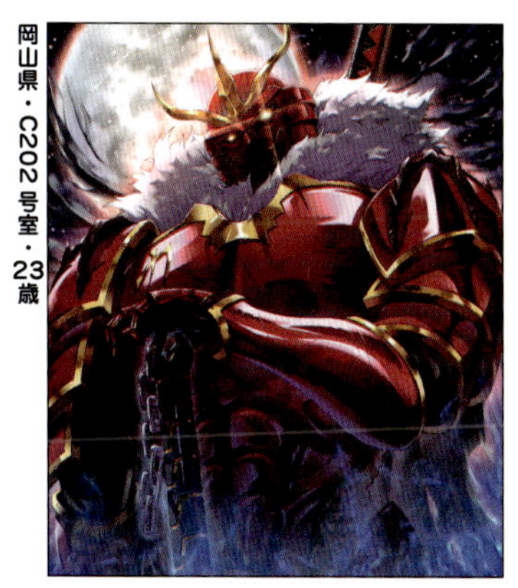

岡山県・C202号室・23歳

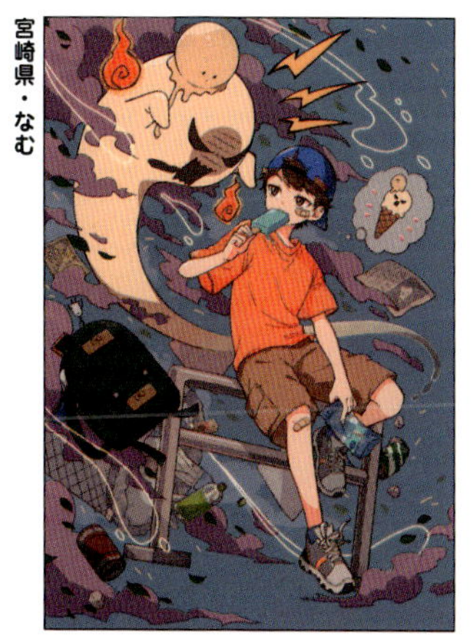

宮崎県・なむ

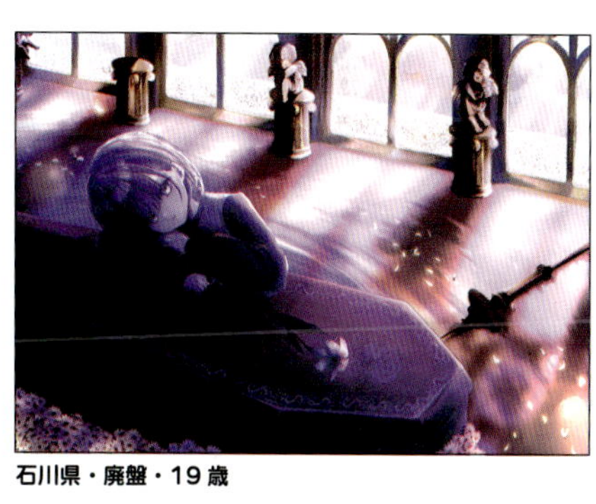

石川県・廃盤・19歳

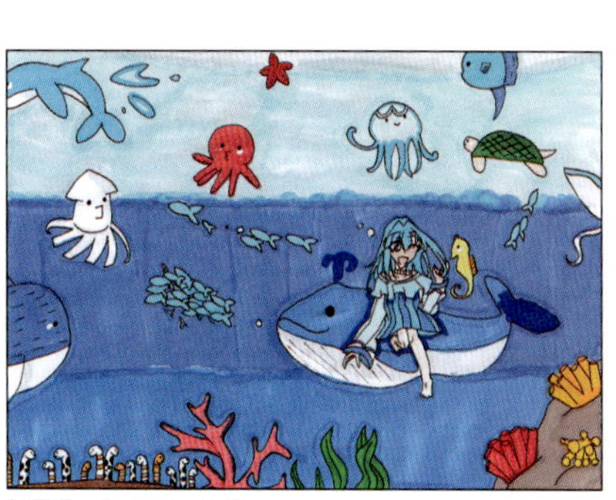
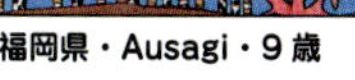

福岡県・Ausagi・9歳

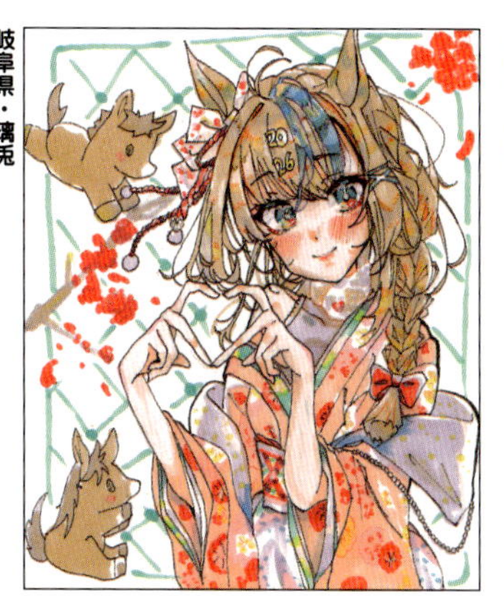

岐阜県・璃兎

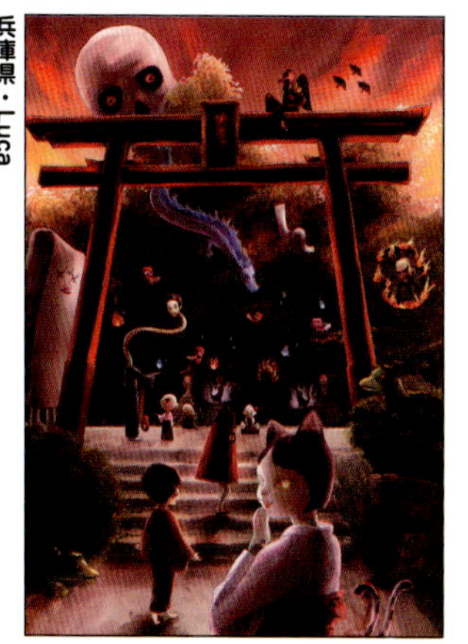

兵庫県・Luca

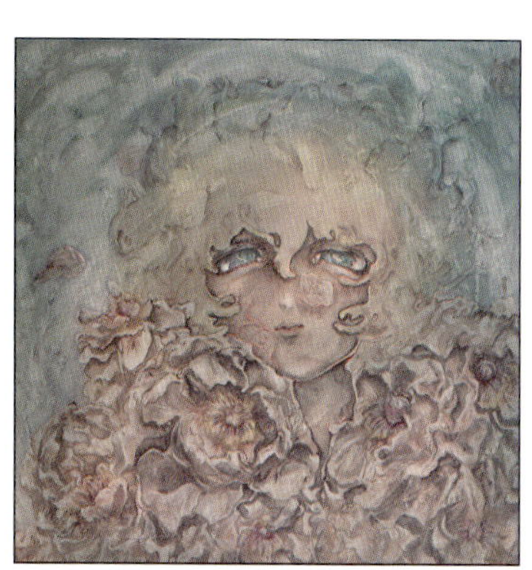

京都府・哺乳瓶紅茶。

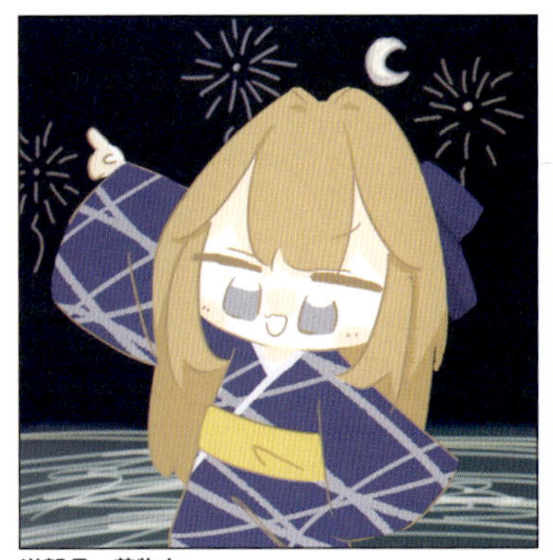

滋賀県・着物女

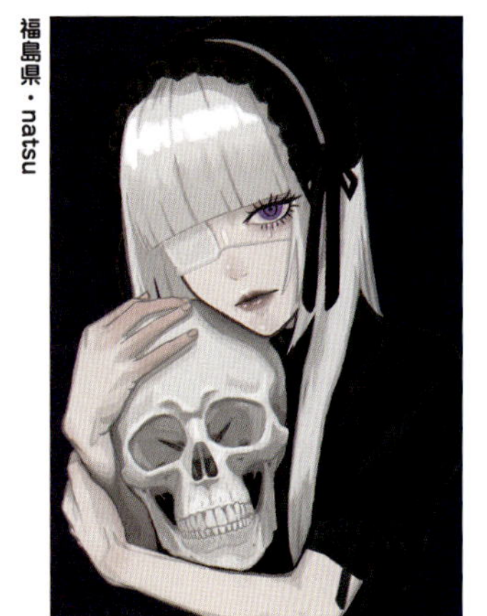

福島県・natsu

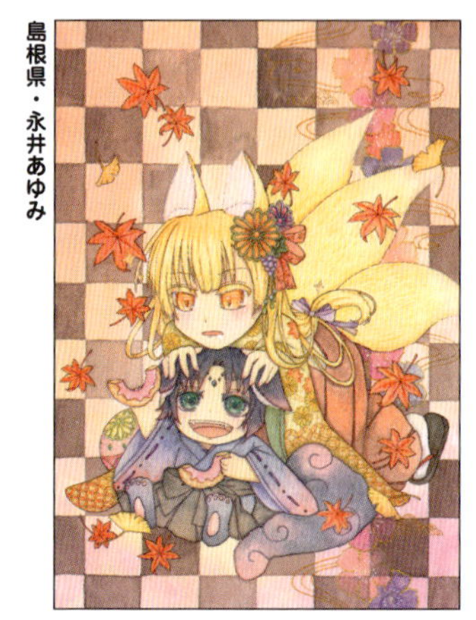

島根県・永井あゆみ

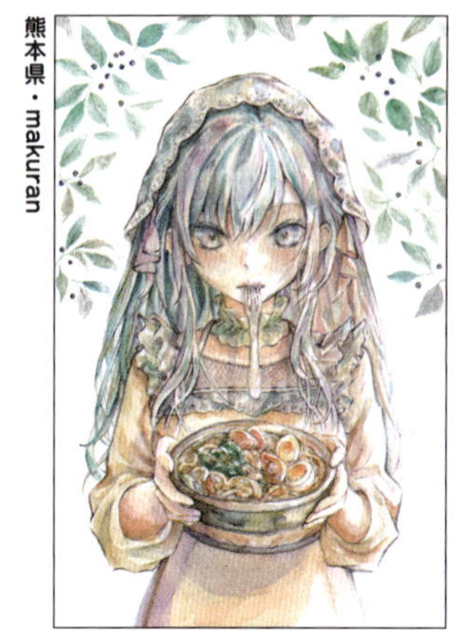

熊本県・makuran

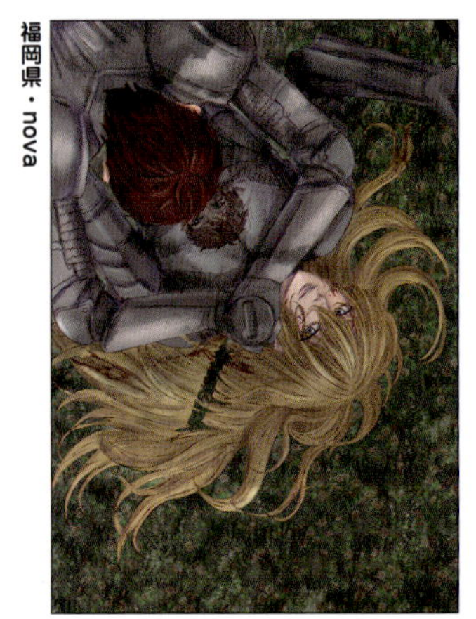

福岡県・nova

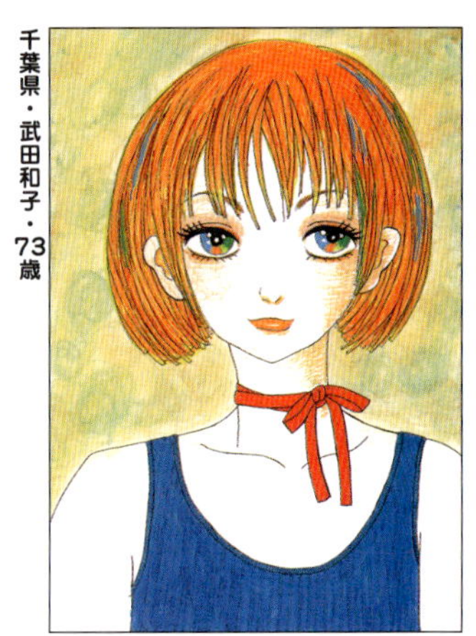

千葉県・武田和子・73歳

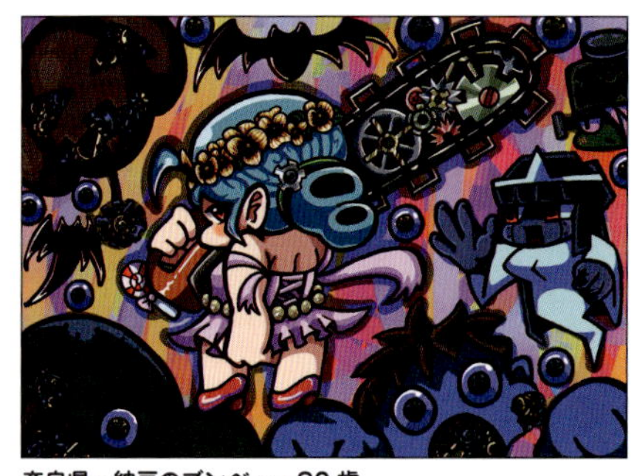

奈良県・納豆のゴンベ〜・20歳

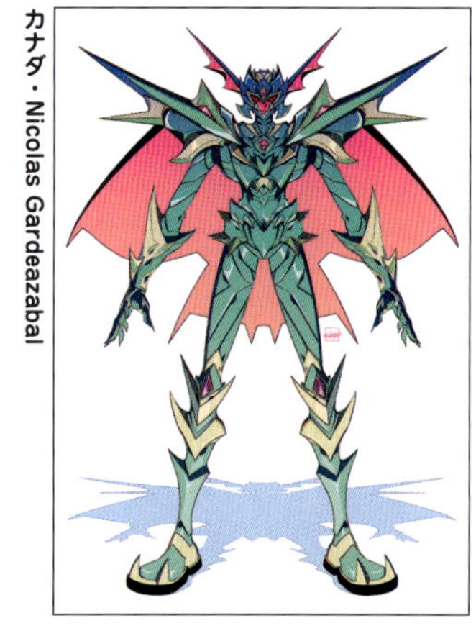

カナダ・Nicolas Gardeazabal

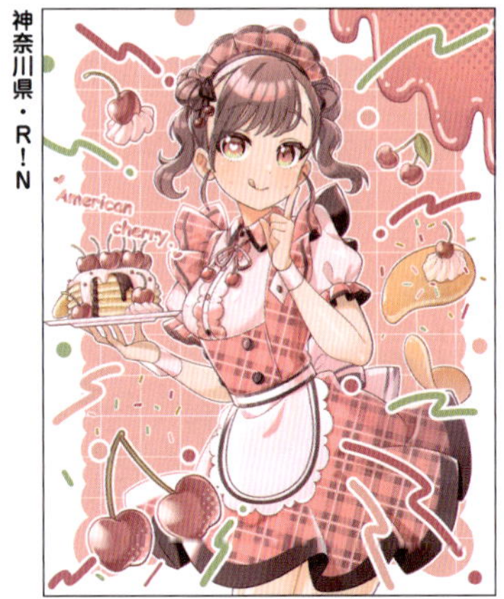

神奈川県・R!N

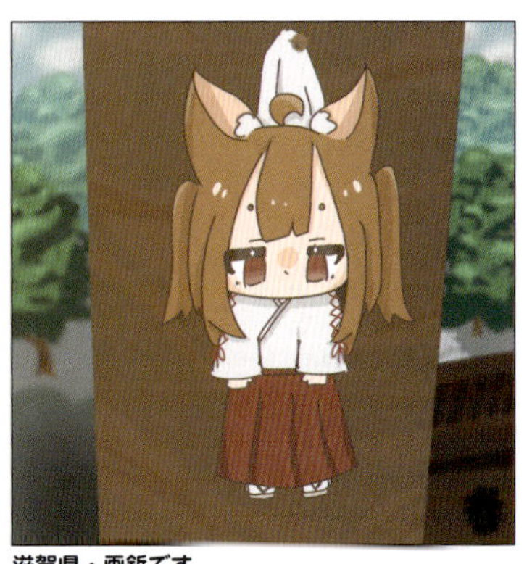

滋賀県・画鋲てす

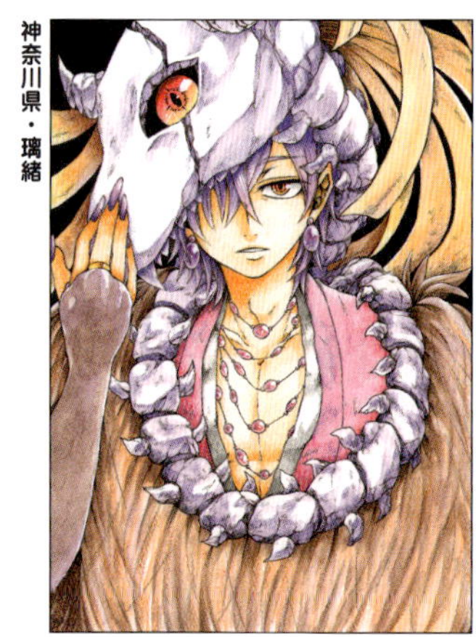

神奈川県・璃緒

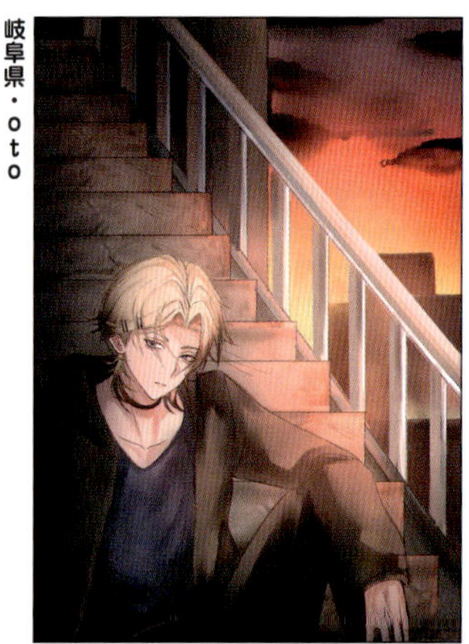

岐阜県・oto

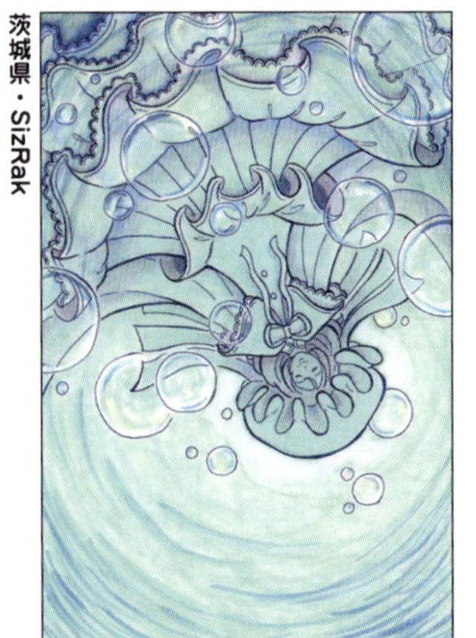

茨城県・SizRak

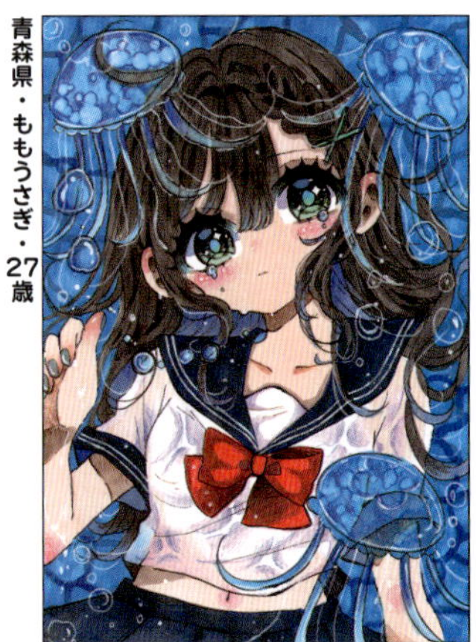

青森県・ももうさぎ・27歳

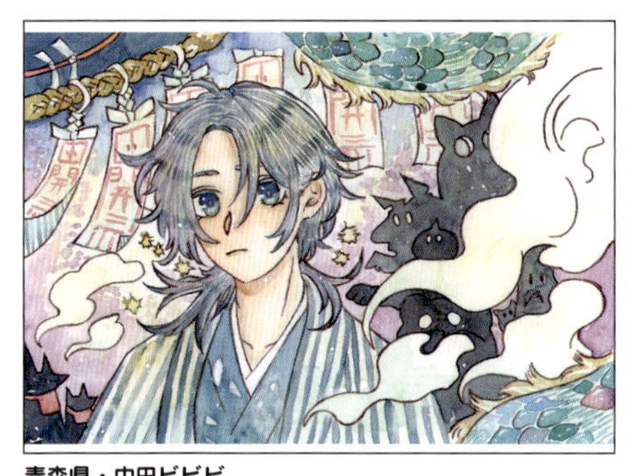

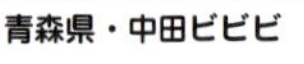

青森県・中田ビビビ

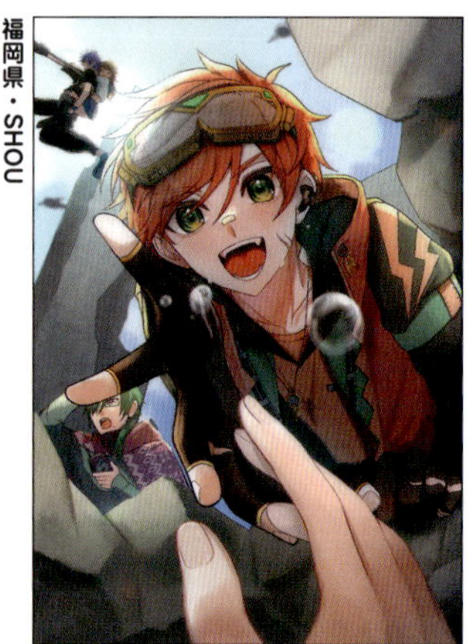

福岡県・SHOU

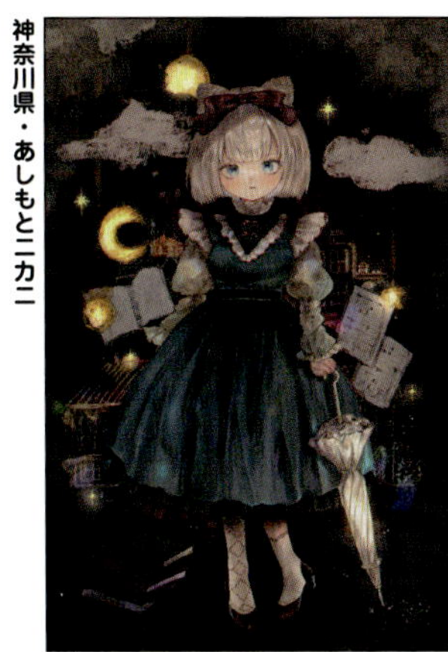

神奈川県・あしもとニカニ

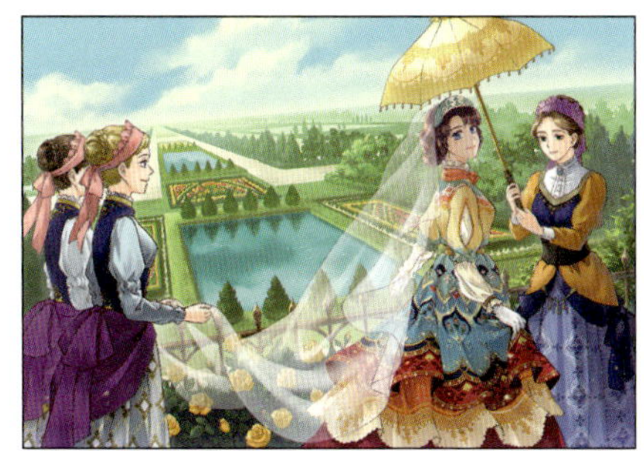

埼玉県・智絵

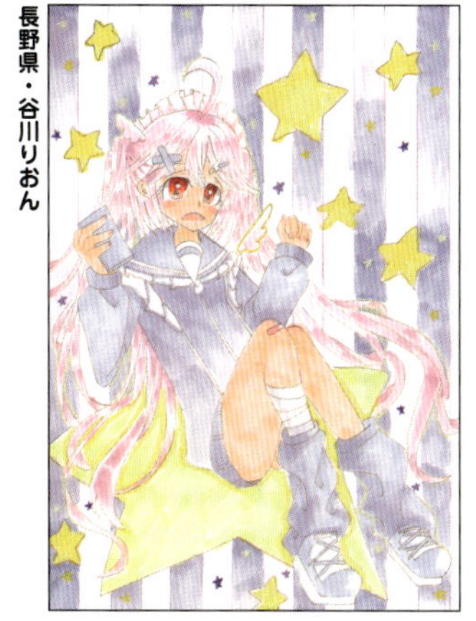

長野県・谷川りおん

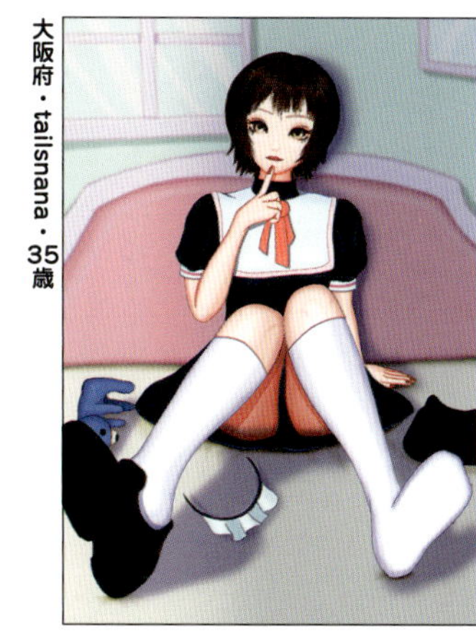

大阪府・tailsnana・35歳

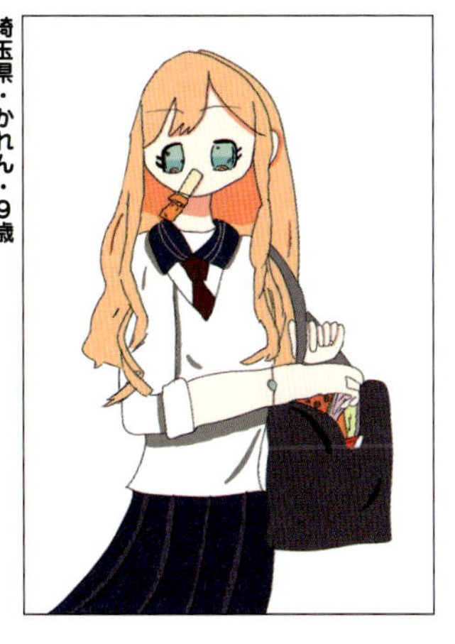

埼玉県・かれん・9歳

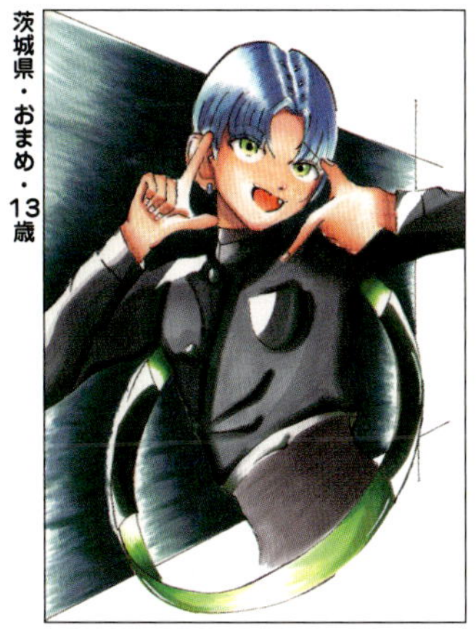

茨城県・おまめ・13歳

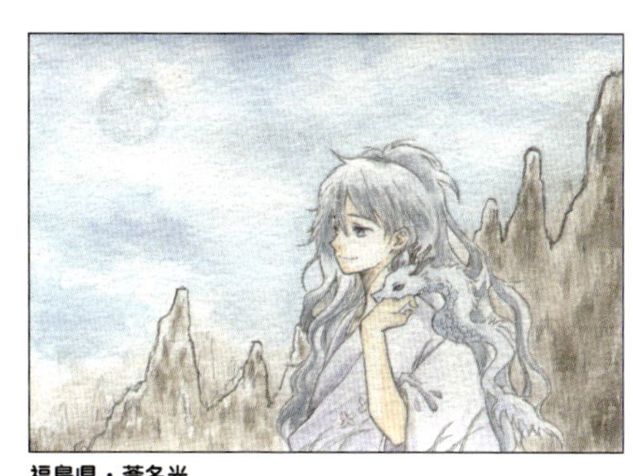

福島県・蒼名光

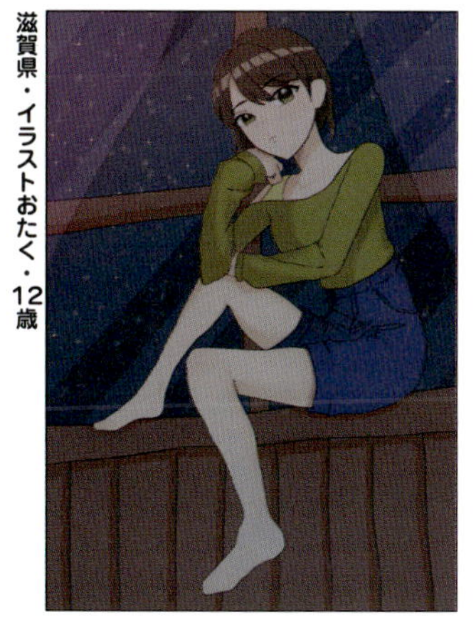

滋賀県・イラストおたく・12歳

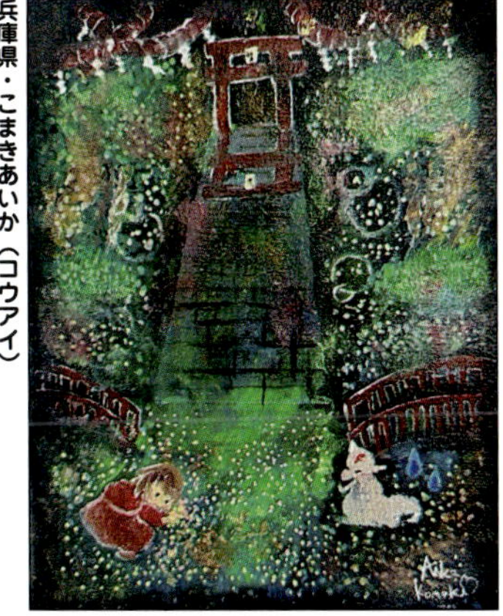

兵庫県・こまきあいか（コウアイ）

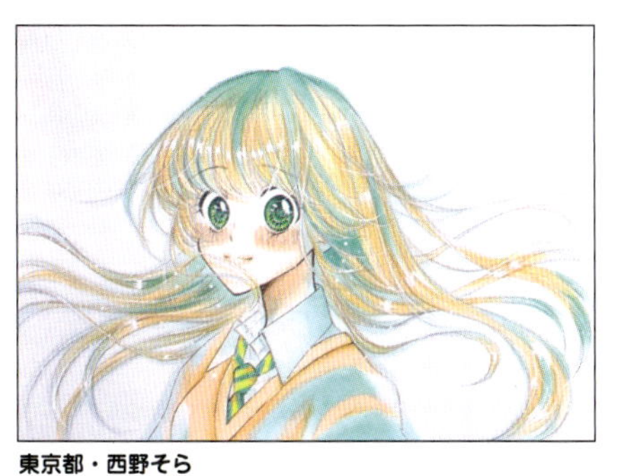

東京都・西野そら

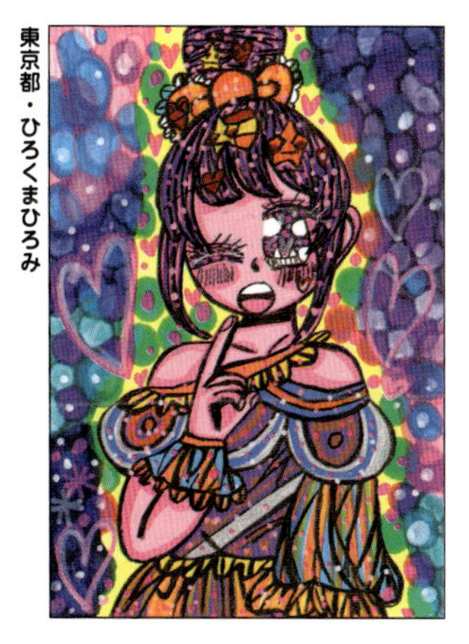

東京都・ひろくまひろみ

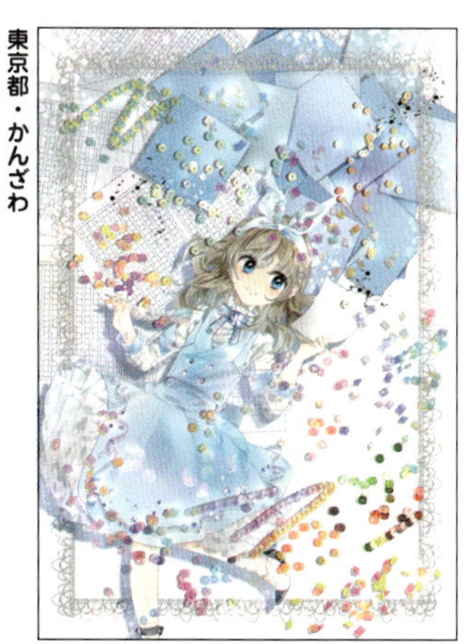

東京都・かんざわ

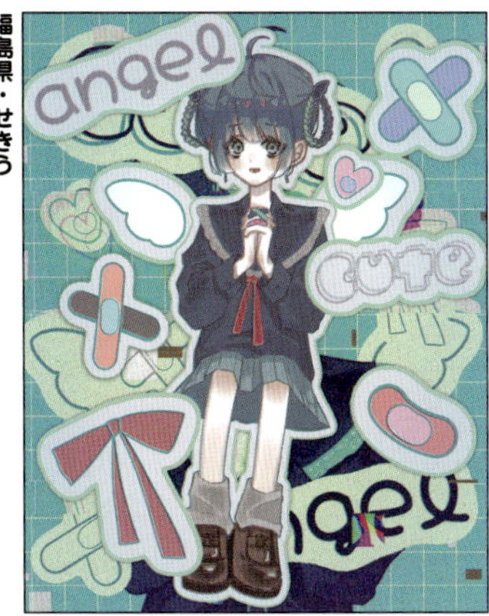

福島県・せきう

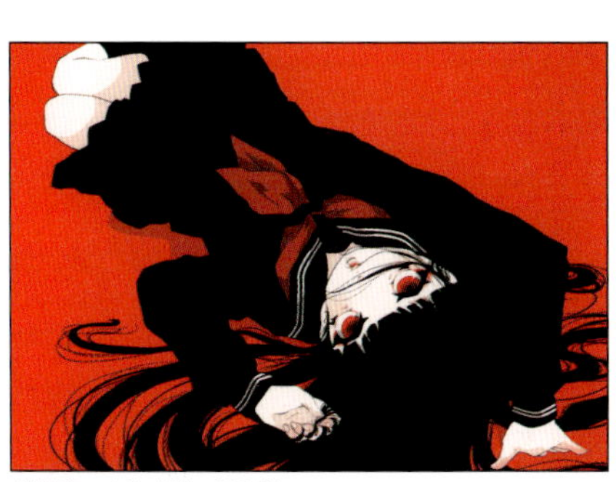

大阪府・まゆすけ・33歳

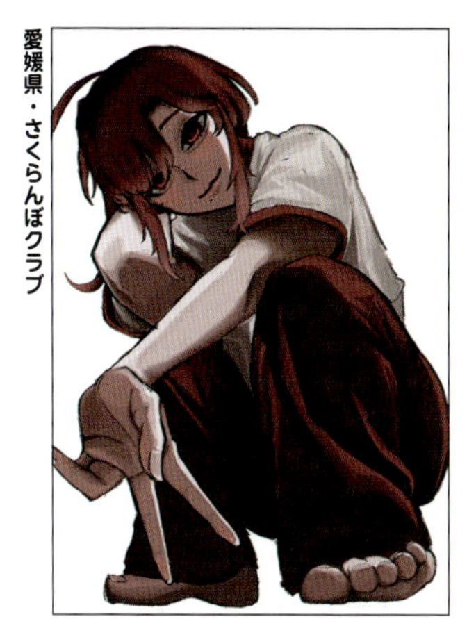

愛媛県・さくらんぼクラブ

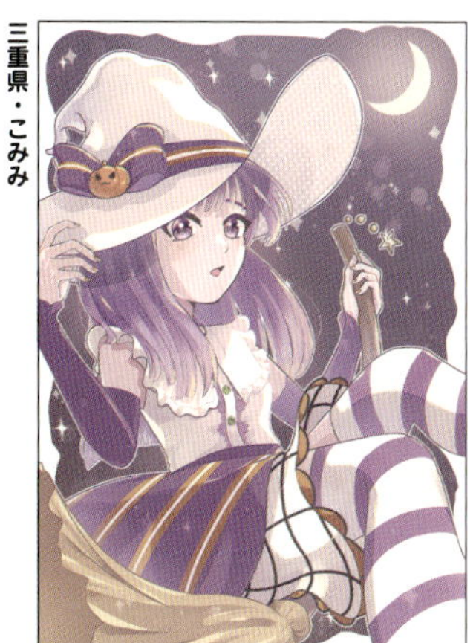

三重県・こみみ

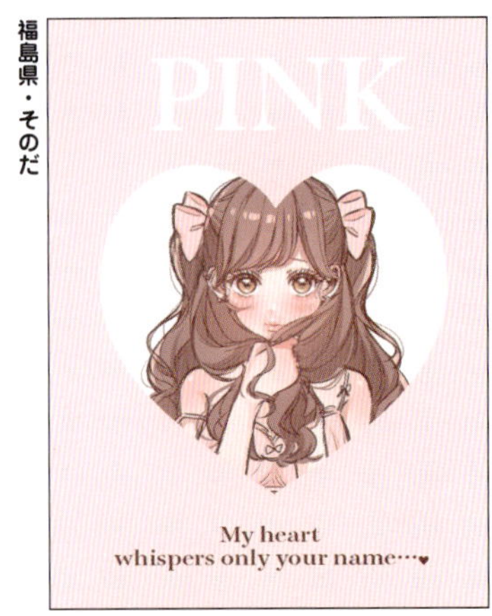

福島県・そのだ

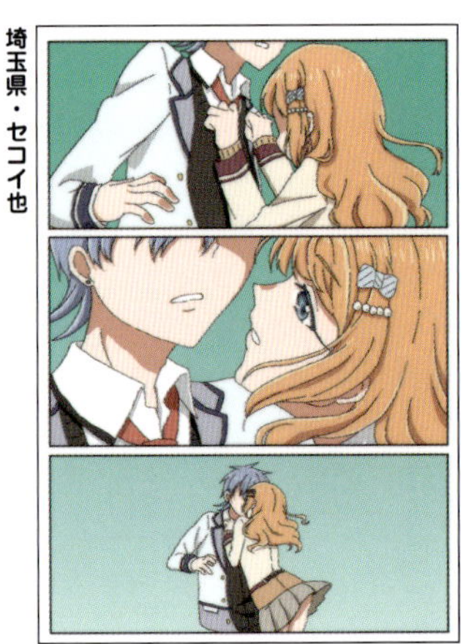

埼玉県・セコイ也

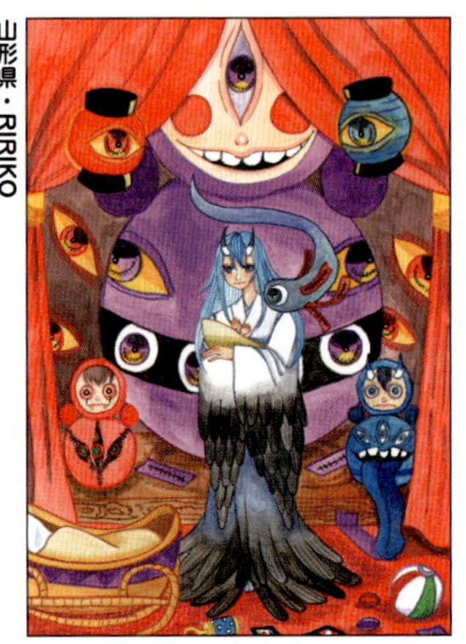

山形県・RIRIKO

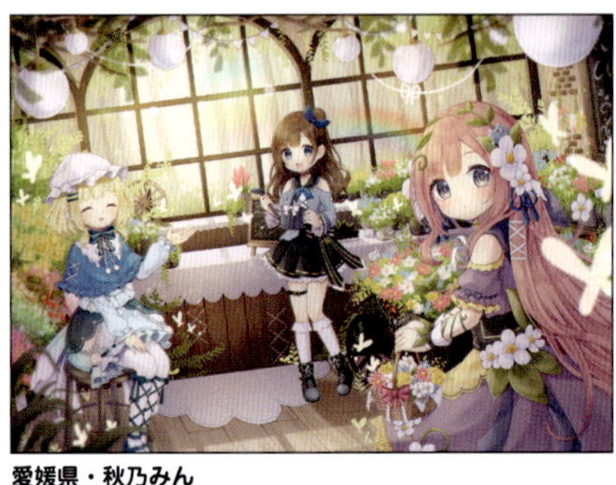

愛媛県・秋乃みん

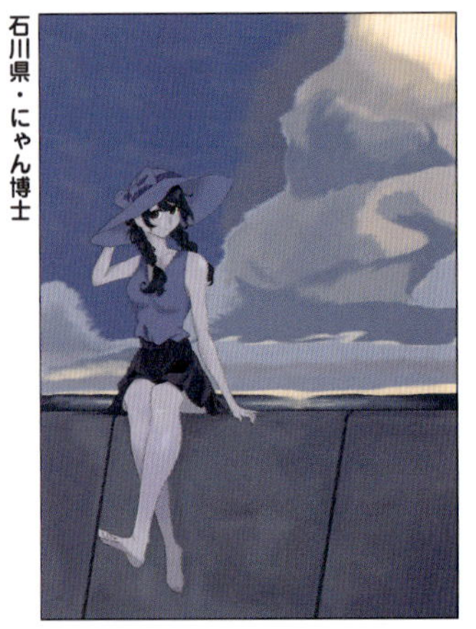

石川県・にゃん博士

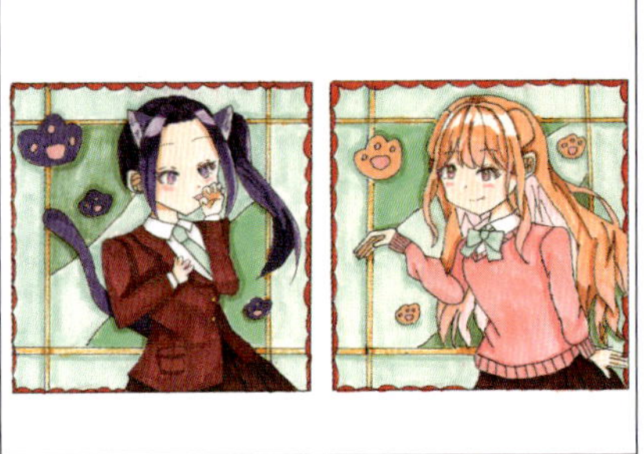
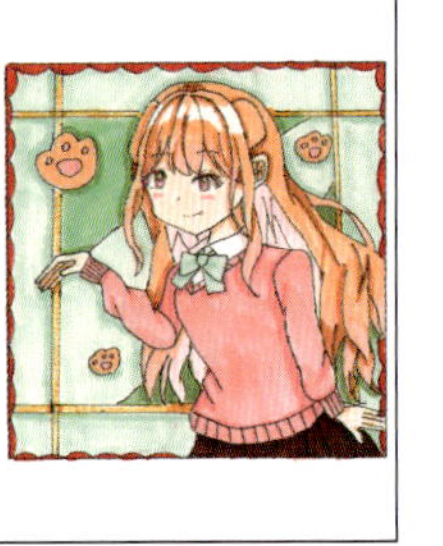

滋賀県・まな

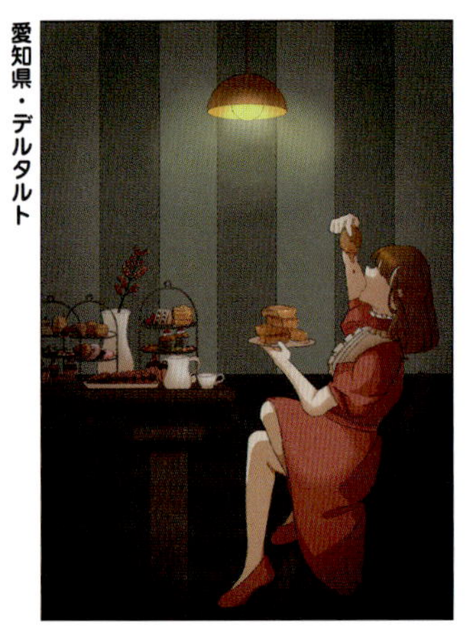

愛知県・デルタルト

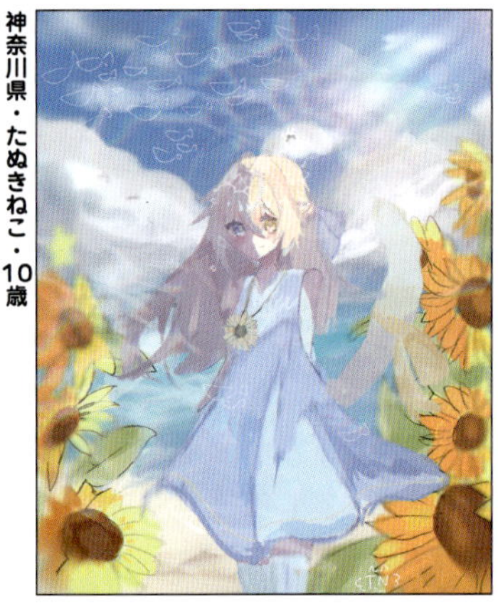

神奈川県・たぬきねこ・10歳

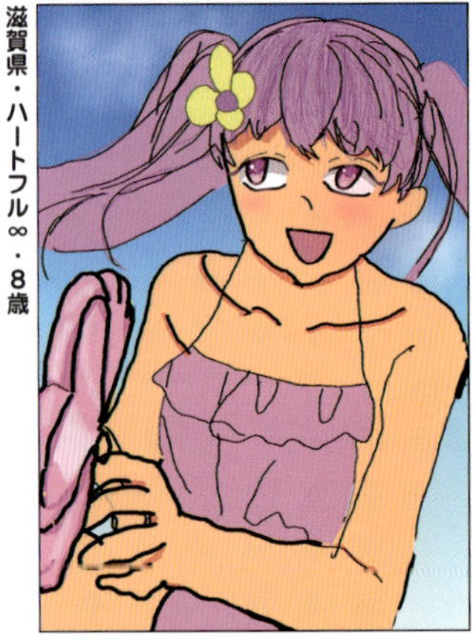

滋賀県・ハートフル∞・8歳

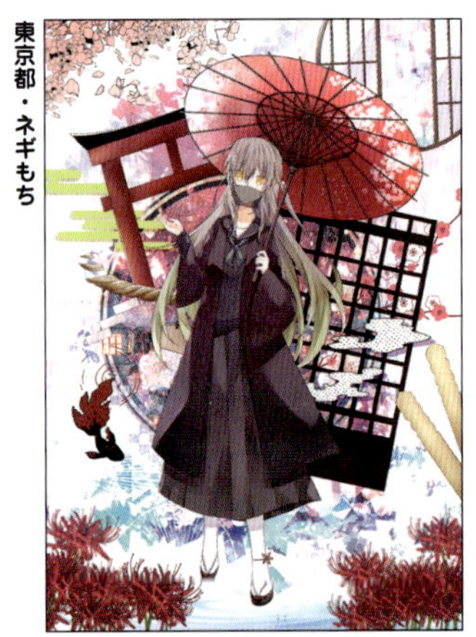

東京都・ネギもち

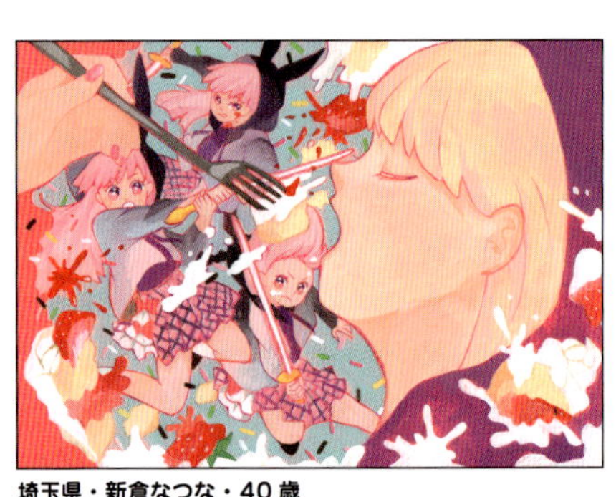

埼玉県・新倉なつな・40歳

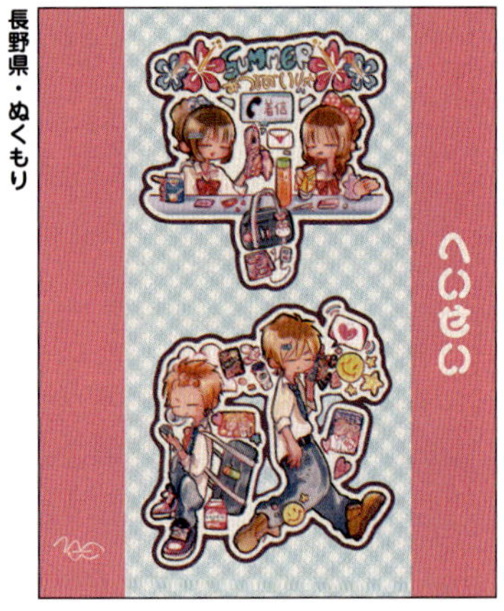

長野県・ぬくもり

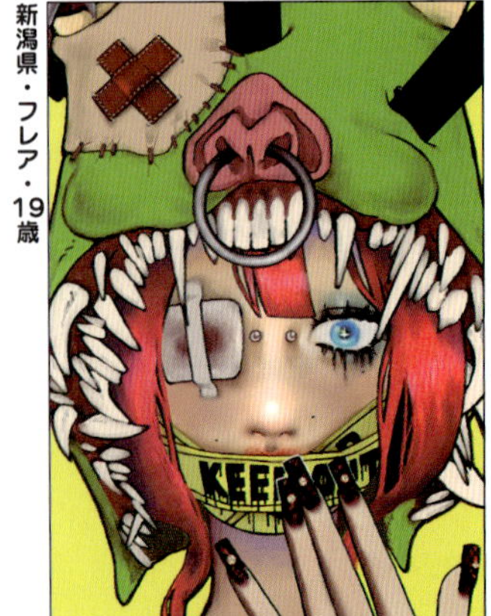

新潟県・フレア・19歳

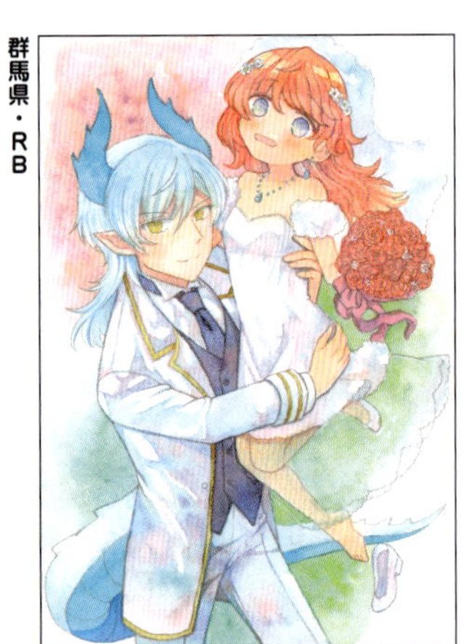

群馬県・RB

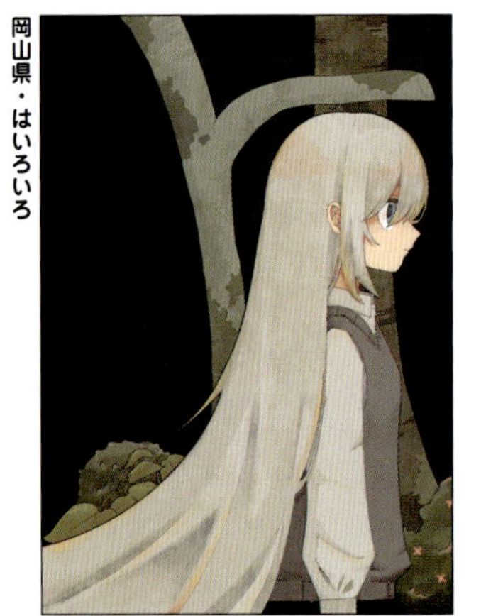

岡山県・はいろいろ

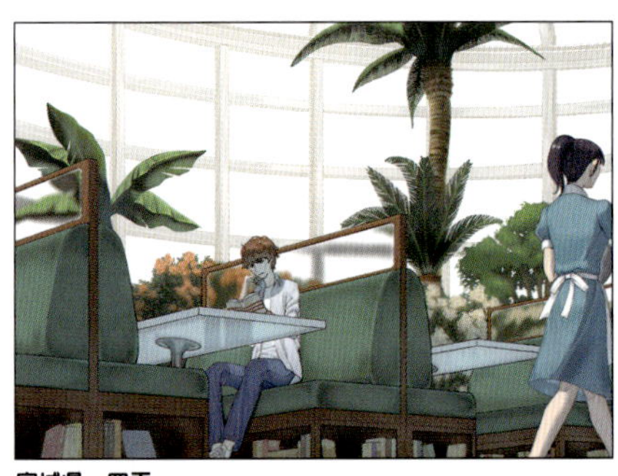

宮城県・四面

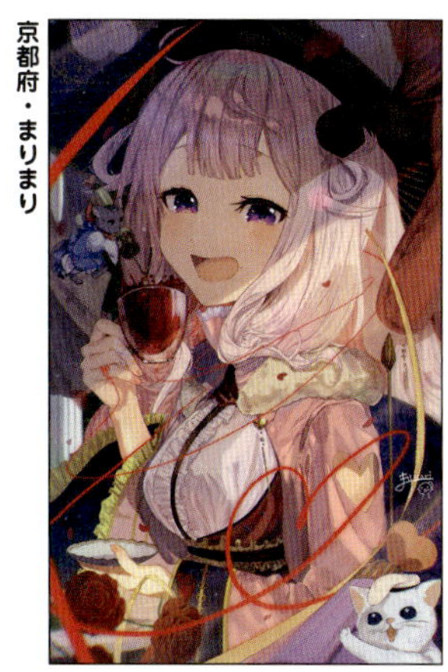

京都府・まりまり

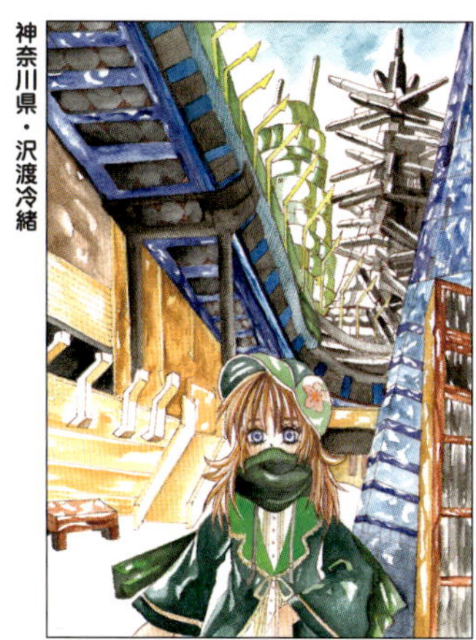

神奈川県・沢渡冷緒

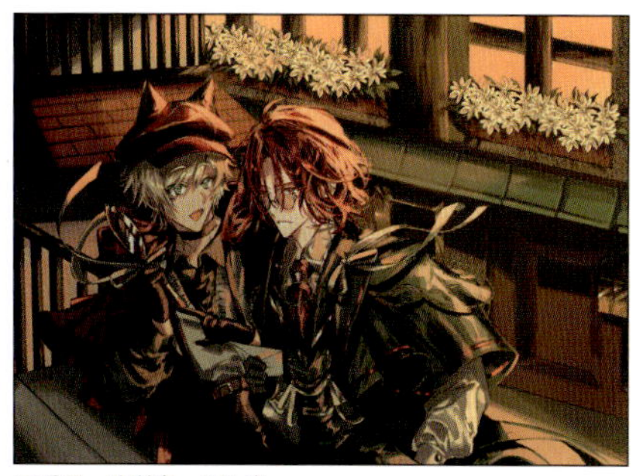

三重県・山羊魚・18歳

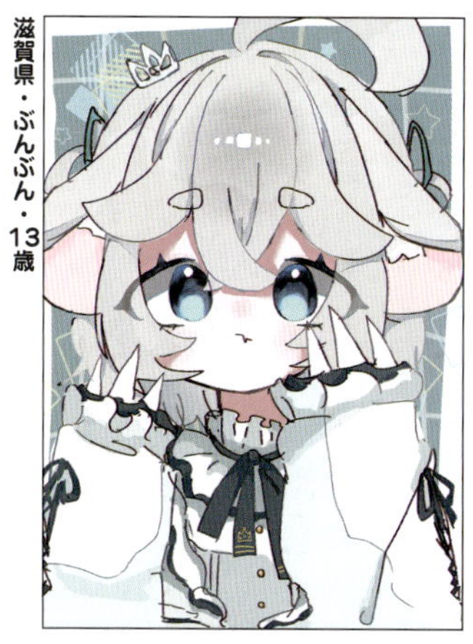

滋賀県・ぶんぶん・13歳

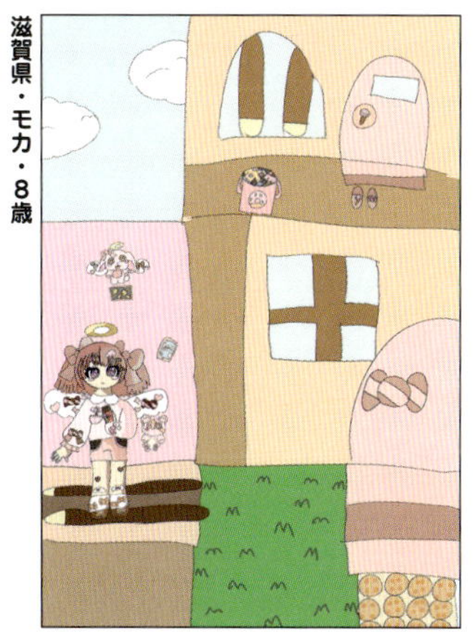

滋賀県・モカ・8歳

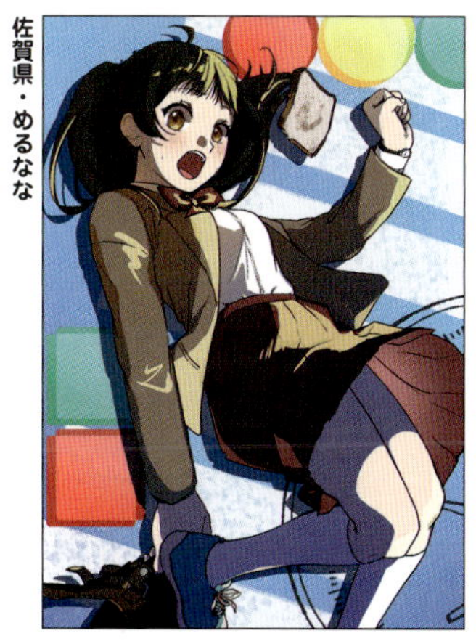

佐賀県・めるなな

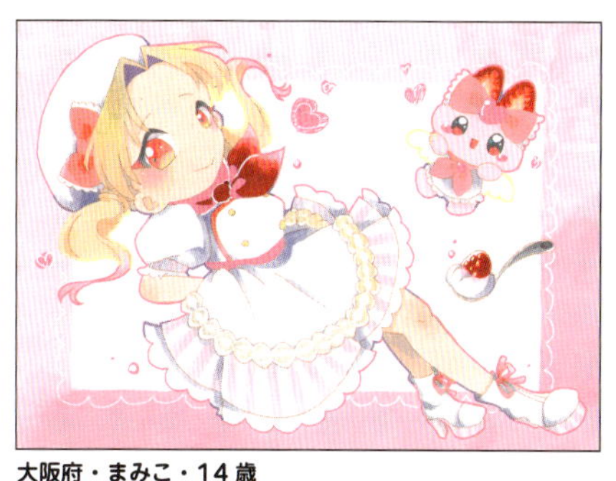

大阪府・まみこ・14歳

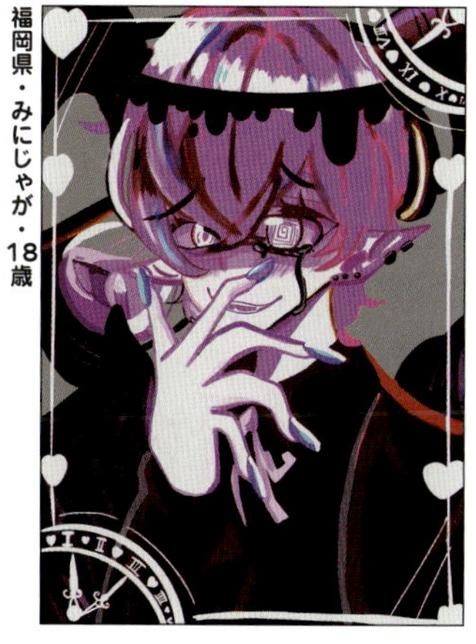

福岡県・みにじゃが・18歳

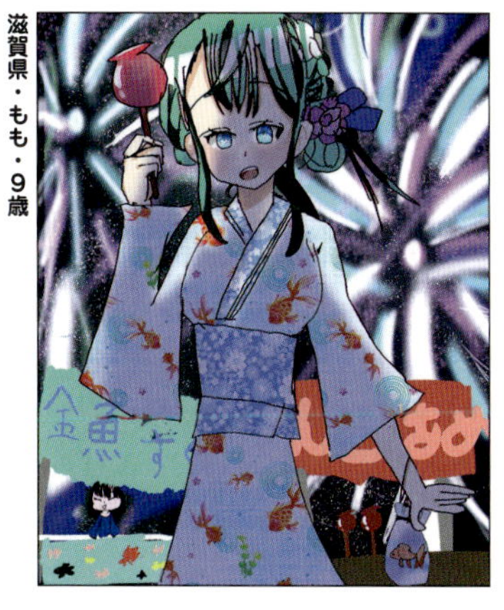

滋賀県・もも・9歳

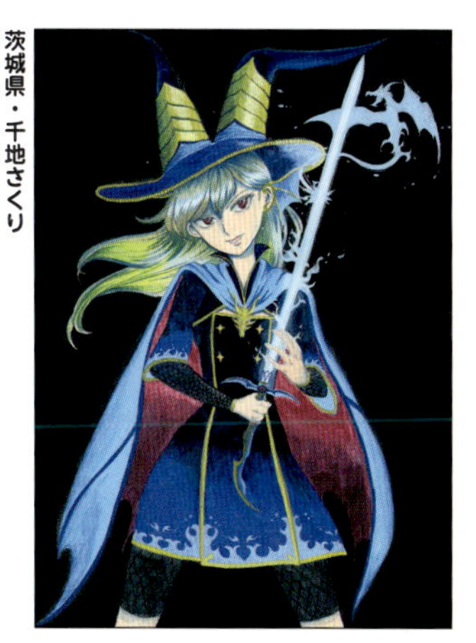

茨城県・千地さくり

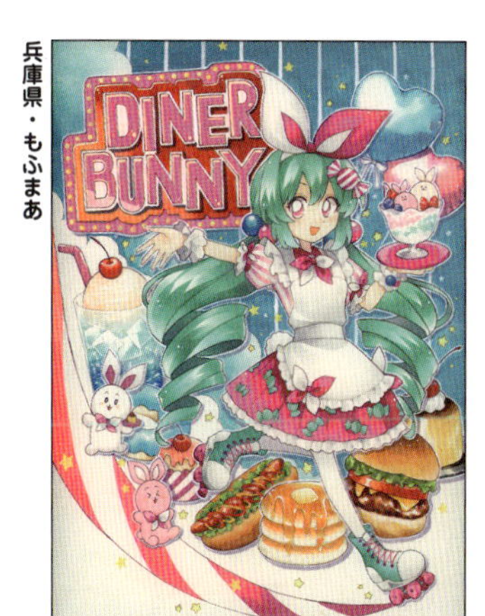

兵庫県・もふまあ

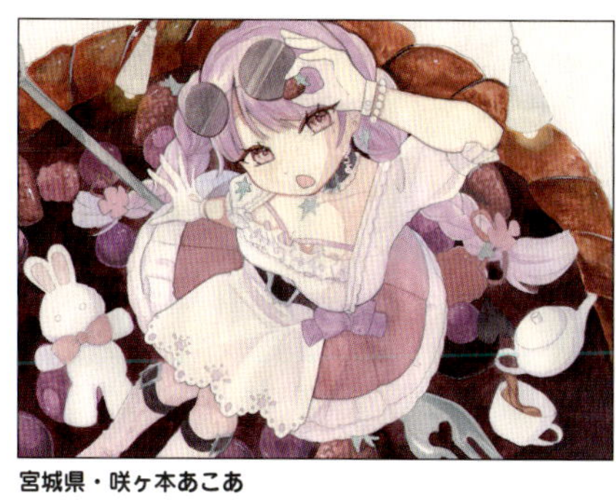

宮城県・咲ヶ本あこあ

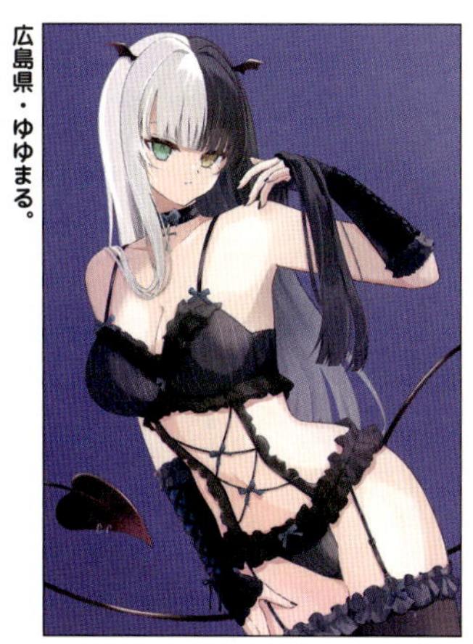

広島県・ゆゆまる。

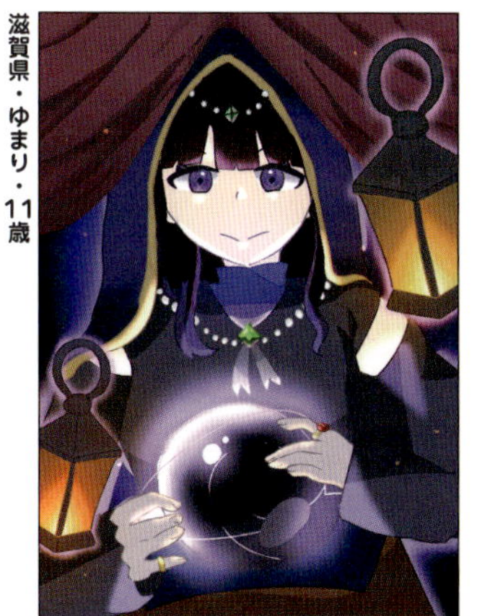

滋賀県・ゆまり・11歳

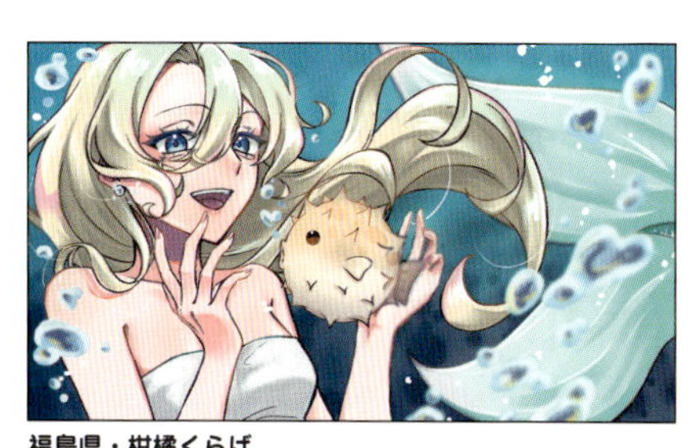
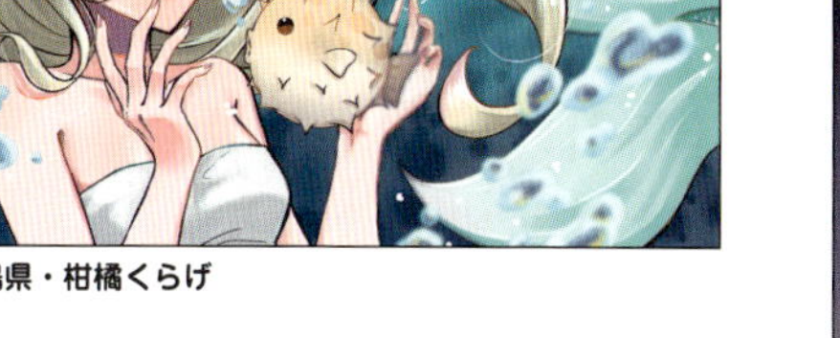

福島県・柑橘くらげ

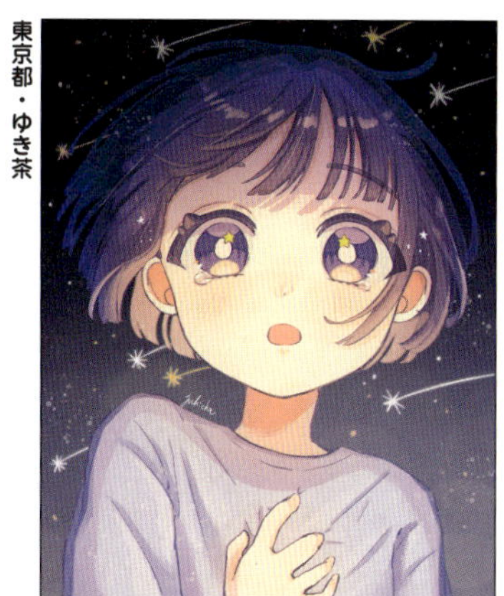

東京都・ゆき茶

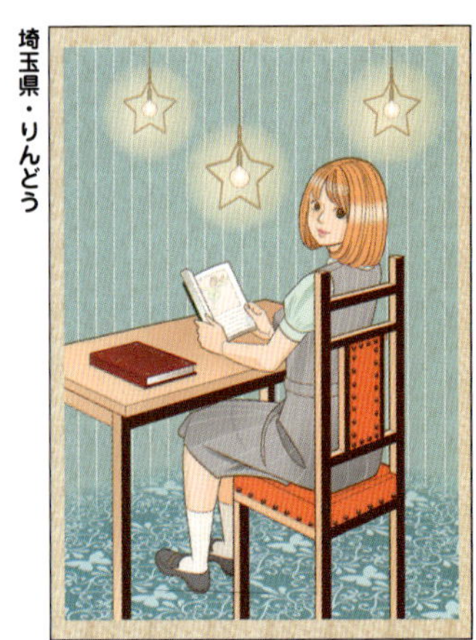

埼玉県・りんどう

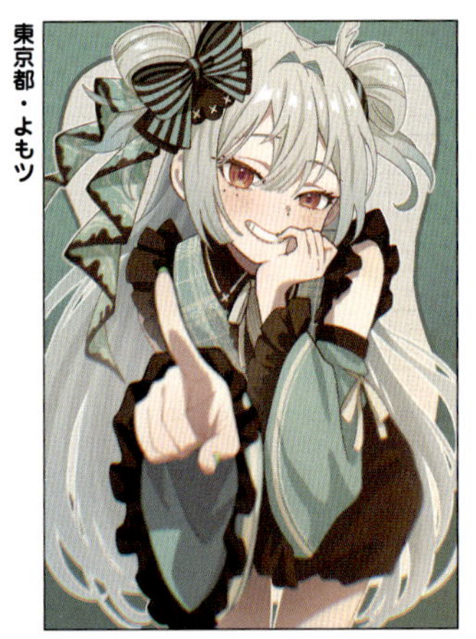

東京都・よもツ

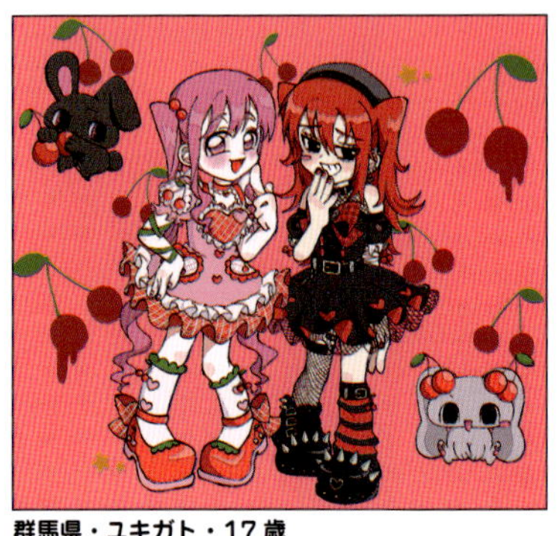

群馬県・ユキガト・17 歳

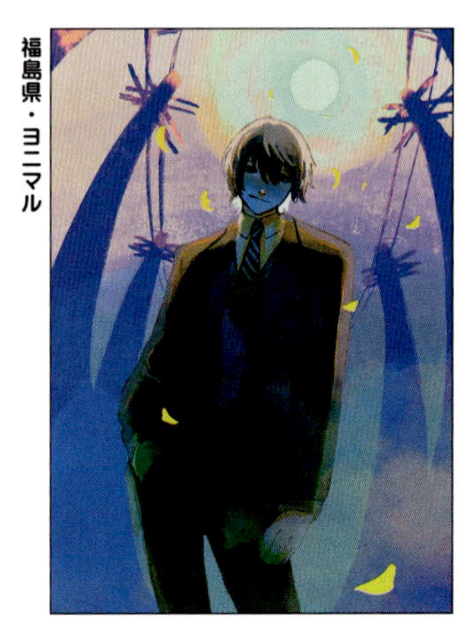

福島県・ヨニマル

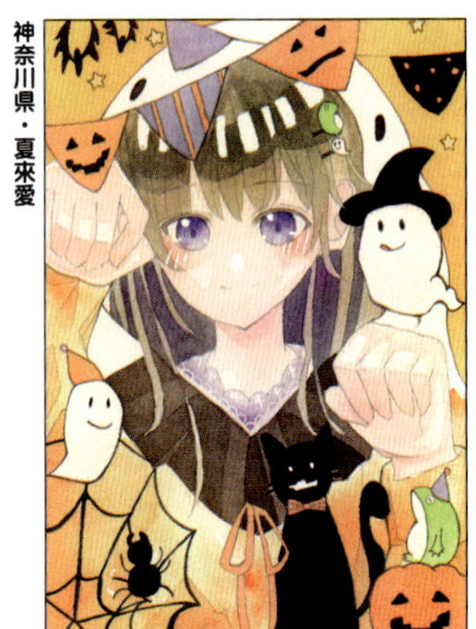

神奈川県・夏來愛

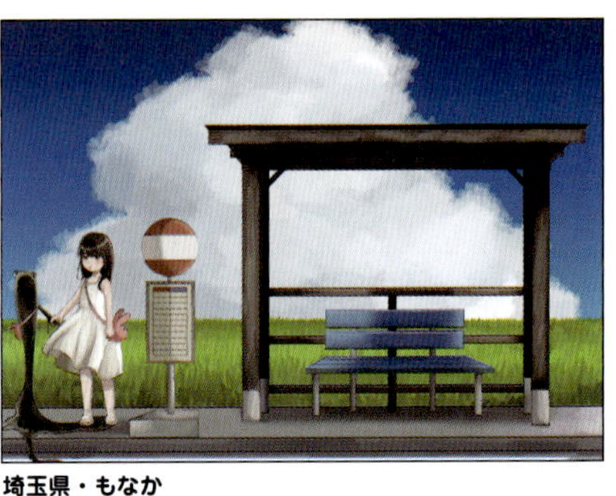

埼玉県・もなか

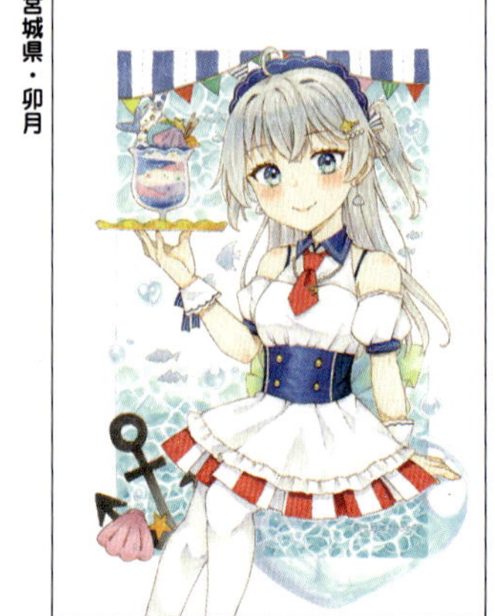

宮城県・卯月

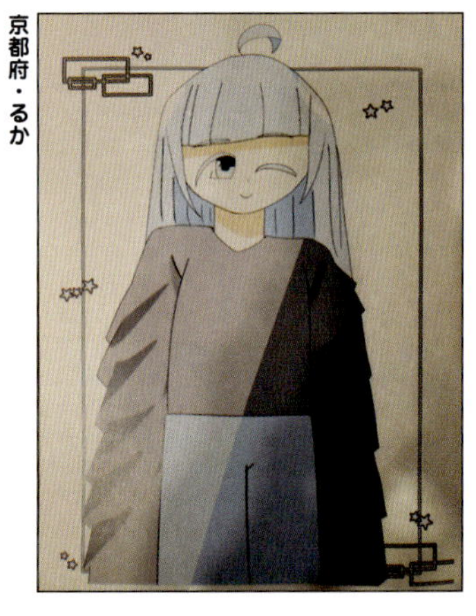

京都府・るか

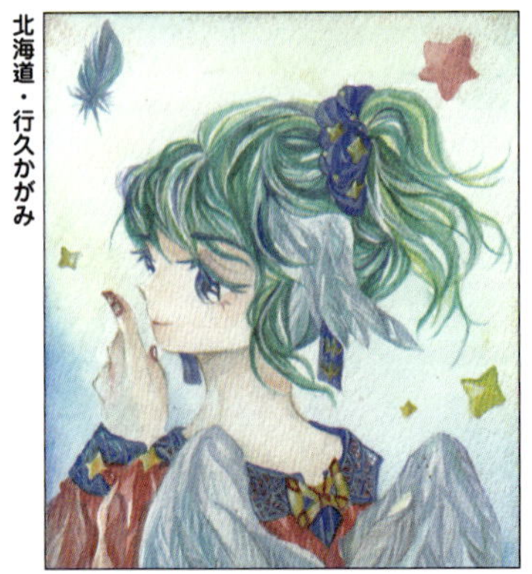

北海道・行久かがみ

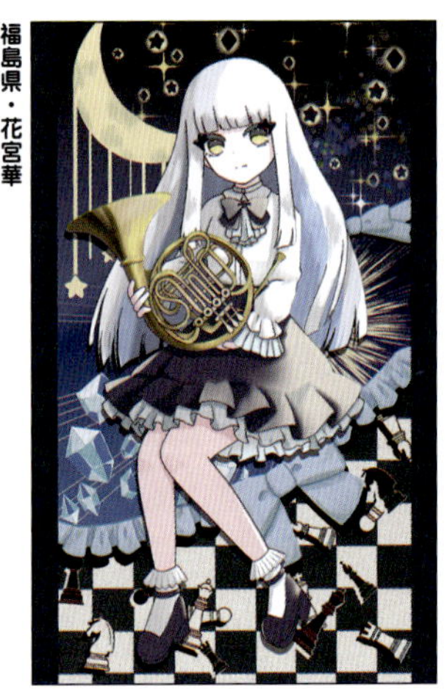

福島県・花宮華

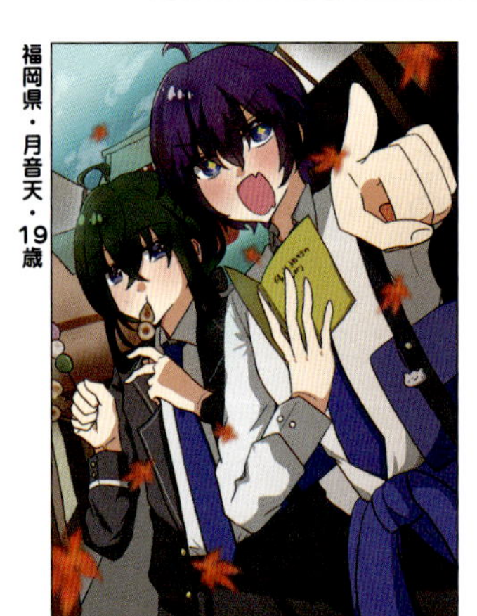

福岡県・月音天・19 歳

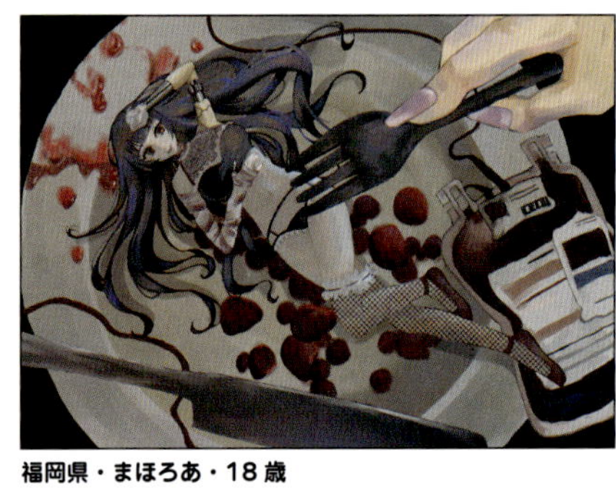

福岡県・まほろあ・18 歳

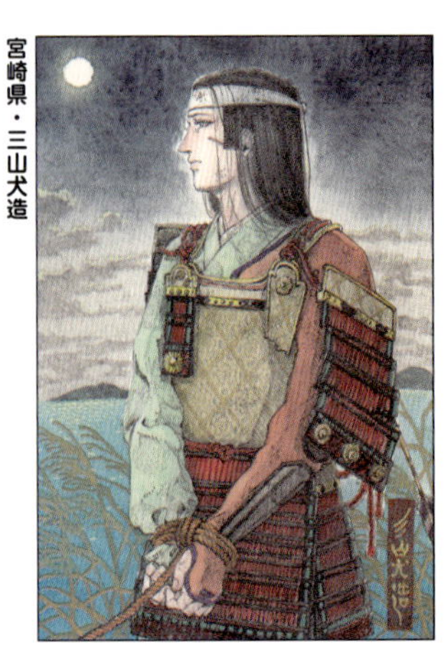

宮崎県・三山犬造

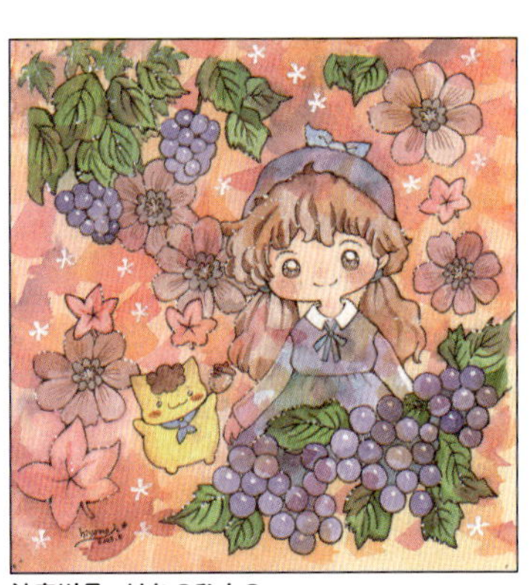
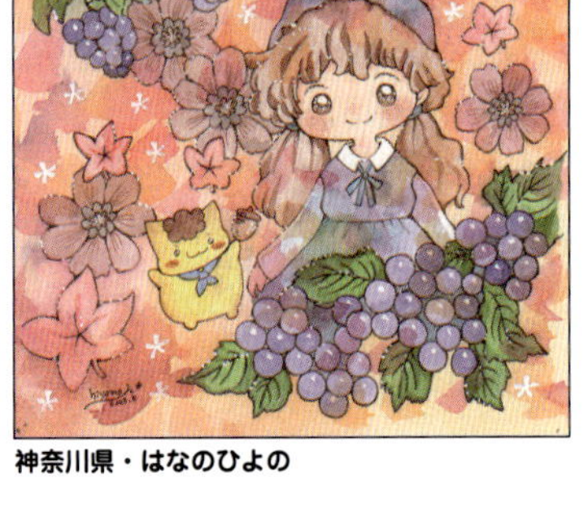

神奈川県・はなのひよの

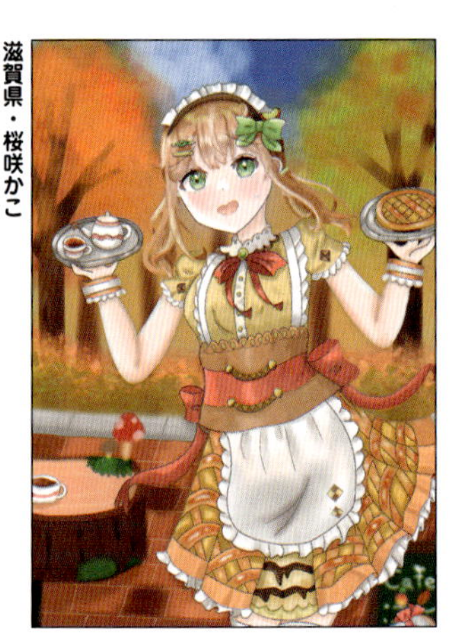

滋賀県・桜咲かこ

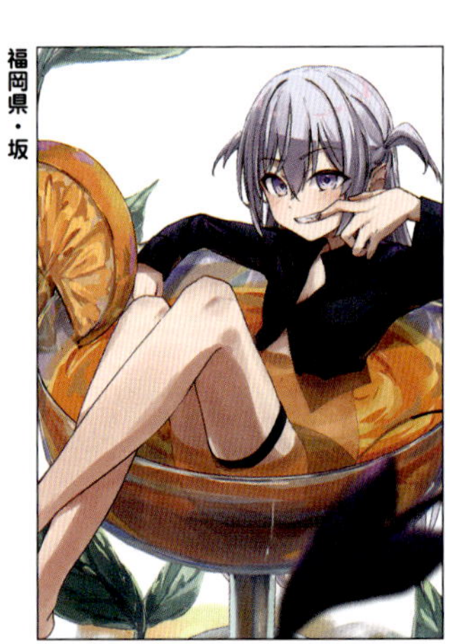

福岡県・坂

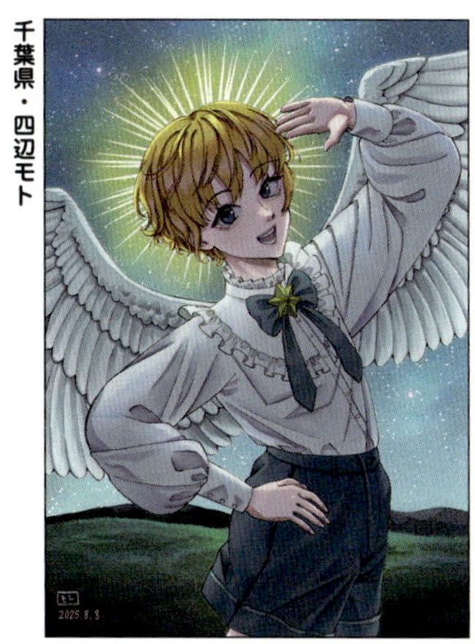

千葉県・四辺モト

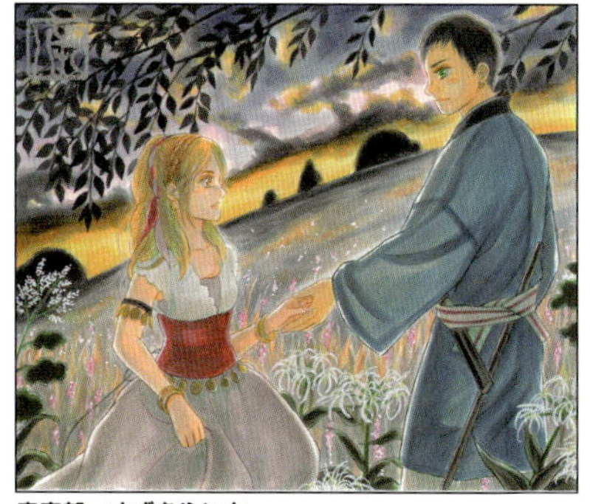

東京都・すずきやいち

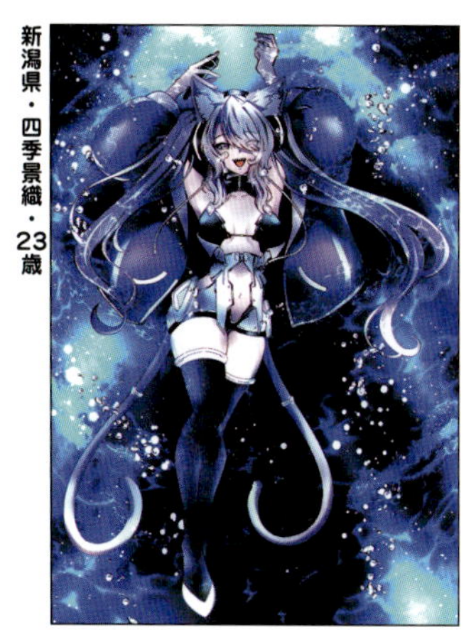

新潟県・四季景織・23歳

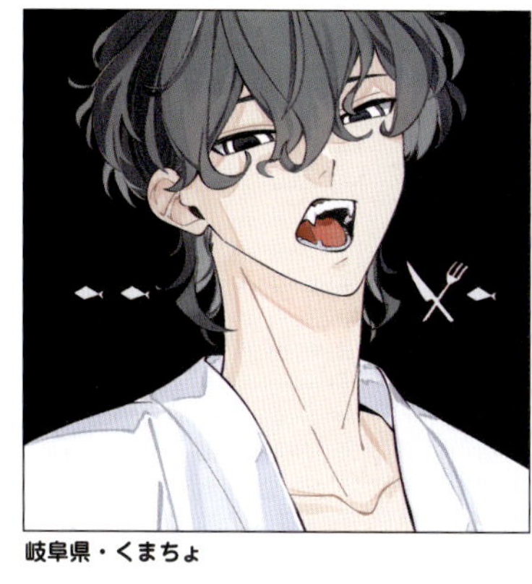

岐阜県・くまちょ

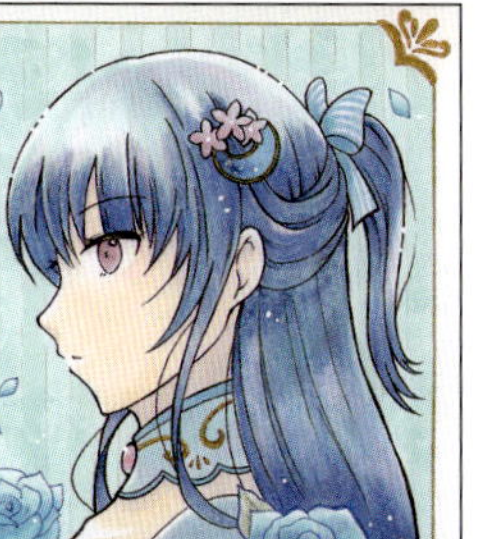

埼玉県・縞咲凪

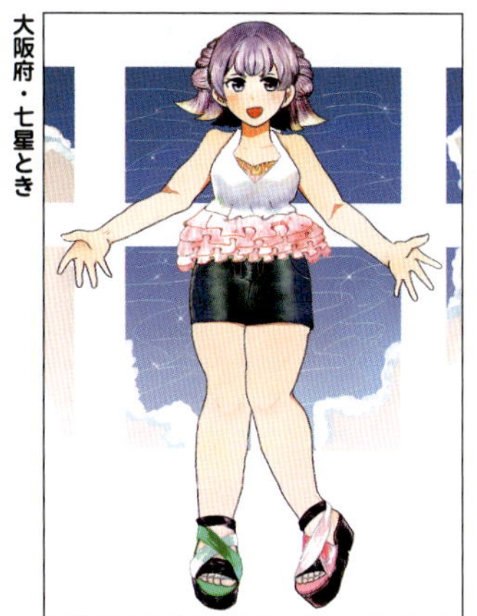

大阪府・七星とき

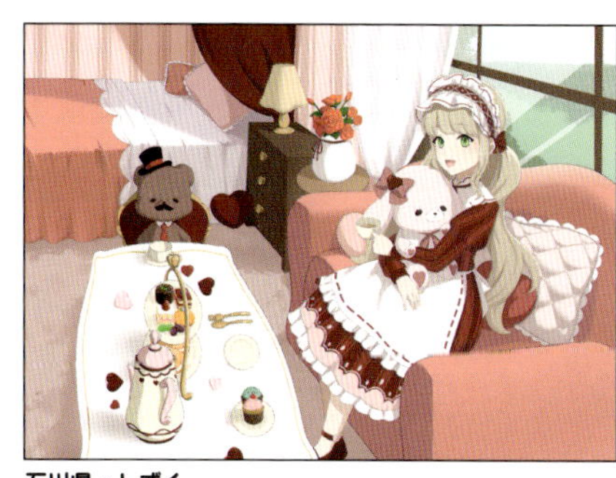

石川県・しずく

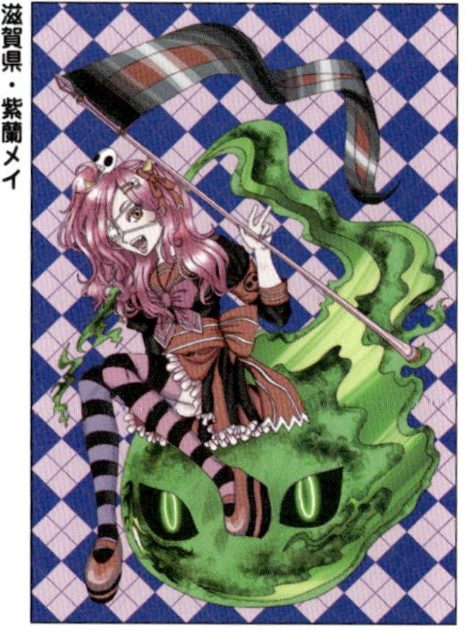

滋賀県・紫蘭メイ

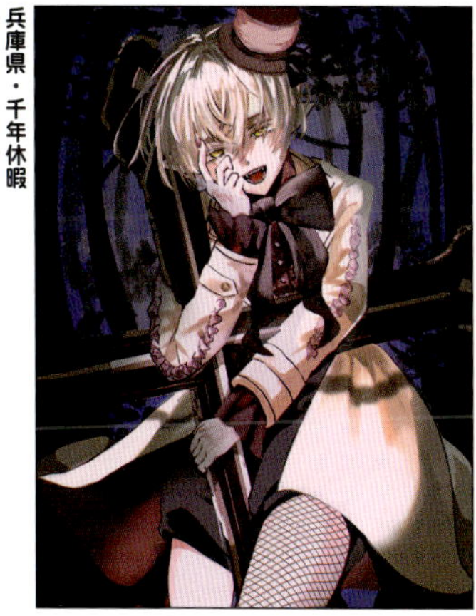

兵庫県・千年休暇

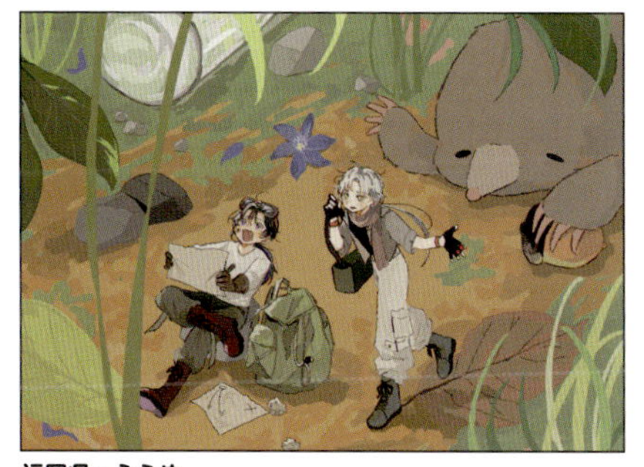

福岡県・うらめ

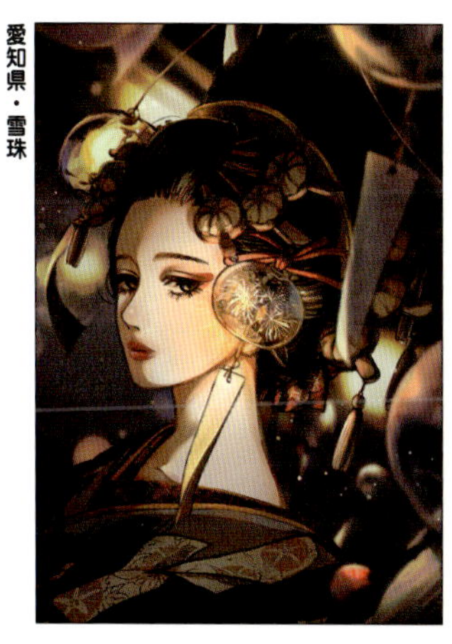

愛知県・雪珠

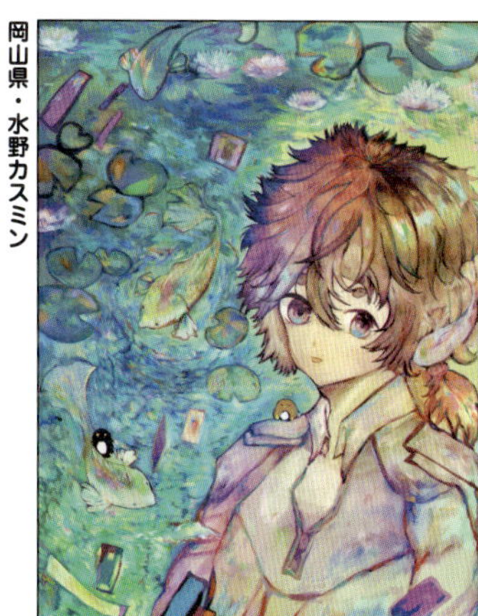

岡山県・水野カスミン

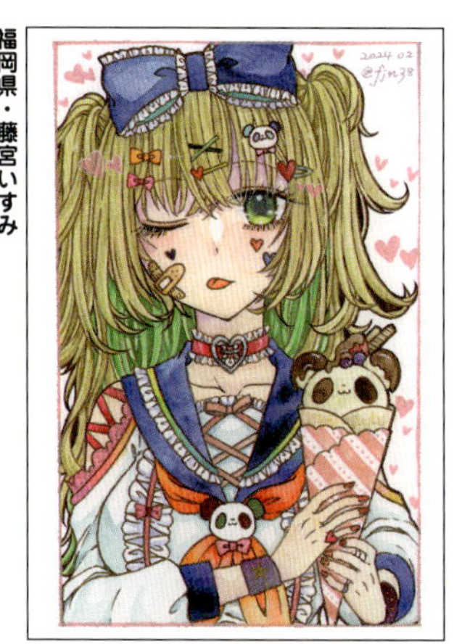

福岡県・藤宮いすみ

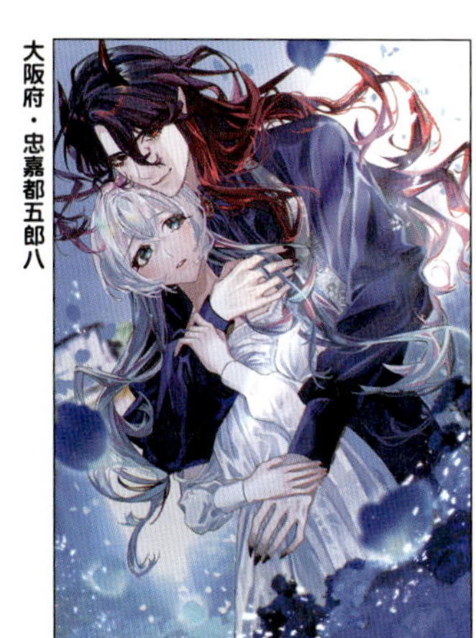

大阪府・忠嘉都五郎八

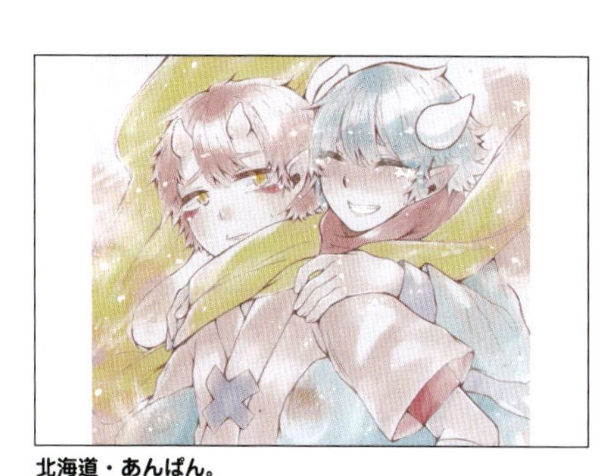

北海道・あんぱん。

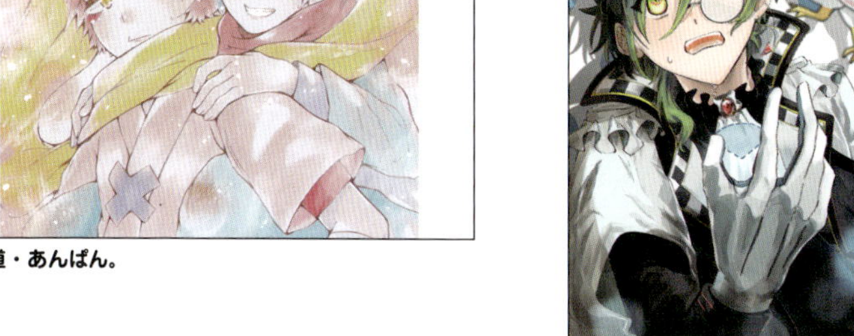

新潟県・煎抹茶

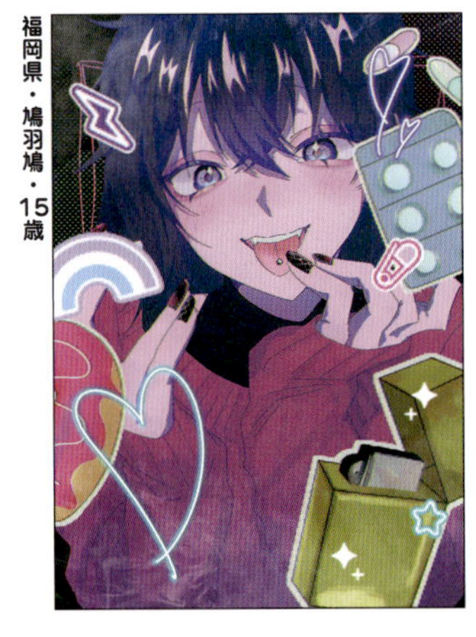

福岡県・鳩羽鳩・15歳

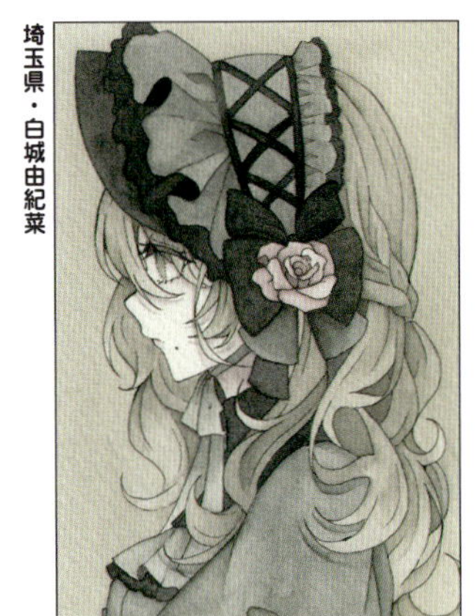

埼玉県・白城由紀菜

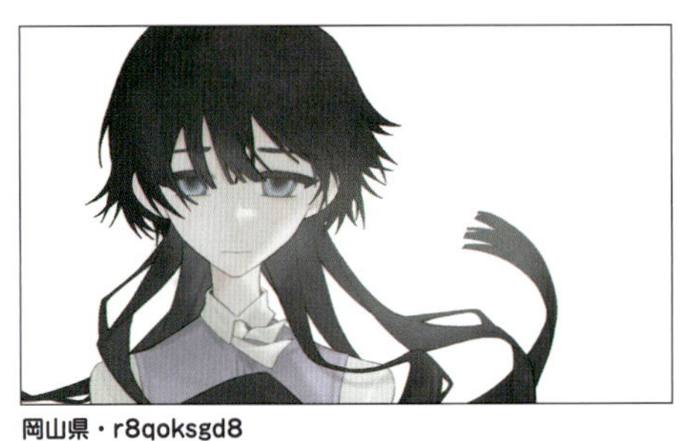

岡山県・r8qoksgd8

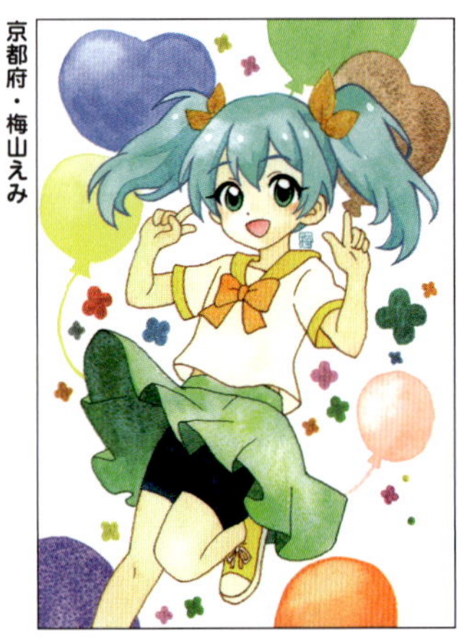

京都府・梅山えみ

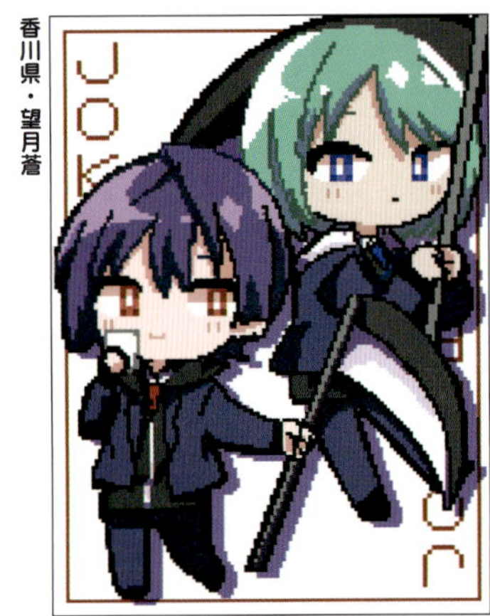

香川県・望月蒼

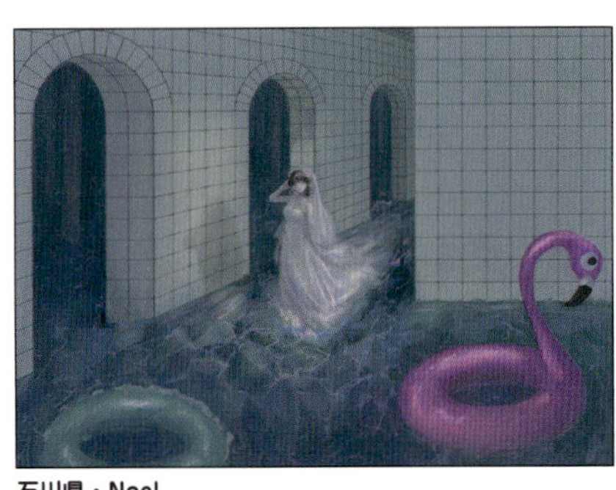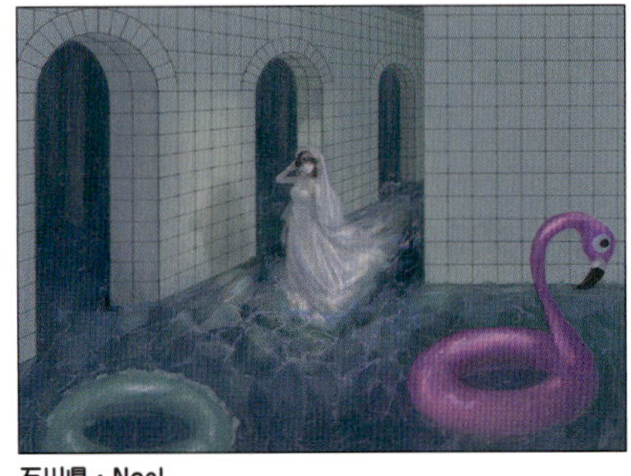

石川県・Noel

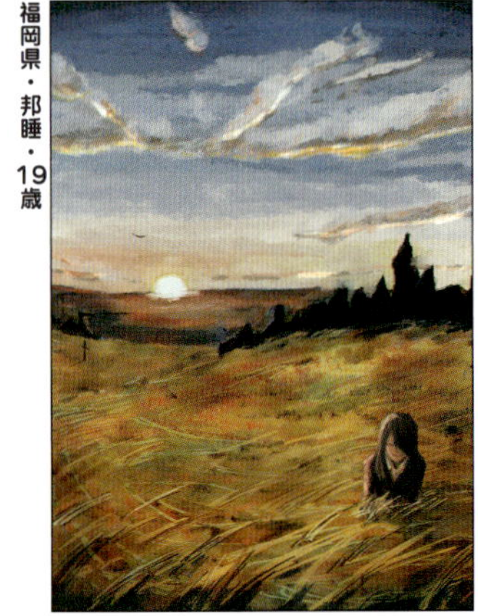

福岡県・邦睡・19歳

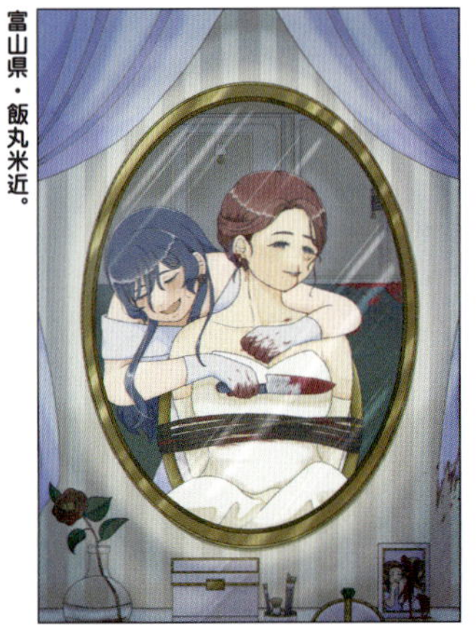

富山県・飯丸米近。

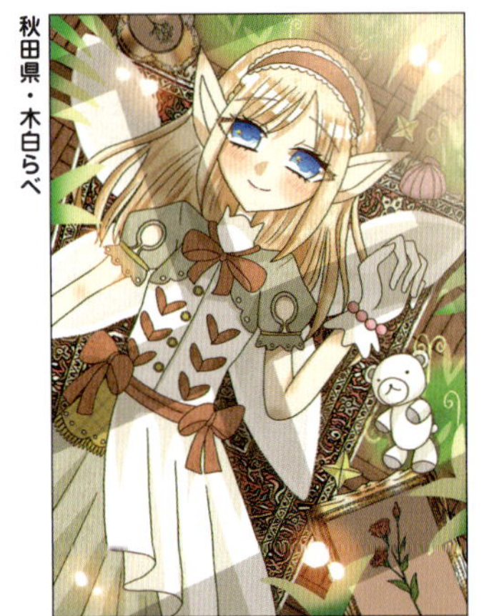

秋田県・木白らべ

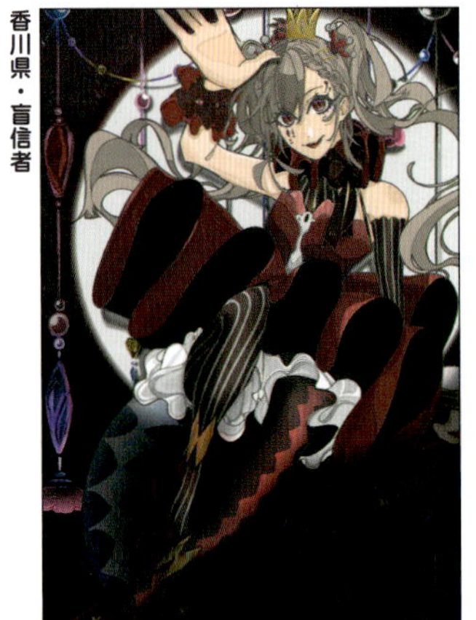

香川県・盲信者

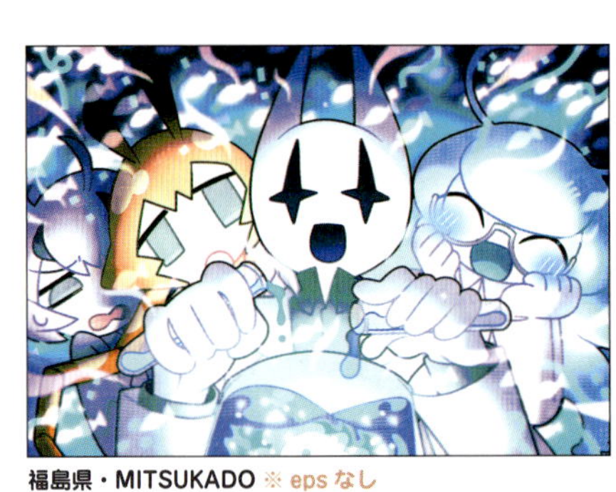

福島県・MITSUKADO ※ eps なし

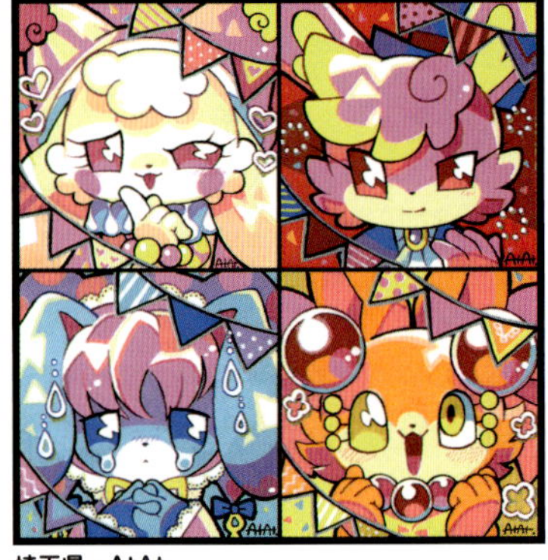

埼玉県・AtAt

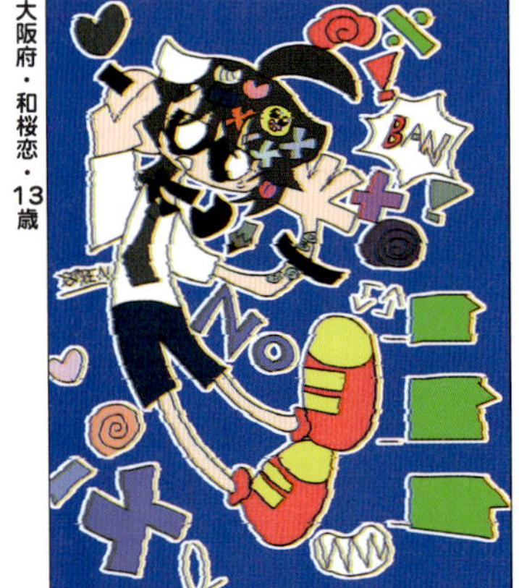

大阪府・和桜恋・13歳

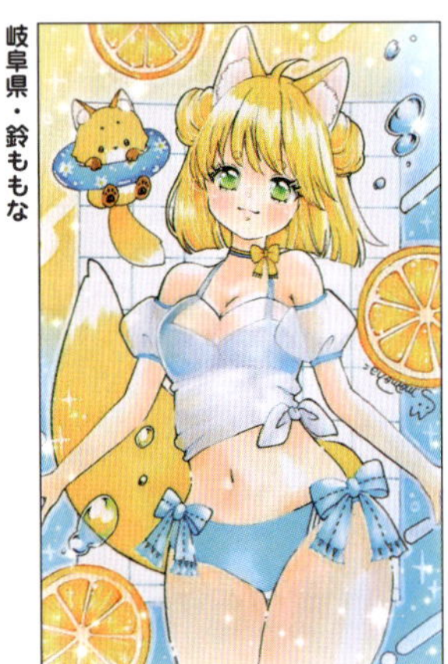

岐阜県・鈴もなな

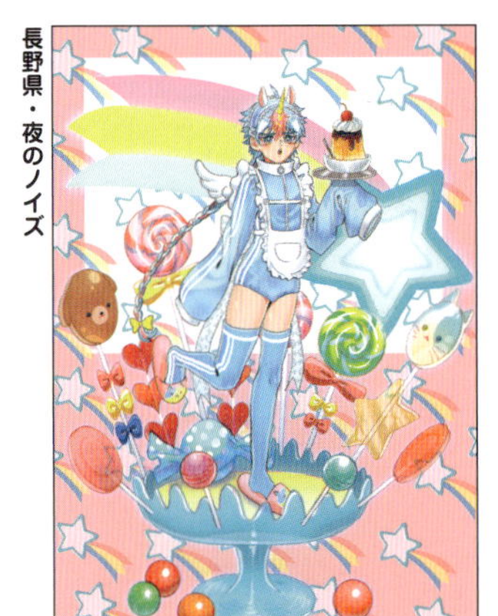

長野県・夜のノイズ

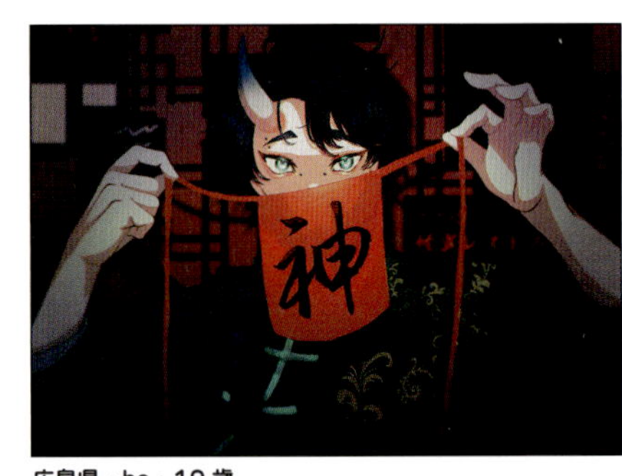

広島県・ho・19歳

<ruby>KUNSTKAMMER<rt>クンストカマー</rt></ruby> SS

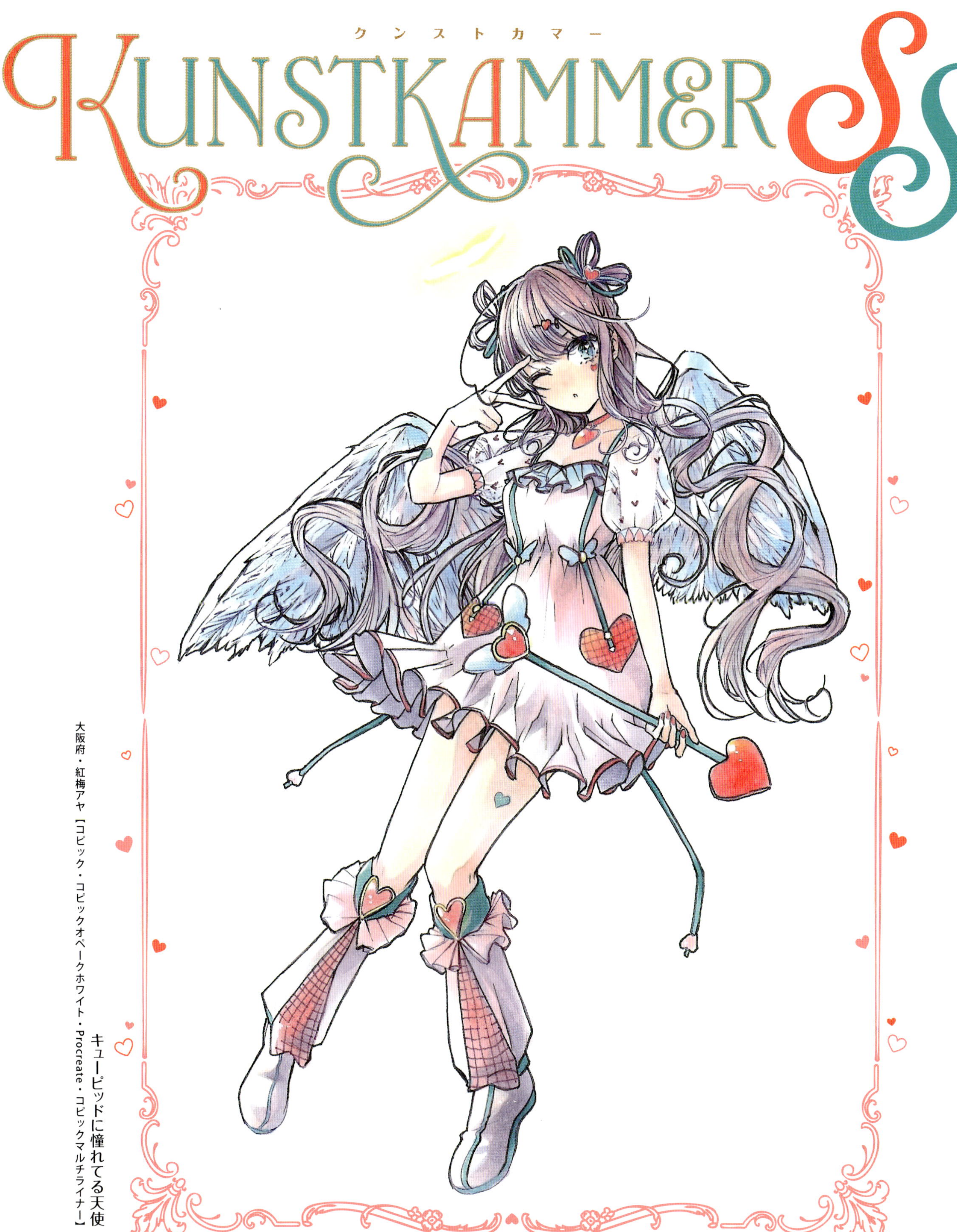

五翼の天使ツェリエ
自由に生活しすぎている天使たちに喝をいれたい。
彼の前で自堕落な生活は許されない。
群馬県・第九

アストリア＝ノクシア
かつて輝いた光の翼は主の裏切りにより砕け無機質な機械の片翼へと変わった堕天使
東京都・猫崎緋鶴

見習い中の悪魔です！
お人好しで優しいので、あまり成績がよくないです（笑）
大阪府・potato

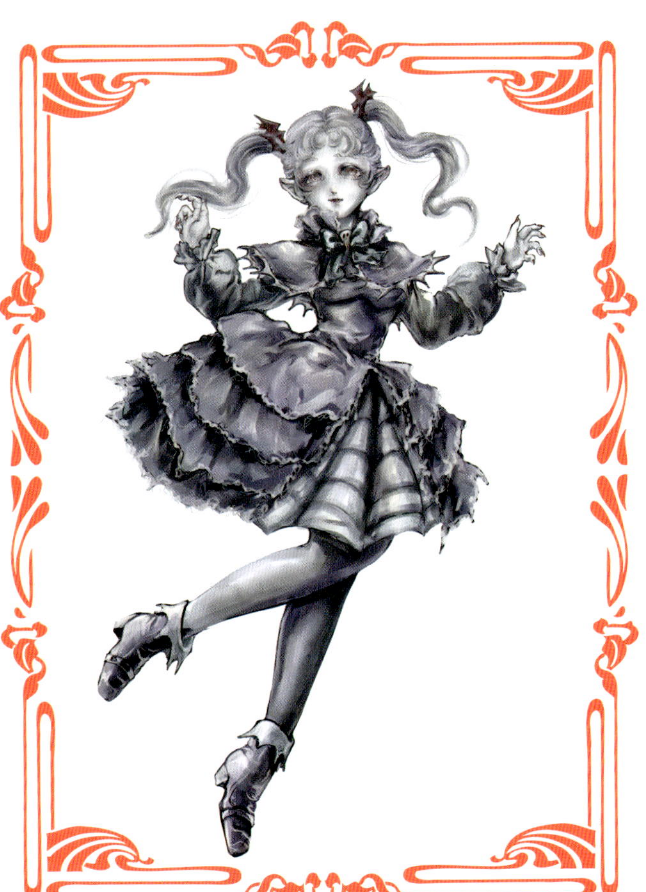

お洒落が好きな悪魔ちゃん。ケープのトゲトゲがお気に入り。
毎晩寝る前に爪のお手入れをしている。
京都府・哺乳瓶紅茶

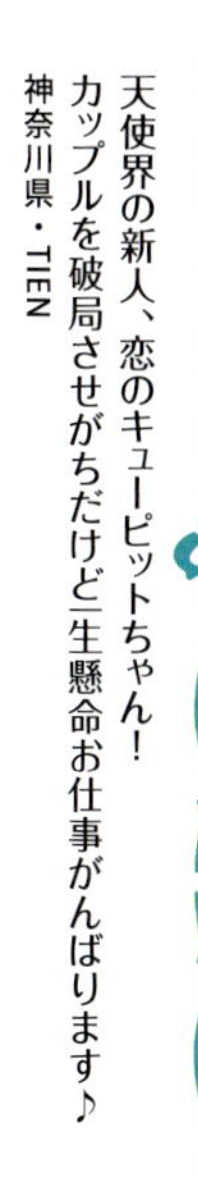
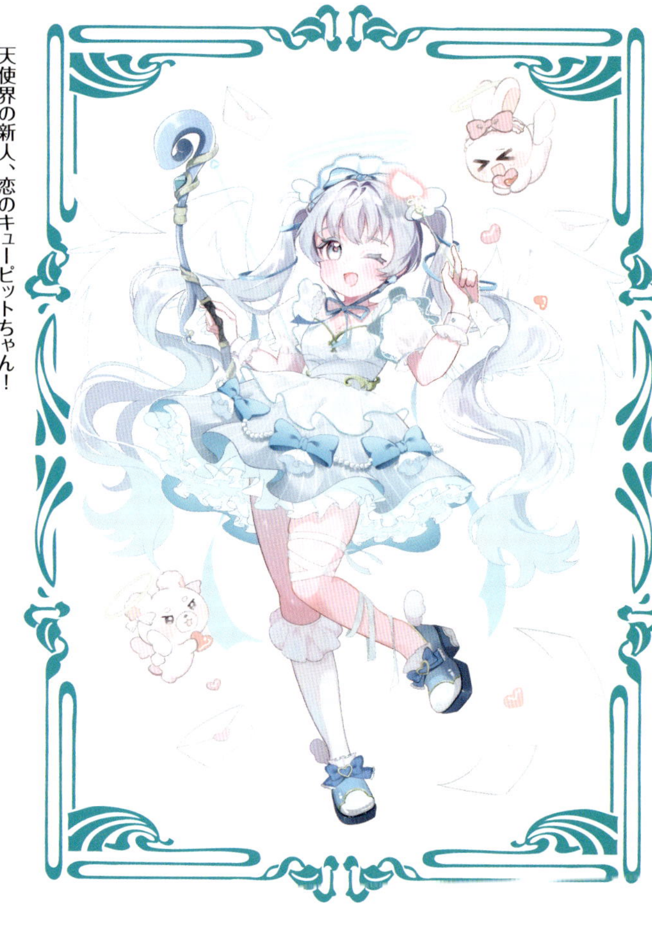

見習い悪魔、ノエル。ちょっぴり恥ずかしがり屋な男の子。
埼玉県・木野白

天使界の新人、恋のキューピットちゃん！
カップルを破局させがちだけど「生懸命お仕事がんばります♪
神奈川県・TIEN

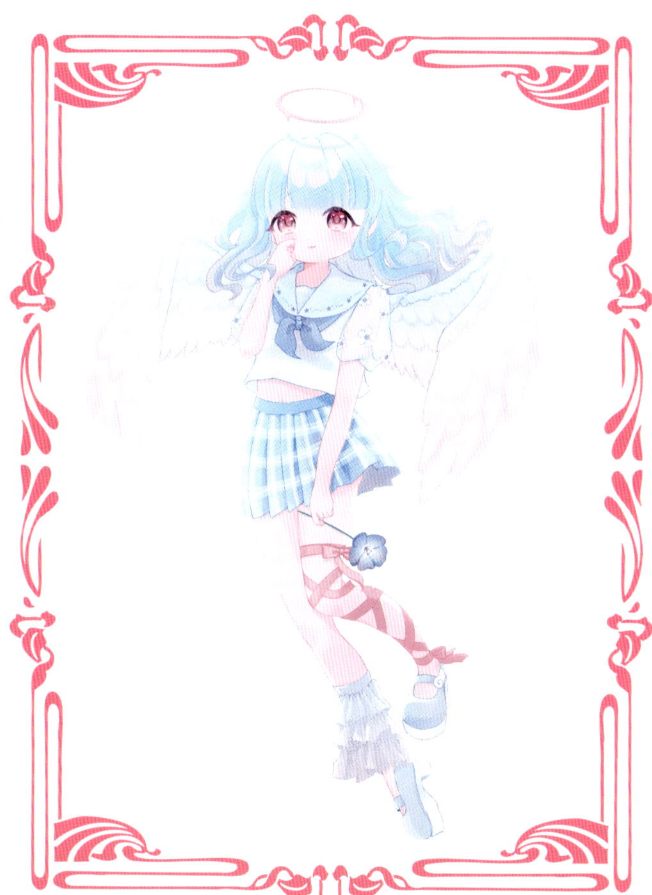
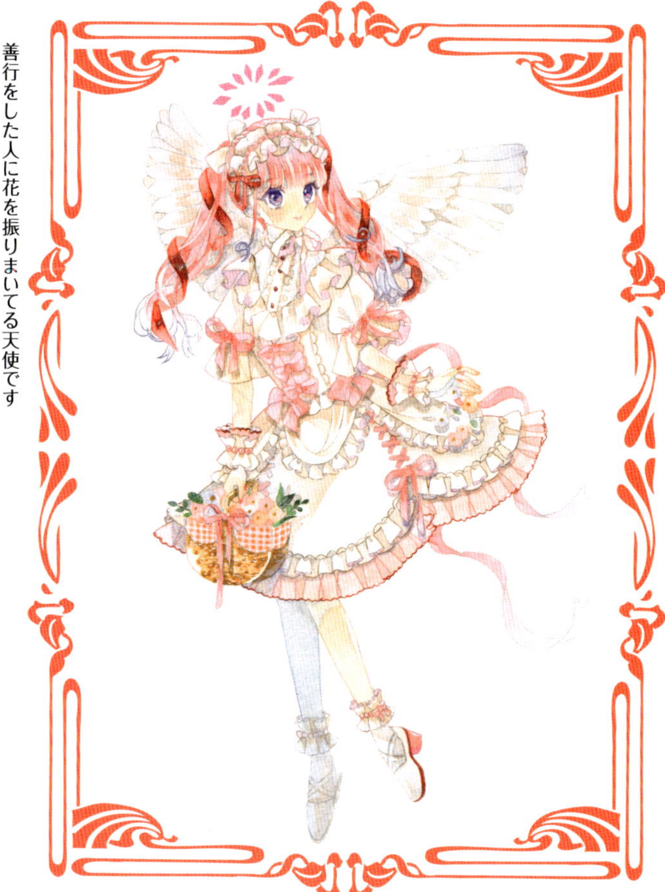

泣き虫な天使の女の子です。
しかし頑張り屋な一面も強く、一生懸命お仕事を頑張る姿をよく見かけます。
兵庫県・ねころね

善行をした人に花を振りまいてる天使です
埼玉県・わさび

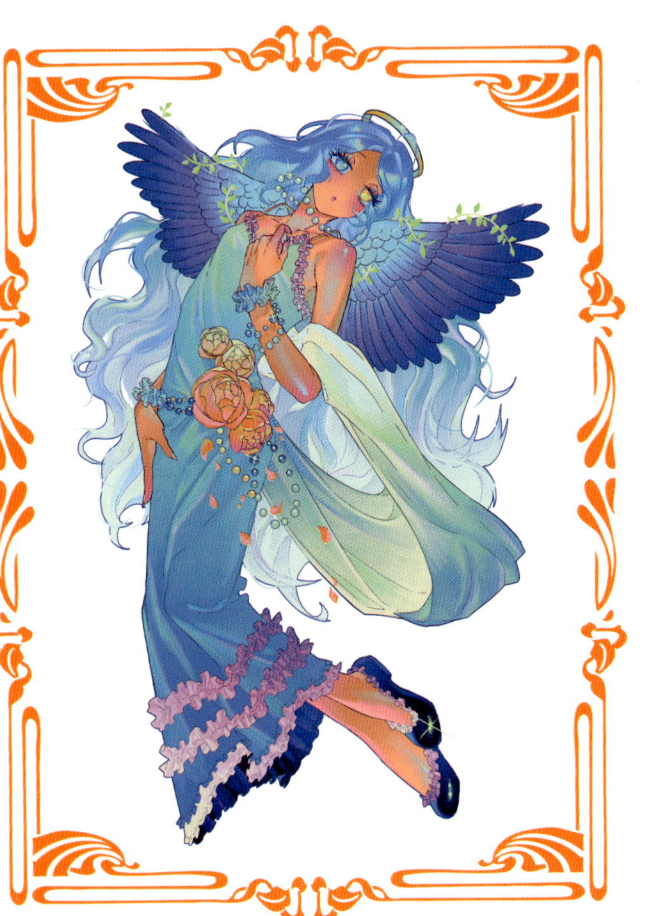

天使といえば白くて優しいというイメージがあったので、あえて真逆のデザインにしました。
大阪府・ゆめ・16歳

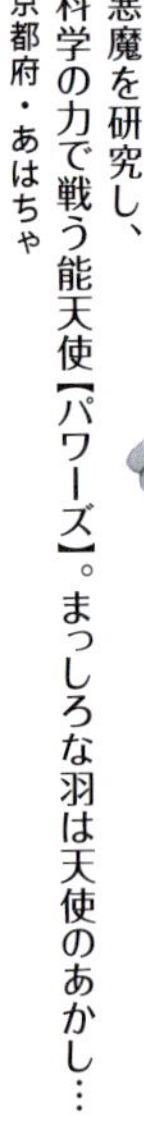

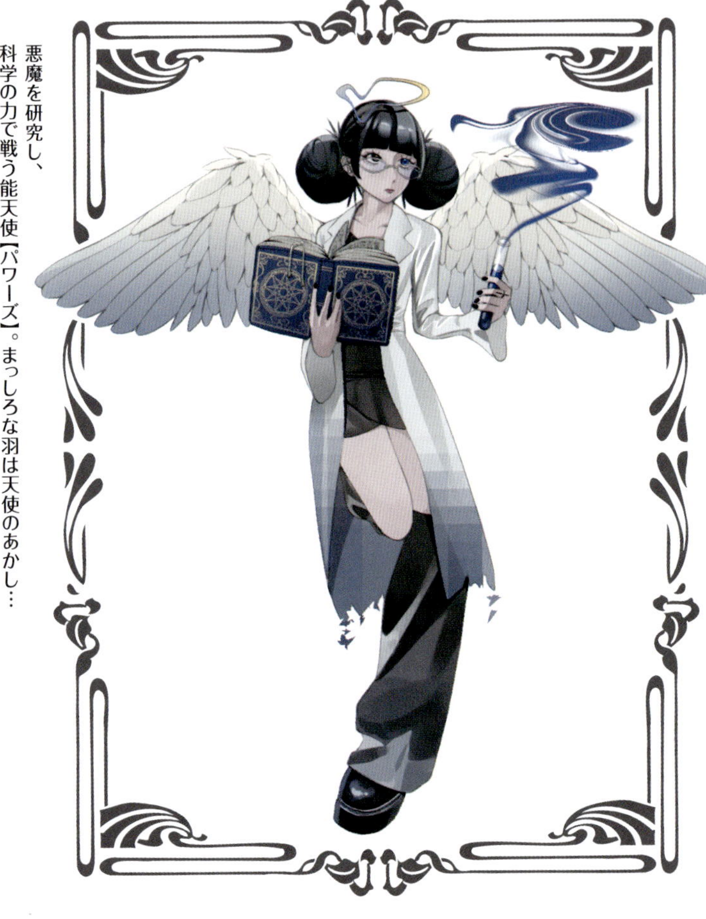

悪魔を研究し、科学の力で戦う能天使【パワーズ】。まっしろな羽は天使のあかし…
京都府・あはちゃ

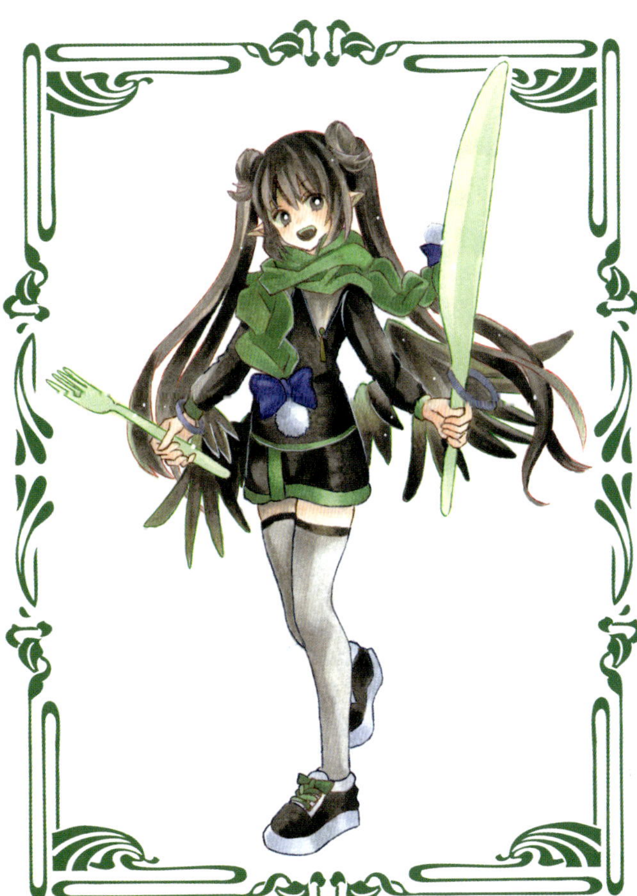

「三つ編みのマフラー可愛い？」「可愛い」は彼女にとってはただのお飾り。人喰い堕天使に要注意。
大阪府・ラブバード

アンティークドレスのコレクションが趣味の、悪魔の男の子。美しいものを愛している。
愛知県・Silcot

いつもどこかぼんやりしているが高位天使である。日向ぼっこが好き。
神奈川県・ここねこ

見習い天使の男の子です。良いことをするともらえるスタンプを集めて、立派な天使になることが目標です
東京都・おにぎり

姫系の悪魔の女の子。シャイな性格であまり言葉を発さない。甘いものが好き。
東京都・あかば

悪魔学校の生徒の女の子でいたずらが好き。いつも何故か最後はお仕置き部屋にいる。
神奈川県・ゆるゆる・10歳

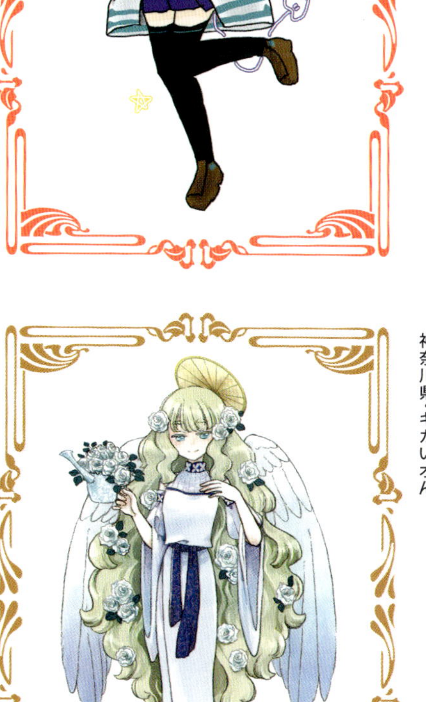

月の世話役。何人も中に入れないため中にいる者を外に出さないための看守の門番であり、でもある。
静岡県・波野ウヲ

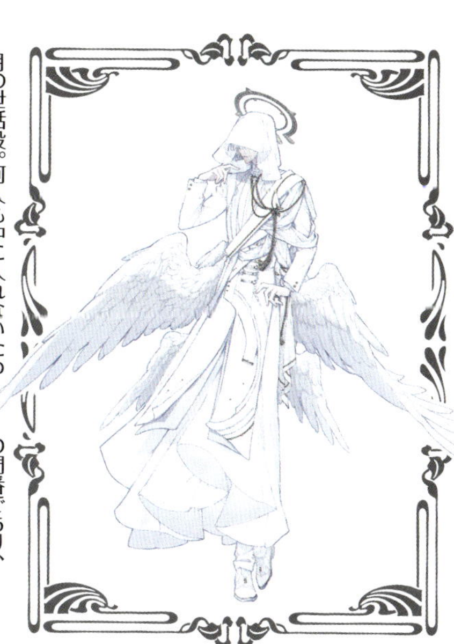

ギャラクシー悪魔です。少し先の未来で、宇宙に漂っているデブリや人間の欲だったものを集めています。
東京都・えい

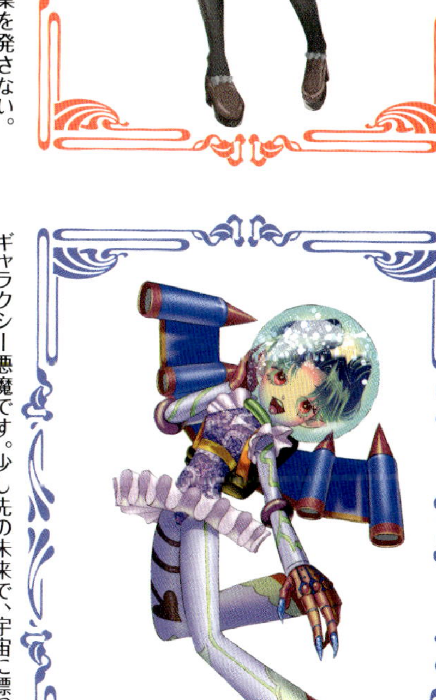

花壇をいい感じにしてくれる（かもしれない）天使。お花が溢れるジョウロがポイント。
東京都・セキ

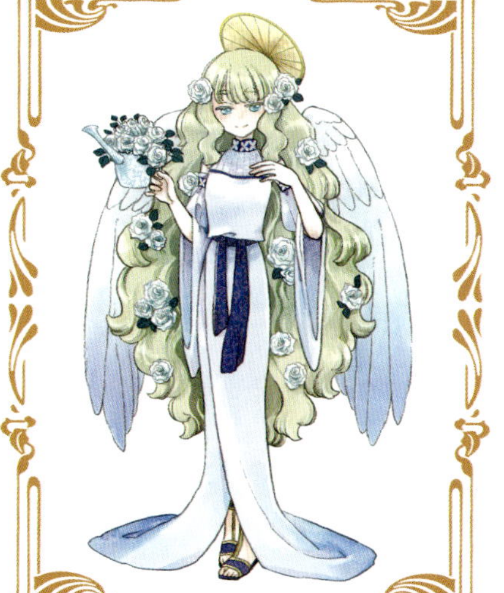

かなりのいたずらっ子で語尾には「嘘だけど。」が口癖。左の羽は諸事情で常に減っている。
神奈川県・キカイオン

親切を司る天使。緑色の瞳を持っているという。両目は普段は隠されているが、非常に美しい
東京都・かりがり

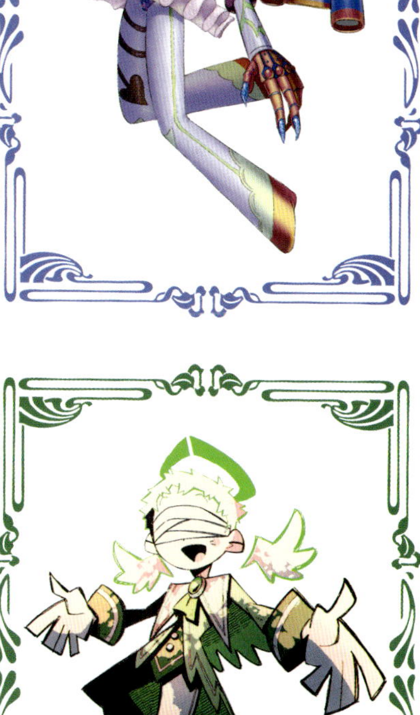

名前はあんこ　黒猫の獣人。戦闘は得意だが自慢の爪は使わずに敢えて日本刀で戦うらしい。
福島県・ヨニマル

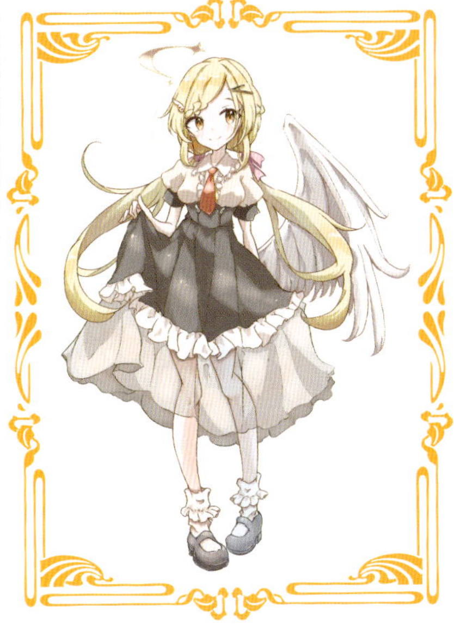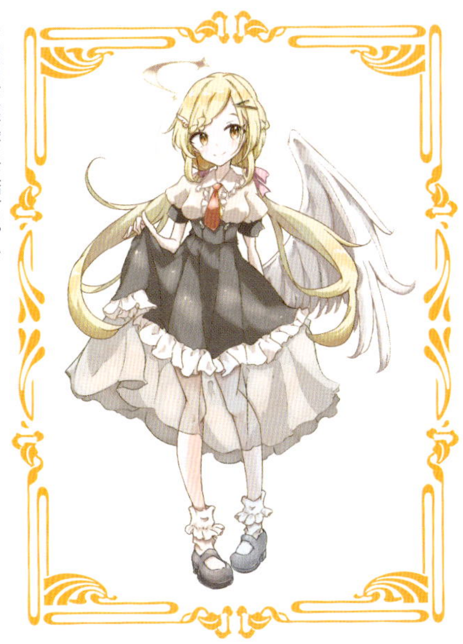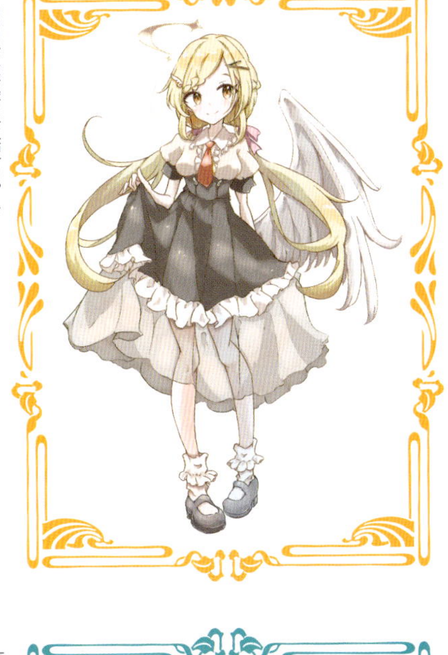

片翼のお嬢様な天使ちゃん　見た目とは裏腹にイタズラ好き
山梨県・モンテ・クリスト

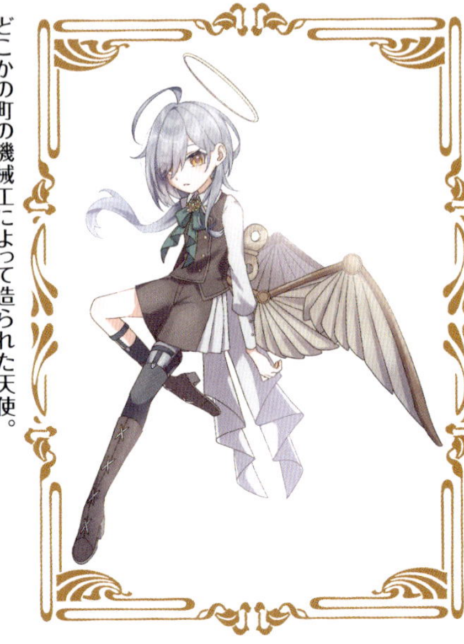

どこかの町の機械工によって造られた天使。高性能だがパーツが取れやすく、脆い。
岡山県・ななみっつ

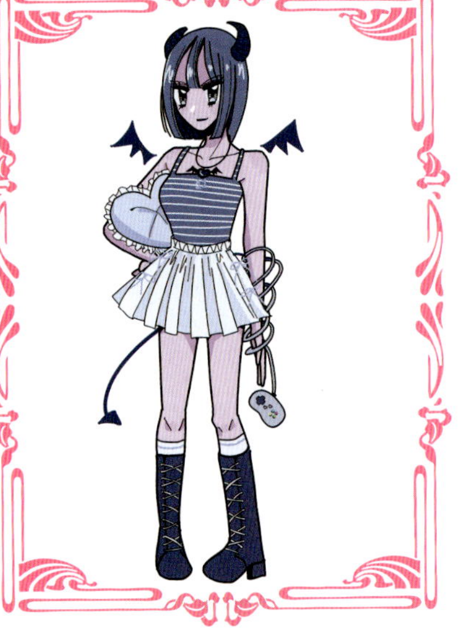

全てのしんどい人を助けたくて現れる悪魔。一緒に休憩すると「もう無理すんなよ！」と言って帰っていく。
大阪府・塩田恋

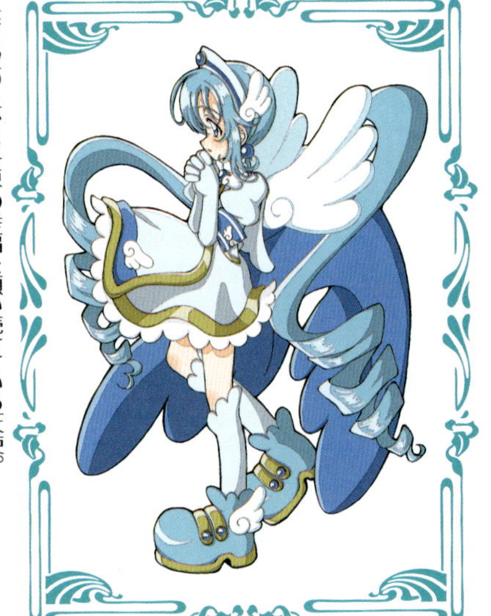

毎日空の上から世界の幸福を願い続けている天使。
群馬県・ユキガト

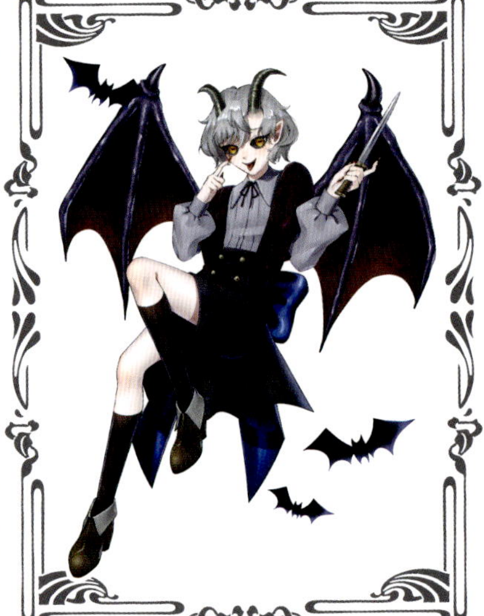

悪魔の男の子です～！　頭から生えているのは山羊の角です。赤いネイルがマイブームとのこと。
大阪府・にゃみねこ

とにかく怠惰的な悪魔のノワル。眠るのが好きで、飛びながら眠っている時もある。
熊本県・塩浪タカ

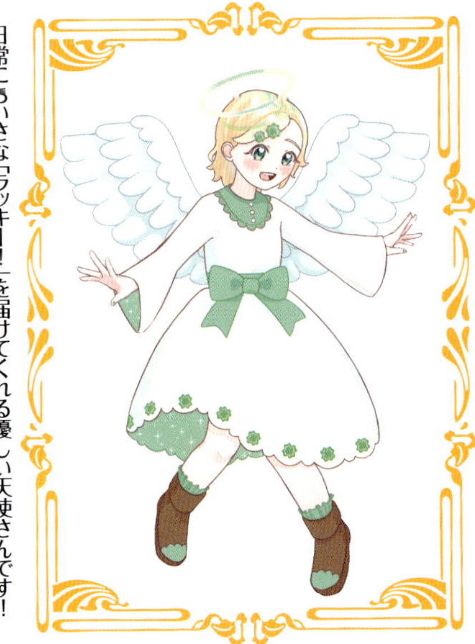

日常にちいさな「ラッキー！」を届けてくれる優しい天使さんです！
三重県・こみみ

覇王となる者にメイド姿で付き従いその者に必ず成功をもたらす悪魔　成功の代償はその者の命
鹿児島県・猫と芋（ハゲヅラ改め）・44歳

バニーガール×天使の女の子。うさぎが好きなボクっ娘ツンデレ。
徳島県・田払

おしゃべりとウワサが大好きな天使の男の子です。最近は人間たちのスマホやSNSに興味があるご様子。
石川県・山蕗みにゃも

いつも涼しげな表情の天使。顔にはでないが感情豊か。
岩手県・花灯こはく
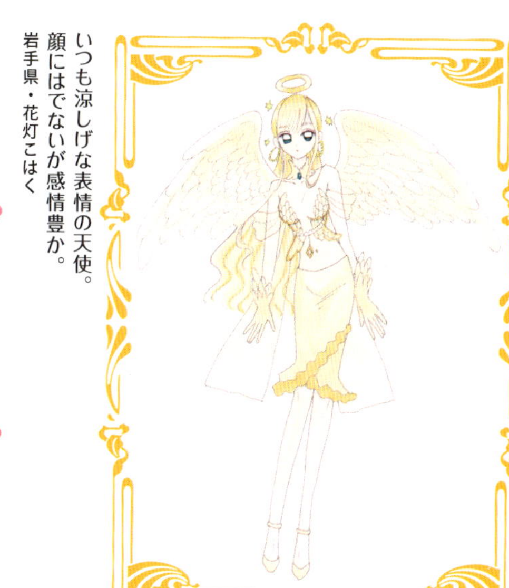
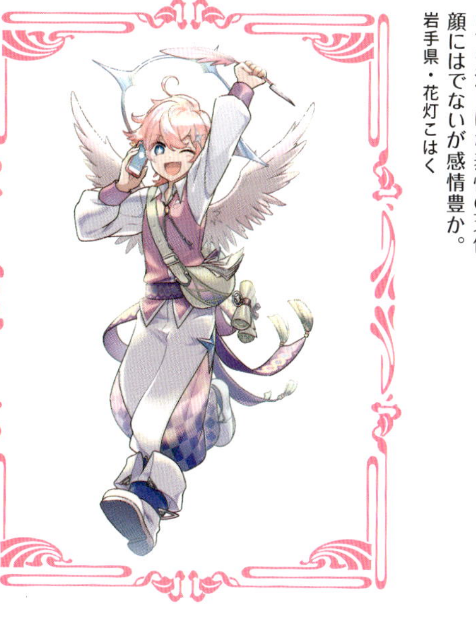

赤天使ナース少年。血が好きすぎて白衣や翼が赤く染まってしまった。採血が得意。
栃木県・那月屋しおん

呪われし力に堕ちた「悪魔」。悪しき力を用いる。
滋賀県・紫蘭メイ

光を司る悪魔の青年。好物はひよこ豆のスープ。
静岡県・岸
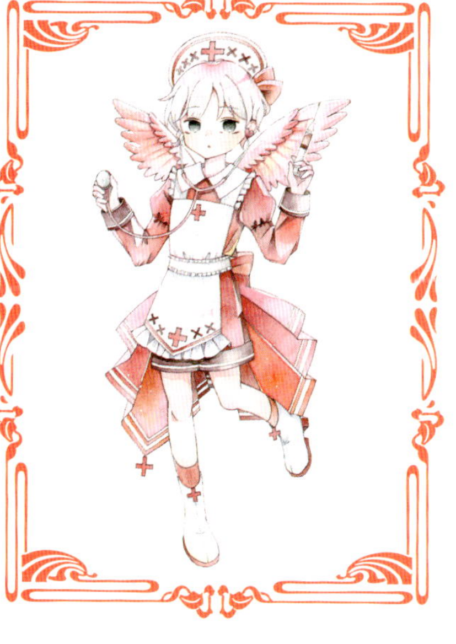
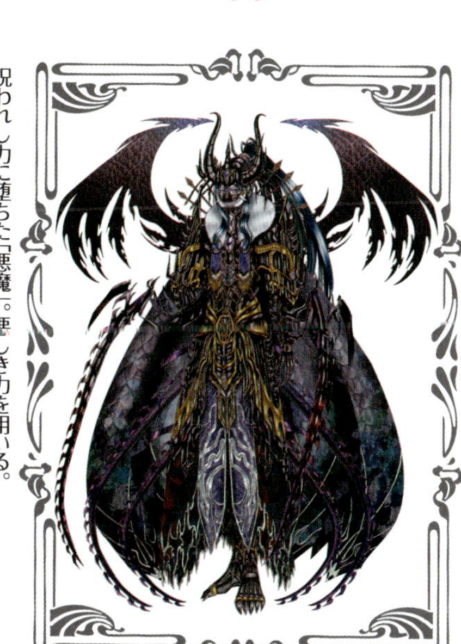

花を咲かせてみんなに幸せを届ける鹿の天使。ピンクの花が咲く森に住んでる。
福島県・藍水

悪魔型メカ少女。人を煽りに煽り最後は恥ずかしくなって大人しくなる複雑な性格がインストールされている。
神奈川県・石垣

天使を模して造られた人命救助兼戦闘用アンドロイド。水中でも空中でも身軽に動けるようにレオタード姿。
神奈川県・削木・33歳
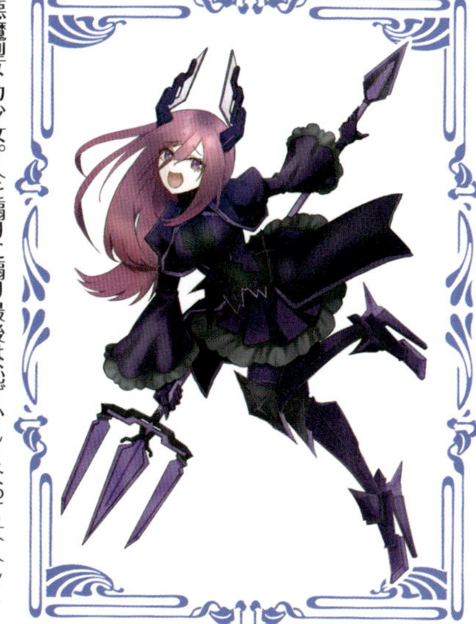
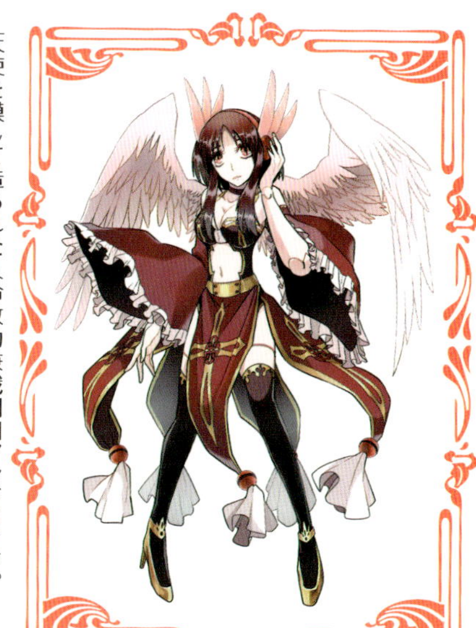

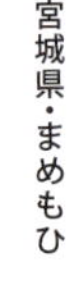

悪魔に気に入られ、憑依された運のない青年。
三重県・喜緑

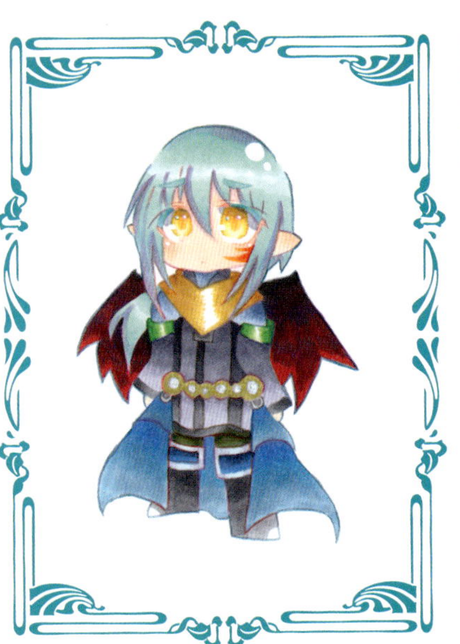

暴食の悪魔ちゃん。彼女が食べているところを見てしまうと食欲が止まらなくなるとか…
宮城県・まめもひ

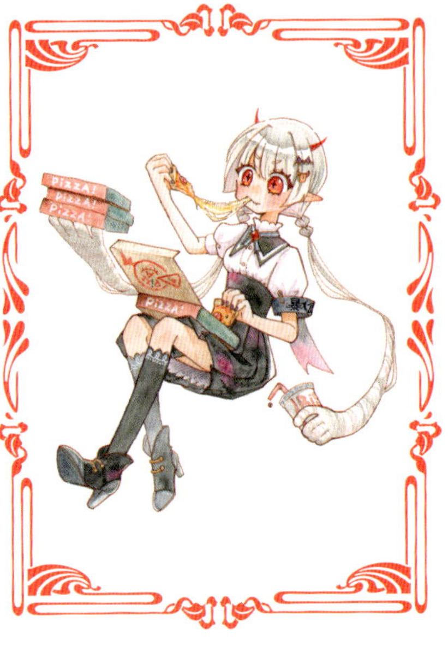

植物の天使。暖かい木漏れ日の中ゆったり眠っているけど、秋の音が聞こえてきたので金木犀と共にみんなのところに来たよ
千葉県・林檎椿

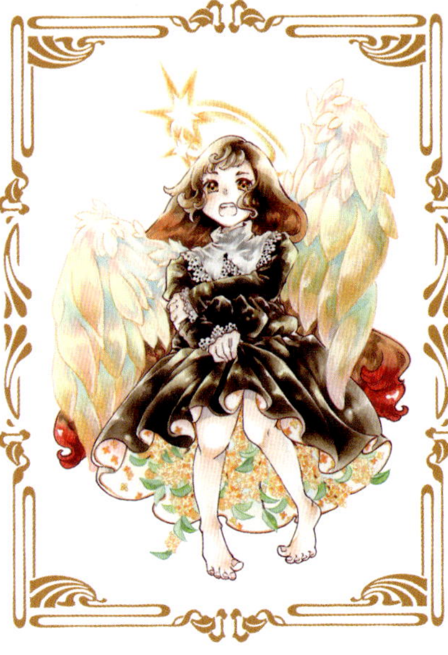

名前は天比仔。戦士として戦場で活躍する姿と、髪に巻いた包帯が羽のように見えることから「天使」と呼ばれている。
栃木県・桃斗道夢・13歳

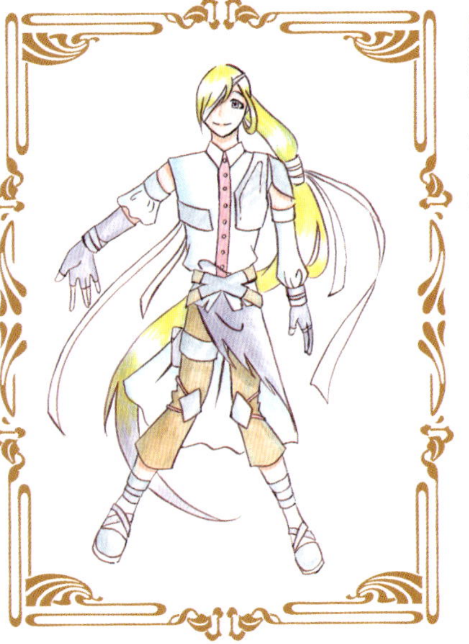

悪の秘密結社に所属する悪魔。名前はトート。天使の返り血で真っ赤。弱気系サイコ野郎。左腕はモザイク必須。
岡山県・のりあき・18歳

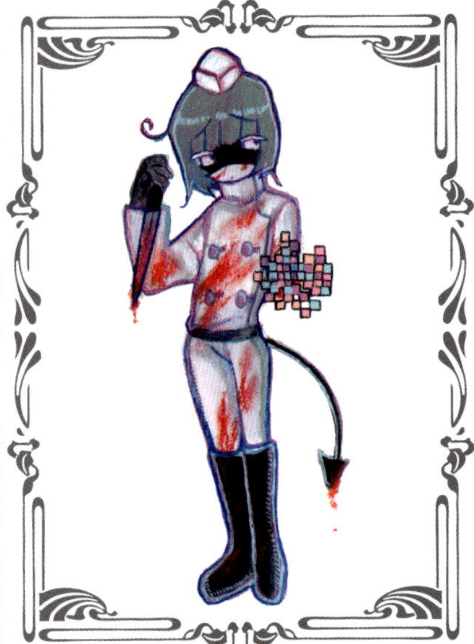

天使の女の子。かわいいものやキラキラしたものが好き。
福岡県・鈴音・15歳

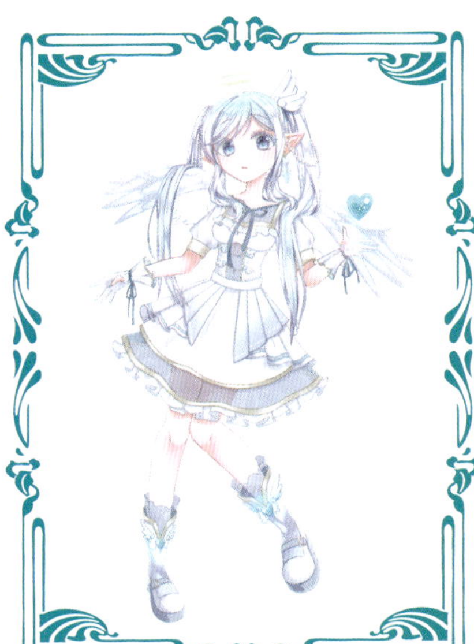

現世と天界をつなぐ情報収集係の天使「リボン」ちゃん。本人は楽しく仕事をしているが、実は神様の孫。
群馬県・スノー・11歳

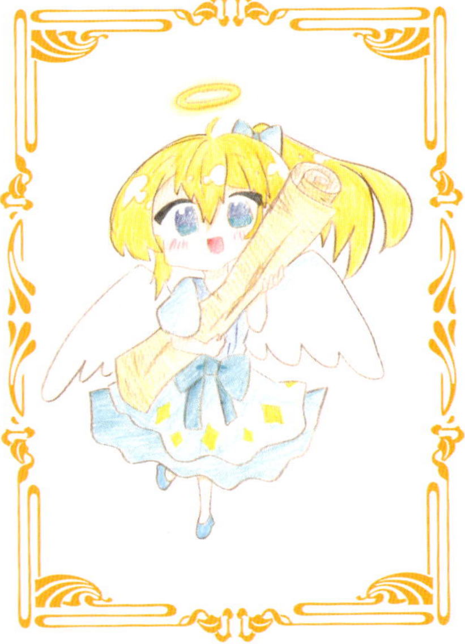

見習い天使。バイトでキューピットをやっている。気まぐれで適当にカップルを作ってしまうこともある。
兵庫県・メルシー

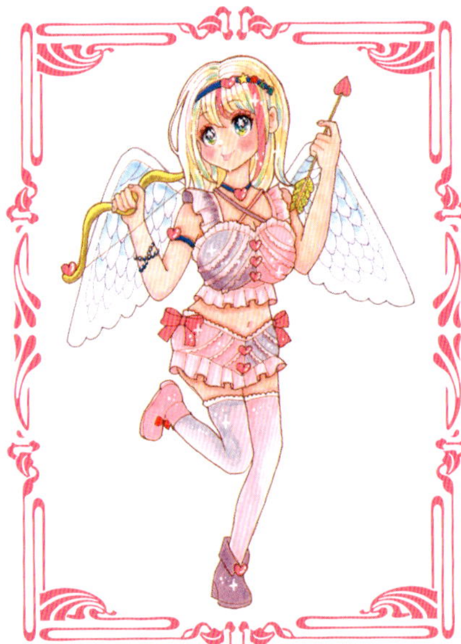

基本やる気のない天使さん。思った事をズバッと言っちゃうからお悩み相談は評判が良い。
福岡県・無月

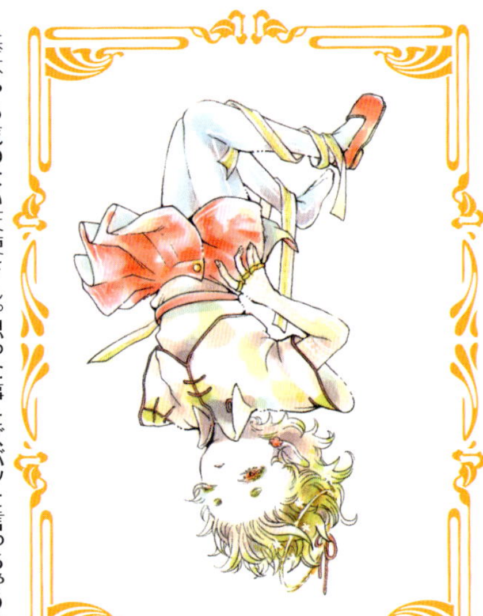

山形県・RIRIKO

【鶴の天使】何千年も生きた鶴が、天のご加護を受けて天使になった。天使の羽根には、どんな病気も治す力があると言う。

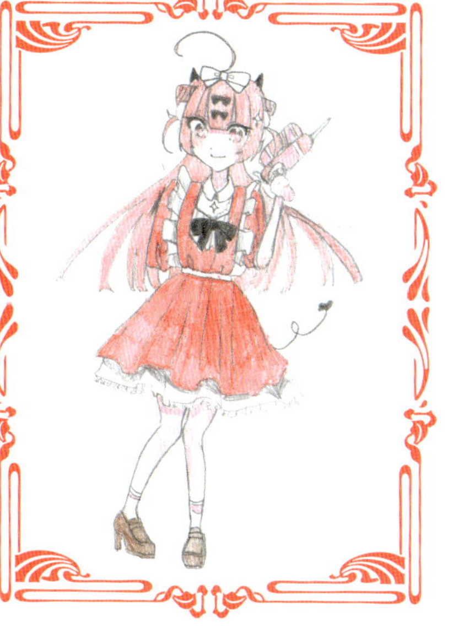

群馬県・RB

オリキャラのフォンセ（カラーバージョン）ふわっとした黒髪、紫色の服、角と同じ色の靴がお気に入り

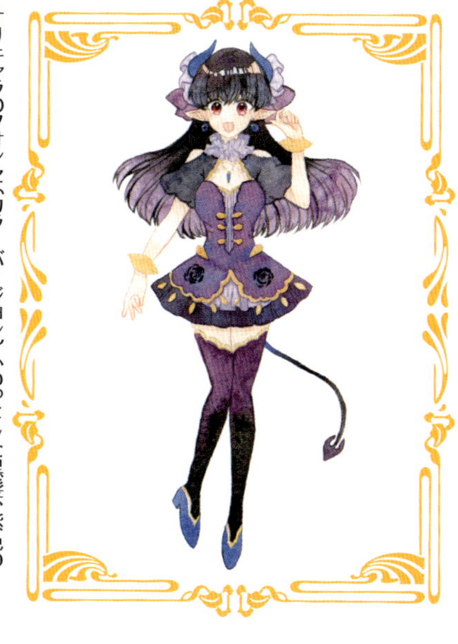

長崎県・うめ

癒しの力がとても強い天使　心身のどんな傷でも、愛の力で全て癒してしまうが出会えることは極めて稀

広島県・てる・10歳

まかいのリリー・スター　若さを吸ってこうみえて82さい。

愛知県・千丸

悪魔　いつも相棒の妖魔と一緒にいます

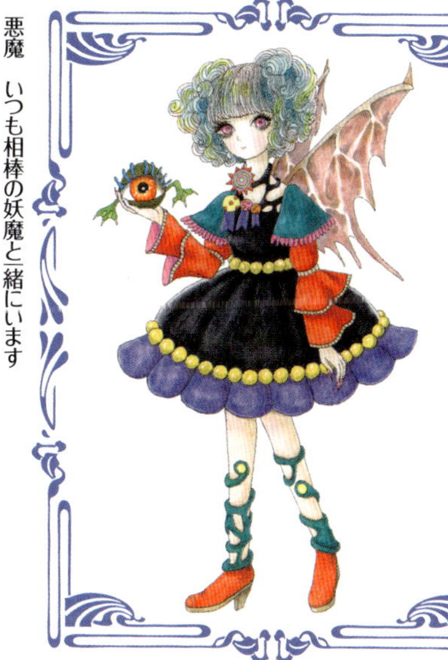

兵庫県・タロ・34歳

不眠症の悪魔くん。性格が優しすぎて悪魔としての生き方に思い悩んでいる。

東京都・ひろくまひろみ

明るいおバカキャラのあくまを描いてみました。

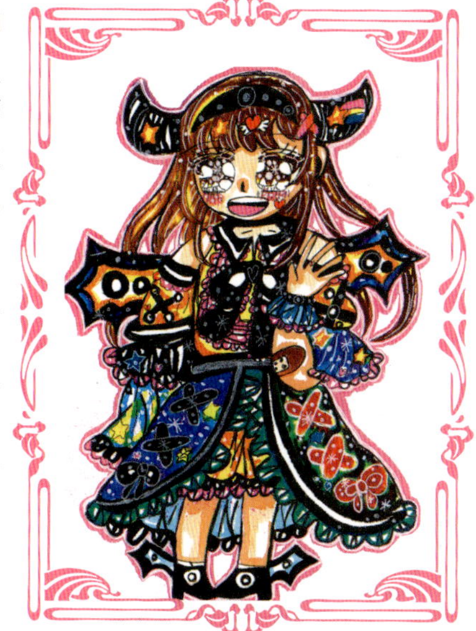

東京都・かほちま（Kaho改め）・10歳

人の心に宿る天使、コリーナ。天秤を使い争いごとを仲裁する。世の中が平和になるように願っている。

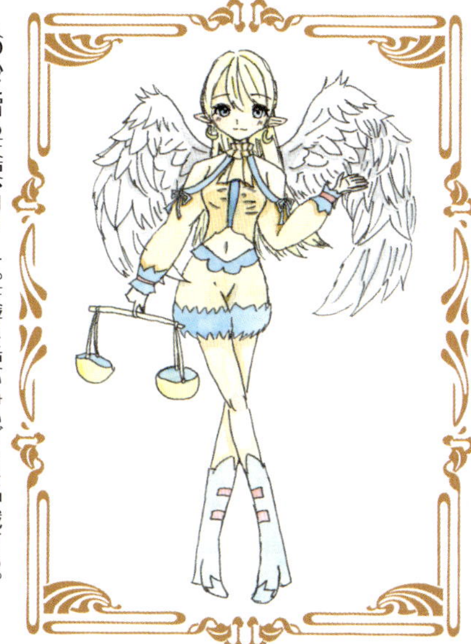

千葉県・武田和子・73歳

悪魔の娘です。占い師をしています。これからおきるだろう悪い事にだまされないようにアドバイスしてくれる。

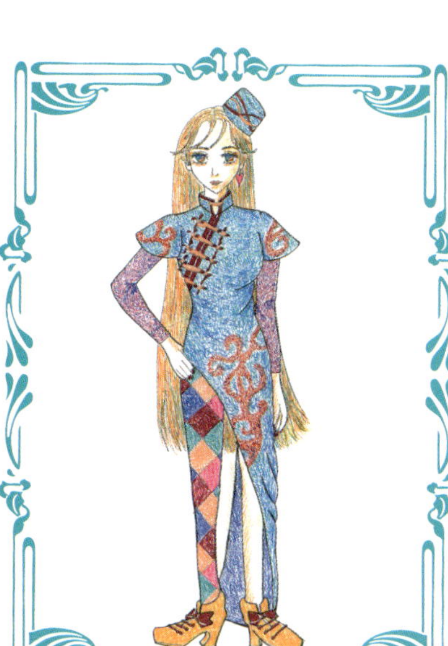

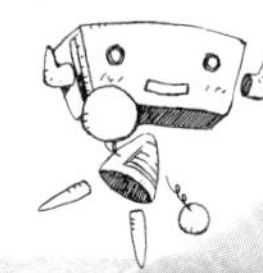

【ヤンデレ男子】

ヤンデレ男子が登場するアニメ、マンガ、ドラマを見るのにハマっています。大好きです！

北海道・夢現まーや

【龍の国のルーンファクトリー（switch）】

マウロくんとの絆イベントが最高にきゅんで沼です

大分県・おつきみ団子・27歳

【石（鉱物、宝石）】

今は石がブームです。大好きだったの、思い出しました。みるだけでワクワクしますが、石の物語を考えるのも楽しいです。

高知県・柴イヌ

【ラッキースケベ】

ラッキースケベ時の男が、赤面でなく青ざめるのが好き。赤面ももちろん好き。

埼玉県・セコイ也

使ったことのある画材やソフト

コピックや水彩絵具などのアナログ画材が一番多いですが、デジタルは無料のアイビスが上位！

1位　コピック
2位　水彩絵具
3位　アイビスペイント
4位　CLIP STUDIO PAINT
5位　色鉛筆
6位　アクリル絵具
7位　MediBang paint
8位　つけペン
9位　顔彩
10位　Photoshop

【スピッツ】

20年近く大好きで、インスピレーションを与えてくれます。『楓』映画化おめでとう！　楽しみ〜!!

福岡県・ゆりら・32歳

絵に魅力を感じる時の決め手は？

世界観や物語を感じる絵が1位！色づかいが2位なのは興味深いです。また、可愛さよりうまさが上位に！

1位　世界観、物語性
2位　色づかい
3位　好きな題材である
4位　うまくて巧み
5位　可愛い
6位　努力が見える
7位　癒される
8位　美麗である
9位　デフォルメが良い
10位　格好良い

【四白眼】

ガンギマリ感とかカッコよさが一番出てる”眼”なんですよ。四白眼は！　良い。

宮城県・赤べこ

次号も皆さんの画材や好きなものについてご紹介できたらと思います。
巻末のアンケートハガキの記入欄に、自分の好きなものを書いて送って下さい！
アンケートハガキは切手を貼らずに送れますので、お気軽にどうぞ〜！

好きなボカロPや歌い手

1位　DECO*27
2位　米津玄師（ハチ）
3位　Ado
4位　まふまふ
5位　ピノキオピー
6位　かいりきベア
7位　Eve
8位　syudou
9位　めいちゃん
10位　96猫

好きな絵描きさん

1位　伸紅
2位　香琳
3位　友風子
4位　アルセチカ
5位　南野葵
6位　藤ちょこ
7位　しぐれうい
8位　WOOMA
9位　佐倉おりこ
10位　夏目レモン

好きな漫画、アニメ

1位　『薬屋のひとりごと』
2位　『地縛少年花子くん』
3位　『鬼滅の刃』
4位　『ダンダダン』
5位　『出禁のモグラ』
6位　『HUNTER×HUNTER』
7位　『名探偵コナン』
8位　『葬送のフリーレン』
9位　『黄泉のツガイ』
10位　『WIND BREAKER』

好きなVTuber、YouTuber

1位　キヨ
2位　葛葉
3位　星街すいせい
4位　大空スバル
5位　三枝明那
6位　ガッチマン／ガッチマンV
7位　ミラン・ケストレル
8位　P丸様。
9位　しぐれうい
10位　レトルト

2025年8月8日〜8月31日にかけて大垣書店（京都本店）で『イラストフェスSP 2025』が開催されました。イベントでは季刊エスやスモールエスのバックナンバーフェア、作家さんらのイベント、イラストコンテストを実施！　ここではイラストコンテストの結果発表とエス賞受賞記念のインタビューをお届けします。

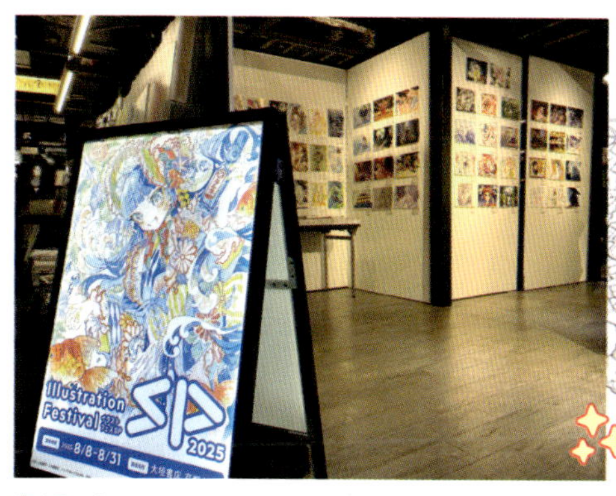
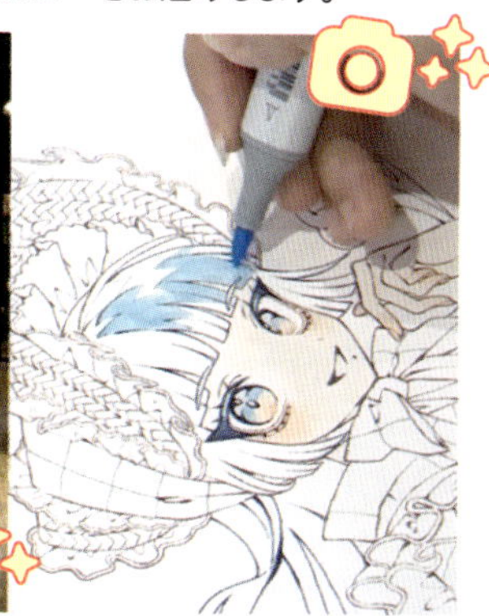

『イラストフェスSP 2025』では昨年に引き続きイラストコンテストを開催いたしました！　集まった作品は、大垣書店 京都本店の店内で約1ヶ月ほど、展示いたしました。また、イベント期間中には、香琳さんによるコピックをつかったワークショップや、古田誠治さんによるライブペインティング＆トークショーを開催しました。
（協賛・コピック）

大垣書店賞

大垣書店 コメント

重厚な色使いに光の加減、キャラクターの静と動などの対称的な構図、目を惹く描き込まれた装飾品から、細かな気づかいと趣向が凝らされた作品で端々から人を楽しませようとするパワーを感じます。物語のはじまりを予感させる、漫画的な面白さに少年心がくすぐられる作品で、より一層の活躍が楽しみです。

大垣書店★京都本店
〒600-8009 京都府京都市下京区四条通室町
東入函谷鉾町78 SUINA室町1F
【X】@k_honten_ogaki

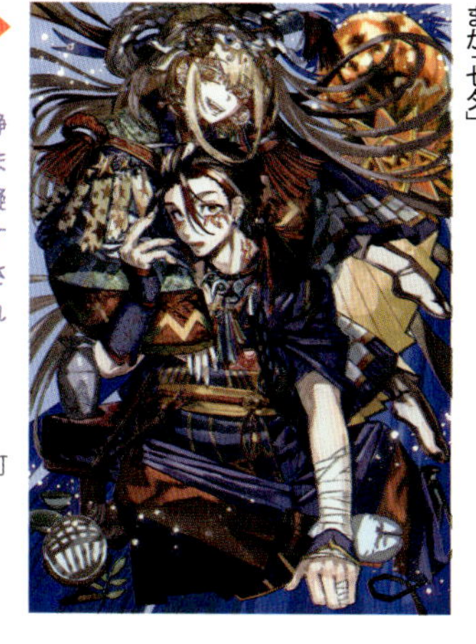
まか「七夕」

パイ インターナショナル賞

パイ インターナショナル コメント

夏祭りの日の白昼夢のような、不思議な心地良さを感じました。人と猫、金魚のタッチを変えたり、奥と手前の濃度を調整したりすることで、ふたつの世界の重なりと境界線をうまく表現されていると思います。また、サブキャラクターに猫を入れることで、構図やストーリーに面白みが加わったと思います。

パイ コミックアート
【X】@PIE_Comic_Art

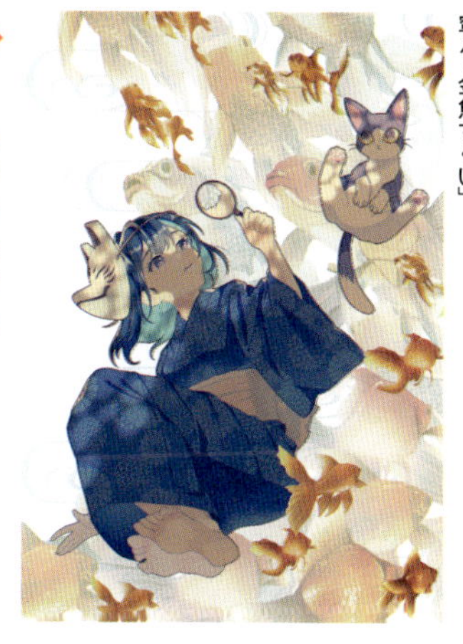
寧々「金魚すくい」

香琳賞

香琳さんのコメント

伝承の雪女とは良い意味でギャップのある舞台に思わず目を惹かれました。能力を活かしてかき氷作りに励む雪女の仕草・表情が魅力的ですし、うしろの妖怪たちも生き生きとしていて可愛い！　細部まで楽しめる作品だと思い選ばせていただきました。

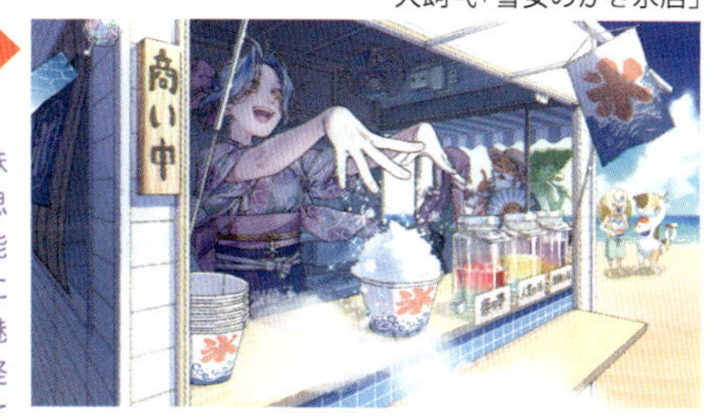
犬飼弐「雪女のかき氷店」

香琳／大阪出身在住イラストレーター。コピックを始めとしたアナログ画材で作品を制作し、SNSや展示をメインに創作活動を行っている。和や縁起物、フリル、童話をモチーフとして取り入れた作品を多く描く。　【X】@11karin23　【Instagram】11karin23

吉田誠治賞

吉田誠治さんのコメント

昔話の登場人物たちが表情豊かに描かれた力作で、物語を読む楽しさがありありと伝わってきました。高い密度でもひとつひとつの要素がきちんと描き分けられていたり、現実と空想とでタッチをさりげなく変えていたりと、構成力も見事です。

吉田誠治／イラストレーター。PCゲームメーカー勤務を経て、2003年よりフリーの背景グラフィッカーとして活動。多数のゲーム制作に参加するほか、近年は書籍の装画なども手掛ける。京都芸術大学講師。著書に『ものがたりの家』（小社刊）、『TIPS! 絵が描きたくなるヒント集』（エムディエヌコーポレーション）、『吉田誠治作品集＆パース徹底テクニック』（玄光社）がある。
【X】@yoshida_seiji
【Instagram】yoshidaseiji_

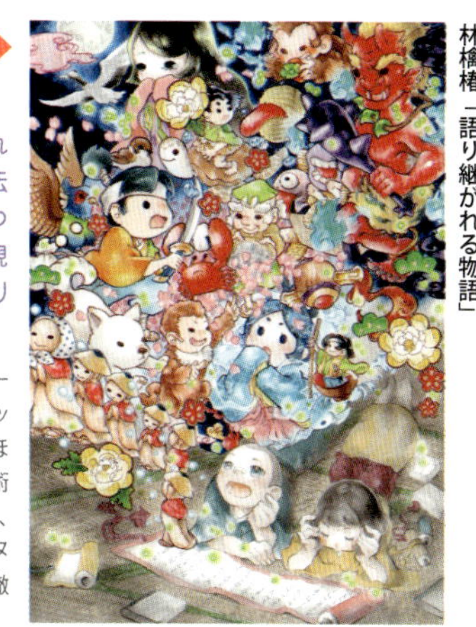
林檎椿「語り継がれる物語」

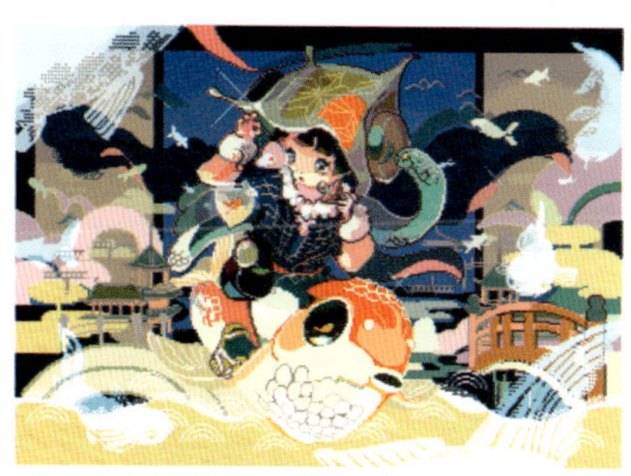
りふ「不思議な飴屋」

奨励賞

奨励賞はこちらの4作品が受賞しました

シロハタメイ「遊錦 - あそびにしき -」

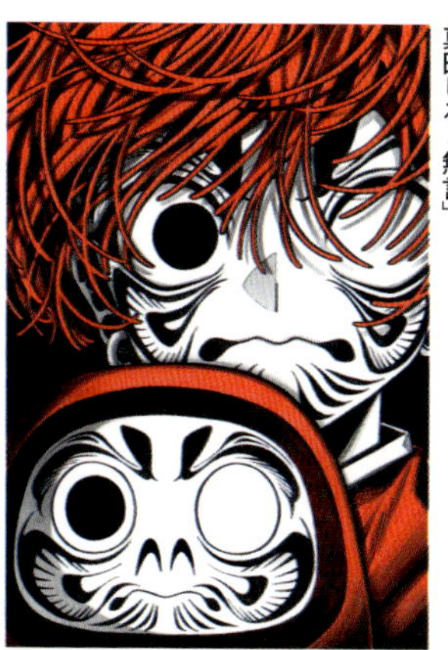
真田しろ「無言」

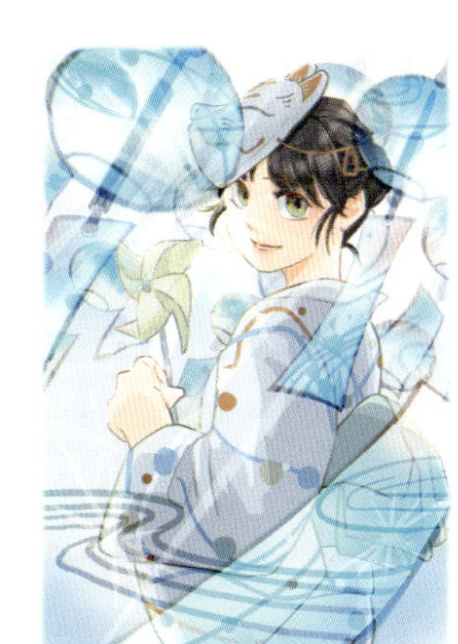
ikuta「涼音」

おしらせ

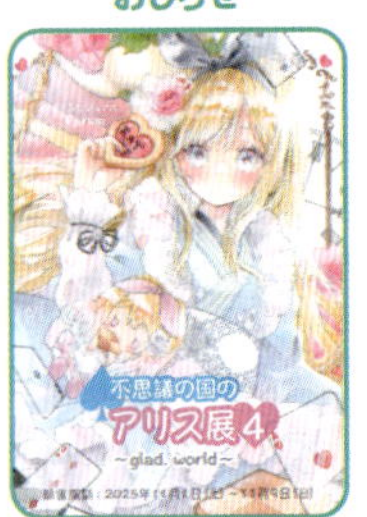

『不思議の国のアリス展4』
会期：2025年11月1日〜9日
場所：Gallery glad.（大阪）
Parum「メインビジュアルを担当させて頂きました。アナログ作家さんたち渾身の原画を楽しめるので、ぜひ遊びにいらしてもらえたら嬉しいです」

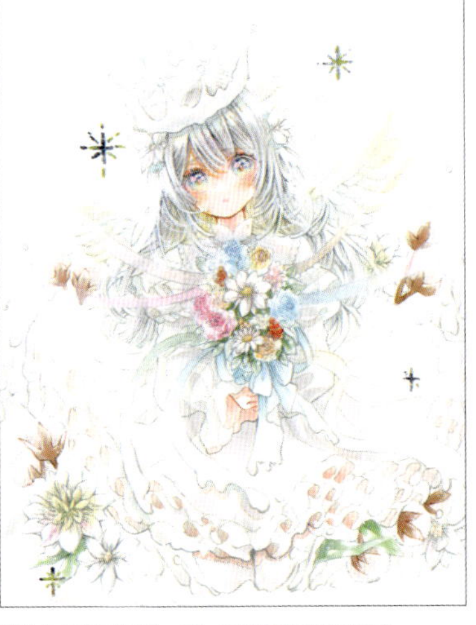

「あなたの色に染まる」／真っ白な世界にたたずむ白猫の天使。背景には、光が透けたリボンが描かれており、儚げな印象を抱く。また、花束を結ぶリボンやミルククラウンのアクセサリーも素敵。真っ白なカラーリングからは天使の無垢さと愛らしさが伝わってくる。

エス編集部コメント
ふわりとした風をまといながら、こちらを見つめる女の子の眼差しが印象的です。繊細な羽の描写にきらめく光の表現が心地よく、作品の神秘性を高めているように思います。水滴のリアリティも見応えがあり、完成度も非常に高い作品です。

ParumさんのSNSはこちら！
【X】@papapaparum
【Instagram】papaparum

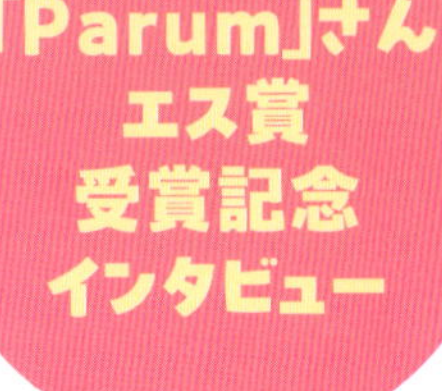

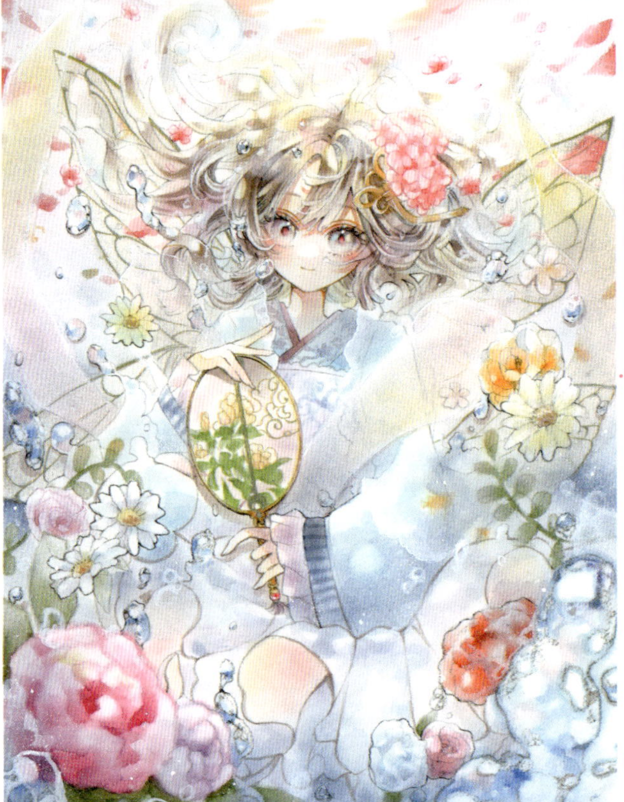

エス賞受賞作品
「月明かりの息吹」

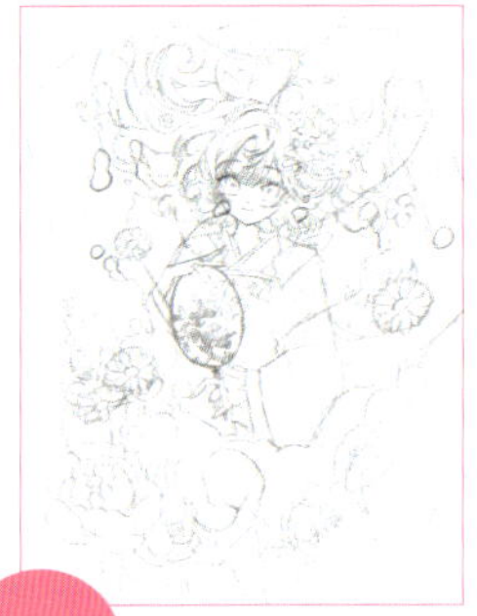

close up

【使用画材】ランプライト水彩紙、呉竹ZIGクリーンカラーリアルブラッシュ、顔彩パールカラー、コピックマルチライナー、色鉛筆、ホワイト

ラフ ラフの段階からモチーフやアイテムのシルエットなどが明確に描かれている。このラフをベースに、コピックマルチライナーでトレースしながら線画を描いていくそう。

Q1 大垣書店 京都本店では八月に「イラストフェスSP 2025」と題して、関西では二度目になる「季刊エス」「スモールエス」によるイラストコンテストが開催されました。まずはエス賞として選ばせていただいたParumさんの作品「月明かりの息吹」について、どのように着想されたのかを伺えたら嬉しいです。

Parum 「月明かりの息吹」はほかの展示会へ出展した作品で、その際のテーマが「花と月と妖精」でした。そのとき描きたいなと浮かんだのが「泡・和服・水面に映る月」で、展示のテーマと掛け合わせて幻想的な雰囲気をイメージしつつ膨らませていきました。和服と妖精の組み合わせもおもしろいかなと思って。普段から展示会のテーマと自分の描きたいものを擦り合わせて創作することが多いです。

Q2 Parumさんの描く作品は、自然体な姿の女の子があたたかな光に包まれている様子が魅力的です。また、散りばめられたホワイトも作品にきらめきを与えているように感じます。Parumさんが作品を描く際に、光の表現で意識されていることを伺えたら嬉しいです。

Parum ホワイト作業は作品に命が灯る工程なので、そう表現してもらえてとても嬉しいです！ 私はだいたい二〜三種類のホワイトを仕上げに使っていて、水で薄めたりベタ塗りしたりと光の強さを塗り分けています。種類によっては隠蔽力も違うのでホワイトの強弱がポイントかもしれないです。

Q3 お菓子やお花などのロマンチックなモチーフと、キュートないきものたちが登場する世界が愛らしく、惹かれております。Parumさんが作品を描く際に、好きなモチーフや構図として意識していることを教えてください。

Parum 可愛いモチーフやお菓子は昔からずっと好きで、フリルやリボンなどはつい描いちゃいます。遊び心のある絵も好きです。構図をまとめる際には基本的にはメインの子を中心に奥行きなどを意識しつつ小物や背景を決めていくのですが、感覚で描いている部分が多いので自分がしっくりくるまで何度もイメージし直すことも多いです（笑）。あと、手前をぼかすと奥行きも出やすく目を惹きやすいかな？と思い最近はよくそういった表現を使います。

Q4 最後に、今後描いてみたいモチーフや、絵の活動でしてみたいことを教えて下さい。

Parum 実は和服を描く機会が少なかったので今後は、和や中華など様々な世界観を描いてみたいです。また今は関西の展示会を中心に活動しているのですが、東京や東北の展示にも興味があります。メイキングや新しい画材にもチャレンジしたいし…やりたいことがたくさんなので、こつこつ精進していきます。

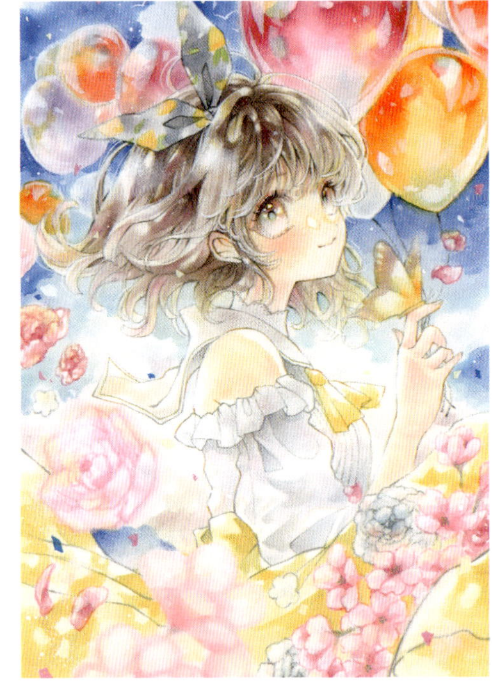

「Iris」／優しいにじみが、あたたかな作風とマッチしており見ていて癒される。木漏れ日のようなやわらかい光や舞い広がる花々がドラマチックで、ふわっとした心地よい風が伝わってくる。

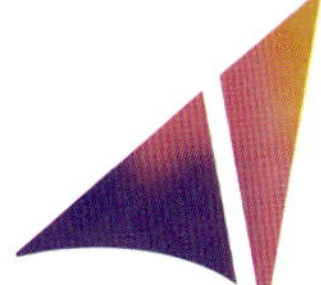

pixiv *High Schoolers Illustration Contest* 高校生イラコン2025

「pixiv高校生イラコン」は、ピクシブ主催の高校生向けイラストコンテストです。投稿時に高等学校もしくはそれに準ずる学校に在籍している方や15〜18歳の方であれば、国内外問わずに応募可能。同世代の作品が一堂に会することや、プロのクリエイターに作品を見てもらえるチャンスということで、毎年多くの力作が届きます。今年の応募総数は「1,497作品」。選ばれた上位受賞作品と審査員賞、エス編集部が注目した優秀賞・入賞作品を「SS（スモールエス）」の誌面で紹介します。引き込まれる世界観やキャラクター、デザイン力や発想力に注目しつつ、じっくりとご覧ください！

最優秀賞　み×3「人生」

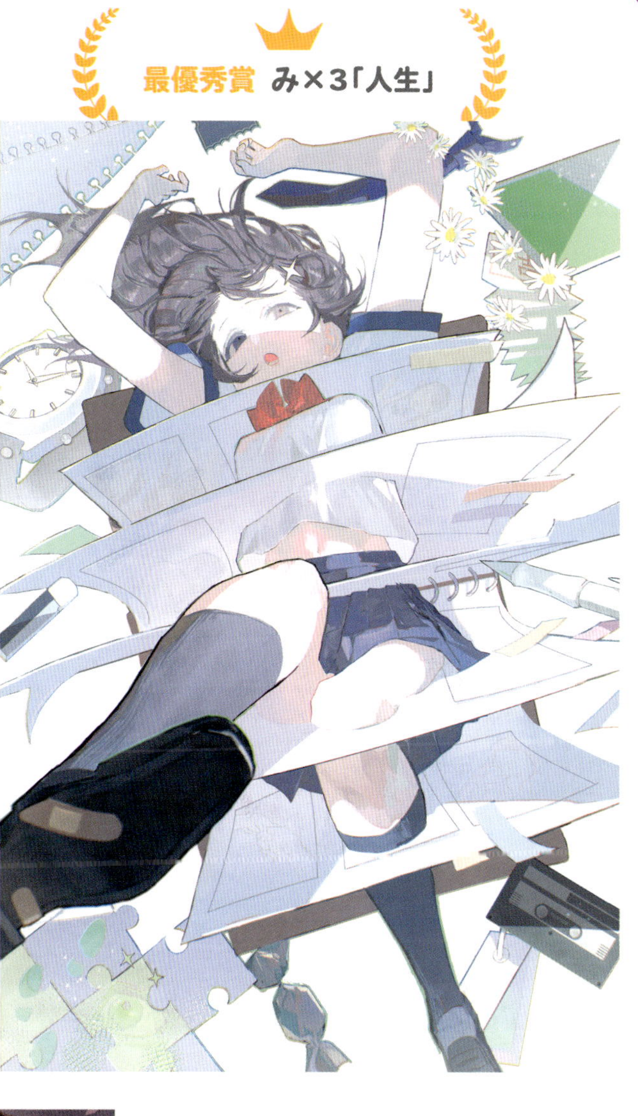

募集テーマ「時／Time」

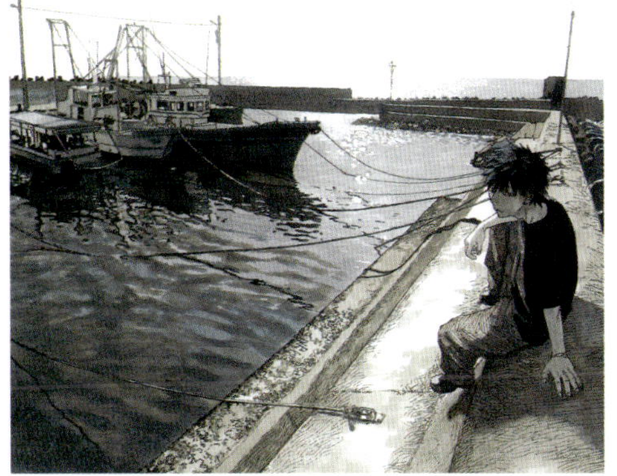

浦浦 浦賞｜故人「大切な」

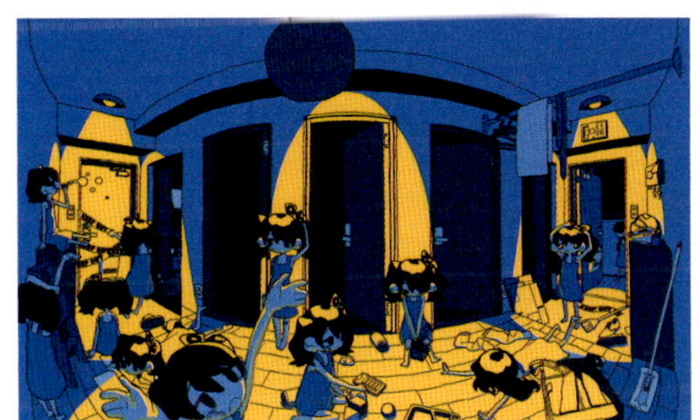

ろるあ賞｜jk「円環」

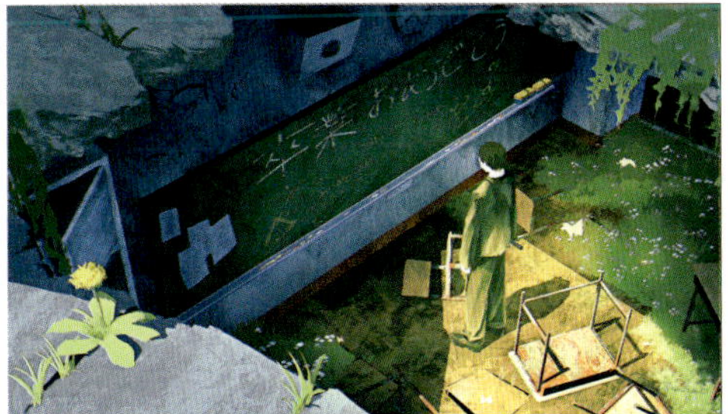

寺田てら賞｜越前蟹参号「寄り道、後ろ歩き」

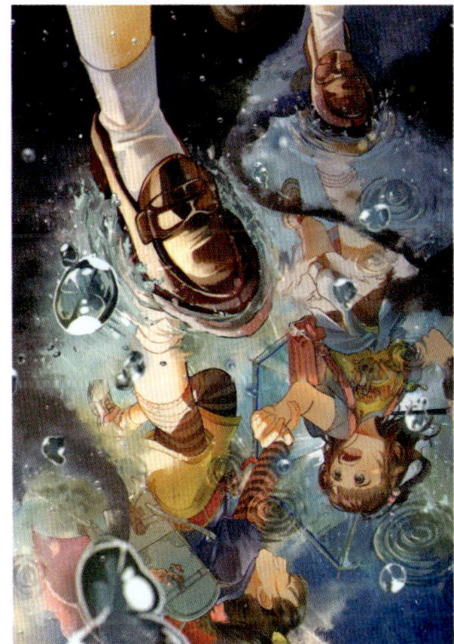

ネクストクリエイター賞｜小森師走「通学路」

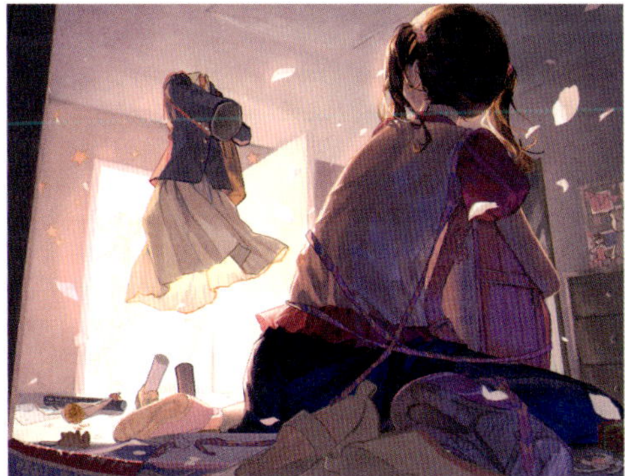

lack賞｜おさかな「来ないでッ！」

クリエイター審査員賞

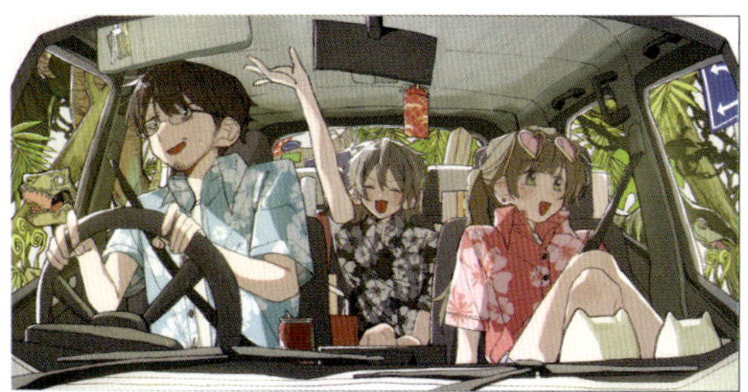

はるお賞｜ふぃる。「タイムトラベル」

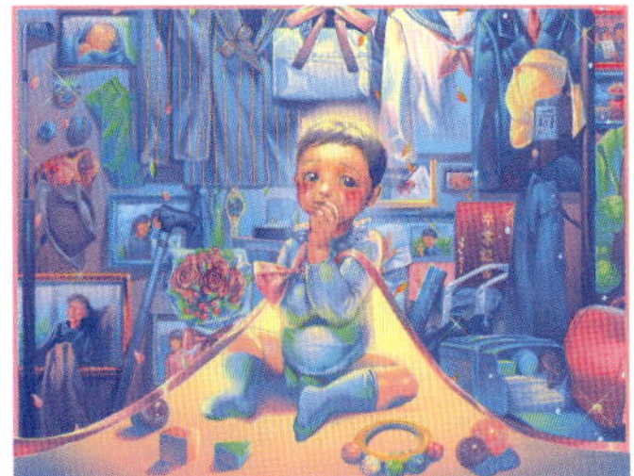

入賞｜yume「忘れないで」

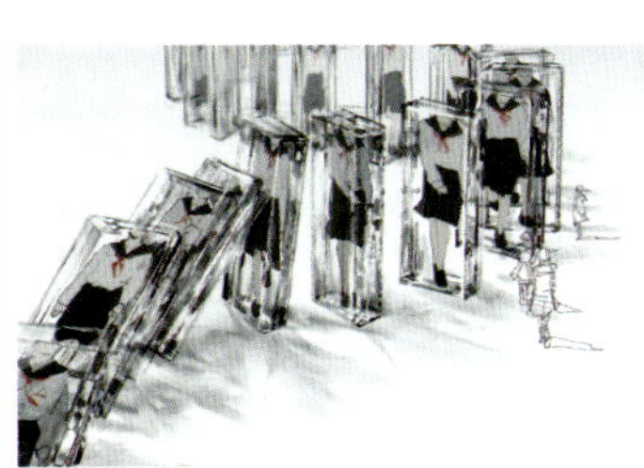

入賞｜IRE「Instantané」

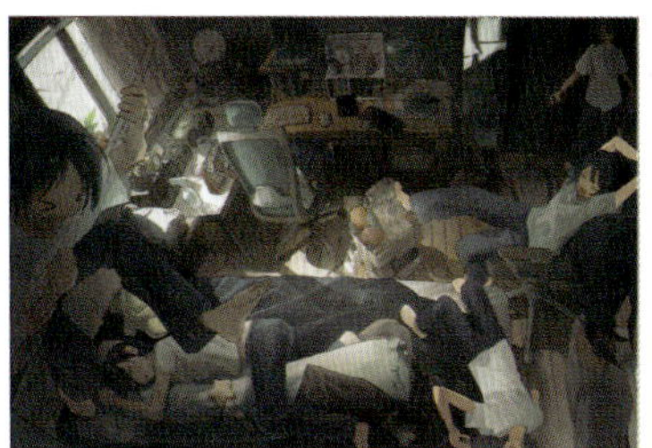

優秀賞｜김우에「通りすがるいつもの、」

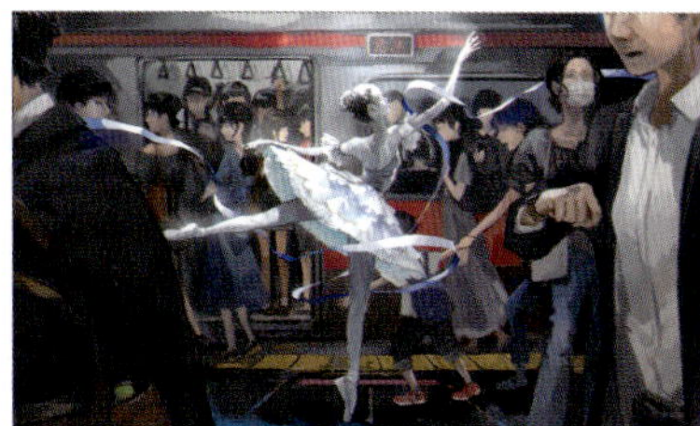

優秀賞｜キノセ「絶対時間」

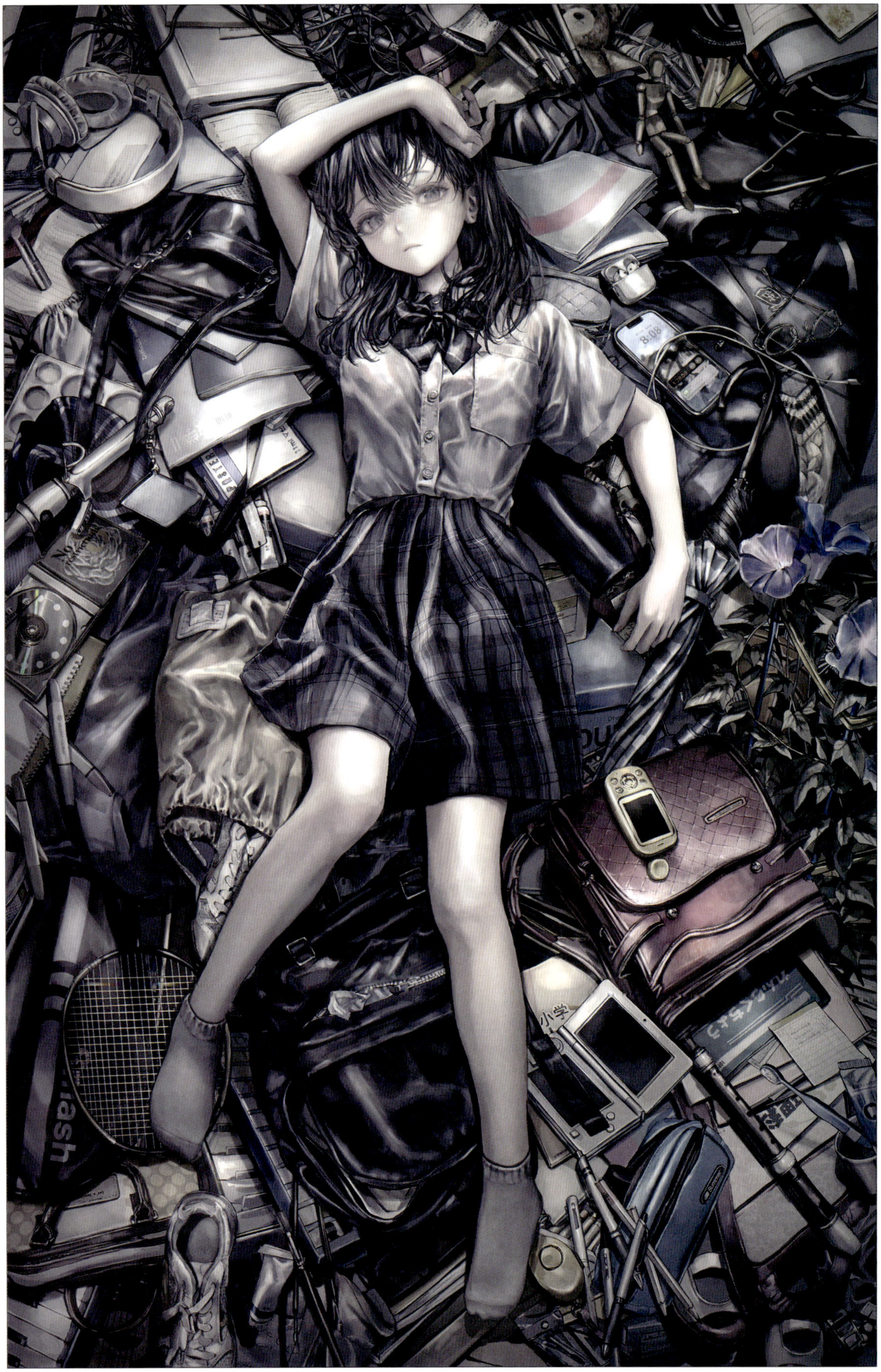

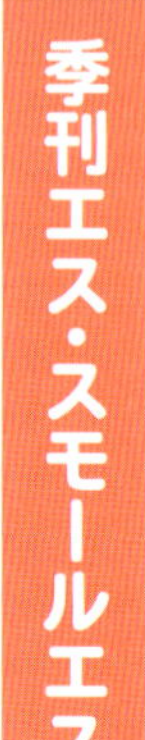

しらふ「背丈と共にのびる輪郭線」

回さなくなったCDも、固まった絵の具も、繋げないコードも、私をふちどる線になる。

comment

画面いっぱいに敷き詰められたアイテムと緻密な描写に圧倒されました！ 使い込まれたスクールバッグやスニーカー、電源が入っていないゲーム機や重なる楽器など、アイテムを紐解いていくことで女の子のバックボーンや過ごしてきた時間の流れを感じていく仕掛けも秀逸だと感じたところです。膨大なアイテムを描きながらも、女の子が埋もれないように白い肌や服のシワの立体感、色のバランスで存在感を出している、見せたいところが伝わる作品もすごいと感じております。全てを描き切った、しらふさんの作品に対するパワーにも引き込まれました。（季刊エス・スモールエス編集部）

応募作品を見たい！
クリエイター審査員の
コメントを聞きたい方は
こちらをチェック！

コンテスト概要・
応募作品は
こちらから

授賞式をpixiv
公式YouTube
で配信中

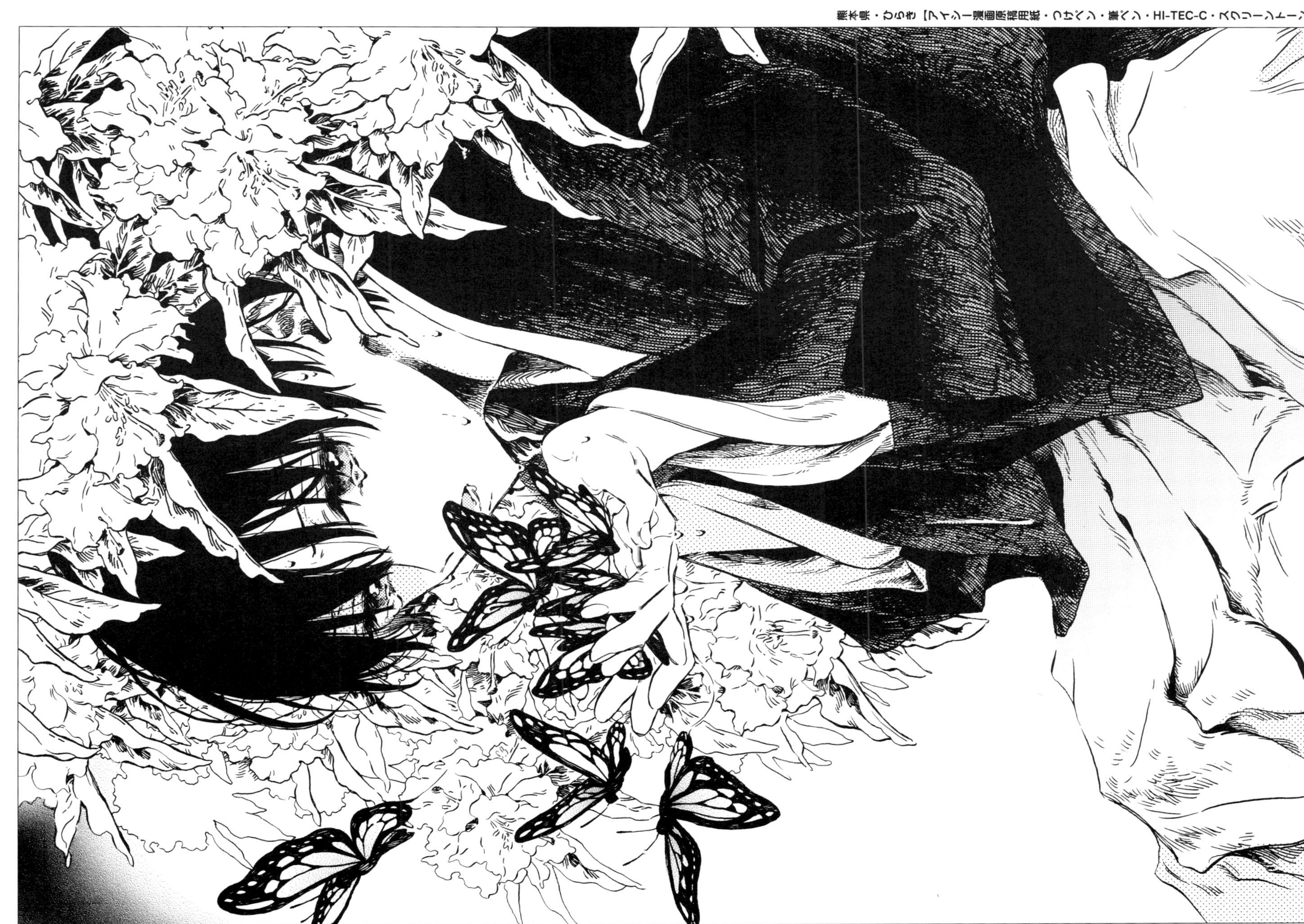

sea S
monochrome illust collection
今号も素敵なモノクロイラストを投稿ありがとうございます！
これからもたくさんの投稿をお待ちしております!!
熊本県・ひらき ［アイシー漫画原稿用紙・つけペン・筆ペン・HI-TEC-C・スクリーントーン］

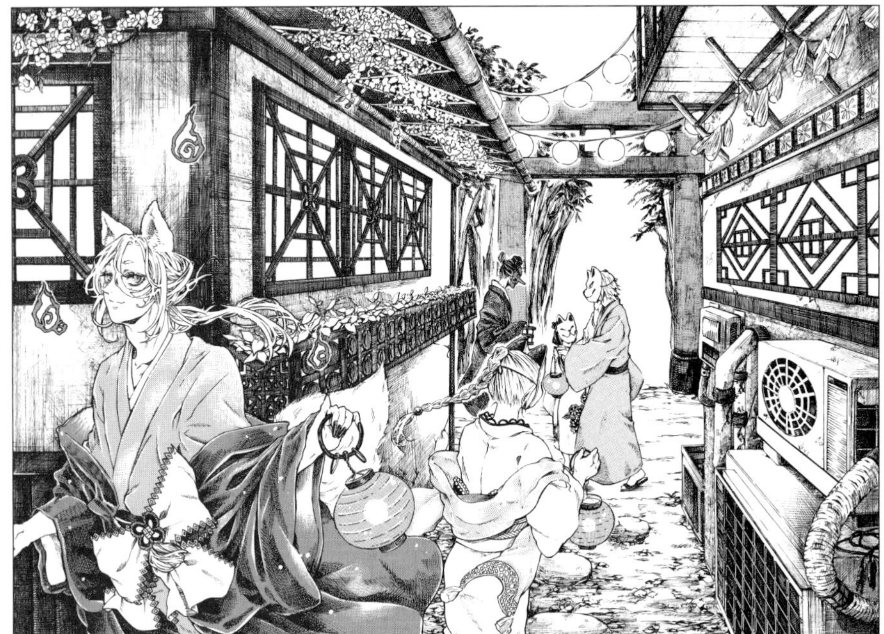

埼玉県・参崎シュリ【シグノ・コピックマルチライナー・スクリーントーン・ケント紙】

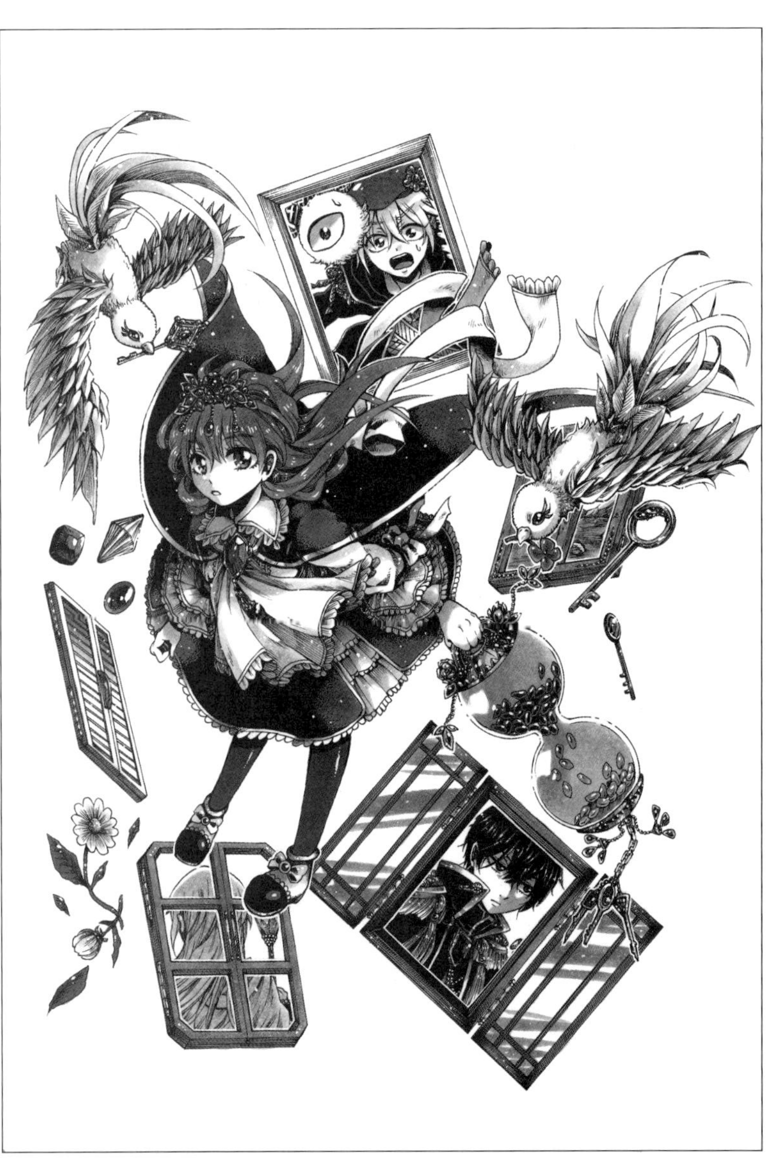

神奈川県・璃緒【アイシー漫画原稿用紙・コピックマルチライナー・コピックスケッチ・ミスノンホワイト・Gペン】【コピックマルチライナー（Black0.1/0.3）・マッキー（極細）・マッキーケア（超極細）・

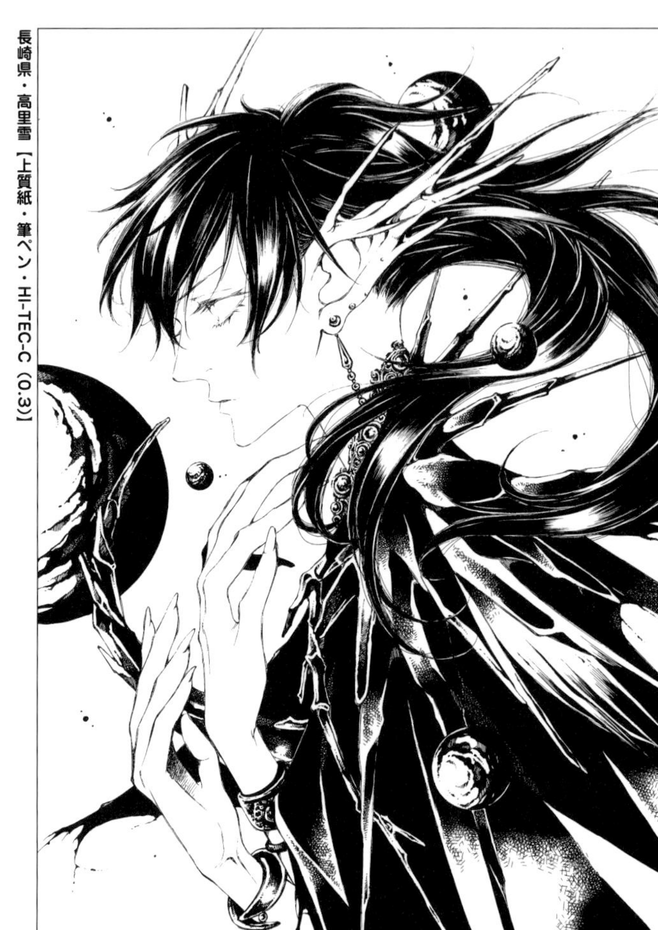

長崎県・高里雪【上質紙・筆ペン・HI-TEC-C（0.3）】

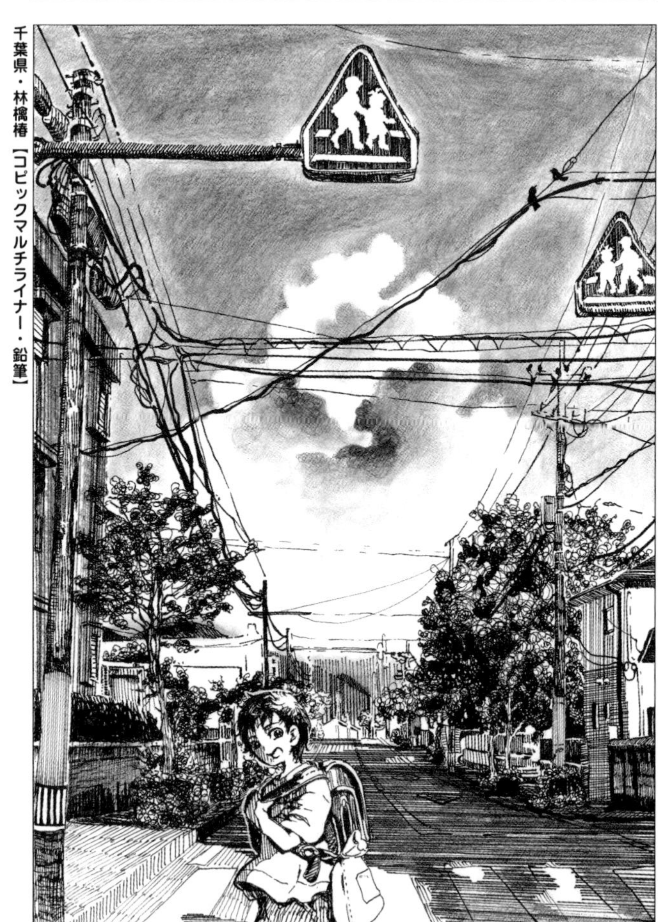

千葉県・林檎椿【コピックマルチライナー・鉛筆】

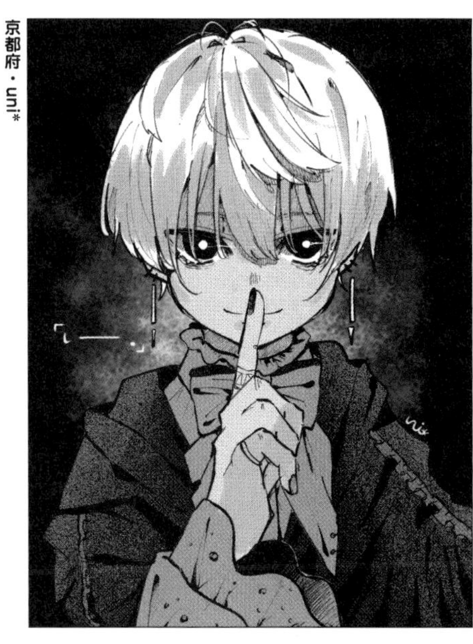

京都府・usi*

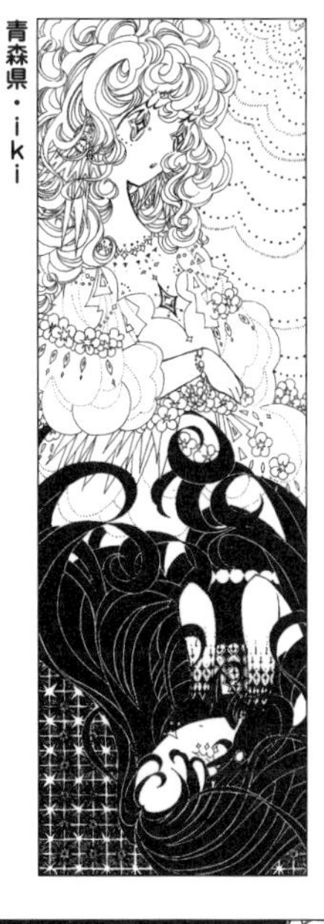

青森県・iki

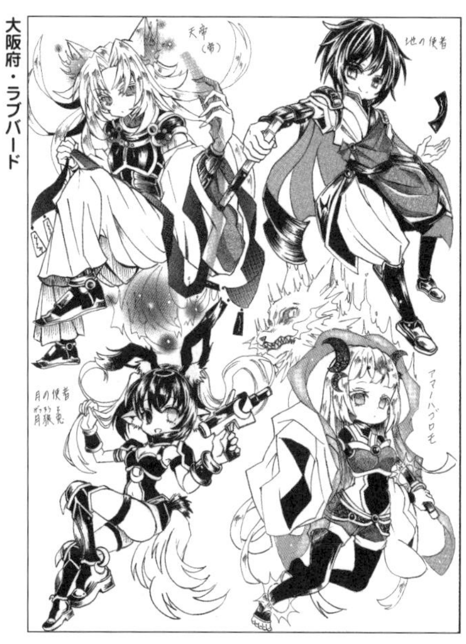

大阪府・ラブバード

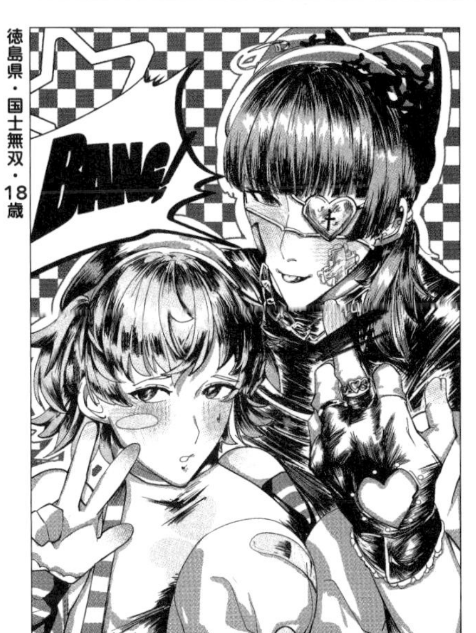

徳島県・国士無双・18歳

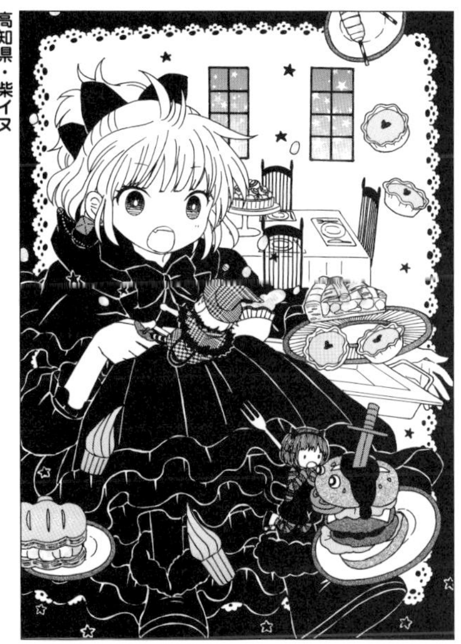

高知県・柴イヌ

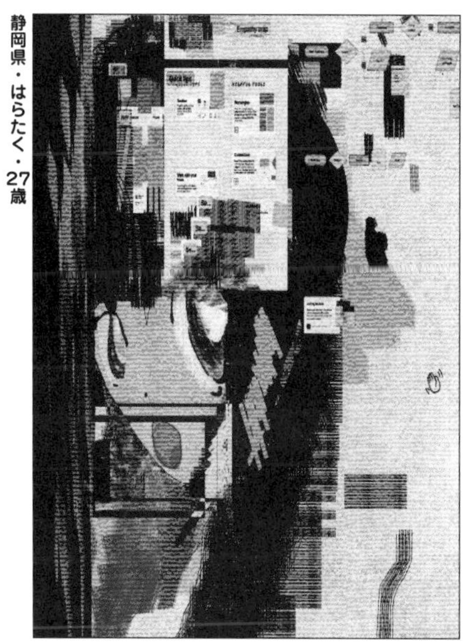

静岡県・はらたく・27歳

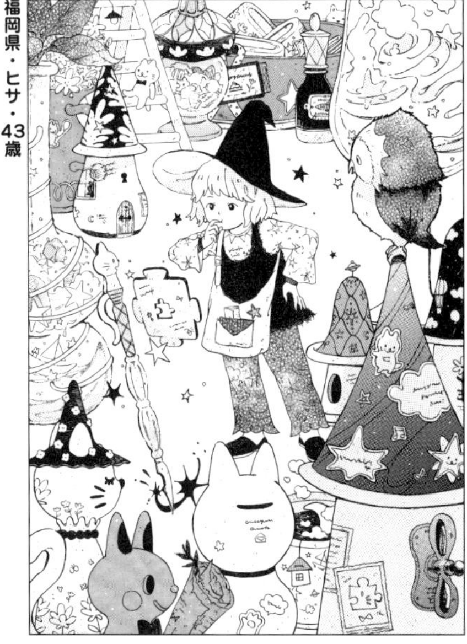

福岡県・ヒサ・43歳

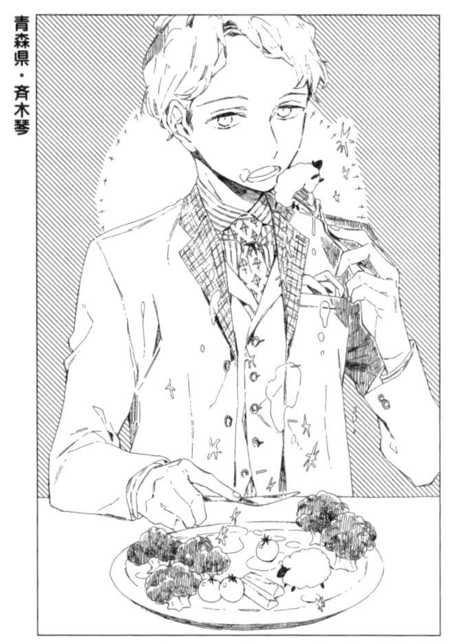

青森県・斉木琴

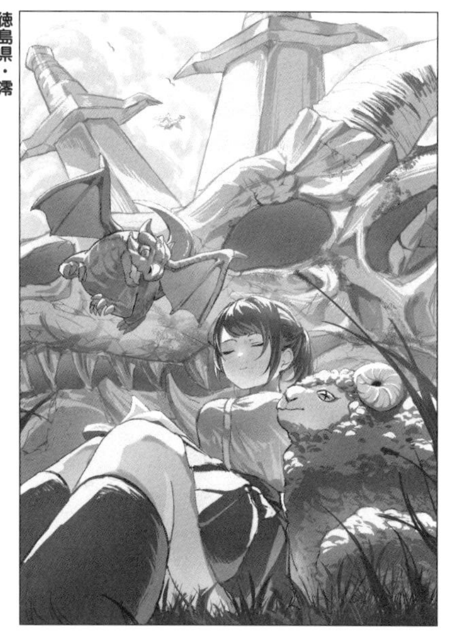

徳島県・澪

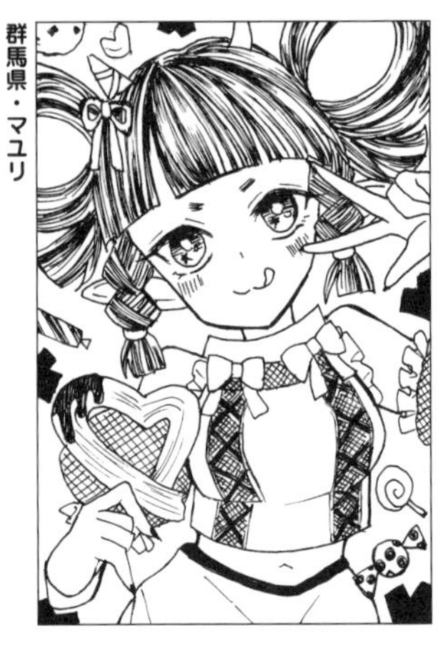

群馬県・マユリ

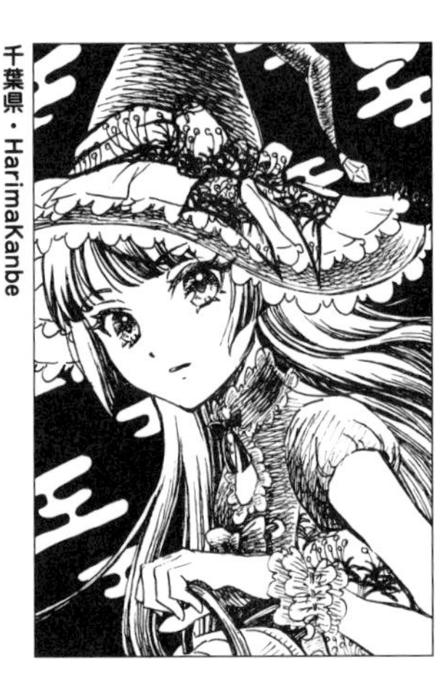

千葉県・HarimaKanbe

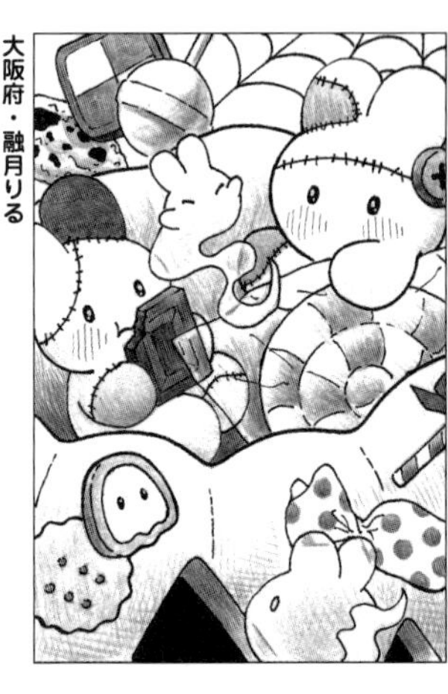

大阪府・融月りる

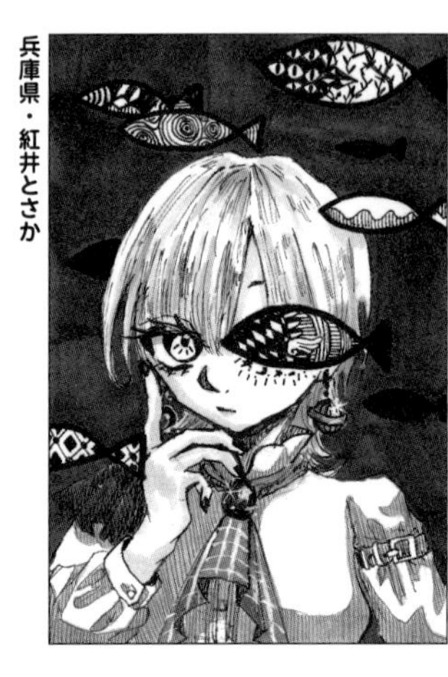

兵庫県・紅井とさか

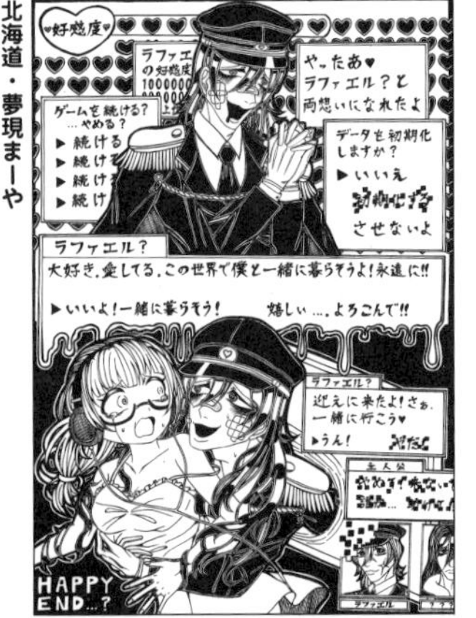

北海道・夢現まーや

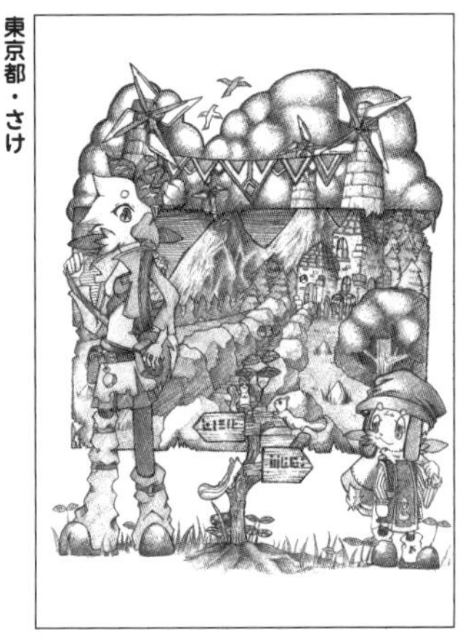

東京都・さけ

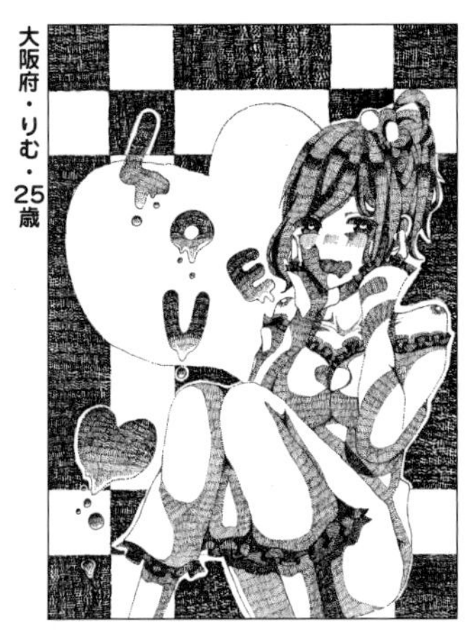

大阪府・りむ・25歳

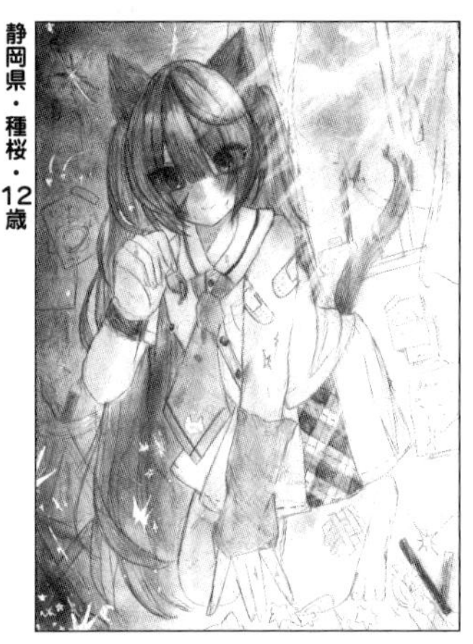

静岡県・種桜・12歳

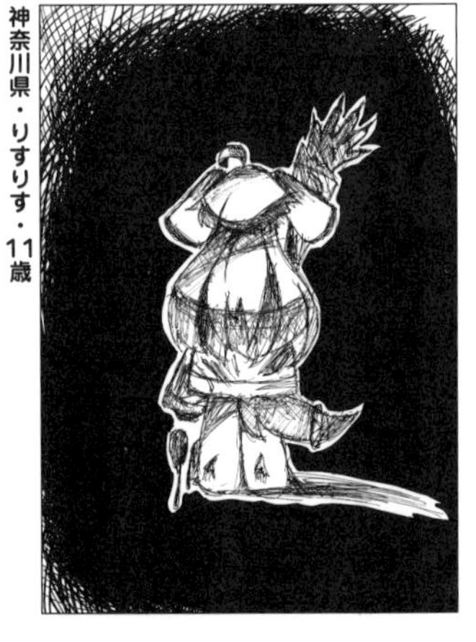

神奈川県・りすりす・11歳

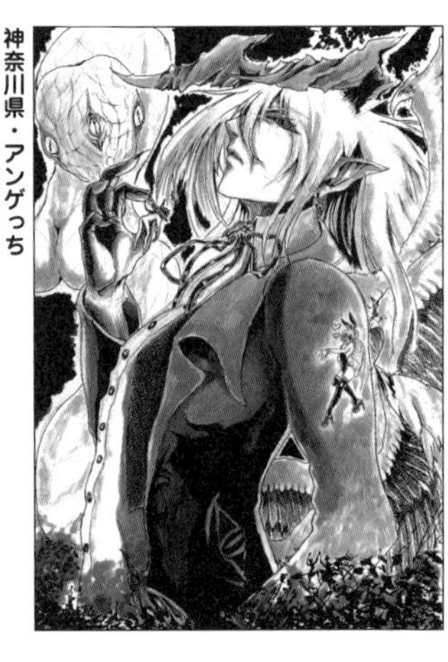

神奈川県・アンゲっち

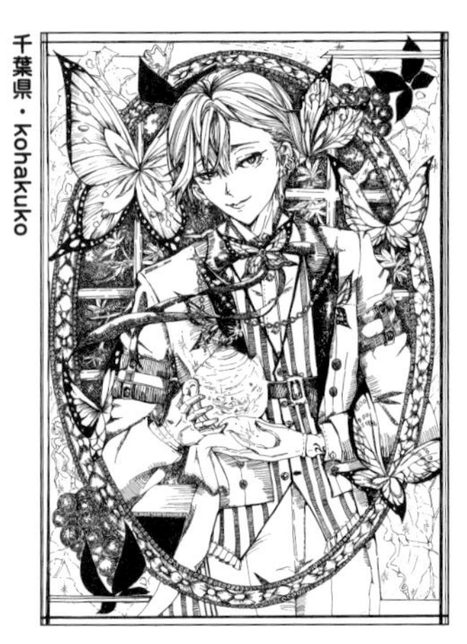

千葉県・kohakuko

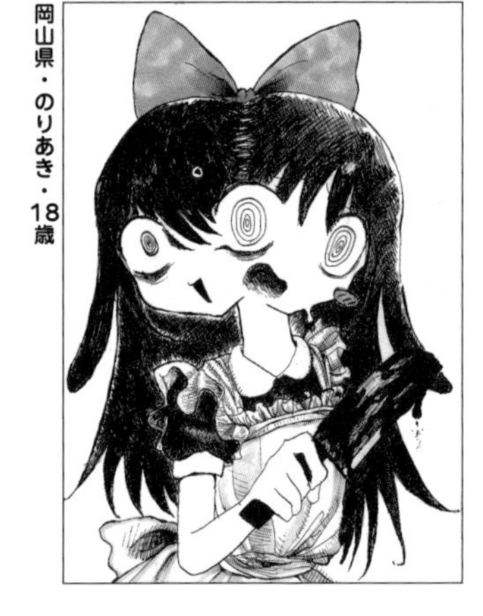

岡山県・のりあき・18歳

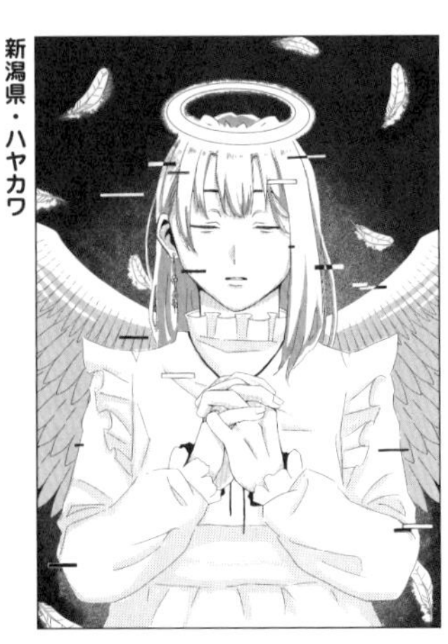

新潟県・ハヤカワ

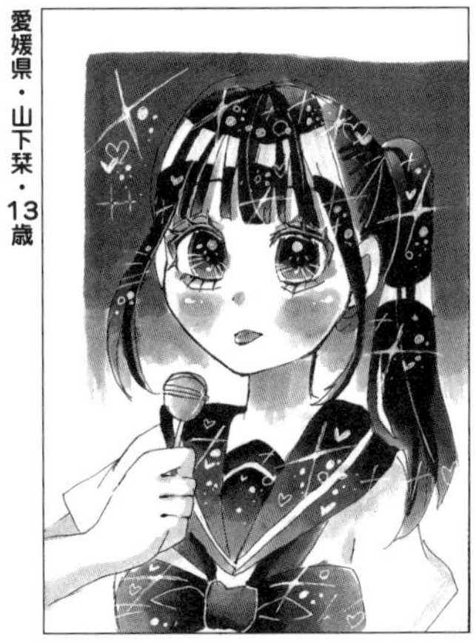

愛媛県・山下菜・13歳

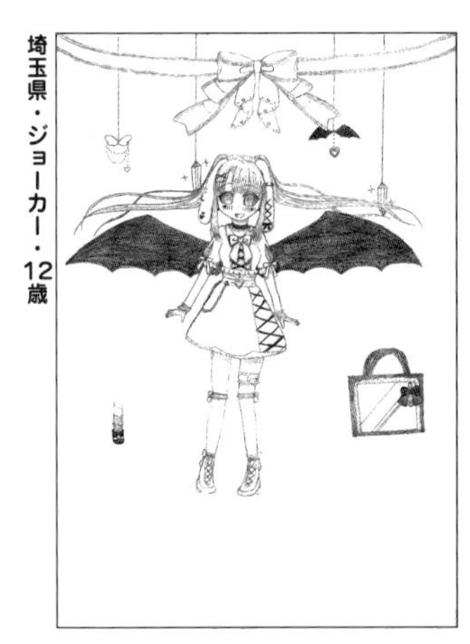

埼玉県・ジョーカー・12歳

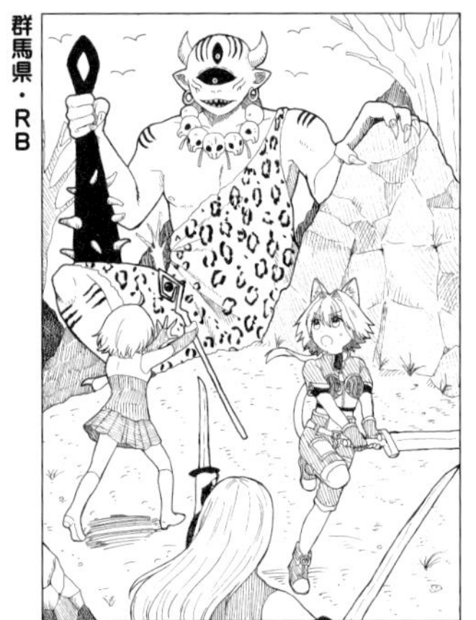

群馬県・RB

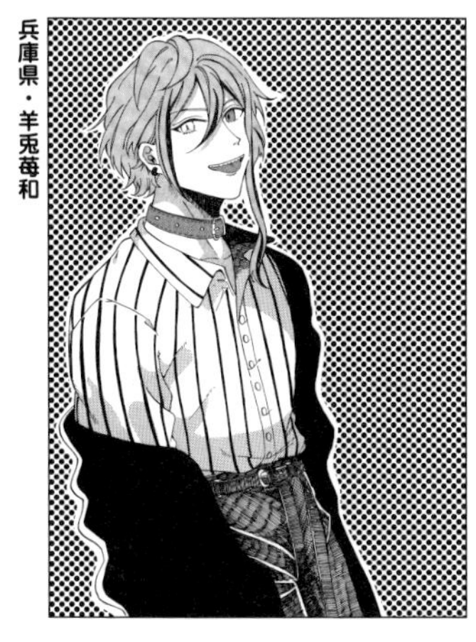

兵庫県・羊兎苺和

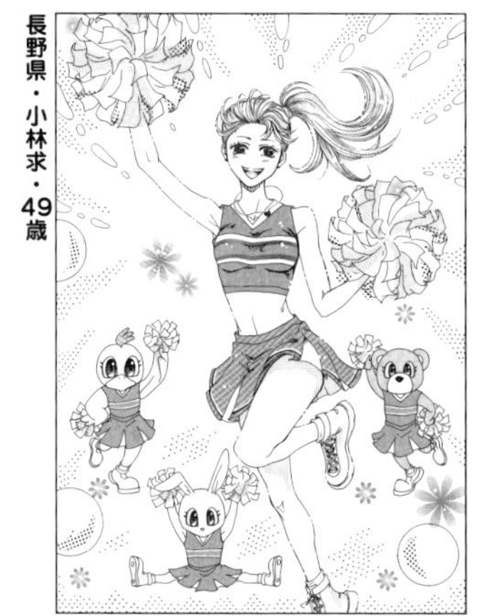

長野県・小林求・49歳

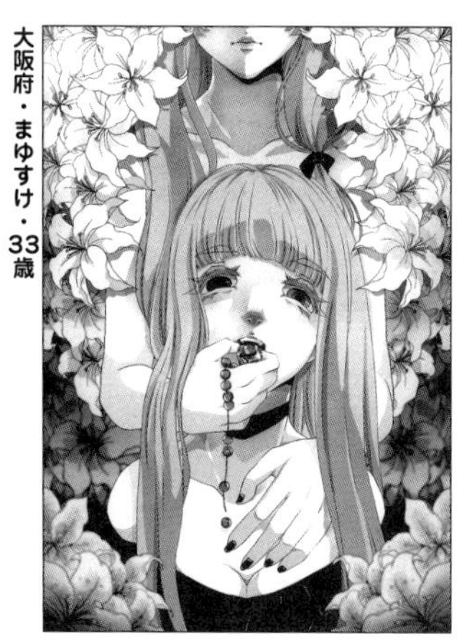

大阪府・まゆすけ・33歳

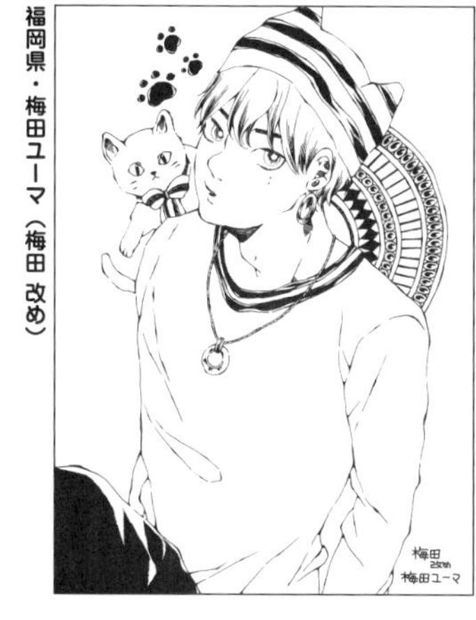

福岡県・梅田ユーマ（梅田 改め）

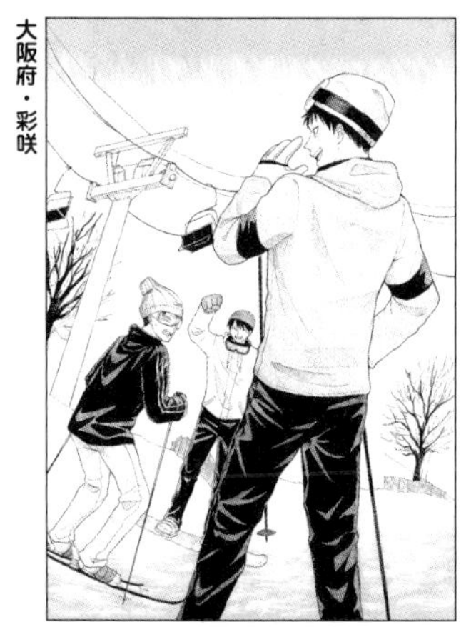

大阪府・彩咲

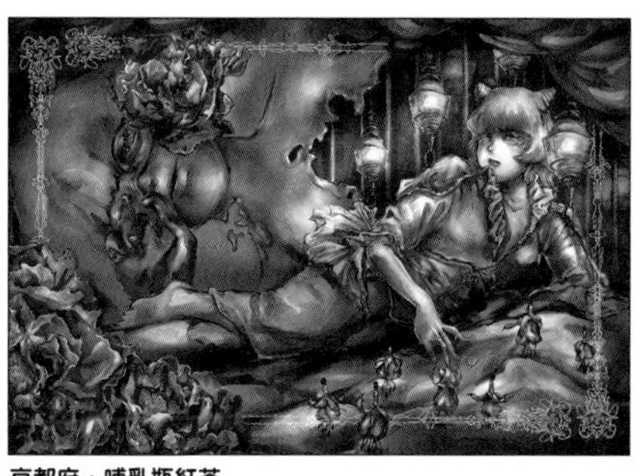

京都府・哺乳瓶紅茶。

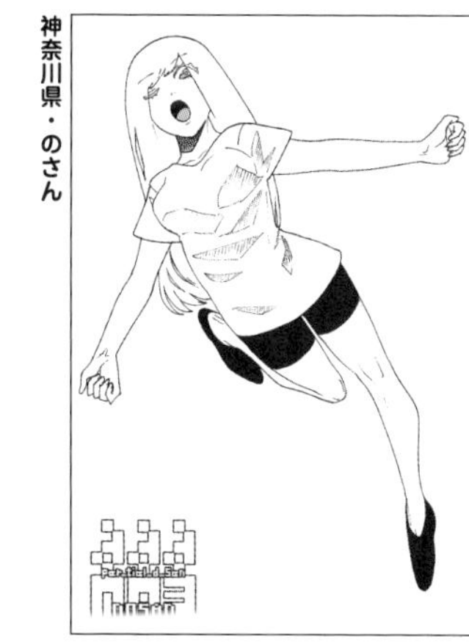

神奈川県・のさん

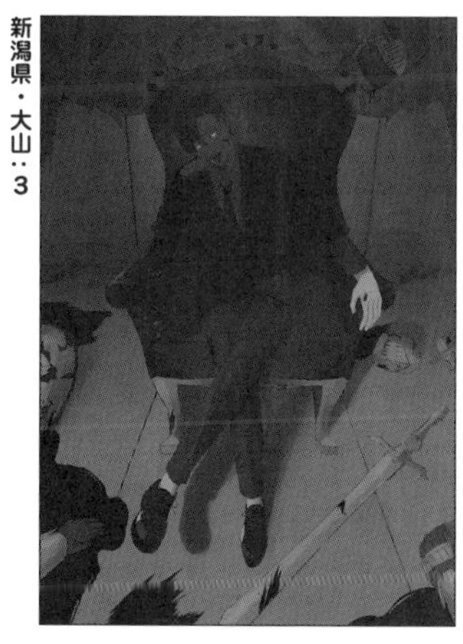

新潟県・大山：3

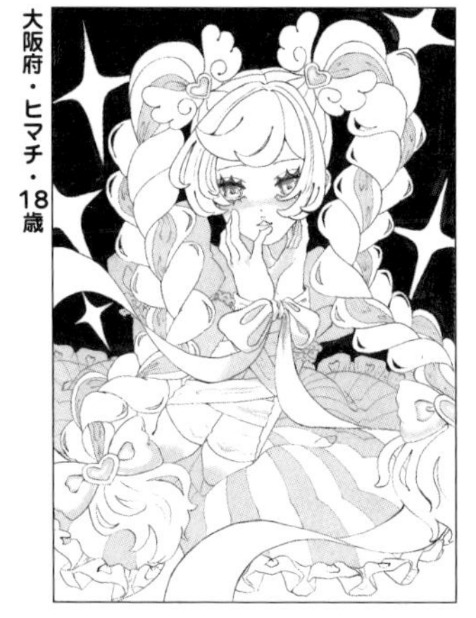

大阪府・ヒマチ・18歳

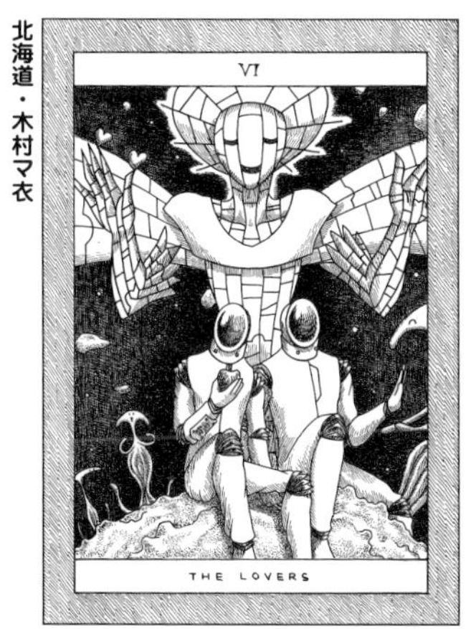

北海道・木村マ衣

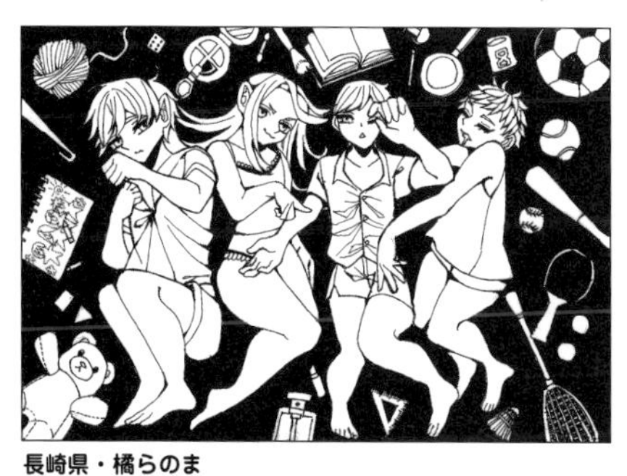

長崎県・橘らのま

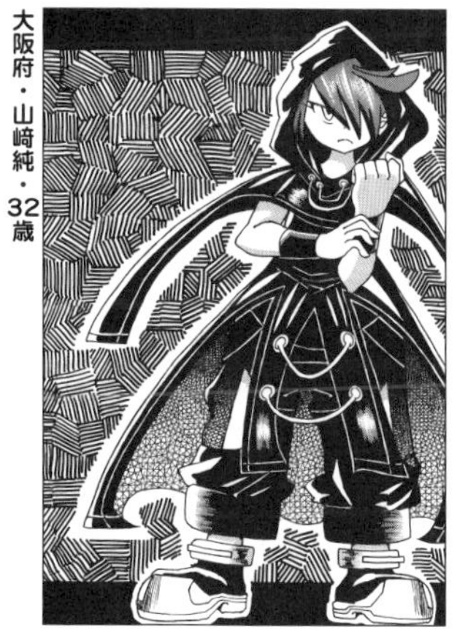

大阪府・山崎純・32歳

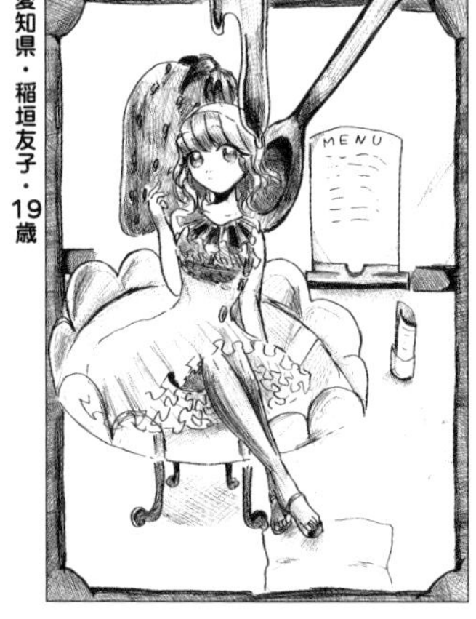

愛知県・稲垣友子・19歳

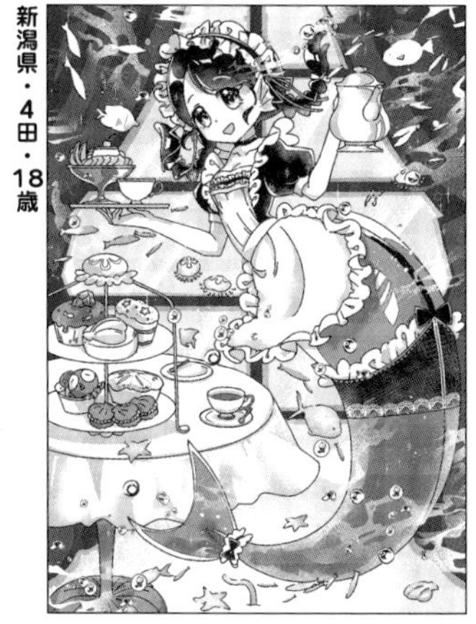

新潟県・4田・18歳

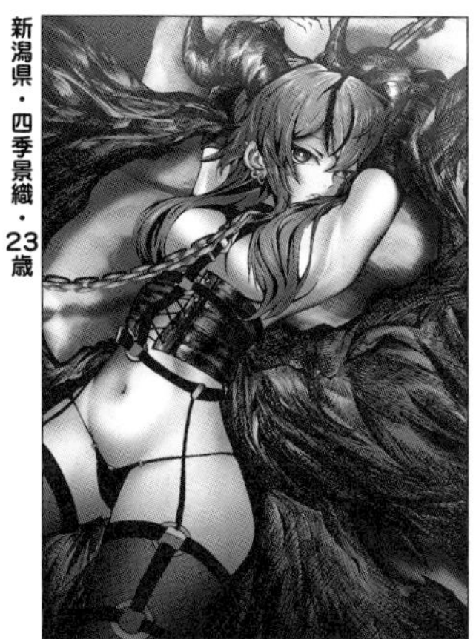

新潟県・四季景織・23歳

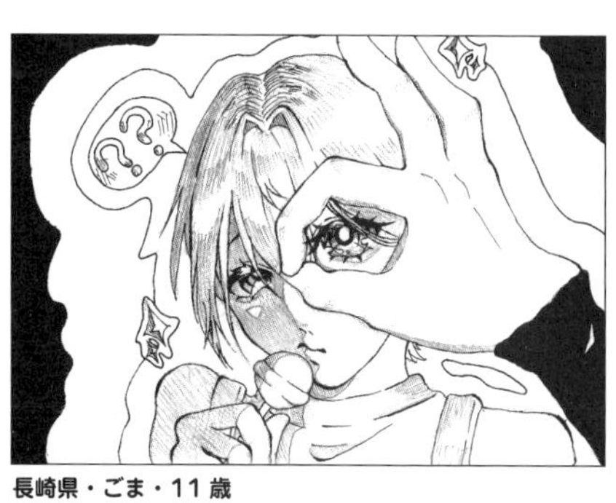

長崎県・ごま・11歳

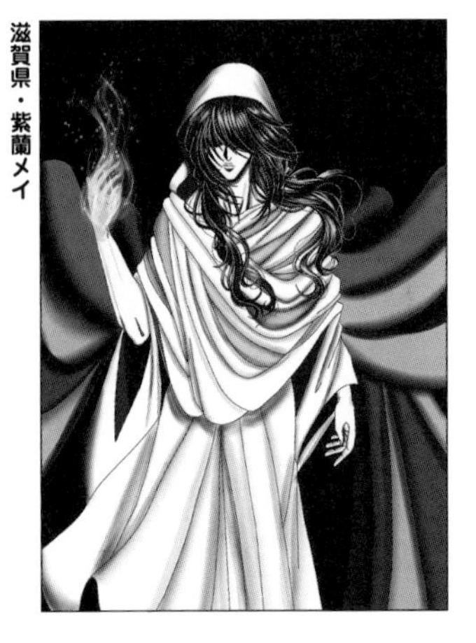

滋賀県・紫蘭メイ

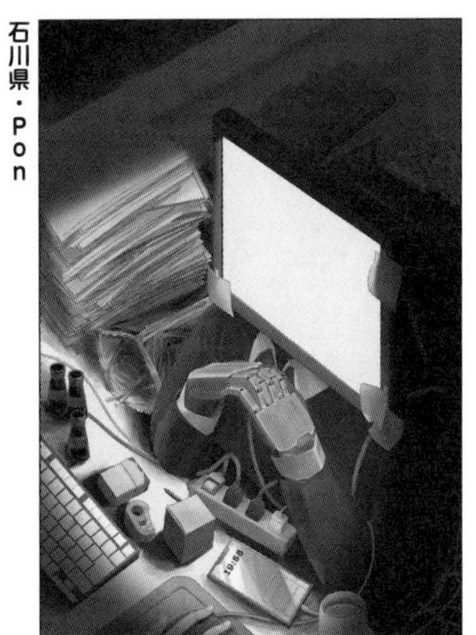

石川県・Ｐｏｎ

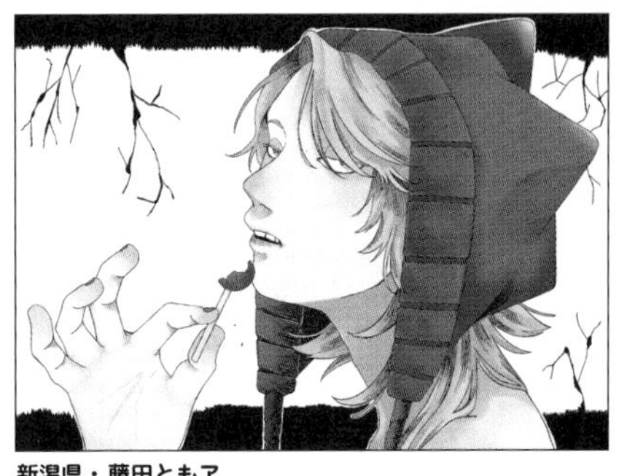

新潟県・藤田ともヱ

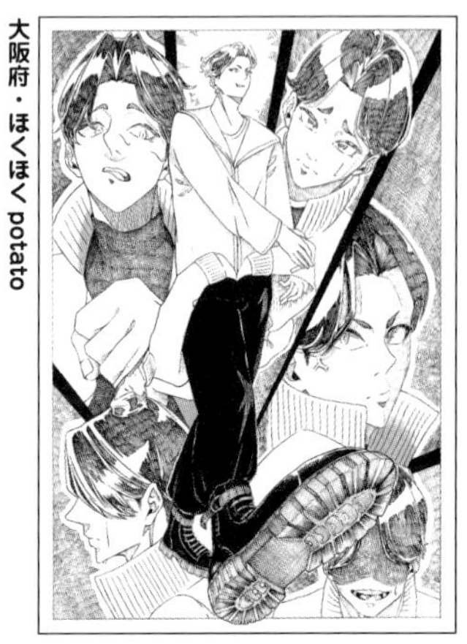

大阪府・ほくほく potato

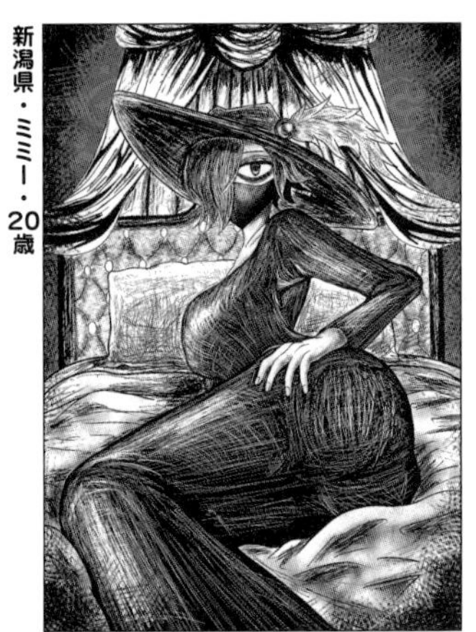

新潟県・ミミー・20歳

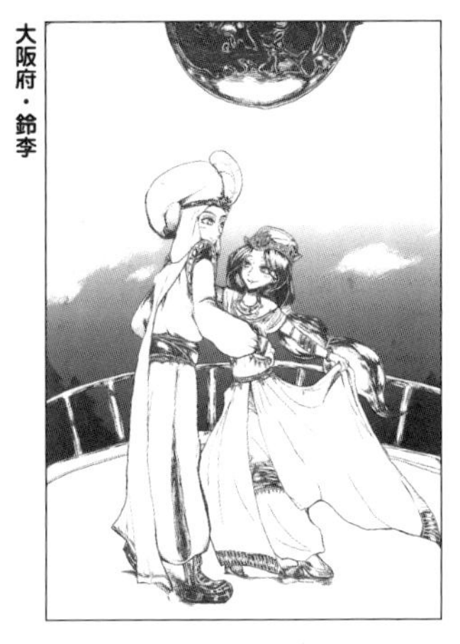

大阪府・鈴李

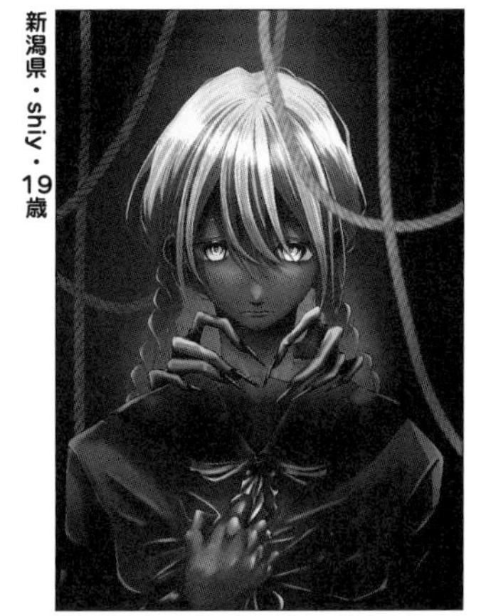

新潟県・shiy・19歳

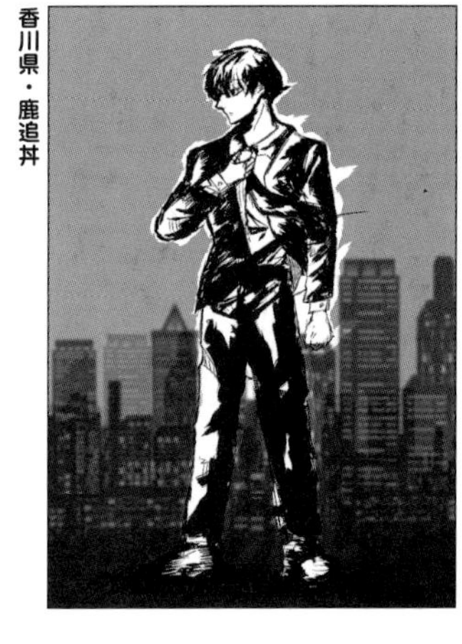

香川県・鹿追丼

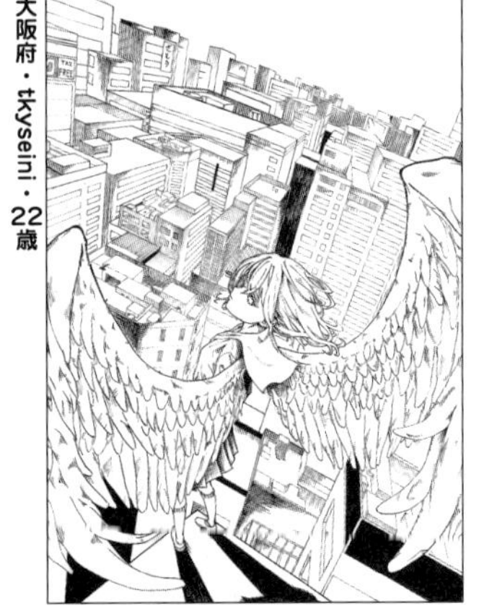

大阪府・tkyseini・22歳

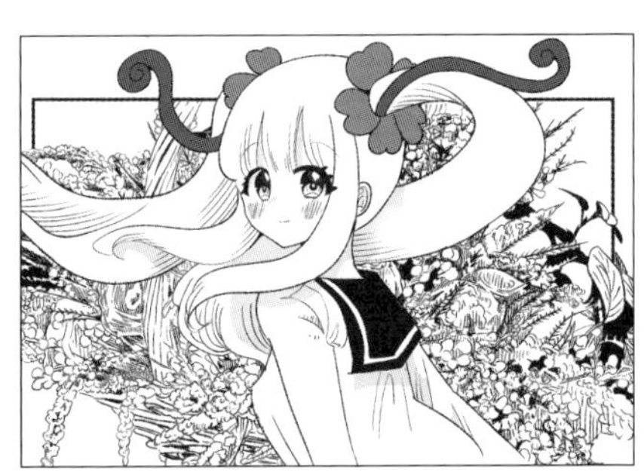

兵庫県・紫山四子

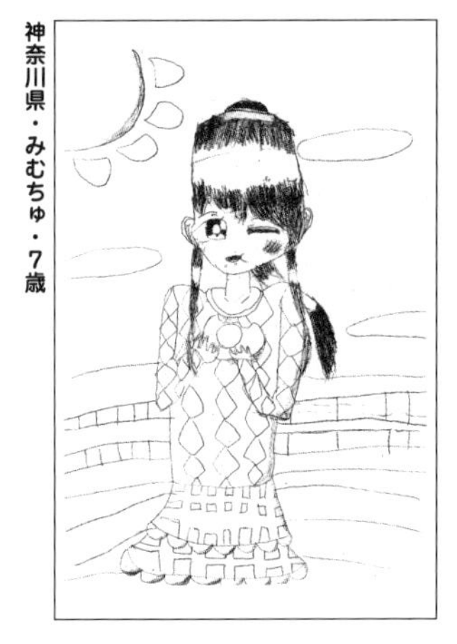

神奈川県・みむちゅ・7歳

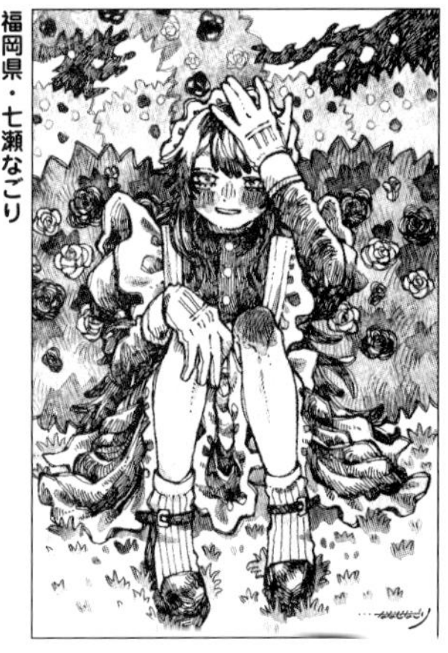

福岡県・七瀬なごり

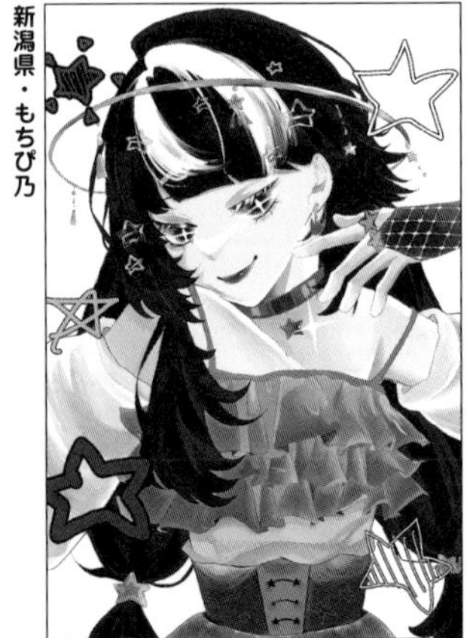

新潟県・もちび乃

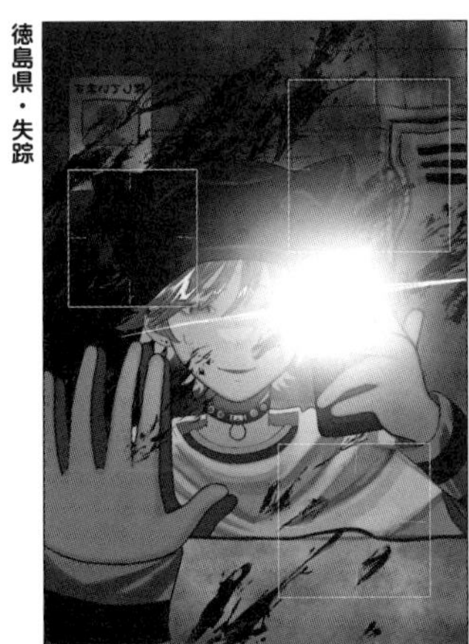

徳島県・失踪

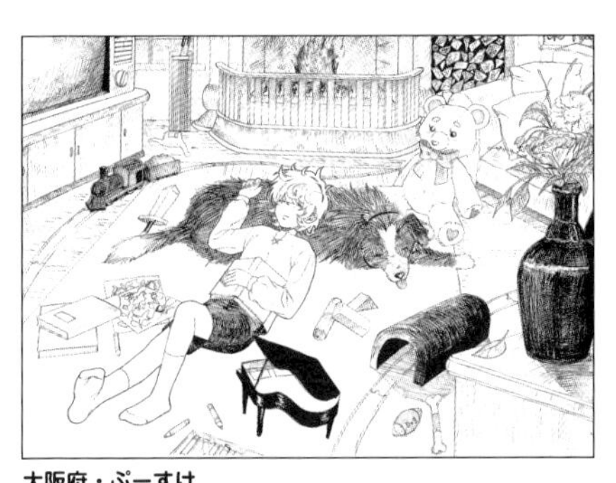

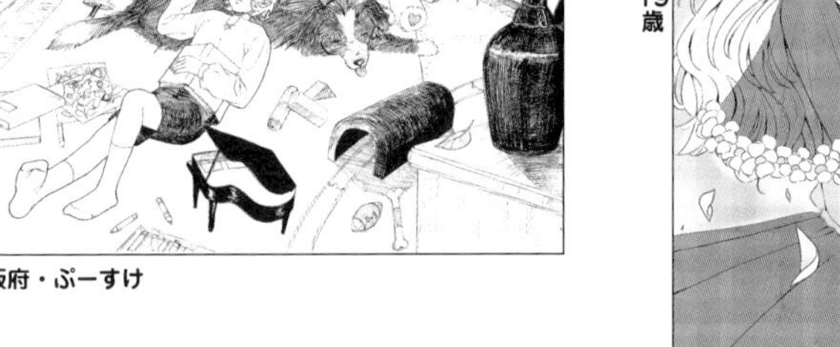

大阪府・ぶーすけ

兵庫県・イチゴタルト・19歳

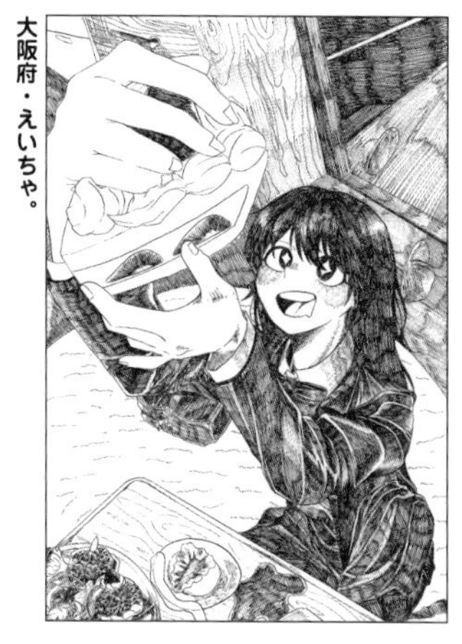

大阪府・えいちゃ。

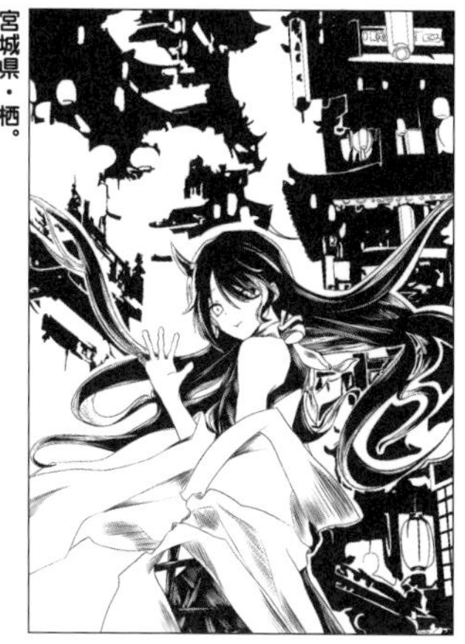

宮城県・栖。

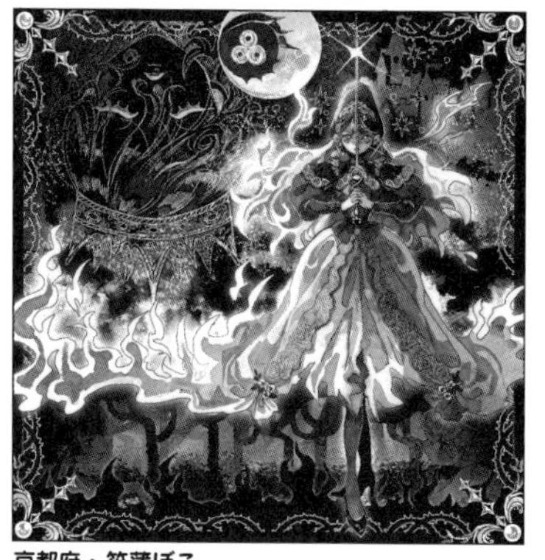

京都府・笹蒲ぼこ

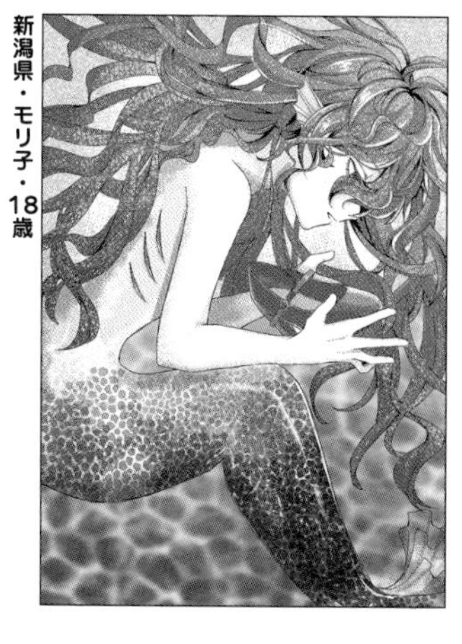

新潟県・モリ子・18歳

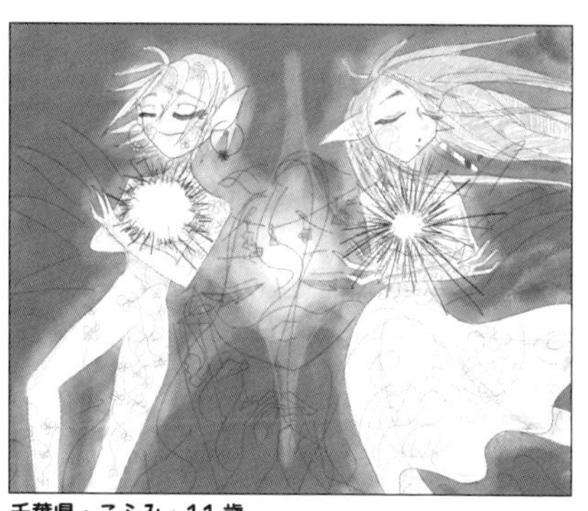

千葉県・こふみ・11歳

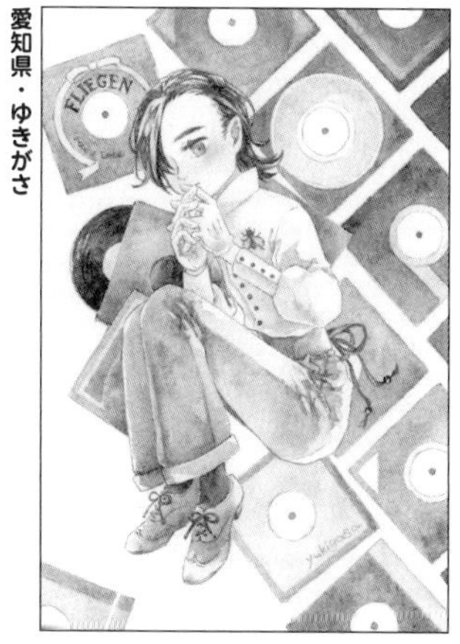

愛知県・ゆきがさ

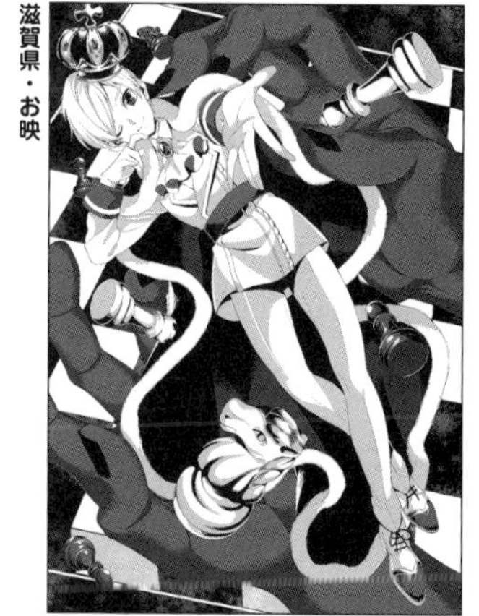

滋賀県・お映

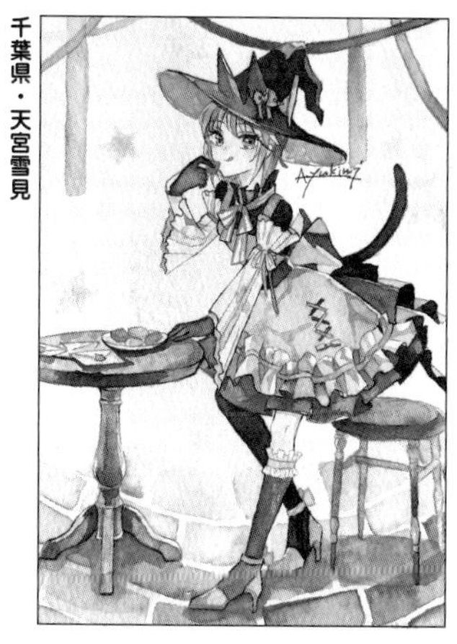

千葉県・天宮雪見

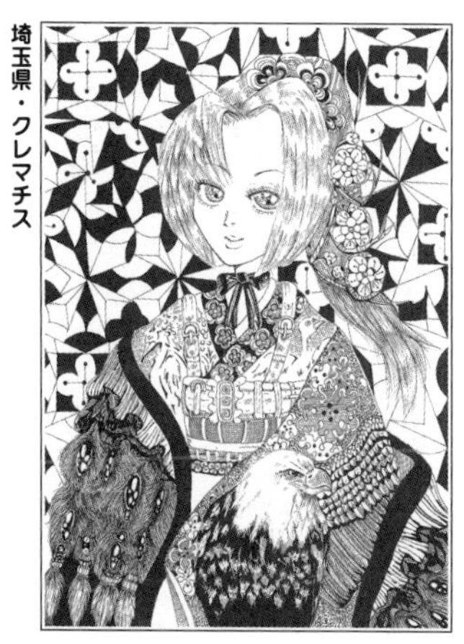

埼玉県・クレマチス

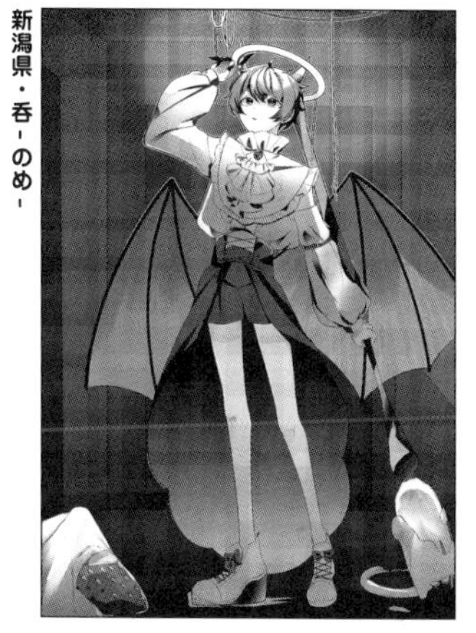

新潟県・呑-のめ-

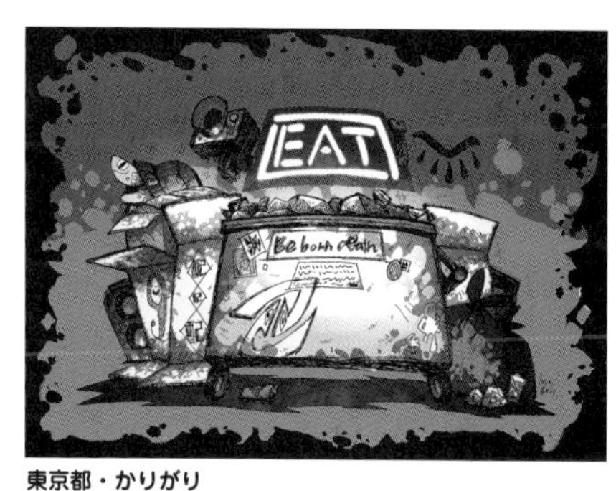

東京都・かりがり

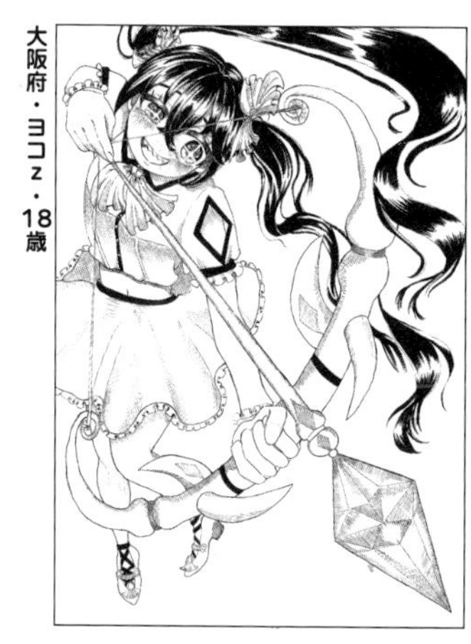

大阪府・ヨコヱz・18歳

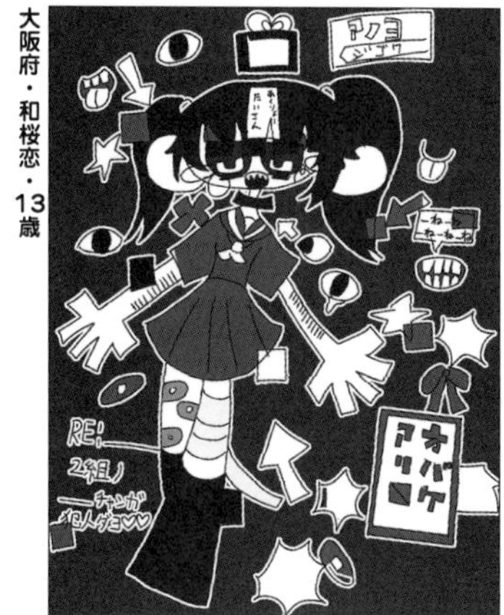

大阪府・和桜恋・13歳

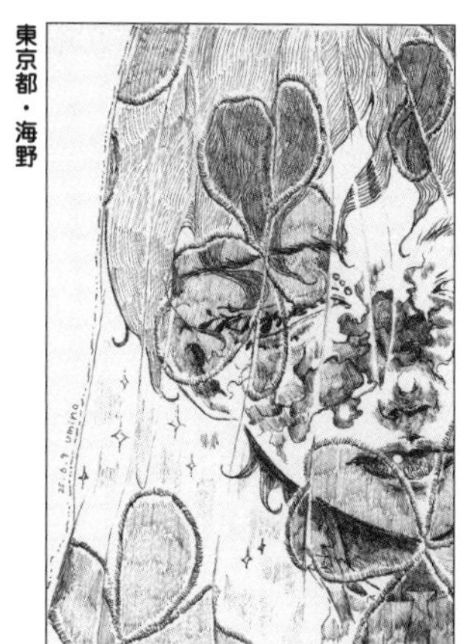

東京都・海野

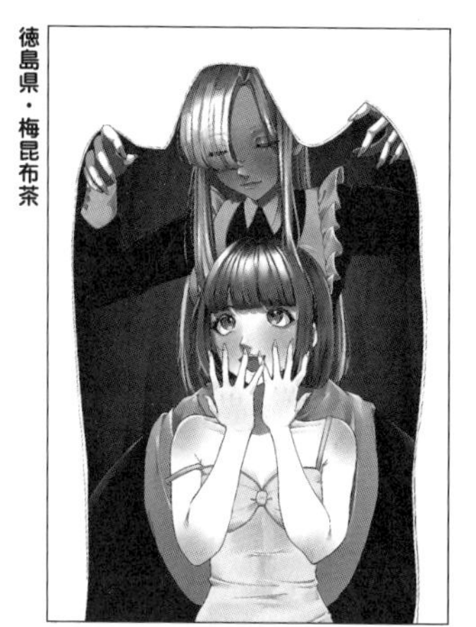

徳島県・梅昆布茶

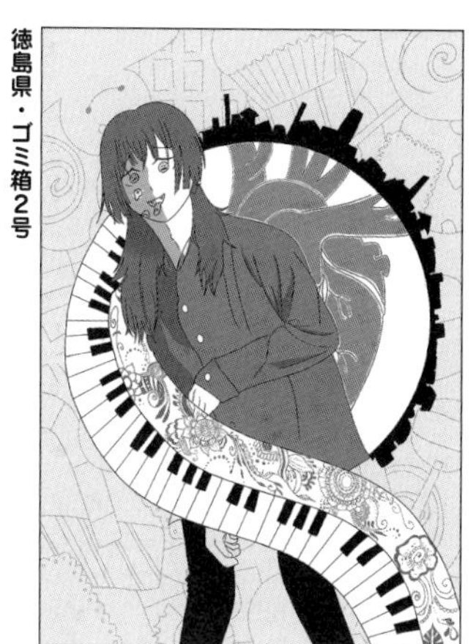

徳島県・ゴミ箱2号

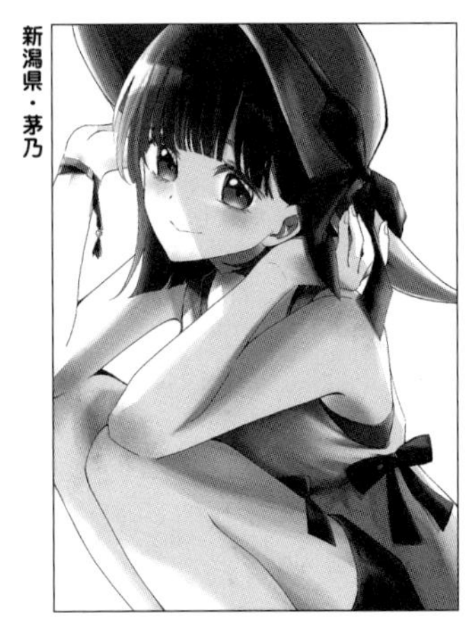

新潟県・茅乃

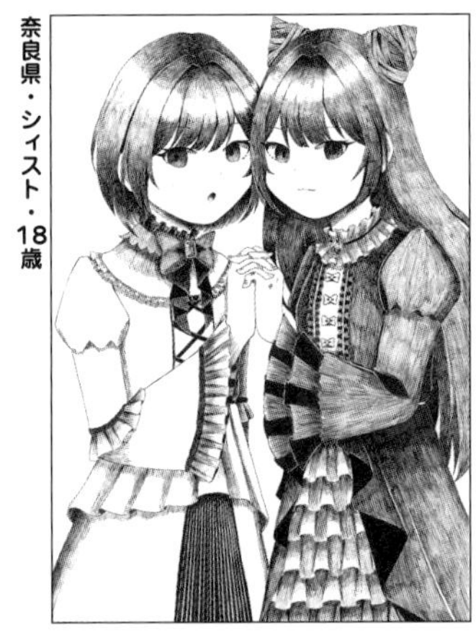

奈良県・シィスト・18歳

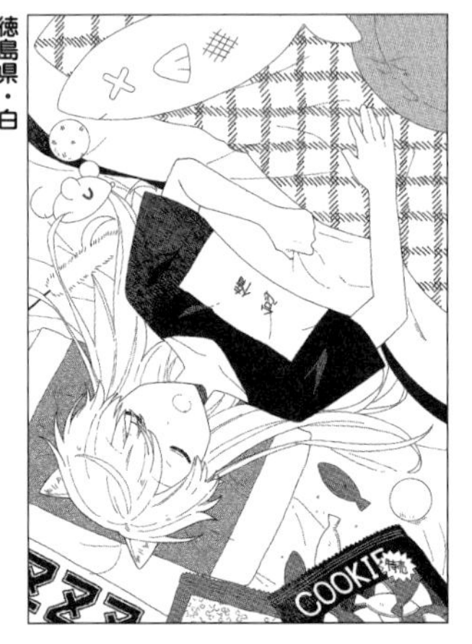

徳島県・白

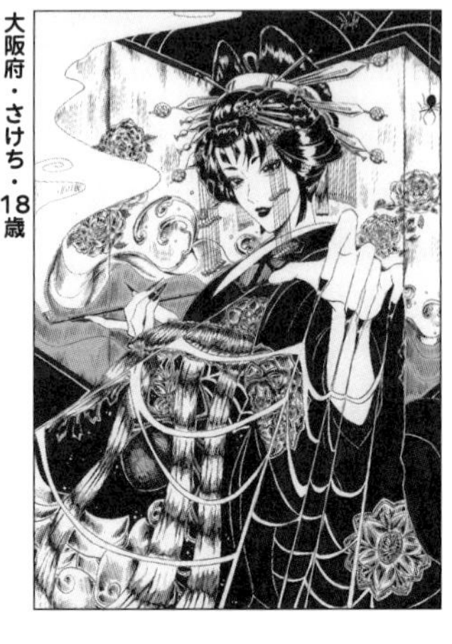

大阪府・さけち・18歳

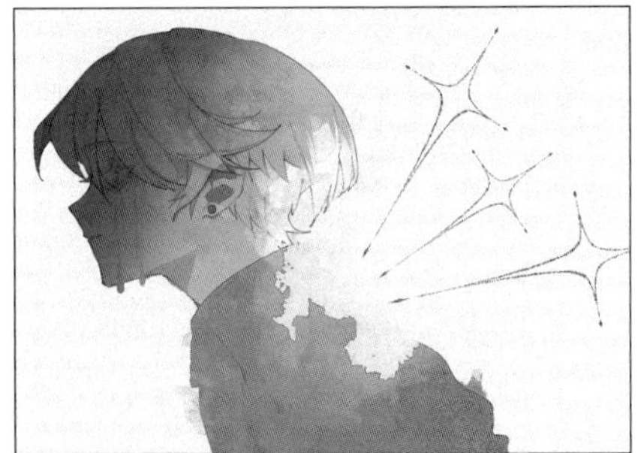

佐賀県・OYAKATA

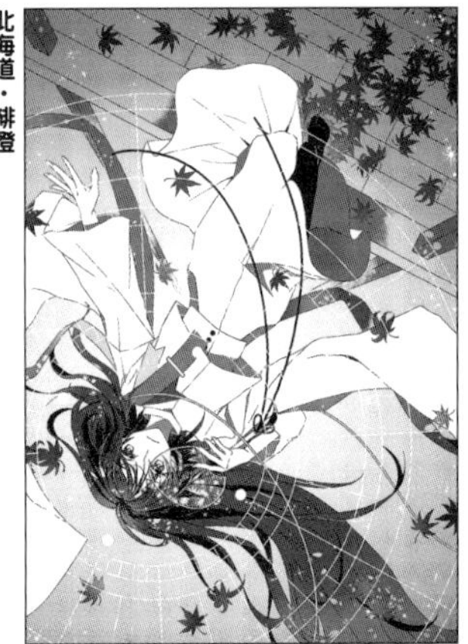

北海道・緋澄

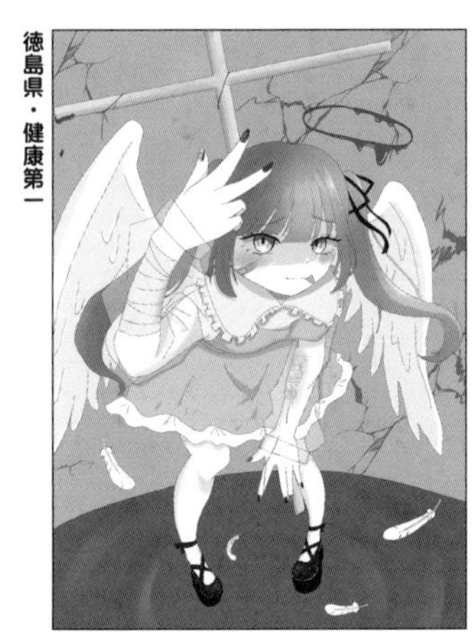

徳島県・健康第一

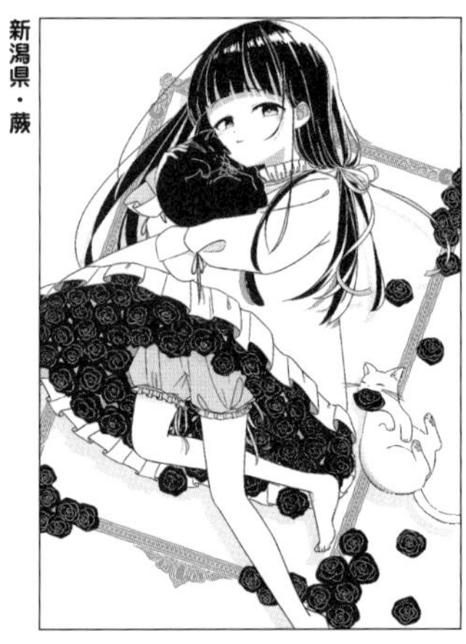

新潟県・蕨

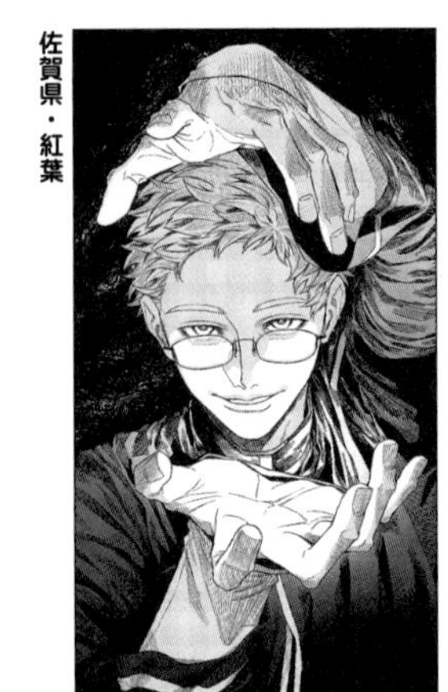

佐賀県・紅葉

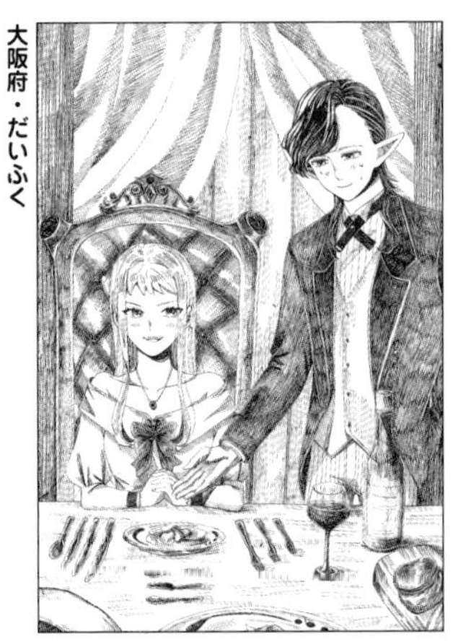

大阪府・だいふく

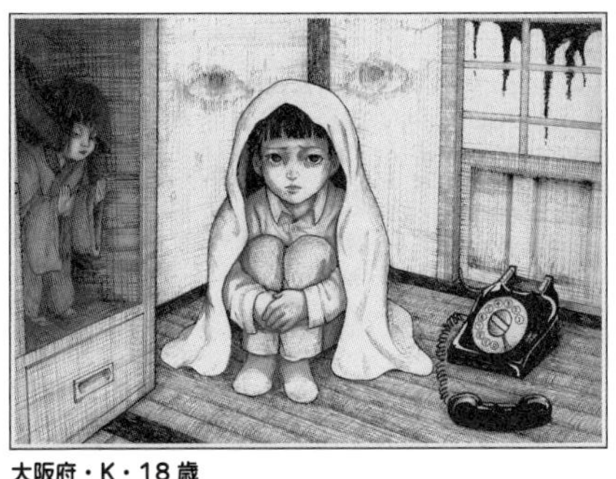

大阪府・K・18歳

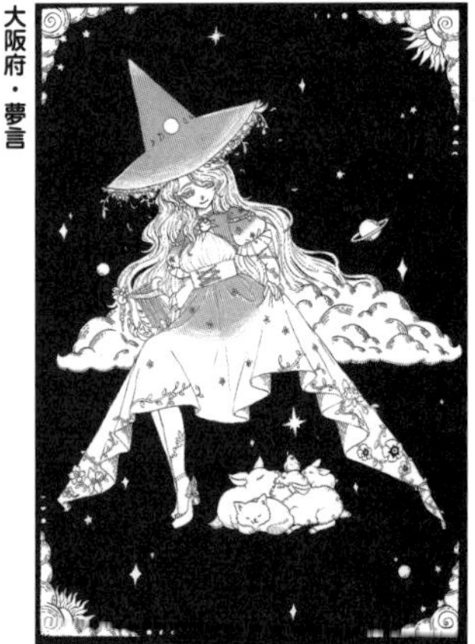

大阪府・夢言

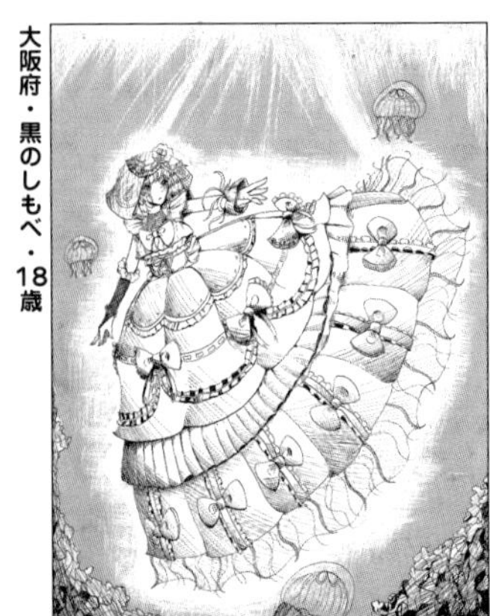

大阪府・黒のしもべ・18歳

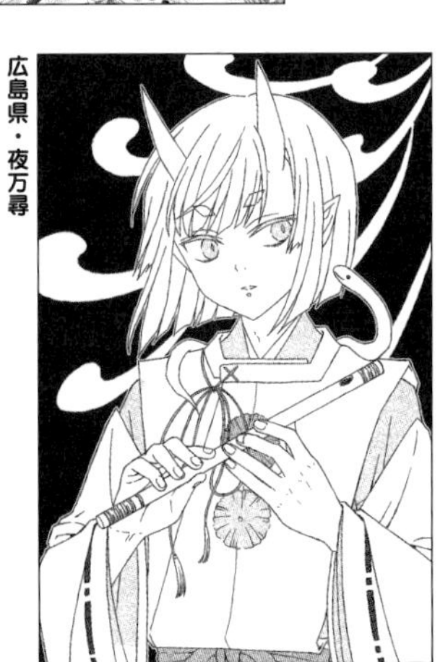

広島県・夜万尋

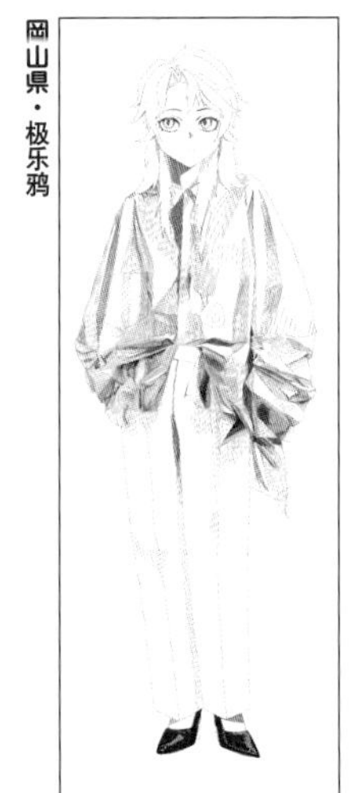

岡山県・极乐鸦

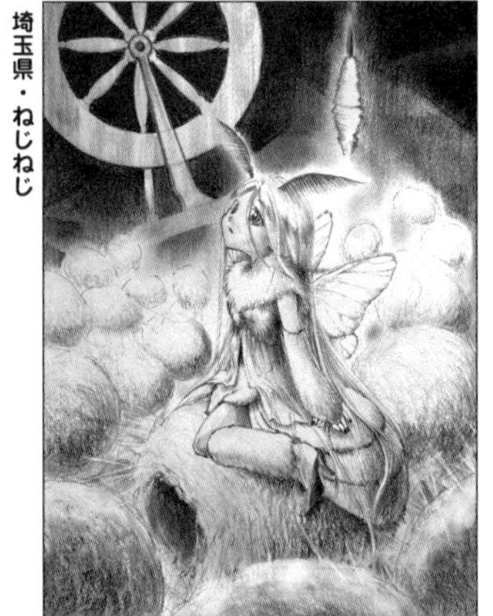

埼玉県・ねじねじ

KUNSTKAMMER SS B&W

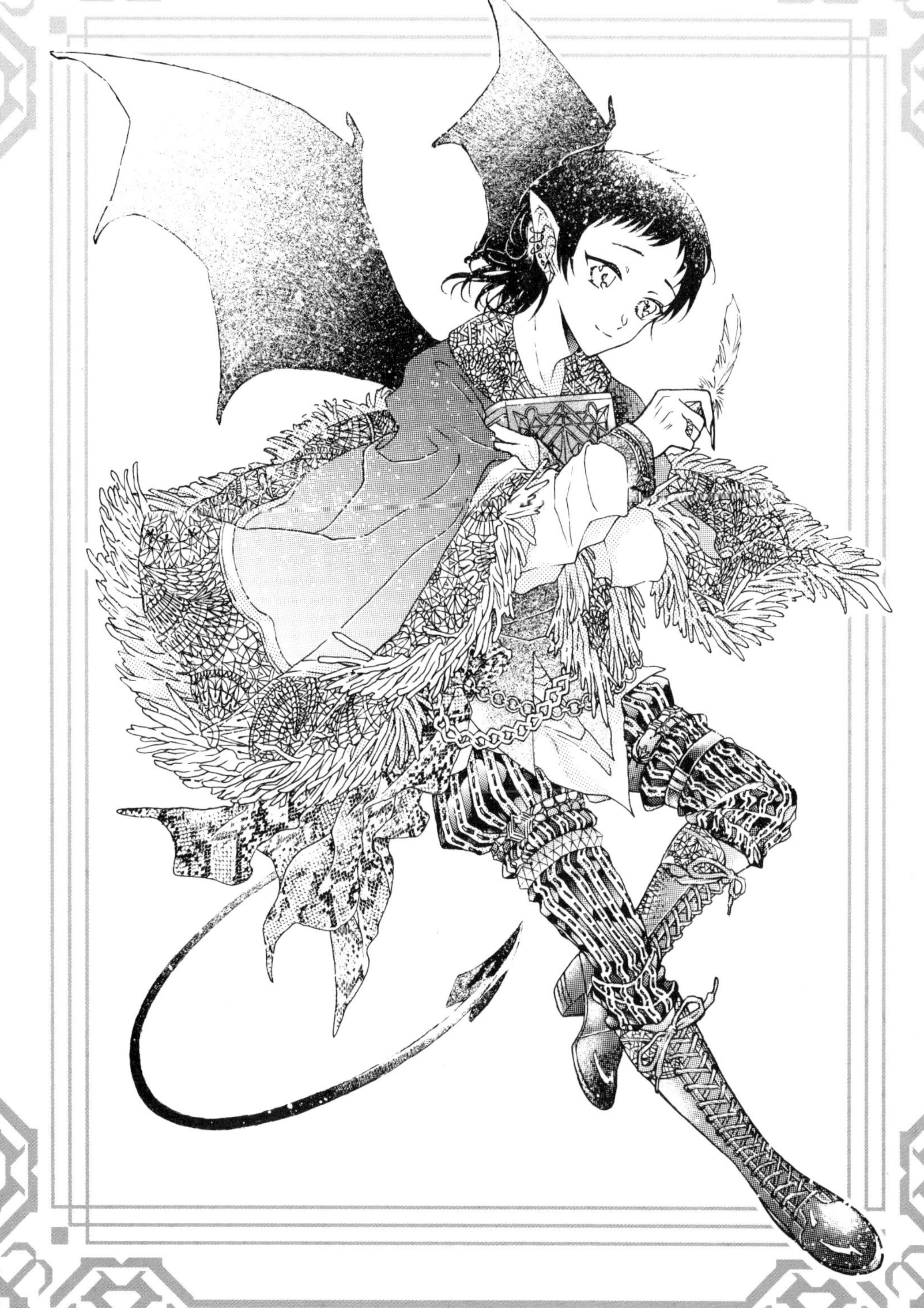

悪魔らしくなれず幼い頃からずっと天使に憧れ続けコンプレックスの塊だったが一人の天使に救われた悪魔くん。

沖縄県・すきっぱねずみ【シグノ（0.28）・ホワイト・トーン・漫画原稿用紙】

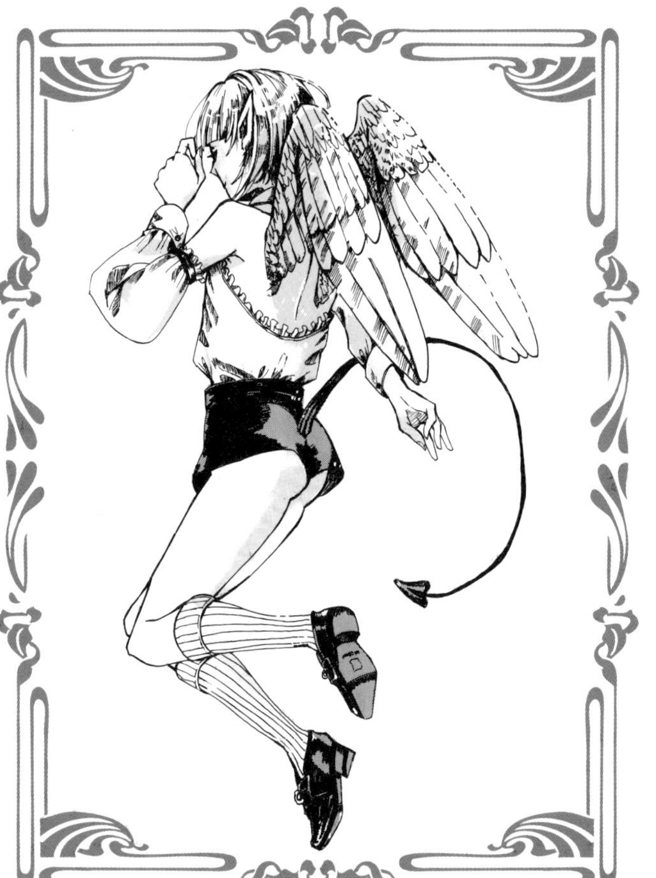

悪魔のように見えるが、実は天使。天邪鬼な性格で、こっそり人を助けている。しっぽは最近生えてきた。

鳥取県・rosyemu

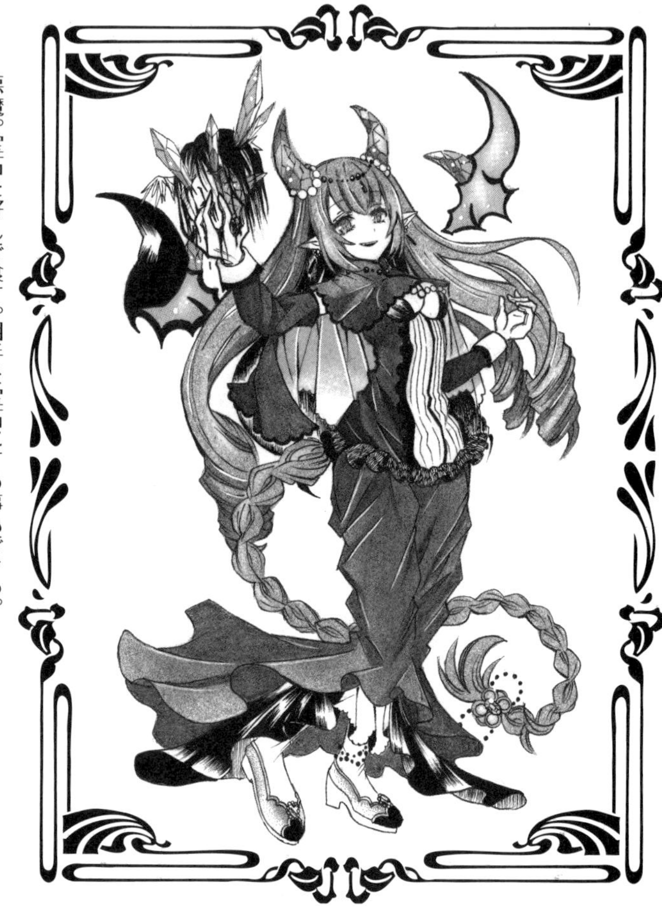

悪魔。宝石を好んで食す。相手を宝石にする事もできる。

大阪府・ラブバード

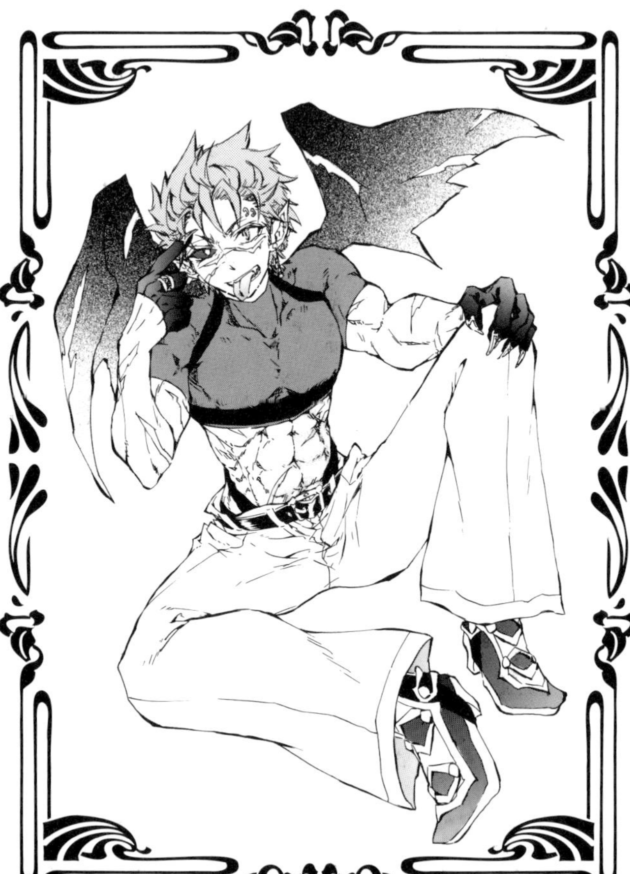

やんちゃでいたずら好きな悪魔。身体中の傷は、意中の天使にちょっかい出して、毎度つけられてる（笑）。

千葉県・前川泉

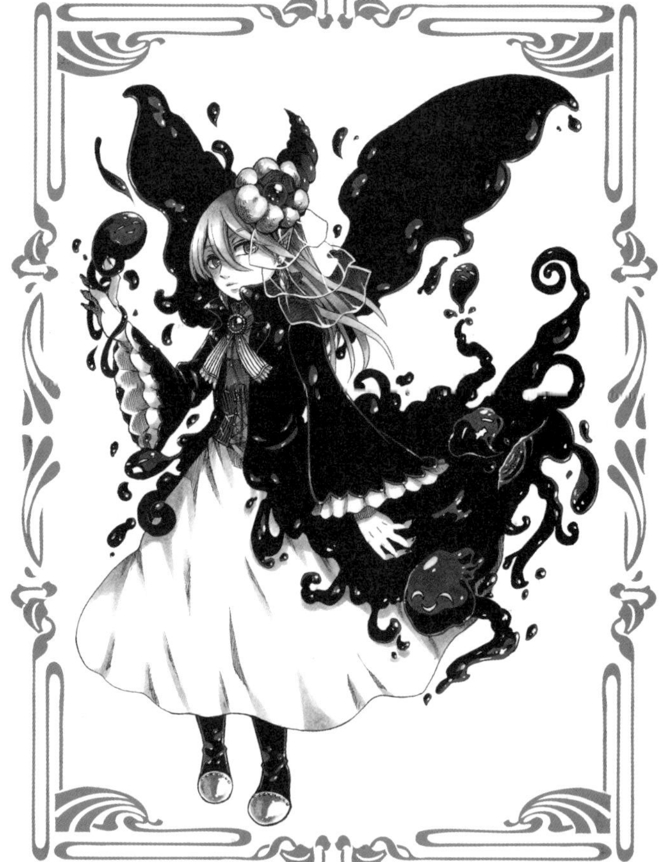

『影響の悪魔』人間の影に潜んで、堕落させる機会をうかがう。"魔が差す"のは大方この子のせい。

神奈川県・璃緒

花でその身を飾るのが大好きな悪魔。バラが好きで、天使に祝福された花壇から摘んでくるのがマイブーム。
東京都・セキ

嫉妬を司る悪魔・エンヴィー。目に映るもの、耳に聞くものなんでも羨む。
東京都・かりがり

大きな羽を持つ長身のお兄さんのムムくん。無口だけど頭の星が感情を表してくれる。本が好き。
山梨県・sau

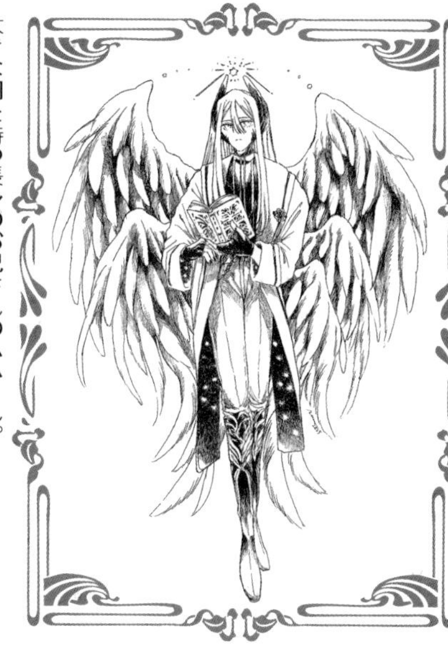
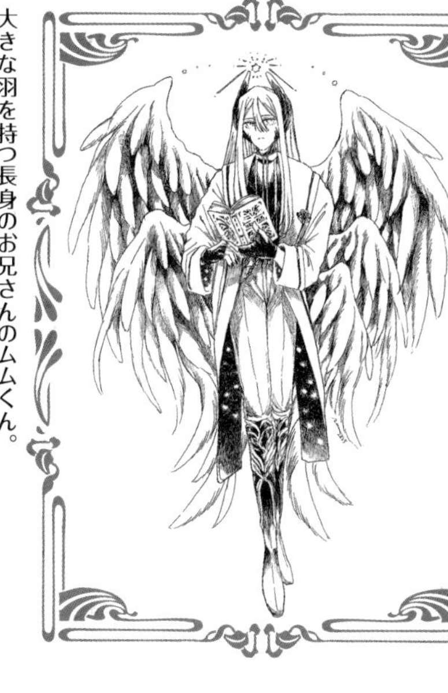

常に明るく優しい性格に見られるが、ふとした瞬間に冷たい態度をとったり意外とサバサバしている。
神奈川県・キカいオン

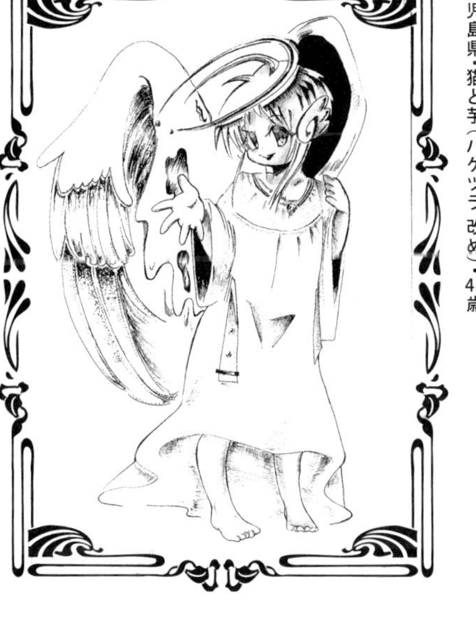

人々を守る事が自分の務めと信じているが堅物なので人々に怖がられてしまう事が悩み。
鹿児島県・猫と芋（ハゲヅラ 改め）・44歳

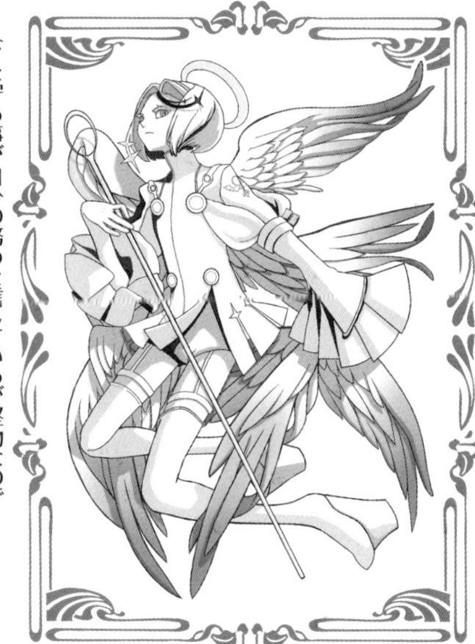

ガーデニングが大好きな、天使の女の子。毎日お花に話しかけます。
愛知県・Silcot

アピールポイントは、瞳と表情です。一緒に遊びたい！天使な少年を描きました。
三重県・らいどうそら

悪魔はモノクロ表現が適しそうだと思ったことと、悪魔と言えば思い浮かべる様相をそのまま書き出しました。
大阪府・しどうかいと・40歳

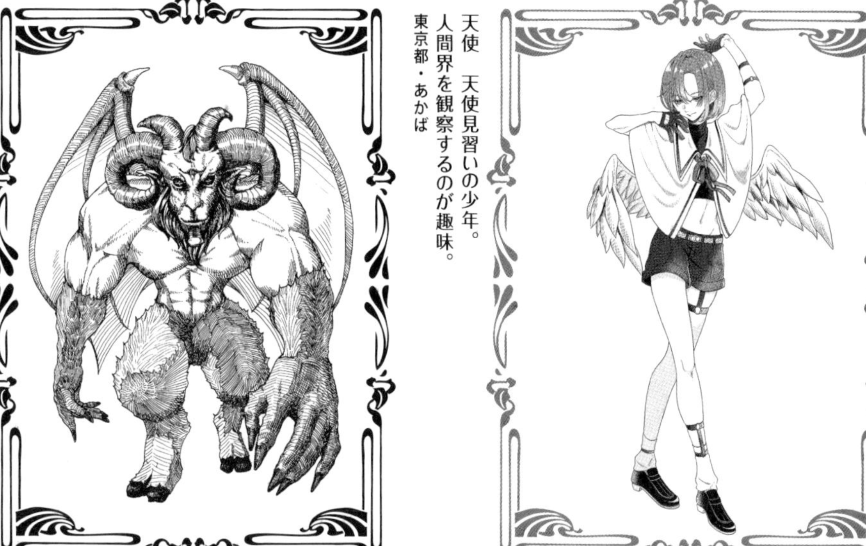

天使 天使見習いの少年。人間界を観察するのが趣味。
東京都・あかば

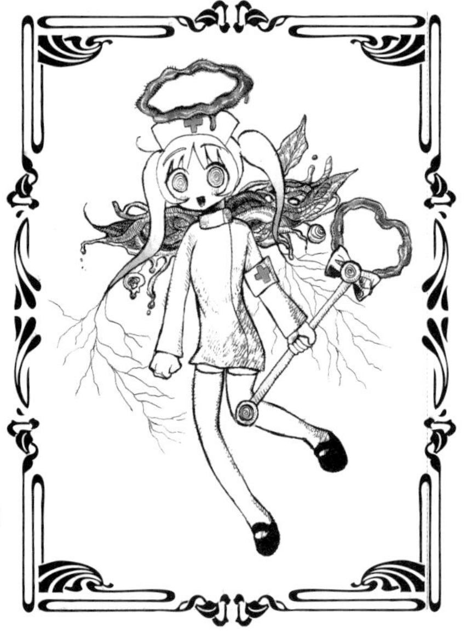

魔法少女グログロ天使ちゃん ありとあらゆるものが18禁
魔法のステッキも臓物で出来ている 多分、敵側。
岡山県・のりあき・18歳

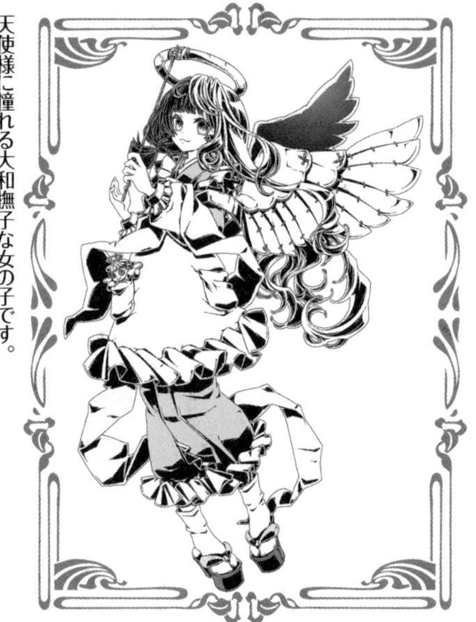

天使様に憧れる大和撫子な女の子です。
愛媛県・匣

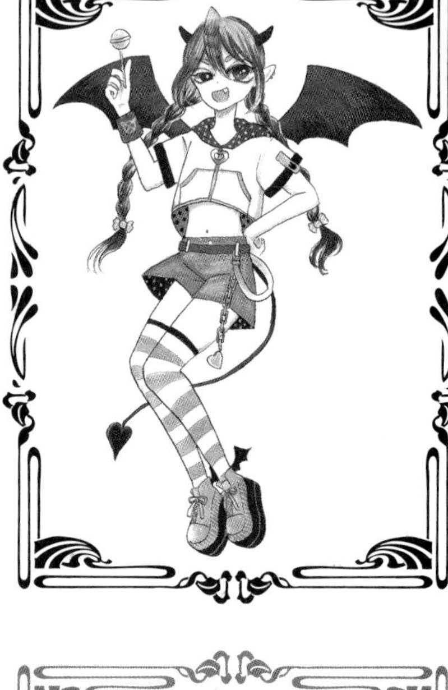

いたずら好きな悪魔の男の子。いつもロリポップを持ち歩いている。長い髪には魔力が宿っているとか…
岩手県・花灯こはく

悪魔の女の子を描きました。
秋田県・桜モチ

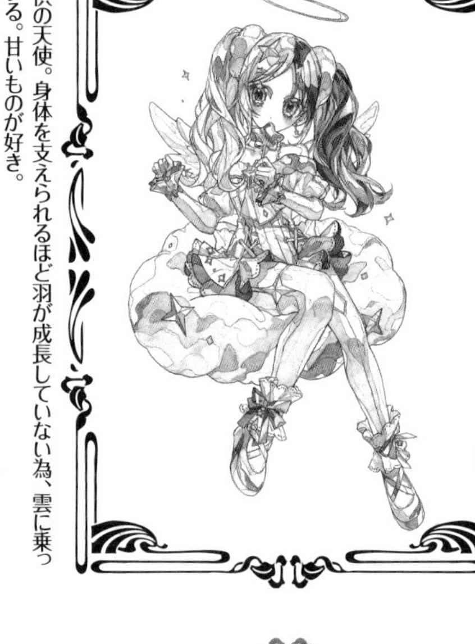

子供の天使。身体を支えられるほど羽が成長していない為、雲に乗っている。甘いものが好き。
静岡県・鴉堂

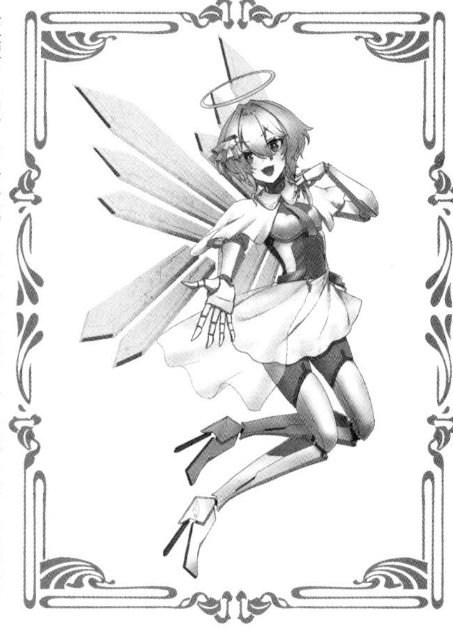

天使（？）型メカ少女のミカチャン。羽と言い張る後ろの飛翔用機械はフル出力でジェット機並の速度を出す。
神奈川県・石垣

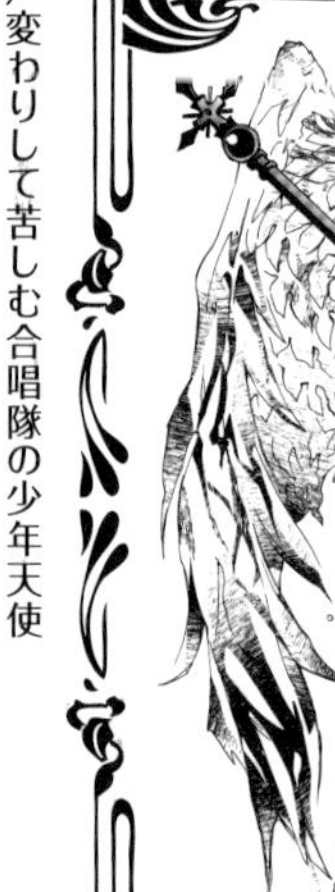
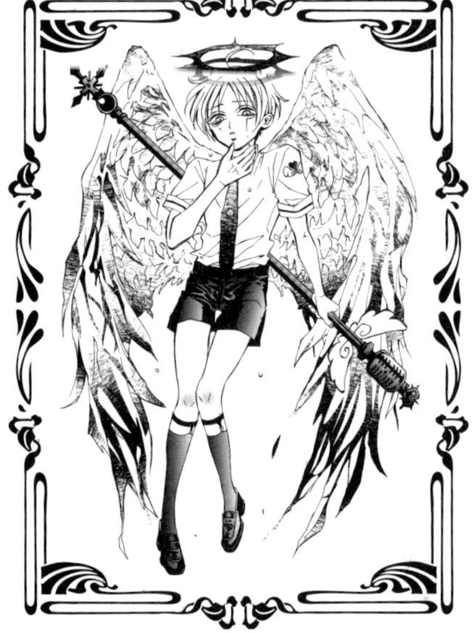

声変わりして苦しむ合唱隊の少年天使
大阪府・大井淑世・38歳

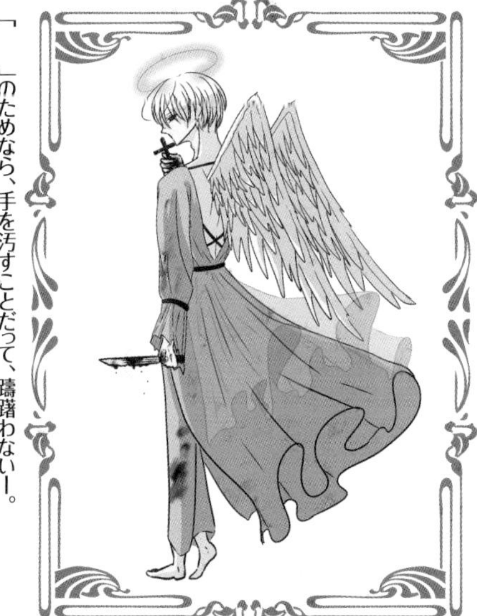

「　」のためなら、手を汚すことだって、躊躇わない―
とある天使の男の子。
埼玉県・黎羽月零

悪魔さん。羽についている目で心を読む。
秋田県・木目らべ

名前は空来仔。悪魔と人間のハーフ。性格は天使。腹違いの兄（純人間）に育てられ、すくすく成長中の11才！
栃木県・桃斗道夢・13歳

前向きで行動派の天使です。後輩の天使もいて、人間界、天界に二人で興味津々です。
高知県・柴イヌ

推しカフェで働く天使のサリー。推しに似ている人は無料で料理を大サービス。
福岡県・まがり竹

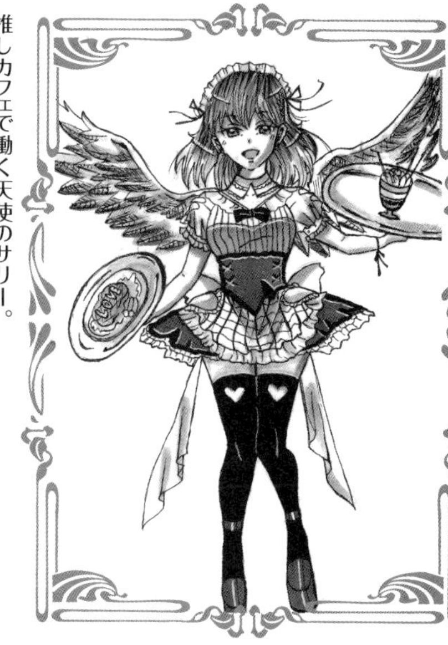
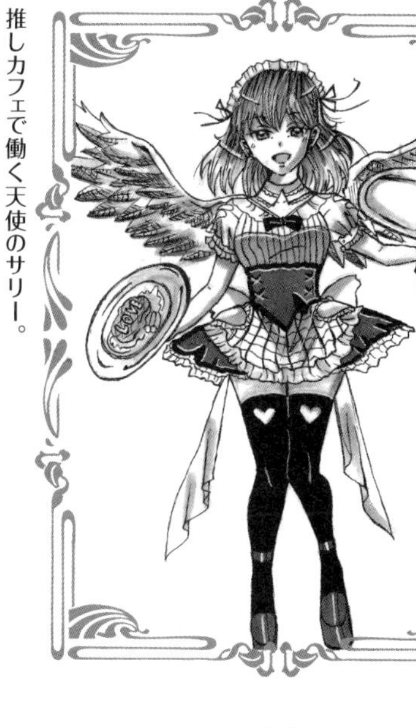

ねるのとたべるのが好きな、天然タイプのあくまキャラをかきました。
東京都・ひろくまひろみ

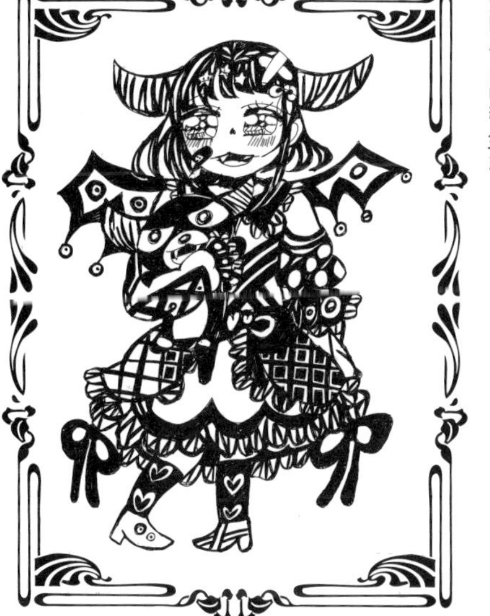

最上級悪魔。契約すればいかなる召喚士でも主従関係が逆転し奴隷にされる。ショタ好きで自分好みに調教する
大阪府・山﨑純・32歳

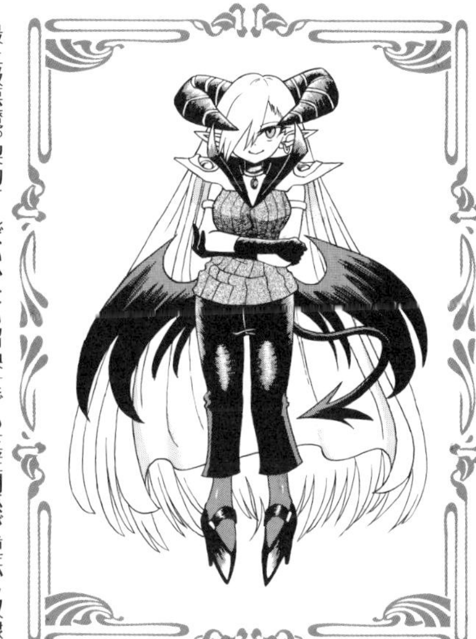
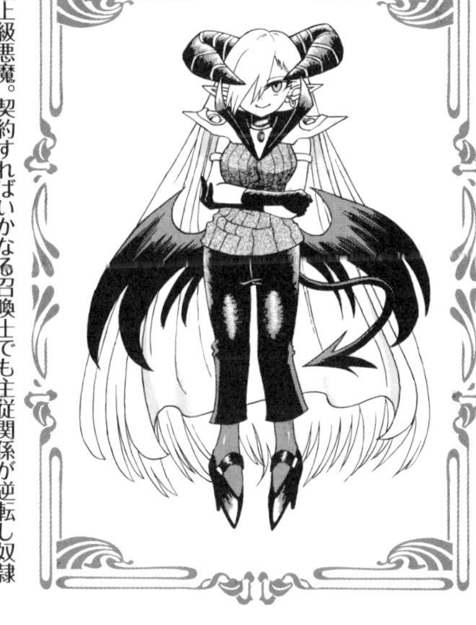

天界に住む天使。いやしの力をもつ。
長崎県・橘らのま

人間界へ留学中の魔王の一人娘ちゃんです。10月31日に夜のお散歩してたら何故かお菓子をもらいました。
長野県・谷川りおん

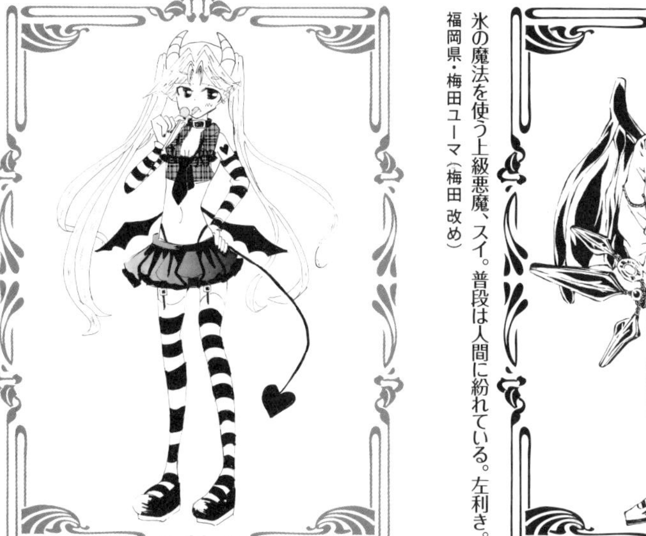

氷の魔法を使う上級悪魔、スイ。普段は人間に紛れている。左利き。
福岡県・梅田ユーマ（梅田 改め）

ドーナツ天使ちゃん。お疲れ様やあとひと差し入れしてくれるよ。
兵庫県・桜羽こすも

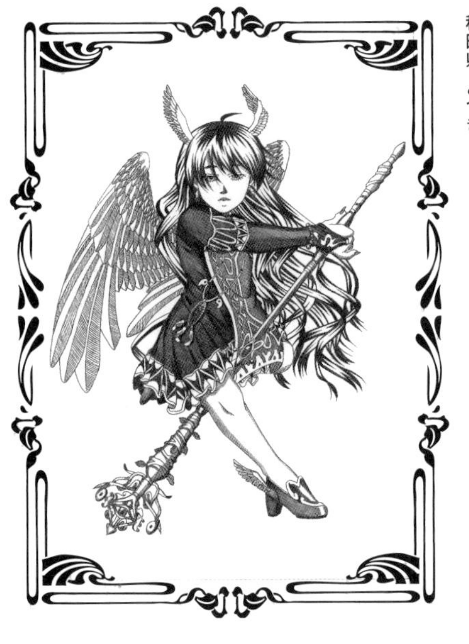

見た目は幼女だが250年生きている「ロゼ」。大人の姿に変身する事もでき、その際は背中の羽が無くなる。
長野県・紅朱雀

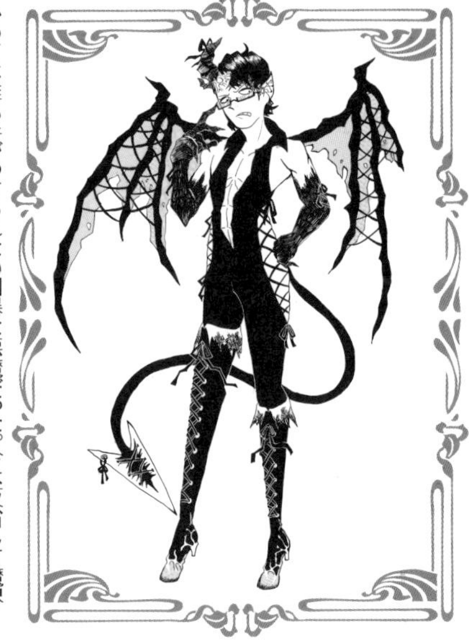

かつては誰も手がつけられない凶暴な悪魔だった。今は反省して魔界でモデルとして活動中。羽はあるが、使えない状態。
秋田県・とづき

西の森の魔族。争いは好まない女の子。
長野県・小林求・49歳

悪い事が苦手な悪魔。性別なし。できることなら部屋からでたくない。
福岡県・無月

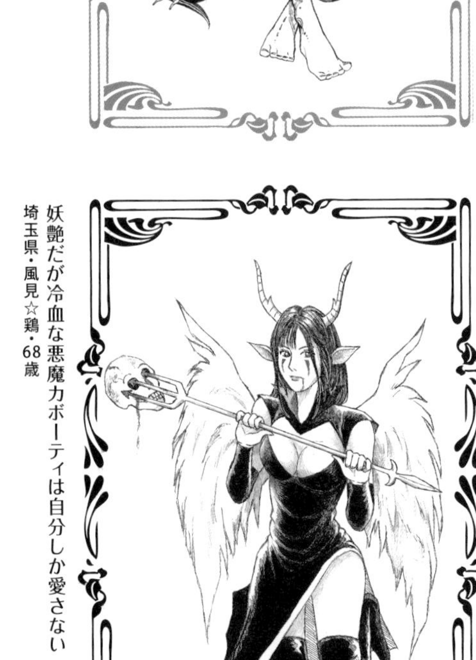

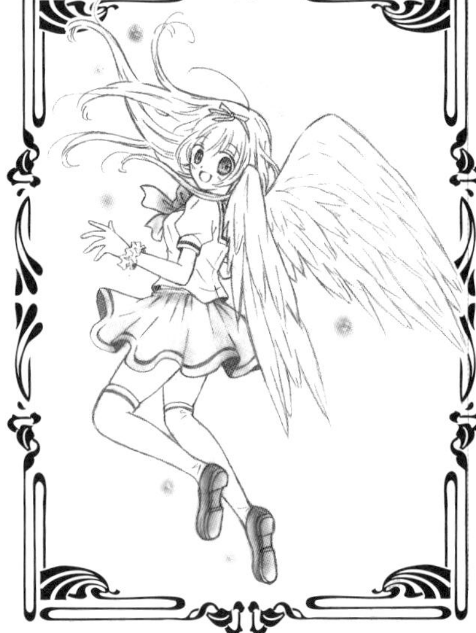

天使の娘　ハピネス。いちごクレープが大好きで、たびたび人間界の制服姿で買いに来る。
茨城県・あおいみう

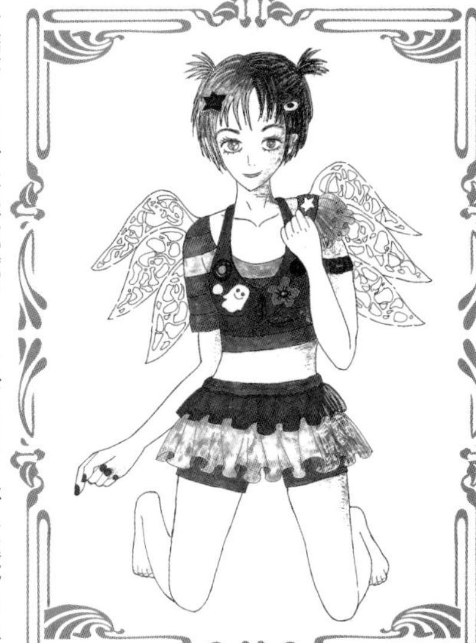

天使って白いお洋服や翼のイメージがあるけれど、進化して今時のおしゃれをしています。
千葉県・武田和子・73歳

妖艶だが冷血な悪魔カポーティは自分しか愛さない
埼玉県・風見☆鶏・68歳

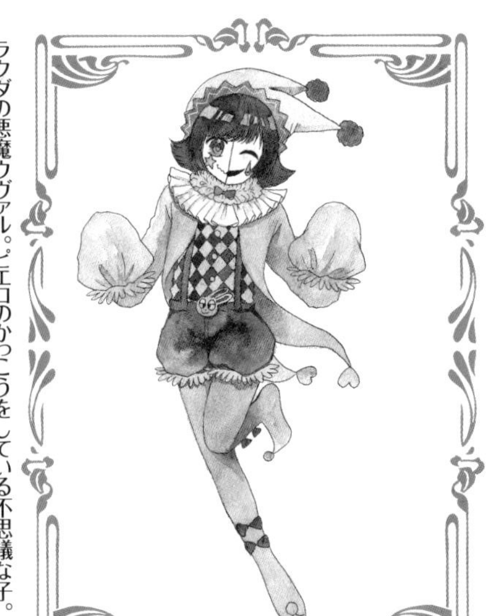

ラクダの悪魔ウヴァル。ピエロのかっこうをしている不思議な子。
群馬県・RB

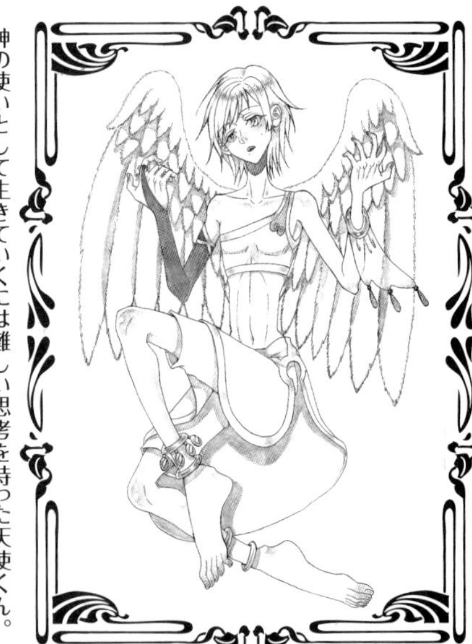

神の使いとして生きていくには難しい思考を持った天使くん。間も無く堕天する。
兵庫県・タロ・34歳

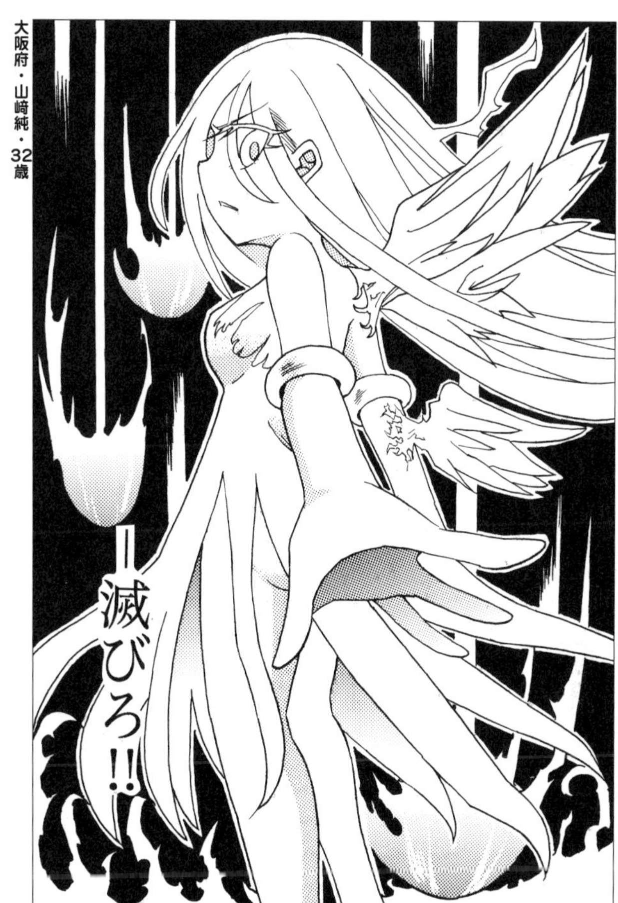

S story

~セリフや詩やモノローグetc.
で綴る絵物語のコーナー
絵と文字

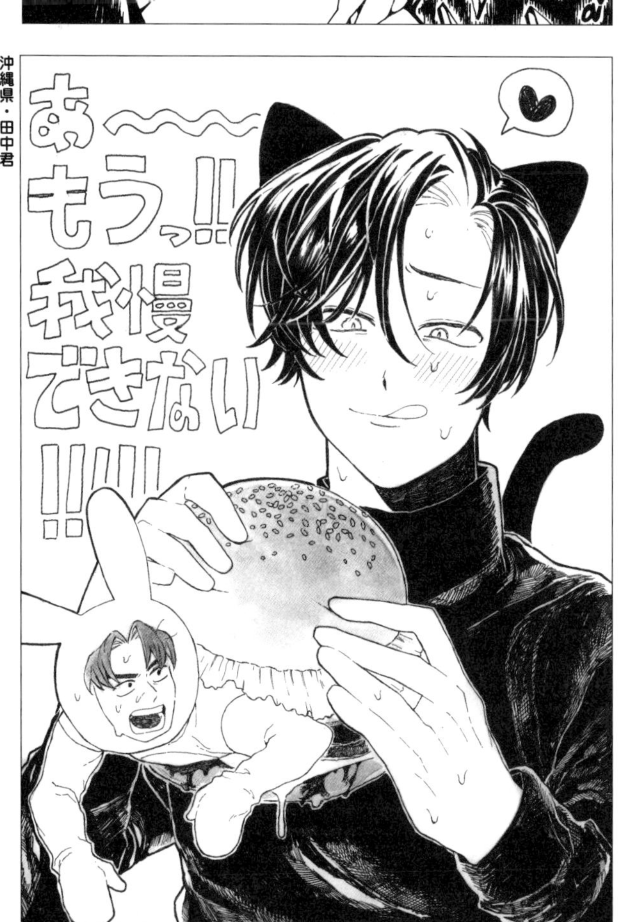

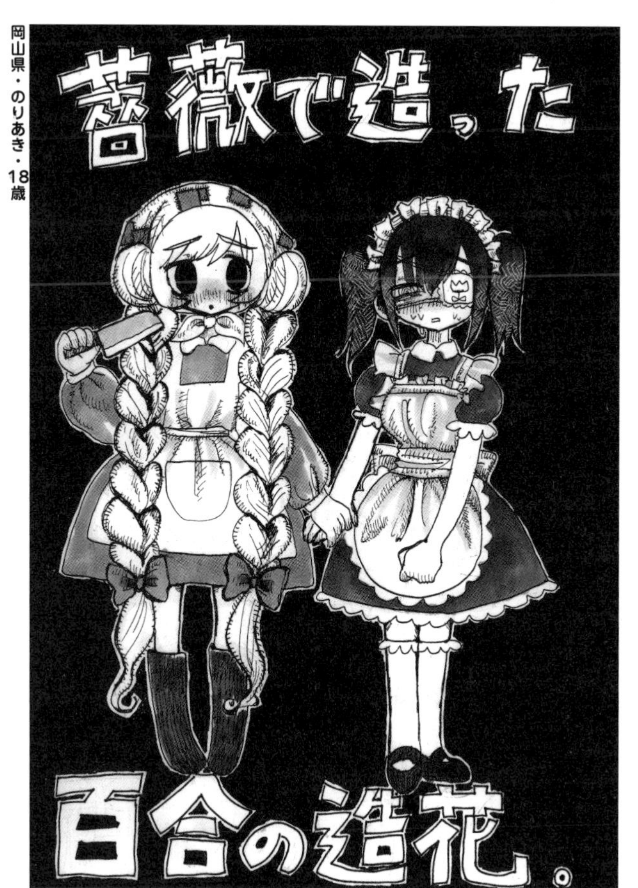

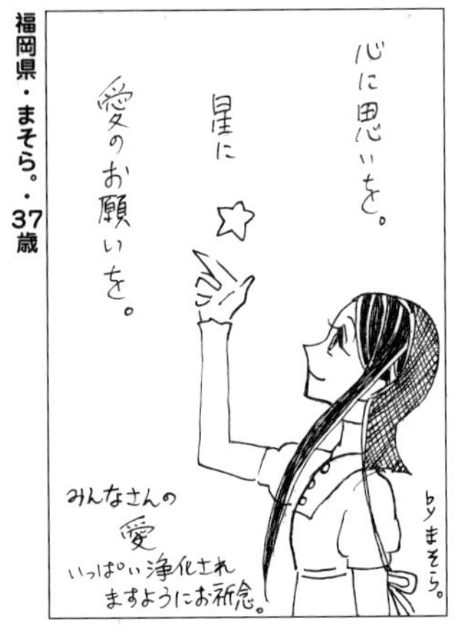

福岡県・まそら・37歳
心に思いを。
星に☆
愛のお願いを。
みんなさんの愛
いっぱい浄化され
ますようにお祈念。
by まそら。

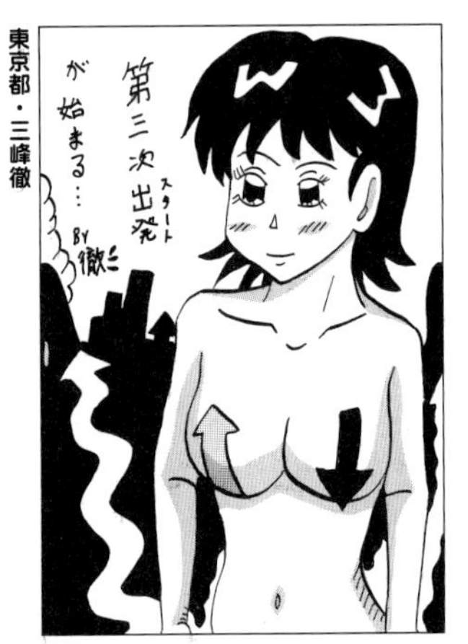

北海道・夢現まーや
おかしくれても♪
イタズラしても♪

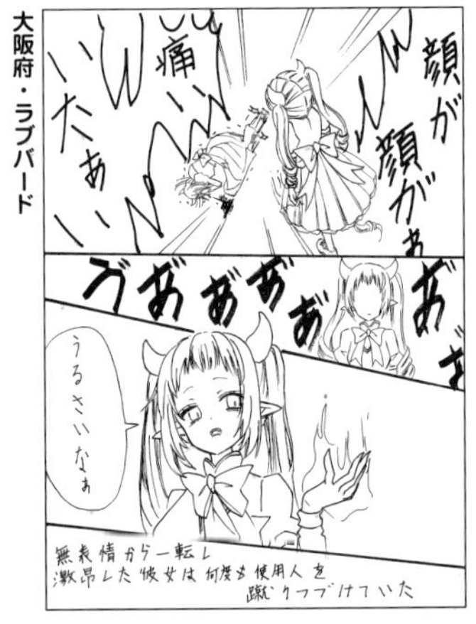

大阪府・ラブバード
顔が顔があああ
いたい
いたぁい
ずああああ
うるさいなぁ

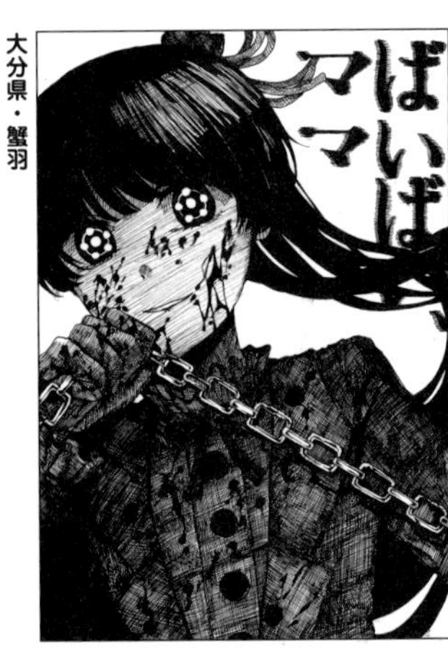

大分県・蟹羽
ばいば
ママ

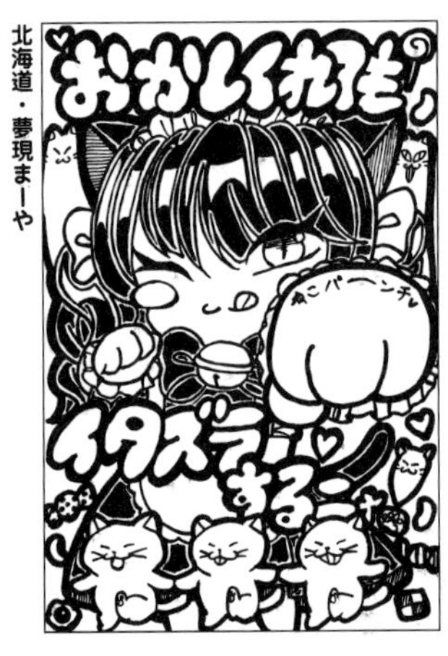

岩手県・あひるフロスト
我ガ命、愛猫
眠ル
ぷぅ
ぷう

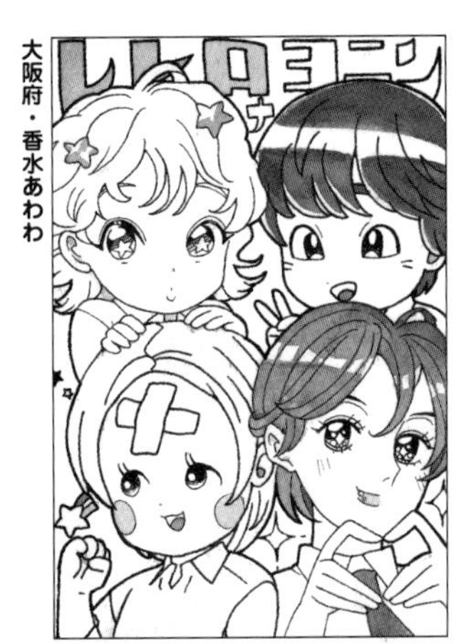

大阪府・香水あわわ

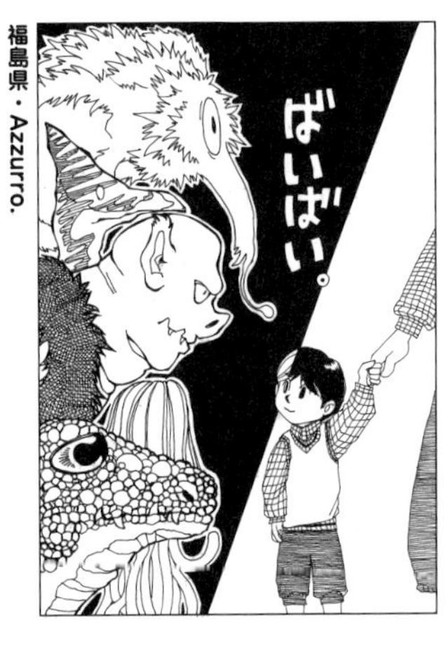

福島県・Azzurro.
ばいばい。

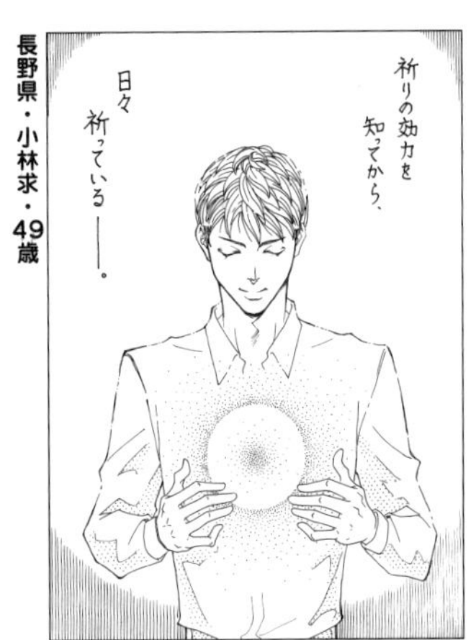

長野県・小林求・49歳
祈りの効力を
知ってから、
日々
祈っている――。

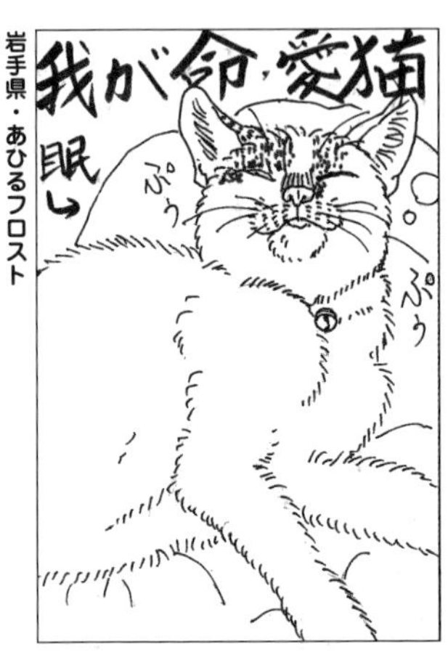

三重県・シゲ
あの頃 いじめて
くれたこと
末だ 忘れてないぞ☆

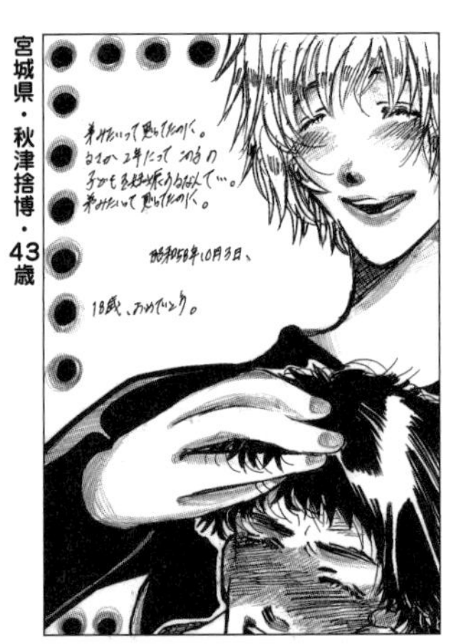

宮城県・秋津捨博・43歳

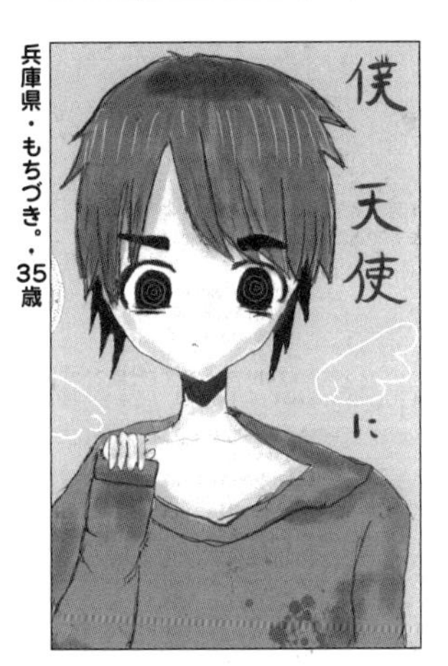

兵庫県・もちづき。・35歳
僕
天使
に

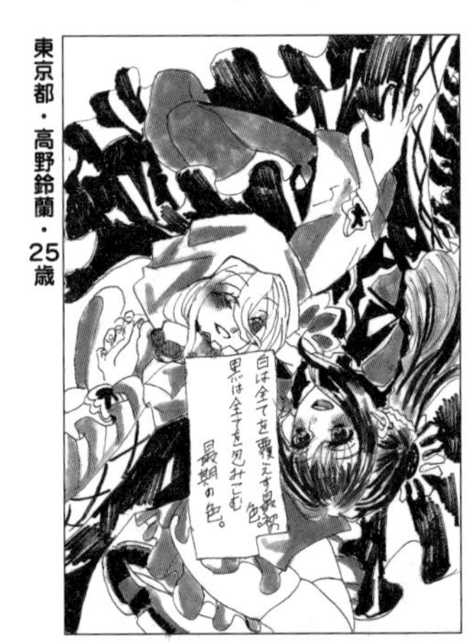

東京都・高野鈴蘭・25歳

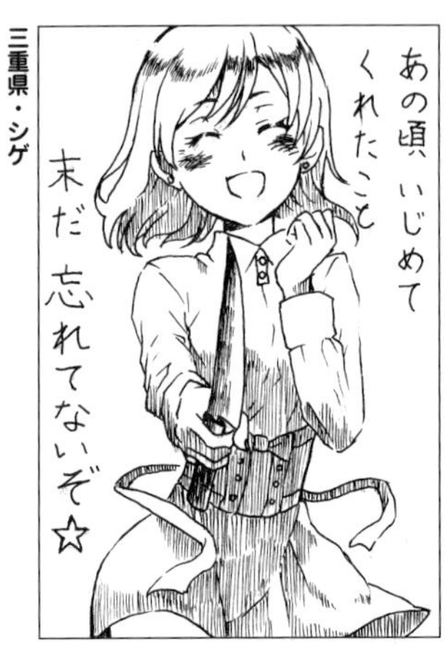

長崎県・橘らのま
見えないだけで 傷付いている

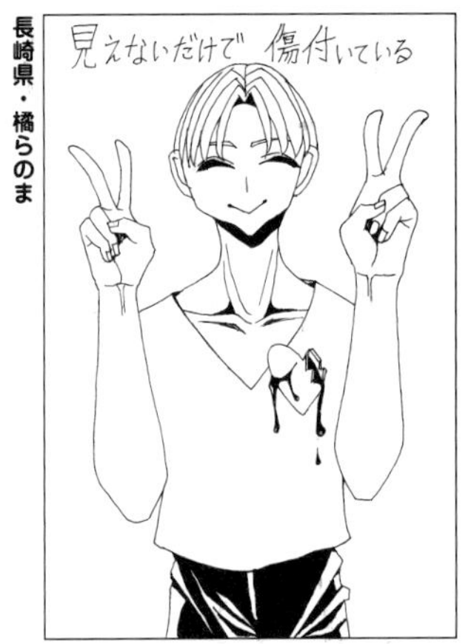

東京都・三峰徹
第三次出発
が始まる…
by 徹

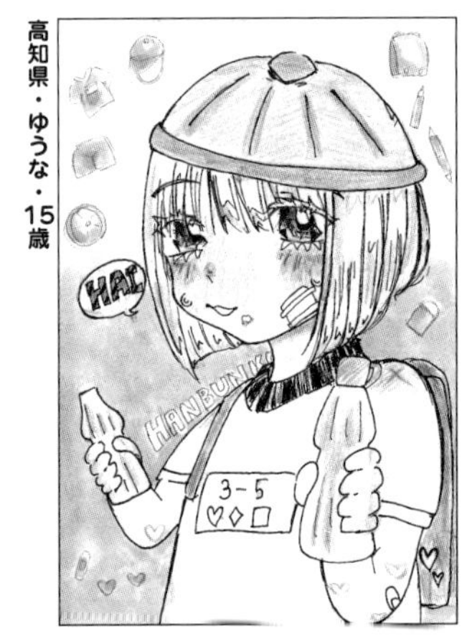

高知県・ゆうな・15歳
HAU
HANBUN
3-5

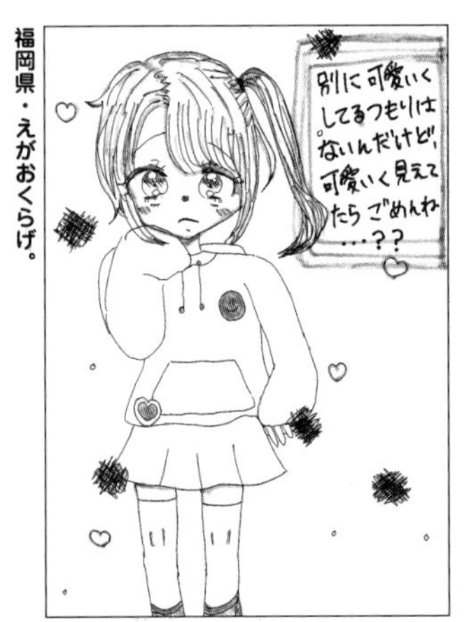

福岡県・えがおくらげ。
別に可愛く
してるつもりは
ないんだけど、
可愛く見えて
たら ごめんね
…??

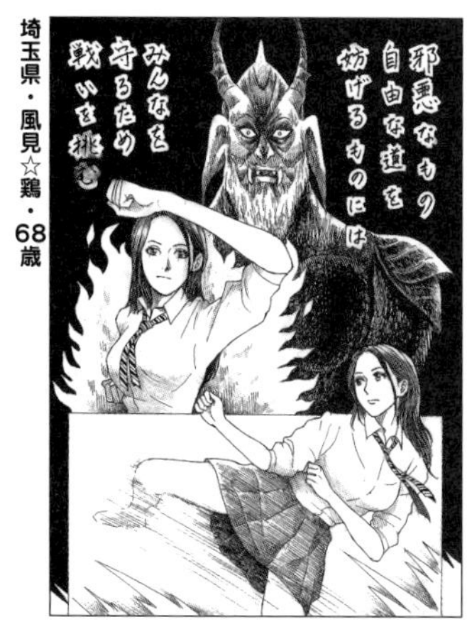

埼玉県・風見☆鶏・68歳

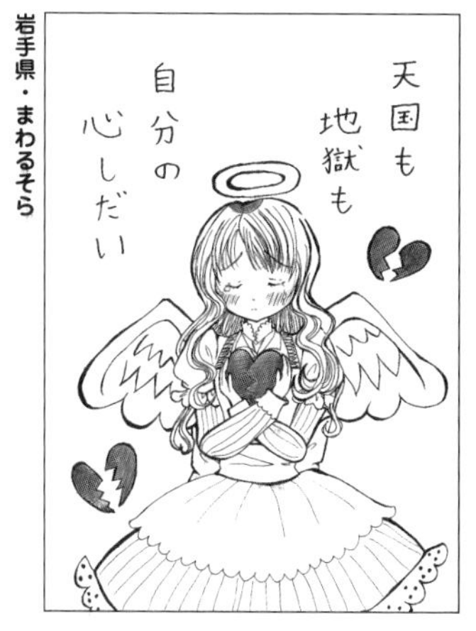

岩手県・まわるそら

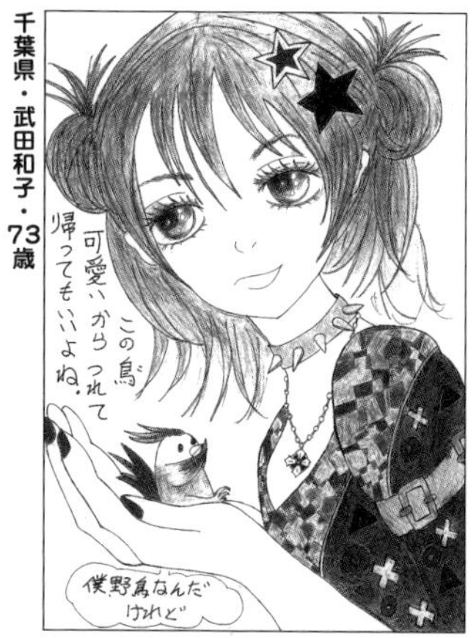

千葉県・武田和子・73歳

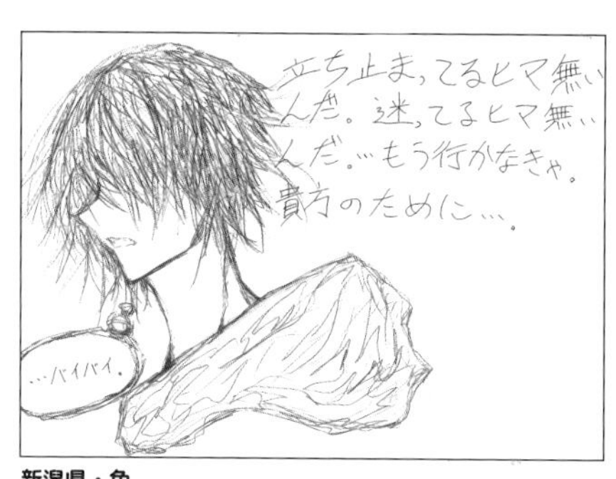

新潟県・色

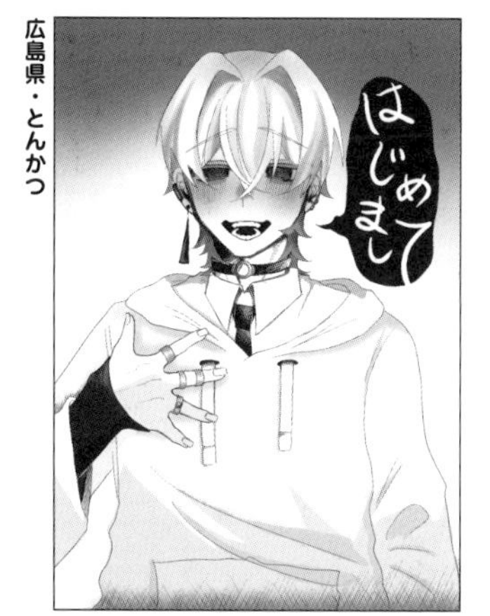

広島県・とんかつ

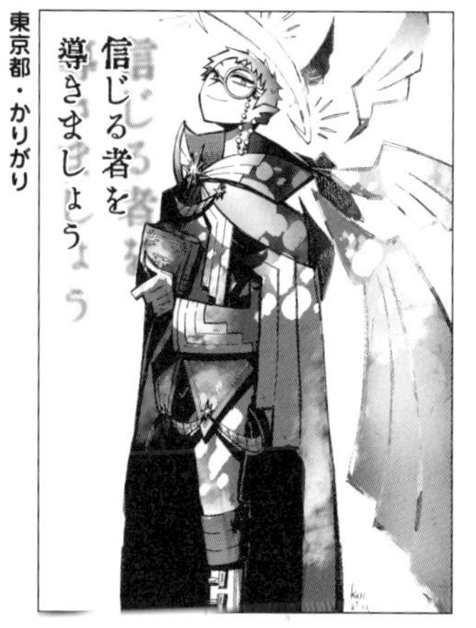

東京都・かりがり

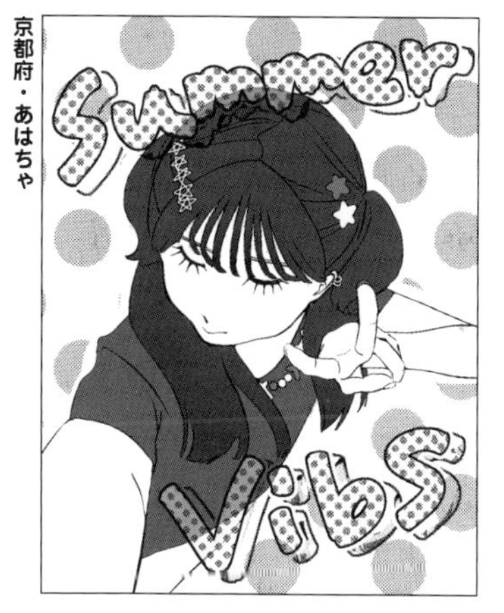

京都府・あはちゃ

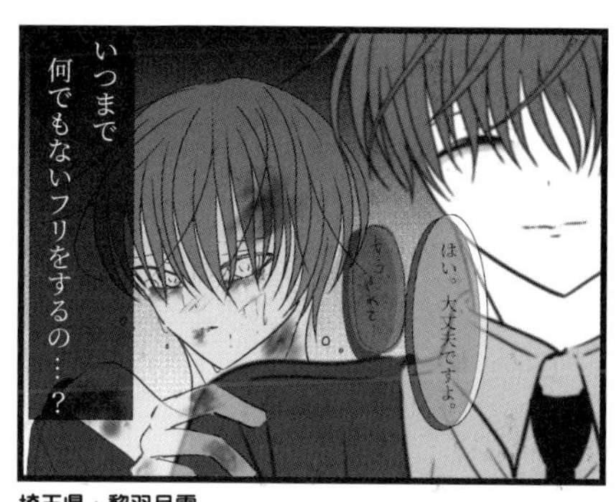

埼玉県・黎羽月零

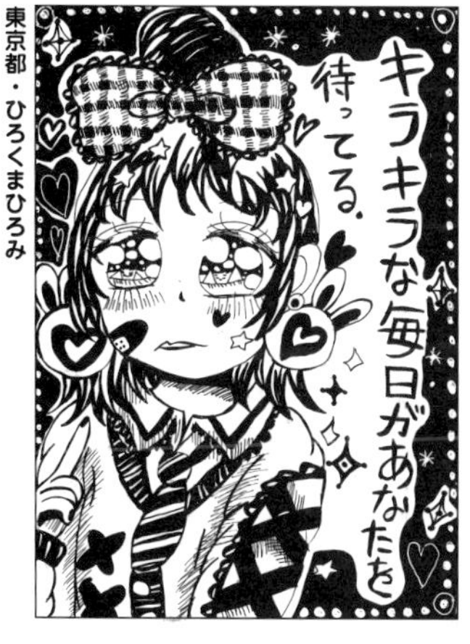

東京都・ひろくまひろみ

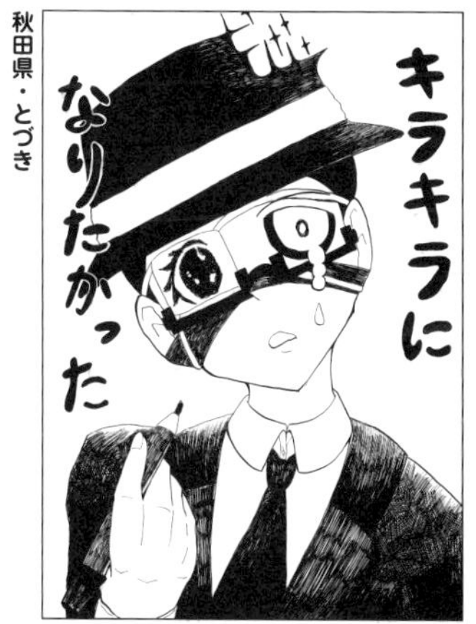

秋田県・とづき

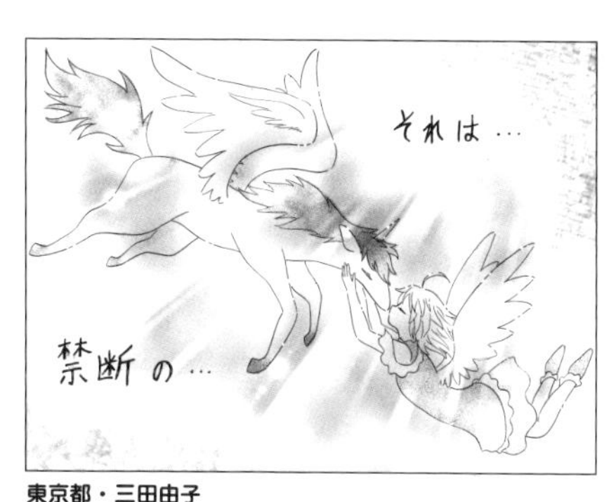

東京都・三田由子

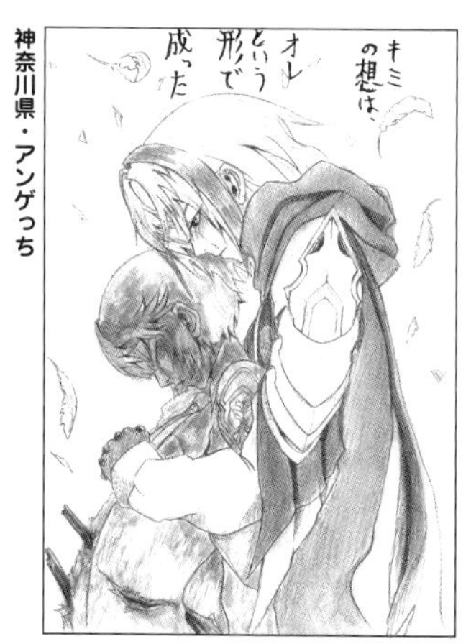

神奈川県・アンゲっち

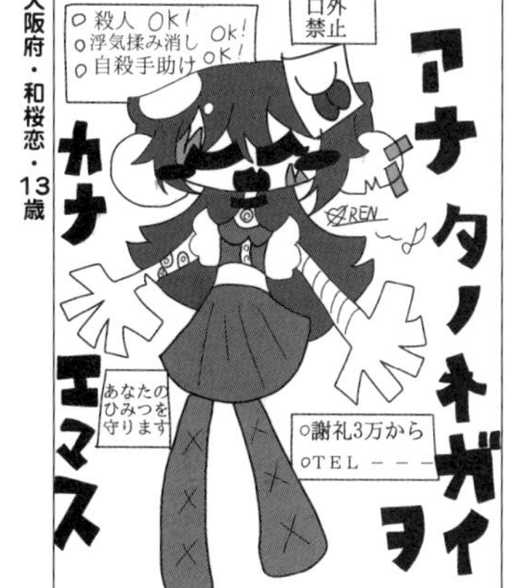

大阪府・和桜恋・13歳

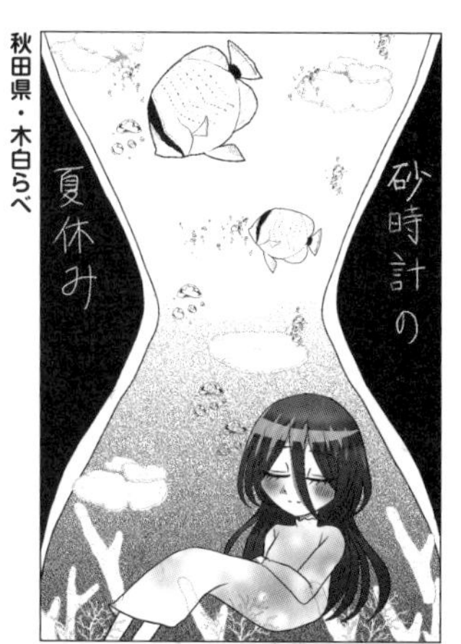

秋田県・木白らべ

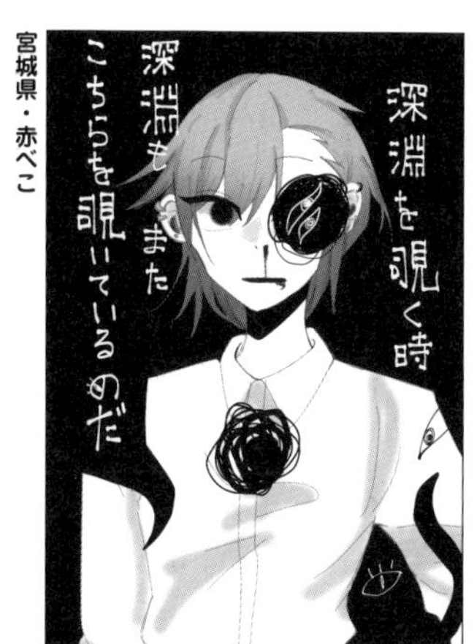

宮城県・赤べこ

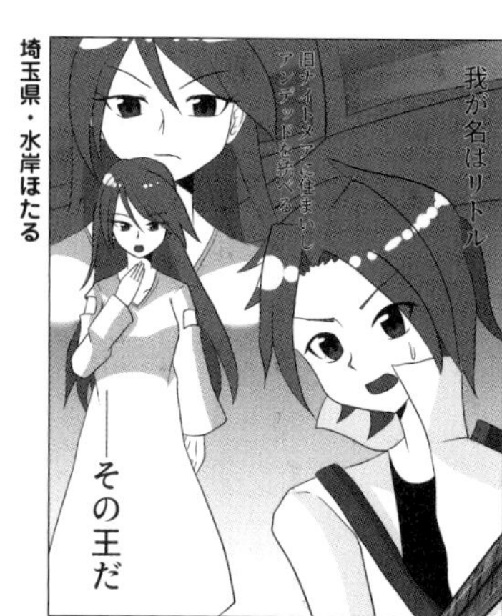

埼玉県・水岸ほたる

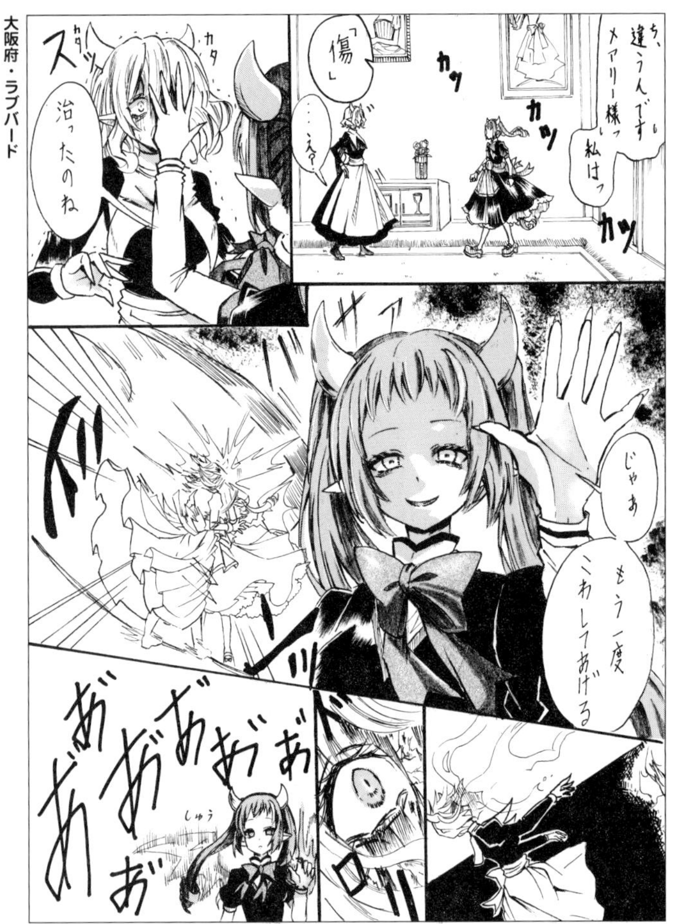
大阪府・ラブバード
スタッ
カタ
カッ
カッ
カツ
治ったのね
「傷」……え々
う、違うんです メアリー様っ 私はっ
じゃあ もう一度 これ してあげる
しゅう

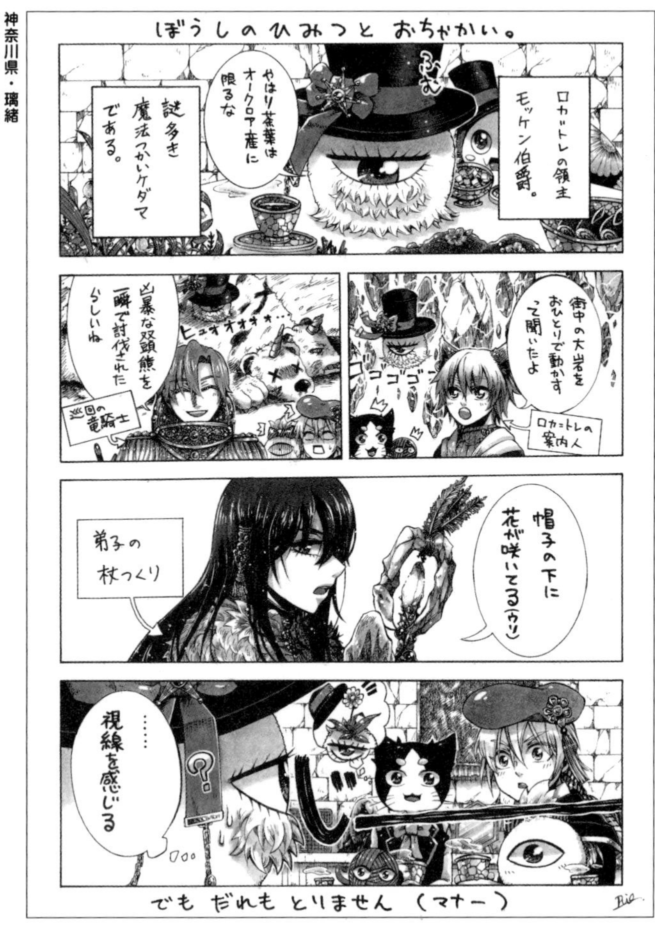
神奈川県・璃緒
ぼうしのひみつと おちがかい。
ロカットレの領主 モッケン伯爵。
やはり雀華は オークロァ産に 限るな
謎多き 魔法つかいケダマ である。
凶暴な双頭熊を 一瞬で討伐された らしいね
巡回の竜騎士
ヒョオオオォ…
街中の大岩を おひとりで動かす こ聞いたよ
ロカットレの 家内人
弟子の 杖つくり
帽子の下に 花が咲いてる(ウ)
……… 視線を感じる
でも だれも とりません （マナー）

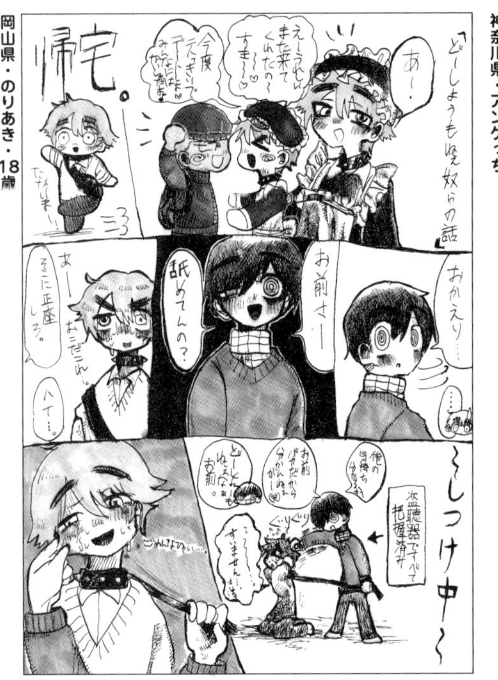
岡山県・のりあき・18歳
帰宅。
あ！
おかえり…
次に正座。
お前さ…
お疲れ様
ただいま
しつけ中〜

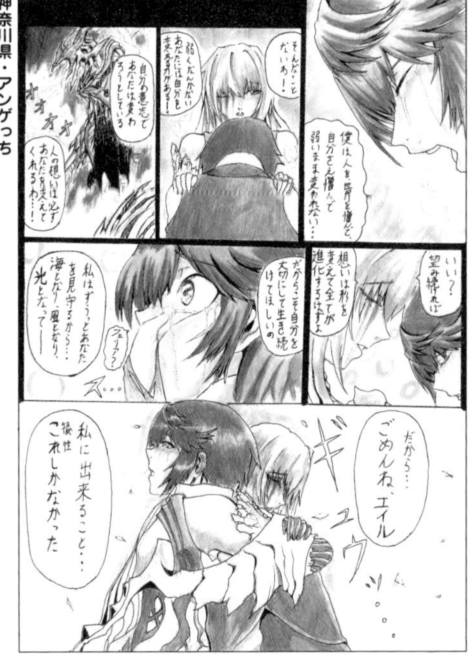
神奈川県・アンゲっち
だから… ごめんね、エイル
私に出来ること… これしかなかった

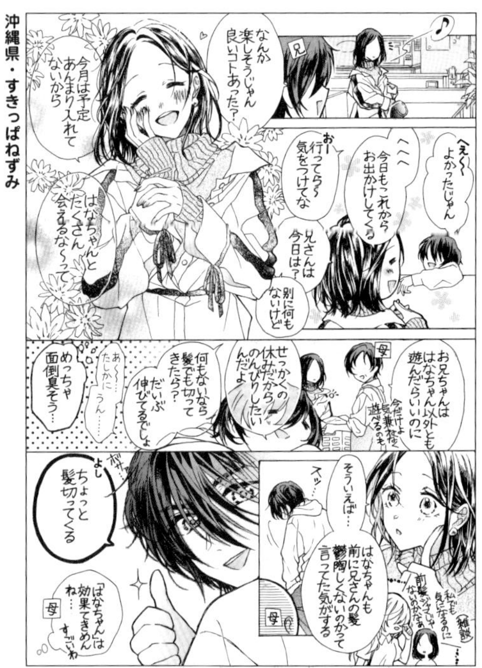
沖縄県・すきっぱねずみ
なんか 楽しそうで 良いよなあ
今月は予定 あんまり入れて ないから
行ってらっしゃ〜 気をつけてな
兄さんは 今日は ないの？
よし ちょっと 髪切ってくる

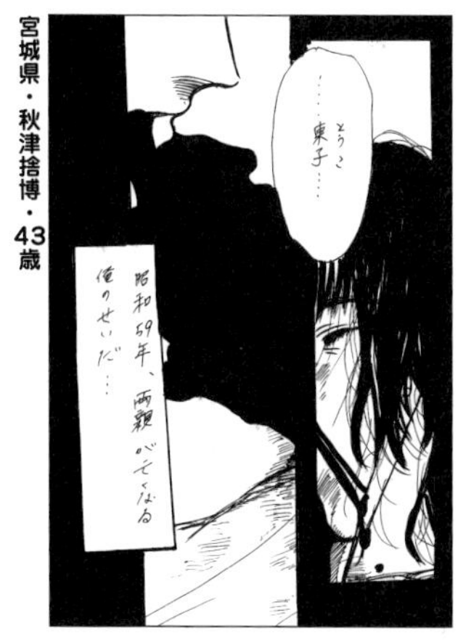
宮城県・秋津捨博・43歳

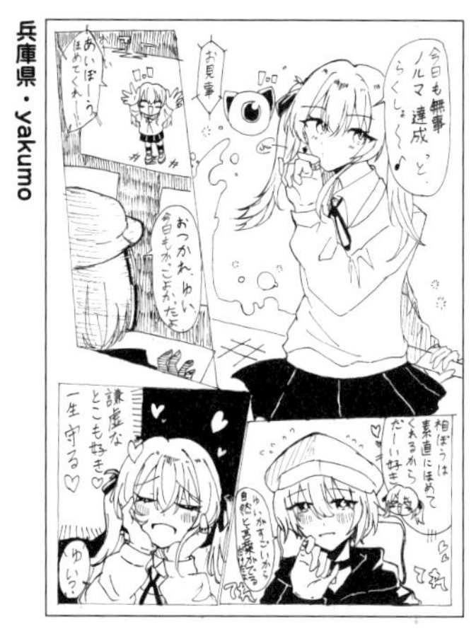
兵庫県・yakumo

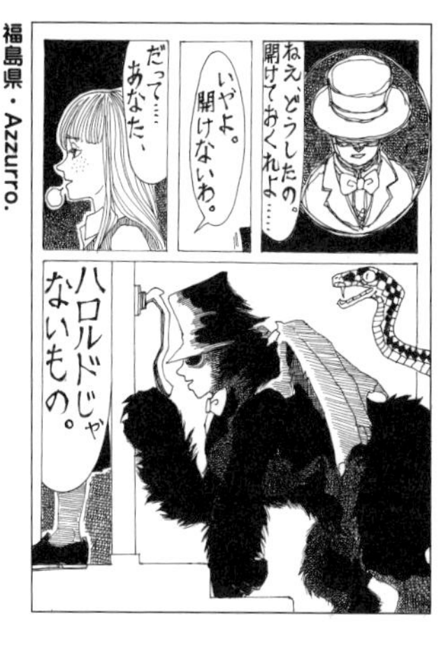
福島県・Azzurro.

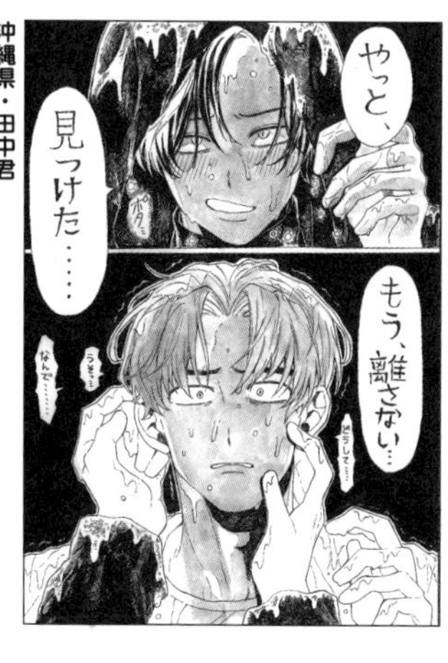
沖縄県・田中君

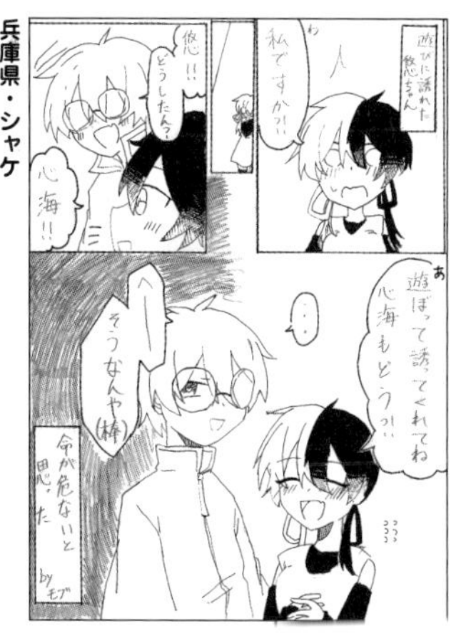
兵庫県・シャケ

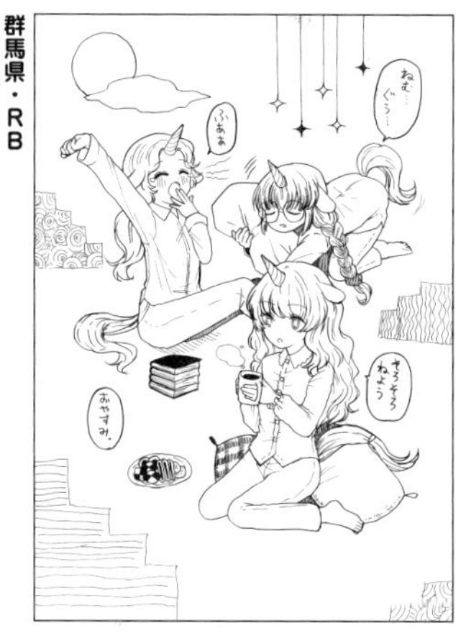
群馬県・RB

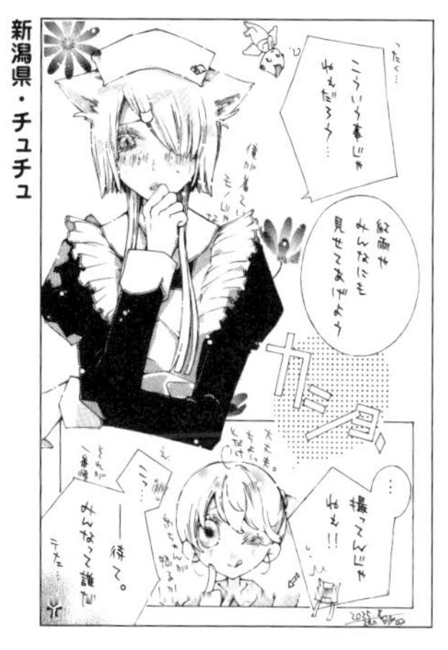
新潟県・チュチュ

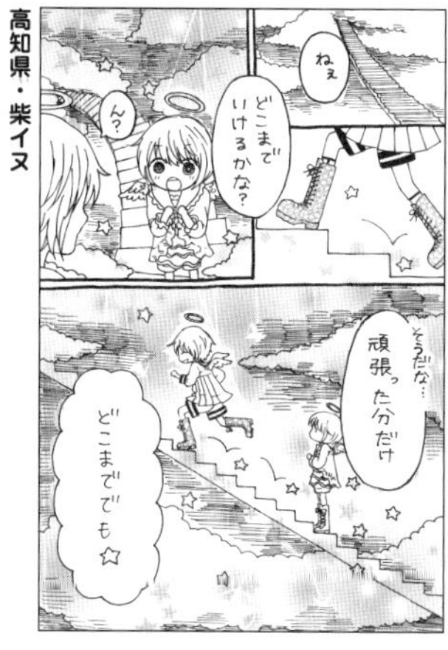
高知県・柴イヌ

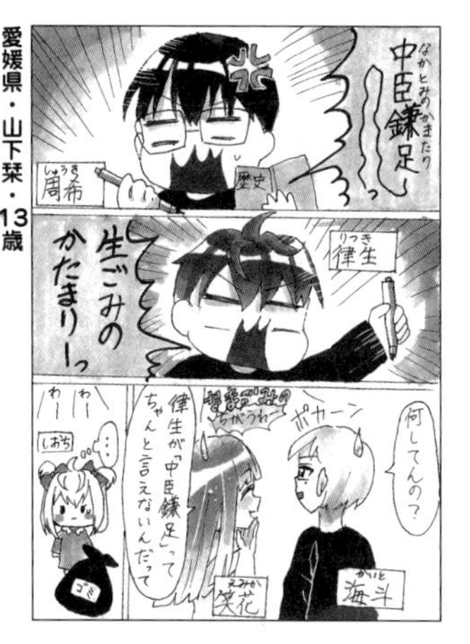
愛媛県・山下菜・13歳

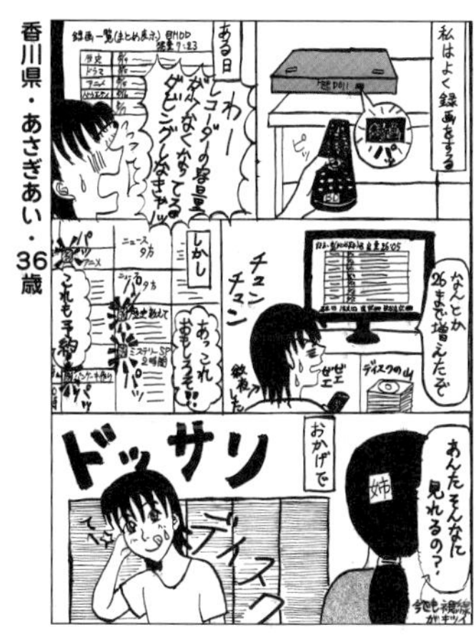
香川県・あさぎあい・36歳

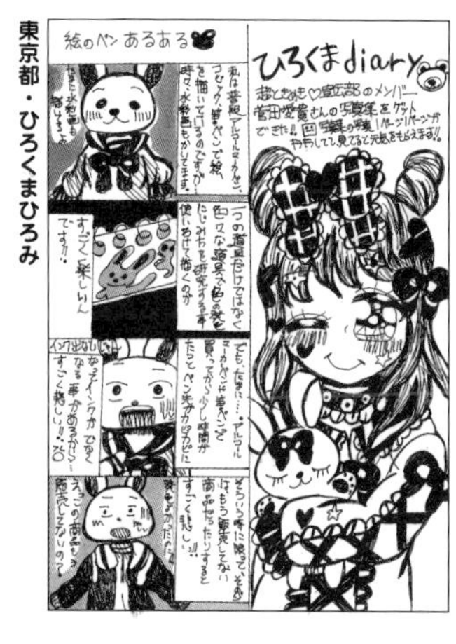
東京都・ひろくまひろみ

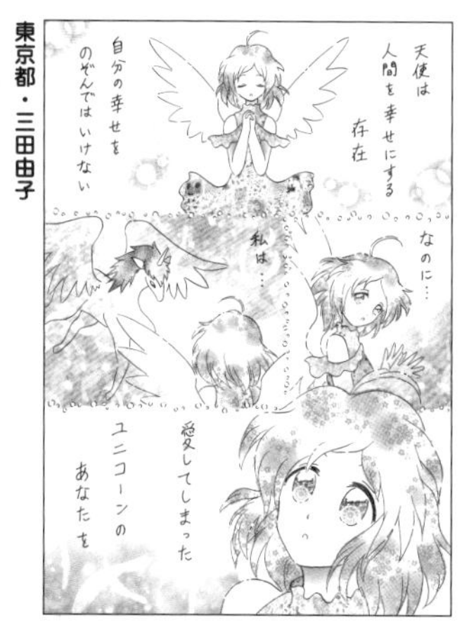
東京都・三田由子

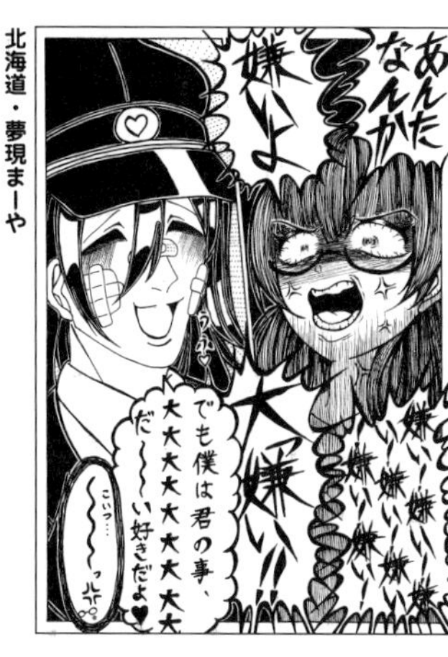
北海道・夢現まーや

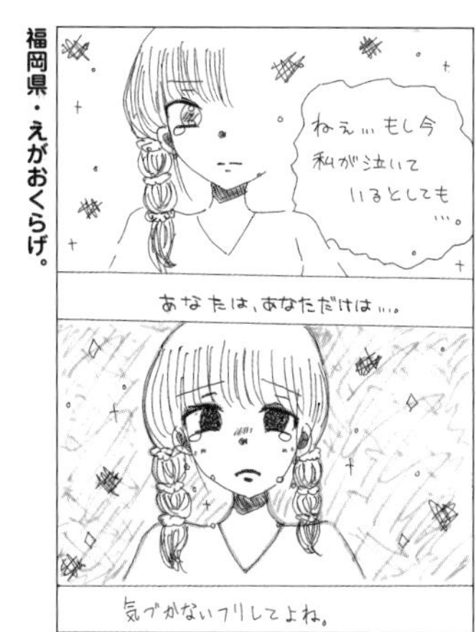
福岡県・えがおくらげ。

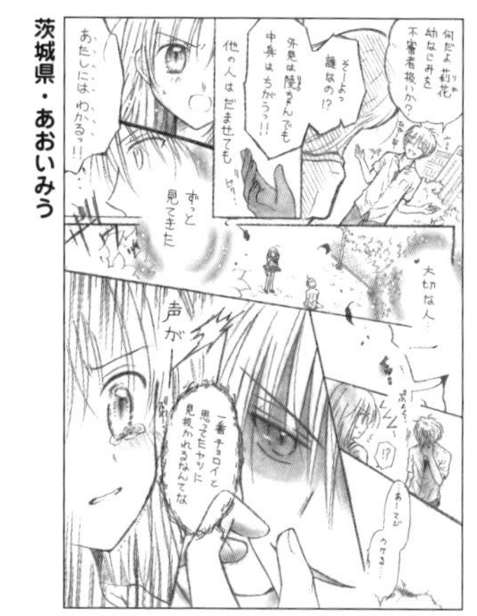
茨城県・あおいみう

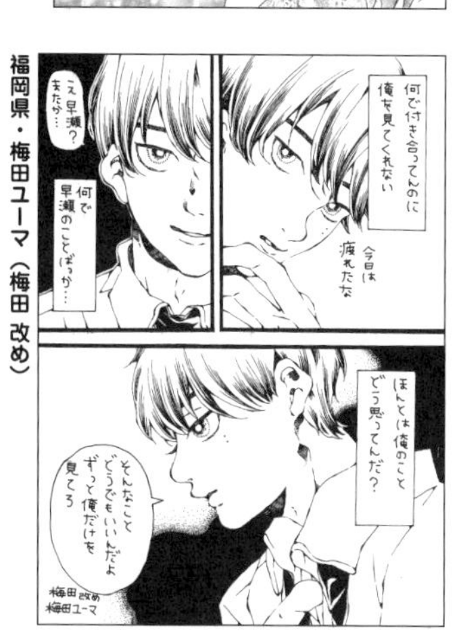
福岡県・梅田ユーマ（梅田 改め）

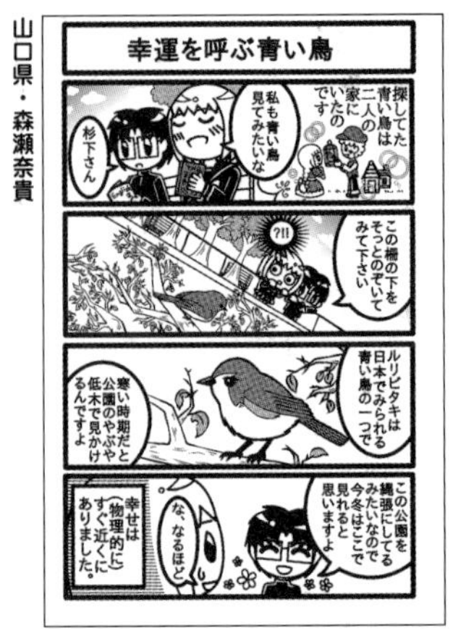

山口県・森瀬奈貴

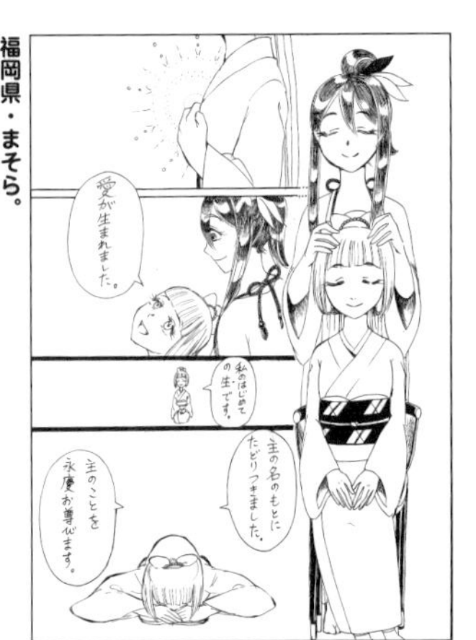
北海道・まぁ

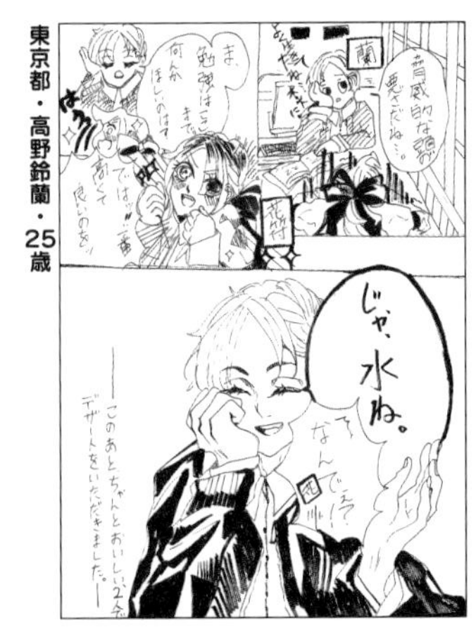
東京都・高野鈴蘭・25歳

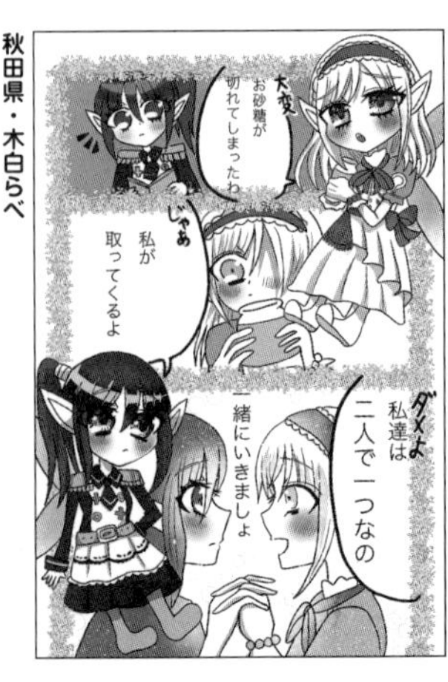
秋田県・木白らべ

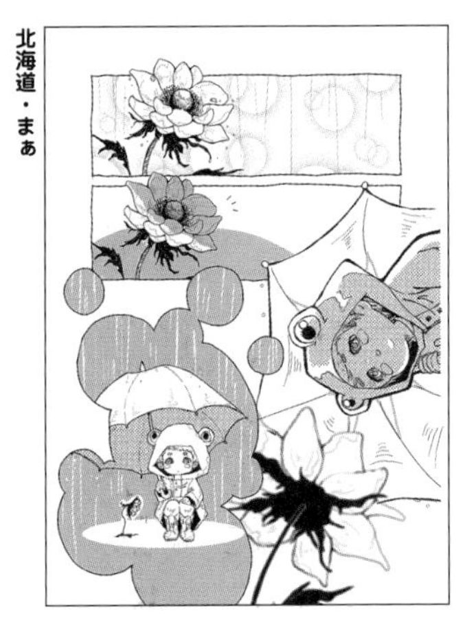
北海道・まぁ

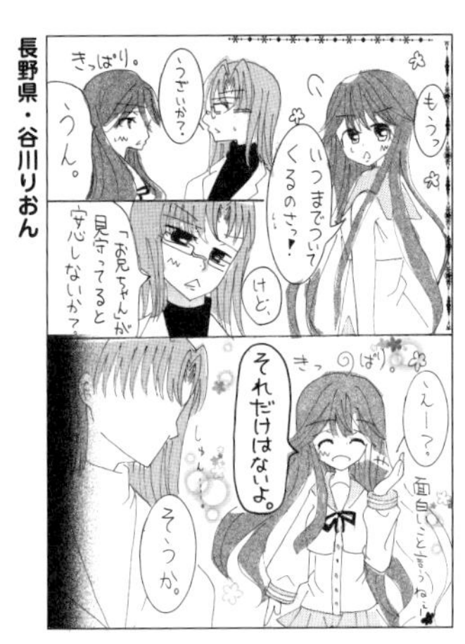
長野県・谷川りおん

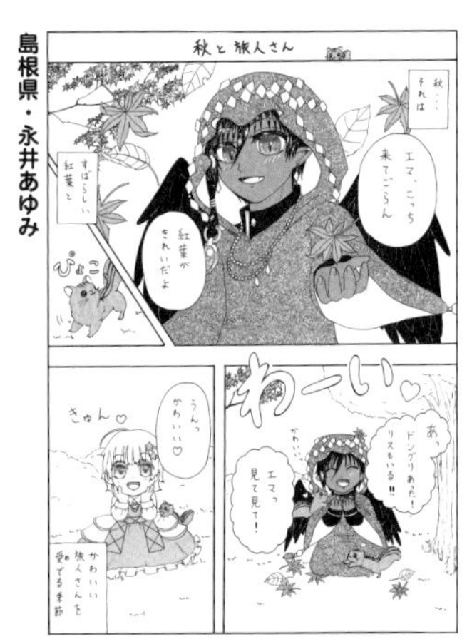

島根県・永井あゆみ

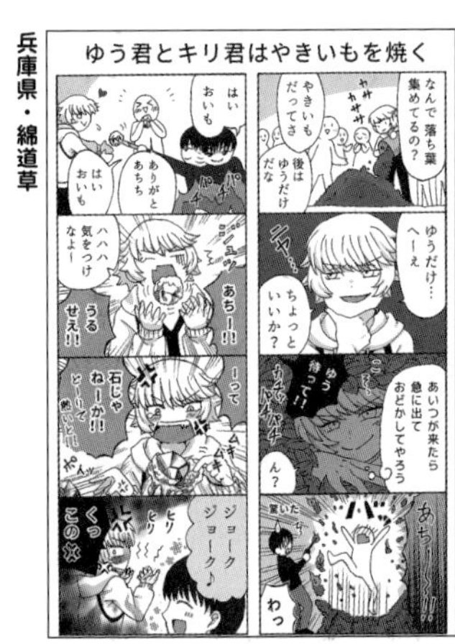

兵庫県・綿道草

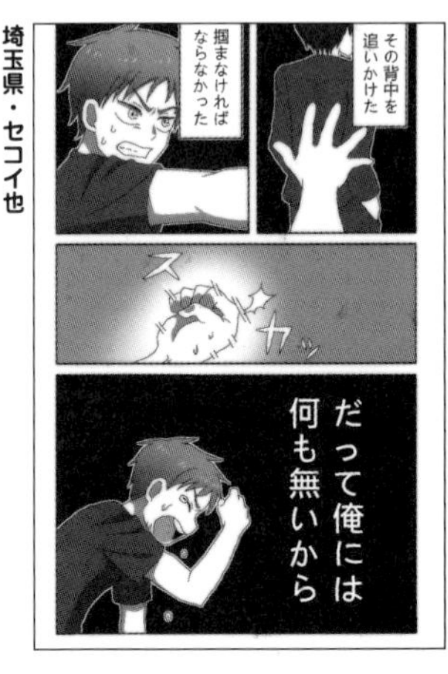

埼玉県・セコイ也

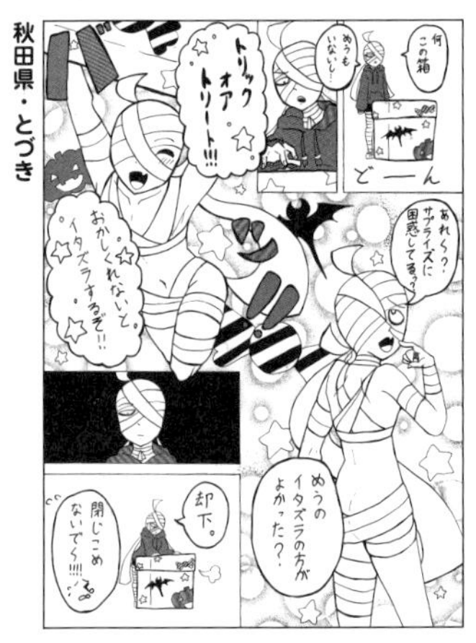
秋田県・とづき

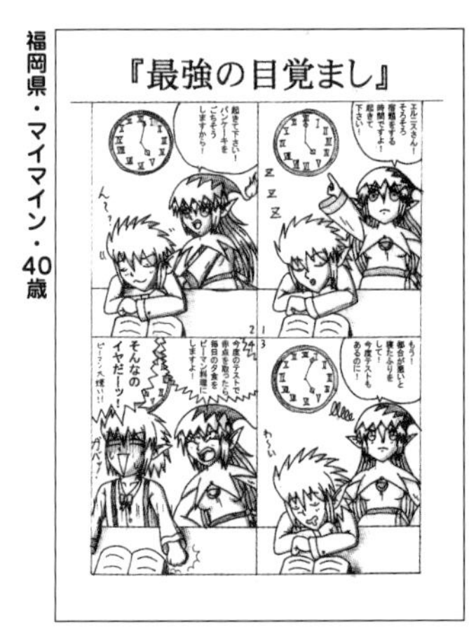

福岡県・マイマイン・40歳

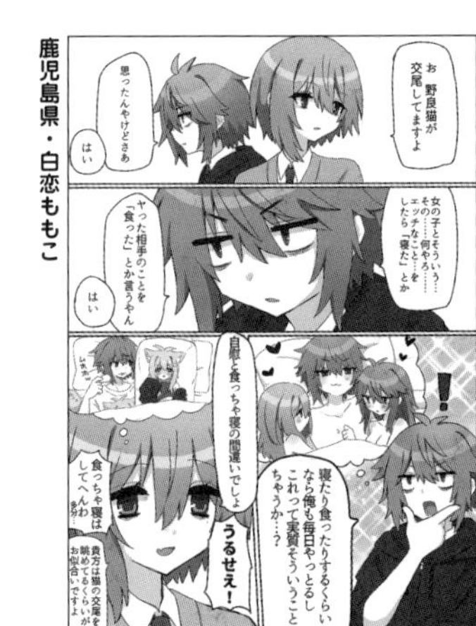
鹿児島県・白恋ももこ

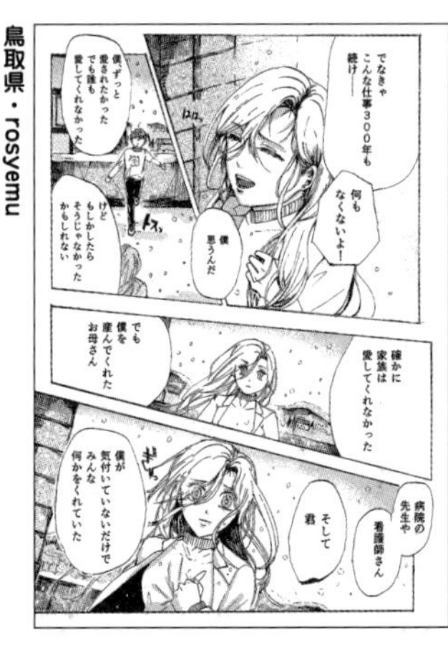
鳥取県・rosyemu

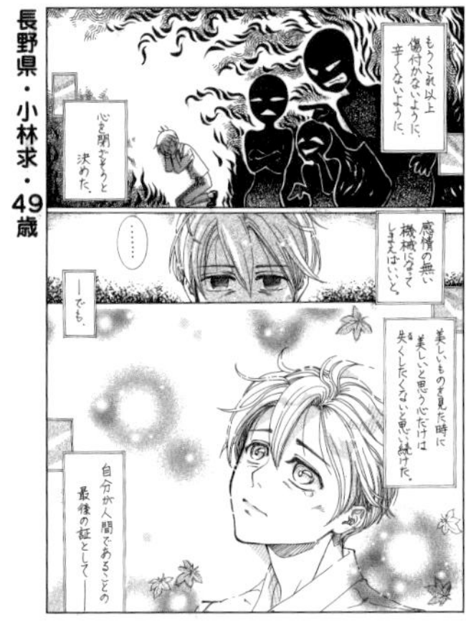
長野県・小林求・49歳

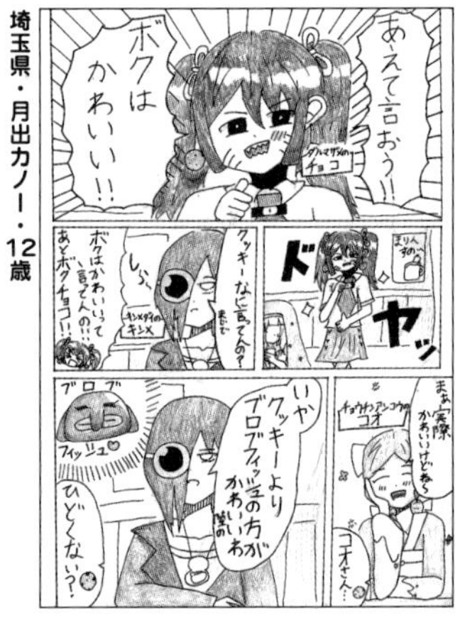
埼玉県・月出カノ―・12歳

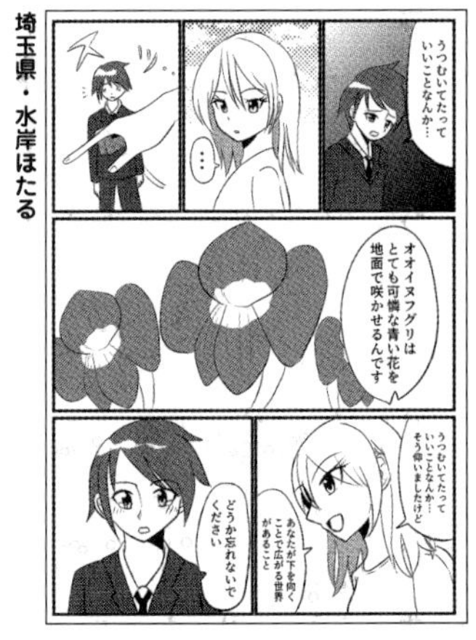
埼玉県・水岸ほたる

S something

みんなの近況などを描いた
四コマ漫画を紹介！

毎号、楽しい四コマをありがとうございます。
みなさんの近況などを知ることができて
とてもうれしいコーナーです！

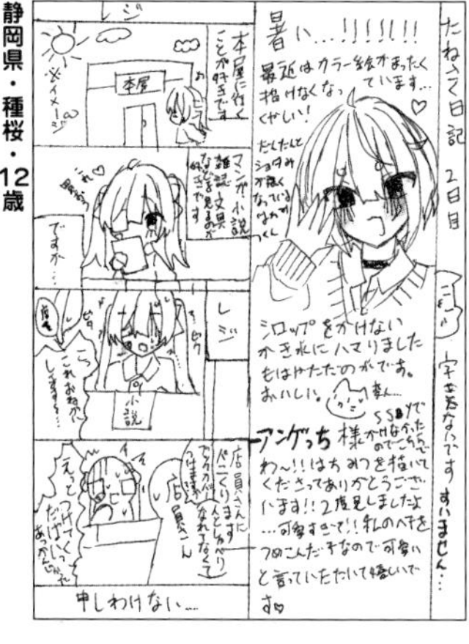

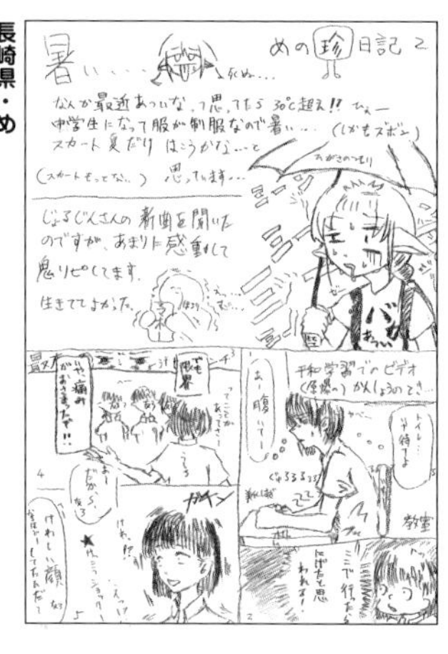

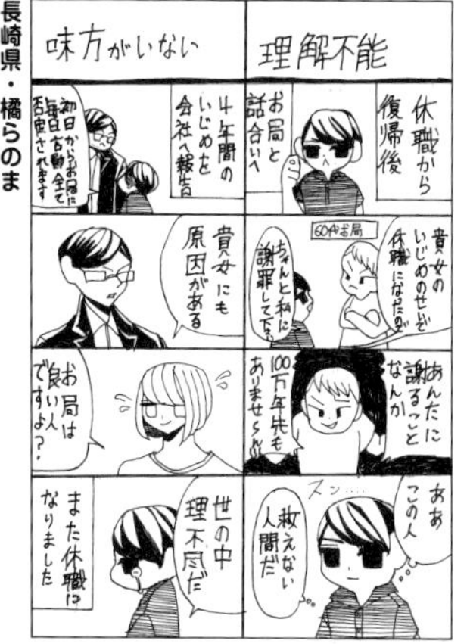

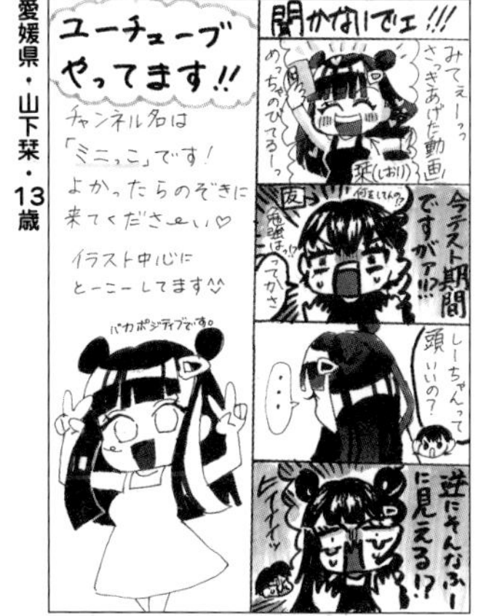

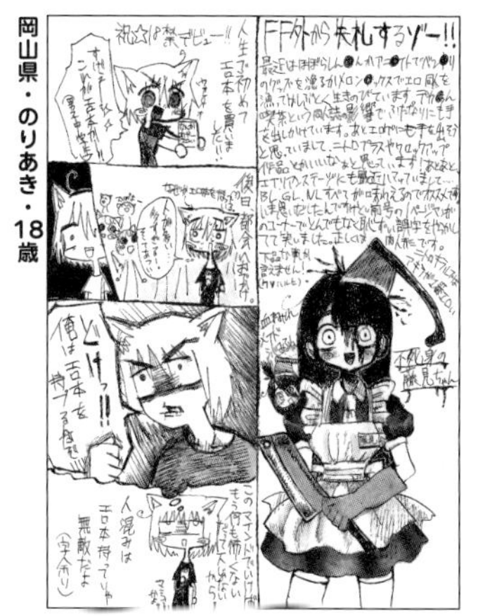

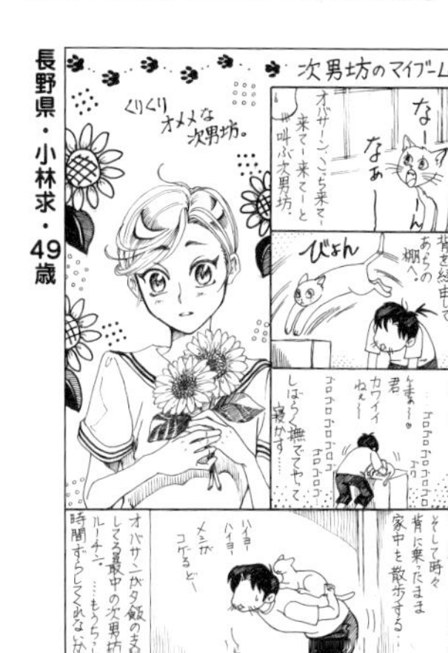

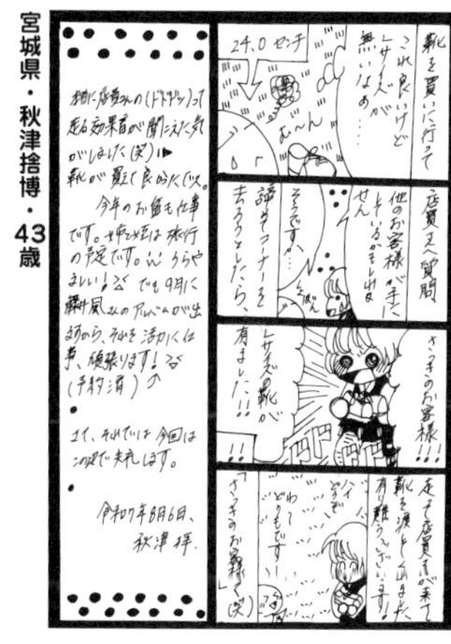

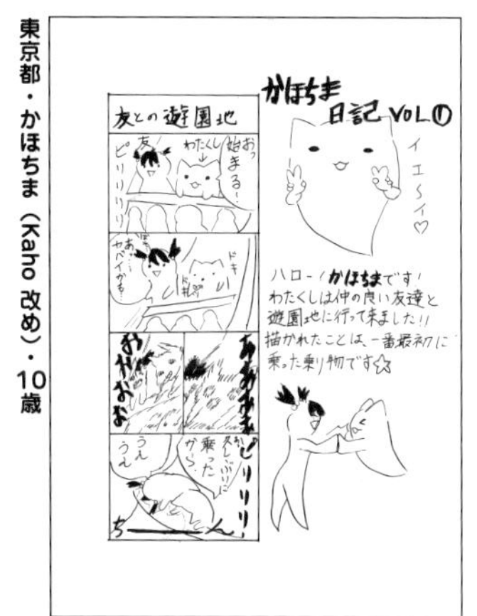

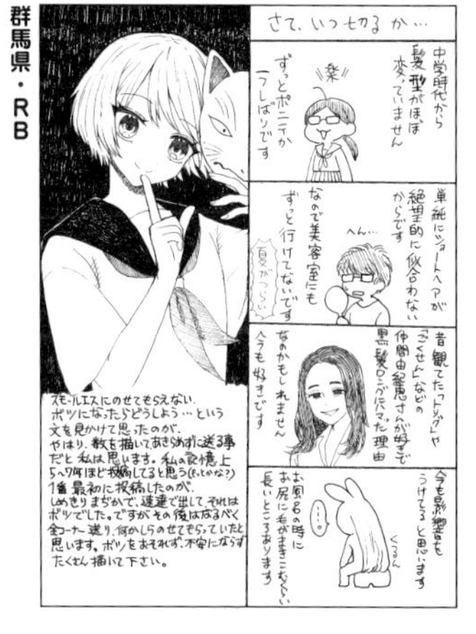

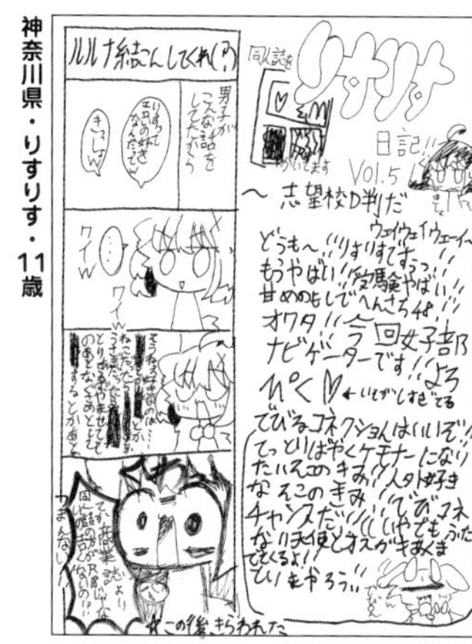

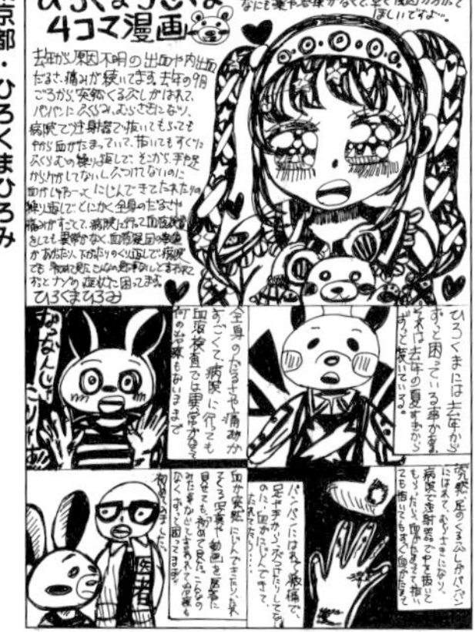

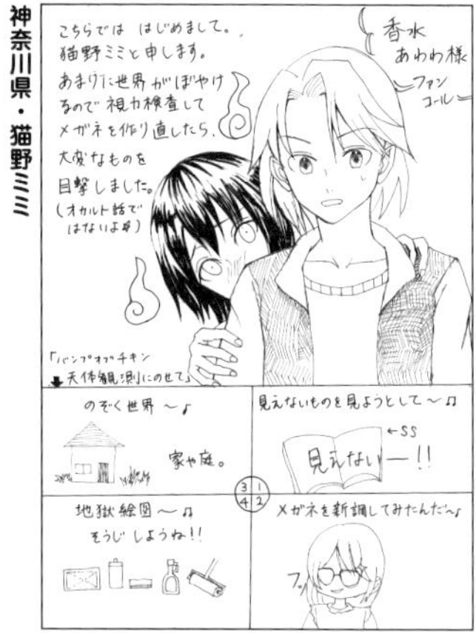

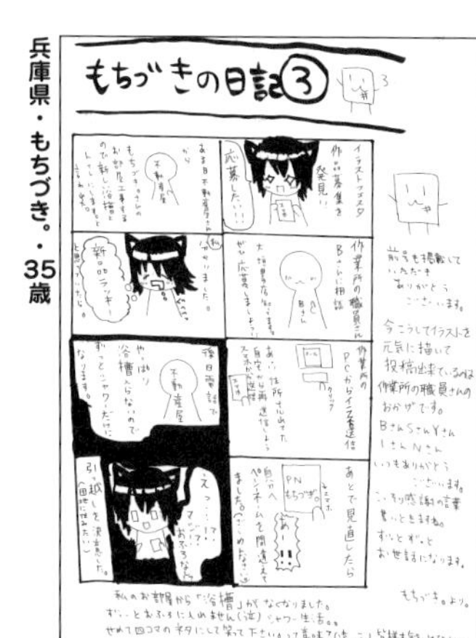

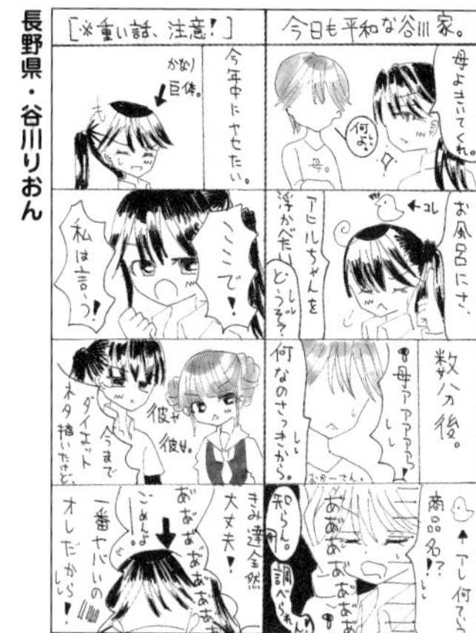

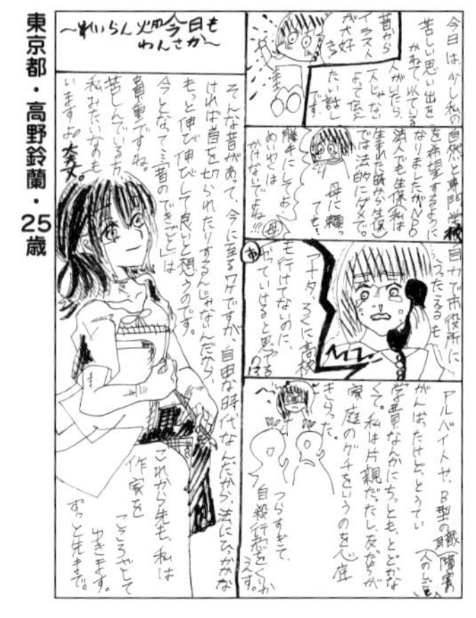

東京都・高野鈴蘭・25歳
〜れいらん火P今日もめんさか〜

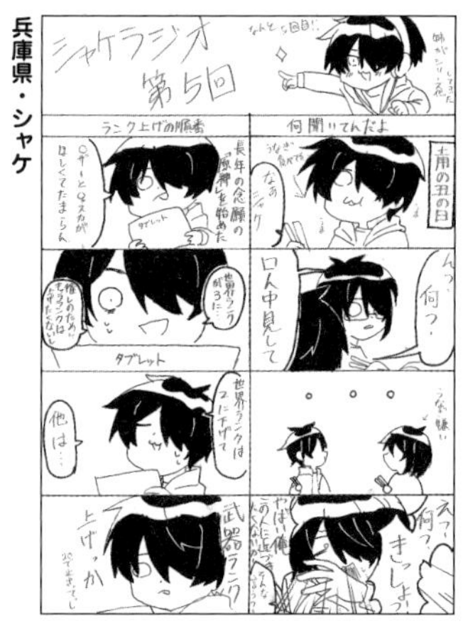

兵庫県・シャケ
シャケラジオ 第5回
ランク上げの順番
何問いてんだよ
タブレット
他は
世界ランク18
ユーザー

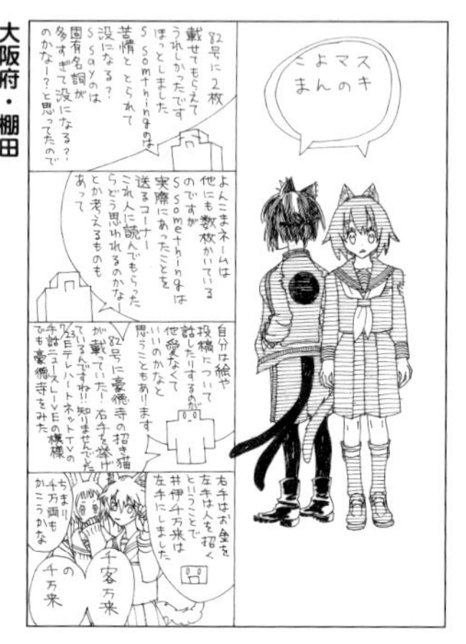

大阪府・棚田
こよマス まんの千

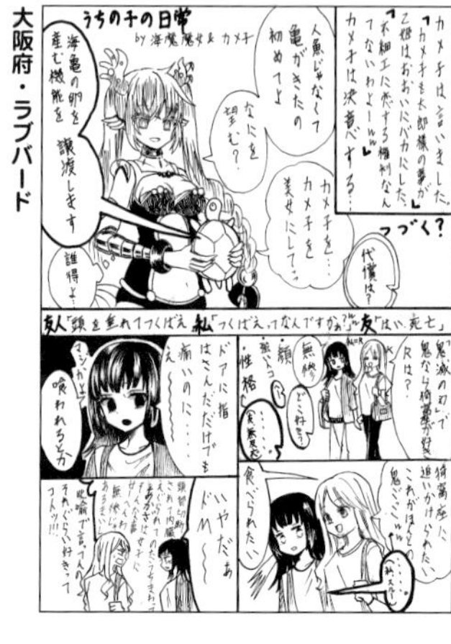

大阪府・ラブハード
うちの子の日常
つづく?

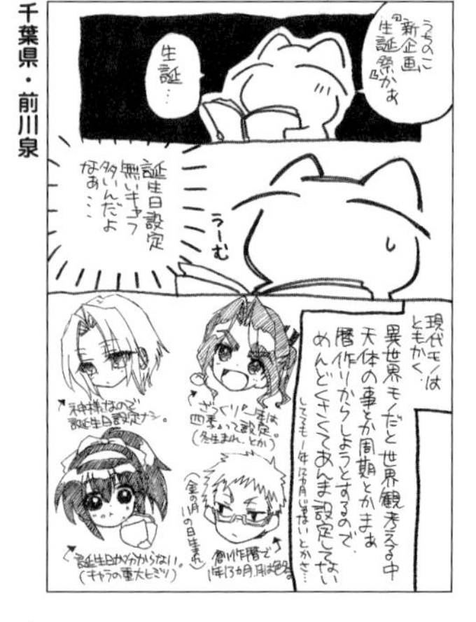

千葉県・前川泉
新企画 生誕祭かな
生誕…

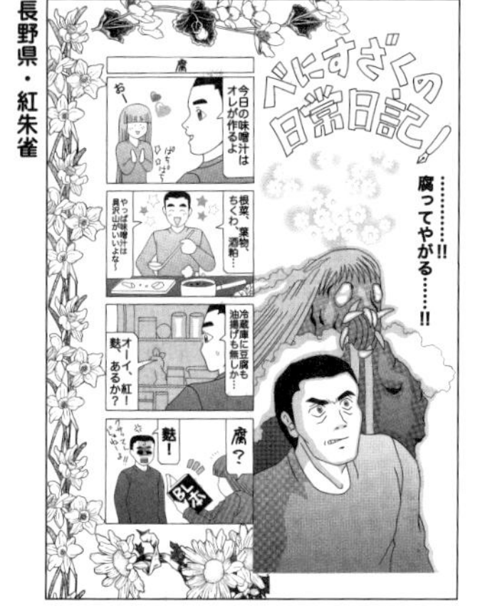

長野県・紅朱雀
べにすざくの日常日記！
腐ってやる……!!
腐ってんな…!!

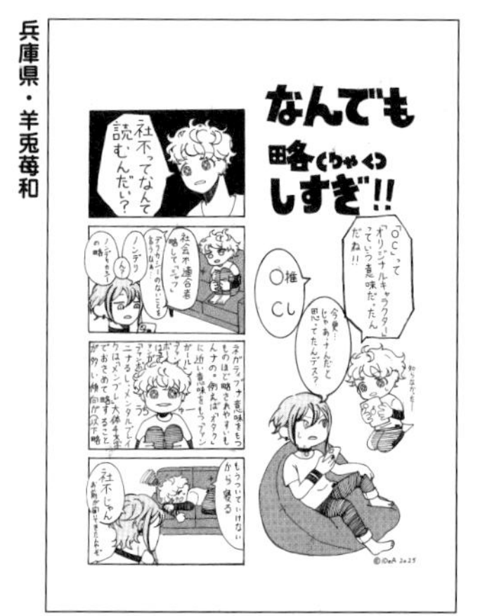

兵庫県・羊兎苺和
なんでも 略しすぎ!!

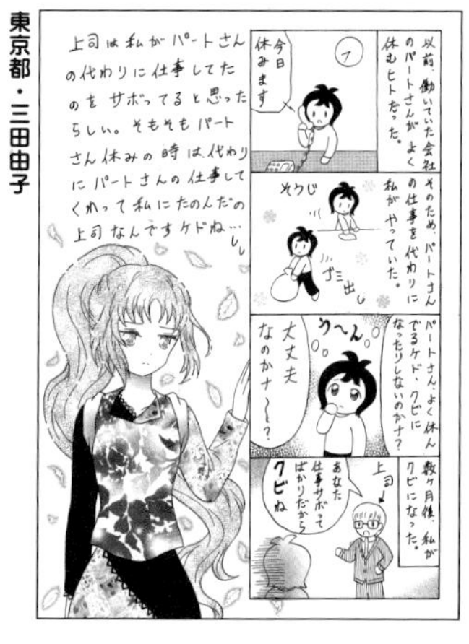

東京都・三田由子
今日休みます
大丈夫なのか…?
クビね

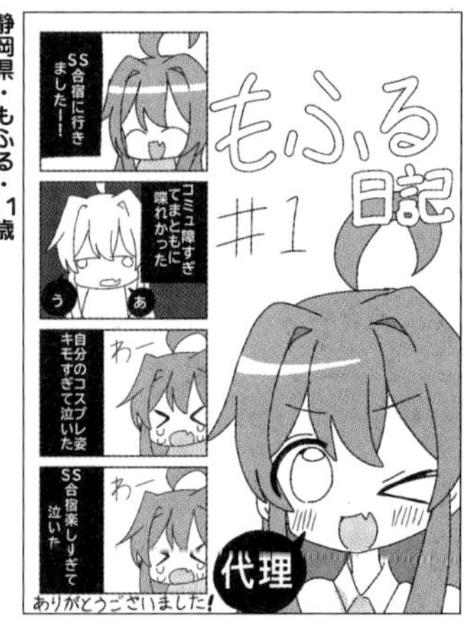

静岡県・もふる・11歳
もふる日記 #1
SS合宿に行きました！
自分のコスプレ姿キモすぎて泣いた
代理
ありがとうございました！

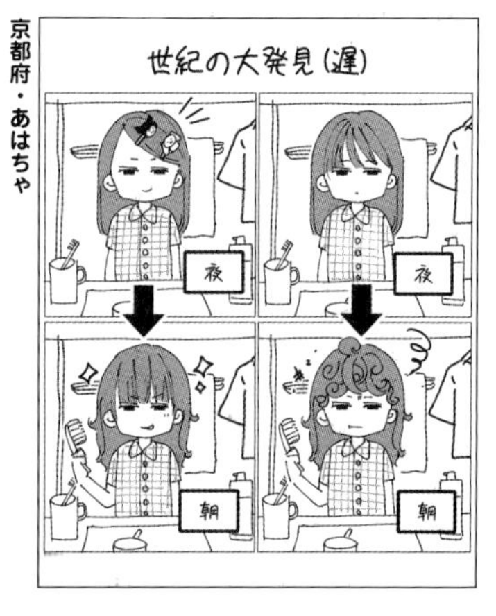

京都府・あはちゃ
世紀の大発見（遅）
夜
夜
朝
朝

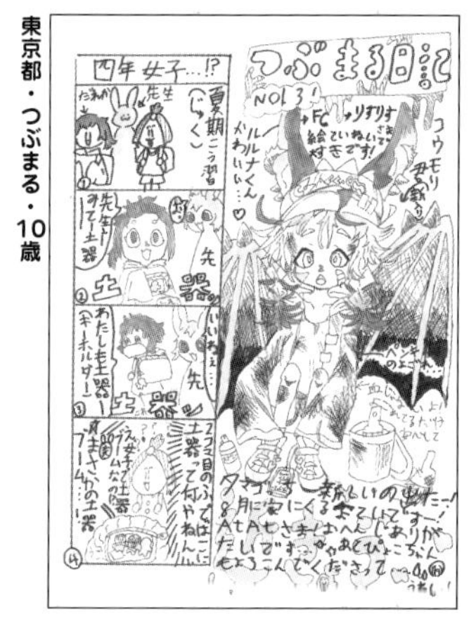

東京都・つぶまる・10歳
四年女子…!?
つぶまる日記

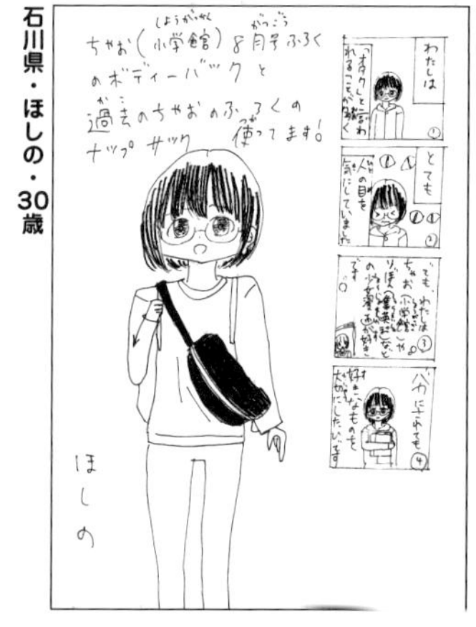

石川県・ほしの・30歳
ほしの

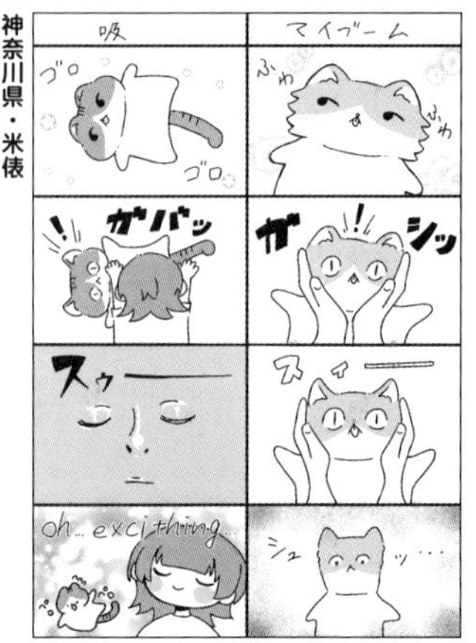

神奈川県・米俵
吸
マイブーム
ゴロ
ガバッ
ガッ
シッ
スゥー
ニュ
oh…exciting
シュ

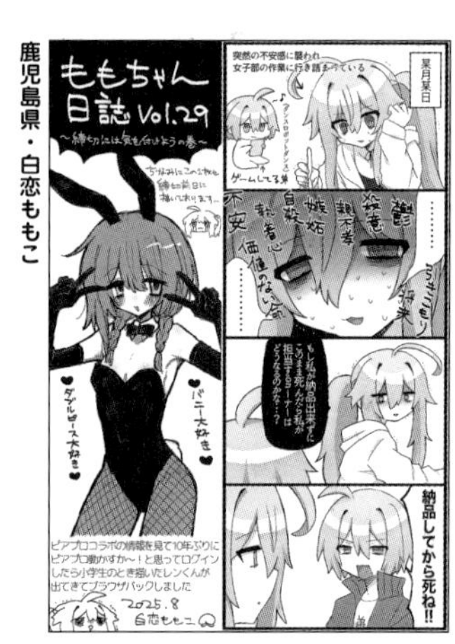

鹿児島県・白恋ももこ
ももちゃん日誌 Vol.29
2025.夏 白恋ももこ

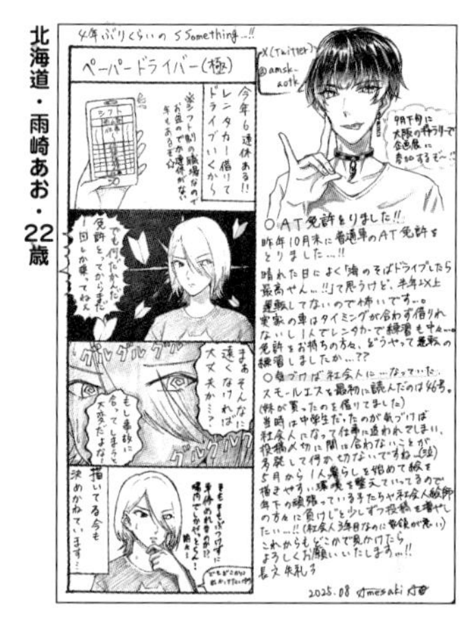

北海道・雨崎あお・22歳
ペーパードライバー（仮）
2025.08

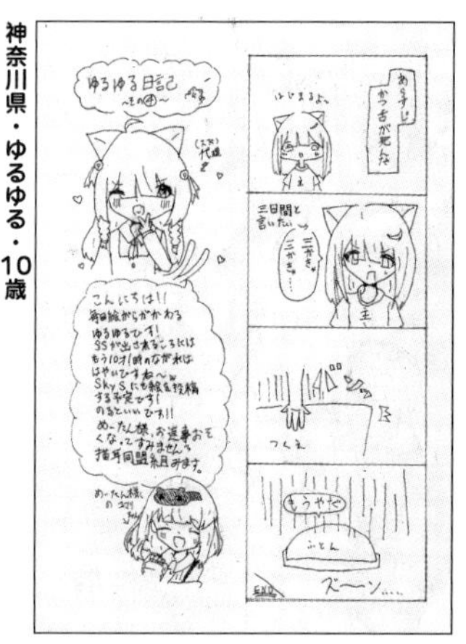

神奈川県・ゆるゆる・10歳
ゆるゆる日記
こんにちは！
ズーン

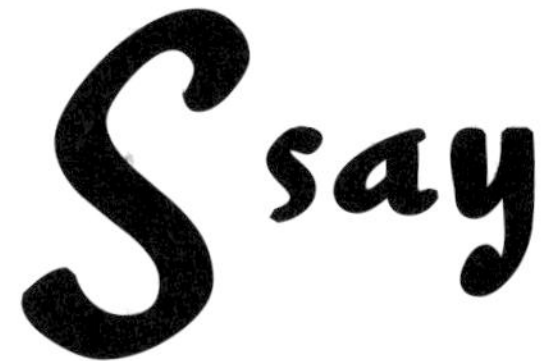

S say

フリートーク的な文字投稿コーナー。
近況や、みんなへの報告など
いろんな話題を紹介するよ！

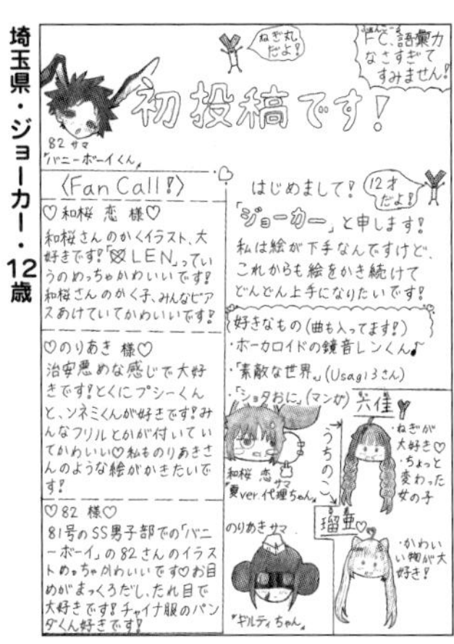

埼玉県・ジョーカー・12歳

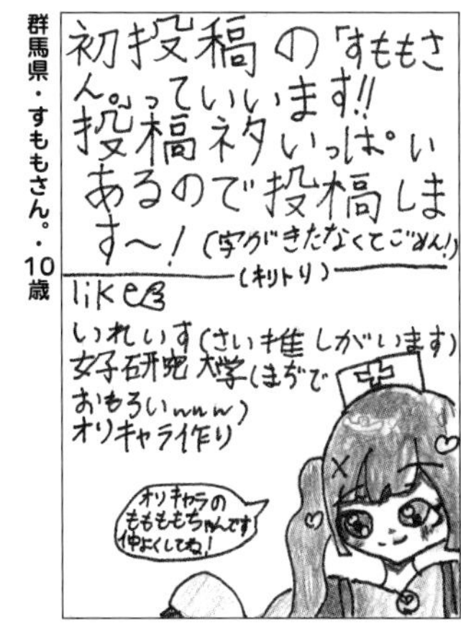

群馬県・すももさん。・10歳

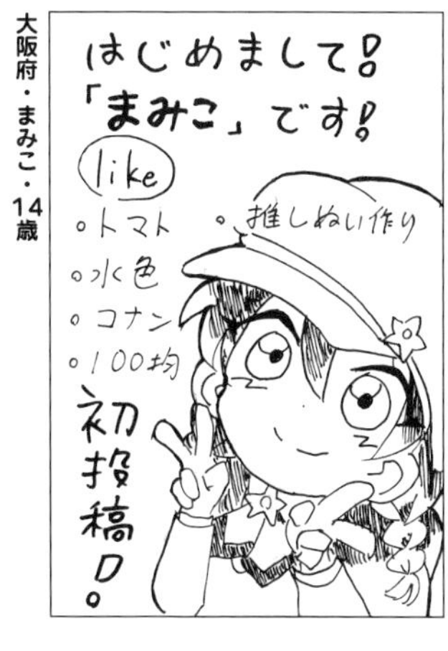

大阪府・まみこ・14歳

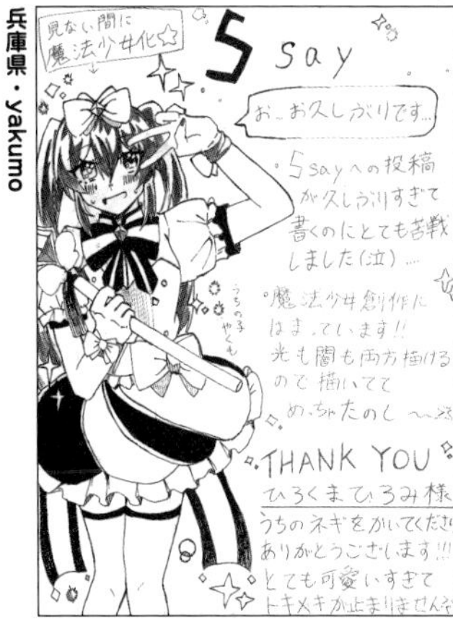

兵庫県・yakumo

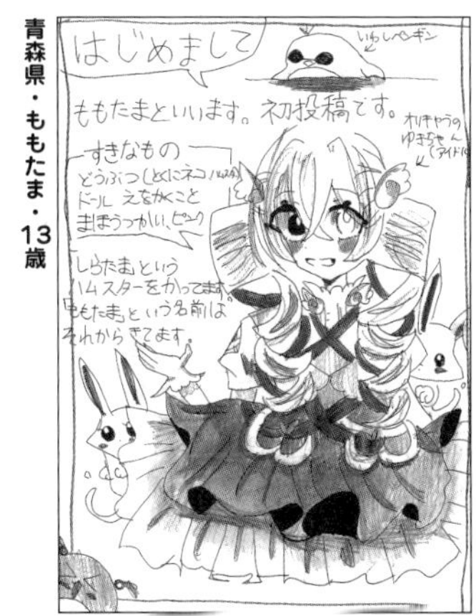

青森県・ももたま・13歳

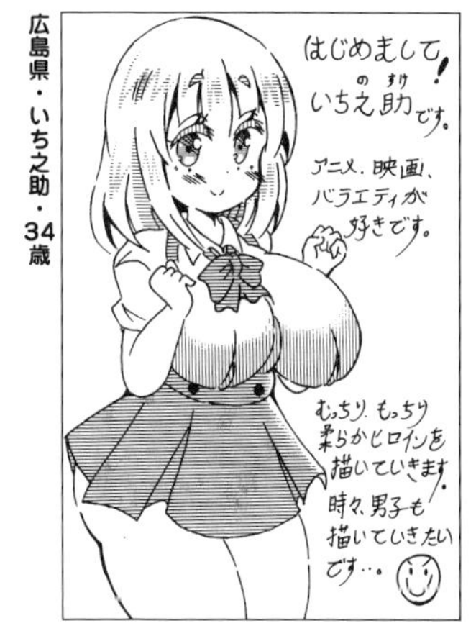

広島県・いち之助・34歳

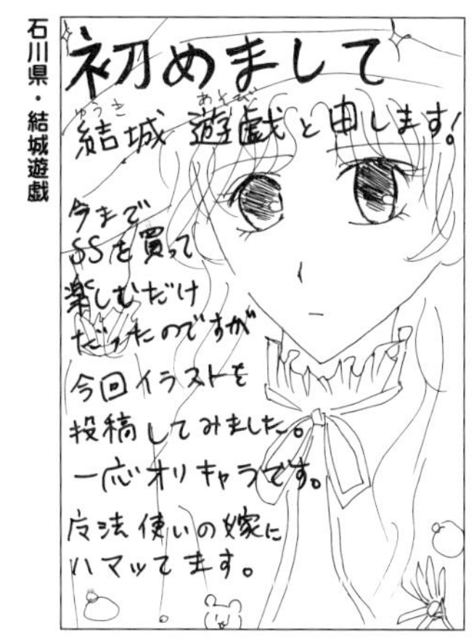

石川県・結城遊戯

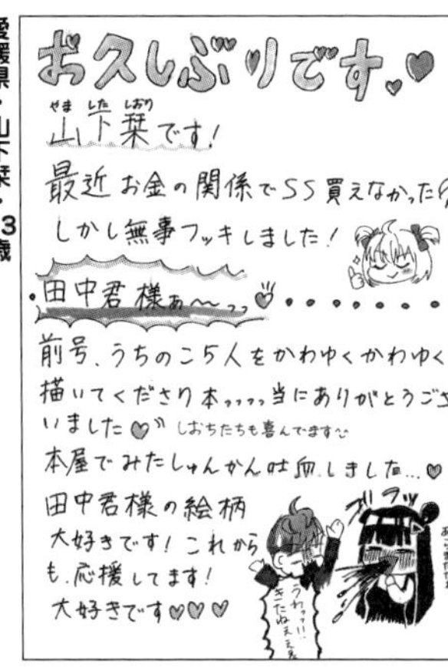

愛媛県・山下菜・13歳

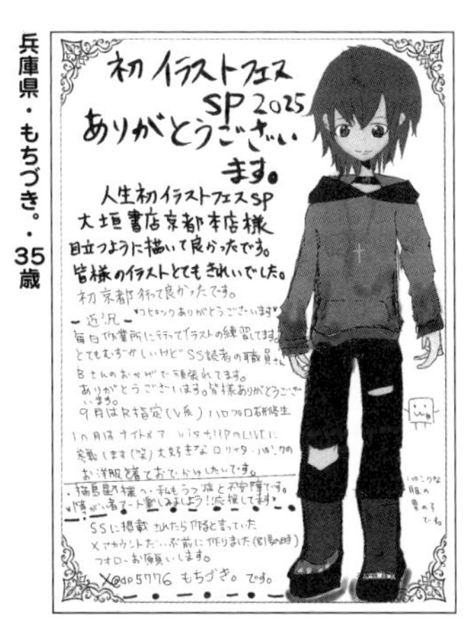

兵庫県・もちづき。・35歳

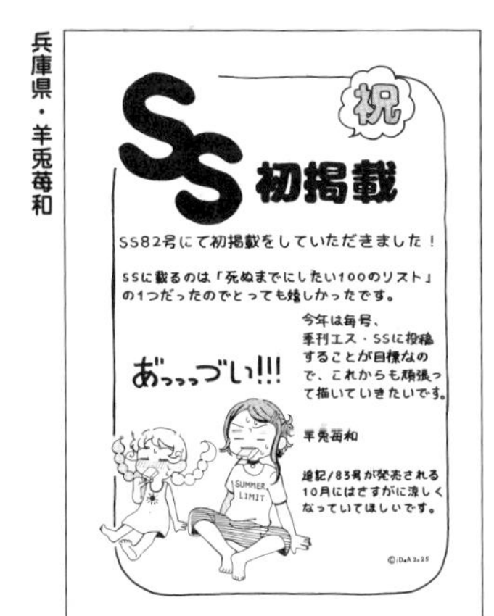

兵庫県・羊兎苺和

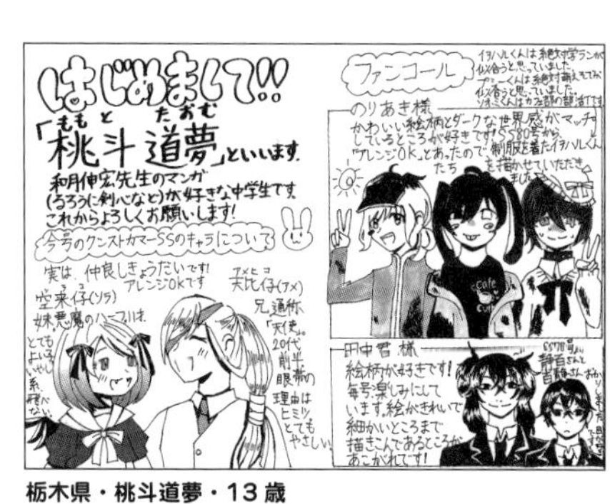

栃木県・桃斗道夢・13歳

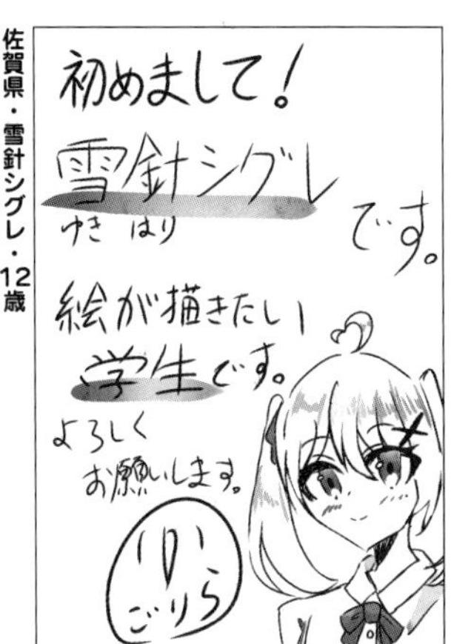

佐賀県・雪針シグレ・12歳

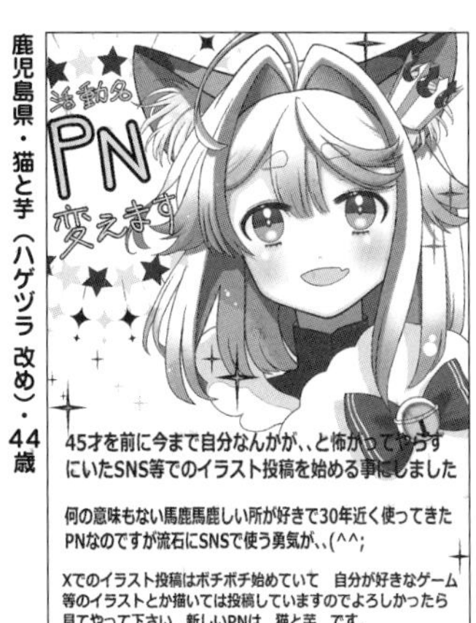

鹿児島県・猫と芋（ハゲヅラ 改め）・44歳

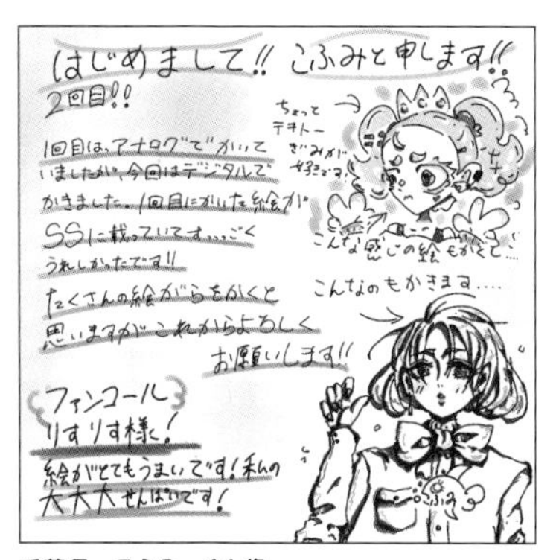

千葉県・こふみ・11歳

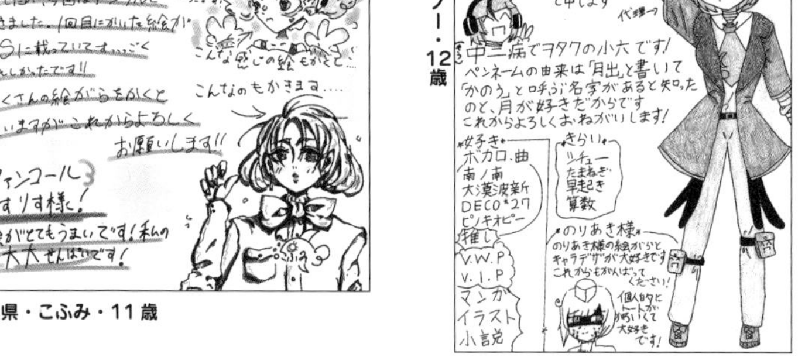

埼玉県・月出カノー・12歳

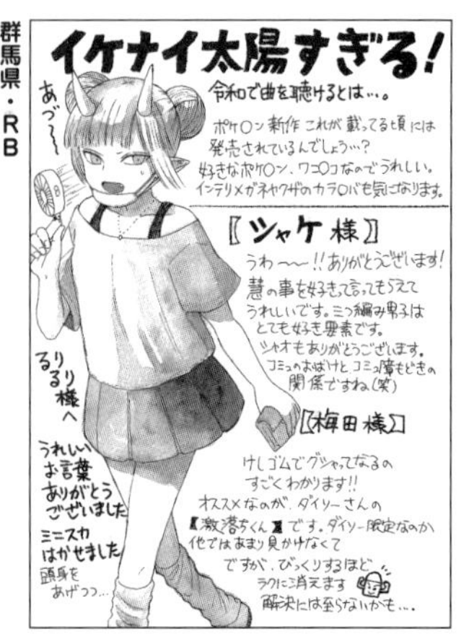

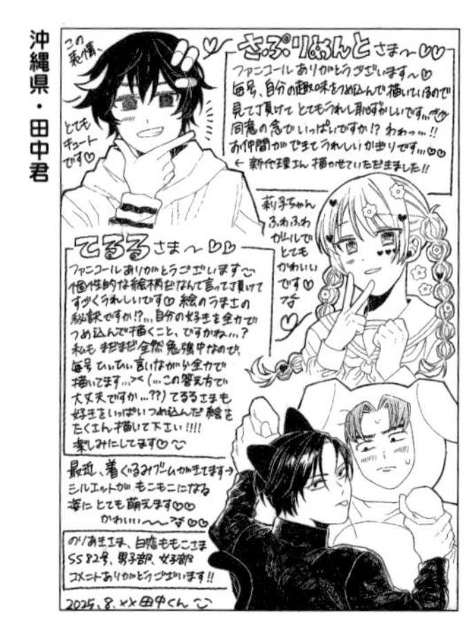

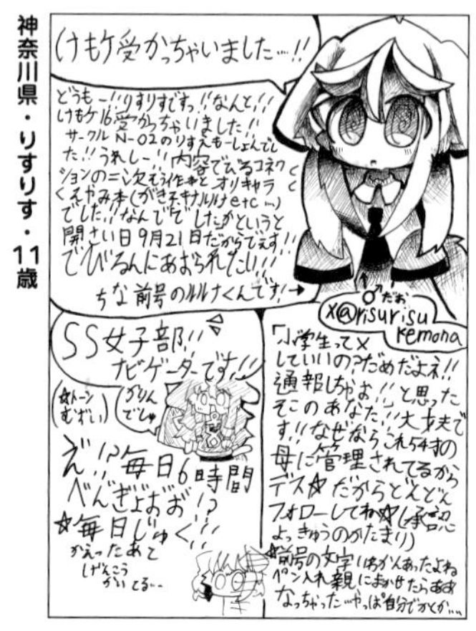

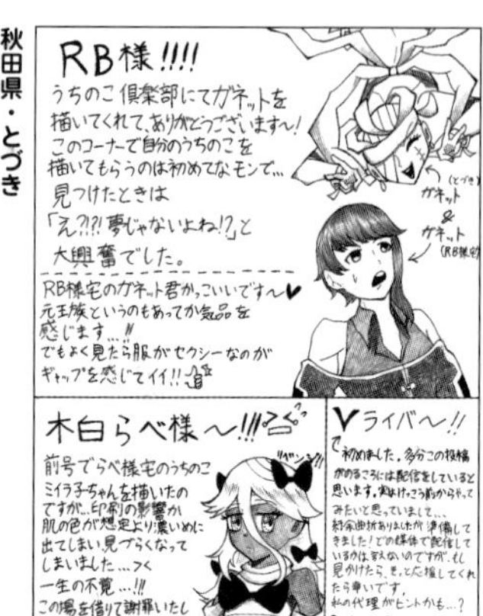

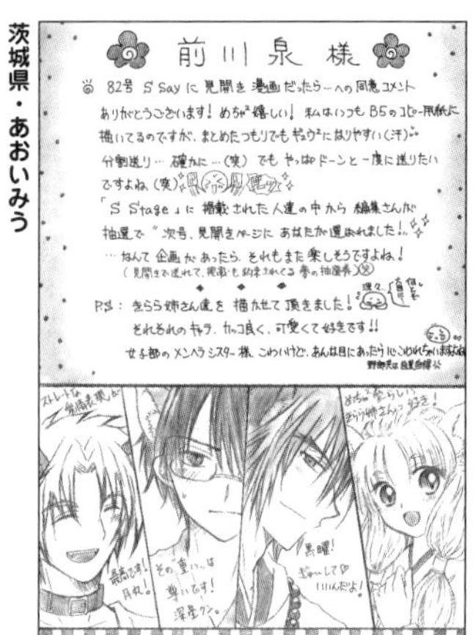

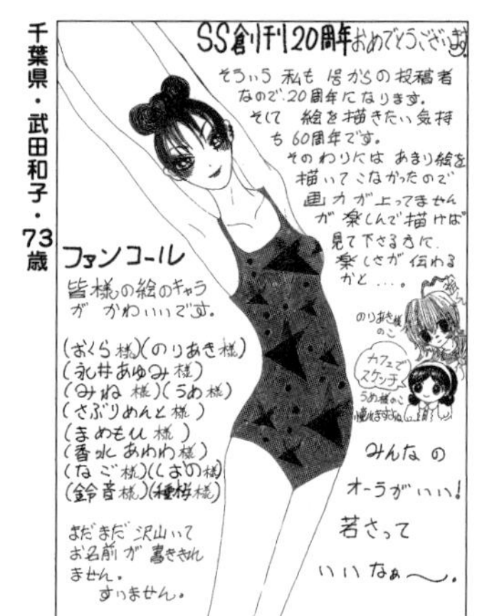

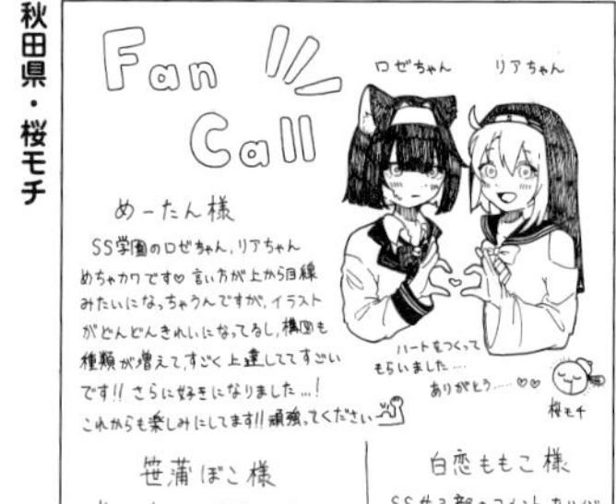
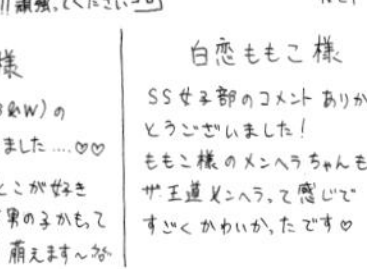

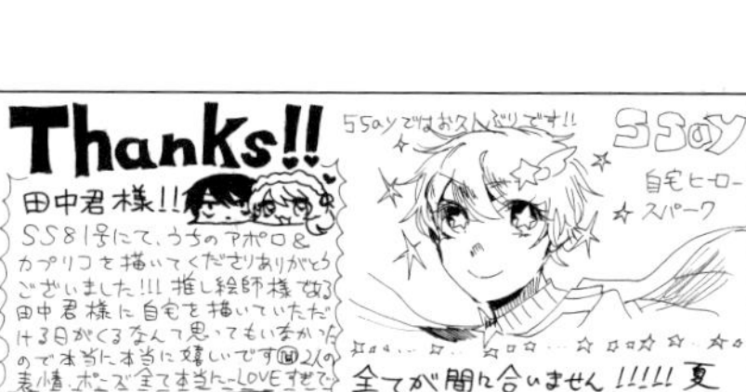

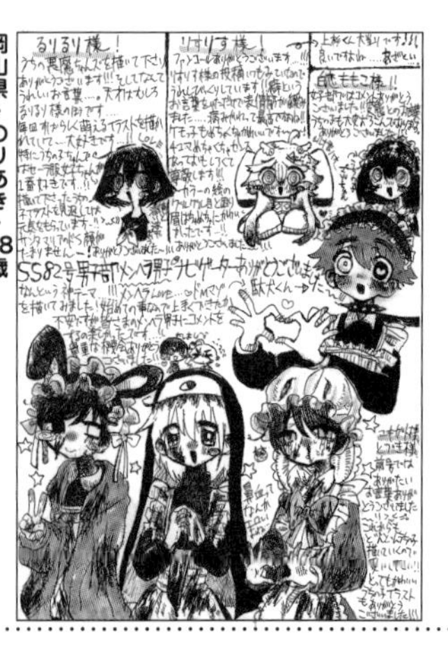

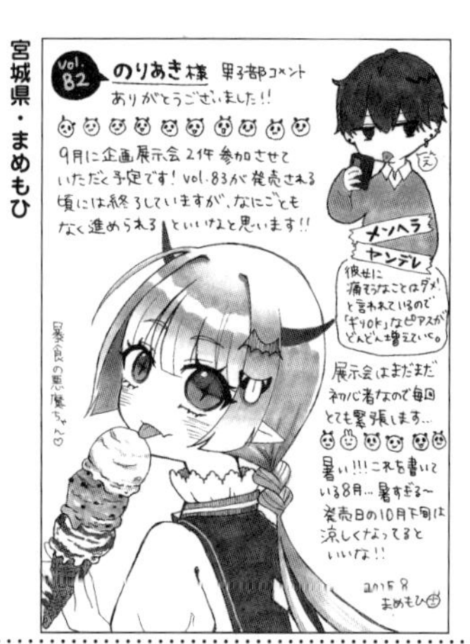

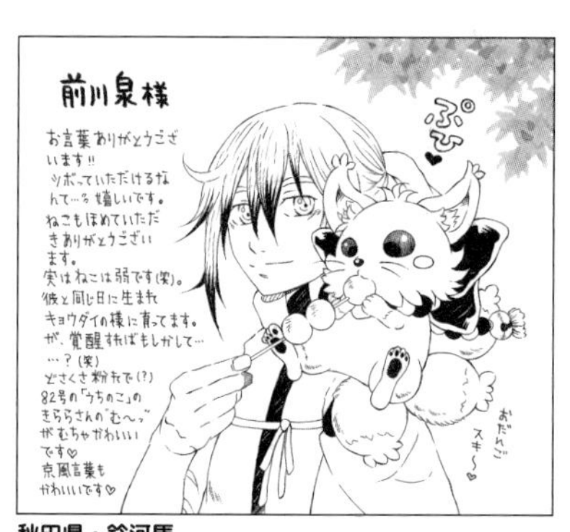
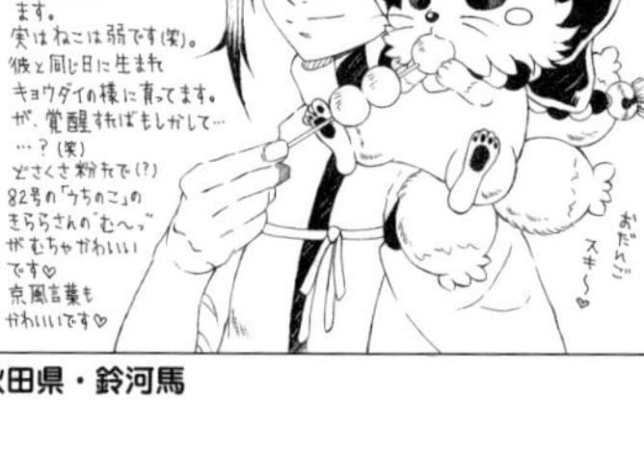

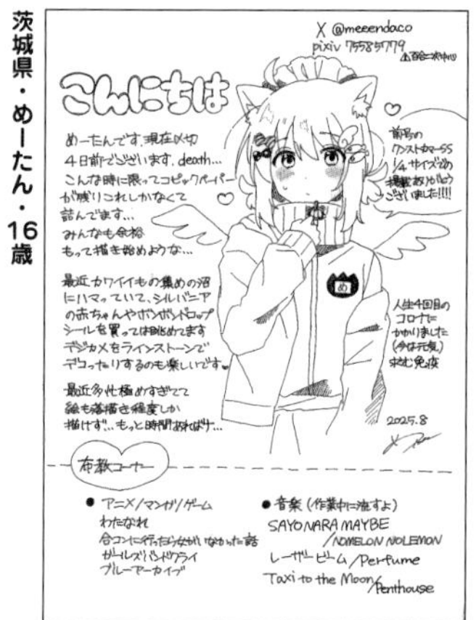

皆さん、こんにちは〜。SSナビゲーターの絵澄えすです。えす丸です。みなさんのお便りを紹介する「SSsay」のコーナーです。テクニックに関する質問から、近況報告、進路や絵柄についてのお悩みなど、文字投稿もぜひお送りくださいませ。そうですね。気になることはメイキングでも取り入れて行きたいと思っています！それでは今回も早速オハガキをご紹介しましょう〜。

愛知県・つむジロ
みなさん、絵を描くときは朝〜夜（もしかしたら夜中…？）のどの時間帯で描かれていますか？朝派、夜派みたいな…。個人的に夜の方が変なテンションになって良い感じに描けます☺

これはpotatoさんとゆめさん、めーたんさんにお聞きしましょう。絵を描く時間帯についてのオハガキです。私は夜に描いています…。

potato 私はお昼から夕方が集中力が出ます。時間で言うと、朝の十時から昼の三時〜四時くらいが一番はかどりますね。自宅でも、家族が昼寝をしていたりするので、静かだということもあります。

ゆめ 私は昼以降から夜遅くまで描いていたりしますが、夜の十一時くらいが一番集中できます。一人になるから作業しやすいんです。ただ、朝は六時など早くに起きるので、夜は十一時を過ぎれば寝るんです。なので、本当に寝る寸前まで描いている感じですね。

めーたん 私は、今は夜しか描く時間がありません。土日の午前中は違うことをしたり、昼は買い物に出たりするので、夕方から夜に描いています。モチベーションが高い時は、午後四時から夜の十一時くらいまで描いています。平日は学校があってなかなか時間が取れないのですが、やる気があるときは勉強や夕食を終えた夜八時ころからノンストップで十一時過ぎまで描き続けます。次の日は学校で寝る覚悟で、十二時頃まで起きていますね（笑）。

なるほど〜。作家さんに聞くと、夜に描く人が多いように思いますね。以前に表紙を描いてくれたヤマコさんも、HoneyWorksの活動開始時は、絵を描くのが楽しすぎて、まだ会社員だったけれど、仕事が終わってから朝まで描いて、三十分だけ寝て会社に行っていた、と言っていましたね。Sのお絵描き合宿では、夜中もみんな絵を描いて喋ったりして楽しんでいますよ〜。皆さんも徹夜で絵を描いたことはありますか〜？

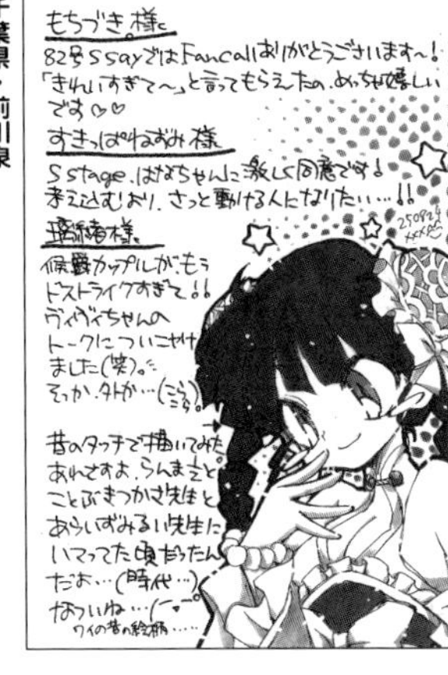

千葉県・前川泉

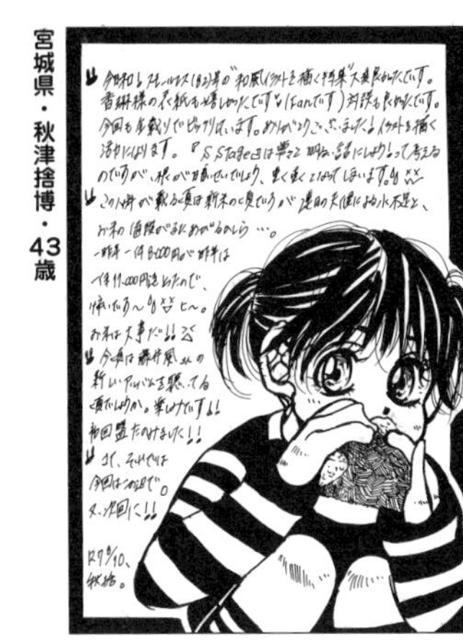

宮城県・秋津捨博・43歳

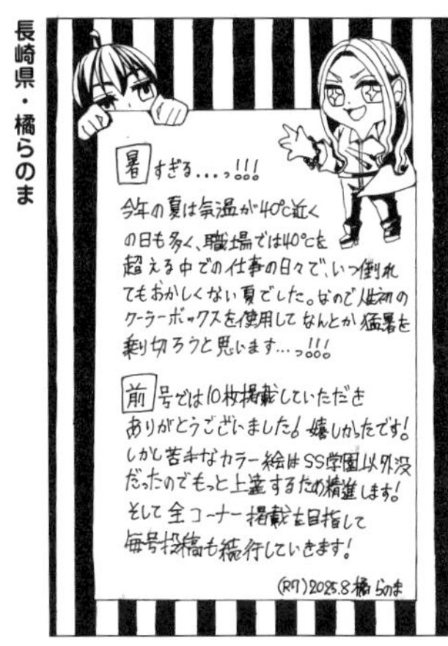

長崎県・橘らのま

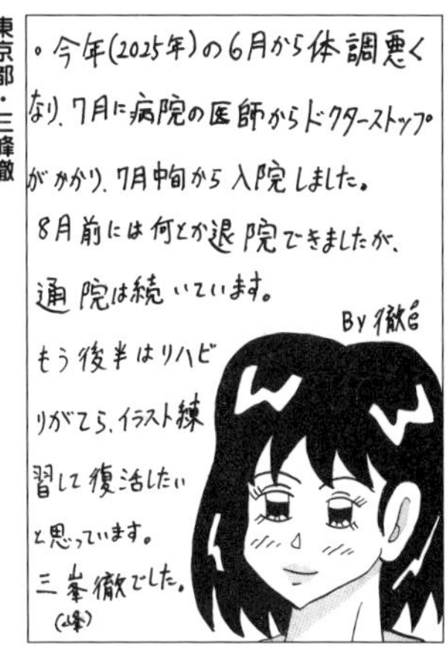

東京都・三峰徹

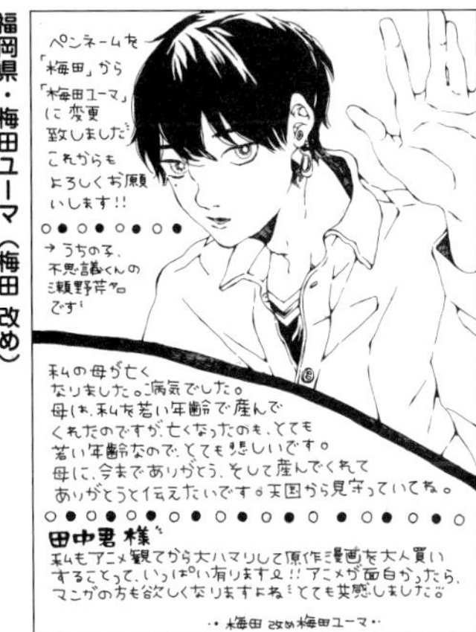

福岡県・梅田ユーマ（梅田 改め）

田中思恵様

・梅田 改め梅田ユーマ・

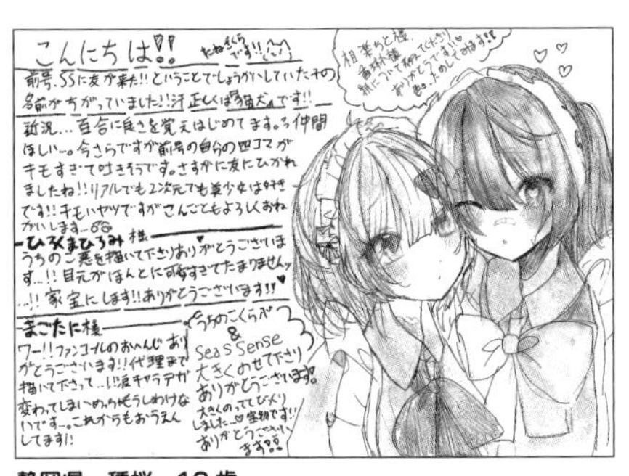

静岡県・種桜・12歳

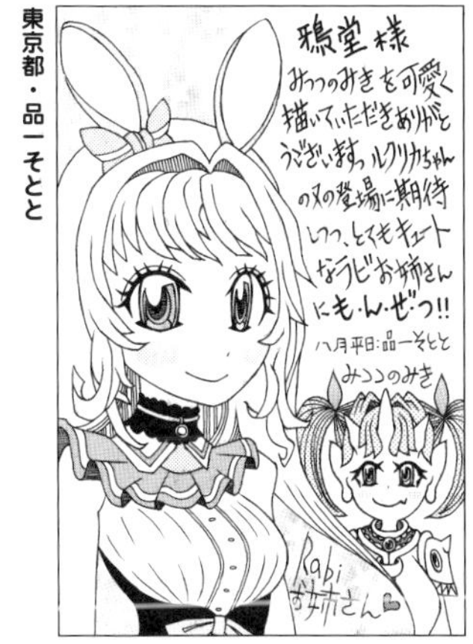

東京都・品二そとと

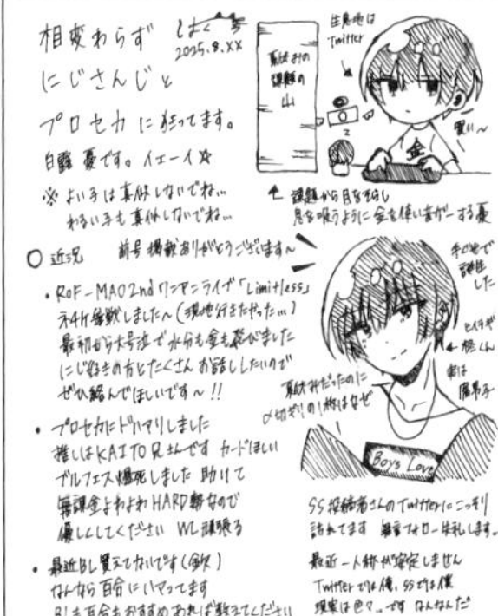

静岡県・白露曇

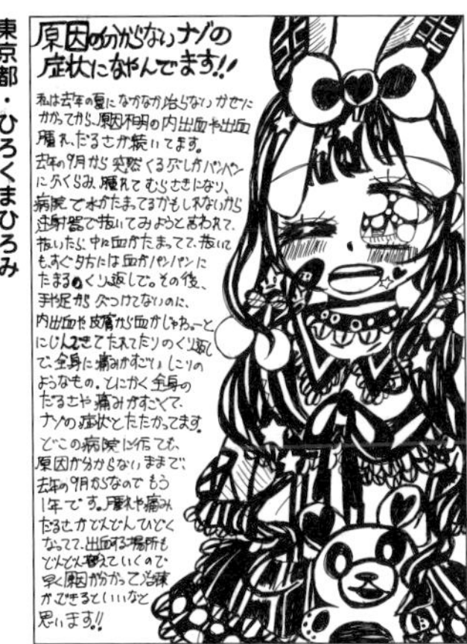

東京都・ひろくまひろみ

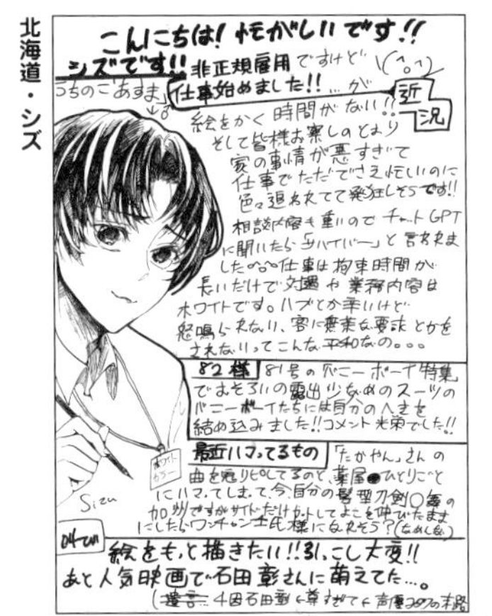

北海道・シズ

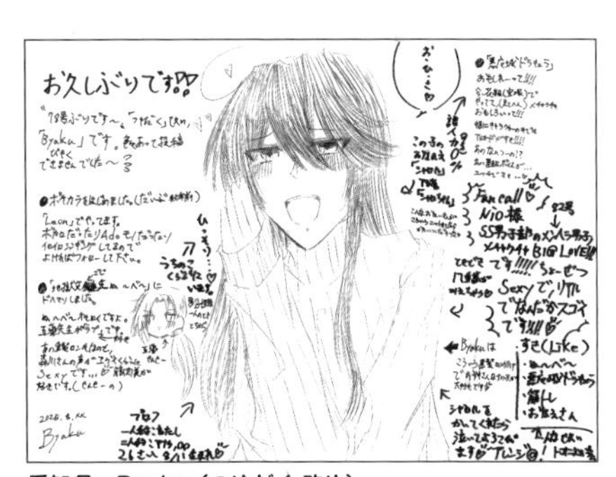

愛知県・Byaku（つゆだく 改め）

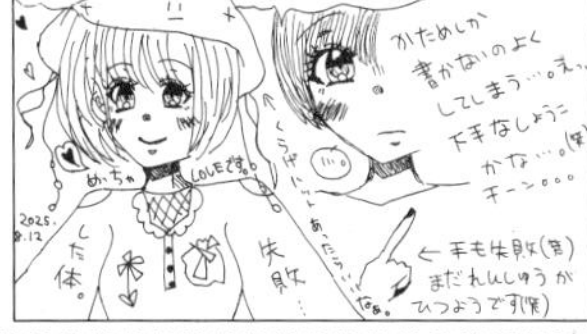

福岡県・えがおくらげ

兵庫県・星河ゆう夏

82号の和のモチーフ資料、季節ごとのモチーフや伝統文様など広く取り上げられていて参考になりました！
自分で資料を探す時は、インターネットで検索して終わりになってしまいます。
みなさんは絵を描く際、どのように資料を探しているのか知りたいです。

芦屋マキ

前号で和のモチーフ資料を見ていただいてありがとうございます〜。今回は皆さんに資料の探し方を聞かれています。
絵を描く時の資料探しも大事ですよね〜。探したいものが出てこなかったりしますしね。めーたんさんや芦屋マキさんに聞いてみましょう。
服の場合は、ZOZOTOWNなどの通販トで検索しても探すのが大事ですよね。

福岡県・えがおくらげ

体の書き方を教えて下さい！とくにうでや足の書き方が知りたいです。人形みたいにまっすぐになってしまうので、どこにきん肉（ふくらみ）を持たせて書いたら良いのが分からなくてこまっています。私はよく女の子を書くので女の子の体の書き方が知りたいです。

芦屋マキ

体的に人体を描くのがキビシイ…。体の各部を立体的にとらえる方法も聞いたことがあります。
特に女の子の体の描き方ですね。体をパーツで分けて考えるというよりは、自分の骨をたどってみて、全身の連動を知ってみるのはいかがでしょう。鏡を見たり、手で触ってみるのが良いと思います。鎖骨から肩へのつながりとか、描く前に、構造を知ることが大事かもしれません。
触ってみると発見があると思います。
どこが太くてどこが細いのか、ふくらみのルールを知ると良いね。それを理解すると、絵でその部分を描くときに、構造がわかっているから正しく描けそうです。ぜひ試してみてほしいです〜。

骨のあるところが出っ張るとか、別の角度から描くと「骨がある」「肉が多い」と、ふくらむや筋肉のあるところが膨らむとか、人体を描くと思います。全体で見ると、ここが細いのか、脂肪や筋肉の理由がわかります。体全体の中で、どこが大きくてどこが小さいのか、人体を触ると良いと思います。私は立

東京都・えがおくらげ

静岡県・コトブキ・14歳

SS82号 掲載ありがとうございました!!

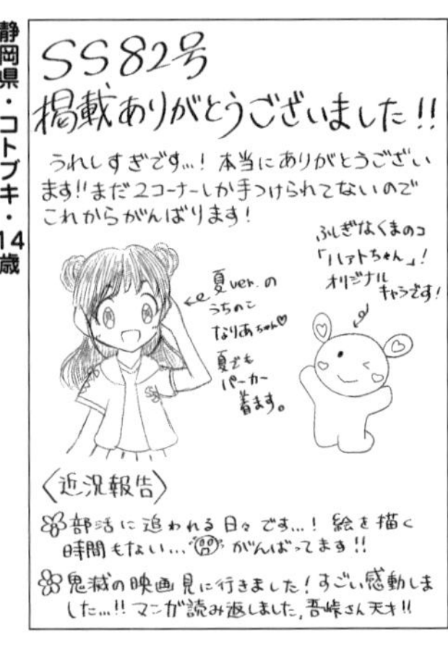

北海道・神足・41歳

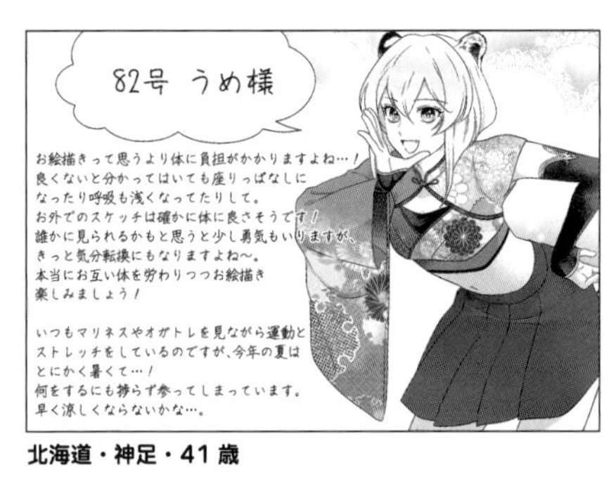

東京都・かりがり

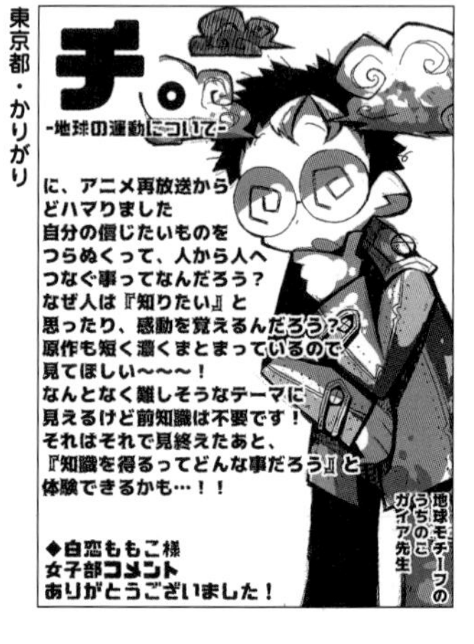

埼玉県・M

ピアスっていいよね

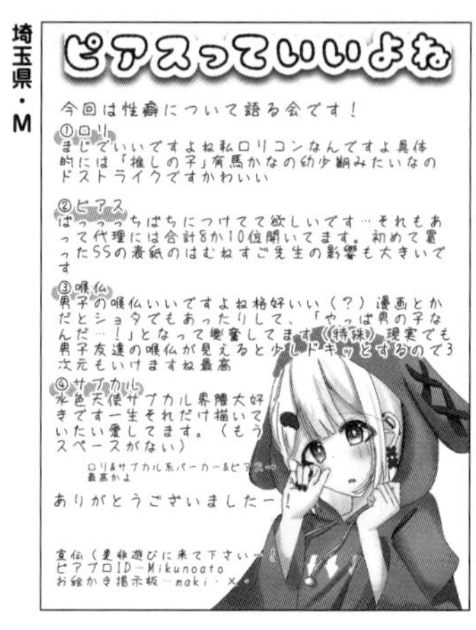

兵庫県・シャケ

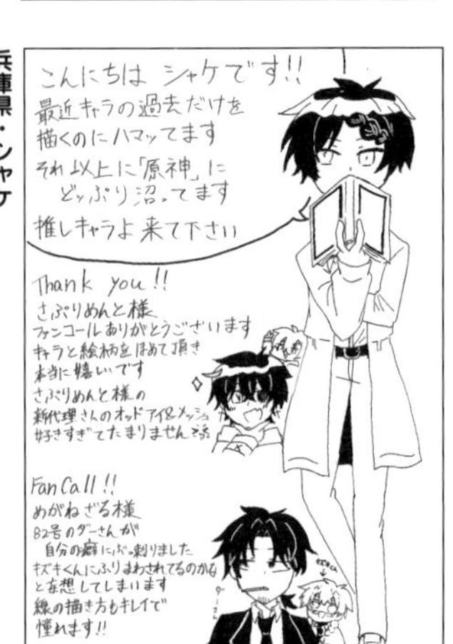

神奈川県・アンゲっち

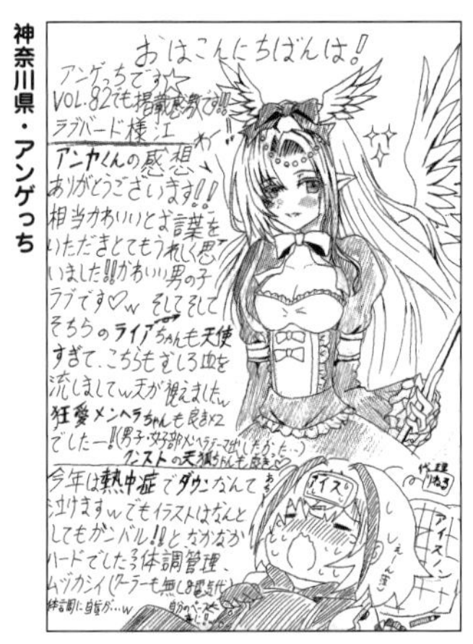

大阪府・ラブバード

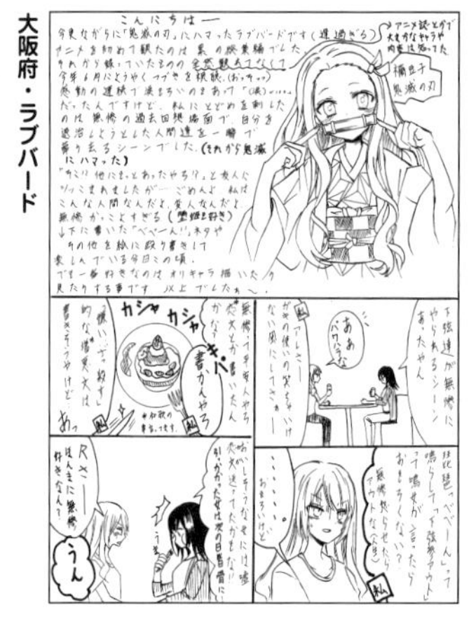

和歌山県・ひろいうみ・43歳

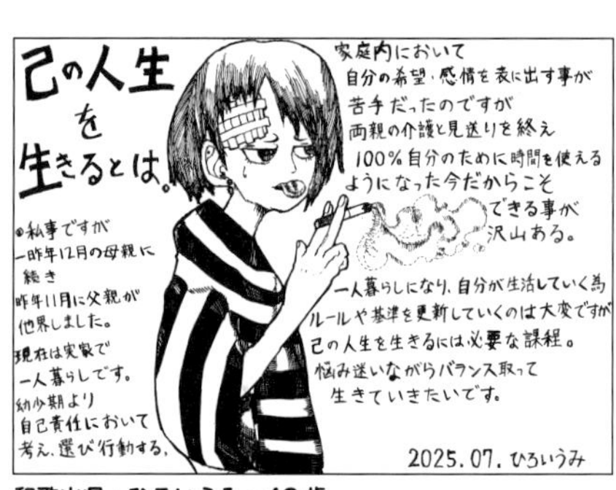

東京都・つぶまる・10歳

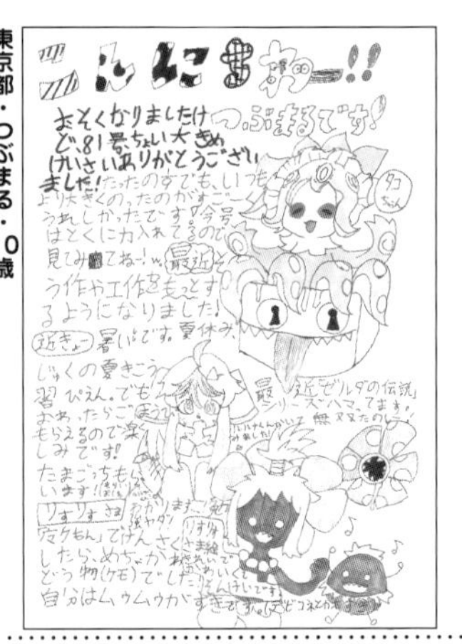

埼玉県・シュガ

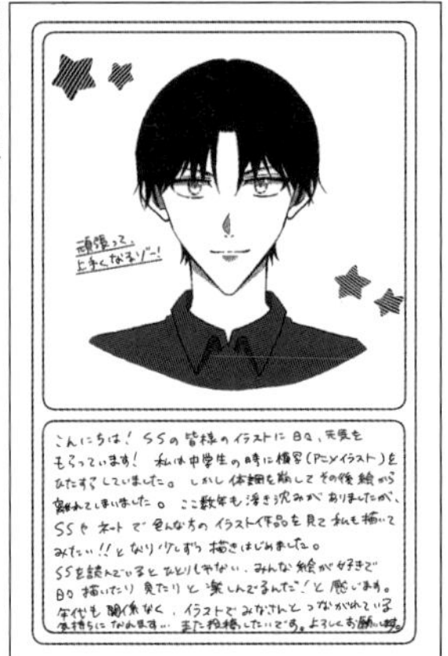

宮城県・胃潰瘍

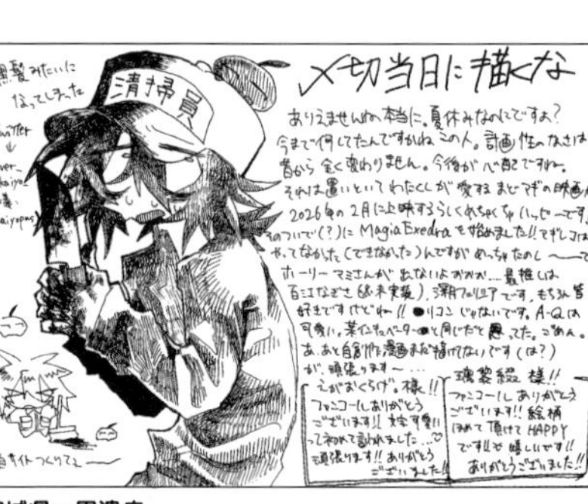

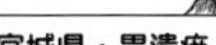

愛媛県・しお

こんにちは、しおのです。

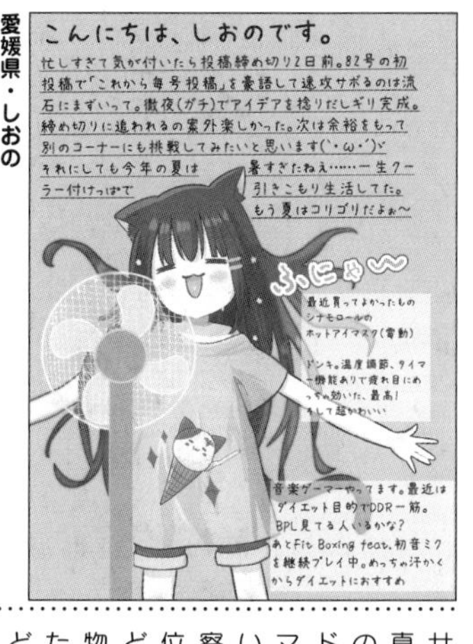

千葉県・ささはら

りーりん

スキャン時の色味は、正直かなりスキャナーの性能に左右される部分があると思います。

アナログ作品を原画と色味が変わってしまうから、どうしたらいいのかというおハガキです。それをポストカードなどのグッズにすること。そのときにプリントをしたら、元の原画と色が変わってしまうということですね。こちらは、りーりんさんとpotatoさんと壱太助丸さんに聞いてみましょう。

めーたん

私はGoogle検索する場合は、あらかじめ調べたいものを明確にしておくといいと思います。衣装だとしても「パーツ」を指定して、「靴下 ロリータ」などと分けて検索するのがオススメです。ピンタレストも時々見ますが、それは普段からのおこないとして、可愛いアイテムの情報を知ったりするための「可愛いの補充」のために使ったりしていますね。あと、背景に飾りとして敷くデザインパターンのような図案なら、ジェラートピケとか、お洋服のブランドをいくつか見ておくと便利だと思います。普段から絵を描く時の助けになるんですね。

ありがとうございます〜。お二人とも具体的なことを意識されているのですね。ネットだとたくさん出てくるから、自分の探したいイメージを明確にしておくことが大事になるんですね〜。

サイトを見ています。服が魅力的に見えるように写真が撮られているので、ポージングやライティングの参考になります。ファッション誌も見ていますね。ドレスアップした服が載っている雑誌などで、カメラマンさんがどう切り取って撮影しているのかを、カメラを見ています。あとは、散歩をしているときに、いろいろ観察します。木漏れ日が肩に落ちる動きとか、太陽の位置によってカゲの伸び方が変わったりするのを想像してみますね。目の前のものをスポイトで取って、自然などんな色になるかを考えたりして、自分の絵にどう生かせるかを考えたりもします。音や色の感じ方をインプットして、体感したものを文字にして残したりして、自分の引き出しにしています。

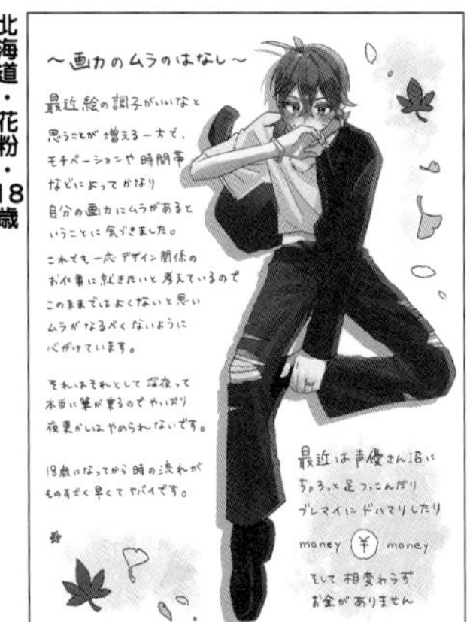

北海道・花粉・18歳

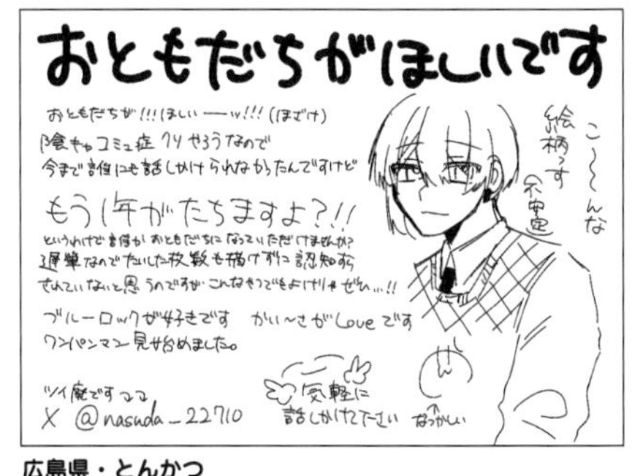

広島県・とんかつ

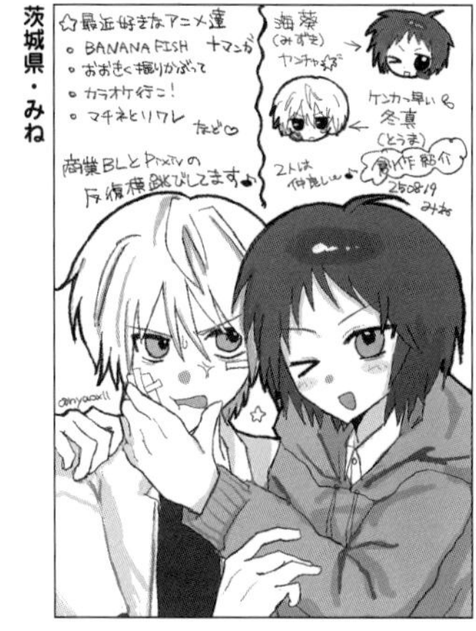

茨城県・みね

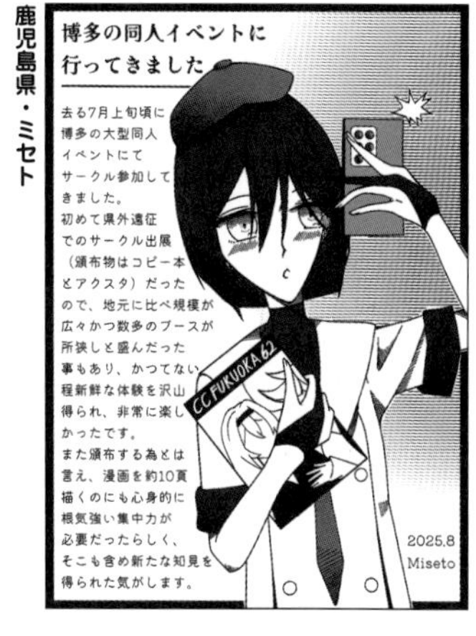

鹿児島県・ミセト

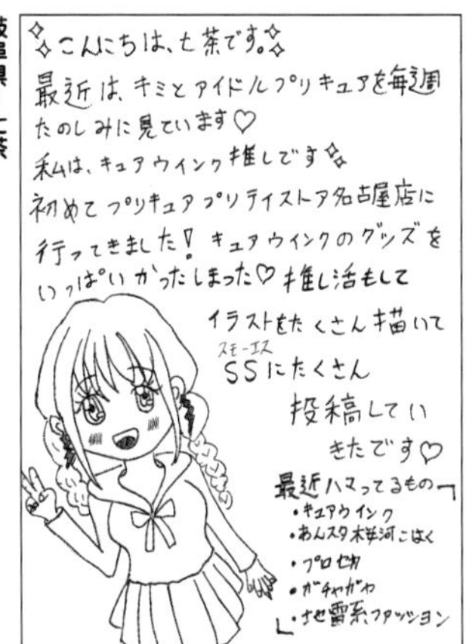

岐阜県・七茶

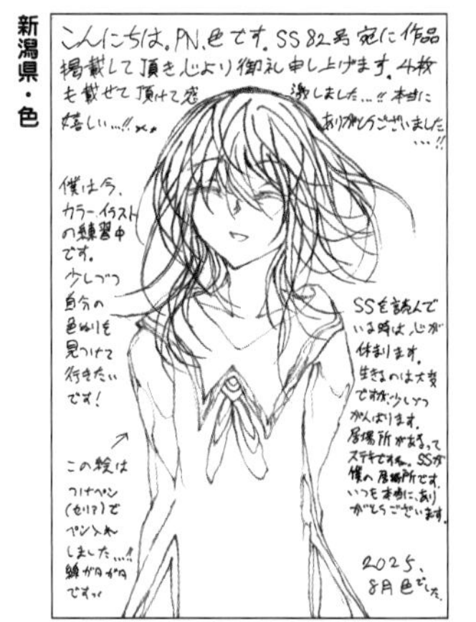

新潟県・色

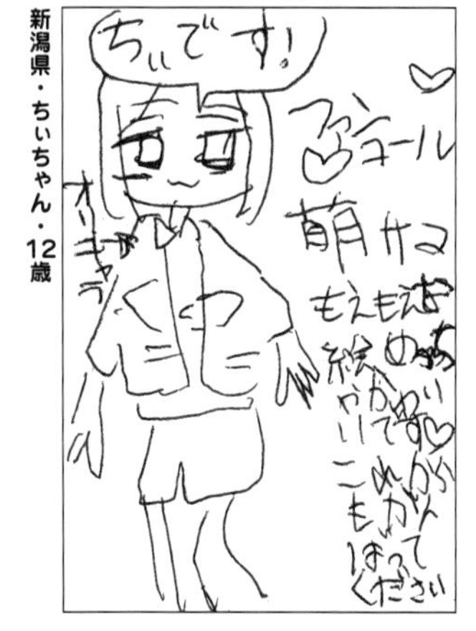

新潟県・ちぃちゃん・12歳

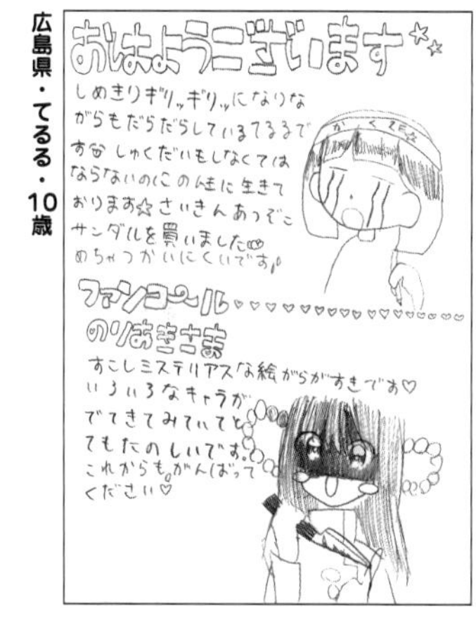

広島県・てるる・10歳

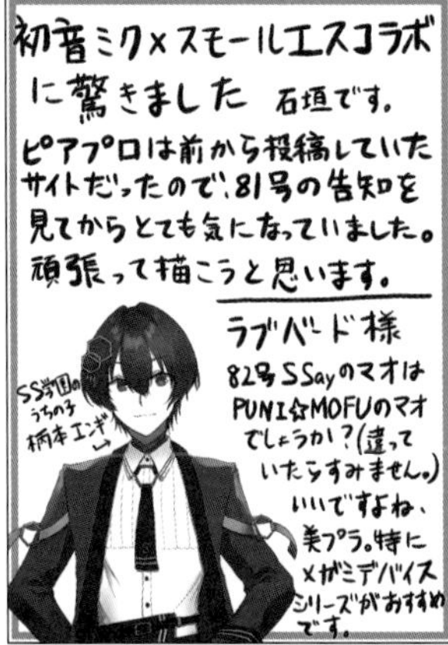

神奈川県・石垣

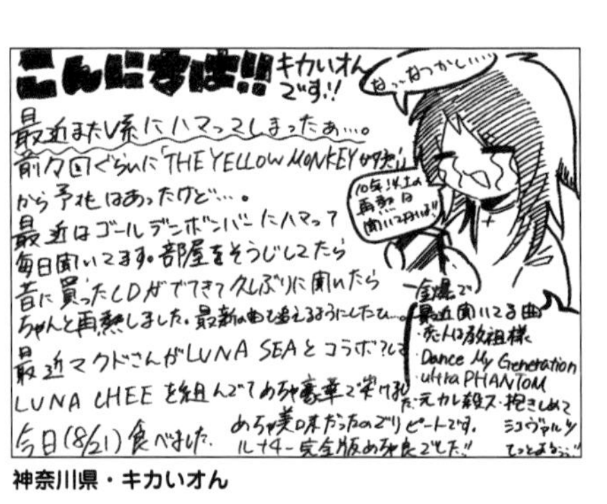

神奈川県・キカいオン

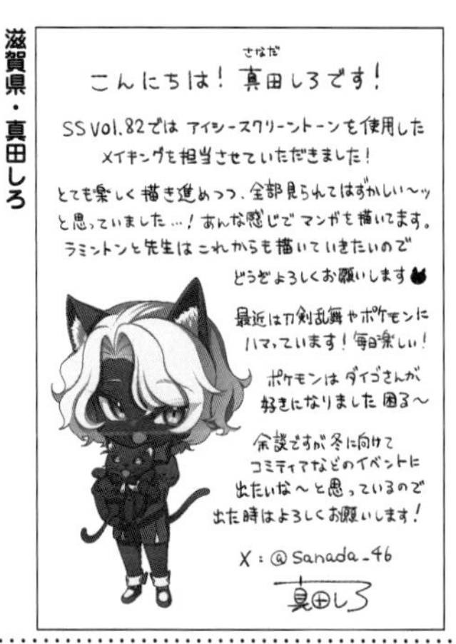

滋賀県・真田しろ

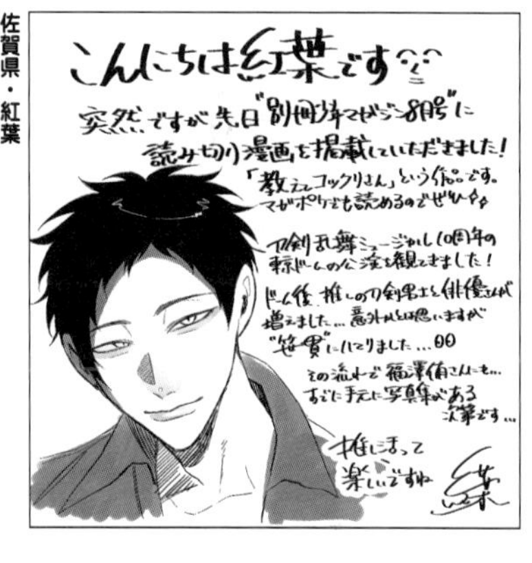

佐賀県・紅葉

のによって白飛びしやすかったり、特定の色味を拾いづらかったり……。データを見て、どの色味が強いのか（全体的に赤みが強いとか）を判断し、その色を弱くしてみたり、彩度・コントラスト・濃さを調整することで、なるべく元の絵に近い色が出るようにしています。印刷時も同じで、自宅で印刷するのであれば、プリンターの個性を把握して「黄色みが足りないから、印刷用のデータは黄みを強めにする」など細かく調整します。ちなみに私はこの辺の悩みはスキャナーを買い替えてからかなり改善されました。EPSONのGT-X830という機種を使っています。

potato　私はハガキに絵を印刷することがあります。プリンターによるとも思うのですが、自宅のプリンターで印刷する場合は、純正のインクは色は良いけど高価で、互換インクは色は落ちるけど安いという違いがありますね。実際、モニターで見るよりも色は綺麗に出ないので、彩度を高くします。コントラストをあげたりすると、プリントしたときも鮮やかに見えますね。

壱太助丸　私はフォトショップの「色調補正」の「特定色域の選択」で、色別にそれぞれ鮮やかにします。特に肌色が綺麗に出るようにトーンアップしますね。補正するだけでなく、上から色を塗る場合もあります。

なか同じにはならないんですよね…。そして、私は家でプリントするのではなく、ポストカードなどは同人誌印刷所に頼むのですが、同じデータでも時期によって色が変わったりします。それも仕方ないことではあるので、色の再現度よりは、「今回の絵はこの紙の質感と合いそう」とか、グッズとしての仕上がりを重視しています。ただ、RGBで印刷できるところに出すと、すこし綺麗だったりします。印刷所に出す場合は、そこも気をつけるといいかもしれません。

ありがとうございます〜。お三人とも、データを鮮やかにしておく点は共通していますね。

実際、スキャナーの機種は大事だと思います。りーりんさんがお話しされている、EPSONのGT-X830は、イラストレーターにとても人気の機種で、アナログ原画をスキャンするときの色味が良いという評判が多いです。デジタルで取り込んだときに色味が近ければ、プリントしてもかなり近い色になります！その上で、壱太助丸さんが言うように、グッズとしての完成度を高めることを目指して、別の作品を作る気持ちで色をつくるのは興味深いお話です。どうしても合わない色味はあります。だから、気持ちを切り替えて、プリントのグッズとして魅力的なものを考えることも良いことですね。皆さんも色を合わせるときにどうしているか、聞かせてください〜。

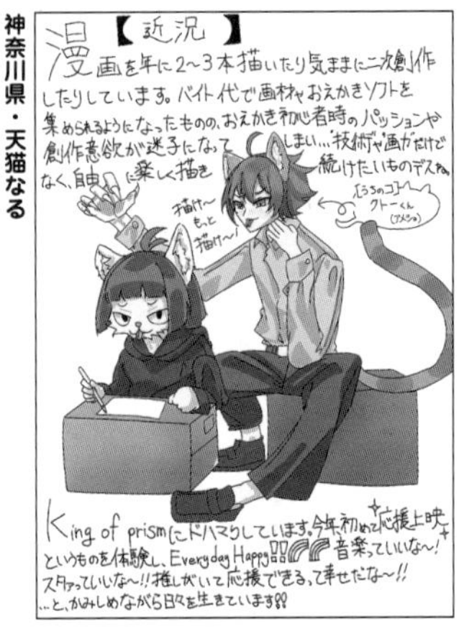

神奈川県・天猫なる

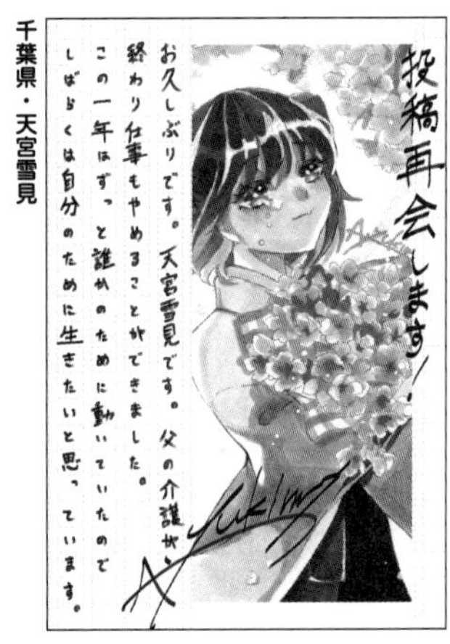

千葉県・天宮雫見

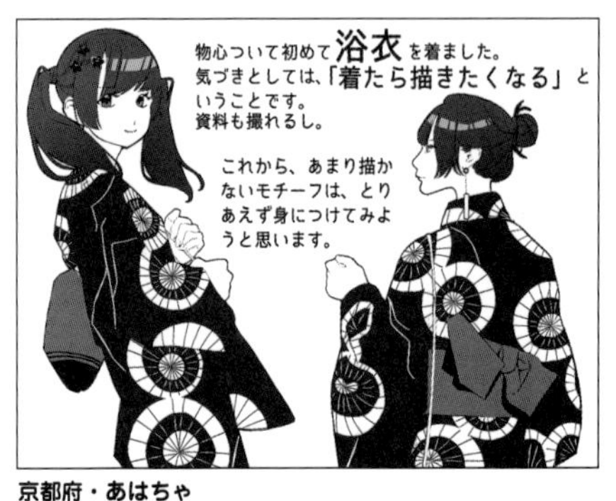

京都府・あはちゃ

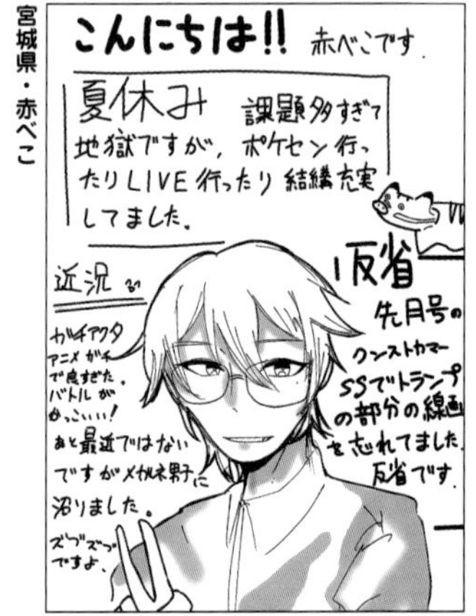

宮城県・赤ぺこ

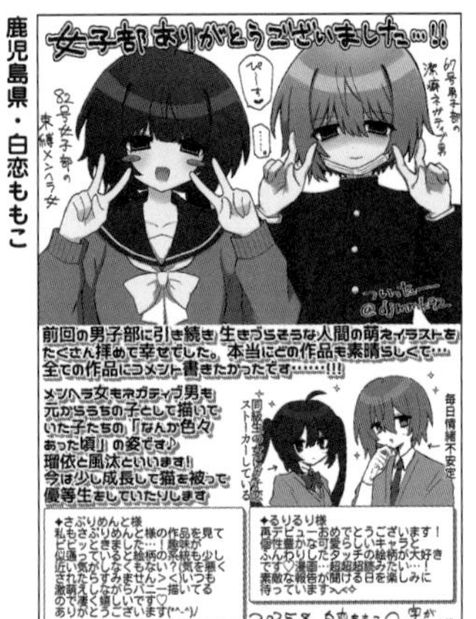

鹿児島県・白恋ももこ

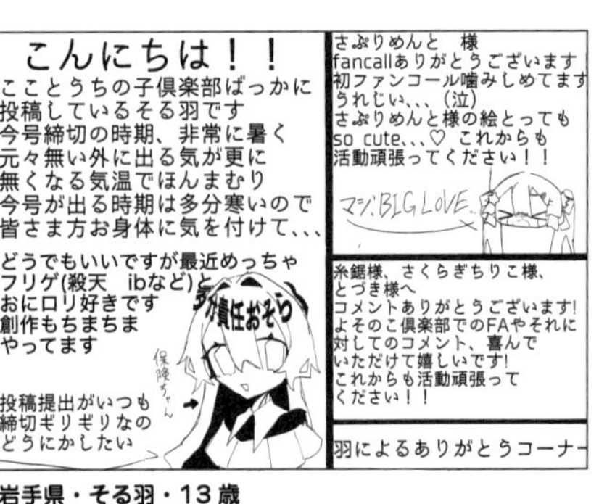

岩手県・そる羽・13歳

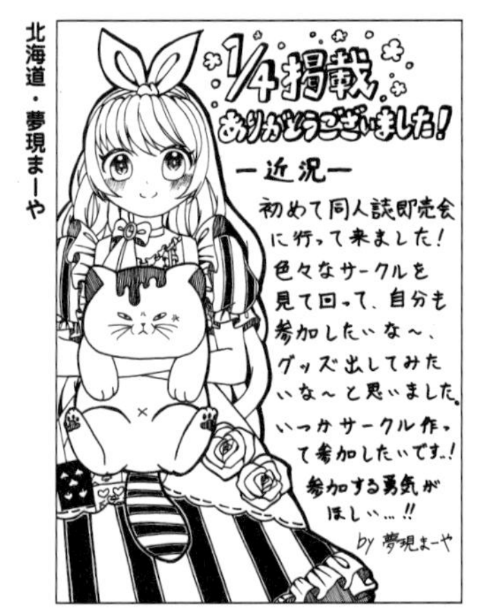

北海道・夢現まーや

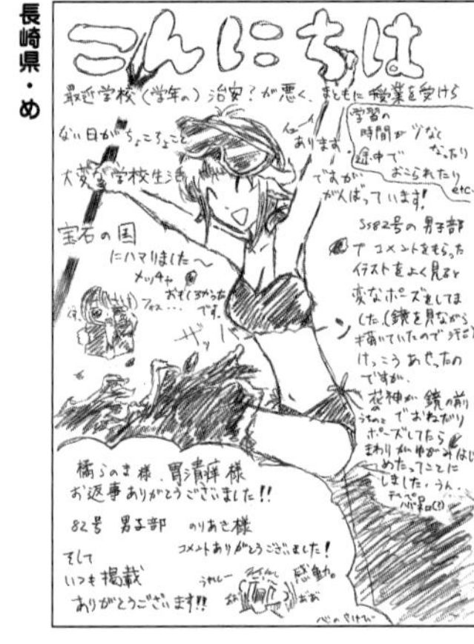

長崎県・め

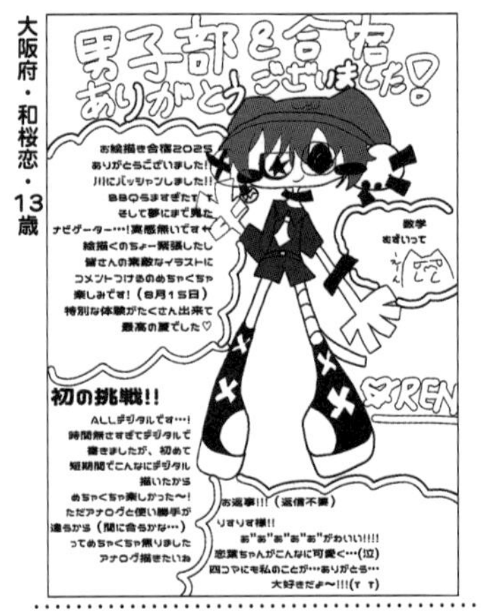

大阪府・和桜恋・13歳

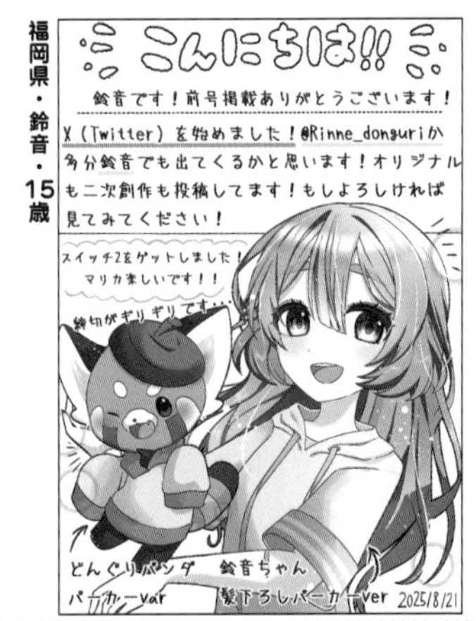

福岡県・鈴音・15歳

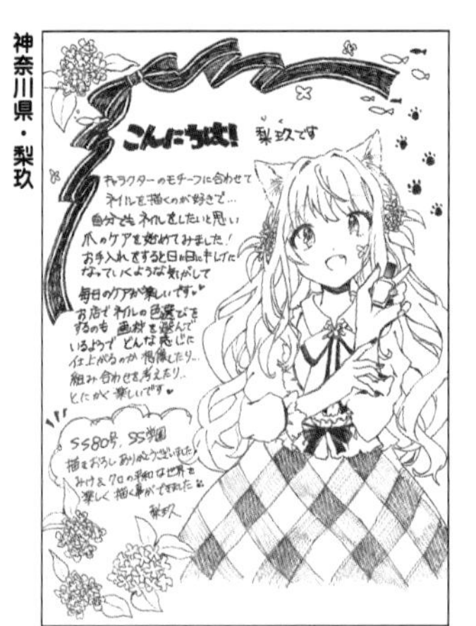

神奈川県・梨玖

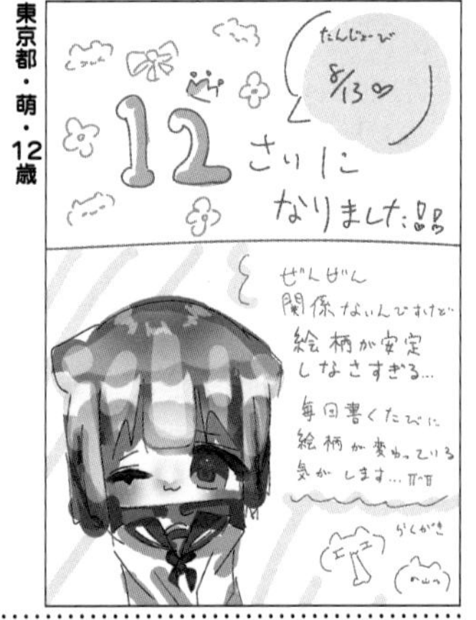

東京都・萌・12歳

茨城県・みね

皆さんの作業中の
おともやこれは必須！
というものはありますか？
（グッズ・BGM・食べ物
　等…）

私はよく小室哲哉さんの
楽曲を聴きながら
作業しています♪

自分のオリジナルキャラクター、つまり「うちのこ」を発表して交流する投稿コーナーです！　皆さんの「うちのこ」のキャラクターイラストを描いて、その紹介文章も同じ画面のなかに描いて下さい。そして、さらに交流ができたら楽しいのではないかと思い、その「うちのこ」は基本的に「ＳＳ」を見ている他の投稿者さん、読者さんに描いてもらってＯＫとします。このコーナーは、自分の「うちのこ」を描いて送るだけでなく、誌面に掲載された他の絵描きさんの「うちのこ」を描くことでも楽しめます。自分の「うちのこ」と、他の投稿者さんの「うちのこ」を共演させて描くのもＯＫ！　皆さんのオリキャラを紹介しあって、描きあって遊びましょう！　掲載イラストにはＳＳ編集部でコメントを入れさせていただきます～！　また、新コーナー『うちのこ生誕祭』（通称：『うちたん』）では、毎号3ヶ月ごとに誕生日をお祝いします！　うちのこやよそのこが誕生日をむかえてどんなリアクションや表情をするのかを募集します～！

うちのこ倶楽部

「うちのこ倶楽部」＆
新コーナー「うちのこ生誕祭」の作品を募集中！

「うちのこ倶楽部」応募ガイド

1枚の紙に自分のオリジナルキャラクターの絵、その名前、キャラ紹介文を描いてください。

オリキャラは人間以外でもOK。動物や架空の生き物、ミニキャラも自由に描いて下さい。

東京都・すもこ

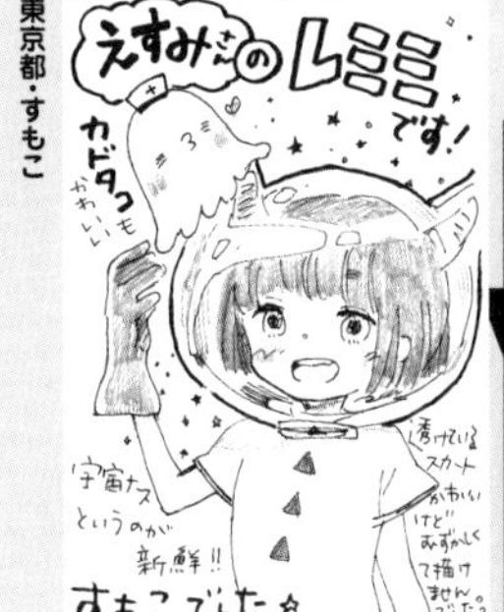

他の投稿者さんのオリキャラを描く場合は、その人のペンネームとキャラ名もわかるように描いてあげて下さい。（左図はその作例です）

※人物紹介の文体は自由。セリフを言わせても良いです。
※複数のキャラを描いても良いですが、それぞれの名前がわかるようにして下さい。※自分のうちのこが掲載されていても、他人のうちのこを描いた作品なら、複数掲載されます。

☆新企画☆ 「うちのこ生誕祭！」

『うちのこ生誕祭』（通称：うちたん）は、誕生日をむかえたうちのこのリアクションや表情、セリフなどを描いてください（下図はその作例です）！

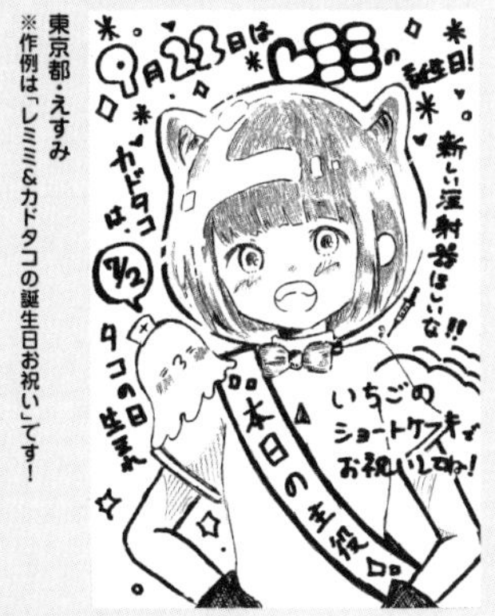

東京都・えすみ
※作例は「レミミ＆カドタコ」の誕生日お祝いです！

次号で募集するお誕生月は…「1月、2月、3月」生まれの子♡
3ヶ月ごとに誕生日をお祝いしていくよ！
うちのこ＆よそのこのお誕生日をみんなでお祝いしよう～
♪♪♪

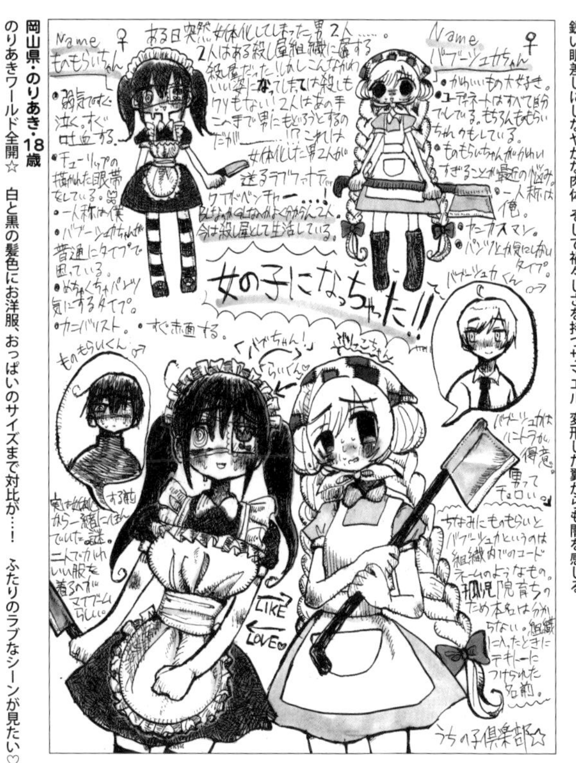

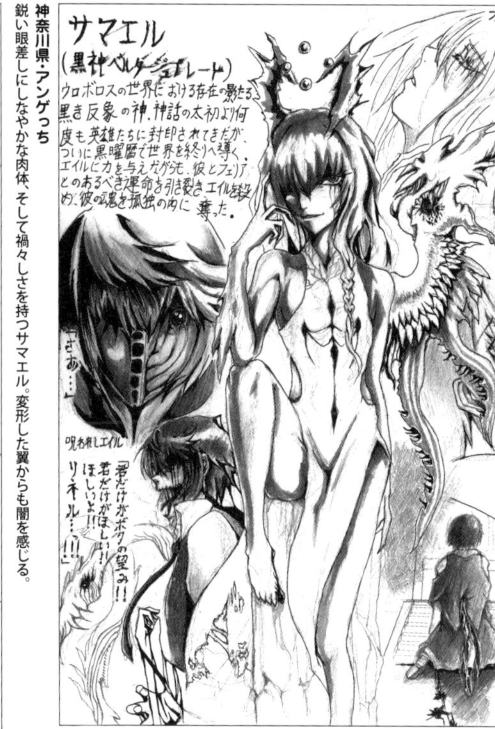

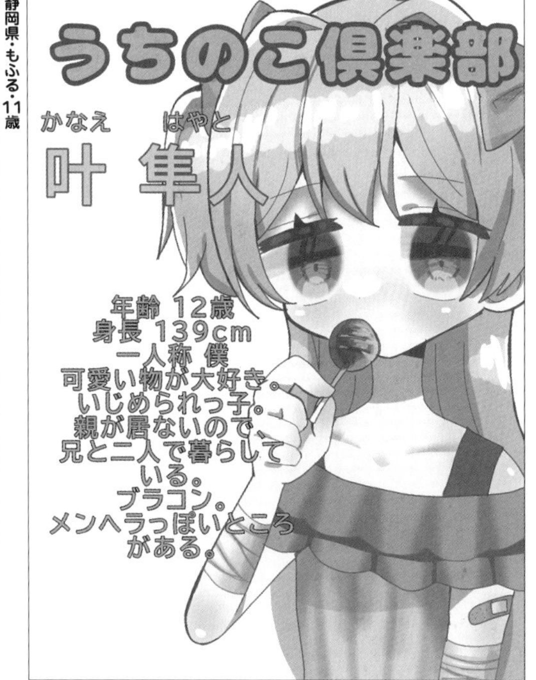

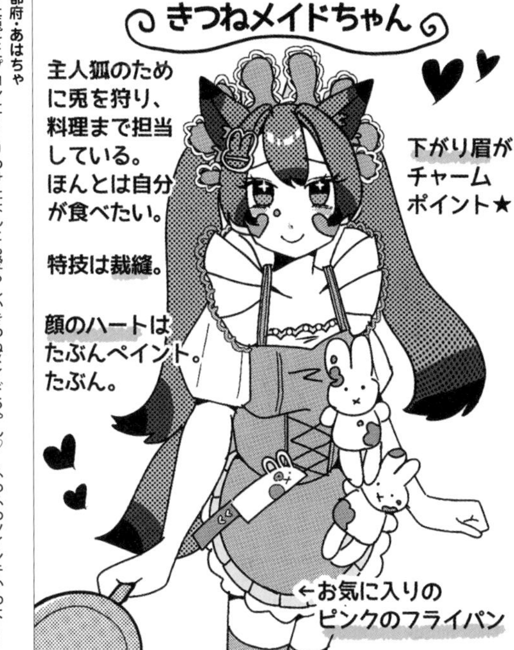

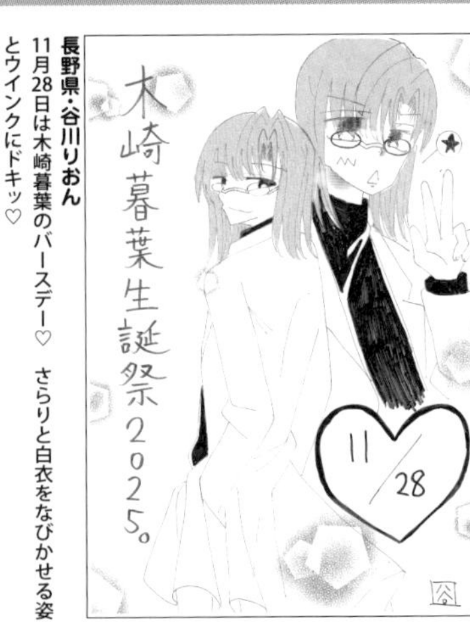

長野県・谷川りおん
11月28日は木崎暮葉のバースデー♡　さらりと白衣をなびかせる姿と、ウインクにドキッ♡

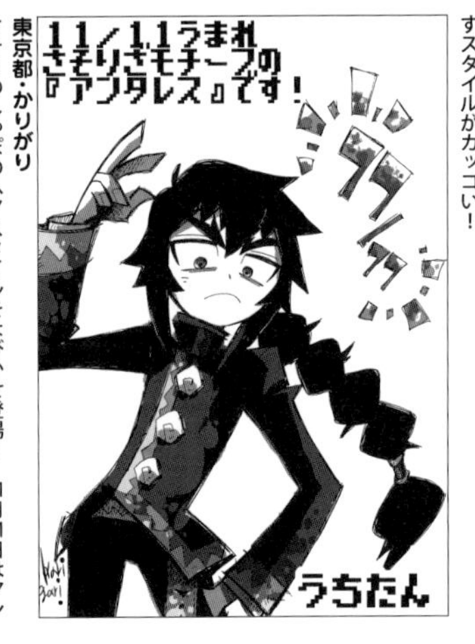

東京都・かりがり
さそりのしっぽのヘアスタイルをなびかせ登場！　タレスのバースデー。おめでとう〜！　11月11日はアン

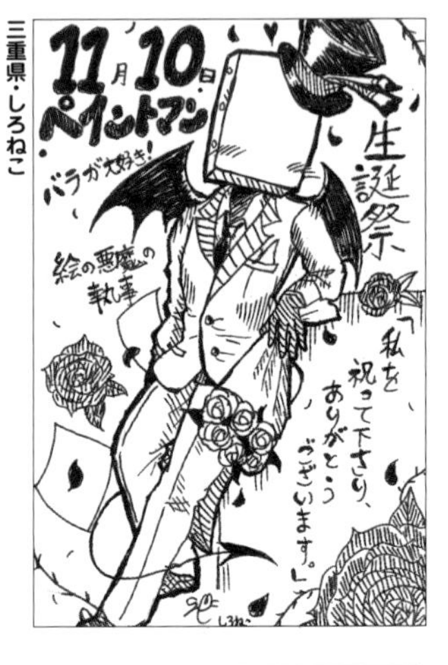

三重県・しろねこ
11月10日はペイントマンのバースデー☆　お祝いもクールに着こなすスタイルがカッコいい！

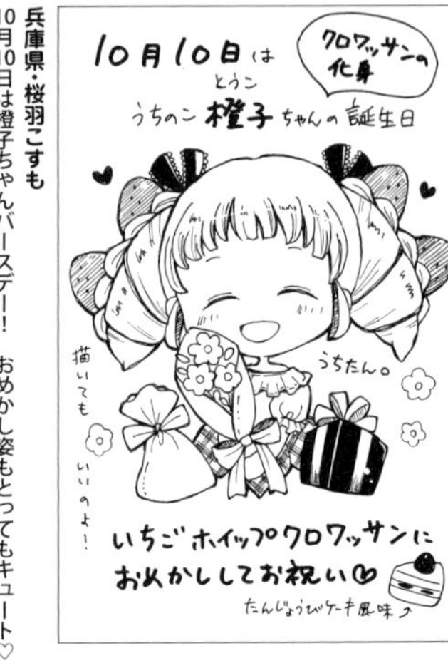

兵庫県・桜羽こすも
10月10日は、うちのこ橙子ちゃんバースデー！　おめかし姿もとってもキュート♡

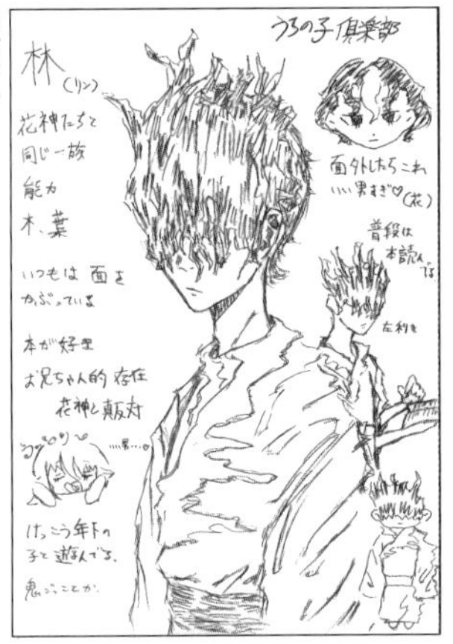

長野県・め
普段は素顔が見えない林。お面を外した時とのギャップにドキッ。けっこう年上の子が遊んでる、惹こと。

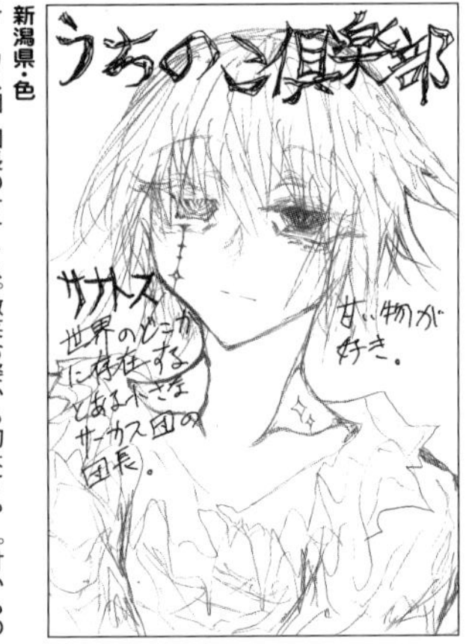

新潟県・色
サーカス団・団長のサナトス。微笑む姿から切なさも…。甘いもの一緒に食べようね…。

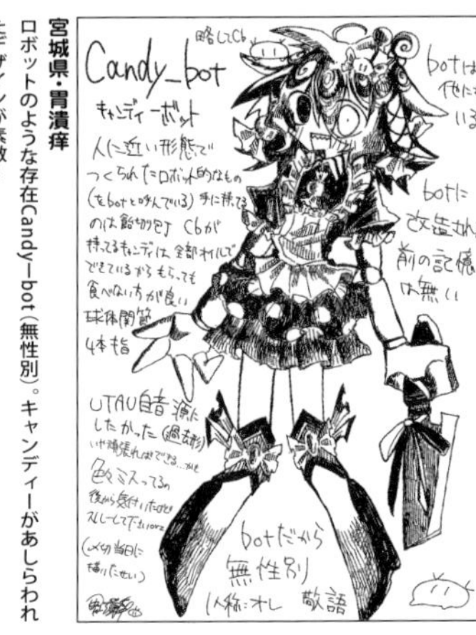

宮城県・胃漬瘀
ロボットのような存在「candy_bot（無性別）」。キャンディーがあしらわれたデザインが素敵。

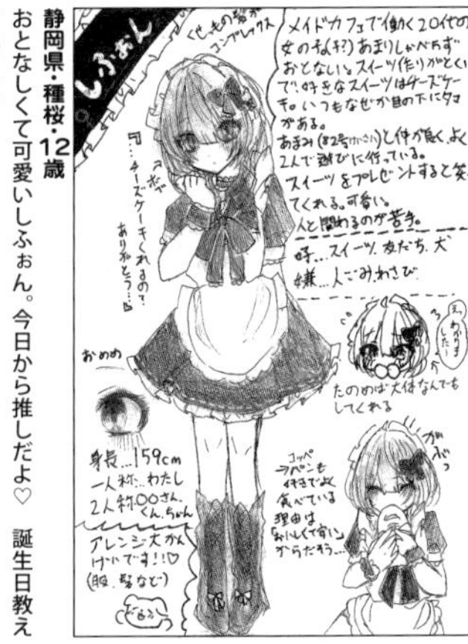

静岡県・種桜12歳
おとなしくて可愛いしふぉん。今日から推しだよ♡　誕生日教えてね♡

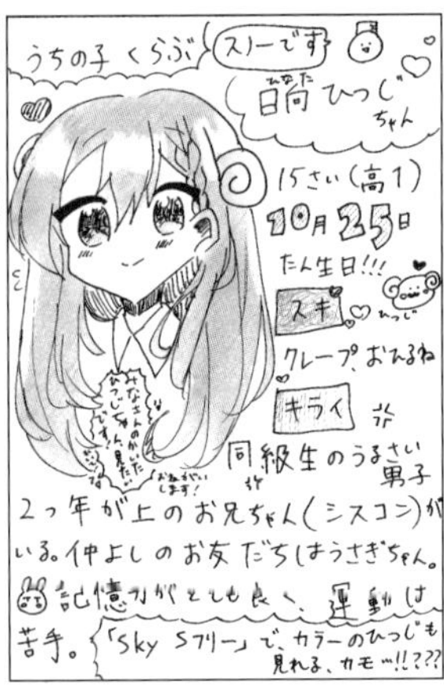

群馬県・うちの子くらぶ
ひつじちゃん・スノー・11。みこみも可愛い♡

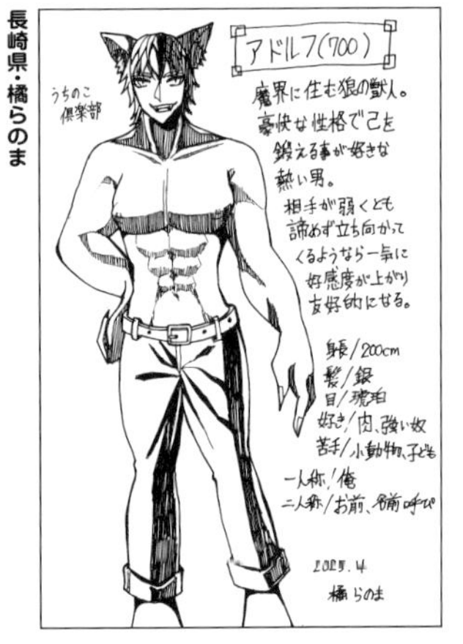

長崎県・橘らのま
魔界に住む狼の獣人・アドルフ。ムチっとした筋肉がセクシー！

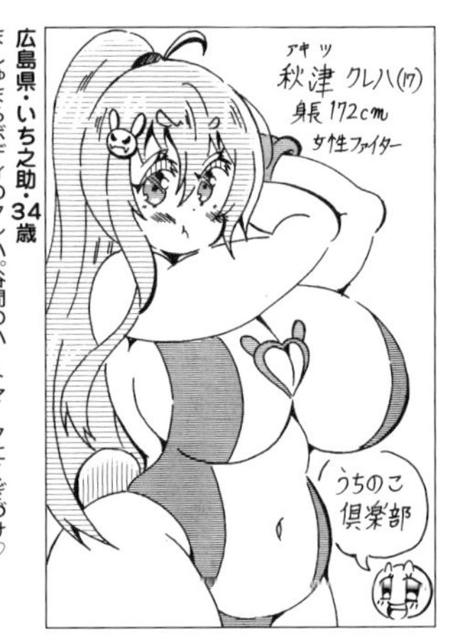

広島県・いち之助
ましゅまろボディのクレハ。谷間のハートマークにくぎづけ♡

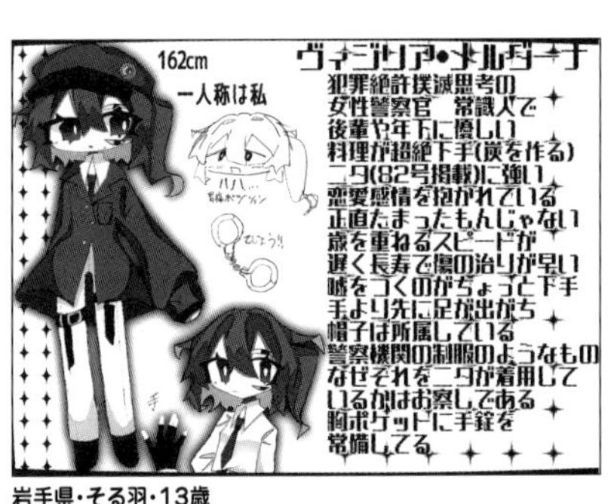
162cm
ヴァジリア・メルダーナ

岩手県・そる羽・13歳
女性警察官・メルダーナ。白いパンツにベルトを付けた姿がかっこいい！　アクションシーンも見てみたいな〜。

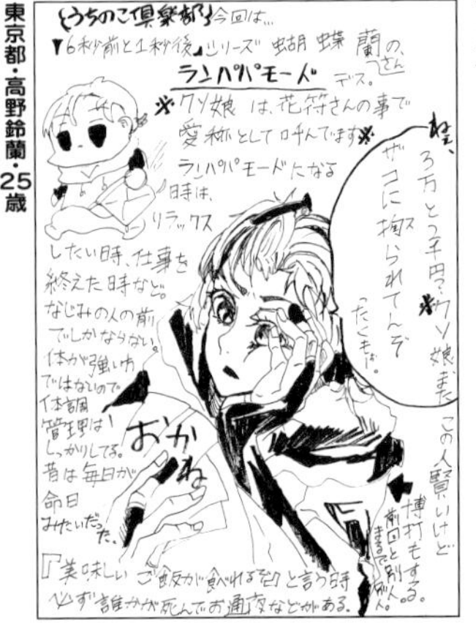

東京都・高野鈴蘭・25歳
蝴蝶蘭のランパパモード。美麗な姿から一転、親しみのある雰囲気のギャップがイイ。

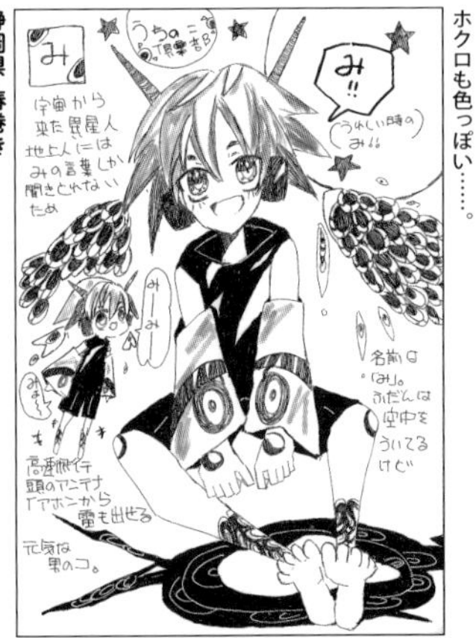

静岡県・春巻き
宇宙から来た男の子・み。「み！！」という声から嬉しさもいっぱい伝わっ

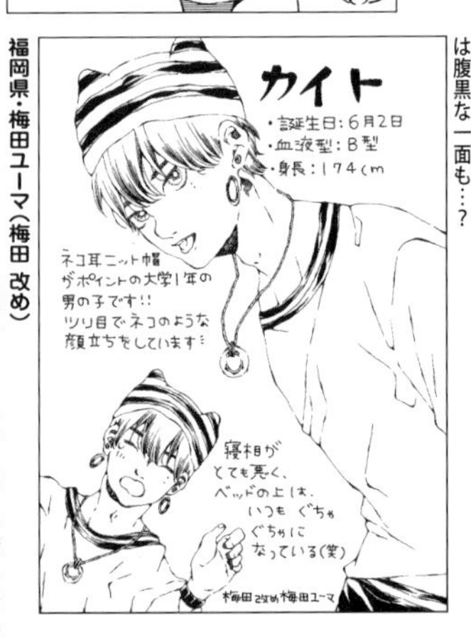

福岡県・梅田ユーマ
ツリ目ツリ眉のネコチャン感溢れるカイト。左目の下に並ぶふたつのホクロも色っぽい。

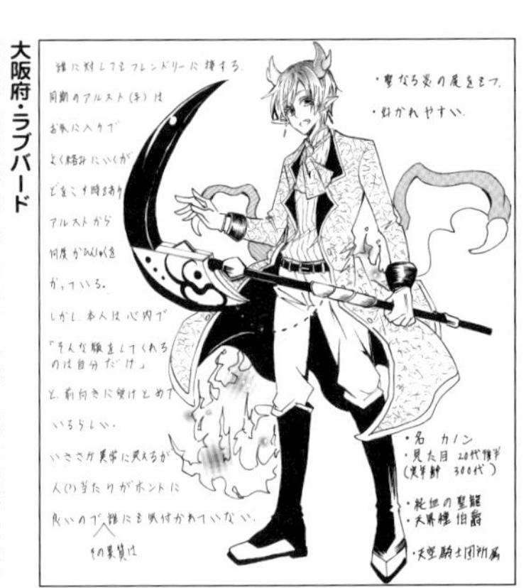
大阪府・ラバード
天空騎士団に所属しているカノン。さわやかな笑みに反して実は腹黒な一面も…？

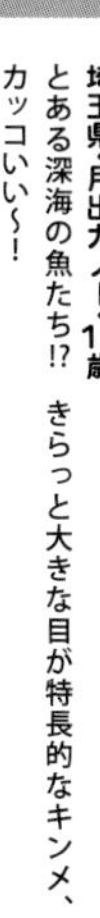

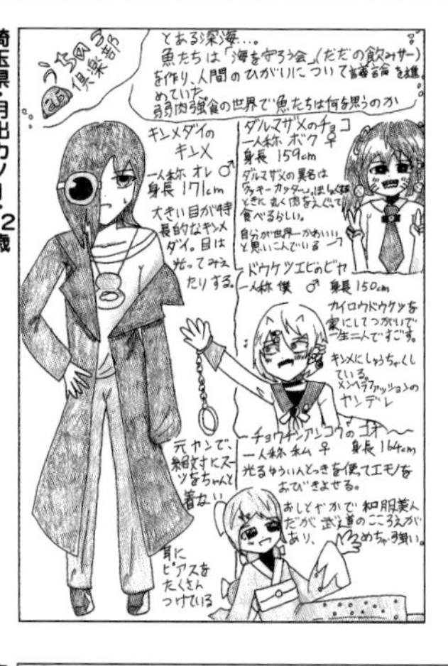
埼玉県・月出カノイ・12歳
きらっと大きな目が特長的なキンメ、カッコいい〜！
キンメダイのキンメ
ダルマザメのチョコ

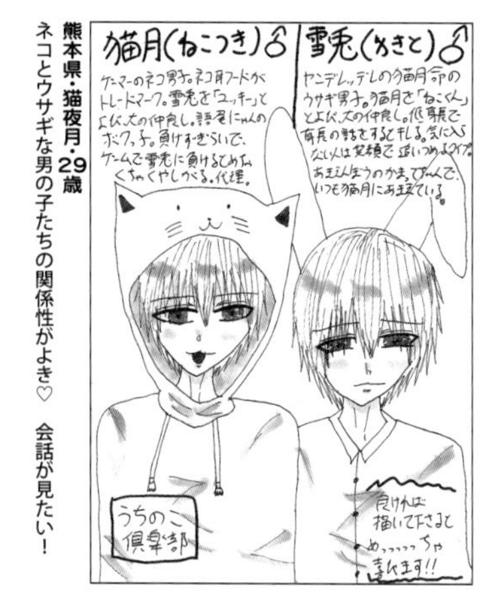
熊本県・猫夜月・29歳
猫月（ねこつき）♂
雪兎（ゆきと）♂
ネコとウサギな男の子たちの関係性がよき♡　会話が見たい！

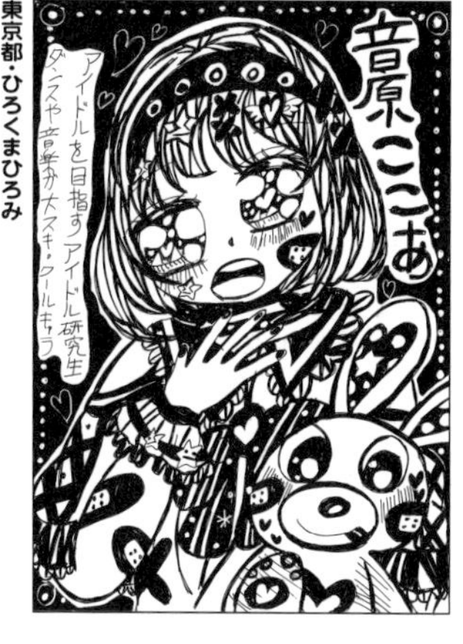
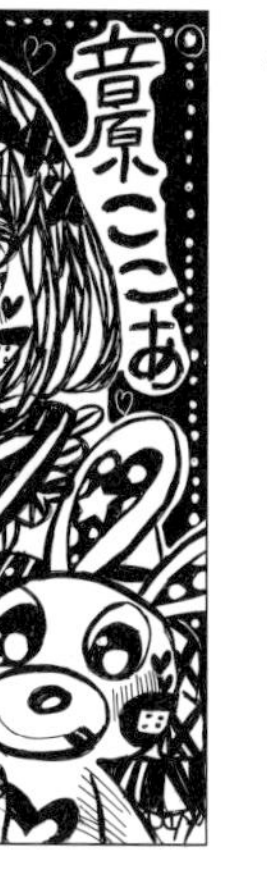
東京都・ひろくまひろみ
音原ここあ
アイドルを目指すアイドル研究生の音原ここあ。超可愛いポーズに釘付けです♡

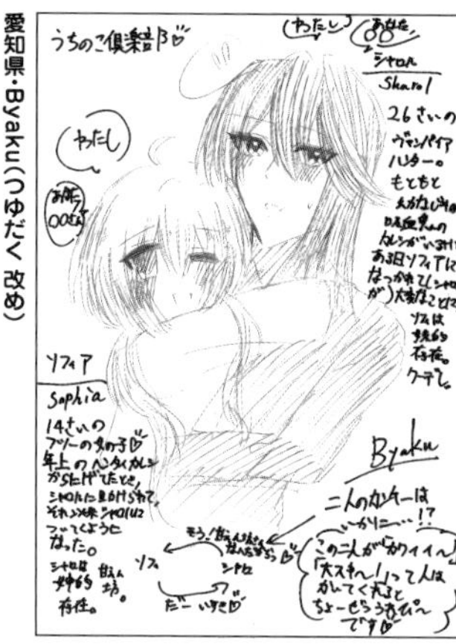
愛知県・Byaku（つゆだく）改め
うちのこ倶楽部
ぎゅっとなつくソフィア♡　クーデレ・シャロルの照れ顔がたまらん〜！
Sophia
Byaku

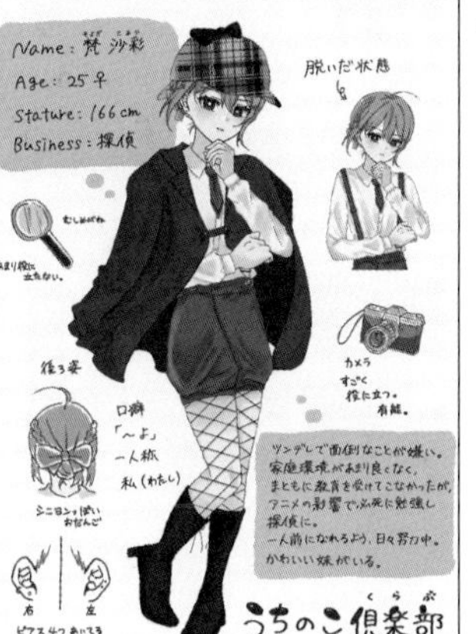
鹿児島県・はいろ
うちのこ倶楽部
Name：梵沙彩
Age：25才
Stature：166cm
Business：探偵
努力家な探偵・梵沙彩。網タイツ＆あみこんだヘアスタイルが可愛い♡

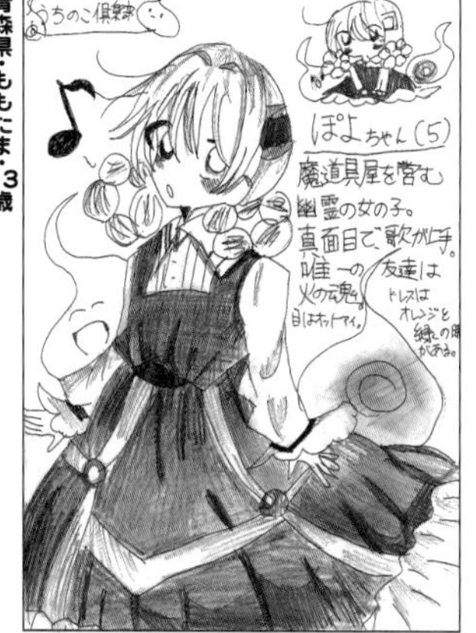
青森県・ももたま・13歳
うちのこ倶楽部
ぽよちゃん（5）
幽霊の女の子・ぽよちゃん！火の魂と楽しそうに歌う表情に癒されるぜ〜♪

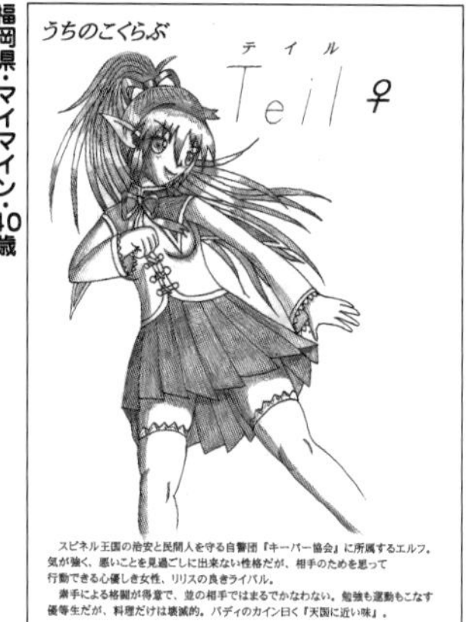
福岡県・マイマイン・40歳
うちのこくらぶ
Teil♀
自警団に所属するエルフのテイル。さらっとハイポニーテールがエルフ耳とバッチリ☆

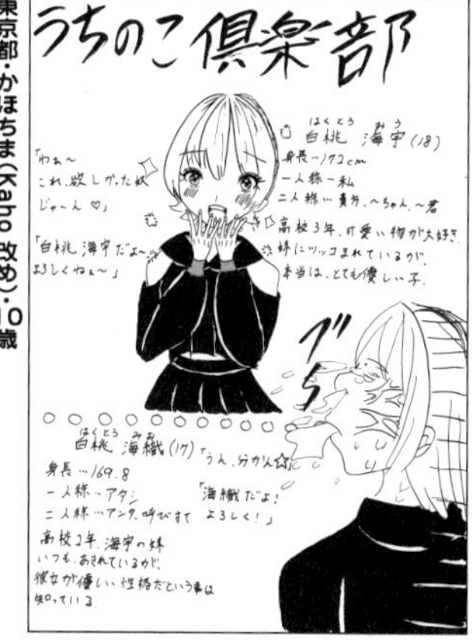
東京都・かほちま（Kaho 改め）・10歳
うちのこ倶楽部
白桃海守
妹の吹き出し顔（笑）、姉妹の空気感にほっこり。二人の会話が気になる♡

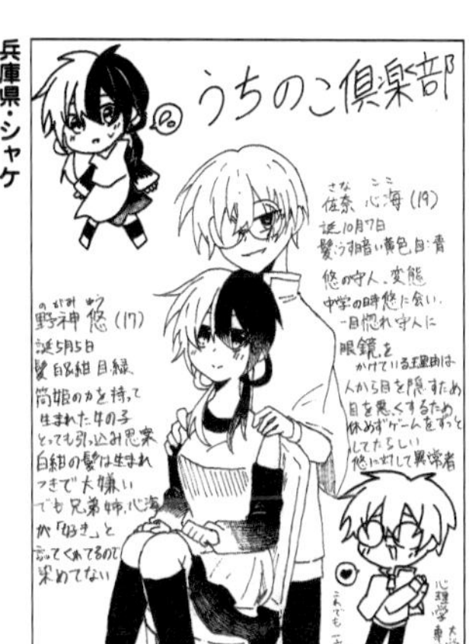
兵庫県・シャケ
うちのこ倶楽部
野神悠
心海から悠へのデカ愛を感じるッ！…悠のオドオド姿がよき♡

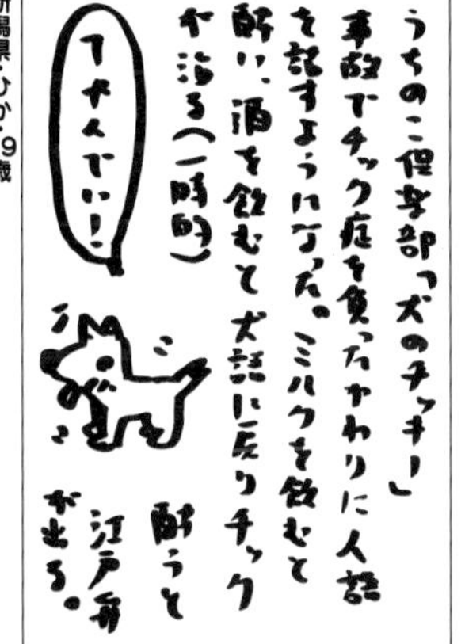
新潟県・ひか・39歳
うちのこ倶楽部
人語を話す犬のチッキー！江戸っ子チッキーにミルク（！）をプレゼント！

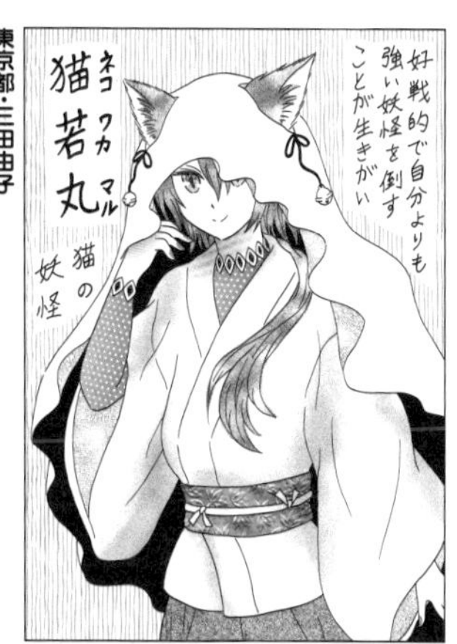
東京都・三田由子
猫の妖怪・猫若丸
猫若丸
布からチラリとのぞく美しきお顔にときめき溢れます…♡

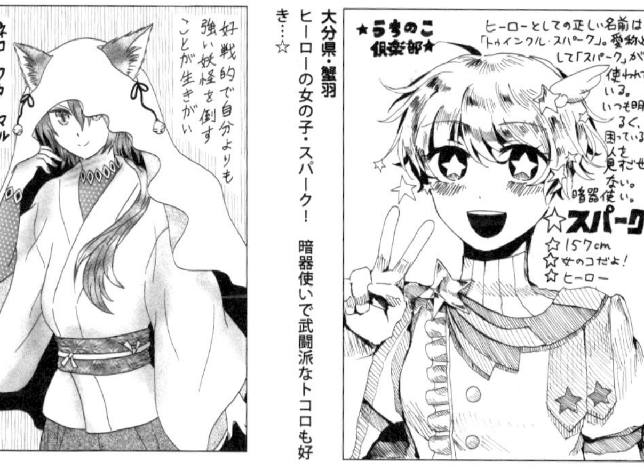
大分県・蟹羽
☆うちのこ倶楽部☆
ヒーローの女の子・スパーク！暗器使いで武闘派なトコロも好き
☆スパーク
☆157cm
☆女のコだよ☆
☆ヒーロー

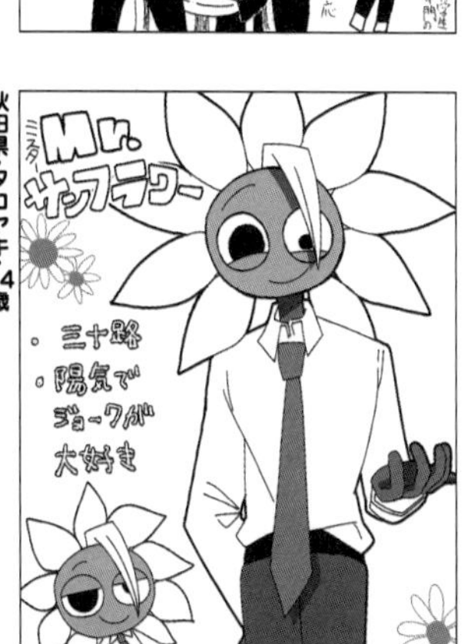
秋田県・タコヤキ・14歳
Mr.サンフラワー
Mr.サンフラワーのシブい三十路感がイイですね〜♡　前髪がセクシーすぎるぞ〜！
・三十路
・陽気でジョークが大好き

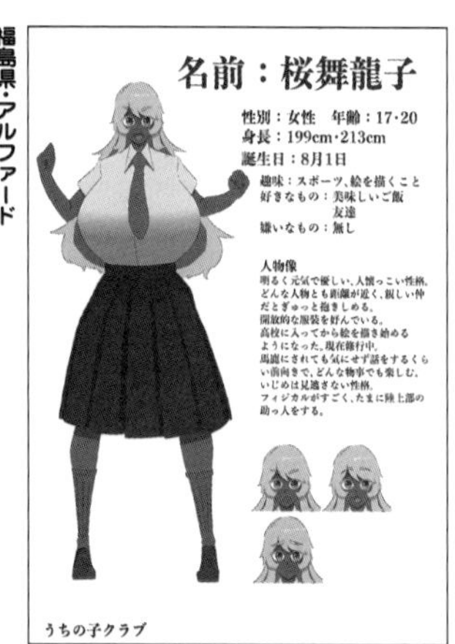
福島県・アルファード
名前：桜舞龍子
性別：女性　年齢：17・20
身長：199cm・213cm
誕生日：8月1日
ほわ〜！ぎゅっと抱きしめて〜！（泣）陸上姿、見たいッ！

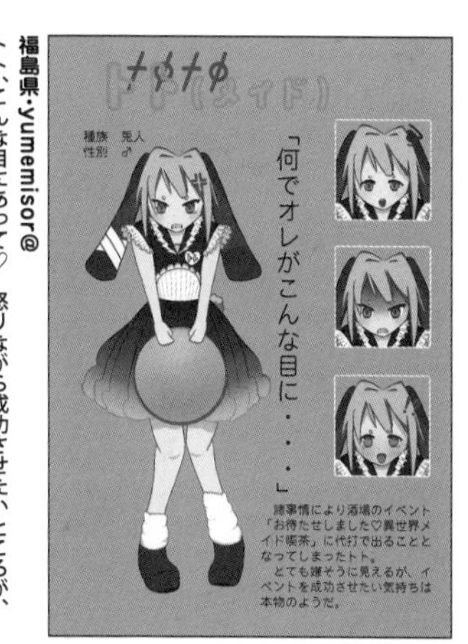
福島県・yumemisor@
「何でオレがこんな目に…」
トト、こんな目にあってたまらんのよな…♡

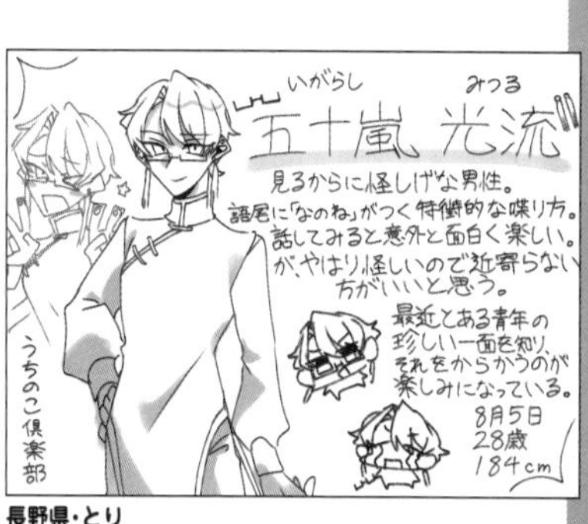
長野県・とり
うちのこ倶楽部
五十嵐光流
クセアリ！な語尾とチャイナメガネってサイコー、ですね…ッ（LOVE）。
8月5日
28歳
184cm

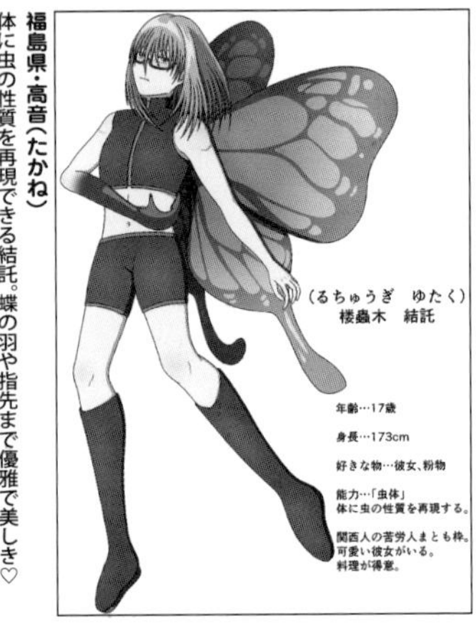

福島県・高音（たかね）
体に虫の性質を再現できる結託。蝶の羽や指先まで優雅で美しき♡

（るちゅうぎ　ゆたく）
楼蟲木　結託

年齢…17歳
身長…173cm
好きな物…彼女、粉物
能力…「虫体」
体に虫の性質を再現する。
関西人の苦労人まとも枠。
可愛い彼女がいる。
料理が得意。

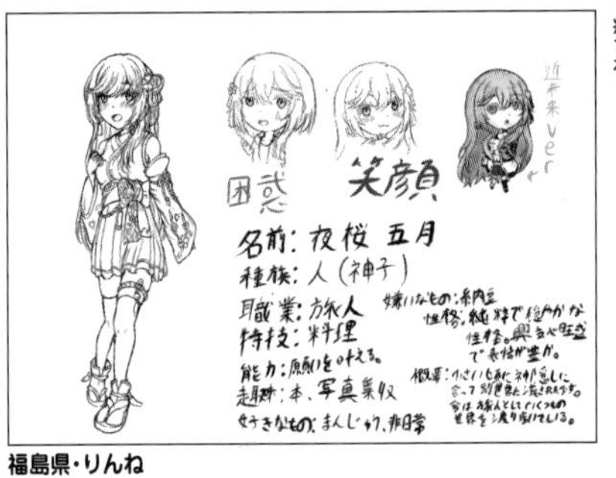

福島県・りんね
小さい頃に神隠しに合った五月。和を思わせる姿が可愛すぎる～！

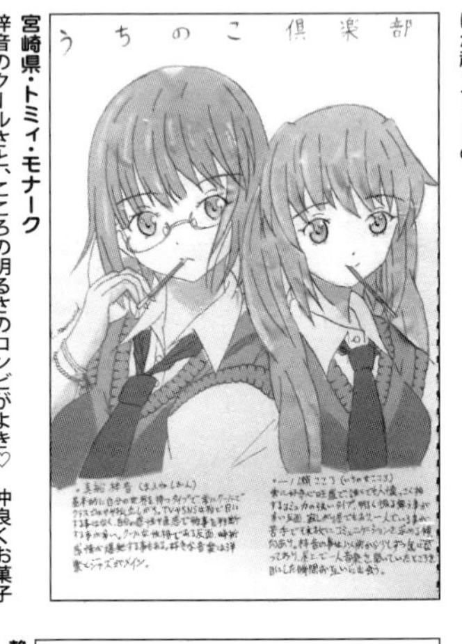

宮崎県・トミィ・モナーク
梓音のクールさと、こころの明るさのコンビがよき♡　仲良くお菓子を食べてて癒され～。

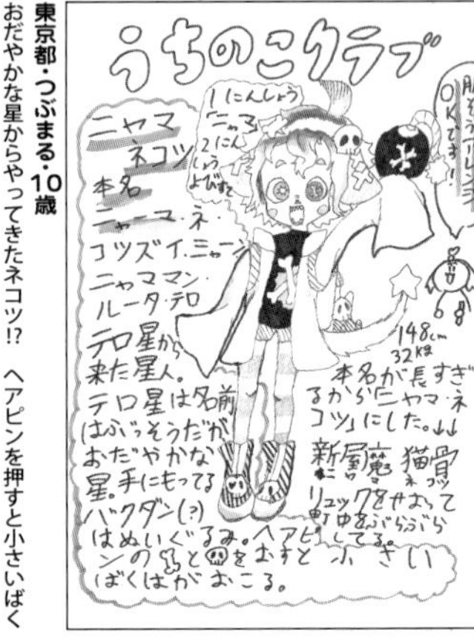

東京都・つぶまる・10歳
おだやかな星からやってきたネコッ!?　ヘアピンを押すと小さいばはが起っちゃうの～！

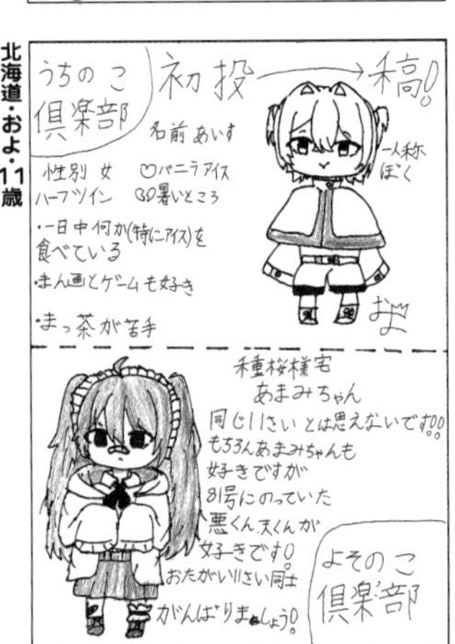

北海道・およ・11歳
初投稿ありがとっ！　ダークな表情もグッとくる☆　ぼくっ子あいすの笑顔が可愛い♡

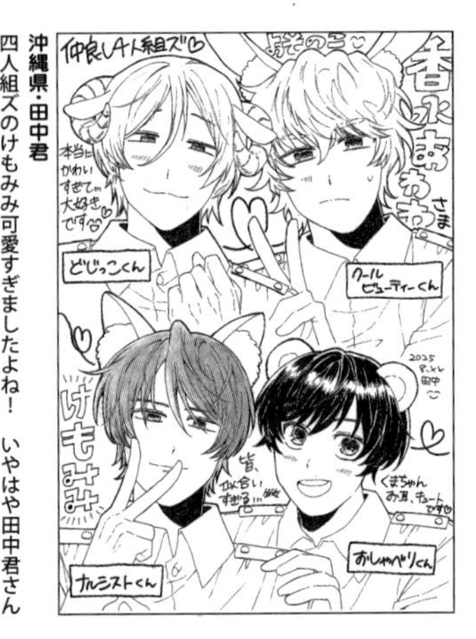

沖縄県・田中君
四人組ズのけもみみ可愛すぎましたよね！　も描いていただけるとは…（眼福）　いやはや田中君さん

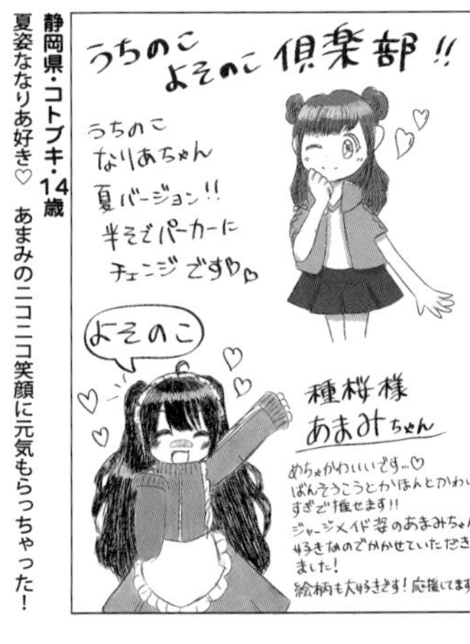

静岡県・コトブキ・14歳
夏姿ななりあ大好き♡　あまみのニコニコ笑顔に元気もらっちゃった！

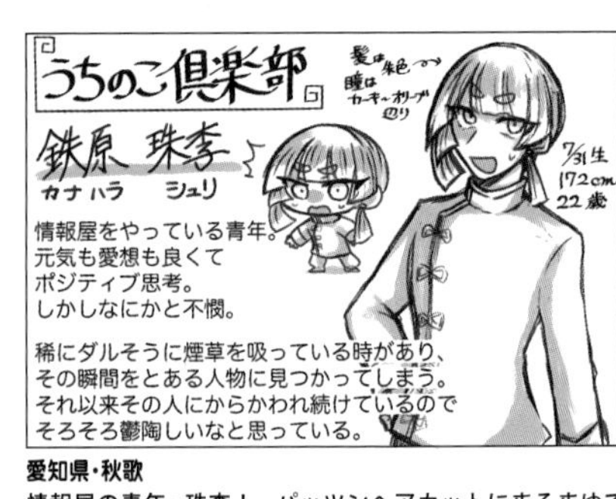

愛知県・秋歌
情報屋の青年・珠李！　パッツンヘアカットにまろまゆでチャイナ姿がよき～！

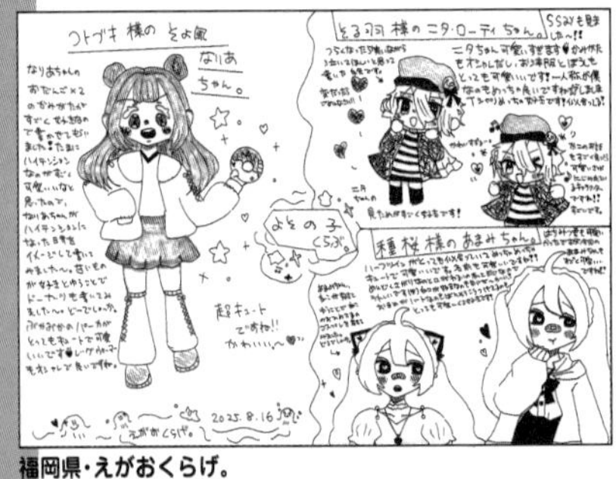

福岡県・えがおくらげ
なりあがドーナツ食べてる～♡　ニタの笑顔、あまみのむくれ顔は心の栄養。

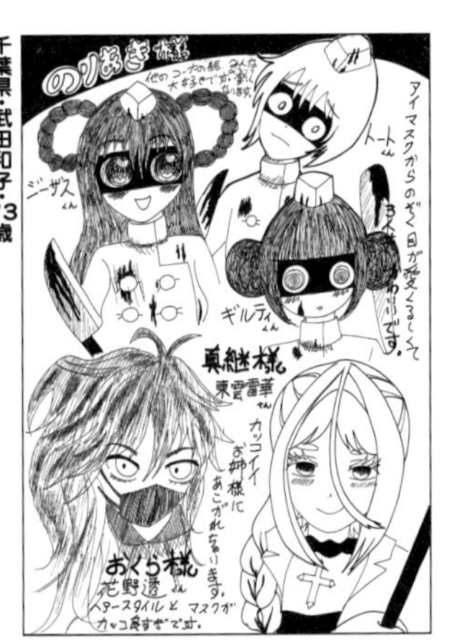

千葉県・武田和子・73歳
アイマスクからのぞく白目がインパクト大で愛くるしい♡　美しも（尊）

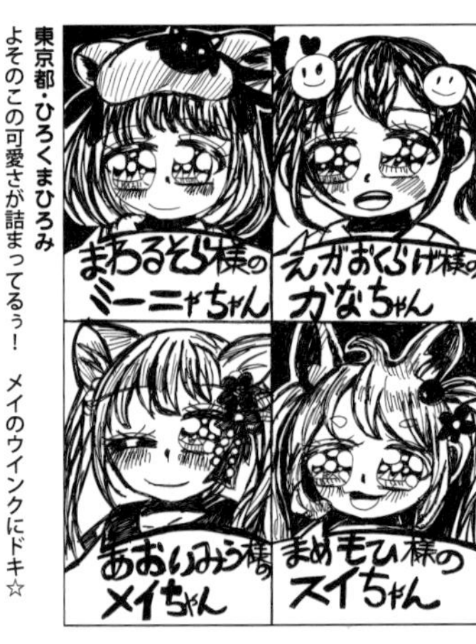

東京都・ひろくみひろみ
よそのこの可愛さが詰まってるぅ！　メイのウインクにドキ☆

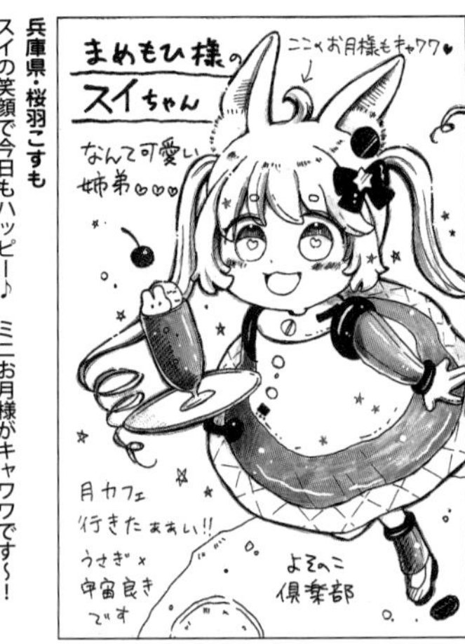

兵庫県・桜羽こすも
スイの笑顔で今日もハッピー♪　ミニお月様がキャワワ～！

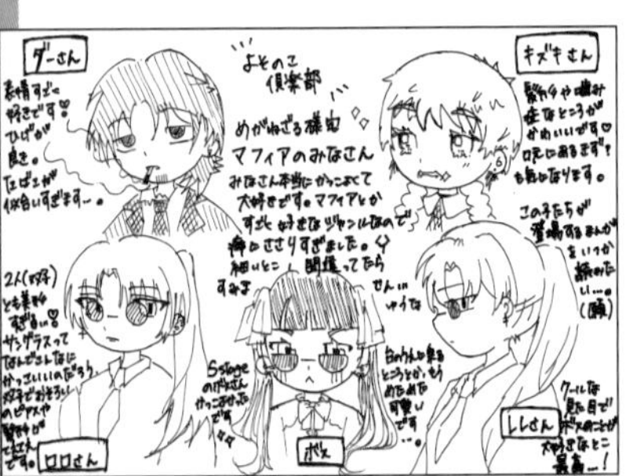

高知県・ゆうな・15歳
めがねざるさんちのマフィアのみなさま♪　ダーさんの気怠さがほんとセクシーすぎて大好き…。

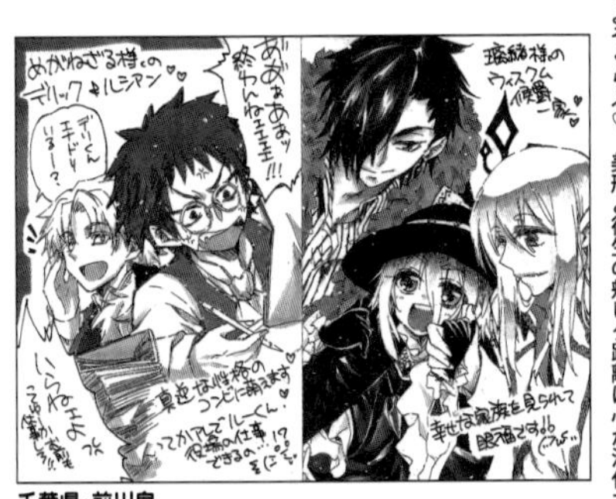

千葉県・前川泉
わちゃ萌えなデリック＆ルシアン～（大歓喜）!!　伯爵一家のあたたかさに包まれたい。

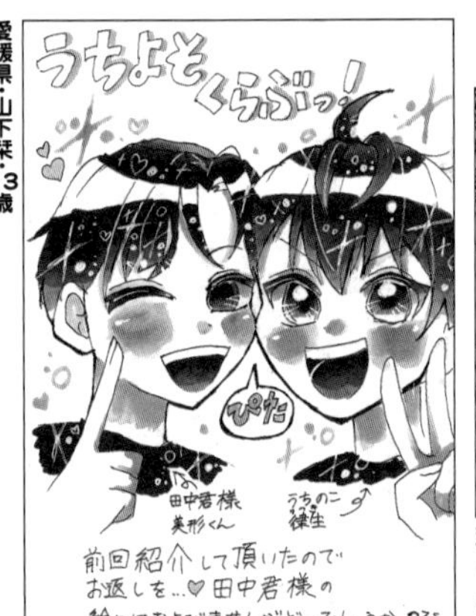

愛媛県・山下菜・13歳
美形と律生の頬ピタ距離に心が浄化される～♡

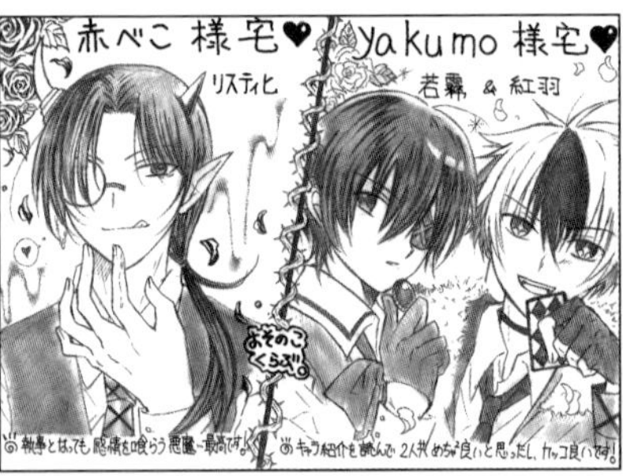

茨城県・あおいみう
リスティヒのセクシーな舌出しに心を鷲掴みッ♡　若霧と紅羽の美しさもほとばしってるッ！

SS男子部

男子部のテーマ大募集!!
巻末にあるアンケートハガキの「フリースペース」に「男子部リクエスト宛て」と書き、あなたが描いて欲しいテーマと熱い想いを記入してください!!　皆さんのご応募お待ちしています。

「SS男子部」では、「男子のこんなトコがたまらない!」という思いを皆で発表していけたらと思います。
そこで、毎回異なるテーマを設けてイラストを募集しています。
第53回目は、ナビゲーターの和桜恋さんと一緒にお送りする「かわいいおくち男子」特集です!

第53回「かわいいおくち男子」特集　和桜恋さんのコメントと一緒にお送りします!

和桜恋さんコメント
猫耳帽子が特徴的な元気な八重歯っ子!　お口の形になったアイテムがいっぱいついてるよ!　あなたはどんな可愛いおくち男子が好きですか?

次回は「眼帯男子」を募集♡
ダークな雰囲気の眼帯ゴシックメイド男子くん、恋人からのDVで傷ついた片目を隠す眼帯男子の高校生、異能力を秘めたツノっこ眼帯男子などなど、眼帯男子に関する皆さんのあらゆるツボをお寄せください〜!
次回のナビゲーターは、眠夜トーカ。さんです!

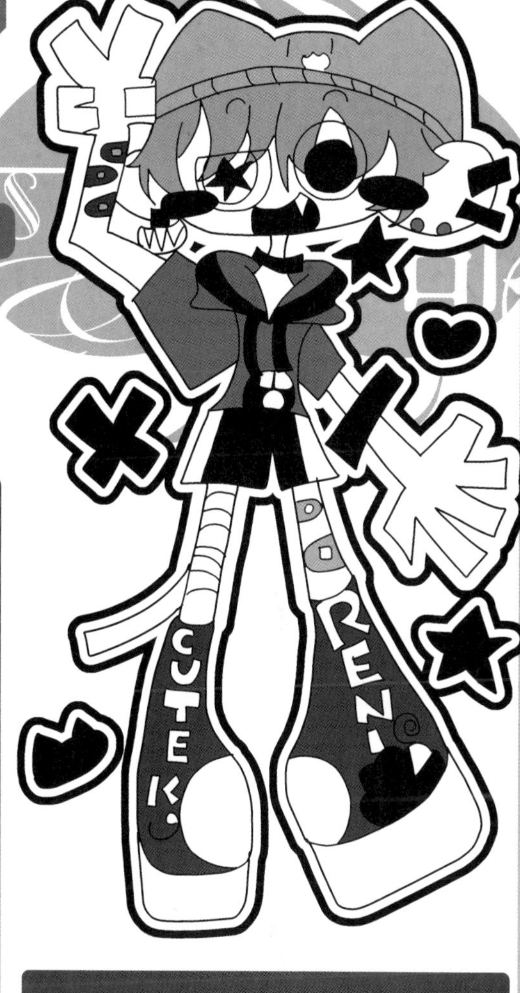

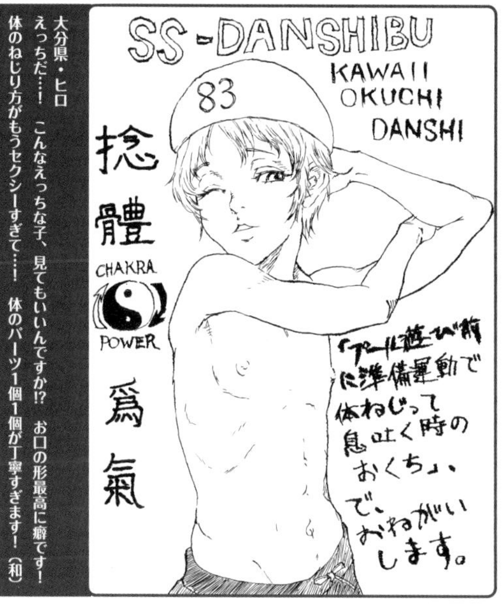

大分県・ヒロ
えっちだ…!　こんなえっちな子、見てもいいんですか?　体のねじり方がもうセクシーすぎて…!　体のパーツ1個1個が丁寧すぎます!（和）

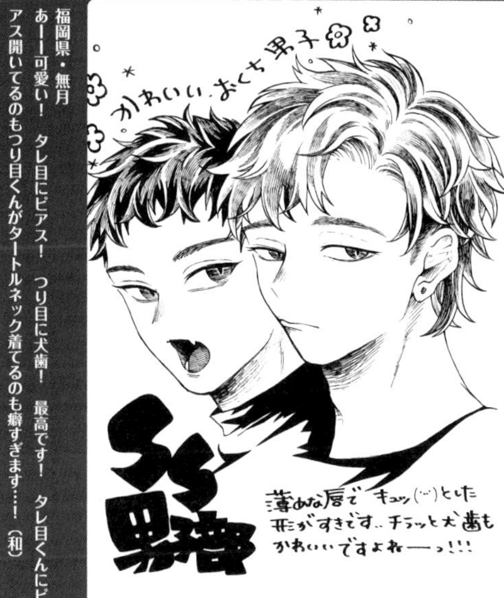

福岡県・無月
あー可愛い!　タレ目にピアス!　つり目に犬歯!　最高です!　タレ目くんにピアス開けてるのもつり目くんがタートルネック着てるのも癖すぎます…!（和）

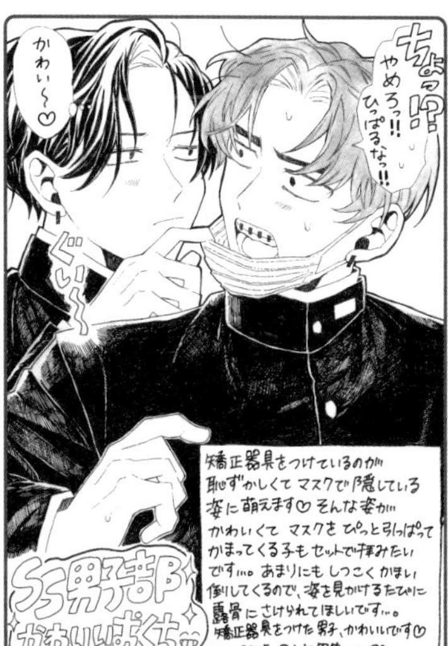

沖縄県・田中君
推しカプ爆誕ありがとうございます（歓喜）。矯正って付けてるだけで美味しいアイテムですよね…♡　構う黒髪くんも恥ずかしがっちゃう茶髪くんもどっちも可愛すぎて…!!（和）

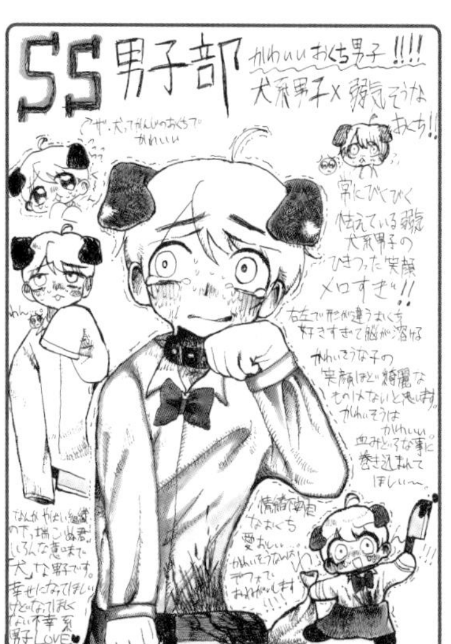

岡山県・のりあき・18歳
可哀想であればあるほど可愛い!　血みどろな目にあってどろどろに泣いてほしい…!　たれてるお耳も頑張って笑おうとしてるのも愛しすぎるっ…!（和）

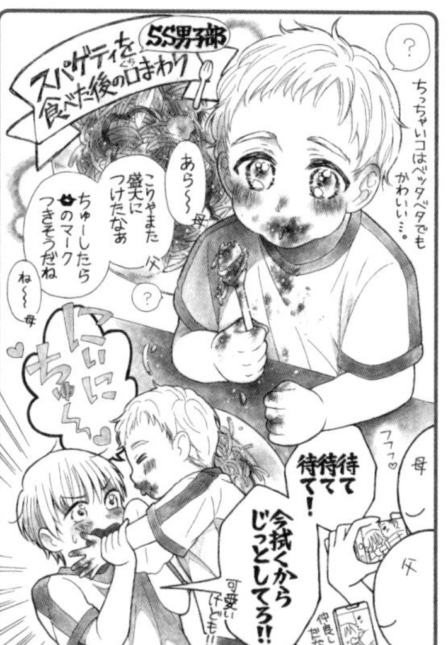

沖縄県・すきっぱねずみ
いっぱい食べるショタが好きー!　食べてる時のもぐもぐ顔ってほんとに天使ですよね〜!　お兄ちゃんもあわあわしてて可愛い!　その画像ください!（和）

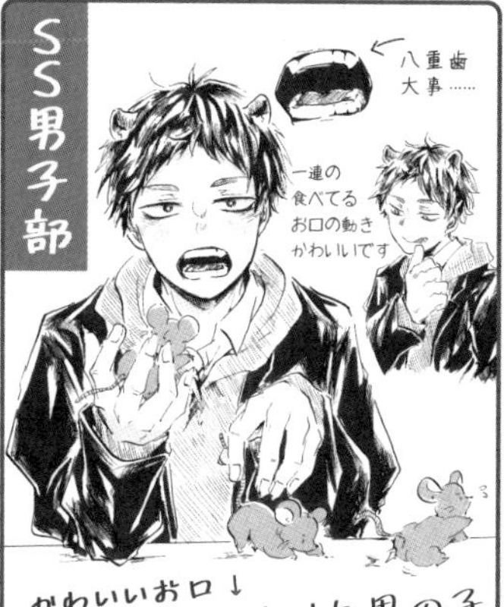

埼玉県・はっさく
八重歯は!　美味い!　ちっちゃいお口もいいけど大口最高!　ベロッとしてるのセクシーすぎて大好きです（泣）。おてても眉毛も好みすぎて…語り合いたいです（泣）。ねずみちゃんになりたい!（和）

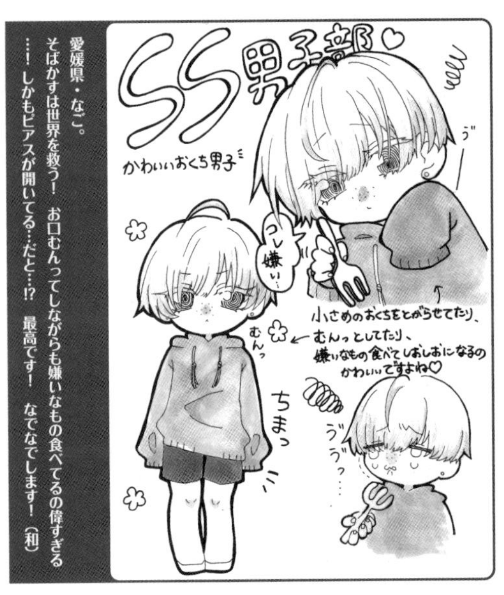

SS男子部

愛媛県・なご。
そばかすは世界を救う! お口むんってしながらも嫌いなもの食べてるの偉すぎる…! しかもピアスが開いてる…だと…!? 最高です! なでなでします!(和)

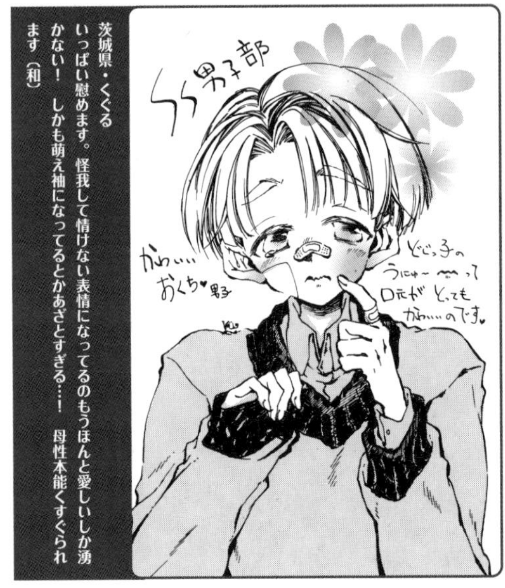

茨城県・くぐる
いっぱい慰めます。怪我して情けない表情になってるのもうほんと愛しいしか湧かない! しかも萌え袖になってるとかあざとすぎる…! 母性本能くすぐられます(和)

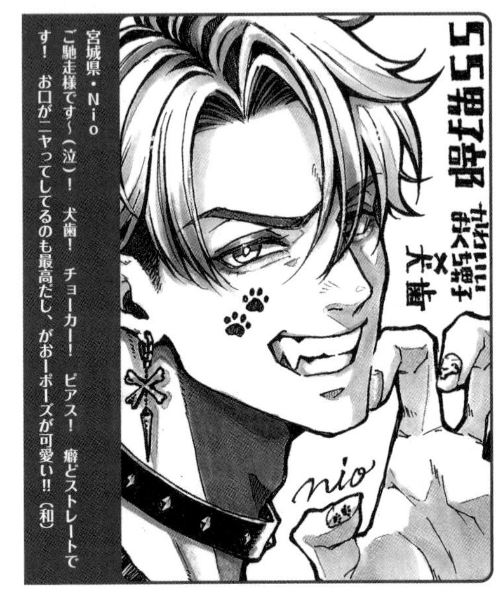

宮城県・Nio
ご馳走様です〜(泣)! 犬歯! チョーカー! ピアス! 癖どストレートです! お口がニヤってしてるのも最高だし、がおーポーズが可愛い!!(和)

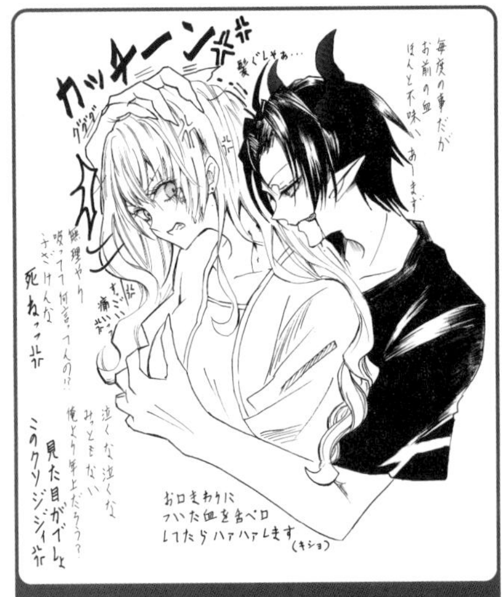

大阪府・ラブバード
この2人が推しカプになりました(こら)。舐めてるお口えっちすぎる! しかも黒髪くんが年上とか最高すぎる…! はぁはぁしましょ…(和)

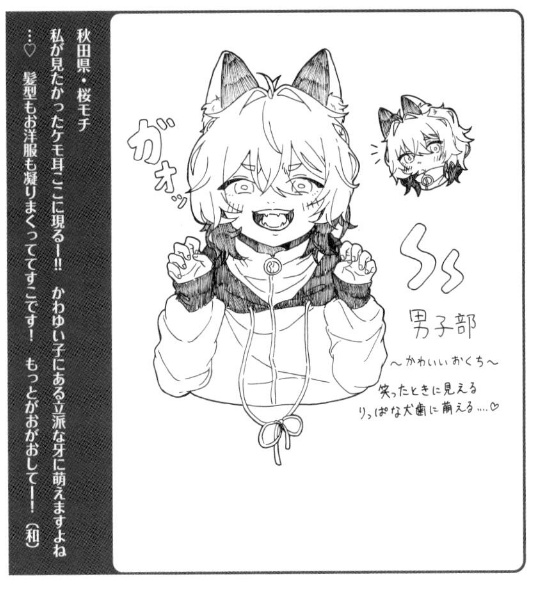

秋田県・桜モチ
私が見たかったケモ耳、ここに現る…! 髪型もお洋服も凝りまくってますこす! かわいい子にある立派な犬歯に萌えますよね もっとがおがおして! もっと!!(和)

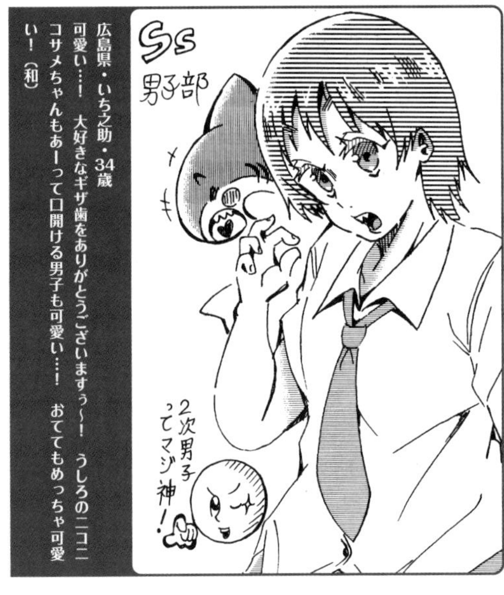

広島県・いちの助 34歳
可愛い! 大好きなギザ歯をありがとうございますぅ〜! コサメちゃんもあーって口開ける男子も可愛い…! おててもめっちゃ可愛い(和)

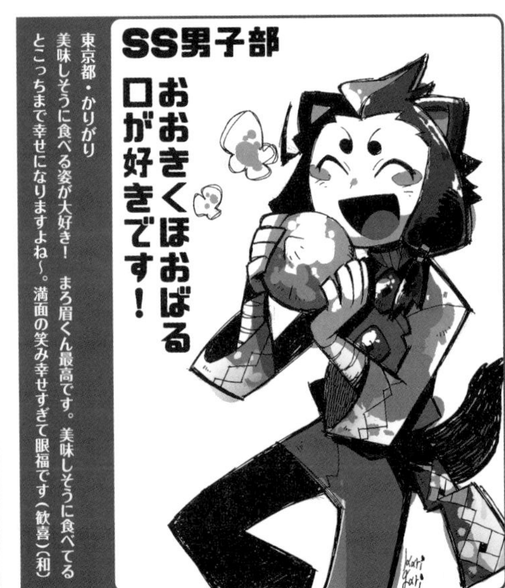

東京都・かりがり
美味しそうに食べる姿が大好き! まろ眉くん最高です。美味しそうに食べてるとこっちまで幸せになりますよね〜。満面の笑み幸せすぎて眼福です(歓喜)(和)

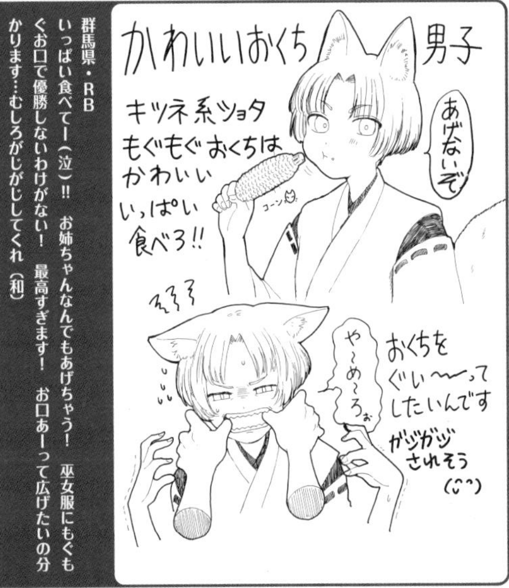

群馬県・RB
いっぱい食べて〜(泣)!! お姉ちゃんなんでもあげちゃう! お口あーって広げたいの分かります!! むしろがじがじしてくれ!(和)

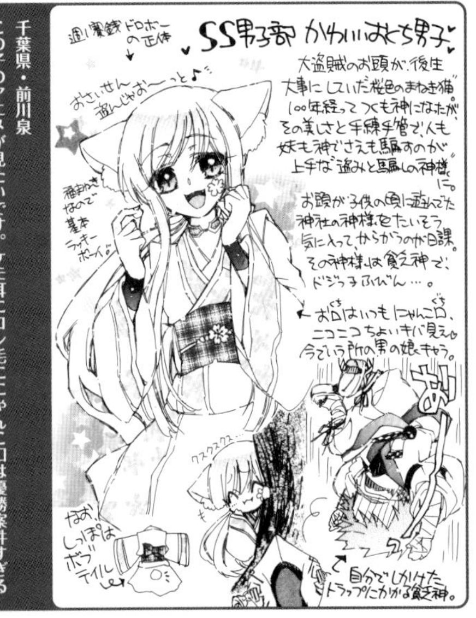

千葉県・前川泉
この子のアニメが見たいです。ケモ耳にロン毛ににゃんころは優勝案件すぎる…! この子にだったらお賽銭盗まれても全然いいです。真がせて(和)

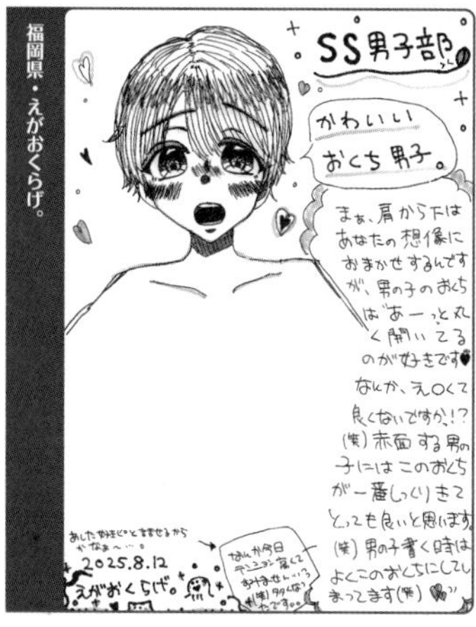

福岡県・えがおくらげ。

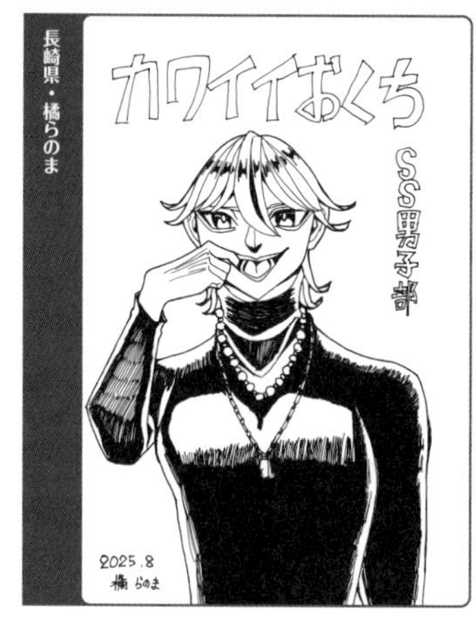

長崎県・橘らのま

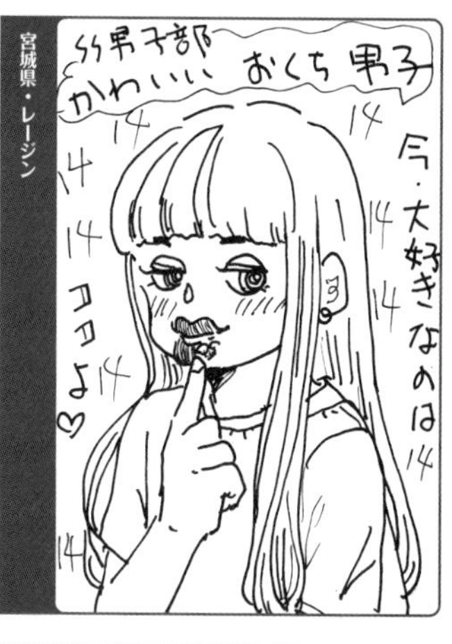

宮城県・レージン

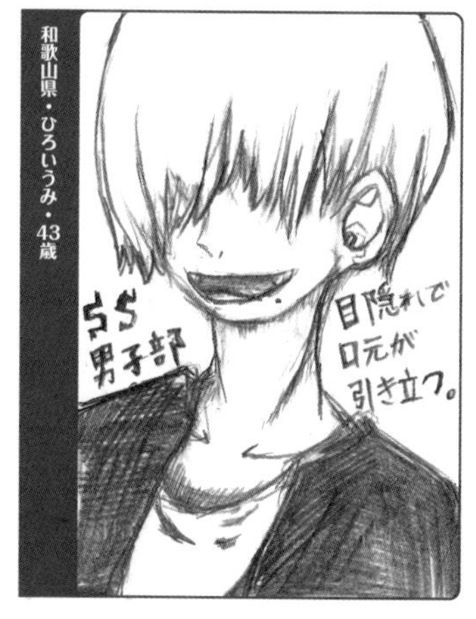

和歌山県・ひろいうみ・43歳

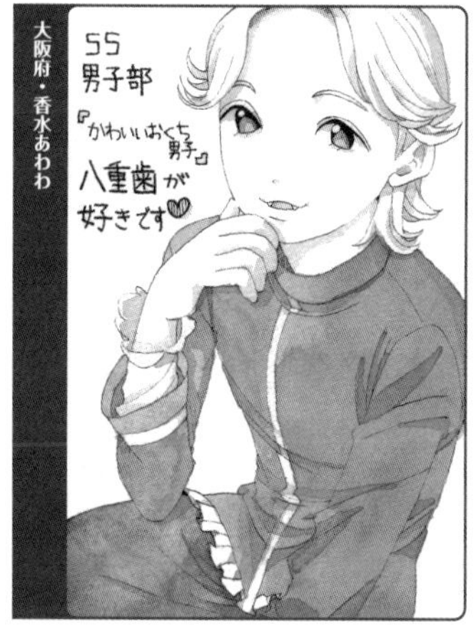

大阪府・香水あわわ

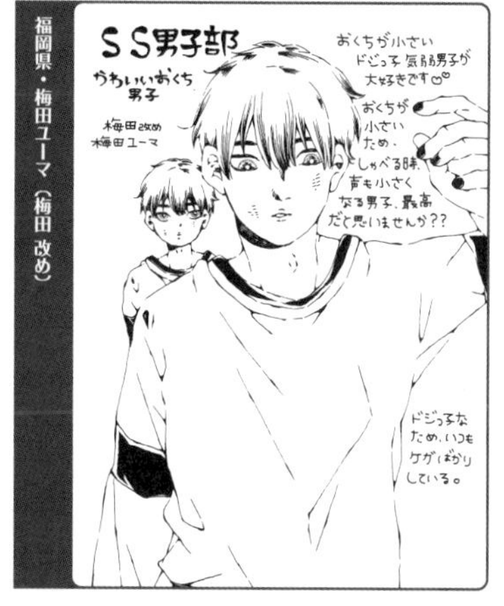

福岡県・梅田ユーマ（梅田改め）

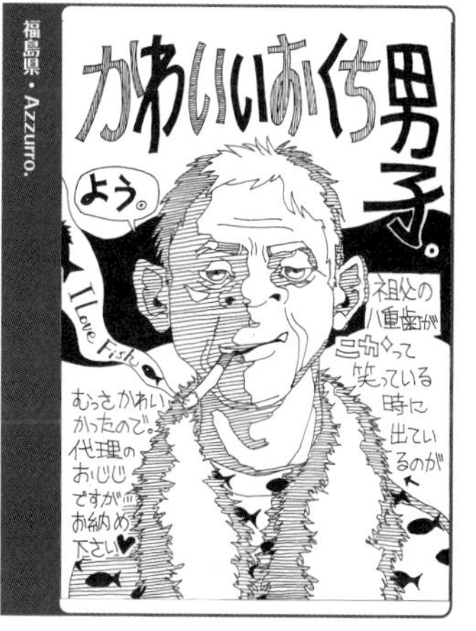

福島県・Azzurro.

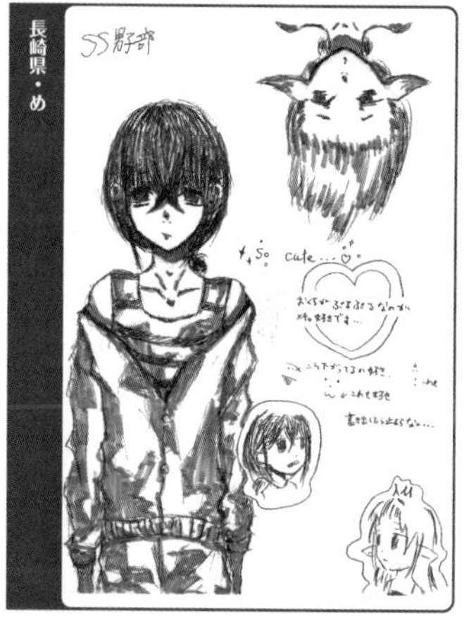

長崎県・め

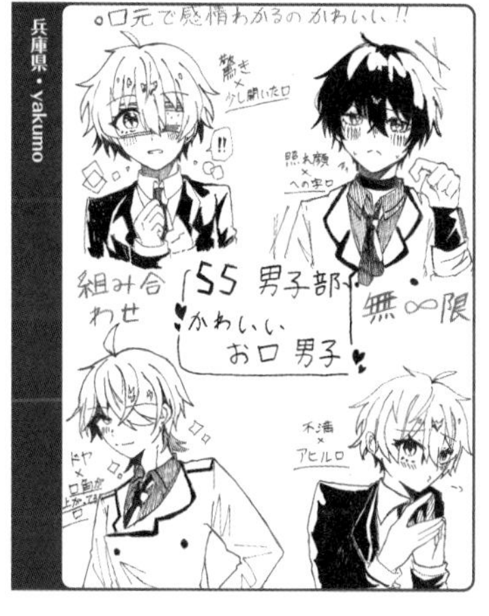

兵庫県・yakumo

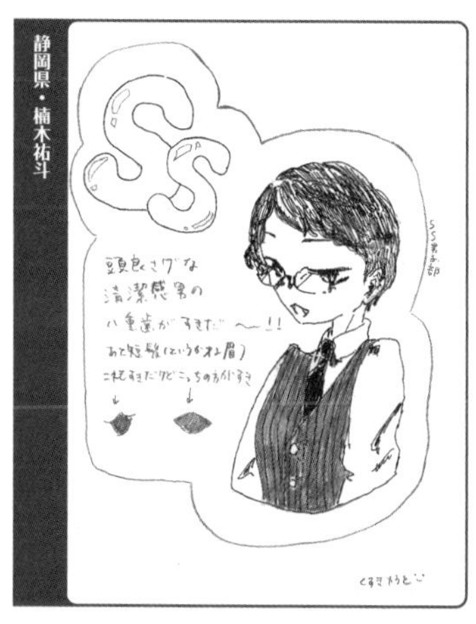

静岡県・楠木祐斗

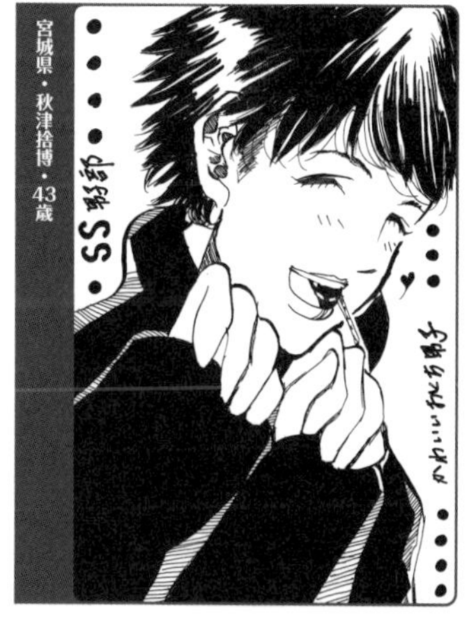

宮城県・秋津捨博・43歳

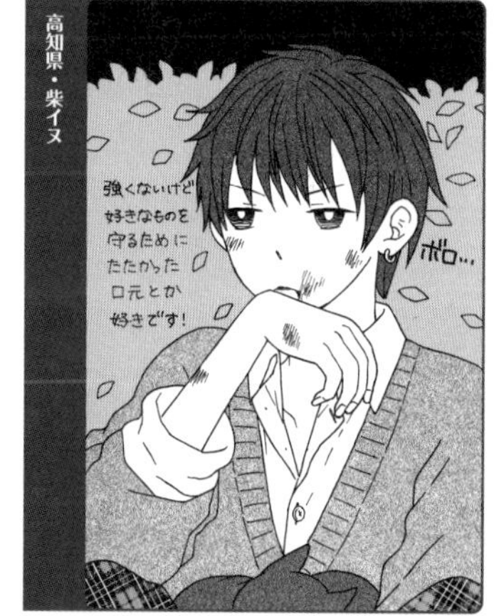

高知県・柴イヌ

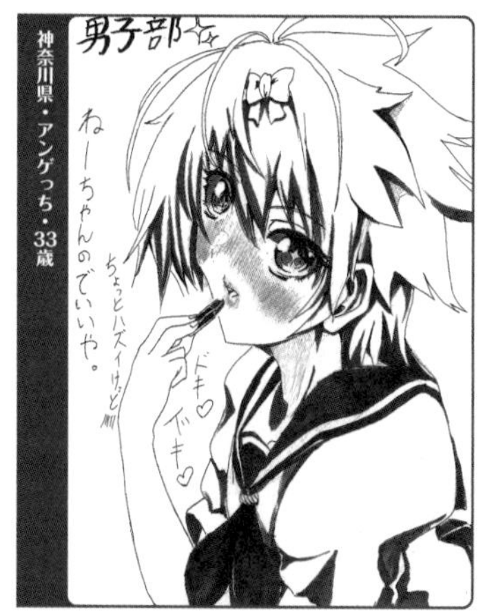

神奈川県・アンゲっち・33歳

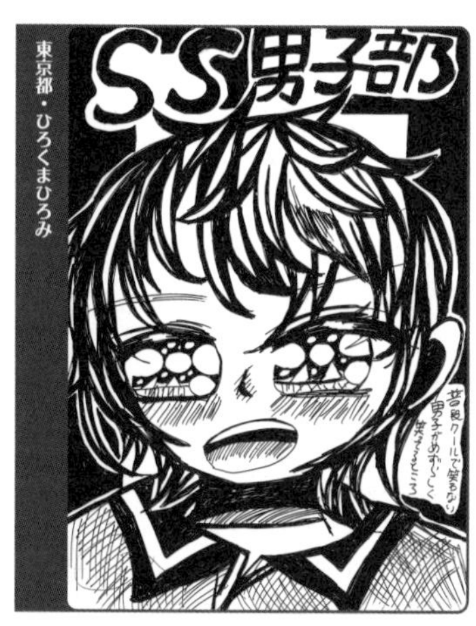

東京都・ひろくまひろみ

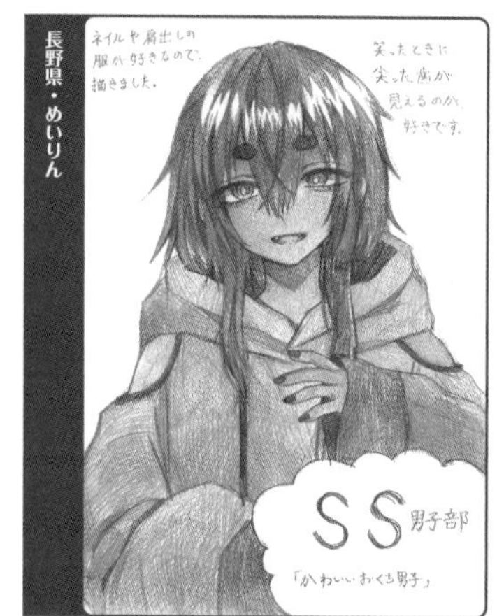

長野県・めいりん

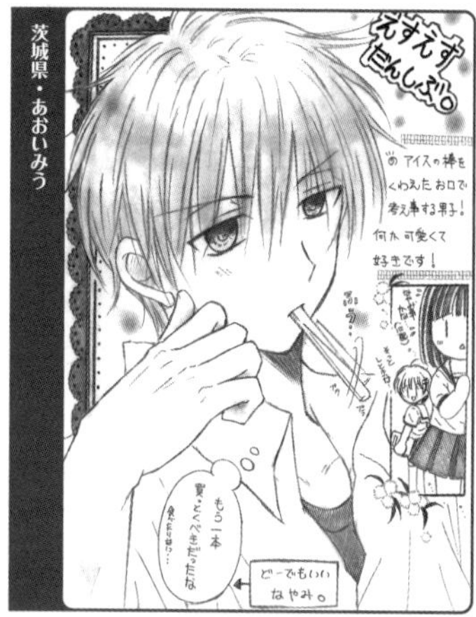

茨城県・あおいみう

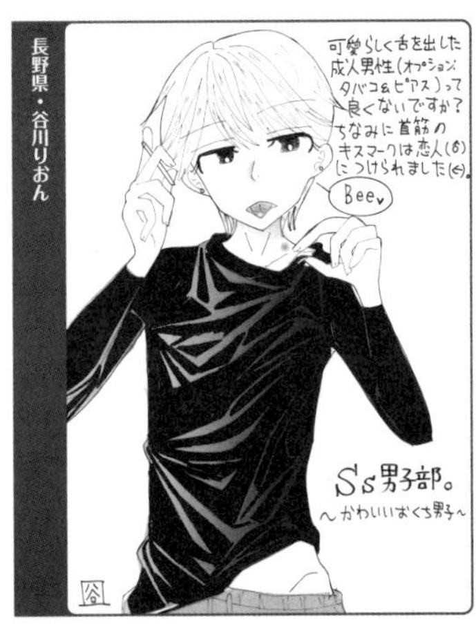
長野県・谷川りおん
SS男子部。
〜かわいいおくち男子〜

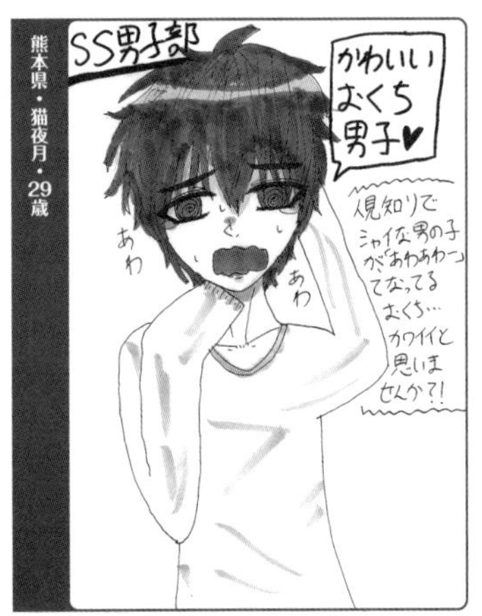
熊本県・猫夜月・29歳
SS男子部
かわいい
おくち
男子

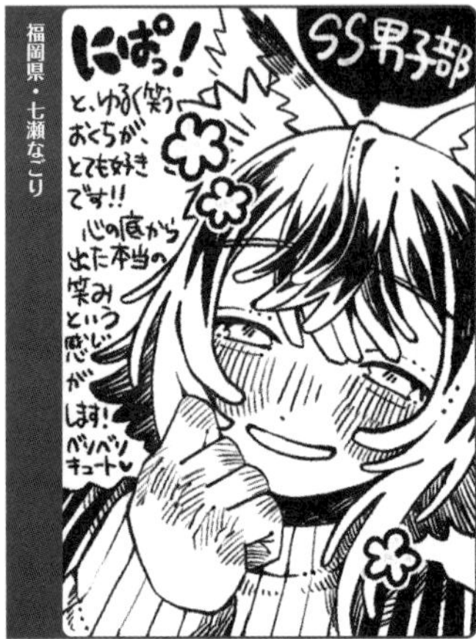
福岡県・七瀬なごり
にぱっ！
SS男子部

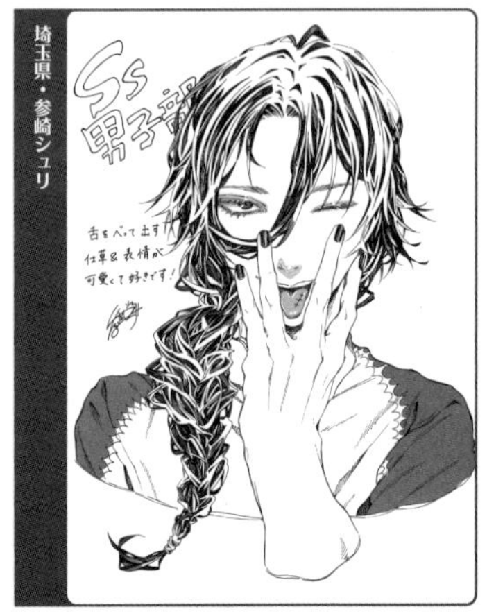
埼玉県・参崎シュリ
SS男子部

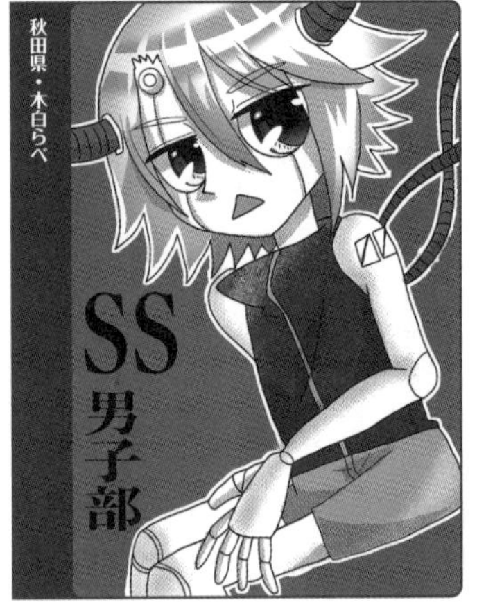
秋田県・木白らべ
SS
男子部

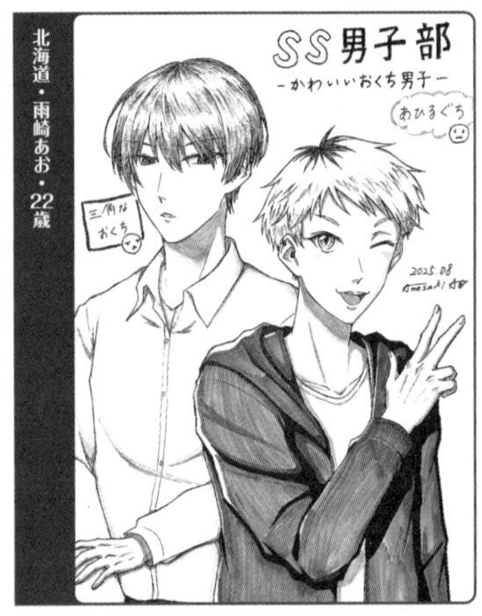
北海道・雨崎あお・22歳
SS男子部
〜かわいいおくち男子〜

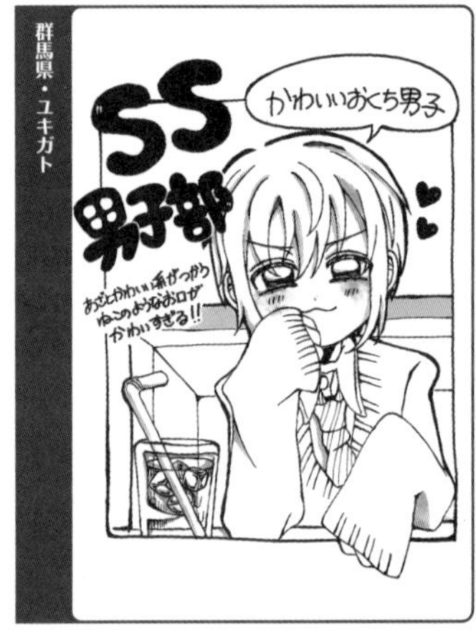
群馬県・ユキガト
SS
男子部
かわいいおくち男子

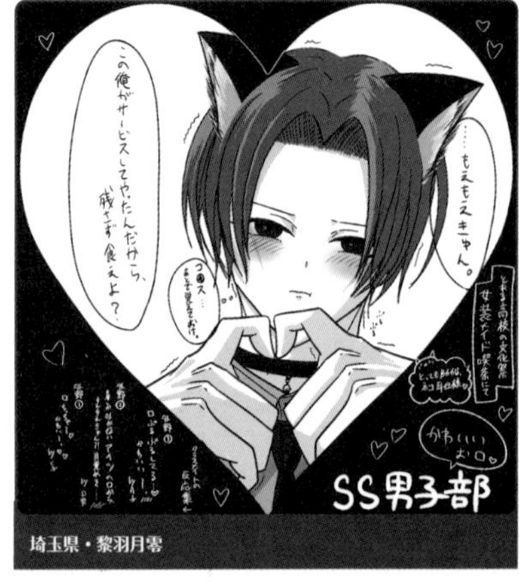
埼玉県・黎羽月零
SS男子部

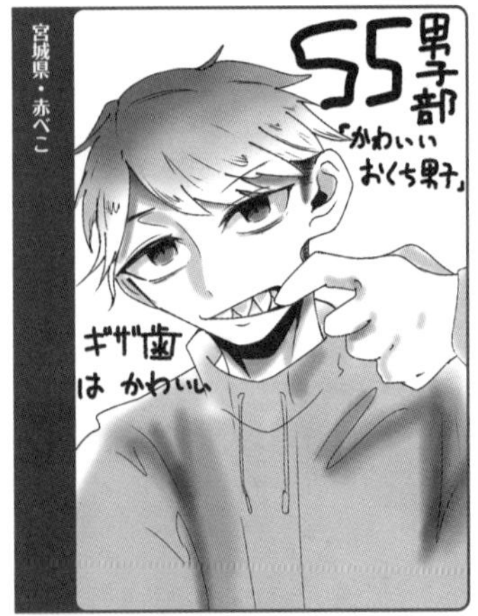
宮城県・赤べこ
SS男子部
かわいい
おくち男子
ギザ歯
は かわいい

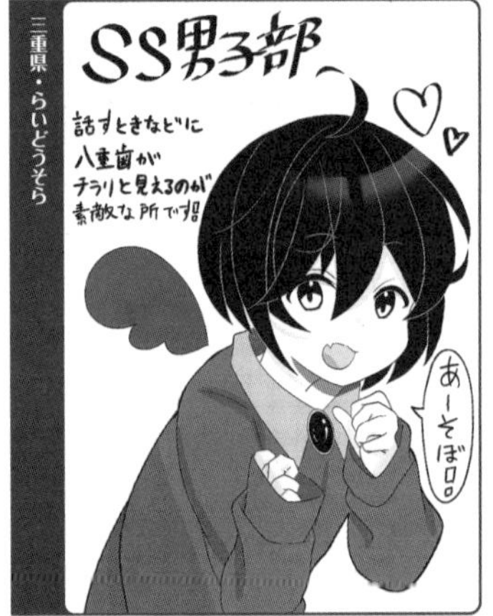
三重県・らいどうそら
SS男子部

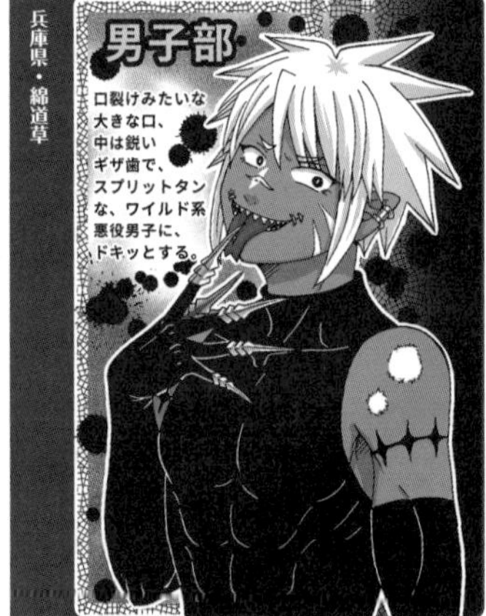
兵庫県・綺道葦
男子部

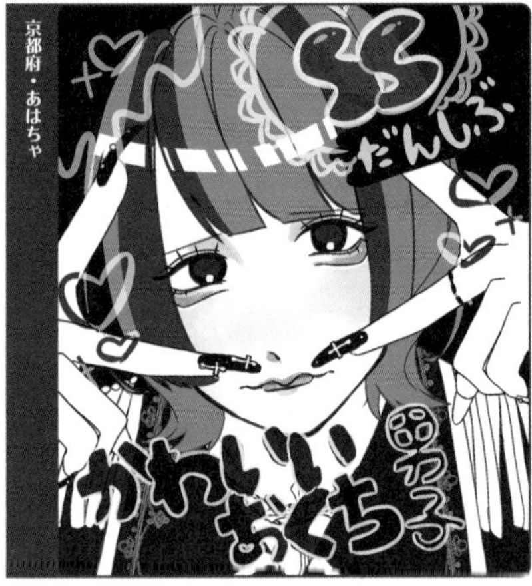
京都府・あはちゃ
SS
だんしぶ
かわいいおくち
男子部

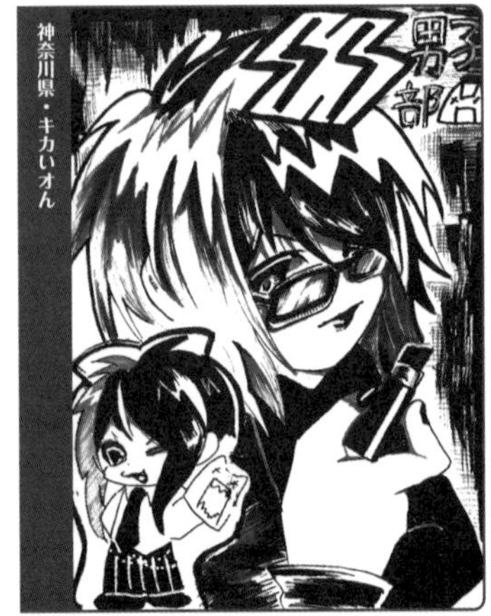
神奈川県・キカいおん
SS
男子部

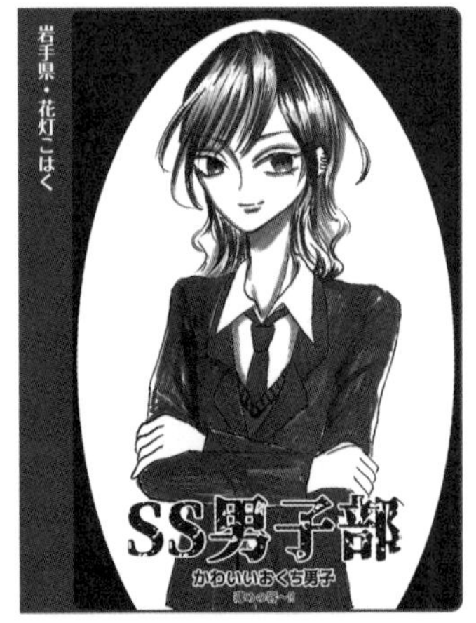
岩手県・花灯こはく
SS男子部
かわいいおくち男子

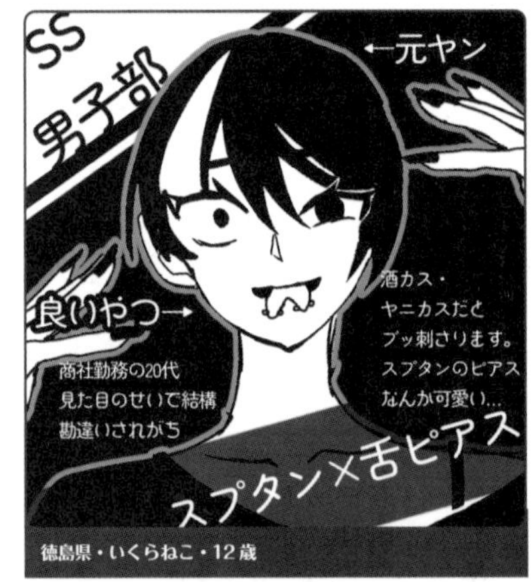
SS
男子部
←元ヤン
良いやつ→
スプタン×舌ピアス
徳島県・いくらねこ・12歳

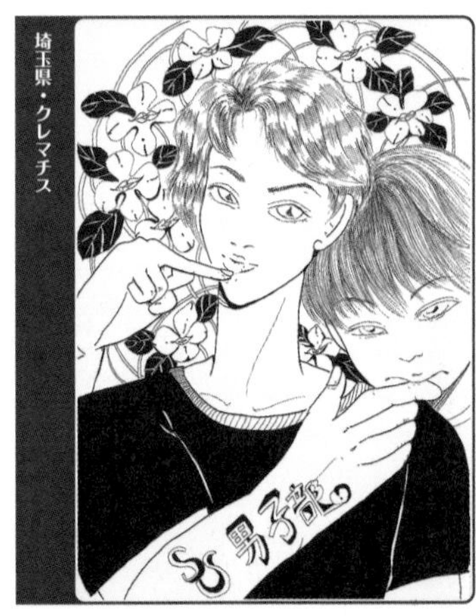
埼玉県・クレマチス
SS男子部

SS女子部

～女子の魅力をマニアックに特集～

「SS女子部」では、「女子のこんなトコがたまらない!」という思いを皆で発表していけたらと思います。
そこで、毎回異なるテーマを設けてイラストを募集しています。
第53回目は、ナビゲーターのりすりすさんと一緒にお送りする「かわいいおくち女子特集」です!

第53回「かわいいおくち女子」特集　りすりすさんのコメントと一緒にお送りします!

りすりすさんコメント

りすりす「ギザ歯やハム口、うさ口…明るい系でいくかおとなしい系でいくか…かわいいがぎゅうっとつまったおくち、楽しみでしゅ♡」

次回は「眼帯女子」を募集!

心に深い闇を抱える眼帯ゴスロリっ子、世界を旅するバイデカ海賊女船長、悪魔の瞳を持ち封印している元・大天使、片目隠れの凄腕殺し屋（スナイパー）兼お屋敷メイドなど…、皆さんのあらゆる「眼帯女子」に対するツボをお寄せください～！ また、次号のナビゲーターはひろくまひろみさんです！ひろくまひろみさんと一緒に「眼帯女子」を盛り上がりましょう～！

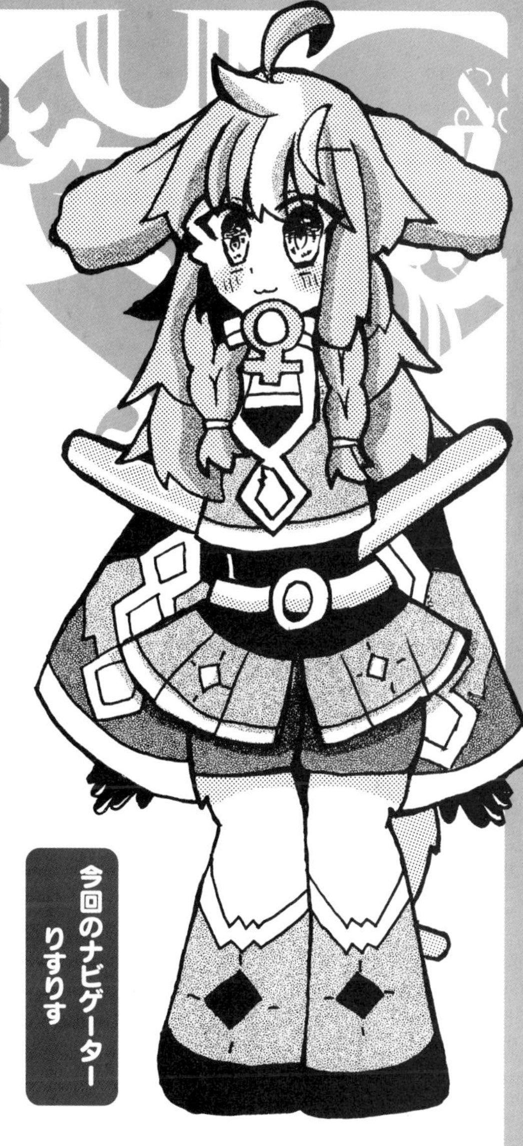

今回のナビゲーター　りすりす

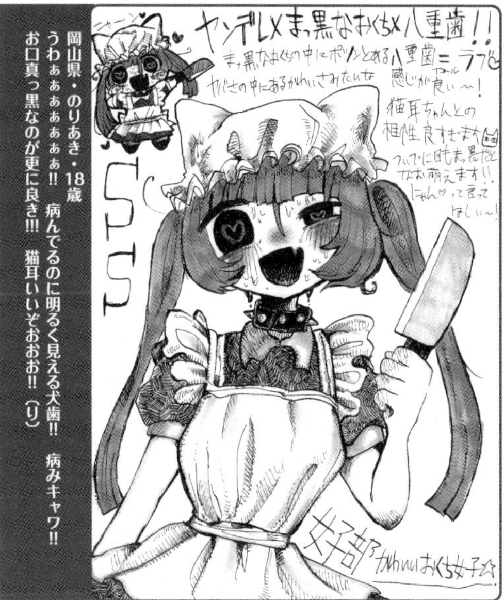

岡山県・のりあき・18歳　うわぁぁぁぁぁ!! お口真っ黒なのが更に良き!!! 病んでるのに明るく見える犬歯!! 猫耳いいぞぉぉぉ!! 病みキャワ!!（り）

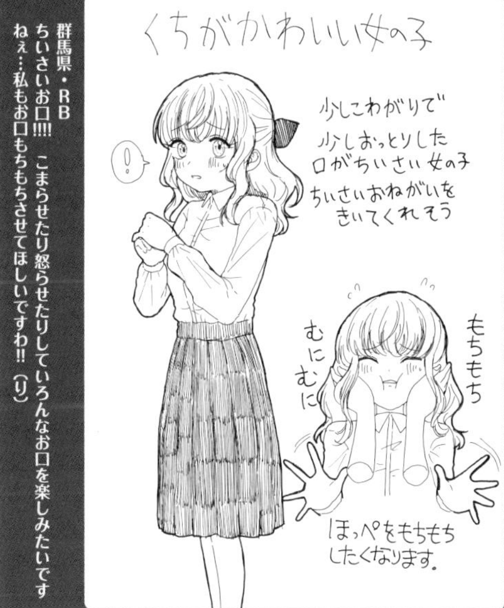

群馬県・RB　ちいさいお口!!!! こまらせたり怒らせたりしていろんなお口を楽しみたいです ねぇ…私もお口もちもちさせてほしいですわ!!（り）

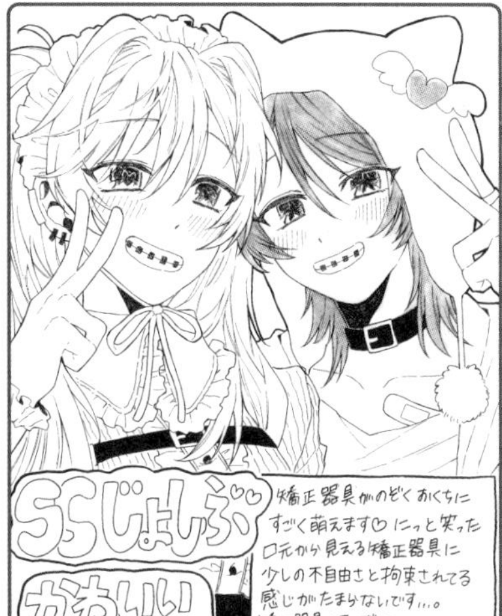
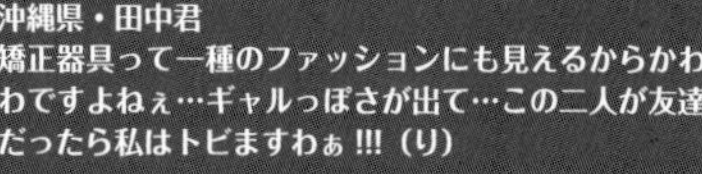

沖縄県・田中くん　矯正器具って一種のファッションにも見えるからかわいですよねぇ…ギャルっぽさが出て…この二人が友達だったら私はトビますわぁ!!!（り）

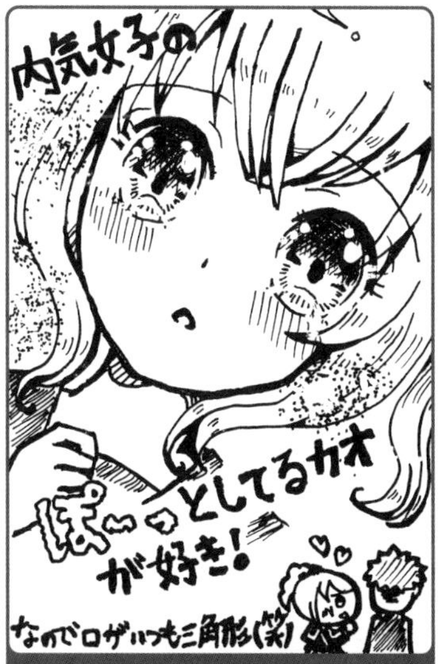

山口県・森瀬奈貴　ぽわぁ口かわええですわね…!! いやほんとに…私だったらこの子のストーカーになって口を拝みますわぁ!!! 内気っていうのもいいですよねぇ～♡（り）

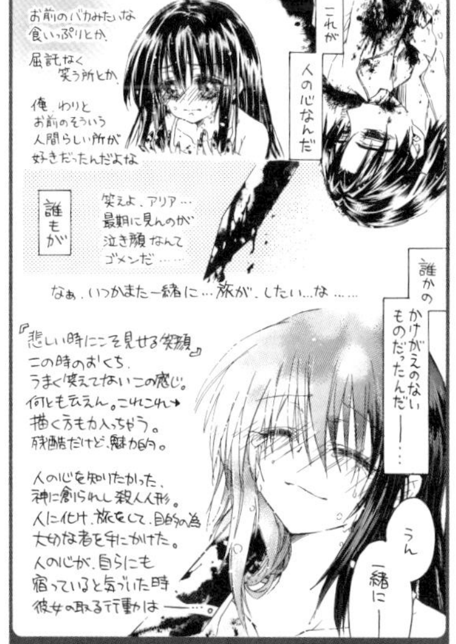

千葉県・前川泉　Oh…悲しい…なんて悲しいんだ…可愛いアリアちゃん…切ないよぉぉ!! 最大限まで笑おうとしてる姿…泣けますですわね……（り）

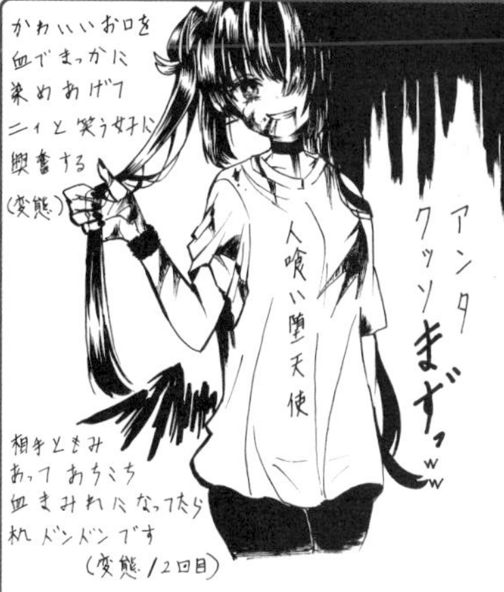

大阪府・ラブバード　ニカ口はいい!! いいんだ!! この不穏な感じと黒髪黒タイツ…めちゃくちゃ口が引き立ってますわぁ～!! 喰われたいですわね♡（り）

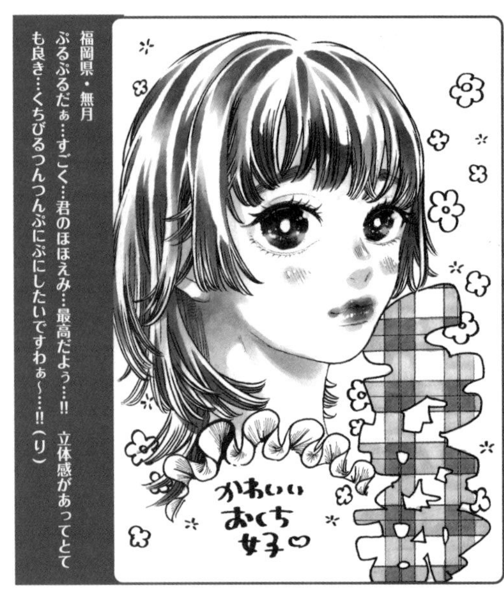

福岡県・無月
ぷるぷるだぁ…すごく…君のほほえみ…最高だよぅ…!! 立体感があってとても良き…くちびるをつんつんぷにぷにしたいですわぁ〜…!!（り）

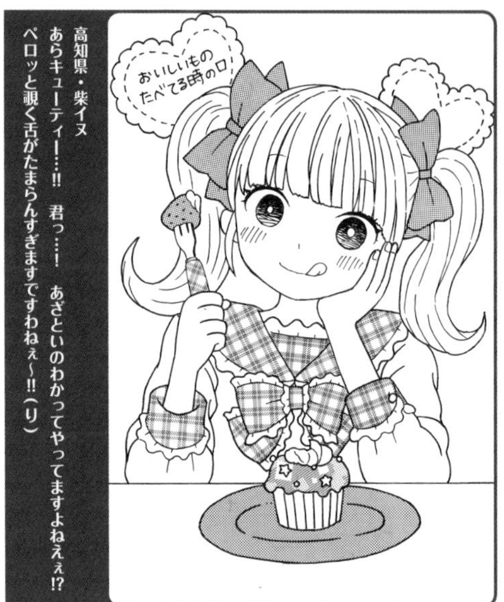

高知県・柴イヌ
あらキューティー…!! 君っ…! あざといのわかってやってますよねぇ!? ペロッと覗く舌がたまらんすぎますですわねぇ〜!!（り）

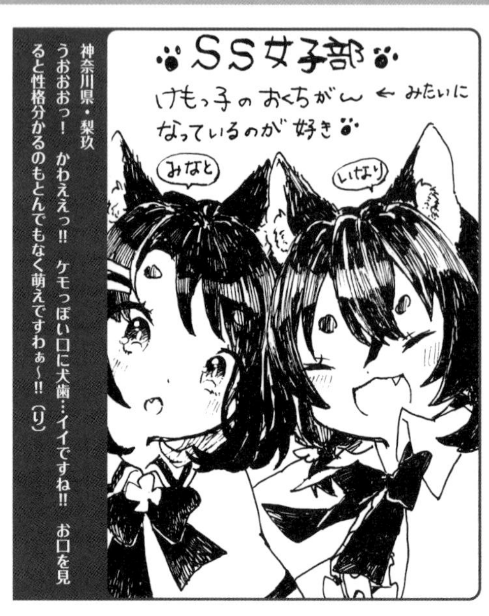

神奈川県・梨玖
うおぉぉっ! かわええっ!! ケモっぽい口に犬歯…イイですね!! お口を見ると性格分かるのもとんでもなく萌えですわぁ〜!!（り）

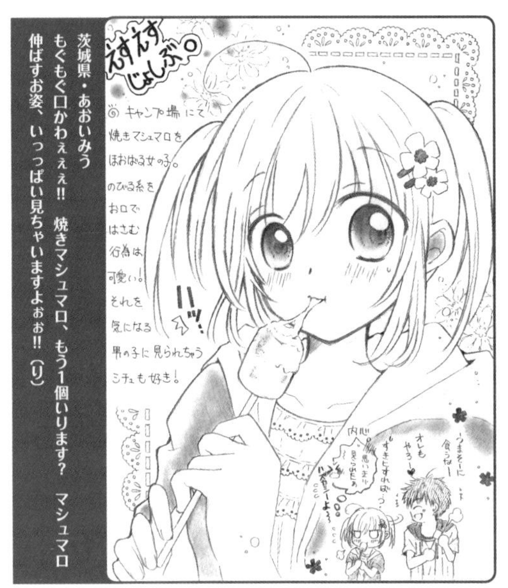

茨城県・あおいみう
もぐもぐ口かわいぃぃ!! 焼きマシュマロ、もう1個入ります? 伸ばすお姿、いっぱい見ちゃいますよぉお!!（り）
マシュマロ

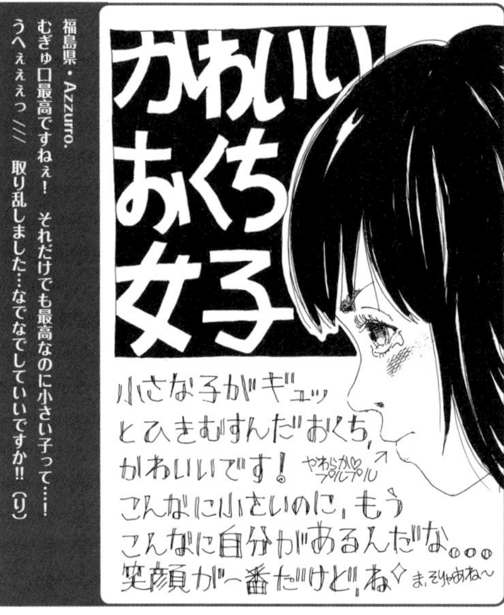

福島県・Azzurro.
むぎゅ口最高ですねぇ! それだけでも最高なのに小さい子って…! うへぇぇっ >< 取り乱しました!! なでなでしていいですか!!（り）

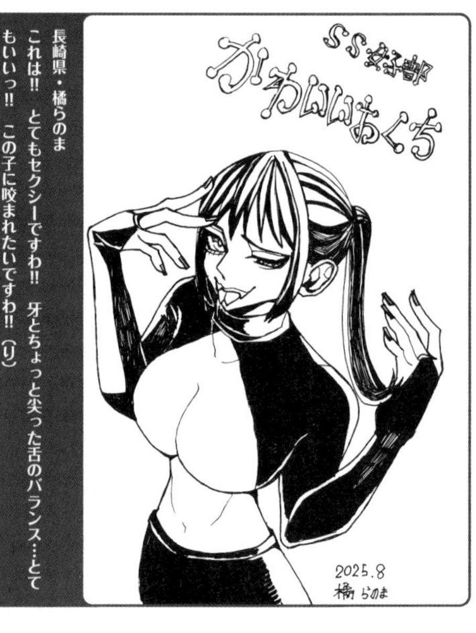

長崎県・橘らのま
これは!! とてもセクシーですわ!! 牙とちょっと尖った舌のバランス…てもいいっ!! この子に咬まれたいですわ!!（り）

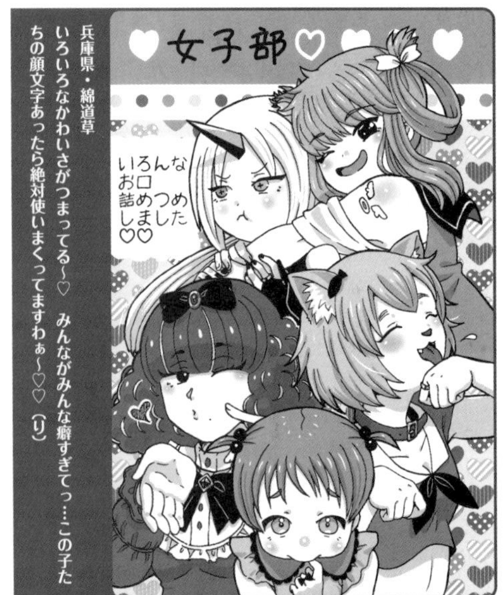

兵庫県・綿菓子
いろいろなかわいさがつまってる〜 みんながみんな癖すぎてっ…この子たちの顔文字あったら絶対使いまくってますわ〜♡♡（り）

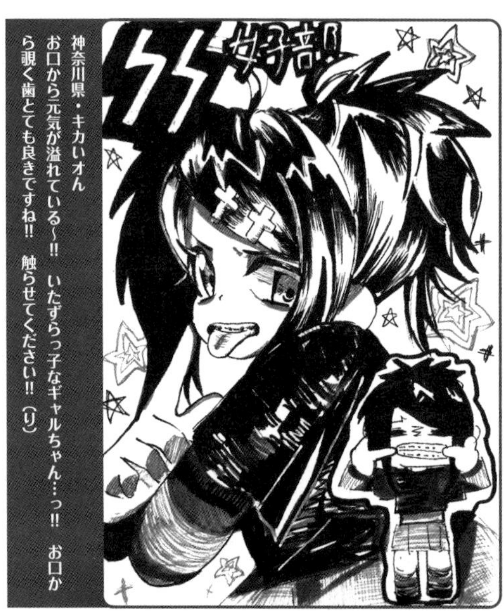

神奈川県・キカイオン
お口から元気が溢れている〜!! いたずら子なギャルちゃん…っ!! お口とても良きですね!! 触らせてください!!（り）

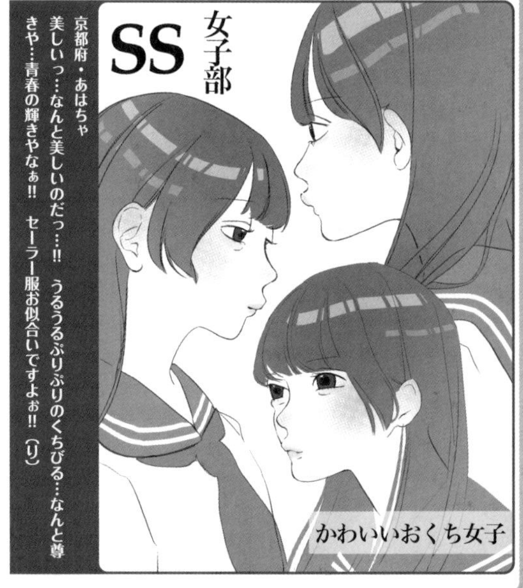

京都府・あはちゃ
美しっ…なんと美しいのだっ…!! きゃ…青春の輝きやなぁ!! うるうるぷりぷりのくちびる…なんと尊き!! セーラー服お似合いですよぉ!!（り）

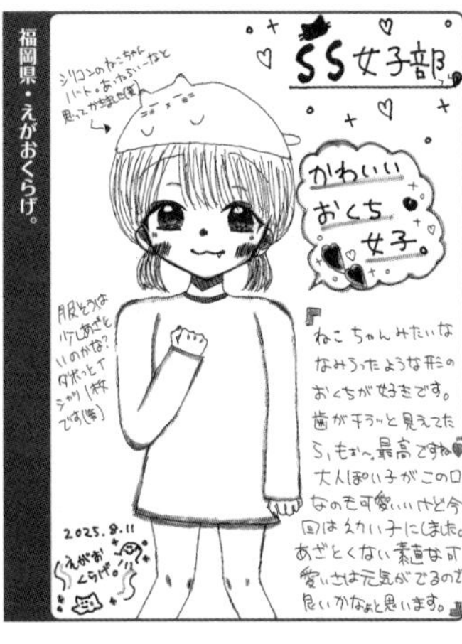
SS女子部
かわいい
おくち
女子。
福岡県・えがおくらげ。

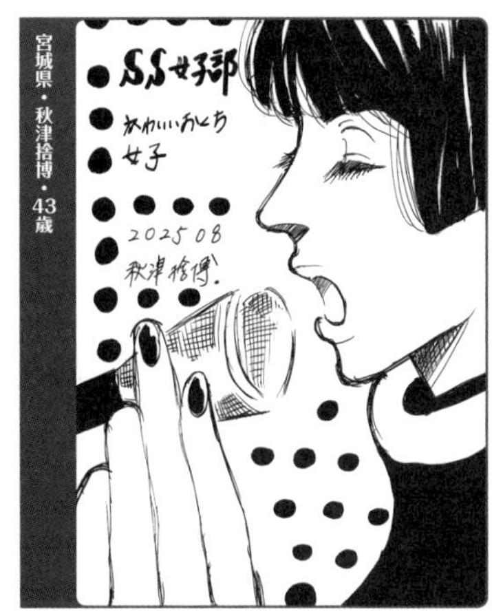
SS女子部
女子
宮城県・秋津捨博
43歳

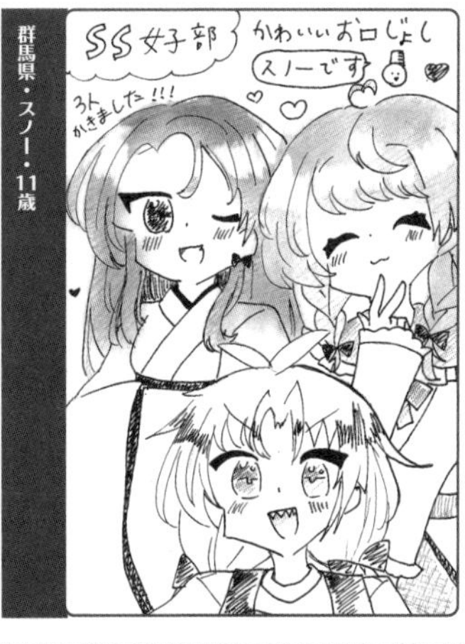
SS女子部　かわいいお口じし
スノーです
群馬県・スノー・11歳

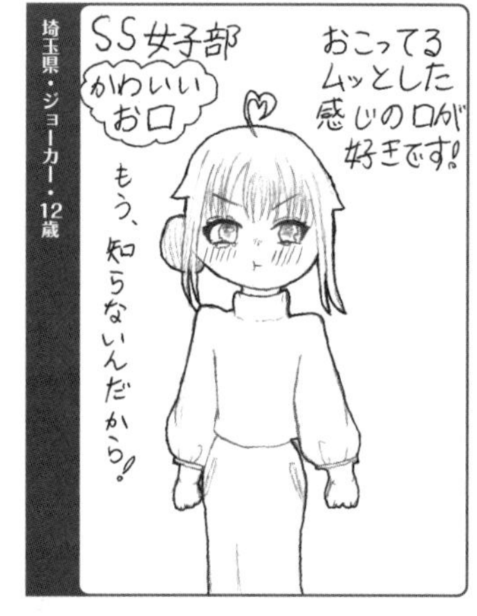
SS女子部
かわいい
お口
おこってる
ムッとした
感じの口が
好きです。
もう、知らないんだから！
埼玉県・ジョーカー・12歳

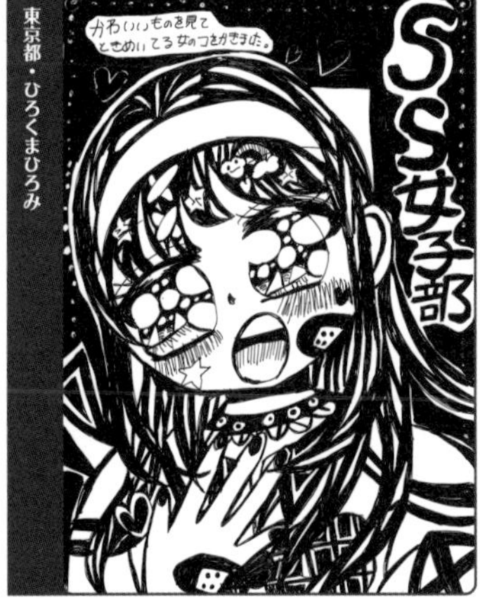
SS女子部
東京都・ひろくまひろみ

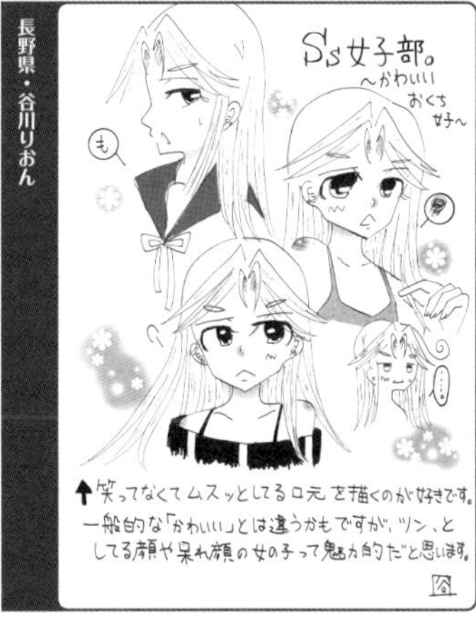
SS女子部。
〜かわいい
おくち
女子〜
長野県・谷川りおん

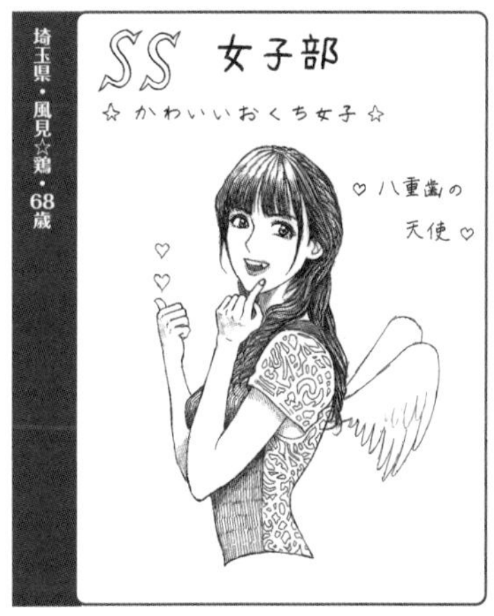
SS　女子部
☆かわいいおくち女子☆
八重歯の
天使
埼玉県・風見☆鶏・68歳

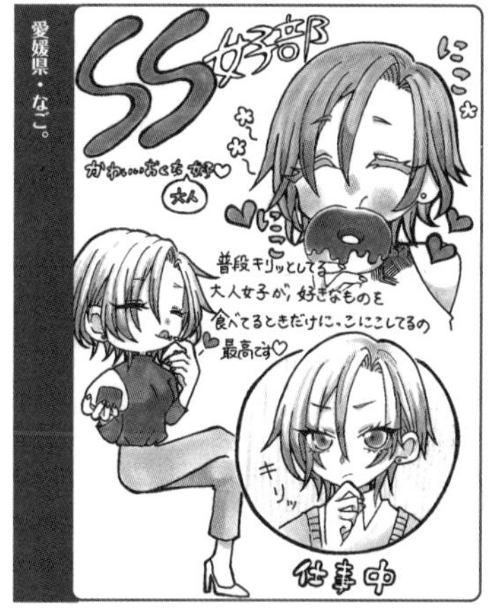
SS女子部
愛媛県・なぎ。
仕事中

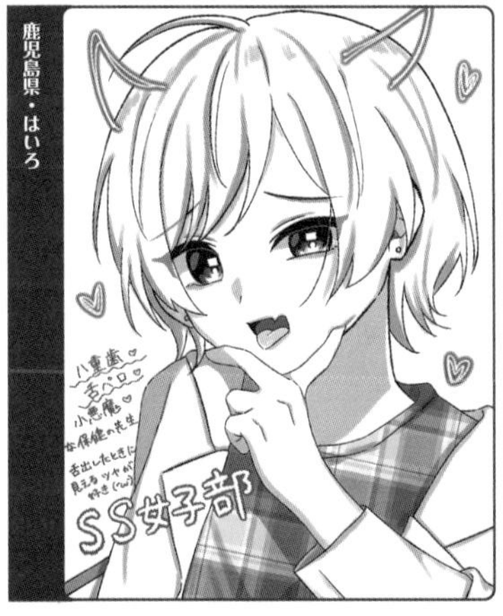
鹿児島県・はいろ
SS女子部

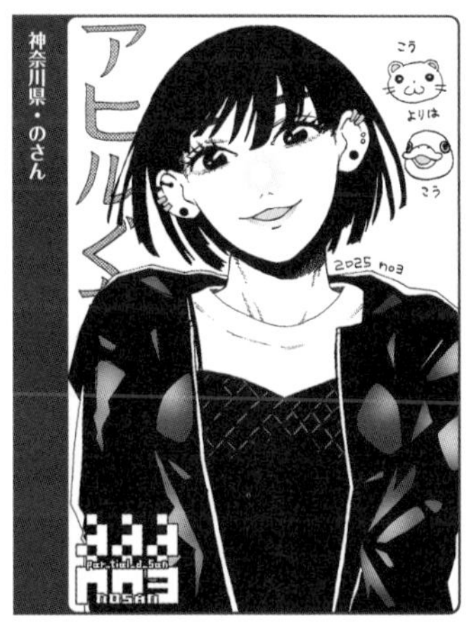
アヒルくん
神奈川県・のさん
2025 no3

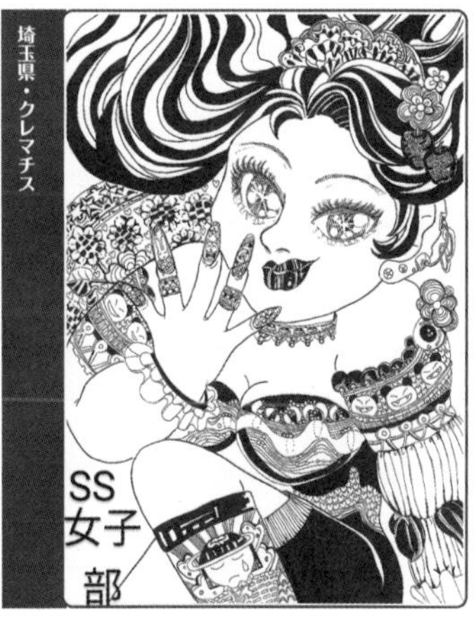
埼玉県・クレマチス
SS
女子
部

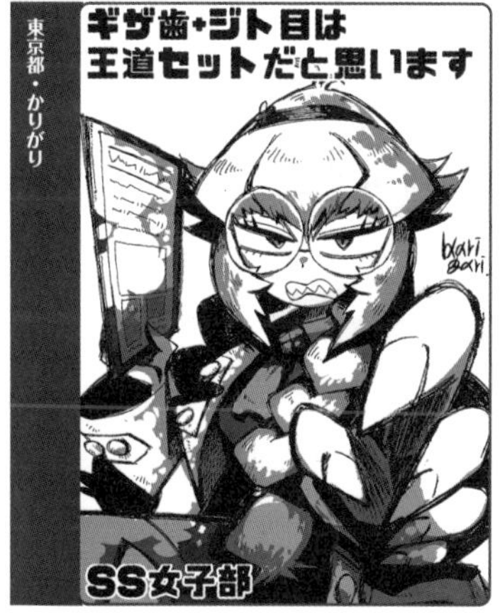
ギザ歯＋ジト目は
王道セットだと思います
東京都・かりがり
SS女子部

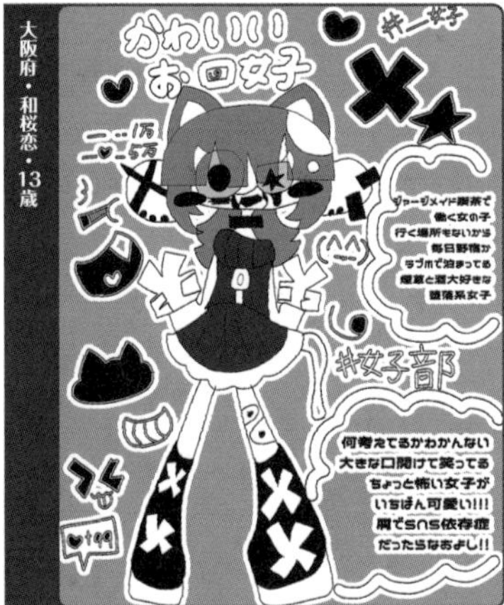
かわいい
お口女子
大阪府・和桜恋・13歳
女子部

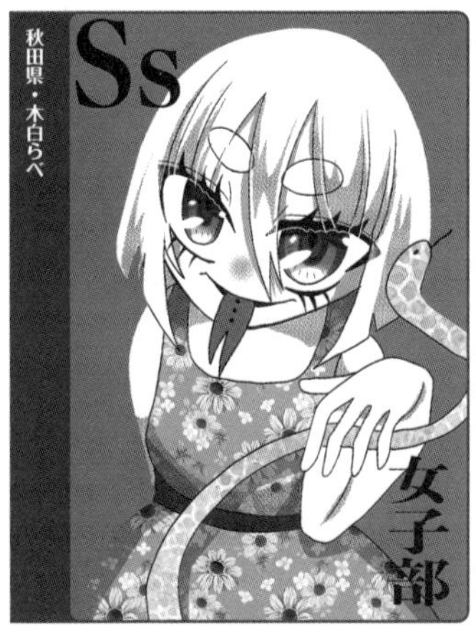
Ss
秋田県・木白らべ
女子
部

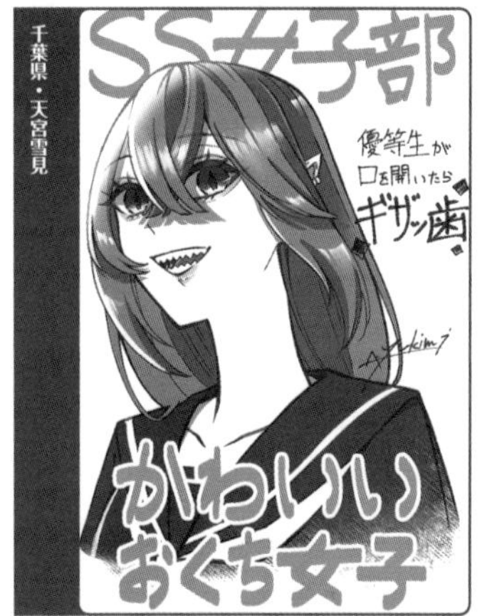
SS女子部
優等生が
口を開いたら
ギザッ歯
千葉県・天宮雪見
かわいい
おくち女子

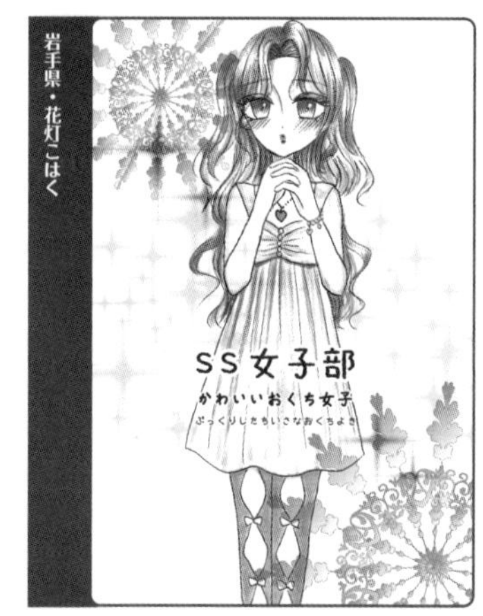
岩手県・花灯こはく
SS女子部
かわいいおくち女子

恋愛や性についての話題は、身の回りの友人とは話しにくいもの。でも他の人はどうなのか気になりませんか？　だから「SS」誌上で自分の考えや体験を話し合ってみましょう。初恋の話題、告白の仕方、実際の恋愛体験談、好きな人の間に起きたトラブル、同性を好きな気持ち、恋愛には興味がない、自分は男でも女でもない。幅広い話題もしていきたいです。「SS恋愛部」にご相談をお寄せください～！

「SS恋愛部」は皆さんの恋愛体験談や感じたことを話し合うページ。ナビゲーターのピノです。「SS恋愛部」は、雑誌の誌面ですが、直接、身の回りの人になにか言われることもない。SNSのように悪口や茶化すコメントがくる心配もない。自由に、気軽に感じることをオープンにできる場です。今回は皆さんのオハガキを紹介します！

東京都・ひろくまひろみ

ピノ　前号で、ひろくまひろみさんが坂道グループの恋愛系の曲を紹介してくれましたね。それを受けて、もちづきさんが「ハロプロ」のオススメ曲をあげてくれました！　こぶしファクトリーの「好きかもしれない」や、Juice=Juiceの「ひとりで生きられそう」の、つばきファクトリーの「独り占め」といった楽曲を、褒めてくれました。もちづきさんはハロプロがお好きなのですね～。あわせて、ひろくまひろみさんが、MVが好きな恋愛系の曲をあげてくれました。櫻坂46の三期生の「何度 LOVE SONGの歌詞を読み返しただろう」は、教室でパフォーマンスをしているMVですが、黒板に三期生の十一人が自分で考えて書いたラブソングの歌詞が映し出されるんですよね。メンバー自身がラブソングを考えたというのは、とても良い企画だと思います。僕が見たかった青空の「スペアのない恋」は、男の子側の一途な純愛を歌った心洗われる楽曲ですよね。高嶺のなでしこの「初恋のひと」も、男子の一途な思いが描かれています。高嶺

兵庫県・もちづき。・35歳

のなでしこは「HoneyWorks」さんがサウンドプロデュースされているアイドルですね。ひろくまひろみさんは僕が見たかった青空や、高嶺のなでしこさんの曲も聴いているのですが、皆さんも感動した曲があればぜひ教えてくださいね～。近年は新しいアイドルの潮流も目立っていますが、皆

熊本県・猫夜月・29歳

ピノ　猫夜月さんは年下のカレシができたのですね…！　最近はそういうカップルも多いと聞きます。とても幸せだと思います。毎日可愛いと言ってくれたと言っていましたね。褒められたり、好かれたときの反応や返しって難しいですよね。もともと好かれたことは主張が強くて照れることは難しいですよね。褒められた局面では「そう、私は可愛い！」と聞こえる返しはしにくい…。でも大切なのは、相手が自分を思って伝えてくれたことだから

匿名希望

ピノ　匿名希望さん、職場では若い人たちは素直に好きな男性の気持ちがおられるのですね。職場では若い人たちは素直に自分の気持ちを出したり、気軽に接しあったりしているそうなので、元気に新しい恋の話をしている人たちもいますよね。今やバブル世代が60歳、平成ギャル世代は40代になりました。アクティブな人たちはいつまでも元気に恋をしているということは、これからの時代は年齢を気にすることはなくなると思います。いつまでもキュンキュンして良い時代になりそうですよ～。

のなでしこは「HoneyWorks」

真希

ピノ　真希さんは胸の手術をついにされたのですね！　すごい決断だったと思います。以前は家族の理解が得られずに疲れたそうですから、こうしてSSで伝えてくれて私たちも嬉しいです。このコーナーでは、自分の性別の違和感についての違和感も多かったですから、皆さんのお便りをお寄せください。次号も、皆さんの性別の悩み、なかなか人に言えない思いを語っていただけたら嬉しいです。最後にお知らせですが、SS恋愛部は、次号でいったん最終回にしようと思います。これまであ

でも大切なのは、相手が自分を思って伝えてくれたことだから今後は不定期での記事掲載にしようと思います。最後の次号もよろしくお願いします。

ピノ

ら、その気持ちを受け取るという意味で、「可愛い」と言われても否定せずに、喜ぶほうが相手には良いですよね。そして同じように相手を好きなら気持ちを伝えてくれる人は、思ったことを言葉にするタイプだから、そういうコミュニケーションを望んでいるとも言えますよね。その場合は、言葉にして返してあげると喜んでくれると思います…！

カラーイラスト投稿コーナー

※サイズ：ハガキ～A4サイズまでなら大きさは自由。

Sky S （テーマ投稿が「Kunstkammer SS（クンストカマーSS）」にリニューアル！）

●Sky Sは自由に描いたカラーイラストと、新コーナーである「Kunstkammer SS」の、2コーナーを大募集！

1、「Sky S フリー」自由に描いてもらったカラーイラスト。（※間違えて旧コーナーのテーマ投稿に送られた作品はフリーに掲載します）

2、「Kunstkammer SS」背景無しで、キャラの立ち絵を全身で描く！ SS編集部が作品を額縁に入れてデザインします。
～美術蒐集室の新企画～ 次回テーマは「食べ物の擬人化」。50文字以内のキャラ説明（キャラ名あれば、それを含めて50文字）を、絵の裏の応募要項に明記。原則は1人のキャラで！ 【注意！：企業権利ものは題材にしないこと！】
※背景は色も無しです。データに詳しい人は「背景透過のpsd形式」で投稿ください。

●「SS学園」 あなたの描いたSS学園の生徒を募集！ 絵の中に必ずキャラ名と説明を明記。詳しくはSS学園ページを見てね！

カラーイラストのサイズは
ハガキからA4まで
※これより小さいと絵が小さくしか掲載できません。

横幅 210 ミリ
横幅 100 ミリ
縦幅 148 ミリ
縦幅 297 ミリ
ハガキのサイズ　　A4 サイズ

モノクロイラスト投稿コーナー

※サイズ：ハガキ～A4サイズまでなら大きさは自由／★封筒の表にコーナー名を明記

Sea S （次号より、テーマ投稿が変わります！ 「Kunstkammer SS（クンストカマーSS）B&W」にリニューアル！）

●Sea Sは9個のコーナーで、イラストや文章、漫画を大募集！
巻末ハガキは、切手を貼らずに無料で出せるので、そちらでの投稿も大歓迎！

1、「Sea S Sense」自分のセンスで自由に描いてもらった白黒イラスト。

2、「Kunstkammer SS（B&W）」カラーと同じく、テーマを決めた絵を、美麗な額縁に入れて見せる「美術蒐集室」の白黒版。
次号のテーマは「食べ物の擬人化（企業の商品は権利問題のため避けて下さい）」（キャラ名を含む説明文を50文字で応募要項に明記）

3、「S Stage」自由に描いた1ページ漫画劇場。1枚で1ページマンガを描いてください。

4、「S Something」近況や好きなものを題材にした4コマ漫画。エッセイ漫画のように自分の体験したことを描く漫画です！

5、「S Story」絵と文で綴る作品。1枚のなかに絵と詩やモノローグ、セリフを配してください。

6、「S Say」フリートーク文字投稿。近況や好きなものを語ったり、絵についてのお悩みなども待っています。

7、「女子部」「男子部」女子＆男子の「ココが好き！」「グッとくる」というポイントを描いて送ってね。毎回違うナビゲーターが登場します！

8、「うちのこ倶楽部」自分のオリジナルキャラクター、「うちの子」を絵と文で描こう！ 詳細はうちのこの最初のページ！

9、「SS恋愛部」皆さんの恋愛体験談、お悩み、気になる話題を送ってください。イラスト付きも歓迎！ 次号最終回！
※SS恋愛部では、投稿者の方にメールやリモートでお話を聞きたいので、メールなどの連絡方法をお書きください。

※「S Say」「SS学園」「うちのこ倶楽部」の文字は小さいと読めないので、ご注意を！

モノクロイラストのサイズはアンケート
ハガキのフリースペースから A4 まで
※これより小さいイラストは、小さくしか掲載できませんのでご了承下さい。

横幅 210 ミリ
横幅 58 ミリ
縦幅 85 ミリ
縦幅 297 ミリ
アンケートハガキのフリースペースのサイズ　　A4 サイズ

「S Stage」1ページマンガの原稿例
「S Stage」もハガキ～A4サイズまでの大きさで応募下さい。1ページ漫画を1枚の中でコマ割りして描いていただければオッケー。

「S Something」4コママンガの原稿例
「S Something」もハガキ～A4サイズまでの大きさで応募下さい。サイズは自由ですが、コマを4つに割った漫画でお願いします。一枚の紙に2本опис 描いてくださっても大丈夫です。

「S Story」絵と文の原稿例
「S Story」もハガキ～A4サイズまでの大きさで応募下さい。形式は自由です。左図のように上に絵、下に文字というもののほか、全面に絵を描いて、その背景として文字を並べてもらっても良いです。

★応募要項

以下の要項を作品の裏面に記入し、各コーナー宛にお送りください（複数作品応募される場合も必ず全部の絵に書いて下さい）

1、SS何号の、どのコーナー宛のイラストなのか明記

2、郵便番号、住所、氏名、ペンネーム、年齢（非公開希望の方は「非公開」と明記。年齢は郵送時のもの。掲載時の年齢を気にする必要は無し）
電話番号またはメールアドレス（原稿依頼のための連絡先。連絡がつかない時はお手紙で連絡させていただきます）

3、作品に関して一言（クンストカマーの場合は、キャラ設定文と、絵についてのコメントは、区別してお書きください）

4、使用画材（Ssayのコーナーで集計を取るので、お書き下さいませ。アナログ投稿は、用紙の種類、メーカーも書いてくれると嬉しいです）

5、SNSの活動歴（XやPixivのアカウント。例【@esuesu】）、「SS」への掲載歴（初投稿の人は特に明記してください）。
※ネットの投稿サイト（Pixiv等）や自分のHPなど、過去どこかに発表したことのあるイラストも、SSに投稿可能です。

★注意事項

1、作品の天地左右がわかりにくいイラストは裏に明記すること。

2、返却希望の人は投稿時と同額の切手を貼った自分の住所氏名を書いた封筒を同封し、作品の裏に赤で「要返却」と書くこと。

3、投稿イラストには、全部で何枚あるか全てコーナーを通して全部のイラストの裏面に番記する。※封筒は1つにまとめて入れて大丈夫です。
（例えばSkySに1枚、SeaSに2枚の計3枚を投稿した場合、原稿の裏に1／3、2／3、3／3と書いて下さい。1枚の場合は、1／1）

4、イラストのサイズは、ハガキ～A4サイズまでなら自由。規定より大きいと印刷所で扱えず、破損する恐れもあるのでお止めください。

5、郵送時に雨に濡れる恐れがあるので、気になる人はビニールなどに入れて投稿ください。封筒サイズが窮屈だったり、テープが絵についていると開封時に破損するので注意！

※返却を希望される方は、必ず「要返却」と書いて返却用封筒を同封してください。

不足していると、返却に時間がかかる場合があります。どうぞよろしくお願いします。

この号に掲載されているイラストの返却時期について

SS83号に掲載された作品、投稿したイラストの返却時期は、SS85号の発売日（2026年4月21日）前後となります。返却を希望されている方は、お待ち下さい。よろしくお願い致します。

〒150-0041　東京都渋谷区神南1丁目13-3　アーク神南ビル2F

SS編集部「（宛名に、投稿するコーナー名を書いてください）」係

※「SS」のお姉さん雑誌「季刊エス」の投稿コーナー「Star S」や「Space S」への投稿と同じ封筒でも受け付けます。
その場合は、両方の投稿が入っている事がわかるように封筒に明記してください。（例：Star S ＆ SkySフリーあて）
また、「SS」投稿用の絵の裏に「SS」係宛と書いてください。複数枚での投稿の方は、その中からどれかを「SS」宛にしてくださればオッケー。

SS84号に投稿するイラストの返却時期は、SS86号が発売される前後（2026年7月）になります。

●ネットワーク投稿も受け付けます。
季刊エスのサイト【http://s-ss-s.com/】に設置しているメールフォームから送ってください。
サイトにネットワークで投稿する際の注意事項も掲載しています。クンストカマーのキャラ設定はメッセージ欄に記入。
※解像度はサイズ原寸で300dpiが理想です。それより低い解像度の場合は、掲載サイズが小さくなる恐れがあります。ご了承ください。

●締切：2025年11月20日(木)※当日消印有効（ネットワーク投稿は当日送信有効）

●発表：「SS」第84号 発売日 2026年1月21日予定

投稿フォームはこちら

電子版も発売開始！
SSの72号の内容から、電子書籍の発売がスタート！ 投稿されたイラストは電子版にも掲載されます！ 両方同じ内容です！ よろしくお願いします！

「ギャラリーエクリ」の11月のお知らせ
11月8日(土)～11月24日(月・祝)
「恋するふたり展」くりゅう×南野葵

くりゅうさんと南野葵さんがそれぞれ3組のカップルを描き下ろし、物語を紡ぎます。

スモールエスが運営するギャラリー
「ギャラリーエクリ」企画開催中！

展示の内容は、Xで告知していきますので、ぜひチェックしてください～！

★アクセス　渋谷駅から徒歩7分
東京都渋谷区神南1丁目13-3　アーク神南ビル2F
Googleマップで「ARK神南」で表示！
TEL　03-6455-0223
twitter　@galleryecrii

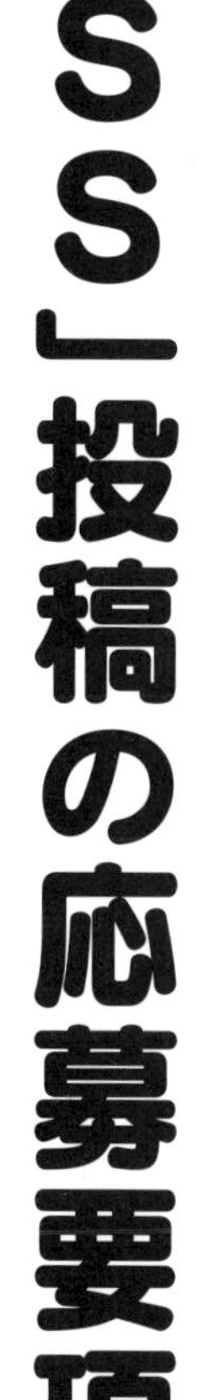